고전문학의 재미와 흥미

고전문학의 재미와 흥미

한국고전문학교육학회 편

도서출판 월인

머리말

고전문학은 현재 우리에게 어떠한 의의를 지니고 있는가. 이는 고전문학을 연구하고 가르치는 이들에게 늘 머리에서 떠나지 않는 문제이다. 사람들의 의식과 환경, 체제와 제도 등이 크게 바뀐 오늘날에 오랜 과거의 산물인 고전문학을 읽고 음미하고 가르치고 계승하는 일이 과연 어떤 의미를 지니는지 생각해 보게 된다. 인간 본연의 공통된 의식과 경험을 바탕으로 과거와 현재가 소통하는 고전으로서의 보편적 가치, 그리고 우리 민족의 역사 속에서 끊임없이 생성되어 온 민족문학의 보고(寶庫)로서의 역사적 가치가 오늘날에도 여전히 유효한지를 묻게 되는 것이다. 연구자와 교육자의 입장에서 고전문학은 오늘날에도 생생한 의미와 가치를 지닌다고 주장하겠지만, 연구와 교육, 향유와 감상의 현실에서는 자꾸만 고전문학을 멀리하려는 경향이 있는 것도 사실이다.

고전문학이라 하면 그저 낯설고 어렵고 아득하게만 느껴지는 학생들, 일반인들에게 어떻게 하면 그것에 가까이 다가가 즐겁게 향유하도록 할 수 있을까. 고전문학이 갖는 시대적, 문학적 의의를 거창하고 무겁게 주장하는 것은 별로 도움이 안 되리라. 그보다는 곁에 두고 이리저리 살펴보며 마음으로 느낄 수 있는 작품들로써 고전문학을 소개하고 설명하고 해석하는 일이 필요하다. 먼저 연구자와 교육자로서 고전문학이 재미있는지를 스스로에게 물어 보아 그에 대한 생각을 풀어내 보면, 현대의 독자들을 고전문학과 만나게 하는 효과적인 방법을 찾을 수 있을 것 같다. 작품에서 맛보는 재미와 흥미야말로 고전문학에 다가가는 데 필수적인 동기가 되고, 고전문학이 지닌 현재적 의의를 드러내는 데 중추적인 역할을 할 것이기 때문이다.

한국고전문학교육학회는 '고전문학의 재미, 흥미, 의미'라는 기획주제를 설정하여 지난 4년간 수차례에 걸쳐 학술발표회를 열었다. 고전문학의 장르 혹은 작품을 대상으로 하여 재미와 흥미의 요인들을 찾아보고 그것의 사회 문화적 배경을 탐색하며 재미와 흥미가 갖는 교육적 의의와 전망 등에 대해 문제를 제기하고 진지하게 토론을 벌였다. 이러한 과정을 거친 논고들이 학회지에 수록되었는데, 이제 그것들을 수합하여 단행본으로 간행한다. 여러 논문들을 통해 기획주제에 대한 이해의 폭과 깊이가 어느 정도 확보되었기에 이를 널리 알릴 필요가 있다고 생각한다.

이 책은 고전문학의 재미와 흥미, 그리고 그것의 교육적 의의에 대해 학술적으로 접근한 논문집이다. 작품을 읽고 재미있다고 느끼면 그만이지 그것을 꼭 분석적인 글로써 설명할 필요가 있을까 싶기도 하다. 그러기에 일반 독자나 학습자에게는 다소 어렵고 딱딱하게 여겨지는 논문들이어서 오히려 애초의 취지에 어긋난 시도일지도 모르겠다. 그렇지만 재미와 흥미의 영역이 방대하고 다양한 만큼 그것에 접근하는 길도 여러 가지일 터인데 이 책은 논리적이고 분석적인 논문 쓰기의 방식으로 그 문제에 접근하고자 한 것이다. 고전문학의 재미와 흥미, 그것의 교육이라는 문제를 본격적으로 살펴 다각도로 접근하고 깊이 있게 연구한 성과들을 한데 묶은 것이라고 보아 주시기 바란다.

이에 이 책은 고전문학계와 고전문학교육학계에서 이제까지 단편적으로 제기된 재미와 흥미의 문제를 집중적으로 다루었다는 의의를 갖는다. 이 책의 문제의식과 접근의 시각이 여러 층위의 고전문학 연구 및 교육의 장에서 공유, 심화되어 앞으로 더욱 정치한 논의들이 나오리라 기대한다. 특히 고전문학교육에서 재미와 흥미의 문제가 갖는 중요성에 대한 이해와 그를 바탕으로 한 실천이 확산되어 어느 교실에서나 재미있는 고전문학 시간이 되는 모습을 그려 본다.

기획 주제와 관련하여 귀중한 논고를 내주신 필자 선생님들께 감사드린다. 그리고 책을 잘 만들어 주신 월인 출판사 사장님과 편집자 여러분들께 감사의 말씀을 드린다.

2016년 12월

필자들을 대표하여

신재홍

목차

<원론> 고전문학의 재미와 교육적 관점

고전문학의 재미와 고전문학 교육의 의미

김성룡 *

[1] 한국고전문학교육학회에서는 “고전문학의 재미, 흥미, 의미”라는 기획 아래 여러 차례의 학술 발표를 열었다. 이 글도 학술 발표의 하나였다.[1] 이 발표와 토론의 자리에서 나는, 마치 캠페인처럼 내어 걸린 이 제목은 ‘고전문학이 재미있으니까 고전문학에 흥미를 갖게 되고, 고전문학에 흥미를 갖게 되니까 고전문학으로부터 의미를 발견하는 것’이라는, 재미-흥미-의미의 연속 과정을 풀이하고, 특히 ‘재미란 놀랍고 새로운 경험을 통하여 우리에게 경이로움의 즐거움과 활기를 불러일으켜 우리의 삶을 풍요롭게 하는 바의 것이지만, 물질적 감각에 의존하는 순간적이고 덧없는 정서 상태인 것’이라고 묘사한 바 있다. 발표도 그러했지만 이를 수정한 이 글 역시 개념의 분석을 통하여 고전문학의 ‘재미’를 경유하여 고전문학교육의 ‘의미’를 추론하는 것을 목적으로 한다.

---

* 호서대학교 한국어문화학부

1 이 글은 2014년 2월 6일 한국고전문학교육학회 제93차 학술발표회의 ‘고전문학의 재미, 흥미, 의미’라는 기획 주제의 발표에서 이 제목으로 발표했다. 제기된 질문에 답하는 과정에서 많은 계발을 받아 수정했으나, 이 글의 목적이 주로 개념 탐구에 있었으므로 기본 논지가 수정되지는 않았다.

문학 작품에서 '재미'를 말하는 것은 작품 체험의 교환을 목적으로 한다. 또한 교육적 '의미'를 말하는 것은 교육 가치의 교환을 목적으로 한다. 이 둘은 일방적이고[즉 작가로부터 독자로, 교사에게서 학생으로], 비대칭적이며[창작은 수용으로, 교수는 학습으로], 목적적[체험을 통한 개선, 교육을 통한 개선]인 의사소통의 구조를 갖는다는 점에서 공통된다.[2] 교육 가치를 교환하는 일은 교육적 의사소통이라고 일컬을 만하다. 작품으로부터 형성된 재미 체험의 교환은 미적 체험과 동일한 것은 아니다. 그렇기는 하지만 작품의 체험으로부터 형성된 것이라는 점에서 준(準) 또는 의사[擬似 pseudo]) 미적 의사소통이라고는 할 수 있을 것 같다.

고전문학의 재미를 고전문학교육의 장으로 연결하려고 할 때 이를 '고전문학 작품의 재미를 가르치기'라거나 '고전문학 작품을 재미있게 가르치기'라는 명제로써 이해할 수도 있다. 그 동안 이에 관한 성과들을 찾아보면 그 논의의 결과는 대체로 이 둘로 모여지는 것을 볼 수 있다.[3] 물론 이러한 논의가 그 자체로서 충분한 의미가 있기는

2 미적 의사소통이 작가로부터 감상자로 일방적이고 비대칭적이라는 것은 굳이 미적 소통에 관한 연구 논문을 참조할 필요도 없이 자신의 예술 체험만 보더라도 금세 알 수 있다. 교육적 의사소통이 교수자로부터 학습자로 일방적인 비대칭적인 목적적인 의사소통이라는 데 대하여 이견이 있을 수 있다. 특히 학습자 중심의 교수-학습 모델을 가정하는 입장에서는 첫째 이러한 의사소통 모델은 잘못된[즉, 나쁘다] 것이며, 둘째 실제로 교육현장에서는 쌍방향적 의사소통 모델을 사용하고 있다[즉, 잘못알고 있다]고 한다. 나는 학습자 중심의 교수-학습 모델도 교육의 목적을 위한 형식적 설계로써, 수단적 설계로써 짐짓 쌍방향적 의사소통 모델을 취하는 것이지 근본적으로는 지적으로나 목적적으로 우위에 있는 교육자가 그렇지 못한 학습자에게 무엇을 가르쳐야 한다는 소통 모델이 바뀌는 것은 아니라고 생각한다. 이에 대하여는 더 상세히 논할 자리가 있을 것이다. 미적 소통에 대하여는 미적 의사소통을 작품의 수용과 해석에 이르는, 비대칭적 관계로 해석하는 경우도 있기는 하다. 신종섭, 「미적 커뮤니케이션」, 『범한철학』 54, 범한철학회, 2009, 30면.

3 이 학회의 기획 주제로 처음 발표된 논문 중 고전소설, 고전시가의 재미에 관한 두 편의 발표문이 고전문학이 현대의 독자-학습자에게 가까이 접하게 하려면 그것이 갖는 재미는 무엇인지를 알려주어야 한다는 생각을 드러내고 있다. 류수열, 「고

하지만, 이들의 논의는 종종 문학의 아름다움 즉 어떤 문학 작품의 특수한 미적 가치를 입증하는 데 그치고 있어[4] 과연 이 주제가 내건 '재미'의 문제를 논파하고 있는가 하는 의구심은 사라지지 않는다.

그렇기 때문에 이 글은 '어떤 고전문학 작품이 오늘날에도 재미있다.'는 것을 입증하는 것을 목적으로 하지 않는다. 이 글은 앞에서 언급한 간절함에 담긴 의미를 찬찬히 들여다보고, '고전문학 작품이 재미있다.'는 것과 '고전문학교육은 의미 있다.'는 것, 즉 고전문학 작품의 체험에 관한 명제와 고전문학교육의 필요에 대한 명제의 연결이 필요하며 가능하다는 것을 밝히는 것을 목적으로 한다. '재미'는 대상이 갖고 있는 속성이지만 '재미-있다.'는 인간이 갖는 정서적 상태이다. 나는 '재미있다.'는 정서적 상태를 구성하는 요소를 통하여 '재미'의 특성을 분석하고 교육의 장으로 '재미'를 들여오는 것의 가치 근거를 논의하려고 한다. 그러기 위하여 용어의 의미를 분명히 하고, 그의 개념을 분석하여, 실천적 가치를 추론하는 방법을 찾으려 한다. 용어의 의미와 개념의 내용이 심층적이기보다는 병렬적으로

전시가 독서의 재미 요소 탐구」, 『고전문학과 교육』 23, 한국고전문학교육학회, 2013, 7면 ; 신재홍, 「고전소설의 재미 찾기」, 2013, 위의 책, 33면 참조. 한편, 소설 작품을 배울 때 얼마나 중요한 것을 배웠느냐가 아니라 얼마나 재미있었느냐 하는 것으로 서열을 세운 교육 사례를 제시한 예를 검토해야 할 필요를 느낀다. McNeil, 권낙원 역, 『현대 교육과정의 이론과 실제』, 서울 : 아카데미프레스. 2008, 23-24면. 나는 학습에서 재미있느냐 하는 문제와 교육에서 재미있느냐 하는 문제는 다른 문제라고 생각한다. 학습이라는 사적 행위가 교육이라는 공적 행위를 대신하는 것이 사회적 불평등을 더 강화시킨다는 것도 덧붙여두고 싶다.

4 이 학회에서 발표된 〈류준필, 「'이별론'의 텍스트 읽기 -'재미, 흥미, 의미'의 三昧論의 시각에서」, 『한국고전문학교육학회 제94차 학술발표논문집』, 한국고전문학교육학회, 2014〉는 학회의 주제에 대한 치밀하고 철저한 분석과 합리적 비교론을 전개하고 있다. 그러나 발표에서도 언급한 것처럼 '재미'에 대한 개념역을 미루어두는 것은 결과적으로 그의 발표가 미적 가치에 대한 판단과 심미 체험의 풍부함을 겨냥한 교육 방안 구상이라는 것이 되었다. 그 자체로서는 충분한 문제의식과 합리적인 접근법이라고 하겠지만 미적 체험과 구분되는 재미의 문제와 그의 교육에의 도입에 대한 문제는 미루어진 채로 남아 있다.

전개되므로 글쓰기 방식도 일반적인 장, 절 체제의 방식을 따르지 않고 병렬적 전개의 방식을 취하기로 한다.

2 '재미'는 '아름다움의 체험으로서의 쾌감'이 아니다. 그것은 대상에 대한 관심[Interesse]이며, 대상에 대한 욕망으로부터 형성된, 대상에 대한 감각적인 만족으로 이루어진 쾌감이다. '재미'로부터 형성되는 정서는 사적이고, 주관적이며, 특수한 것이어서 이것만 보아도 이것은 미적 만족감과 사뭇 다르다는 것을 알 수 있다. 미적 체험은 대상에 대한 무관심성[Interesselosigkeit]으로부터 형성되는, 다시 말해서 대상에 대한 목적적인 관심으로부터 벗어나 우리 내부에 갖추어진 선험적인[대상을 경험하기 전에 이미 갖추어진] 것으로서 대상에 대하여 '좋다'라고 판단할 때의 것[5]이다. 아름다움으로부터 좋음에 이르는 것은 주관적이기는 하지만 선험적인 것이기 때문에 누구나 다 갖고 있다. 그렇기 때문에 아름다움이 주는 좋다는 판단에 대하여 토론이 가능하다. 반면에 재미 체험에서는 만족감에 대한 보편적 토론이 가능하지 않다. 재미 체험이 보편적 토론이 가능하지 않은 성질의 것이라고 한다면 그것은 사적 취미에 관한 한가한 노닥

5 I. 칸트, 이석윤 역, 『판단력 비판』, 서울: 박영사, 1984. §2. "관심[Interesse]이란 어떤 대상의 현존의 표상과 결합되어 있는 만족을 말한다. 그러므로 그러한 만족은 언제나 동시에 욕구 능력의 규정 근거로서나 그렇지 않으면 적어도 욕구 능력의 규정 근거와 필연적으로 결부된 것으로서, 욕구 능력에 대한 관계를 가진다. 그런데 어떤 것이 아름다운지 어떤지가 문제일 경우에, 우리가 알고자 하는 것은 ... 우리가 그 事象[Sache]을 단지 고찰(직관 또는 반성)하면서 어떻게 판정하고 있는가 하는 것이다." 58-59면. 또한 §5. "쾌적하다[angenehm]고 함은 어떤 사람에게 쾌락을 주는 것[vergenügt]을 말하며, 아름답다[schön]고 함은 그에게 단지 만족을 주는 것[gefällt]을 말하고, 또 善하다[gut]고 함은 존중되고[geschätzt], 시인되는 것[gebilligt], 다시 말하면 그가 어떤 객관적 가치를 부여하고 있는 것을 말한다. 쾌적은 이성이 없는 동물에게도 타당하지만 美는 인간에게만, 즉 동물적이면서도 또 이성적인 존재자에게만, 다시 말하면 단지 이성적 존재자(예컨대 정신)일 뿐만 아니라 또 동시에 동물적 존재자이기도 한 인간에게만 타당하다." 위의 책, 65면.

거림이 되기 쉽다.

그런데도 교육의 장에서 '고전문학 작품의 재미'를 굳이 검토하려는 것은 오늘날의 고전문학교육이 당면하고 있는 위기에서 기인한다. 오늘날 중등학교에서 고전문학교육은 교과서, 교육과정, 시험 등 교육 제도로써 그의 영역이 보장되지 않는다면 고전문학의 교수 학습이 이루어질 것 같지 않다. 이러한 사정이 고전문학 작품은 현대의 독자-학습자에게 여전히 재미있다는 것을 입증하거나, 고전문학 작품을 재미있게 가르칠만한 방법을 찾아보려는 것으로 나타나는 것은 아닌가 싶은 것이다.

고전문학교육학은 고전문학교육의 본질 명제에 대한 탐구와 학교 현장에 고전문학교육 실천 명제의 제시라는 두 가지 목적을 갖는다. 그리고 고전문학교육학은 효과적인 교육 방법을 개발하고 긴요한 정책 명제를 제시하는 일에 뚜렷한 업적을 수립했다. 그러나 그때그때의 필요성에 부응하느라 교육의 목적과 가치라는 근본 문제를 탐구하는 데에는 소홀히 한 것 역시 사실이다. 그러다 보니 고전문학교육학은 교육 방법은 과잉 제출하고 있지만 방법론을 검토하는 일에는 인색하며, 정책 명제 생산에는 골몰하였으나 그 정책 명제의 가치론적 근거를 탐구하는 일에는 소홀히 함으로써 고전문학교육학을 고전문학교육의 정책 명제 생산에만 한정하는 결과가 되게 했다.

3 '재미'는 '사람'이나 '시간'만큼이나 대단히 일상적인 용어이다. 이렇듯 가볍고 얕은 용어에 무슨 특별한 의미를 부여하여 개념화할 필요가 있을까, 게다가 이것이 현하 고전문학교육에 무슨 돌파구나 대안을 제출할 수 있을까 적이 의심스러울 정도이다. 하지만 막상 '재미'가 무엇인지를 말하려고 하면 갑자기 아득해진다. 아우구스티누스의 어법으로 표현하자면, '누가 나에게 묻지 않았더라면 재미가

무엇인지 나는 잘 알고 있지만 누군가가 나에게 재미를 설명하기를 요구한다면 나는 갑자기 모른다는 것을 알게 된다.'는 식이다. 그럼에도 '재미'가 우리의 삶을 지탱하는 중요한 활기라는 것은 비교적 쉽게 동의할 수 있을 것이다.

'재미있다'는 인간의 정서 상태에 관한 여러 심리학적 연구나 보고, 사전 등을 참고하면, 이것은 '의외의 또는 새로운 것의 경험으로부터 형성된 놀라움의 정서'라고 설명할 수 있다. '재미있다'는 '경이가 주는 즐거움의 상태'라는 것이다. 그런데 이 '재미있다'는 '재미-있다'로 구성된다. 그렇다면 '재미있다'는 것은 그러한 정서적 상태를 촉발한 대상에 '재미'가 있다는 것인가 그러한 정서적 상태를 간직하게 되어 나에게 '재미'가 생겼다는 것인가 궁금해진다. 이것이 무엇인지를 알려면 이 말의 뿌리가 되는 '재미'의 기원을 찾아볼 필요가 있다.

말의 기원은 어원적 기원과 개념적 기원의 두 가지 기원을 갖는다. 어원적 기원을 먼저 살펴보자. 사마천의 책 『사기(史記)』, 〈은본기(殷本紀)〉에 이윤(伊尹)이 솥과 도마를 메고 유신씨(有莘氏)의 잉신이 되어 맛있는 음식[滋味]으로써 탕(湯)을 설득하여 왕도에 이르게 했다는 일화가 있다.[6] 이때 '자미'는 음식의 맛, 맛있는 음식이라는 뜻이었다. 뒤에 '자미'는 '좋은 맛'이라는 일반적 의미로 확장되었고, 그 말을 사용하는 환경도 음식의 틀을 벗어나기 시작했다.

우선 '자미'는 본래의 의미로부터 반대로 움직여 진귀하고 아름다운 맛만이 아니라 소박하고 담백한 것도 '자미'가 되었다. 그리고 음식을 먹을 만하게 만드는 바의 것으로서 '자미'는 삶을 살만하게 만

6 司馬遷, ≪史記≫, 〈殷本紀〉. "伊尹은 이름이 阿衡이다. 아형은 湯을 만나고자 하였으나 인연이 없었다. 이에 鼎과 俎를 둘러메고 有莘氏의 媵臣이 되었고 왕도에 이르는 방법을 湯에게 음식의 맛있는 맛을 더 좋게 하는 것으로 설명하였다.(伊尹名阿衡 阿衡欲姦湯而無由 乃為有莘氏媵臣 負鼎俎 以滋味說湯 致於王道)"

드는 바의 것으로서의 '자미'로 확장되었다. 그러니 산해진미만이 '자미'가 아니게 되었고, 부귀영화만이 삶의 '자미'가 아닌 것이 되었다. 초야에서 유유자적하며 사는 즐거움도 삶의 '자미'이고, 도학에 용맹정진하는 것도 삶의 '자미'가 되었다.

그렇기는 하더라도 여전히 '자미'는 물질적인 틀과 좋은 것이라는 가치 판단을 유지하여, '우리에게 유익함을 주는 어떤 좋은 것이 간직하고 있는 속성'의 의미를 갖는다. 그리고 여기로부터 '재미'는 '놀랍고 새로운 것이어서 그것을 체험함으로써 즐거운 상태가 되도록 만드는 대상이 갖고 있는 특수한 요소'라는 의미를 넘겨받았다. 말하자면 '재미있다'는 사람의 어떤 정서적 상태를 가리키는 말이 아니라 사람에게 그와 같은 정서적 상태를 일으키는 대상이 갖는 속성을 가리키는 말이다.

물론, '재미'는 그 의미에서 '자미'와 뚜렷한 차이가 있다. 좋은 음식은 자미가 넘치지만 재미있다고 하지는 않는다. 중국 요리의 끝에 나오는 점괘 과자는 재미있다고 하지 자미가 있다고 할 것은 아니다. '자미'는 대상이 간직하고 있는 '좋은 것'이지만 '재미'는 무엇을 체험함으로써 얻는 즐거운 것이다. 즉 '자미'와 달리 '재미'는 그의 물질적 근거를 벗어난다. 말은 물질적 상상력을 갖게 마련이므로 '자미'가 넘치는 것은 그의 좋은 것이 육체에 간직되어 좋은 작용을 일으키는 것으로 확장된다. 그에 반하여 '재미'가 물질적 제한으로부터 벗어나면서 우리 몸에 남는 좋은 것이라는 물질적 근거도 아울러 상실한다. 그리고 결국 '재미'란 체험하는 동안의 그것이고, 체험의 결과에 대한 효용으로부터 벗어난다는 두 가지 속성을 새롭게 간직한다.

체험의 지속, 결과의 자유라는 두 가지 속성은 재미있는 것은 덧없는 즐거움이기 때문에 우리는 재미있는 것을 정말 좋은 것으로 동의하는 데 주저하게 하는 것이다. 그러니 더더구나 교육에서는 이 '덧없는 즐거움'은 적극 배척하고 진지함이라든가 영원과 같은 것을 추구해야 하지 않을까 하는 생각마저 드는 것이다.

[4] 일상어를 학술어로 사용하기 위해서는 일상어의 활용 문맥을 망라할 수도 없지만 벗어날 수도 없다는 딜레마에 빠져든다. 그런데다가 어떤 용어는 서구의 학문적 성과를 번역하기 위하여 본래의 말에 서구의 학문적 성과를 덧붙임으로써 일상어로부터 벗어나기도 한다.[7] '재미' 역시 그의 개념사적 기원을 살펴보면 이러한 사정을 잘

7 말하자면 리디아 리우(2005)가 말하는 return graphic loan에 해당되는 經濟, 認識과 같은 용어가 여기에 해당된다. 리디아 리우, 민정기 역, 『언어횡단적 실천』, 서울: 소명출판, 2005, 486면 참조. 근대 학문이 시작된 이래 서구 학술어는 본래 한문적 기원을 가진 말을 일본인 학자가 새롭게 의미를 부여하여 사용한 것이 많다. 王立達, 「現代漢語中從日語借來的詞彙」, 『中國語文』, 1958년 2월호, 人民教育出版社, 1958, 90-94면,

분류	Fun	Enjoyment
Epikouros	정신적 쾌락: 죽음에 대한 공포, 삶에 대한 욕망 등을 정확히 이해할 때 달성	
Kelly, J. R. (1987)	무엇인가 함으로써 만들어지는 즉각적인 즐거운 경험	
Podilchak, W. (1991)	보상이나 목적을 기대하지 않는 적극적인 감정 상태	특별한 목적이나 보상을 기대하는 수동적 감정 상태
Scalan, T. K. et al. (1992). Wankel, L. M.(1993)		Pleasure, Liking, Fun과 같은 느낌을 포함하는 긍정적인 감정 상태
Handerson et. al.(1999).	좋은 시간을 보내고 있다는 긍정적인 감각	진귀함(Novelty), 목표(Goal), 통제(Control), 성취(Accomplishment), 자아 인식(Self-Awareness) 등과 관련된 감정
Raph Koster.(2005).	학습을 목적으로 패턴을 흡수하고 있을 때 두뇌가 보내는 긍정적 피드백	

〈표1〉 김기동, 「학습과정에서의 재미와 불확실성과의 관계에 대한 연구」, 서울대학교 석사학위논문, 2006, 11-12면.

알 수 있다. 심리학회는 '재미'를 interest, fun, enjoyment 등의 용어가 갖는 개념 영역을 통해서 설명하고 있다.[8] 이 중에서 interest는 일찍부터 개념적 탐구가 이루어졌다.

interest는 interesse에서 온 말이다. interesse는 로마법 이래 개인이 어떤 것에 대하여 갖는 배타적 권리와 그의 침해에 따른 보상 문제로부터 형성된 용어였다. 칸트가 ≪판단력비판≫에서 '아름다움'의 무목적성을 말할 때에는 바로 이 interesse의 부재, 관심의 부재, 사적 이해 관계의 부재로서 무관심성[Interesselosigkeit]을 말한 것이다. 이렇게 해서 비록 부정적인 맥락이기는 하지만 interest가 미적 술어로써 등재된 것이다. 그러던 것이 온전한 미적 가치를 획득하게 된 데에는 독일 낭만주의 미학자 F. 슐레겔의 공이 크다.

F. 슐레겔은 시대를 넘어서는 보편적 아름다움의 미학[그리스 시대]에 대하여 개인적 관심사에 따른 총체적 가치 판단[근대 시대]을 대립시켰다.[9] 서양 미학사에서 영원한 미적 모범으로 받아들여졌던

---

8 한국심리학회는 interest를 cognitive interest와 situational interest로 나누고, 이를 '흥미', '인지적 재미', '상황적 재미'라는 용어로 번역하고 있다. '흥미'와 '재미'의 넘나듦이 흥미롭다.
interest 흥미〉cognitive interest 인지적 재미 (예상과 다른 무언가를 발견하고 놀랄 때 이를 추리로 설명할 수 있으면 만족감을 느끼는데, 이 느낌을 말한다.), situational interest 상황적 재미 (한국심리학회 심리학용어사전, http://www.koreanpsychology.or.kr/psychology/glossary.asp) ; 텍스트 기반 재미〉정서적 재미(emotional interest), 인지적 재미(cognitive interest) (Kintsch, Learning from text, levels of comprehension, or : Why would read a story anyway, Poetics 9, 1980, 7-98면. 재미(interest)〉개인적 재미(individual interest : 오랜 기간에 걸쳐 발달되며 지속되는 것으로 개인이 특정 상황이나 주제에 대해 주의를 기울이고 긍정적인 감정을 갖게 한다.), 상황적 재미(situational interest : 상황적 재미는 자극의 특성이나 환경에 의해 즉각적으로 유발되며 개인들 간에 공유될 수 있다.) Hidi & Baird, 1986 ; Krapp, Hidi & Renninger, Interestingness - A neglected variable in discourse processing. Cognitive Science, 10, 1992. 179-194면. 이상 유영화 · 한광희, 「놀라움과 사후추정이 인지적 재미에 미치는 영향」, 『2000년도 한국실험및인지심리학회 겨울학술대회 발표논문집』, 한국실험및인지심리학회, 2000, 93-102면. 재인용.

그리스 예술은 근대에 이르러 부르주아 낭만주의 미학과 마르크스 사회주의 미학이라는 두 가지 미적 경향 속에서 새롭게 정의된다. 슐레겔의 das Interessante의 미학은 예술의 아름다움이 더 이상 보편적 객관성을 획득하지 못하는 시대, 예술과 시대가 행복하게 공존하지 못하는 시대의 미학으로서 부르주아 낭만주의 미학의 핵심으로 자리한다.

근대 이후 개인의 자유 의지가 중시되는 과정에서 개인의 주관성이 제일의적 가치를 인정받게 되고, 개인의 주관성이란 끊임없이 '흥미로운 것[das Interessante]'을 추구하기 마련이어서 어떠한 만족도 할 수 없으며 안정될 수도 없다는 것이다. 그리고 이것이 근대의 예술이 고대의 완결성과는 대조되는 '충족되지 않는 동경'을 불러일으키는 근거라고 했다. 이 충족되지 않는 동경, 안정되지 않는 미적 체험은 완성된 미적 규범을 거부하게 된다. das Interessante는 충격적이고 자극적인 것도 주관성의 분출을 불러일으키기만 하면 그것이 어떤 것이든 예술의 대상이 되게 한다. 또한 과도하고 지나치다 하더라도 그것이 주관성의 분출이라고 한다면 그것은 예술적 감상, 심미 체험의 하나가 된다. 그러니 '그로테스크', '추'는 비록 미적인 것은 아니지만 심미 체험으로 자리하게 되는 것이다.[10]

이 das Interessante는 개인적 관심이라는 의미에서 '흥미'라고 번역할 수도 있지만, 사적 즐거움이라는 의미에서 '재미'라고 번역할 수도 있다. 번역 용어의 옵션을 두고 곰곰이 생각해보면 지금 검토

---

9 Joachim Ritter, Karlfried Gründer und Gottfried Gabriel, *Historisches Wörterbuch der Philosophie*, Basel : Schwabe Verlag, 1976. 'das Interessante'

10 박현용, 「프리드리히 슐레겔의 낭만적 아이러니 연구」, 한양대학교 박사학위논문, 2002, 26-45면 ; 박현용, 「프리드리히 슐레겔의 초기 미학에 나타난 역사의식」, 『독일문학』 96, 한국독어독문학회, 2005 ; 이병옥, 「프리드리히 슐레겔의 비이해의 해석학」, 『해석학연구』 10, 한국해석학회, 2002 등 참조.

하고 있는 '재미'라는 개념어는 개인적 관심으로부터 기인한 사적 즐거움이라는 의미를 담고 있다는 것을 발견한다. 말하자면 das Interessante의 매개를 통하여 우리의 일상어인 '흥미'와 '재미'는 상호 연결되는 것을 체험하게 된다. 우리가 검토하고 있는 '재미'는 근대의 미적 가치에 긴박되어 있다는 것 또한 알게 된다.

문제는 '재미'가 근대의 미적 가치로서 부동의 자리를 차지하는 한 사적이고 개인적인 문맥으로부터 벗어날 수 없다는 데서 생긴다. 고전문학 작품이 주는 das Interessante, '재미'는 작품 이해의 영역이 아니라 작품 감상의 영역에서 설정된다. 개인적인 관심과 즐거움이라는 의미에서 '재미'를 추구한다면 역겨운 것도 바람직한 것이 되어야 한다. 이것은 교육의 장에서 학습과 교육의 모순적 대립으로도 나타난다. 학습자의 '재미'는 공적인 미적 규범으로 재단될 수 없다. 학습은 얼마든지 '재미있다.' 하지만 공적 규범과 목적을 갖는 교육의 장에서도 '재미있음'을 추구하는 것이 바람직한가? 아니 추구하는 것이 가능하기나 한가?

그리고 '재미'를 주는 대상과 '재미있다'의 주관 사이에서 또 하나의 문제가 발생한다. 앞서 거론한 것처럼 '재미있다'는 것은 어떤 것이 갖고 있는 속성을 판단하는 것이지, 나의 주관적 상태를 말하는 것은 아니다. 그런데 이 das Interessante의 매개를 통하여 나의 주관적 상태인 '흥미를 느낌'과 대상의 속성인 '재미'를 연결하게 된다. 그런데 나의 주관적 상태를 대상이 갖는 속성으로 착각하게 함으로써 내가 재미있다고 여기는 대상이 다른 사람은 재미있다고 여기지 않을 경우 그것을 대상 판단에 대하여 잘못된 판단을 한 것이라고 여기게 한다.

그럼에도 불구하고 교육과정과 같은 공적인 문서에서 '재미'가 제시되고, 고전문학교육에서 '재미'를 추구하는 일은 어떻게 해야 가능하게 되는 것일까?

5 문학이 오락적, 쾌락적 목적에 이바지 한다는 것은 이미 오래 전부터 확인된 바이고, 또 그동안 문학을 재미있게 가르쳐야 한다는 교육 방법도 여러 차례 제시된 이상 '재미'를 강조한 교육 목표가 많을 것 같은데 실상은 그렇지 않다. 현재 사용되고 있는 2009년 개정 교육과정의 '문학' 영역에서 '재미'와 관련한 것으로는, 초등학교 1-2 학년군의 "발상과 표현이 재미있는 작품을 다양하게 접하면서 문학이 주는 즐거움을 경험하고, 일상생활의 경험을 문학적으로 표현한다."고 하고서 내용 성취 기준으로서, "(2) 말의 재미를 느끼고 재미를 주는 요소를 활용하여 자신의 경험을 표현한다."[11]고 든 것과, 초등학교 3-4학년군의 "(2) 재미있거나 감동적인 부분에 유의하며 작품을 이해한다.",[12] 둘이다.

'재미'와 같은 범주인, '취미'라든가, '흥미', '즐거움'으로 확장해 이러한 용어들이 교육 목표, 성취 기준으로 등장하는 예를 살펴보았다. 그러면 문학 궁극적으로는 문학에 흥미를 갖게 하고 문학을 즐기도록 한다는 설명은 여러 군데에 나타난다. 하지만 교육 목표 내지 내용 성취 기준으로서 이러한 용어 군을 찾을 수 있는 것은 위의 두 건이 전부이다.

그러니 현하 교육 과정에서 '재미'에 대한 어떠한 설계를 갖고 있는지를 알기는 매우 어렵다. 다만 '재미', '흥미', '즐거움' 등이 수행 행위로써 명시된 성취 기준은 초등학교 1-2학년, 3-4학년과 같은 저학년에서 등장하고 있다는 것은 주목할 만하다. 일단 이 성취 기준

---

11 교육과학기술부, 〈교육과학기술부 고시 제 2012 – 14호 [별책 5] 국어과 교육과정〉, 교육과학기술부, 2011.

12 위의 책, 같은 곳.

을 중심으로 '재미'로부터 '교육'에 이르는 과정을 찾아보기로 한다. 이를 위하여 초등학교 1-2학년군 국어과의 '문학' 내용 성취 기준을 살펴보기로 한다.

> [2] 말의 재미를 느끼고 재미를 주는 요소를 활용하여 자신의 경험을 표현한다.

이것은 "말의 재미를 느낀다."는 문장과, "자신의 경험을 표현한다."는 두 개의 문장으로 구성되어 있다. 교육 목적의 성취 기준은 독특한 성격을 갖는 문장이다. 그것은 학생에게 어떤 행위를 수행할 것을 명하는 수행 문장이며, 이 수행 문장은 학생에 대한 직접적인 명령이 아니라 교사를 매개로 이루어지는 명령이라는 것이다. 그러니 두 개의 수행 문장 중에서 앞 문장은, '학생은 재미를 갖도록 하라.'는 학생에 대한 행위 요구와, '교사는 학생으로 하여금 재미를 갖게 하라.'는 교사에 대한 행위 요구로 구성된다.

이 문장에서 대상의 자리에 '고전문학'을 넣기로 한다. 그러면 이것은, "고전문학의 재미를 느끼고 재미를 주는 요소를 활용하여 자신의 경험을 표현한다."로 된다. 그렇다면 '고전문학의 재미를 느낀다.'는 것은 '학생이 고전문학에 재미를 느낀다.'는 수행 문장1과, '교사는 학생이 고전문학에 재미를 느끼게 한다.'는 수행 문장2로 분석된다.

이 둘 중에서 수행 문장2는 수행 문장1보다 받아들이기가 쉽다. 교육 현장은 충분히 그럴 수 있으리라고 여기기 때문이다. 그에 비하면 재미를 가지라는 수행 문장1의 요구는 다소 억지처럼 느껴진다. 그런데 수행 문장2가 수행 문장1을 내포하는 것임을 감안하면 그것을 내포하고 있는 수행 문장2의 요구가 적절할 수 있겠는가? 그렇다면 수행 문장1의 요구가 타당한 요구인지 또한 교육 목적 상 합목적적일 수 있는지를 알아보아야겠다.

6 이제 앞에서 논의했던 '재미'의 특성을 상기하면서 '재미를 느껴라.'라는 수행 문장을 검토해보자. 먼저 '재미있다'는 주관적 정서의 특성으로부터 시작한다.

'재미있다'는 것은 '무엇이 재미있다.'는 것이어서 대상 의존적인 판단이다. 우리는 아무런 자극 없이 즐거울 수는 있으나 재미있을 수는 없다는 것이다. 대상 의존적인 정서라고는 하지만 대상에 대한 심화된 이해가 있어야 하는 것은 아니며 대상이 우리의 삶에 유용하느냐에 대한 판단도 필요하지 않다. 이것은 오로지 즐거움, 즉 쾌감으로 이루어져 있다. 괴로운 재미는 존재하지 않는다. 종합하면 '재미있다'는 것은 '내가 어떤 대상에 대하여 깊은 이해나 가치의 판단과 무관하게 갖게 된 즐거움의 상태'라고 할 수 있다.

이러한 속성은 진지함과는 거리가 멀다. 진지함을 진정성과 비슷한 것으로 여긴다면 재미를 추구하는 것은 진정함과는 거리가 먼, 그래서 천박하기까지 하다는 생각을 갖게 한다. 진정한 가치를 추구하는 진지한 행위로서 교육에서 '재미'는 자리를 할 곳이 없다. 교육이 게임이 될 수 없는 것도 이 때문이다. 교육에서 '재미'의 영역을 인정할 수 있다면 수단으로서의 지위, 즉 쓴 약을 감싼 당의(糖衣)의 지위 정도일지 모르겠다. 아마 그런 제한 아래에서 교육 목표를 이루기 위한 교육용 게임은 도입할 수 있다고 생각할 것이다. 이 정도가 교육에서 '재미'가 차지할 수 있다고 보편적으로 용인하는 수준이다.

그런데 이것을 넘어서서 '재미'를 목적으로 한다는 것은 약의 유용성보다 당의(糖衣)의 달콤함을 더 중히 여기는 일과 마찬가지가 된다.

그리고 그것은 문학의 존재 가치는 교훈에 있는 것이 아니라 쾌락에 있다는 것을 승인하는 일과 마찬가지이다. 그런데 이러한 추론 끝에 '재미'는 현실적 유용함과 무관한 또는 현실적 가치로부터 벗어난 자유로운 만족감이라는 속성을 획득하고 있음을 발견하게 된다. 이것은 전통 미학에서 항용 사용해왔던 무목적성과 다를 게 없어 보인다. '재미'의 정서적 상태는 목적적 관심[das Interessante]으로부터 출발해서 그의 무책임한 자유로움으로 말미암아 무목적성[Interesselosigkeit]이라는 역설에 도달한 것이다.

'재미'를 체험하는 일은 현실을 살아가기 위한 수단이나 도구가 아니다. 미적 체험이 현실 체험의 보완물이 아니고 미적 체험만으로 가능한 진리 체험이 있기 때문에 가치 있다는 주장을 경청하면[13] 현실 문맥으로부터 벗어난다는 점에서 미적 체험과 유사한 '재미 체험' 역시 그의 가치를 현실에 두어서는 안 된다. 미적 체험이 진리 체험이라고 한다면'재미 체험'은 삶의 활기와 생명력의 체험이다. 이것은 생동하는 인간성에의 참여이며 바로 그 점에서 그의 가치를 갖는다. 바로 여기가 '재미 체험'을 수행하도록 명할 수 있는 근거가 된다.

7 앞서도 언급한 것처럼 '재미'는 대상 의존적이어서 '재미 체험'에 대한 판단은 '무엇이 재미있다.'는 형식으로 나타난다. 그런데 이 '무엇'이라는 대상은 모든 취미 판단이 그런 것처럼 사람마다 다르다. 그런 예를 하나 들어보기로 한다. 다음은 요즘 인기 있는 대중 소설

---

13 H. G. 가다머, 이길우 외 역, 『진리와 방법 1』, 서울 : 문학동네, 2012, 124-147면. 참조. 애초의 문제 출발은 자연과학과 다른 예술 체험의 진리 체험 문제였다. 미적 체험이 현실 체험의 일부이나 현실과 다른 형태의 체험이냐, 미적 체험이 현실 체험과 다른 가능한 체험으로서 진리 체험이라는 것을 논증했다. 가다머는 예술 체험의 놀이적 성격을 주목하고 있다. 재미 역시 그 존재론적 가치는 이러한 데서부터 찾을 수 있을 것 같다. 이에 대해서는 다른 기회에 다루고 싶다.

중에서 판타지 무협 소설을 재미있다고 생각하는 이유를 든 것이다.

1. 환상의 세계 형성. 2. 그 세계가 가진 방대한 역사. 3. 신이한 인물(인종)들의 등장. 4. 주인공이 가진 특별한 운명. 5. 신비로운 능력(마법 등). 6. 새로운 세상으로 떠나는 모험. 7. 모험을 통하여 성장해 가는 인물. 8. 자신의 신념에 목숨을 거는 비장함. 9. 현실과 동떨어질 수 있는 무한의 상상력. 10. 현실을 잊을 수 있는 도피처. 11. 이상적 인물의 등장으로 기대감 조성. 12. 적대자의 등장으로 팽팽한 긴장감 조성. 13. 조력자의 등장으로 든든한 감정. 14. 익살맞은 인물의 등장으로 분위기를 북돋움. 15. 아름다운(멋진) 외모로 더해지는 카리스마. 16. 추한 외모로 더해지는 분노. 17. 다른 사람의 행위를 엿보며 느끼는 희열감. 18. 내가 아닌 다른 사람의 감정을 느껴보는 짜릿함. 19. 일상적이지 않은 사건(행위)의 시작. 20. 사건들의 진행에 대한 궁금증. 21. 사건이 예측대로 흘러갔을 때. 22. 사건이 예측대로 흘러가지 않고 의외의 사건이 나타났을 때. 23. 적대자의 모함으로 주인공이 어려움에 처했을 때 느끼는 분노. 24. 주인공의 판단오류로 어려움에 처했을 때 느끼는 아쉬움. 25. 주인공에게 위기가 닥쳐오는 것에 대한 숨 막히는 긴장감. 26. 주인공이 순간의 재치로 위기를 모면했을 때의 이완. 27. 인물들 간의 갈등형성으로 흥분. 28. 낯선 갈등구조일수록 흥분감 고조. 29. 적대자와 갈등이 명확하게 드러나 빠르게 전개될 때 열광. 30. 적대자와의 갈등이 암묵적으로 숨겨져 있을 때의 스릴감. 31. 주인공이 스스로의 능력으로 어려움을 이겨내고 성공했을 때의 벅찬 쾌감. 32. 주인공이 이루고자 함을 이루지 못하고 실패했을 때의 패배감. 33. 이야기가 비극으로 끝났을 때의 비장감. 34. 이야기가 해피엔딩으로 끝났을 때의 행복감.[14]

---

14 장미영, 이호준, 「문학작품 독자의 주관적 재미 요소 연구」, 한국인문콘텐츠학회, 『인문콘텐츠』 18, 2010, 80-81면. 이 목록은 그 자체로 이 논문은 로맨스 칙릿소설, 판타지 무협소설, 역사소설 등 세 부류의 대중 소설을 대상으로 하고 있다. 인용한 목록은 이 셋 중에서 판타지 무협소설의 재미를 형성하는 요소들로서 제공된 것이다.

이처럼 판타지 무협 소설의 '무엇'이 재미있는가 하는 것을 알아보려면 재미를 불러일으키는 모든 것들을 가능한 한 망라할 수밖에 없다. 그런데 이 요소들의 목록은 서로 위계가 어긋나는 것도 있고(2, 3, 5, 19 등은 1로 귀속된다.), 상충되며(21과 22, 31과 32, 33과 34) 중첩되고 연관된 것이어서 모두 필요한 것도 아니다. 이것은 판타지 문학을 선택하는 독자-소비자의 기호에 따른 선택을 망라한 것에 불과하므로 지금 이 자리에서 중요한 것은 범주의 오류를 살피는 일이 아니라 상충된 요소가 똑같은 기능을 한다는 점을 주목하고 그 의미를 판단하는 일이다.

문화 상품의 생산 전략에서는 여러 요소들의 화해 불가능성 내지 중재 불가능성을 그대로 인정하고 그 중에서 어느 요소들을 선택하는 것이 생산 효율이 높을지를 알아내어 문화 상품, 여기서는 판타지 무협 소설이라는 상품을 생산하면 그만이다. 그에 반하여 교육의 교수-학습은 바람직한 것을 실현하는 것이지 현재의 기호에 의한 선택을 목적으로 하지 않는다. 그러므로 '재미있다'가 교육 목적으로 설정된다고 하더라도 교육의 장에서는 학습자가 '더 재미있다'라고 하거나 '더 많은' 학습자가 '재미있다'고 하는 것을 근거로 설정할 수는 없다. 그렇다면 어떤 것을 선택하는가 하는 것에 앞서서 어떻게 선택하는 것이 교육적 선택이라고 할 수 있는지 따져보아야 한다.

8 '무엇이 재미있다.'는 것은 무엇이 나에게 즐거움을 제공하였기 때문이고, 그 결과로 나는 즐겁다. 앞서 제시한 여러 심리학 연구에서 재미란 '의외의 또는 새로운 것이어서 놀라움의 정서가 재미를 구성하는 것'이라고 보고하고 있는 데서도 알 수 있듯이 '재미있다'는

정서는 새로운 것을 체험함으로써 생기는 만족감의 정서를 필요로 한다.

'재미있다'와 정 반대에 있는 것이 '식상하다'이다. 게임은 '재미있다'가 '식상하다'로 가는 과정을 아주 잘 보여준다. 게임에서는 문제 상황을 어떻게 해결할지 모르면 재미없다. 문제 상황을 이해하고 패턴을 분석하고 효과적인 전략을 세워 대응할 때까지는 아직 재미있다. 그러나 문제와 패턴을 파악하고 전략이 익숙해져 어떤 상황에도 대응하게 되어 새롭지 않으면 식상하다. 이 낯섦, 새로움이란 지금까지 내가 갖고 있지 않다는 뜻이다. 낯설고 새로운 것이 '재미'를 구성하는 필요 요건이라는 것은 재미 체험이란 지금 내가 갖고 있지 않는 것, 내가 익숙해 하지 않는 것을 체험하는 데서 오는 것이라고 풀이할 수 있다.

그러나 이 '재미있다'의 정서적 상태는 나에게 낯선 어떤 것이 나의 요구와 맞을 때 생기는 것이다. 내가 필요로 하지 않은 낯설고 새로운 것을 체험해야 한다면 그것은 어색한 것이지 재미있는 것이 아니다. '재미있다'는 정서적 상태는 낯선 어떤 것이 나의 요구에 대응할 때에 발생하는 것이다.

인간의 요구는 생존에 대한 요구와 인간다움에 대한 요구로 나누어 생각할 수 있다. 앞의 것을 필수 요소에 대한 요구라고 한다면 뒤의 것은 부가 요소에 대한 요구라고 할 수 있다. 음식의 경우 식량과 요리의 구분이 여기에 해당된다. 물론 요리라고 해도 식자재를 먹을 수 있는 상태로 가공하는 단계의 요리라고 한다면 그것은 필수 요소이지 부가 요소는 아니다. 부가 요소로서의 요리는 다양한 음식 상태로 가공하는 것을 의미한다. 부가 요소는 인간으로서의 삶을 풍성하게 한다.

결핍으로부터 요구가 만들어지고 요구의 충족이 만족감을 가져온다고 할 때, 재미는 필수 요소가 충족될 때 발생하는 것이 아니다. 굶주릴 때 식량을 얻는 일은 재미있는 일이 아니라는 말이다. 또 결핍을 느끼지 않을 때, 즉 요구가 없으면 충족의 즐거움도 있을 수 없다. 요구하지 않는데 지금까지 먹던 요리와 다르게 요리한 것을 제공해서는 재미있게 하지 못한다는 말이다. 요컨대 생활에 허덕거리는 사람도 재미를 느끼기 어렵지만, 새로움에 대한 욕망이 결여된 사람 역시 재미를 느끼기 어렵다고.

그리고 필수 요소와 부가 요소를 양적으로 비교하자면 필수 요소의 범위가 부가 요소의 범위보다 작을 것이다. 인간의 생존에 필요한 최소한의 것이라는 합의는 가능하지만, 무엇이 인간다움인가 하는 데에는 저마다 생각이 다른 것은 여기에 기인한다. 이것은 식자재의 목록으로부터 생존을 위하여 필요한 것을 고르는 것은 합의가 가능하지만, 요리의 목록으로부터 더 좋은 요리를 고르는 데에는 합의가 불가능하다는 말이다.

생존하지 않으면 인간다움을 바랄 수는 없지만 인간답지 않다면 생존이 무의미해지는 것 또한 분명한 일이다. 부가 요소는 인간을 인간답게 실존하게 하는 것, 인간다우려면 반드시 필요한 요소가 된다. 그렇다면 부가 요소로서 '재미'는 인간을 인간답게 하는 요소가 된다. 그렇기 때문에 '재미'의 대상은 비록 달라도 재미 체험이 갖는 가치는 포기할 수 없는 일이다. 재미 체험을 포기하지 않는 한 재미 체험을 주는 대상을 잘 선택함으로써 재미 체험의 소통이 가능하도록 해야 한다. 그러면 그것은 어떻게 가능하겠는가?

9 재미 체험의 소통이 가능하기 위하여, 재미 체험과 유사한 미적 체험을 검토해보자. 미적 체험은 미적 대상을 관조하고 감상함으로써 즐거움의 상태에 이르는 과정으로 이루어진다. 우리는 모두 저

마다 사적인 취향을 갖고 있다. 나의 취향을 만족시키는 대상에 대해서는 만족스럽다고 하거나 적절하다고 한다. 그리고 그것이 나의 사적 취향에만 영합하는 것이 아니라 나의 사적이고 주관적인 취향을 넘어서 보편적이고 영원한 진리에 합한다는 체험을 가질 때 그것은 새로운 차원으로 발전한다.

한 시대 한 공동체는 보편적이고 영원한 진리에 대하여 공통 영역을 갖는다. 그러므로 이 공동의 진리에 합한다는 조건 때문에 앞의 체험은 보편적일 수 있다. 이것은 사적 취향이 보편적이려면 우리가 공통의 감각[common sense of mankind]과 공통 규범의 감각[sense of a common standard]의 두 가지를 갖추어야 한다는 것을 뜻한다. 그리하여 우리로 하여금 진리에 대한 통찰을 가능하게 하는 보편적인 지각 능력을 갖추게 하고 우리가 속한 공동체가 그의 구성원들로 하여금 문화적 통합을 가능하게 하는 규범적 판단의 기초를 제공한다. 이것은 양식(良識, sensus communis)이라고 불리는 것[15]으로서, sensus communis라는 말이 보여주고 있듯이 '공통성'을 특징으로 한다. 그러한 공통성이 사회적 소통의 기능을 담당하기 때문에 어떤 사람이 아름답다고 말할 때에 그에 대하여 고상한 취미라거나 야비한 취미라거나 하는 판단이 가능하게 된다. 그리고 비록 우리는 아름다움의 속성을 설명하기는 어렵다 하더라도 아름다운 것에 해당하는 모범적인 예[범례 exemplar]를 들어 아름다움이 무엇인지는 말할

---

15 Joachim Ritter, Karlfried Gründer und Gottfried Gabrie, 앞의 책. 'Sensus communis' 참조. 칸트의 미학이 공통의 감각과 공통 규범의 감각의 둘을 종합하려는 기획임은 잘 알려진 바와 같다. 공통감에 근거한 예술 교육의 가능성[즉, 효율성]과 목적성에 대하여는, 이민정, 「칸트 미학에서 공통감과 예술교육의 문제」, 숭실대학교 박사학위논문, 2008. 특히 103-116면 ; 이성민, 『칸트의 판단력비판』에 나타난 공통감 개념 연구』, 서울대학교 석사학위논문, 2012 참조. 공통감을 통하여 사회적 소통의 가능성에 대하여는, 강지은, 「칸트 미학에서 반성적 판단력과 의사소통의 가능성에 관한 연구」, 건국대학교 박사학위논문, 2010, 73-81면. 참조.

수 있다.

'재미있다'는 자신의 정서적 상태를 반성하여 성찰할 필요가 없는 즉각적인 감정 상태이다. 그렇기 때문에 이것은 진리에 합하는지를 성찰할 초월적 자아가 필요하지 않다. 그리고 '무엇이 재미있다.'는 판단의 대상이 되는 이 '무엇'의 자리에 누구나 보편적으로 받아들일 만한 범례를 제시하기 어렵다. 그래서 우리는 '어떤 것이 재미있다.'고 할 때 재미를 주는 그것에 대하여 공감하기는 어렵다. 그렇기는 하지만 이미 '재미있다'는 정서 상태가 우리의 삶을 삶답게 하는 데에는 필요한 것임에 대해서는 공감하였고, 우리는 모두 이것이 어떤 정서적 상태인지는 경험을 통해 이미 알고 있다. 여기서 교육 방법도 만들어질 수 있을 것이다.

우리는 '재미있다'에 해당하는 보편적으로 공감하는 범례를 제시할 수는 없지만, '재미있다'는 상태를 알고 있기 때문에 그것을 일깨우는 어떤 사례를 숙고할 수 있다. 그것은 재미있지 않는 것을 재미있다고 느끼는 타인의 판단을 존중하고 그의 판단을 더 적극적으로 고려할 때 만들어진다. 자신의 개인적 한계를 넘어서 적극적으로 상대를 이해하려는 노력에 의해서 비로소 '재미'는 소통이 될 수 있다. 그렇기 때문에 '재미'의 소통은 미적 소통보다 훨씬 더 역동적일 뿐만 아니라, 그 사적 특성 때문에 훨씬 다양한 방법과 풍부한 사례를 제출할 수 있다. 애초에 즉각적이고 자연스러운 정서 상태였던 '재미있다'는 정서 상태는 적극적인 노력을 통해서 도달 가능할 뿐만 아니라 풍부하고 풍요롭기까지 한 것이 된다.

10 이제 논의를 고전문학교육이라는 장으로 구체화하여 보자. 오늘날 학생들이 고전문학 작품에서 재미를 느끼지 못하는 원인은 이미 밝혀진 바와 같다. 그 목록을 되는대로 적어보면 아마 다음과 같

을 것이다.

주제는 교훈 중심적이며, 사건은 천편일률적이고, 묘사된 세계는 우리의 일상과 동떨어진 낯선 세계이며, 등장 인물은 감정이입이 되지 않는 비상한 인물뿐이다. 표기 문자는 현재의 문자와 동떨어져 해독이 불가능한 것이 많고, 사용하지 않는 어휘가 많이 등장한다. 표현은 관념적이고 모호하며 우리 시대의 언어 관습으로는 이해하기 어렵다. 그러니 고전문학 작품으로부터 현재 지금 나의 삶이 결여하고 있는 것을 찾아야 하는데 그것이 가능하지 않다.

그렇기는 하지만 고전문학 작품을 교육하는 것은 교육 목적 상 바르고 방법상 타당하다면 지금이라도 '고전문학 작품에 재미를 느낀다.'는 교육목표를 세우고 구체적인 성취 기준을 설계하여야 한다. 어떻게 해야 할 것인지를 알아보기 위하여 현행 초등학교 3-4학년 군의 '문학'영역 성취 기준인, "(2) 재미있거나 감동적인 부분에 유의하며 작품을 이해한다."와 그에 부기된 해설을 참고하기로 한다.

> 작품의 전체적인 내용이나 주제를 파악하기에 앞서 발상이나 구성 요소, 부분에 주목하게 함으로써 어렵지 않게 문학을 문학답게 하는 요소나 발상을 경험해 보도록 한다. 운율, 이미지, 발상, 특이한 표현 등이 나오는 동시나 옛 노래, 인물·사건·배경 중 어느 한 가지 이상이 흥미롭게 펼쳐져 있는 동화나 아동극 등을 듣거나 읽거나 보고 재미있게 느낀 점을 다른 사람에게 다양한 방식으로 설명하도록 한다. 작품의 발상이나 구성 요소 자체를 지도하는 것이 아니라 학생들이 재미있게 읽었거나 감동을 받은 부분을 말하도록 하는 데 중점을 둔다.[16]

---

16 교육과학기술부(2011), 앞의 책, 같은 곳.

'고전문학 작품에서 재미를 느낀다.'는 것은 '고전문학 작품의 운율, 이미지, 발상, 표현을 통하여 고전문학 작품에 재미를 느낀다.'는 것으로 확장할 수 있다. 고전문학 작품만이 갖고 있는 특수한 요소들로부터 고전문학 작품만이 제공할 수 있는 재미를 제공해야 고전문학 작품을 교육하는 의의를 말할 수 있다. 그런데 지금까지 우리의 고전문학교육 연구는 고전문학 작품만 갖고 있는 것을 주목하기보다는 고전문학도 갖고 있는 것을 중시해왔던 것이 아닌가 싶다.

고전문학만이 갖고 있는 특수한 점을 적극적으로 해석해야 한다. 고전문학 작품이 기대고 있는 가치, 시대적 배경, 관습과 같은 고전문화는 총체적으로 낯선 세계이다. 오늘날의 독자-학습자가 식상하다고 여기는 것은 잘 알고 있어서 식상한 것이 아니라 잘 모르고 있으면서 식상한 것으로 착각하고 있는 것뿐이다. 그러니 고전 문화의 총체 속에서 작품이 제시되었을 때 갑자기 모든 것은 낯설고 새로워지는 것을 경험하게 된다.

고전문학은 오래전에 생성되어 지금 우리의 언어 우주에 그 빛을 발하는 별과 같이, 지금 우리와 동시적으로 존재한다. 오래 전에 생성되어 지금 우리와 함께 있다는 것은 두 가지 이유 때문이다. 고전문학이 다루어야 하는 것이 거듭 반복되어야 할 만큼 중요한 것이기 때문에. 또는 한 두 차례의 문학적 실천으로는 해결이 어려운 문제이기 때문에. 아니면 고전문학은 오늘날에도 여전히 반복될 만한 미적 모범을 제시했기 때문에.

오르한 파무크가 말한 것처럼 작가는 우리 모두가 알고 있으면서 알고 있는지를 모르는 문제들을 다루려 하고, 모든 사람은 서로 닮아 있다는 데 대한 믿음을 갖고 글쓰기를 실천하는 존재이다. 고전문학의 작가와 현재의 우리가 연결되는 첫 번째 이유는 여기에 있다. 고전문학은 오래된 사고이지만 동시에 인류가 아직 어려서 경험이 부족한 때의 미숙한 사고이기도 하다. 오늘날 우리의 문학적 실천 속에서 고전문학의 흔적이 여전히 남아 있는 것은 고전문학이 인류의 근본 문제에 대해 보여준 모범이자 미숙함 때문이다. 이 두 가지는 모두 고전문학의 식상함을 다른 각도에서 바라보게 한다.

현재의 교육과정에서 '고전' 교과를 국어과 안에 독립적으로 설계하는 일이 생겼다. '고전문학에서 재미를 느낀다.'는 성취 기준은 이제 구체적이고 현실적인 근거를 갖게 된 것이다.

⑪ 사실 '고전'교과의 독립은, 다소 과장되게 말하면, 감격스러운 것이기까지 하다. '교수요목기'라고 불리는 1945년부터 1955년까지의 중학교 국어과 교수요목은, '읽기', '말하기', '짓기', '쓰기', '문법', '국문학사'를 교수할 것을 정하고 있다. 교수 시간 배정표에, '읽기', '짓기와 문법', '국문학사'의 주당 수업 시수가 정해진 것으로 보아 이 셋은 국어과의 세 교과로 진행되었던 것 같다. 이 중 '국문학사'는, "국문학의 사적 발달의 대요를 가르쳐, 국민의 특성과, 고유문화의 유래를 밝혀, 문화사상에의 우리 고전(古典)의 지위와 가치를 알림."을 교수 사항으로 하고 고급3학년, 즉 1951년 이후의 편제에 따르면 고등학교 3학년에 가르치는 것으로 했다.

이 '국문학사'는 제1차 교육과정문서인 "문교부령 제 46 호 별책 단기 4288년 8월 1일 제정 고등학교 및 사범학교 교과과정" 문서에는 교과목 명으로 나타나지 않는다. 하지만 당시 고등학교에서는 가르쳤던 것이 분명하다.[17] 그러다가 제2차 교육과정 때에는 '고전'이라

17 최근 이에 대한 박형준의 연구가 참고가 된다. 박형준 · 민병욱, 「1950년대 문학교육의 지형학」, 『문학교육학』 24, 한국문학교육학회, 2007 ; 박형준, 「해방 직후, 유인본 국어교과서의 발견과 해석」, 『국어교육연구』 45, 국어교육학회, 2009. 이것은 학위논문 박형준, 「한국 문학교육의 제도화 과정 연구」, 부산대학교 박사학위논문, 2012로 집성되었다.

는 교과로 된 후 제4차 교육과정 때는 '고전문학'이라는 이름으로 바꾸어 '현대문학' 과목과 병립했고, 제5차 교육과정 때 '문학' 교과로써 현대문학과 병합되어 문학의 하위 영역이 되었다. 이렇게 1945년부터 1988년까지 고전문학교육은, '국문학사', '고전', '고전문학' 등 여러 이름으로써 변개되면서 국어과의 독립된 지위를 유지하고 있었다고 말할 수 있다.

'2009년 개정 교육과정총론에 따른 국어과 교육과정 / 인성'이라는 긴 이름을 가진 이른바 2011년 개정 교육과정에서는 '고전' 교과를 설립하고 있다. 이것은 문학에만 한하지 않고 또 우리의 고전에만 한정된 것도 아니어서 이전의 고전문학교육의 전통과는 다소 거리가 있는 것도 사실이다. 그렇기는 하지만 이것은 지금까지 해 왔던 고전문학교육의 틀을 갱신하는 계기가 되어야 한다. 그러기 위해서는 '고전이 재미있다.', '고전으로부터 즐거움을 얻는다.'는 성취 기준으로써 재미와 즐거움을 갖추도록 해야 한다. 그러나 2011년 개정 교육과정의 '고전' 교과의 성취 기준은 아무리 급히 만든 성취 기준이라고 하지만 교훈적 목적으로 일관하고 있어 고전을 즐길 여유가 없다.[18] 즐거움을 느끼지 못하니 흥미를 가질 수 없다. 흥미가 없는 것

18 〈고전〉 교과의 교육 목표 성취 기준은 다음과 13개로 구성되어 있다. (1) 고전의 본질과 가치를 이해한다. (2) 인문, 사회, 과학, 예술, 문학 등 다양한 분야의 고전을 통한 교양 형성의 중요성을 인식한다. (3) 고전에 바탕을 둔 창의적 국어 활동의 중요성을 인식한다. (4) 고전이 쓰인 시대와 문화 등의 맥락을 고려하면서 고전의 지혜와 통찰을 수용한다. (5) 고전이 시대와 문화를 초월하여 가치를 가지게 된 요인을 비판적으로 평가한다. (6) 현대 사회의 맥락을 고려하여 고전의 내용을 재해석하고 가치를 재평가한다. (7) 고전을 통해 알게 된 사실과 깨닫게 된 점을 바탕으로 세계를 이해하고 문제를 해결할 수 있는 교양을 형성한다. (8) 고전을 읽고 공동의 관심사나 현대 사회에 유효한 문제 등을 중심으로 통합적 국어 활동을 수행한다. (9) 고전을 읽고 적극적으로 소통함으로써 인간과 세계에 대한 이해를 확장한다. (10) 국어에 관한 고전을 통해 바람직한 국어 생활과 국어 문화에 대해 탐구한다. (11) 고전을 통해 바람직한 삶에 대해 탐구하고 올바른 인성을 함양한다. (12) 고전의 수용을 통해 삶을 성찰하는 태도를 형성한다. (13) 적극적으로 고전을

에서 의미를 발견하라고 하기 어렵다.

교육 과정의 역사에서 보면 재미나 즐거움을 명하는 성취기준 내지 교육 목표는 낯선 것은 아니다. 지난 제4차 교육과정에는, "거) 시조 작품을 통해 한국 서정시가의 기본 율격을 파악하며, 그 속에 담긴 한국적 서정 세계의 다양한 모습과 전통을 이해하고 즐긴다."는 성취 기준을 두고 있다. 이 교육과정에서는 성취 기준을 진술할 때, '파악한다', '이해한다'로 앎의 영역에 속하는 행위와, '감상한다', '즐긴다'로 정서의 영역에 속하는 행위를 나누어 진술했다. 이처럼 교육과정의 역사를 보아도 '고전', 고전문학교육에서 재미를 느낀다는 성취 기준이 새삼스럽거나 억지스러운 것은 아님을 알 수 있다.

⑫ 한국 교육에서 중등교육과 고등교육의 성격 변화, 특히 고등교육기관으로서 대학의 교육에서 변화가 크게 일어나고 있다는 것은 잘 알려져 있다. 한국의 대학은 산업체가 요구하는 직무 능력을 배양하는 교육과정을 반영하였다는 것을 교육목표로 삼은 지 오래다. 이러한 변화가 좋든 싫든, 바람직하든 그렇지 않든, 이것은 근대 대학의 이념을 폐기하고 있다는 말과 같다.

우리의 대학 이념은 일본으로부터 전수한 것이다. 독일의 대학 교육 이념, 훔볼트적 대학의 이념[19] 일본의 근대 대학 교육 이념에 커다란 영향을 끼쳤다는 것은 잘 알려진 사실이다. 그런 점에서 우리의 근

찾아 읽는 태도를 형성한다. 등이다. (교육과학기술부, 앞의 책.) 이러한 성취 기준이 모두 교훈적 목적을 담고 있다는 것을 금방 알 수 있을 것이다.

19 훔볼트의 교육 이념에 대하여는 정영근, 「신인본주의 교육사상의 형성과 빌헬름 폰 훔볼트」, 『한국교육사학』 13, 한국교육사학회, 1991, 311-326면 ; 안성찬, 「전인교육으로서의 인문학」, 『인문논총』 62. 서울대학교 2009, 120-121면 ; 대학 경영과 기업 경영의 아이디어는, 고부응, 「근대 대학의 형성 : 칸트의 이성의 대학에서 훔볼트의 학문의 자유 대학으로」, 『비평과 이론』, 한국비평이론학회, 2012, 17권 2호. 25-32면.

대 대학 교육 이념은 훔볼트적 교육 이념의 영향 아래 형성되었다고 해도 과언은 아니다. 훔볼트에 의하면 교육은 중등교육[Gymnasium]으로 완성된다. 거기서 학생은 자기 결정 능력을 갖는 자유로운 주체로서 스스로를 완성한다. 그리고 대학은 자기 결정 능력을 가진 자유로운 주체가 철저한 고독 속에서 절대적인 자유를 갖고 진리 탐구에 매진하는 곳이었다.[20]

그런데 한국의 대학 교육이 산업체가 요구하는 직무 능력을 잘 배양하는 곳으로 바뀌면서 대학이 지향하는 이념적 가치도 고독과 자유로부터 소통과 효율로 전환해야 한다. 무엇보다 더 큰 문제는 중등교육에서 완결되었다고 보았던 자기 결정 능력의 여러 하위 요소들이 직무 능력이라는 이름으로 고등교육기관인 대학 교육에서 재연되고 있다는 점이다. 중등교육과 고등교육, 즉 중, 고등학교와 대학교의 교과 내용을 일관하는 교육 설계가 간절하다.

이 글에서 '재미'가 갖고 있는 '그 소통되지 않는 즉각적이고 감각적 쾌감'을 주목하고자 그 추상적 단편의 국면에서 벗어나 공통의 영역으로 고양할 길을 모색하고자 한 것은 학교 교육에서 작품의 미적 체험을 가르칠 수 있도록 개별적 미적 체험의 의사소통 구조와 교수-학습의 의사소통 구조의 접점을 확보할 때 이루어진다. 이것은 의사소통적 관계에 있는 것을 이해하고, 의사소통은 상호작용으로 형성되는 것임을 납득하며, 이것이 일정한 과정으로 진행되는 즉 시간이

20 대학 학자의 고독과 자유에 관하여, 고부응, 앞의 논문, 30면 참조. 거기서 주목한, W. Humboldt(1809 / 1810), Über die innere und äussere Organisation der höheren wissenschaftlichen Anstalten in Berlin (http://edoc.hu-berlin.de/miscellanies/g-texte-30372/229/PDF/229.pdf 2014.7.17. 0905 접속)에는 자유와 고독에 대하여 이렇게 서술하고 있다. "그렇기 때문에 이 기관들[고등지식기관-필자]은 각자가 될 수 있는 한 지식의 순수 이념에 마주서고 그렇게 해서 이 순환 속에서 고독과 자유가 우위를 점하는 원칙이 될 때에 그의 목적에 도달할 수 있다."

걸리는 일임을 알고, 저마다의 체험에 갇히지 않고 소통함으로써 궁극적으로는 상호 이해라는 고양된 상태로 나아가는 것임을 받아들이는 것을 말한다.[21] 이러한 합의가 미적 체험의 교육적 가능성을 이룬다.

그래서 저마다의 즐거움의 추구가 가치 일임을 인정하고 이러한 개별적이면서 추상적인 즐거움의 가치를 부분적이나마 공통 영역을 구하는 일로 나아가게 될 것이다. 이것은 자신의 발랄한 삶을 인정받기 위하여 타인의 발랄한 삶을 긍정하는 첫 걸음을 실현하는 일이다. 그 장이 중등교육의 장이고 그 영역이 고전의 영역이다. 그렇기 때문에 고전이 재미있다는 것은 고전 교육을 위한 수단이 아니라 목적이며, 설명적 명제가 아니라 수행적 명제일 수 있는 근거가 마련되는 것이다. 여기에 이르면 고전문학교육의 이론과 실천의 국면에서 고전에서 '재미'를 발견하고 이를 통용하는 역할을 수행하는 고전문학교육의 장이야말로 우리 시대의 특질을 간직한 미적 의사소통의 장이면서, 인지적-도구적 합리성의 장이고, 명령 수행적인 장이며, 나아가 사회구성원의 합의가 이루어지는 사회적 의사소통의 합리성을 갖춘 장이 되는 것이라고 확신한다.

---

21 이에 대해서는 이미 공통감 분석의 장에서 언급한 바 있다. 나는 선험적인 것으로서의 공통감을 통하여 누구나 다 갖고 있다는 것을 입증하고 그것을 통하여 미의 보편성을 확보하는 일은 근대적 의미에서의 미적 체험 조건이라고 생각한다. 그러나 오늘날, 탈 근대의 시대를 살아가고 있는 우리의 보편성은 차분한 내면의 관조나 성찰 이외에 사회적 지성으로부터도 형성된다고 생각한다. 앞의 것이 주관적 보편성이고 뒤의 것이 사회적 보편성이라고 부를 때 이 양자의 화해가 오늘날의 과제가 아닌가 싶다. 그렇기는 하지만 정책 명제로서의 교육은 앞의 입장이 아니라 뒤의 입장에 더 기울어져 있다. 교육이 사회적 효율성을 벗어나기 어렵기 때문이다. 그런 점에서 미적 체험의 교육적 가능성은 J.하버마스가 '자신의 주관 세계에만 갇혀 있는 주체가 떨어져 추상적으로 존재하는 것이 아니라 상호 주관적으로 공유된 생활의 세계에서 공통의 세계가 만들어지는 현상학적 합리성 속에서 체험의 합리성, 공적 소통의 가능성이 있다.'고 지적한 바(J.하버마스, 장춘익 역, 『의사소통행위이론 1』, 파주: 나남, 2011, 49-53면.)로부터 그의 가능성의 일단을 발견할 수 있다고 생각한다.

참고문헌

〈자료〉

司馬遷, ≪史記≫

〈사전〉

Joachim Ritter, Karlfried Gründer und Gottfried Gabriel, Historisches Wörterbuch der Philosophie, Basel : Schwabe Verlag, 1976.

한국심리학회 심리학용어사전, http://www.koreanpsychology.or.kr/psychology/glossary.asp.

〈공시문〉

교육과학기술부, 「교육과학기술부 고시 제 2012 – 14호 [별책 5] 국어과 교육과정」. 교육과학기술부, 2011.

〈논저〉

강지은, 「칸트 미학에서 반성적 판단력과 의사소통의 가능성에 관한 연구」, 건국대학교 박사학위논문, 2010.

고부응, 「근대 대학의 형성 : 칸트의 이성의 대학에서 훔볼트의 학문의 자유 대학으로」, 『비평과 이론』, 한국비평이론학회, 17권 2호, 2012.

김기동, 「학습과정에서의 재미와 불확실성과의 관계에 대한 연구」, 서울대학교 석사학위논문, 2006.

류수열, 「고전시가 독서의 재미 요소 탐구」, 『고전문학과 교육』 23. 한국고전문학교육학회, 2013.

류준필, 「'이별론'의 텍스트 읽기 - '재미, 흥미, 의미'의 三味論의 시각에서」, 『한국고전문학교육학회 제94차 학술발표논문집』, 한국고전문학교육학회, 2014.

박현용, 「프리드리히 슐레겔의 낭만적 아이러니 연구」, 한양대학교 박사학위논문, 2002.
박현용, 「프리드리히 슐레겔의 초기 미학에 나타난 역사의식」, 『독일문학』 96, 한국독어독문학회, 2005.
박형준, 「해방 직후, 유인본 국어교과서의 발견과 해석」, 『국어교육연구』 45, 국어교육학회, 2009.
박형준, 「한국 문학교육의 제도화 과정 연구」, 부산대학교 박사학위논문, 2012.
박형준・민병욱, 「1950년대 문학교육의 지형학」, 『문학교육학』 24, 한국문학교육학회, 2007.
신재홍, 「고전소설의 재미 찾기」, 『고전문학과 교육』 23, 한국고전문학교육학회, 2013.
신종섭, 「미적 커뮤니케이션」, 『범한철학』 54, 범한철학회, 2009.
안성찬, 「전인교육으로서의 인문학」, 『인문논총』 62. 서울대학교, 2009.
유영화・한광희, 「놀라움과 사후추정이 인지적 재미에 미치는 영향」, 『2000년도 한국실험및인지심리학회 겨울학술대회 발표논문집』, 한국실험및인지심리학회, 2000.
이민정, 「칸트 미학에서 공통감과 예술교육의 문제」, 숭실대학교 박사학위논문, 2008.
이병옥, 「프리드리히 슐레겔의 비이해의 해석학」, 『해석학연구』 10, 한국해석학회, 2002.
이성민, 「칸트의 『판단력비판』에 나타난 공통감 개념 연구」, 서울대학교 석사학위논문, 2012.
장미영, 이호준, 「문학작품 독자의 주관적 재미 요소 연구」, 『인문콘텐츠』 18. 인문콘텐츠학회, 2010.
정영근, 「신인본주의 교육사상의 형성과 빌헬름 폰 훔볼트」, 『한국교육사학』 13. 한국교육사학회, 1991.
王立達, 「現代漢語中從日語借來的詞彙」, 『中國語文』, 1958년 2월호, 人民敎育出版社, 1958.

Gadamer, Hans Georg, *Wahrheit und Methode*, 이길우 외 역, 『진리와 방법 1』, 서울 : 문학동네, 2012.

Habermas, Jürgen, *Theorie des kommunikativen handelns*, 장춘익 역, 『의사소통행위이론 1』, 파주 : 나남, 2011.

Kant, Immanuel, *Kritik der Urteilskraft*, 이석윤 역, 『판단력 비판』, 서울 : 박영사, 1984.

Liu, Lydia He, *Translingual practice*, 민정기 역, 『언어횡단적 실천』, 서울: 소명출판, 2005.

McNeil, John D., *Contemporary curriculum in thought and action*, 권낙원 역, 『현대 교육과정의 이론과 실제』, 서울 : 아카데미프레스, 2008.

W. Humboldt(1809 / 1810), "Über die innere und äussere Organisation der höheren wissenschaftlichen Anstalten in Berlin", http://edoc.hu-berlin.de/miscellanies/g-texte-30372/229/PDF/229.pdf (2014.7.17. 09:05 접속)

고전문학 '학습(學習)'의 경험과 '재미'의 문제

염은열 *

1. '재미' 요구하는 세상

우리는 재미가 곧 의미이고 가치인 세상, 그래서 '재미'를 욕망하게 하는 세상에 살고 있다. 이 세상에서는 우리들의 삶 혹은 행위가 '재미'라는 잣대로 저울질되곤 한다. 나는 기왕이면 재미 있는 사람이고 싶고 재미 있는 삶을 살고 싶다. '재미'를 화두로 이런 저런 생각을 하다 보면, 가끔은 사는 재미라는 게 무엇일까, 어떻게 살아야 하나 스스로에게 묻기도 한다. 그 질문은 학교를 중심으로 돌아가는, 눈에 띄는 변화가 거의 없는 내 일상에 대해 회의하게 하고 그럴 때면 재미 없게 살아서 문제인 것처럼 생각되기도 한다. 도대체 재미란 무엇인가. 나는 아니 우리는 왜 재미있어야 한다는 생각을 하게 되었을까. 재미의 정체를 따지는 일이 어떻게 가능하며 또 어떤 이로움을 줄 수 있을까.

『표준국대사전』에서 재미는 '아기자기하게 즐거운 기분이나 느낌',

---

* 청주교육대학교 국어교육과

'안부를 묻는 인사말에서, 어떤 일이나 생활의 형편을 이르는 말', 그리고 '좋은 성과나 보람'이라는, 세 가지 뜻으로 정의되어 있다. 나아가 재미가 자미(滋味)에서 유래한 말이며, 자미란 '자양분이 많고 맛도 좋음'을 뜻한다고 정의하고 있다. 결국 '재미'란 맛이 좋아 느껴지는 즐거운 기분이나 느낌은 물론이고, 좋은 성과 즉, 자양분과 맛이 훌륭한 음식을 얻게 된 삶 전반에 대한 평가까지를 포괄하는 개념임을 알 수 있다.[1]

사전적 정의에서도 드러나듯이 의미의 편폭이 커서 학술적으로 정의하기 어려운 개념이지만, 분명한 것은 재미라는 말이 '맛'이라는 대단히 개인적이고 주관적인 감각 혹은 취향에 기초한 개념이라는 점이다. 그리고 개인적이고 주관적인 감각 혹은 취향이 우리 사회 전반에서는 물론이고 우리가 관심을 가지고 있는 제도 교육의 장에서도 중요하게 고려되기 시작했다는 점이다. 우리의 일상이나 제도 및 구체적인 행위 등에 대해 다시 생각하게 하는 개념으로 등장했고 급기야 이처럼 학술 활동의 장에서까지 진지하게 논의되기에 이르렀다.

교육 현장에서는 재미 있게 수업을 하기 위하여 묘안을 짜내고 새로운 교수・학습 방법을 고안하느라 바쁜데, 그런 노력을 기울이기에 앞서 고전문학교육과 관련하여 재미를 어떻게 정의하고 어떻게 고려할 것인지 진지하게 고민할 필요가 있다. 사실 개념의 출현은 지식 생태계에 종(種)을 더하는 행위가 아니라 지식 생태계 전반을 성찰하고 재조정하는 계기가 되어야 한다. 이에 '재미'라는 개념이 출현한 맥락을 살피고 '재미'가 제기한 문제에 대해 진지하게 고민함

1 신재홍은 재미가 대개 관심, 이해, 해석을 통하여 얻어지는데, 그 경험의 과정에서 느껴지는 즐거움, 감동은 물론이고 그 과정 혹은 결과에서 맛보는 좋음, 가치, 보람 등을 포함한다고 보았다. 신재홍, 「고전소설의 재미 찾기」, 『고전문학교육』 제26집, 한국고전문학교육학회, 2013.

으로써, 고전문학교육 연구 및 실천의 장 전반에 대해 반성적으로 성찰하고 고전문학교육의 방향에 대해 탐색해보고자 한다. 논의의 과정에서 그간 연구자들이 표 나게 혹은 암묵적으로 제안하고 논의한 내용 및 성과들을, 고전문학교육 생태계라는 거시적인 구도 속에서 정리하고 비판적으로 검토하는 일을 하게 될 것이다.

2. '재미' 담론의 맥락에 대한 이해

'학습자 중심'이란 말이 학습자가 존중받지 못하는 교육 현실에서 나온 말인 것처럼 고전문학교육의 장에서 '재미'라는 말은 그 자체로 현대독자들이 고전문학의 재미를 경험하지 못하고 있거나 경험하는데 모종의 문제가 있음을 증거한다.

'재미'라는 말은 고전문학의 위기 담론, 직접적으로는 고전문학교육의 위기 혹은 교육 전반의 위기와 관련하여 등장하였다.[2] 교육의 과정과 결과로 고전문학의 재미를 경험하지 못함으로써 고전문학의 가치 자체를 의심하기에 이른 문제적 상황에서 나왔다. 고전문학교육의 문제 중에서도 고전문학 학습의 문제이며, 구체적으로 고전문학 읽기 및 해석의 국면에서 발생하는 문제 사태와 관련된다.[3] '재미'는 사실상 고전문학 작품 안에 '이미' 고정되어 존재하는 것이 아니라 학습자가 읽기 과정에서 그리고 그 결과로 경험하는 것이다. 그런 점에서 고전문학을 배우면서도 그 '맛(味)이 좋아서 느껴지는 즐

2 고전문학의 위기는 고전문학교육의 위기에 대응하지 못함으로써 발생, 심화된 면이 없지 않다.

3 학술 활동의 장에서 '재미'를 거론하게 된 이면에는 고전문학의 인문적·교육적 가치에 대한 암묵적 합의가 흔들리고 그로 인해 고전문학교육의 정당성이나 필요성이 의심을 받고 있는 현실에 대한 위기의식이 자리하고 있다.

거운 기분이나 느낌' 혹은 '보람' 등을 경험하지 못하는 문제 상황으로 인해 떠오른 말이 바로 '재미'라 하겠다.

사실 재미가 없으면 읽지 않아도 되는 사람들에게 고전문학의 재미 여부는 관심사도 아니고 따라서 문제가 될 리도 없다. 그러나 재미가 없음에도 불구하고 배워야 하고 시험까지 봐야 하는 학생들에게는 큰 문제가 된다. 초·중·고 학생들에게 고전문학의 재미 여부가 문제가 되는 것은 그 때문이다. 이 학생들에게 문제가 되기 때문에 우리 사회 전반의 관심사가 되고, 이 학생들의 문제를 제대로 해결해주지 못했기 때문에 이들이 장차 편입되는 고등 교육의 장이나 학술 활동의 장에서 또한 문제가 지속되거나 관련된 다른 문제가 생겨날 수밖에 없게 된다. 이처럼 '재미'라는 말이 제도교육의 장에서 고전문학을 배우고 있거나 배워야 하는 학습자들이 겪는 어려움 혹은 문제와 관련된다는 점에서, 문제의 실상을 명확하게 파악하고 그 문제에 적극적으로 대응할 필요가 있다.

그렇다면 먼저 교실에서 발생한 문제, 혹은 학생들이 겪는 문제의 실체가 무엇인지 살피고, 그 문제를 야기한 환경으로써의 학교[제도]와 그 학교에서의 고전문학 학습 상황에 대해 살펴볼 필요가 있다. 문제의 본질 및 발생 맥락에 대한 성찰은 학생들에게 고전문학의 재미를 경험하게 하기 위한 연구 및 실천의 첫걸음이 될 것이다.

1) '어려워서 재미 없다'는 논리

'흥미'와 '재미'가 혼용되기도 하지만,[4] 그러나 정확한 기술을 위하

---

4 『표준국어대사전』에서 흥미를 '흥을 느끼는 재미' 혹은 '어떤 대상에 마음이 끌린다는 감정을 수반하는 관심'이라고 정의하고 있는 것처럼 재미와 흥미는 사실 엄밀하게 구분되지 않고, 비슷한 의미로 통용되곤 한다. 재미와 흥미, 나아가 관심의 번역어가 모두 'interest'인 것도 개념 구분의 어려움을 잘 보여준다.

여 두 용어를 구별할 필요가 있다. 여기서는 앞서 잠깐 언급한 것처럼 '재미'를, 어떤 것에 대한 관심은 물론이고 경험을 통해 얻어지는 즐거움과 감동, 가치와 보람 등을 포괄하는 보다 큰 우산으로 사용하고자 한다. 그리고 '흥미'를 대상에 대한 관심이나 호기심과 관련된 개념으로 다소 제한하여 사용하고자 한다. 고전시가에 대한 흥미를 '학습자들이 고전시가에 호기심을 갖고 이를 해소하기 위하여 전심전력을 기울이는 태도'로 정의한 예[5]에서도 확인되듯이 흥미는 학습의 자발적인 동기가 된다. 또한 학습의 결과로 발달하는 개념이기도 하다. 그런데 우리가 기억할 것은 자발적 동기로서의 '흥미'가 있어야 '재미'를 경험할 수 있고 '재미'를 경험해야 '흥미'가 강화되고 발전한다는 점에서 이 둘은 연동되고 상호영향을 주고받는 개념들이라는 점이다.

학생들은 고전문학이 재미가 없다고 말한다. 흥미 없다는 말도 자주 한다. 학생들에게는 '재미 없다'는 말이나 '흥미 없다'는 말 모두 자신들이 처한 어려움에서 비롯된 불만이나 거부를 표하는 말이라는 점에서 거의 구별되지 않는다. 고전문학에 대해 흥미나 재미를 느끼지 못하는 이유로 학생들은 고전문학에 대한 접근 자체가 쉽지 않기 때문이라고 한다. 사실 현대 독자들에게 고전문학은 그야말로 '낯선 나라'다. 현대어와 다른 낯선 표기와 어법, 문장을 해독(decoding)하는 것도 쉽지 않은데, 그러한 해독의 어려움을 넘어서 고전문학 텍스트를 해석하고 그 즐거움이나 보람을 경험하는 것이 어떻게 가능할까. 재미없다는 말은 학생들이 낯선 텍스트를 만나 겪게 되는 인지적 곤란함이나 낯설음을, 그 도전적인 과제나 상황을 극복하지 못한 상태임을 증거 하는 말인 것이다.

5 김현정, 「'흥미' 변인을 고려한 〈陶山十二曲〉 교육의 방향」, 『고전문학과 교육』 제27집, 한국고전문학교육학회, 2014, 16면.

사실 교사나 연구자들 역시 학생들이 겪는 어려움을 먼저 경험한 사람들이다. 다만 학생들과 다른 점이 있다면 그 어려움을 어느 정도는 해소한, 학습의 경험 또한 가지고 있다는 사실이다. 그 배움의 경험을 참조하여 교사들은 학생들이 겪는 어려움을 줄여주고자 원문을 적절한 현대어로 풀이해 주기도 하고 해석에 유용한 맥락 정보를 제공해주기도 한다. 배우고자 하는 열정이 있거나 흥미를 느끼고 있는 학생들에게는 그러한 설명과 정보 제공이 빛을 발하기도 한다. 그러나 대부분의 학생들에게는 암기해야 할 정보의 양을 늘린 것 외에 별다른 도움이 되지 않는다. 대부분의 학생들이 고전문학 작품 해석의 즐거움을 경험하는 데까지는 이르지 못한다.

현대어로 풀이해주거나 맥락 지식을 제공해주는 것 외에 연구자들은 교수·학습의 차원에서 고전문학 학습의 즐거움을 경험하게 하기 위한 방안을 찾고자 하였다. 그 결과 학생들의 관심사와 연결 짓거나 놀이와 게임의 방식을 도입하는 등 수업의 국면에서 활용할 수 있는 다양한 아이디어들을 교수·학습 방법으로 제안하였다. 그러나 그 역시 학생들의 곤란함을 해소해주거나 학생들에게 의미 있는 변화를 불러오지 못했다. 고전문학의 '재미'가 무엇인지 고민한 후 그 '재미'를 경험하도록 하기 위하여 고심하기보다는, 고전문학이 재미가 없다는 사실을 암묵적으로 전제한 상태에서 재미 없는 고전문학을 어떤 맛의 당의(糖衣)로 감싸 먹게 할 것인가 하는 식의 임기응변적인 처방에 그쳤기 때문이다. 이러한 임기응변적인 처방은 고전문학 작품의 고유한 맛을 그 자체로 즐길 수 없게 만들거나 오히려 거부하게 만들 수 있다는 점에서 지속가능한 접근이나 학습 방법이 되기 어렵다. 당장 재미를 경험할 수 없는, 경험의 축적과 일정한 훈련을 통해 재미를 경험할 수 있는 것들에 대한 도전의식을 떨어뜨릴 수 있다는 점에서도 문제가 된다.

그렇다면 어떻게 재미를 경험하게 할 것인가. 학생들은 과연 고전문학이 낯설고 고전문학 읽기가 어려워서 고전문학의 재미를 경험하지 못하는 것일까. 어려워서 호기심이 생기기 않고 재미도 없다는 학생들의 말을 어떻게 해석해야 할까. 낯설거나 어려운 것은 정말 우리의 호기심을 불러일으키지 못하는 것일까. 잘 알려진 것처럼, 인지적 곤란함이나 어려움은 배움의 필요조건이 된다. 배움이란, 새롭고 낯선 대상이나 사태에 직면했을 때 겪게 되는 인지적 어려움이나 정서적 곤란함 등을 학습자가 성공적으로 해소하거나 해결했을 때 일어나는 인식 지평의 확장에 다름 아니기 때문이다.

들뢰즈[6]는 "우리에게 무엇인가를 가르쳐 주는 모든 것은 기호를 방출하며, 모든 배우는 행위는 기호나 상형문자의 해석"이라고 말한다. 배움을 일종의 기호 해석으로 보고, 기호와의 만남을 '마주침(encounter)으로 설명함으로써 그 우연성에 주목하였다. 교사가 사전에 준비를 했든 하지 않았든 간에 학습자의 입장에서 보면, 사전의 계획에 의해서가 아니라 기호와 마주치면서 '우연적으로' 배움을 시작하게 된다는 것이다. 기호로서의 텍스트가 마치 "살짝 열린 통"처럼 그 속에 해석되어야 할 내용물들을 비밀스럽게 간직하고는 모호한 단서들만을 제공하면서 자신을 해석할 것을 강요한다고 본 것이다.

그런데 이러한 기호의 해석 활동은, 그 대상을 낯설게, 다르게, 또는 혼돈스러운 어떤 것으로 느끼면서, 다시 말해 일종의 문제적 사태로 받아들이는 것으로부터 시작된다. 그렇게 낯설게 느끼는 것으로부터 시작하여, 결국에는 현재적 상황을 낯설게 느끼거나 객관화하는 단계로 나아가고, 기존의 인식 지평을 허물고 새롭게 지평

---

6 Deleze, *Proust et signes,* 1976, 서동욱 · 이충민 역, 『프루스트와 기호들』, 민음사, 서울, 2004, 배지현, 「들뢰즈 철학에서 '배움'의 교육과정적 함의」, 『교육과정연구』 30(4), 한국교육과정학회, 2012 재인용.

을 확장하는 데 이른다. 그런 생산적이고 창조적인 경험이 바로 배움이다.

그렇다면 문제는 고전문학의 낯설음이나 그로부터 비롯된 어려움 자체에 있는 것이 아니라는 결론에 도달하게 된다. 그리고 재미 요소를 찾아 가르치거나 재미 있는 방법을 사용한다고 해서 그 어려움이 해소되는 것도 아님을 알 수 있다. 사실 '어려워서 재미 없다'는 학생들의 말은 고전문학이라는 기호가 야기한 인지적 곤란함에 대면하고 싶지 않다는 회피의 말이자 그렇게 회피함으로써 고전문학을 제대로 배운 경험, 즉 성공한 교육 경험이 거의 없다는 고백의 말이다. 표기와 어법, 양식 및 역사적 맥락의 낯설음에서 비롯된 어려움이나 곤란함을 극복하고 자신만의 이해나 해석에 이른, 교육적으로 성공한 읽기의 경험이 없음을 고백하는 말인 것이다. 상당한 시간과 노력을 투여했음에도 불구하고 어려움이 여전히 어려움으로 남은 상황에서 학생들이 어떻게 재미와 보람을 느낄 수 있을까. 어려움이 여전히 어려움으로 남은 수업은, 배움이 일어나지 않은 실패한 수업이며 학생들에게는 좌절의 경험이 된다.[7] 그런데 이러한 좌절의 경험이 누적되면 학습자들이 새로운 문제 사태나 낯선 것을 받아들이는데 주저하게 되고 자발적 학습의 동기를 상실함으로써 더욱 수동적이 되어, 결국에는 낯설거나 어려운 것을 거부하는 상태에까지 이르게 된다. 어려워서 흥미를 느끼지 못하고 흥미를 가지고 공부하지 않으니 재미를 알 길이 없고 재미를 알 길이 없으니 흥미가 더 떨어져서 시간이 갈수록 고전문학이 더 어렵게 느껴지는 악순환의 고리

7 혁신학교 열풍과 함께 한국 교육계를 흔들었던, 사또마나부의 '배움의 공동체' 운동 역시 학생들이 배움으로부터 도주함으로써 지적 관심이 쇠퇴하여 학력 저하 등 사회적인 문제가 발생하였다는 진단에 기초한 것이었다. 사또 마나부, 『배움으로부터 도주하는 아이들』, 북코리아, 2003, 19-29면.

가 생겨난다.

낯선 것에 대한 호기심이나 어려운 도전에 대한 거부감이 없는, 교육적으로 건강한 학생들에게 낯선 기호로서의 고전문학은 매력적인 텍스트일 수 있다. 자발적으로 해석 활동에 참여함으로써 학습자들은 읽기의 어려움을 극복하고 자신의 인식 지평을 조정(accommodation)함으로써 과거와 현재를 통합하여 미래적 가치를 창출할 수 있다. 그 과정에서 재미와 흥미가 생겨나고 강화되어 또 다른 도전으로 이어지는 선순환의 고리가 생겨날 것이다.

그런 점에서 고전문학의 낯설음이나 읽기의 어려움은 교육적으로 의미 있는 사태이다. 보편성을 들어 고전문학이 낯설기만 한 것은 아니라고 설득한다거나 이렇게 읽으면 어렵지 않다고 달랠 것이 아니라, 고전문학의 낯설음이나 그로부터 비롯된 어려움이 배움을 가능하게 하는, 재미와 즐거움, 앎을 가져오는 중요한 요인임을 적극적으로 인식하게 해야 한다. 고전문학은 우리에게 도전이 되기 때문에, 말을 바꾸면 '다르면서' 같기 때문에 의미가 있는 것이다.[8]

2) '교실에서 재미를 가르칠 수 있는가'의 문제

엄밀하게 말해서 고전문학을 배우면서 학생들이 겪는 어려움은 학생들 스스로 극복해야 할 발달 과업이라, 외부에서의 그 어떤 개입으로도 해소되거나 해결될 수 없다. 인간은 오로지 자기 스스로를 통하여 자기 자신이 될 수 있는 그런 존재이다.[9] 고전문학 읽기의

8 고전 자료가 국어활동의 근원성, 완료성, 역사성 등을 보여주는 장점 내지 특성이 있다는 연구 또한 '다름'의 속성에 주목한 것이다. 여기서 '다름'이란 특이함이나 기이함이 아니라 역사적 특수성에서 나온 구체성에 가깝고 그래서 보편적 가치를 지니는 속성을 말한다. 김대행, 『국어교과학의 지평』, 서울대학교 출판부, 1995.

9 손승남, 「배움의 근본문제에 관한 해석학적 고찰」, 『교육철학연구』 제41집, 한국교

어려움을 돌파하는 일도 학생 스스로 해야 할 일이고, 그 결과로 얻게 되는 재미나 즐거움, 그러한 성공의 경험을 통해 형성되고 강화되는 취향이나 태도 역시 다른 어떤 사람의 것이 아니라 학생 자신의 것이다. 동기가 어떻든 간에 어려움을 해결하기 위하여 자발적으로 탐구할 때 재미도 흥미도 생겨난다.

그런데 한 시간씩 구획된 시간에 따라, 컨베이어 벨트가 작동하듯이 교과 내용들이 흘러가는, 다량 생산을 의도하는, 공장 같은 학교에서 학습자들의 자발성을 기대하기는 어렵다. 학생들의 자발성이나 동기에 주목하고 학생들 각자가 스스로 자신의 어려움을 해소하여 배움에 이르도록 안내하는 것 또한 쉽지 않다. 그래서 학교 안보다는 바깥에서 고전문학의 재미에 푹 빠져 있는 사람들이나 흥미를 느끼는 사람을 자주 만날 수 있다.[10] 졸업한 후에, 학교 다닐 때는 없었던 흥미가 생겨나고 고전문학의 재미를 새삼 경험하게 되는 사람들이 적지 않다. 이러한 학교 바깥의 사정은 시간적 거리에서 비롯된 낯설음과 그로부터 비롯된 어려움이 아니라 '학교'라는 제도가 고전문학의 흥미와 재미를 경험하는 데 걸림돌이 되고 있음을 알려준다.

지금과 같은 교실 상황에서는 학습(學習), 곧 배우고 익히는 주체인 학생들의 자발적 참여를 기대하기 어렵다. 여기서 말하는 교실 상황은 물리적인 환경뿐만 아니라 교육의 전통과 제도, 그 전통과 제도 속에서 형성된 교사 및 학생들의 행동 양식 등까지를 아우르는,

---

육철학회, 2008, 144면.

10 유산 산업(heritage industry)이 발달하면서 고전문학 또한 과거를 재현하고 설명하고 구성하는 데 중요한 자원으로 중심 역할을 하기 시작했다. 상품화된 과거나 유산 산업이 끼친 부작용이나 과거에 대한 오해가 또다른 문제로 제기되고 있지만, 상품화나 산업화의 양상은 고전문학에 대한 대중들의 흥미와 관심을 보여주는 현상임에 분명하며 고전문학의 대중화에 일정 정도 기여한 측면이 없지 않다.

여러 변인들이 함께 작용하는 역동적이고 복잡한 상황이다. 교실 상황은 교과서를 바꾸거나 교사의 감정 및 시간 비용을 늘리는 등 어느 한 변인을 조정한다고 해도 좀처럼 바뀔 수 없을 정도로 복잡하고 여러 변인들이 얽혀 있다. 사실 어떤 변인이 어떻게 작동하는지 정확하게 파악하는 것조차 쉽지 않다. 그러나 분명한 것은 우리의 교실이 공급자 중심의 패러다임에 입각해 있다는 점이다. 교실에서의 학습자의 지위를 회복하기 위한 주장과 방안들이 끊임없이 제기되고 도입되었음에도 불구하고 공급자 중심의 수업 생태계는 거의 달라지지 않았다. 그로 인해 학생들은 문학 시간에 사실상 '비자발적 상황'에서 '자발성'을 발휘해야 하는 상황에 처하게 된다.[11]

이런 현실을 감안하면 '교육'과 '학습'을 구분하자는 제안[12]은, '학습'의 본질에 대해 제고하게 하고 적극 고려하게 한다는 점에서 의의가 있다. 김성룡은 '교육'은 사회적으로 재생산할 이념이나 가치, 지식 등을 보전할 필요가 있을 때 더욱 공고화되고 굳건한 제도로 자리하게 되는 대단히 공적인 활동임에 비해, 학습은 학습자의 개인적인 필요에 의해 이루어지는 사적이고 이기적인 행위로 탈제도적인 속성을 지닌다고 보고, 고전문학을 교육하는 활동과 고전문학을 학습하는 활동을 나눠 접근할 필요가 있다고 하였다. 나아가 제도적, 공적 지지가 확고했던 중세 고전문학 현상으로부터 고전문학교육 연구의 방향을 모색하는 것이 필요하고 유용함을 사례를 들어 보여주었다. 그렇게 보면 오늘날 우리가 직면한 문제, 즉 현상적으

11 배지현, 앞의 논문, 16면.

12 김성룡은 '고전문학'이라는 범주가 19세기말이라는 특정한 시기에 그 이전 시기의 문학을 칭하는 개념으로 만들어졌다는 점을 들어 고전문학의 범주 자체에 대해 다시 생각해보자고 제안하기도 하였다. 특정 시기에 만들어진 범주이기는 하지만, 그러나 관습적으로 사용해온 시간 또한 적지 않다는 점에서 현재로서는 선뜻 버리거나 돌연 사용하지 않을 수는 없다고 본다. 김성룡, 「고전문학교육과 고전문학교육학」, 『국어교과교육연구』 제8집, 국어교과교육학회, 2004, 1-23면.

로 '어렵고 재미없는 고전문학을 왜 배워야 하느냐'는 불만의 목소리와 학습 거부로 드러나는 문제적 상황은, 제도적·공적 권위 부여와 지지가 사라진 시대에 생겨난 고전문학 '학습'의 문제라고 할 수 있다.[13]

중세 시대를 포함하여 과거로부터 통찰력과 시사점을 찾는 노력을 지속적으로 전개해야겠지만, 그러나 학습자들의 '재미'가 문제되는 상황은 '지금-여기'의 문제 상황이라는 점 또한 중요하게 고려되어야 한다.[14] 그런 점에서 사실상 고전문학의 재미를 경험하게 하려는 모든 시도는 오늘날과 같은 제도 안에서 실현가능한 고전문학 학습의 전통과 문화를 새롭게 만들어가는 일이 되어야 한다. 지금 우리의 논의 또한 그 전통과 문화를 만들기 위한 움직임이 되어야 한다. 새로운 고전문학 학습의 전통을 마련하기 위해서는 학습의 본질을 명확하게 인식하고 암묵적 합의를 이루어내야 할 뿐만 아니라 그에 따라 연구자나 교사의 역할과 소임 또한 명확하게 해야 할 필요가 있다. 그와 관련하여 학습의 주체가 어디까지나 학생 개인임을 명확하게 하고, 교육 내용을 제안하거나 중개하는 연구자와 교사 모두 학습자의 외부에 존재하는 조력자 내지 촉진자일 수밖에 없음을 인정하는 것이 모든 연구와 실천의 출발점이 되어야 한다. 물론, 학생들을 학습 주체로 인정하는 것이 교사나 교육 연구자들의 역할을 부정하거나 축소하는 것은 결코 아니다. 오히려 고전문학교육의 가장 큰 문제가 학생들이 고전문학 학습의 주체가 되지 못했다는 사실

---

13 중세의 '고전'과 오늘날의 '고전문학'이 함의하는 바가 각각 다르다는 점도 고려해야 한다.

14 사실 어려움과 재미가 양립할 수 없는 단어가 된 것은 비교적 근래의 일이다. 가정 안에서는 물론이고 사회 전반에서 소비자로서의 '아동'의 지위가 높아짐에 따라 아동들의 흥미를 존중하고 취향과 반응에 귀를 기울이게 되었고, 어른들이 학습의 본질에 대한 인식이 부족한 상태에서 아동들이 마땅히 경험해야 할 학습의 어려움이나 곤란함까지도 줄여주려는 과도한 친절을 베풀다 보니 생겨난 현상이라고 본다.

에 있고 우리의 일이 학생들을 고전문학 학습의 주체로 세우는 일임을 분명히 함으로써 우리 연구 및 실천이 지향해야 할 방향과 연구 및 실천의 위상은 물론이고 그 한계와 제한적인 의의를 명확하게 인식하는 일이다. 그러한 인식을 바탕으로 새로운 고전문학 학습의 전통을 만들어가야 할 것이다.

요약하자면 고전문학교육 연구자나 실천가들은 1) '학습'의 본질에서 멀어져간, 고전문학교육의 현실을 정확하게 인지하고 2) 학습자들을 배움의 주체로 만들기 위하여, 즉 학습자들에게 교육적으로 성공한 학습의 경험을 제공해줌으로써 결국에는 고전문학에 대해 재미와 흥미를 느끼도록 하기 위하여, 3) 새로운 고전문학 학습의 전통의 마련하는 한편, 4) 궁극적으로는 고전문학에 공적 · 제도적 권위를 새롭게 부여하는 일을 해야 할 것이다. 고전문학을 학습하는 활동과 교육하는 활동을 구별하는 차원을 넘어서, 고전문학 학습을 촉진하기 위한 교육 활동을 구안하는 데 노력을 경주해야 한다는 생각이다.

사실 학습의 주체로서의 '학습자'를 염두에 두고 교육의 방향과 내용 및 교수 · 학습 방법을 제안한 연구들조차 정작 '학습'의 본질에 대한 명확한 인식을 전제하거나 끝까지 견지하지 못한 경우가 많았다. 대부분의 연구가 훈련된 연구자들이 발견한 재미 요소나 문학성을 공급자의 입장에서 제안하면서, 그 제안이 학습의 장에 전이되어 교육 효과가 발생하리라는 순진한 낙관과 가정에 머물러 있었던 것이 사실이다. 편안하게 공급자의 입장, 가르치는 입장에 서서 이런 점이 재미 있다거나 이런 방법이 좋다는 식으로 제안을 해온 셈이다. 재미를 고전문학이 주는 즐거움이나 공리적 효용 전반으로 확장하게 되면 고전문학작품 해석의 거의 모든 방법들이 재미를 찾기 위한 방법이 된다. 그런가 하면 고전문학 안에 '재미' 요소가 포함되어 있다고 가정하게 되면 그 재미 요소를 찾는 것이 재미를 경험하는 것이 된다. 전자와 관련하여 고전문학 해석 방법이 여럿 제안되는 성과가 있었고 후자와 관련하여 해학이나 기발한 발상이 드러나는 표현이나 놀이적 구조 등에 주목하여 재미 요소를 밝히려는 접근도 있었다.[15]

이러한 논의는 그 자체로 문학성 혹은 재미의 요인을 밝힌 귀중한 연구가 된다. 그러나 문학성 내지 재미의 요인에 이르는 방법이나 경로에 대한 고민이 빠져 있다는 점에서 '학습'의 본질에 대한 인정에서 출발한 교육 논의라고는 보기 어렵다. 무성한 논의가 현장에 힘을 발휘하지 못한 까닭이 여기에 있다.[16] 작품 해석의 다양한 방법을 참조하여 작품 읽기를 안내하고 작품 안에 있는 흥미로운 요소나 부분에 주목하게 한다고 해서 학생들이 고전문학의 재미를 경험하지는 못했다.

그렇다면 이제 논의가 다시 원점으로 돌아간다. 현대 학습독자들에게 고전문학에 대한 배움이 일어나도록 하기 위하여, 학습자들이 기꺼이 고전문학 읽기의 어려움에 직면하여 그 어려움을 스스로 돌파함으로써 재미를 경험할 수 있도록 하기 위하여, 어떤 교육 환경을 제공해주어야 하며 그 환경을 만들기 위하여 우리가 더 알아내고 함께 논의해야 할 것은 무엇일까.

---

15 류수열, 「고전시가 독서의 재미 요소 탐구」, 『고전문학과 교육』 제26집, 한국고전문학교육학회, 2013, 5-29면 ; 서인석, 「연극적 놀이 텍스트로 읽는 〈배비장전〉」, 『고전문학과 교육』 제27집, 한국고전문학교육학회, 2014, 39-68면.

16 지금까지 우리는 고전문학을 가르치고 배울 때 텍스트 해독 자체에 도움이 되는 언어 정보를 제공하고 컨텍스트를 고려함과 동시에 상호텍스트성을 활성화하는 방법을 활용해왔다. 류수열이 텍스트 차원과 컨텍스트 차원, 상호텍스트 차원으로 나눈 것도 이러한 교육 전통에 부합한다. 그러나 학습의 본질에 대한 인정과 인식이 전제되지 않으면 이러한 세 차원에서의 접근 방법 역시 효과를 낼 수 없다고 본다. 류수열, 「문학사 교육의 위상과 성격」, 『고전문학과 교육』 제1집, 청관고전문학회, 1999 참고.

3. 고전문학의 재미를 위한 '학습'의 본질에 대한 인식

1) '학습'의 본질에 대한 인식 공유

우선적으로 필요한 것은 학습자들에게 학습의 본질에 대해 명확하게 알려주는 일이다. 학습은 인지적 곤란함을 해소하는 일이고, 그 어려움과 성과가 오롯이 학습자 개인의 몫임을 분명하게 알림으로써, 학생들이 그러한 학습의 본질에 대한 상위 인지(meta cognition)를 가지고 학습에 임할 수 있도록 해야 한다. 그들이 고전문학 작품을 접했을 때 겪었거나 겪을 수 있는 낯설음이나 당혹감, 두려움 등이 장차 자신들의 인식의 지평을 넓혀줄 계기가 될 것이라는 비전을 갖게 하고, 고전문학이 어렵기 때문에 배울 가치가 있음을 명확하게 인식하게 하고,[17] 나아가 고전문학의 재미가 학습자 자신의 참여와 노력에 의해 경험되고 쟁취되는 성과임을 명확하게 알려주는 것이 필요하다.

이러한 인식은 결국 고전문학을 배우는 일이 무엇인가를 생산하는, 창조적인 일이라는 인식으로 발전하게 된다. 인지적 곤란함이나 어려운 사태를 해결함으로써 인식의 지평을 넓히는 일이 학습이라는 점에서 보면, 학습은 대단히 생산적인 활동이다. 교사가 제공해주는 지식이나 정보를 받아들이는 수동적인 행위가 아니라, 학생 스스로 어려움을 극복하기 위하여 분투하는 가운데 외부의 지식을 당사자적 지식(personal knowledge)으로 바꾸고 고립된 여러 정보들을 통합하여

---

17 서점에 나가면 '재미 있는 시리즈'가 널려 있다. 고전문학은 물론이고 과학, 수학, 역사 등등 여러 분야에서 앞다투어 재미 있는 시리즈를 내놓고 있다. 재미 있는 시리즈를 만드는 것을 문제 삼는 것은 아니지만 교육 내용에 대한 진지한 고민과 탐구를 뒤로 한 채 흥미를 끌기 위한 방법 모색에만 경쟁적으로 노력을 투여하는 사태는 문제가 있다고 본다.

하나의, 전에 없던 의미를 만들어내는 일이기 때문이다. 학습의 결과로 낯설었던 작품의 의미[맛]를 발견하고, 자신의 말로 설명할 수 있게 되고 자신의 인식 및 표현 행위 전반이 풍성해지는, 그런 경험이기 때문이다.

그렇다면 이제 우리가 탐구할 과제는 이러한 학습의 본질이 실현될 수 있도록 하기 위하여 어떤 교육 상황 혹은 학습 사태를 어떻게 구성해야 할 것인지에 대한 답을 찾는 것이다. 이와 관련하여 우선 확인할 것은 학습이 무의식의 영역에서 일어나는 사실이다. 그리고 외부자가 무의식의 영역을 활용함으로써, 즉 학습자가 아직 의식하지 못하는 상황을 조성함으로써 학습을 조력할 수 있다는 사실이다.[18] 학습이 무의식의 영역에서 일어난다는 것은 대상에 대한 관심이나 접근이 의식적인 계산에 따라, 단계적으로 진행된다거나 늘 전략적인 것은 아니라는 말이다. 학습의 기제에 대해 분명하게 설명할 수 없다는 말이며 따라서 이런 방법으로 이런 절차에 따라 학습하면 된다는 식의 정답이 있을 수 없다는 말이다. 누군가가 효과를 본 방

18 무의식의 영역을 활용하는 전통적인 방법으로는, 무의식의 영역을 조정하는 방법과, 학습자의 무의식적 영역을 조성해 주려는 교사의 의도마저 완전히 배제하는 방법이 있다. 전자가 피아제의 조절 메커니즘을 활용하는 방식으로 교사가 학습자의 인지적 균형을 깨뜨릴 수 있는 자료나 활동을 학생의 배움의 과정에서 의도적으로 삽입하는 전략을 사용하는 방법인데 반해, 후자는 도제식 교육에서 보듯이 선진(先進)이 후진(後進)의 학습을 촉진하기 위하여 개입하지 않고 그저 자신의 활동을 성실하게 수행하는 방법이다. 후자의 경우에는 선진의 행위 자체가 하나의 해석해야 할 기호가 되어 학습자에게 다가가고 그 기호를 해석하는 동시에 실제 활동을 수행하면서 학습자 스스로 배우고 익히게 된다. 그러나 학교에서의 고전문학 '학습'의 방식으로 조정이나 도제식 교육을 택하기는 어렵다. 교사가 학생 들의 학습 과정을 관찰하여 절절한 시점에 개입하는 것이 어렵기도 하고 고전문학 작품 자체가 곤란함을 야기한 상황에서 학생들의 인지적 균형을 깨뜨릴 자료나 활동을 제안하는 것은 적절하지 않다. 후진이 선진의 활동을 보고 스스로 배우는 면이 있기는 하겠지만 교실에서 교사가 장인(匠人)처럼 고전문학 학습 활동을 수행하는 것도 어렵다. 학생들이 배움에 대한 열정을 가지고 있는 견습생이 아닌 점도 도제식 교육의 상황과 구별된다.

법이라고 하더라도, 그래서 유용한 작품 해석 방법이나 교수·학습 방법으로 교과서에 실려 있다 하더라도, 그 방법이 학생들 모두에게 효과적인 방법이 되지 못하는 이유가 여기에 있다. 그런 점에서 정해진 내용이나 방법을 엄격하게 적용하기 보다는 상황에 따라 유연하게 교육 내용과 방법을 바꿔가면서 학습자들을 자극하고 조력하는 것이 교사의 일이 되어야 한다. 그런데 그러한 유연함이 고전문학 및 고전문학교육에 대한 깊이 있는 앎과 그 앎에 바탕을 둔 실행 능력에서 나온다는 점에서, 학생들의 '학습'을 촉진하는 데 교사의 역량과 역할이 여전히 결정적인 변인이 된다.

고전문학의 학습 역시 무의식의 영역에서 일어나는 일이다. 따라서 고전문학 학습 역시 어떤 경향성이 나타날 수는 있지만 학습자들이 고전문학에 흥미를 느끼고 배워가는 데 절대적이거나 정해진 방법이나 경로가 있을 수 없다. 그러나 우리는 외부자로서 무의식의 영역을 활용함으로써 고전문학 학습을 조력할 수는 있다. 그렇다면 고전문학교육의 장에서 '학생이 아직 의식하지 못한 환경' 혹은 '무의식의 영역'을 어떻게 조성해줄 것인가가 중요한 과제가 된다. 학습의 정체에 대해 탐구해온 연구 성과와 고전문학의 재미를 경험하고 고전문학에 대한 흥미를 발달시켜온 사람들의 경험으로부터 그 질문에 대한 답을 찾아볼 수 있다.

2) '학습'을 위한 교육 내용 구성의 방향

고전문학 학습을 촉진하기 위하여 어떤 환경을 제공해주려고 할 때 '고전문학' 작품과, 그 작품과 관련된 정보나 지식 등, 교육 내용[가르칠 무엇]이 중요하게 고려될 수밖에 없다. 그러나 '학습'의 본질에 천착한 연구자들 대부분이 교과 내용이나 지식에 대해서는 크게 주목하지 않았다. 교과 내용에 대한 앎을 바탕으로 교육론을 펴는 교과교육연구자들이 아니라 교육이라는 보다 보편적이고 일반적인 현상에 주목한 교육학자들이 '학습' 혹은 '배움'의 문제에 대해 연구했기 때문이다. 보다 높은 추상의 수준에서 배움[學習]의 본질에 대해 탐구하다 보니 구체적인 교과 내용이나 지식을 다루기 어려웠다. 교과 내용이자 지식의 권위가 굳건했던 시대에는 굳이 교과 내용이나 지식에 대해 주목할 이유가 없기도 했다.

학교교육을 '목마르지 않은 말의 교육'이라고 비판한 프레네[19]는 통 안의 더러운 물을 새 물로 바꾼다고 해도 말이 갈증을 느끼지 않는다면 아무런 소용이 없다고 하였다. 통 안의 물이 중요하지 않다는 말은 언뜻 보기에 교육 내용이 중요하지 않다는 말로 들린다. 그러나 이 비유의 말은 학습자의 자발성을 존중하지 않는 현실에 대한 신랄한 비판의 수사이다. 그 수사의 말을 문면 그대로 받아들여 무의식의 영역으로서의 교육 내용 구성의 중요성을 부정하는 말로 받아들이면 곤란하다. 우리는 여전히 통 안에 깨끗한 물을 채워놓아야 하지만, 어떤 물을 채울 것인가 보다는 어떻게 하면 물을 마시고 싶게 만들 것인가가 더 시급하게 고려해야 할 문제라고 본 것이다.

갈증을 느끼지 않는 말에게 물을 먹이는 행위는 때로 고문이 될 수도 있지만, 교육적 필요를 느끼지 않는 학생들에게도 무엇인가를 가르쳐야 하는 상황이 있을 수 있다. 우리 사회가 필요로 하는 가치나 능력을 길러주려는 의도 또한 가지고 있는 것이 제도교육이기 때문이다. 그리고 일정한 정도의 훈련이나 누적된 학습의 결과로 호기

---

19 혁신학교 운동이나 '교실 안에서 배움의 공동체'를 만들려는 교사들의 실천적 노력을 뒷받침하는 이론적 근거로 최근 다시 거론되고 있는 '참여교육론'의 주창자 프레네의 비판이다. 정훈, 「배움 욕구 회복을 위한 학교교육론으로서의 프레네 교육론의 의미」, 『한국교육학연구』 17권 1호, 안암교육학회, 2011, 32-56면.

심이나 취향, 교육적 필요가 생겨나는 경우도 있기 때문이다. 문학 감상 능력이나 고전문학의 재미는 문학작품을 거듭 접함으로써 나아가 해석의 관습과 방법을 적용하며 익힘으로써 경험되고 발달한다는 점에서 학생들이 목 말라 하기를, 즉 교육적 필요가 발생하기를 마냥 기다릴 수 없다.

경험적으로 볼 때 자발적 동기에서 출발하지 않았다 하더라도 하나의 온전한 교육 경험(An Experience)을 하게 되면 학습 대상에 대한 흥미가 생겨나고 자발적 동기가 생겨나는 경우가 드물지 않다. 학습자들의 자발적 동기나 흥미를 일깨우기 위하여 반(反)자발적인 강제가 허용되거나 때로 요구되는 역설이 성립할 수 있는 것이다.[20] 다만 이때도 우리가 잊지 않아야 하는 것은 그러한 반자발적인 강제가 자발적 참여를 이끌어내기 위한 과정이자 학습자가 배움의 주체가 되는 과정에서 허용되는 한시적인 것이라는 점이다.

고전문학 학습을 조력하기 위하여 무의식의 영역을 조성할 때, 교육 내용으로서의 작품이나 작품과 관련된 정보나 지식이 중요하고, 학생들이 교육적 필요를 느끼지 않고 호기심을 보이지 않는다 하더라도 가르칠 것은 가르쳐야 한다는 말은, 앞에서 학습자 스스로 배우고 익히는 것이 학습임을 새삼스레 환기하면서 비판해마지 않았던 공급자 중심의 교육 논리로 회귀한 듯한 느낌을 줄 수 있다. 그러나 그렇게 받아들여진다면 그것은 필자가 요령 있게 논지를 펴지 못한 까닭이다. '학습'의 본질에 대해 언급한 것은, 학습의 본질을 염두에 둠으로써 교육 내용이나 지식 또한 새롭게 구성되고 정해져야 함을 주장하기 위함이었다.

---

20 김현정은 내재적으로 동기화되어 있는 학습자들의 동기를 유발하고 흥미를 중재하는 방법으로 외재적 동기의 유형을 활용하는 방안을 제안한 바 있다. 김현정, 앞의 논문 참고.

그렇다면 다시 본론으로 돌아와, 학습자의 배움을 적극적으로 조력하는 외부 환경이자 무의식의 영역으로서의 교육 내용을 어떻게 구성할 것인가의 문제에 대해 계속 생각해 보자. 필자는 고전문학 연구자들의 학습 경험으로부터 고전문학 학습의 특수성을 반영한 교육 내용 구성에 대한 시사점을 찾아낼 수 있다고 생각한다. 깊이와 폭의 차이는 있겠지만 고전문학 읽기의 어려움을 돌파하여 고전문학의 재미를 경험한, 고전문학 연구자들의 학습 경험으로부터 학생들의 배움을 조력할 수 있는 학습 사태 구성의 실마리를 찾을 수 있다고 보는 것이다. 사실 고전문학 연구자들만큼 고전문학의 재미를 누리고 고전문학에 흥미를 가지고 있는 사람들도 드물 것이다. 어려서부터 문학에 남다른 관심을 가지고 있었던 연구자들도 있었겠지만, 분명한 것은 고전문학을 공부하면서 그 관심과 호기심이 더욱 발달했다는 점이다. 그리고 이들이 낯설음이나 차이에서 비롯된 이해의 곤란함이나 어려움을 스스로 극복하고 고전문학의 맛과 즐거움을 경험하고 문학에 대한 안목과 열정을 더욱 심화하고 발달시켰다는 점이다. 나아가 그러한 성장 경험을 바탕으로 결국에는 새로운 콘텐츠나 지식을 생산하는 연구자로 성장했다는 점이다.

이러한 성공의 학습 경험을 되짚어보면, 한두 가지 공통된 특징이나 경향성을 발견할 수 있다. 우선 눈에 띄는 것은 연구자들이 많은 외부 정보나 지식을 찾아 그것을 안목이자 도구로 삼아 고전문학 읽기의 어려움을 극복한다는 점이다. 작품과 관련된 맥락 정보는 물론이고 선행 연구의 결과로 제안된 지식이나 비평적 진술에 이르기까지 많은 정보와 지식을 끌어오면서 작품을 거듭 읽는 과정에서 조금씩 인지적 곤란함과 어려움을 해소하고 결국에는 하나의 의미를 구성하게 된다는 점이다. 그 과정에서 연구자들은 외부에 있는 지식들을 당사자적 지식으로 바꾸고, 전혀 관련이 없어 보였던 지식이나 정보들이 연결되면서 의미가 드러나는, 발견의 경험을 하게 된다. 일단 발견의 경험을 하게 되면 여러 지식들이 작품을 해석하는 안목이자 도구가 되어, 연구자들은 더 이상 남의 말을 중개하지 않고 자신의 말로 작품에 대해 설명할 수 있게 된다. 여기서 우리는 학습자들의 학습을 조력하기 위하여 무의식의 영역을 구성할 때 안목이나 도구가 되는 지식이 중요하며, 따라서 어떤 지식을 어느 정도 어떻게 제공해줄 것인가에 대한 답을 찾아야 한다는 결론에 도달하게 된다.

다음으로, 외재적 동기나 강제에 의해 고전문학 공부를 시작했다 하더라도, 연구자들이 결국에는 고전문학의 재미를 경험하고 고전문학에 대한 강한 호기심과 관심을 갖게 되었다는 사실이다. 그것은 모종의 '경험'이 준 결과이자 혜택이다. 경험이란 경험 주체가 주인공(actor)이 되어 자신의 이전 경험으로부터 형성한 모든 것을 의식 무의식적으로 동원하여 감각하고 사고하는 일이기 때문이다.[21] 연구자들 대부분이 잡다한 정보나 지식을 암기하는 데 그치지 않고, 시작과 끝이 있고 과정이 있는 탐구의 경험을 한다는 점이다. 그 과정을 거쳐야만 고전문학의 내재적 가치를 발견하게 되고, 외부에 있던 지식이 발생·구성되는 과정을 추체험하게 되며 그 결과로서 외부의 지식을 자신의 것으로 만들 수 있게 된다. 이 과정은 일종의 이론화 과정이라고 할 수 있으며 지식 생산의 과정이라고 할 수 있다.[22] 이는 연구자가 단편적인 정보를 엮어 작품에 대한 해석 및 평가의 논리를 구성하는 과정에 다름 아니다. 이러한 과정을 통해 얻은 지식

---

21 이는 인간 본성은 행동을 관찰하는 연구보다 개인 스스로가 지각하는 경험 세계를 관찰하여 해석하는 일련의 과정을 통해 더 잘 이해될 수 있다고 하며 개인의 주관적 경험을 중요시한 후설의 입론과도 일맥상통하는 바가 있다. 한혜정, 「한국 교사교육에의 적용을 위한 자서전적 방법의 이론적 기초 탐색」, 『교육과정연구』 제27권 제1호, 한국교육과정학회, 2009, 36면.

22 김상욱, 「실천적 이론과 이론적 실천」, 『문학교육학』 18호, 한국문학교육학회, 2005, 327-356면.

은 모종의 '감(sense)'이 결합된, 살아 있는 지식으로, 이후 작품 해석이나 생산에 유용한 지식으로 작동하게 된다.

정리하면, 여러 관련 정보나 지식들을 참조하고 적용하고 연결 짓고 통합하는, 하나의 경험[an Experience]을 거듭하는 가운데서 배움이 일어났고 배움을 거듭하는 가운데 고전문학의 재미와 흥미를 경험하게 되었다는 점이다. 이러한 사실로부터 우리는 단편적인 정보나 지식을 제공하기보다는 모종의 경험이 가능하도록, 구조화된 지식을 제공해주는 것이 학습자들의 학습을 촉진하는 데 유용하리라는 가정을 할 수 있다. 그러한 가정은 학문의 구조를 학습자의 내부로 옮겨 놓으려는 부르너의 관점과 그가 제안한 '지식의 구조'라는 개념은 물론이고, 김대행이 제안한 "원리적 성격을 띰으로써 그 원리의 터득이 삶의 여러 국면에서 두로 활용될 수 있"고 동시에 "구조로서의 면모를 지"니는 '원리적 지식'의 개념과도 일맥상통하는 바가 있다. 그러나 지식의 구조나 원리적 지식이라는 말은 지식의 성격 자체를 규정한 말이라는 한계가 있다. 이에 여기서는 여러 하위 지식이나 정보들이 연관성과 체계성을 띠고 존재하는 양상을 설명하기 위하여 '구조화된 지식'이라는 개념을 사용하고자 한다.

사실 지식이란 단순히 구성 요소의 가산적 총화가 아니라 조직적 체계성을 띠어야 하고,[23] 전체를 알지 못하는 파편, 혹은 그 의미의 맥락을 잃어버린 정보는 지식의 범주에서 벗어난다. 그런 점에서 보면 제대로 된 지식은 구조화된 지식으로서의 면모를 지닐 수밖에 없다. 그러나 학생들은 텍스트와 콘텍스트 관련 정보와 지식들을 파편이나 고립된 정보들로 접하고 있는 것이 현실이다. 간혹 교사가 파편이나 의미의 맥락을 잃어버린 정보에 맥락을 부여하고 연결망을

23 김정우, 「문학교육에서 지식의 문제」, 『국어교육연구』 6집, 서울대 국어교육연구소, 1999, 331면 ; 장상호, 『학문과 교육』, 서울대출판부, 1997-2009.

만들어줌으로써 학생들의 자발적 참여를 유도하고 해석 활동을 촉진하기도 한다. 그러나 대개의 교사들은 고립되고 파편화된 정보와 지식을 중개하고 만다. 간혹 갈증을 느낀 학생이 물을 원하는 경우가 생겨도 '소방 호스로 물을 쏟아 붓고' 만다. 지식은 넘쳐나는데 지적 갈증은 전혀 해소되지 않는, 역설적이면서도 비극적인 상황이 연출된다. 이러한 상황을 개선하기 위해서는 지식이 산출된 맥락을 복원하거나 지식이 도출된 과정을 다시 밟아가면서 여러 정보나 지식 등을 구조화된 지식으로 재구성하거나 새로운 지식을 창출해야 한다. 이런 관점에서 보자면 고전문학교육 연구의 장에서 일찍이 제안된 '문화론적 시각'이나 '국어활동'이라는 개념은 구조화의 안목과 방향을 제안했다는 점에서 의의가 있다.

이와 관련하여 필자는 핵심 개념을 중심으로 여러 하위 정보나 지식 등을 관계망으로 구조화하는 방식과, 서로 다른 문학사적 평가(혹은 평가의 표지)가 큰 우산이 되어 그 평가를 내리는데 동원한 여러 맥락과 관련된 지식들이 그 안에 포함되는 방식의 구조화 방안을 제안한 바 있다.[24] 구체화 · 일반화하는 과제가 남아 있기는 하지

24 〈한림별곡〉에서 관계망이라는 개념으로 이러한 생각의 단초를 제시한 바 있으며, 그 생각을 발전시켜 〈정읍사〉 해석의 두 경로에 대해 탐색해 보았다. 〈정읍사〉에서 '백제의 노래'라는 표지와 '고려의 노래'라는 표지를 선택하여 두 표지를 따라가면서 각각 활용할 수 있는 문헌 기록과 연행 관련 코드 등을 선택하여 두 가지 경로의 해석을 시도함으로써, 〈정읍사〉가 '백제의 노래'로 접근했을 때는 망부의 민요가 되고 정읍이라는 지역 정체성의 형성에 기여한 노래로 해석되는 반면, '고려의 노래'라는 표지로 접근하면 궁중 연악의 가사가 되고 조선초 음사라고 규정되기까지 한 남녀상열지사로 해석될 수 있다는 결론에 도달했다. 이 두 개의 표지 외에 다른 표지가 있을 수 있고 각각의 표지에 따라 다른 해석의 경로가 설정될 수 있으며, 종국에는 이러한 다양한 해석들이 〈정읍사〉에 대한 종합적인 이해로 수렴되어야 한다고 결론지었다. 두 개의 구조화된 지식을 산출한 셈인데 이로써 해석의 두 경로 내지 가능성을 교육 내용의 수준에서 시도해볼 수 있었다. 염은열, 『고전문학의 교육적 발견』, (주)역락, 2007, 173-174면, 180-182면 참고. 염은열, 「교육의 관점에서 본 고전시가 해석의 다양성」, 『한국시가연구』 제24집, 한국고시가학회, 2008,

만 이러한 구조화의 방식을 포함하여, 고전문학 학습에 도움이 되는 보다 구조화된 지식을 교육 내용을 구성하려는 시도는 계속되어야 한다는 생각이다.

4. 고전문학의 '재미'를 꿈꾸며

여기서는 고전문학의 재미가 무엇이며 어떻게 경험하게 할 것인가를 따지기에 앞서 고전문학의 '재미'를 운운하게 된 맥락을 살펴보는 것으로 논의를 시작하였다. 교실에서 학습 주체인 학생들이 정작 고전문학 학습으로부터 소외됨으로써 고전문학의 재미를 경험하지 못하고 있음을 확인하였다.

고전문학의 '재미'가 성공한 학습의 경험으로부터 나온다는 전제에 따라, 학생들로 하여금 학습이 본시 도전적이고 어려운 일이라는 점과, 그러나 그 어려움을 극복했을 때 새로운 의미나 세상을 발견하는 즐거운 경험을 할 수 있는 사실을 인식하도록 하는 일이 필요함을 주장하였다. 나아가 기발한 아이디어를 찾아 수업을 기획하거나 고전문학의 재미 있는 부분에 주목하게 할 것이 아니라 학생들이 주체가 되어 어려움을 극복할 수 있도록, 즉 스스로 작품의 의미를 발견하고 작품 해석에 이르도록 도와주는 것이 교육임을 명확하게 하고자 하였다. 그리고 학습을 촉진하기 위하여 보다 구조화된 지식을 발굴하여 제공하는 한편, 교육 사태나 수업 상황에서 유연하게 대처하는 능력을 기르고, 새로운 고전문학 학습의 전통을 마련해야 함을 주장하였다.

'재미'를 논하기에 앞서 학생들을 고전문학 학습의 주체로 회복시

233-260면.

키는 일이 시급함을 주장하였는데 논지를 마무리하면서도 마음이 편하지 않다. 앞서 '목마르지 않은 말의 교육'이라는 비유를 사용했던 프레네는 목마르지 않은 말을 교육하는 학교를 '불모의 계곡'이라고 비유했다.[25] 프레네는 불모의 계곡 같은 교실에서 균형이 깨진 아이들이 침착하지 못한 채 마음을 졸이고, 돌아다니거나 시시한 일로 말다툼을 벌이거나 아니면 기대에 찬 삶과 바깥의 자유에 대한 꿈을 꾸고 있을 뿐이며, 교사들은 침묵과 규율을 유지하느라 시간을 허비하게 된다고 말한다. 여기서 아이들이 택할 수 있는 방법의 하나는 모든 창조물들이 그들을 제약하는 권위나 위협이나 위험에 대항하여 스스로를 방어할 때 하는 행동인 죽은 체하며 지는 일이라고 경고한다. 프레네가 말하는 '죽은 체하기'는 극도의 수동성을 의미한다. 목마르지 않은 말의 교육이라는 비유의 말만큼이나 선정적인 말로 신랄하게 당시 학교를 비판한 것이다.

그런데 문득 오늘날 우리 학교의 모습도 이와 크게 다르지 않다는 생각을 했다. 고전문학 연구 담론이 무성함에도 불구하고 별다른 성과가 없는 것은, 원인이 어디에 있든 간에, 그리고 '불모의 계곡'이라고까지 할 수는 없겠지만, 건강하지 못한 우리 학교의 문제와 무관하지 않아 보인다.

죽은 체하며 지내고 있는 학생들에게 재미 있는 것은 과연 무엇일까. 이 글에서 말하는 고전문학의 '재미'를 학생들은 과연 재미라고 생각하기나 할까. 재미라는 말을 아예 버리고 다른 가치를 내세우는 것이 설득력이 있는 것은 아닐까. 고전문학 작품 각각의 개별적 속성이나 특성에서 비롯된, 독특한 매력을 어떻게 학생들과 공유할 수 있을까.

---

25 정훈, 앞의 논문, 32-56면.

이런저런 의문과 의심에도 불구하고 고전문학의 매력에 기대를 걸어볼 수밖에 없다. 모든 기호는 해석을 요구한다. 고전문학이라는 기호 역시 해석을 강제하는데, 그 강제성은 학습자로 하여금 무수한 난관에도 불구하고 그것을 해쳐 나가게 만드는 강렬한 힘이자 어떤 것의 의미를 탐구하지 않고는 견딜 수 없도록 만드는 매혹적인 이끌림이다. 그 매혹적인 이끌림에 빠져들어 고전문학의 재미를 경험하는 그런 세상을 그려본다. 재미가 있고 없음을 따질 필요도 없이 고전문학을 재미를 느끼고 누리며 사는, 그런 삶을 그려본다.

참고문헌

김대행, 『국어교과학의 지평』, 서울대학교 출판부, 1995.

김상욱, 「실천적 이론과 이론적 실천」, 『문학교육학』 18호, 한국문학교육학회, 2005.

김성룡, 「고전문학교육과 고전문학교육학」,『국어교과교육연구』 제8집, 국어교과교육학회, 2004.

김정우, 「문학교육에서 지식의 문제」, 『국어교육연구』 6집, 서울대 국어교육연구소, 1999.

김현정, 「'흥미' 변인을 고려한 〈陶山十二曲〉 교육의 방향」, 『고전문학과 교육』 제27집, 한국고전문학교육학회, 2014.

류수열, 「문학사 교육의 위상과 성격」, 『고전문학과 교육』 제1집, 청관고전문학회, 1999.

류수열, 「고전시가 독서의 재미 요소 탐구」, 『고전문학과 교육』 제26집, 한국고전문학교육학회, 2013.

배지현, 「들뢰즈 철학에서 '배움'의 교육과정적 함의」, 『교육과정연구』 30(4), 한국교육과정학회, 2012.

사또 마나부, 『배움으로부터 도주하는 아이들』, 북코리아, 2003.

서인석, 「연극적 놀이 텍스트로 읽는 〈배비장전〉」, 『고전문학과 교육』 제27집, 한국고전문학교육학회, 2014.

손승남, 「배움의 근본문제에 관한 해석학적 고찰」, 『교육철학연구』 제41집, 한국교육철학회, 2008.

신재홍, 「고전소설의 재미 찾기」, 『고전문학교육』제26집, 한국고전문학교육학회, 2013.

염은열, 「고전문학의 교육적 발견」, (주)역락 2007.

염은열, 「교육의 관점에서 본 고전시가 해석의 다양성」, 『한국시가연구』 제24집, 한국고시가학회, 2008.

장상호, 『학문과 교육』, 서울대출판부, 1997-2009.

정훈, 「배움 욕구 회복을 위한 학교교육론으로서의 프레네 교육론의 의미」, 『한국교육학연구』 17권 1호, 안암교육학회, 2011.
한혜정, 「한국 교사교육에의 적용을 위한 자서전적 방법의 이론적 기초 탐색」, 『교육과정연구』 제27권 제1호, 한국교육과정학회, 2009.

<영역> 고전문학의 영역별 재미

3. 고전시가를 읽는 재미 : 키트형 독서와 레고형 독서
4. 고전소설의 재미 찾기
5. 구비서사의 놀이적 특성과 문화적 창조력
6. 향가, 문학적 재미의 원천
7. 한국 전통연희에서의 재담의 양상과 그 의의

고전시가를 읽는 재미
: 키트형 독서와 레고형 독서

류수열 *

1. 논의의 배경

현재 우리 사회의 주된 지적 · 정서적 흐름에서 커다란 산맥을 이루고 있는 것은 '재미'라는 코드이다. 외형적으로 확대된 경제적 풍요가 디지털 문화와 결합하면서 재미의 코드는 발랄, 유쾌, 쾌락, 해학, 즐거움 등과 의미론적 자장을 공유하면서 더욱 확산되어 가고 있다. 이러한 경향의 이면에서는 근대적 이성주의 혹은 합리주의에 대한 도저한 저항들이 일어나면서 진지, 경건, 엄숙이라는 분위기가 더욱 옹색한 처지로 내몰리고 있다.

물론 근대적 합리주의와 재미의 코드가 항상 반비례적 관계에 있는 것만은 아니다. 근대적 이성의 권위가 세상을 지배하고 있을 때도 재미는 적극적으로 추구되었다. 더 거슬러 올라가 경건한 종교적 계율이 인간의 삶을 지배하고 있을 때도 재미는 주요한 관심사였다. 재미있는 이야기가 있었고, 재미있는 놀이가 있었으며, 재미있는 유

* 한양대학교 국어교육과

흥도 있었다. 우리 문화사에서도 음담패설이니 바보 이야기니 하는, 재미를 지향하는 각종 이야기를 수집하고 향유했던 사람들은 근엄하고 경건한 포즈로 심성을 도야하던 사대부들이었다. 재미란 21세기에 들어서 만들어진 발명품이 아닌 것이다.

그렇다면 재미를 추구하는 심리는 인간의 보편적 성정에 가까운 것이라 하겠다. 다만 과거에는 그것이 음지에서 옹색하게 소통되던 비공식적인 문화였다면, 오늘날에는 그 가치를 사회적으로 승인받고 또 하나의 문화로 당당하게 자리 잡고 있다는 차이가 있을 따름이다. 이에 따라 다음과 같은 몇 가지 질문을 던져 볼 수 있다. 재미는 과연 무엇인가? 과거에 추구하던 재미와 오늘날 우리가 추구하는 재미는 어떤 차이가 있는가? 과거에, 그리고 오늘날에 우리가 추구하는 재미는 각각 어떤 인간다움을 반영하고 있는가?

그러나 이런 질문들에 대한 답을 모색하는 데는 한계가 있다. 그것은 무엇보다 재미의 개념 자체가 모호한데다 지극히 주관적인 성격을 지니고 있기 때문이다. 따라서 이런 질문들은 과거로부터 전해온 문화유산인 고전문학은 오늘날의 우리에게 어떤 재미를 주는가, 고전문학을 재미있게 읽는 방법은 무엇인가 하는 식의 좀 더 구체화된 형태로 전환될 필요가 있다. 이와 같은 질문에 답하는 것은 문학의 존재 이유에 대한 해명이기도 하지만, 동시에 문학 교육의 목표와 내용, 방법을 모색하는 일이기도 하다. 그것은 무엇보다 문학의 교수-학습은 결국 문학작품에 대한 재미를 유발하는 과정이기도 하기 때문이다.[1] 이 글은 결국 고전시가를 재미있게 읽는 독서 방법에 대한

---

1 재미에 대한 연구는 보통 심리학 분야의 소관이긴 하지만, 교육학 분야에서도 상당히 이른 시기에 시작되었다. 19세기 초반에 이미 독일의 철학자이자 교육사상가였던 헤르바르트(Herbart)가 교육은 재미를 유발시키는 것이어야 한다고 보았고, 20세기 초반 미국의 철학자이자 교육학자인 듀이(Dewey)도 노력보다는 재미에 근거한 학습이 더 큰 효과를 가져 온다고 보았다. 조은예, 최인수, 「재미에 관한 아동의

탐구인 셈이다.

2. 고전시가의 재미 탐구를 위한 방법론적 모색

먼저 재미의 개념과 특성을 느슨한 수준에서나마 확정하고, 시가라는 장르의 특수성을 고려하여 재미를 탐구하는 방법론을 모색해 보기로 하겠다.

흔하게 쓰는 말일수록 뜻풀이가 쉽지 않은 법, 재미라는 말도 바로 여기에 속한다. 선행 연구에서도 재미의 개념에 대해서는 놀이, 즐거움, 기쁨, 행복, 만족, 전율, 쾌락, 흥미 등의 여러 가지 인접 개념과의 연관성을 강조할 뿐 정확하게 그 의미를 정의하지는 못했다. 재미는 대상이나 사물로 구성되어 있는 범주가 아니라 다양한 문화적 생산물인 텍스트에 대해 사회 구성원들이 경험하는 반응을 가리키는 용어라고 지정을 하거나[2], 레이먼드 윌리엄스가 말한 '감정의 구조' 개념에 기대어 한 공동체 내에서 '심층적'이며, '광범위'하게 작동된다는 속성을 제시하면서 그 중심 개념을 '유희'로 설정하는 수준이다.[3]

이러한 사정은 연구자의 한계 때문이라기보다는 그 개념 자체가 지닌 본성 때문인 것으로 보인다. 그렇다면 개념 확정을 위해 논의를 확산시키기보다는 차라리 사전식 뜻풀이에 기대어 단정한 논의를 펼치는 편이 더 효율적이리라 판단된다. 『표준국어대사전』에는 세

암묵적 지식과 플로우와의 관계 분석」, 『한국심리학회지: 사회 및 성격』 22(1), 2008 참조.

2 김혜영, 「판타지 소설의 재미 담론 연구」, 강원대학교 박사학위논문, 2011, 34면.

3 류정월, 『고전적 재미의 재구성: 잡록에 나타난 양반들의 유희적 독서와 놀이 문화』, 서강대학교출판부, 2012.

가지로 그 뜻을 풀이하고 있다. 하나는 '아기자기하게 즐거운 기분이나 느낌'이다. 이런 뜻으로 쓰이는 재미는 느끼는 것이다. 문학 작품을 읽거나 영화를 볼 때 느끼는 재미를 생각하면 충분히 이해된다. 또 하나는 '좋은 보람이나 성과'이다. 이때의 재미는 보는 것이다. 농부는 충실히 익은 열매를 보면서 농사짓는 재미를 맛보고, 어부는 그물 가득히 올라오는 생선을 만나면 재미를 본다고 한다. 부모들은 공부도 잘하고 인간성도 바른 자식들을 바라보면서 흐뭇한 미소를 짓는다. 재미를 보고 있다는 것이다.[4]

그런데 우리의 관심사가 문학 작품을 읽는 데서 얻는 재미라면, 첫 번째 뜻이 더 적절하게 부합하는 것으로 보인다. 아기자기하다고 했으니, 스케일이 큰 충격이나 차고도 넘치는 질펀한 쾌락과는 거리가 멀다. 대체로 잔잔한 즐거움, 산뜻한 쾌락, 발랄한 생기 등의 의미와 연결된다. 이에 비해 좋은 보람이나 성과라는 뜻은 주로 외적 보상 개념과 의미론적 자장을 공유하고 있어서, 적어도 문학 독서의 국면에서는 온전히 적용되기 어려운 것으로 판단된다. 독서란 기본적으로 행위 자체가 목적이 되는 드문 일 중 하나로서 그 자체로 합목적적이며, 문학 독서는 그 정점에 서 있다고 할 수 있겠기 때문이다.

그렇다면 우리는 자연스럽게 재미의 개념이 놀이의 개념과 만날 수 있는 가능성을 떠올리게 된다. 놀이는 인간의 본성이다. 그래서 인간은 호모 루덴스(Homo Ludens), 즉 놀이하는 인간으로 정의되기도 한다.[5] 카이와에 의하면 놀이는 본질적으로 ① 자유로운 활동,

---

4 이와 더불어 '인사를 나눌 때 어떤 일이나 생활의 형편을 이르는 말'로 쓰는 경우도 있다. 이 뜻은 본 논의의 관심사와 거리가 있으므로 상론을 생략한다.

5 놀이의 종류는 아곤(Agōn ; 경쟁), 알레아(Alea ; 운), 미미크리(Mimicry ; 환상 또는 모의), 일링크스(Ilinx ; 현기증)의 네 가지로 구별되는데(Roger Caillois, 이상률 역, 『놀이와 인간』, 문예출판사, 1994, 39-57면), 이들 모두가 재미를 추구하는 인간이 만든 놀이의 장치이자 장르들이다. 축구는 경쟁과 경합에서, 고스톱 등의 도박은

② 분리된 활동, ③ 확정되어 있지 않은 활동, ④ 비생산적인 활동, ⑤ 규칙이 있는 활동, ⑥ 허구적인 활동으로 규정된다. 시험 성적 향상과 같은 외적 보상을 기대하는 예외적인 경우가 없지 않지만, 문학 독서는 이러한 놀이의 본질에서 비껴나는 일이 거의 없다. 따라서 문학 독서를 놀이로 간주하는 데는 별도의 유보 조건이 요구되지 않는 것이다.

놀이에서 재미가 생성되는 것은 놀이가 기본적으로 무상성(無償性)을 지니고 있기 때문이다. 놀이에는 적어도 물질적 보상이 없다. 보상이 없기에 재미를 얻는 것이다. 생업으로 고기를 잡는 어부는 많이 잡을수록 재미를 '본다'. 그런데 바로 그 어획고 때문에 어부는 낙심하고 절망하기도 한다. 자신에게 재미를 보게 해 주었던 그것이 자신을 억압하는 것이다. 그러나 놀이로 낚시를 하는 사람은 얼마나 많이 잡았는지에 대해서는 상대적으로 무관심하다. 오직 낚는 행위 그 자체를 즐기는 것이다. 소설을 읽거나 영화를 보는 행위도 마찬가지이다. 특별한 경우를 제외하고, 이런 행위 또한 그 자체로 합목적적이다. 오히려 보상이 없기 때문에 더 즐겁고 더 즐길 수 있다는 점, 그것이 무상성의 가치이다.[6] 독서를 자족적인 행위로서의 놀이로 볼 때,[7] '아기자기하게 즐거운 기분이나 느낌'이라는 재미의 뜻풀이는

운의 불확실성에서, 영화 보기는 환상이나 흉내 내기에서, 롤러코스터는 현기증에서 오는 재미 때문에 언제나 흥행에 성공한다.

6 호모 루덴스라는 개념을 창안한 호이징하도 무상성을 놀이의 중요한 본질로 인정하고 있다. "이 자유로운 행위(놀이-인용자 주)는 어떤 물질적인 이해관계도 없고, 어떠한 이익도 얻을 수 없으며, 또한 그 행위는 질서 정연한 어떤 고유의 고정된 법칙에 따라 고유의 고정된 시간과 공간 속에서 이루어진다." J. Huizinga, 김윤수 역, 『호모 루덴스』, 까치, 1981, 26면.

7 더욱이 동양적 전통에서는 놀이를 정신적, 형이상학적 영역을 포괄하여, '도에 나가는 것', '진리를 추구하는 것' 등 심각하고 진지한 지적 작용까지를 아우르는 개념으로 규정해 왔다. 이에 대해서는 신은경, 『풍류 : 동아시아 미학의 근원』, 보고사, 1999, 69면 참조.

이런 점에서 독서가 추구하는 경지에 가장 잘 어울린다 하겠다.

이에 따라 이 글에서는 재미를 놀이의 효과로 파악하고자 한다. 즉 고전시가, 그 중에서도 시조를 읽는 행위를 놀이로 규정하고, 거기에서 생성되는 재미가 무엇인지를 해명해 보고자 하는 것이다. 나아가 이왕 시조 독서를 놀이로 본 김에, 그 재미의 원천도 놀이의 두 가지 종류로부터 도출하고자 한다. 그것은 레고형 놀이와 키트형 놀이이다. 레고와 같은 장난감은 놀이에 임하는 사람의 상상력에 따라 온갖 종류의 형태들을 만들 수 있는 재량과 자율성이 허락되는 반면에, 키트는 어떠한 자유도 주어지지 않고 주어진 매뉴얼에 따라 조립할 때만이 성공이 보장된다.[8]

이를 문학 독서에 적용해 보기로 한다. 키트형 독서는 작품이 기원적으로 지니고 있는 작가의 의도나 작품 자체가 내재적으로 지니고 있는 의미를 파악하는 해석의 단계에 적용될 수 있다. 그렇다면 이 단계에서는 작품의 구조를 이루는 여러 가지 요소에 관심을 기울일 수밖에 없다. 문학작품이 유기체적 구조를 지니고 있다면, 그 세부 요소로서 내용과 표현을 상정할 수 있다. 여기에 형식과 질료라는 개념을 추가적으로 상정하면 문학은 구조적으로 네 가지 요소의 유기적 구성물로 규정된다.[9] 형식은 문학적으로 형상화되기 이전 상태의 소재, 즉 질료를 작품의 내용으로 만들어주는 역할을 하고, 언어라는 물리적 매체를 소통 가능하도록 질서화하는 역할을 한다. 이

---

8 두 가지 유형의 놀이는 에코(Umberto Eco)의 「글쓰기와 글읽기」(김인환 외 편, 『문학의 새로운 이해』, 문학과지성사, 1996)를 참조했다.

9 이는 설화의 '흥미'를 연구한 심우장의 글에서 활용한 방법론을 원용한 것이다. 심우장, 「설화에 나타난 흥미 연구 시론」, 서울대학교 석사학위논문, 1999.

	이야기 / 내용	담화 / 표현
형식	사건적 요소(행위, 우발적 사건) 사물적 요소(인물, 배경)	서사적 전달의 구조
질료	작가의 문화적 코드에 의해 수용되기 이전의 사람과 사물들	발현 매체(언어, 영화, 발레, 판토마임 등)

에 따라 고전시가를 키트형으로 읽는 재미는 일차적으로 내용과 표현의 유기성을 바탕으로, 소재와 언어의 기표적 자질, 시적 전달의 구조 등이 맺는 관계를 파악하는 데서 비롯된다고 할 수 있다. 나아가 이를 다시 시인의 표현론적 동기와 연관짓는 방향으로 심화하는 데서 해석의 정확성을 기할 수 있을 것이다.

반면에 레고형 독서는 작품을 작가의 의도로부터 단절시켜 독자가 임의의 의미망 속으로 포섭하는 단계에 적용된다. 이 단계에서는 작품의 내재적 요소를 독자 자신의 상황에 입각하여 발산적으로 확장하고 새로운 관계망 속에 배치하는 것이다. 시어나 시구의 의미를 시인의 의도와 무관하게 새롭게 규정하거나 독자의 자율적인 독법을 통해 상호텍스트적 네트워크를 형성하는 데서 발견되는 재미도 포함될 수 있을 것이다.[10] 여기에는 주관적인 감상(鑑賞)이나 주체적인 평가가 포함될 수 있으며, 의도적인 오독까지도 허용될 수 있다.[11]

더불어 이 논의에서 다루는 작품의 범위에 대해 언급해 두기로 한다. 재미와 연합하기 가장 쉬운 개념 중의 하나는 웃음 혹은 해학이다. 그러나 이 논의에서는 소재 면에서나 표현 면에서 해학성이 두드러진 작품은 제외하기로 한다. 웃음은 재미와 어느 정도 뜻이 겹쳐 쓰이긴 하지만, 그 관계를 필요충분조건으로 보기는 어렵다. 웃기는 이야기, 웃기는 장면이 재미있다고 보는 것은 상식이지만, 재미가

---

10 이와 관련하여 다음 글에서는 독자가 독서 과정에서 자율적으로 구성하는 상호텍스트성을, 작품 자체에 기반한 상호텍스트성과 구별하여 '발산적 상호텍스트성'으로 규정한 바 있다. 류수열, 「〈사미인곡〉의 콘텍스트와 상호텍스트적 읽기」, 『독서연구』 21, 한국독서학회, 2009.

11 키트형 독서와 레고형 독서의 차이는 롤랑 바르트(R. Barthes)가 구별한 즐거움(plaisir)와 즐김(jouissance)의 차이에 대응된다. 전자는 상호주관적 객관성을 확보한 의미를 확인했을 때 느낄 수 있는 즐거움이고, 후자는 충격이나 교란, 저항을 통해서 얻어지는 즐거움이다. R. Barthes, 김희영 역, 『텍스트의 즐거움』, 동문선, 2002 참조. 경우에 따라 'jouissance'는 '환희'나 '쾌락'으로 번역되기도 한다.

항상 웃음에 원천을 두고 있는 것은 아니기 때문이다. 실제로 우리는 심각한 공포 영화를 보면서도, 롤러코스터의 현기증과 속도감을 느끼면서도, 그리고 어려운 수학 문제를 해결해 가는 과정에서도 재미를 느끼기 때문이다.[12] 따라서 이러한 작품들은 오히려 본 논의의 의도와 취지를 오히려 손상시킬 위험이 있다. 그리하여 이 글에서는 정서나 분위기가 진지하거나 심각한 작품들을 대상으로 하여, 독자로서 이들 작품을 읽어가면서 얻을 수 있는 재미를 통찰해 보고자 한다.

3. 시조의 키트형 독서와 그 재미

1) 언어의 기표적 자질을 읽는 재미

문학을 다른 종류의 예술과 구별하는 가장 가시적인 표지는 그 물리적 매체가 언어라는 점에 있다. 언어는 우선 음성을 통해 실현되는 물리적 실체로서 문학의 재료가 된다. 특히 시가에서는 그 음성적 자질, 곧 기표가 산문이나 서사 장르에 비해 월등하게 중요해진다. 시가는 태생적으로 구술성 혹은 구연성을 지니고 있기 때문이다. 그것은 노래로 연행될 때는 물론이고, 낭송을 통해 물리적으로 실현

12 참고로 심리학 분야의 한 연구에서는 재미의 구성 요소로, 스릴, 새로움, 유능감, 스트레스 해소, 우스움, 감동, 아름다움, 성적 자극, 맛있는 음식, 가족 및 친구와의 어울림, 이성과의 어울림, 춤 / 노래, 선물 등 13가지를 추출한 바 있다. 물론 이는 모든 일상생활을 대상으로 조사한 결과이다. 특기할 만한 사항은, 이 중에서도 모든 연령층에서 가장 중요한 재미 유발 요소는 가족 및 친구와의 어울림이며, 감동과 아름다움이라는 요소는 초등학생과 대학생 사이에서 유의미한 차이가 없다는 점이다. 윤홍미, 안신호, 이승혜, 「우리를 즐겁게 하는 것들: 재미 유발 요소에 대한 탐색적 연구」, 한국심리학회 연차학술발표대회 논문집, 1996 참조.

될 때에도 여전히 중요한 위상을 지닌다.[13]

그렇다면 고전시가를 읽는 재미 중의 하나는 기표적 자질이 어떻게 작품 전체의 의미, 즉 주제 형성에 기여하는가를 파악하는 데 있다고 할 수 있을 것이다. 이에 음운론적 층위와 통사론적 층위에서 언어가 물리적 매체라는 점이 분명하게 두드러지는 사례를 보기로 하겠다. 먼저 시조 발생기의 작품으로 알려진 〈하여가〉와 〈단심가〉이다.

> 이런들 엇더ᄒᆞ며 뎌러ᄒᆞᆫ들 엇더ᄒᆞ리
> 萬壽山 드렁츩이 얽어지다 긔 엇더ᄒᆞ리
> 우리도 이 것치 얽어져셔 百年ᄭᆞ지 누리과져.

> 이 몸이 죽고 죽어 一百番 곳쳐 죽어
> 白骨이 塵土 되야 넉시야 잇고 업고
> 님 向ᄒᆞᆫ 一片丹心이야 가싈 쥴이 이시랴.

주지하듯 (가)와 (나)는 고려 말 이방원과 정몽주가 서로 주고받은 수작시조로서, 두 사람이 추구했던 이념을 고스란히 안고 있는 작품이다. 이방원의 〈하여가〉가 얽혀져 사는 '드렁츩'의 생리로부터 삶의 규범을 읽어내면서 화해와 조화에 대한 희구를 드러내고 있다면, 정몽주의 〈단심가〉는 비유나 유추를 포함한 모든 우회적 진술을 거부한 채 단도직입적으로 죽음을 앞세워 자신의 의지를 선연하게 표명하고 있다. 지

---

13 이 점은 문학을 예술로 접근할 때 특별히 중요한 위상을 지닌다. 로트만의 다음 언급에서 그 위상을 충분히 짐작할 수 있다. "언어를 그 재료로 사용하는 예술형식(언어예술)에서는 소리는 의미와 분리될 수 없다. 시적 발화의 음악적 소리도 내용을 전달하는 수단이다." Juri Lotman, 유재천 역, 『예술 텍스트의 구조』, 고려원. 1991, 184면. 이는 물론 문학에 대한 근대적 관점의 소산이지만, 문학이 언어를 매체로 삼는 한 근대와 전근대의 구별은 불필요할 것으로 보인다.

략적인 정치가와 비타협적인 학자의 면모를 반영한 것이라는 평가도 있거니와, 이는 바로 이런 점에 근거하고 있는 것으로 보인다.

그런데 여기서 주목되는 것은 두 작품에서 빈번하게 노출되는 음운의 차이이다. 〈하여가〉에는 'ㄹ' 음이, 〈단심가〉에는 'ㄱ'이 종성으로 자주 등장한다. 유음 'ㄹ'은 말 그대로 물이 흐르는 듯한 느낌을 준다. 이렇게나 저렇게나 되는 대로 살아 보자는 〈하여가〉의 주제와 어울리는 소리로는 'ㄹ'이 으뜸이다. 반면 파열음 혹은 폐쇄음인 'ㄱ'은 단절시키면서도 꽉 막아버리는 소리이다. 'ㄱ'은 그 자체로 죽음을 무릅쓴 단호한 거절을 대변하는 소리이다. 이 역시 〈단심가〉의 주제에 아주 적실하게 부합하는 음운이다.

시조 생성기의 작품으로서 이만큼의 성취를 이뤄 냈다는 것이 의아스럽기는 하다. 선행 연구에서 밝힌 대로 만일 두 작품이 이방원과 정몽주의 소작이 아니라 하더라도,[14] 'ㄹ'과 'ㄱ' 음운의 대립이 두 사람이 지향했던 삶의 자세를 대변한다는 점만은 분명하다. 말하자면 'ㄹ'과 'ㄱ'은 두 사람이 추구했던 이념의 음운론적 표지라 할 수 있는 것이다. 혹 후대인들의 의작이라면, 오히려 그것은 두 작품을 창작했던 이의 음운론적 감수성을 입증하는 증거라 할 만하다.

이와 같은 연장선상에서 우리는 하서(河西) 김인후의 작품이라고도 하고 우암(尤庵) 송시열의 작품이라고도 하는 〈청산도 절로 절로~〉에서 주제의식을 강화하는 'ㄹ' 음운의 활약을 확인할 수 있으며, 이른바 '호기가'로 알려진 김종서의 〈삭풍(朔風)은 나무 끝에 불고~〉에서는 파열음 혹은 폐쇄음 'ㄱ'과 'ㅂ'이 거친 호흡과 어우러져

14 이 두 작품을 각각 이방원과 정몽주의 소작으로 보기 어렵다는 견해는 강전섭에 의해 제기된 바 있다. 여기에서는 퇴계의 〈도산십이곡〉 중 한 수인 '이런들 엇다ᄒᆞ며'와의 유사성 등을 근거로 임란 이전 어느 한 시점에 후대인에 의해 창작되었고, 이것이 구전되다가 두 사람의 설화에 편입된 것으로 보고 있다. 강전섭, 「'단심가'와 '하여가'의 소원적(遡源的) 연구」, 『동방학지』 35, 연세대 국학연구원, 1983.

이룬 조화도 우연의 일치가 아님을 짐작해 볼 수 있다.

이제 통사론적 층위에서 언어적 재미를 확인하기 위해 또 다른 수작시조를 보기로 한다. 정몽주의 모친이 지은 것으로 기록되어 있는 〈가마귀 싸호는 골에~〉에 대응한 이직의 작품이다.

> 가마귀 검다 ᄒᆞ고 白鷺야 웃지 마라
> 것치 검운들 속좃ᄎᆞ 검울소냐
> 것 희고 속 검운 즘싱은 네야 권가 ᄒᆞ노라.

이 시조에서 가장 두드러진 시적 특성은 우의와 검은색과 희색을 이용한 색깔 대비이다. '까마귀'와 '백로'는 조류라는 점에서는 동일하지만 그 의미와 색깔은 대조적이다. 이직이 지었다는 기록을 믿는다면, 까마귀는 겉은 검지만 속은 깨끗한 조선왕조의 개국공신 세력을 표상하고 있고, 백로는 이에 대항하는 무리들을 가리킨다. 궁극적으로 조선왕조 개국에 반대하는 위선자 또는 표리부동한 인물을 비판하고 있는 것이다.

여기에서 주목되는 것은 초장의 통사론적 질서이다. 만일 "가마귀 검다 ᄒᆞ고 白鷺야 웃지 마라"를 산문적인 문체로 썼다면, "백로야. 가마귀가 검다고 비웃지 마라." 정도가 될 것이다. '백로야'는 문법적으로 독립어에 해당되는데, 어순이 도치되어 이것이 문장의 중간에 삽입된 것이다. 만일 산문적인 순서를 지켜서 초장을 구성했다면 낭송이든 가창이든 노래의 리듬이 자연스럽지 못하게 되었을 것이다. 시조는 두 마디를 하나의 토막으로 끊어 읽는 것이 자연스럽기 때문이다. 어순을 도치하여 문장을 구성할 수밖에 없었던 까닭은 바로 여기에 있었을 것이다. 이 점은 정몽주 모친 소작의 초장 "가마귀 싸호는 골에 白鷺야 가지 마라"도 마찬가지이다.[15]

이러한 사실은 시조가 가창되는 장르로서 그 기표적 자질을 충실히 활성화하고 있음을 대표적으로 보여준다. 수사법적 차원에서 도치법은 문장의 단조로움을 없애기 위한 변화법 중의 하나로 설명된다. 그러나 적어도 위의 예시 작품에서 도치는 문장의 변화를 위한 수사를 넘어 낭송 혹은 가창의 질서를 추구한 시적 연마의 결과라 할 수 있다. 산문적 진술에 그칠 뻔한 문장에 시적 리듬을 부여한 것이 바로 도치이기 때문이다. 시조에 쓰인 문장이 어순의 도치를 통해 시적 리듬을 획득했다면, 이 또한 언어의 기표적 자질이 시가에서 수행하는 역할을 확인하는 데 부족함이 없을 것이다.

2) 시적 전달의 구조를 읽는 재미

매체로서의 언어에 기반을 둔 재미가 언어라는 질료와 표현이 만나는 지점에서 생성되는 것이라면, 시적 전달의 구조에 기반을 둔 재미는 형식과 표현이 만나는 지점에서 형성된다. 이는 시어의 음운론적 자질이나 통사론적 배치와는 전혀 달리, 시적 발상과 구조화의 층위에서 일어난다. 이 논의에서는 그 대표적인 것으로 초물리적 발상을 들고자 한다.

초물리적 발상이란 물질적 질서가 지배하는 현실 세계에서는 일어날 수 없는 상황이나 장면을 상상력으로 구성해 내는 것을 가리킨다. 이를 가장 선명하게 보여주는 것은 황진이의 〈冬至ㅅ활 기나긴 밤을~〉이다.

---

15 위와 유사한 구조를 지니는 다음의 사례를 통해 보면, 가창이나 낭송의 리듬에 지장을 주지 않는 경우에는 의도적인 어순 도치가 일어나지 않음을 알 수 있다.
–靑春 少年들아 白髮 老人 웃디 마라 / –子規야 우지 마라 네 우러도 속졀 업다

冬至ㅅ돌 기나긴 밤을 한 허리를 버혀내어
春風 니불 아래 서리서리 너헛다가
어론님 오신 날 밤이여든 구뷔구뷔 펴리라.

황진이의 시조는 전체적으로 비유나 이미지 등 시적 자질 면에서 여타의 시조에 비해 높은 평가를 받고 있는데, 이 노래는 황진이의 시조 중에서도 가장 빼어난 수작으로 인정되고 있다. 그러한 평가의 핵심은 추상적인 시간을 물리적인 실체인 것처럼 인식한 데서 비롯되는 표현의 참신성에 있다. 시간의 재단(裁斷) 의식이 뚜렷하다는 평가[16]나, '동짓달 기나긴 밤'과 '어론님 오신 날 밤'이 임의 부재와 현존을 기준으로 각각 부정적 시간과 긍정적 시간으로 대비하는 가운데 임이 부재한 공간을 비극적으로 인식하고 그것을 극복하는 방법을 화자는 시적 상상 속에서 찾았다는 인식론적 설명[17]도 같은 맥락에 놓여 있으며, 밤을 신장성(伸長性) 있는 물체로 인지하고 있다는 진단[18]도 같은 점에 주목한 것이다.[19] 요컨대 초물리적 상상력의 작동이 이 노래의 핵심적인 가치를 형성하고 있는 것이라 하겠다.

그런데 이 작품에서는 상상력이 시간이라는 물리적 실체에 대해서만 작동되고 있지만, 우리 시조에서는 시간만이 아니라 모든 물리적 범위에서 두루 작동되는 상상력을 확인할 수 있다. 그렇다면 '시간의 재단 의식'과 같은 규정은 좀 더 높은 상위 수준에서 초물리적 발상으로 일반화하여 규정할 수 있지 않을까 한다.

---

16 송욱, 『시학평전』, 일조각, 1964.
17 조세형, 「〈동짓달 기나긴 밤…〉의 시공 인식」, 백영 정병욱 선생 10주기 추모논문집 간행위원회, 『한국고전시가 작품론 2』, 집문당, 1992.
18 임종찬, 『고시조의 본질』, 국학자료원, 1993.
19 이 밖에 '서리서리'와 '구비구비' 등의 의태어, '허리'와 '춘풍', '이불' 등의 어휘로부터 발산되는 감각적 분위기가 시의 주제 의식에 아주 적절히 부합한다는 일반적인 평가도 이 노래의 특출한 작품성을 입증하는 설명으로 자주 언급된다.

그 몇 가지 사례를 확인해 보기로 한다. 우선은 공간에 대해 초물리적 상상력이 작동된 경우이다.

> 어이 못 오던가 무슴 일노 못 오던가
> 너 오ᄂᆞᆫ 길에 무쇠 城을 ᄊᆞ고 城 안에 담 ᄊᆞ고 담 안에 집을 짓고 집 안에 두지 노코 두지 안에 櫃를 ᄊᆞ고 그 안에 너를 必字形으로 結縛ᄒᆞ여 너코 雙排目의 걸쇠 金거북 자물쇠로 슈긔슈귀 잠가 잇더냐 네 어이 그리 아니 오더니
> ᄒᆞᆫ ᄒᆡ도 열두 ᄃᆞᆯ이오 ᄒᆞᆫ ᄃᆞᆯ 셜흔 ᄂᆞᆯ의 날 와 볼 ᄒᆞᆯ니 업스랴.

이 노래의 화자는 앞에서 일별했던 황진이의 시조와 유사한 상황에 놓여 있다. 그러나 황진이의 시조에서 화자가 임과의 재회에 대해 낙관적인 태도를 보이면서 여유를 보이는 것과 달리, 오지 않는 임을 다그치고 원망하고 있다. 다시 말해 이 시의 화자는 네가 돌아오지 않는 것이 이런 저런 외부의 객관적인 조건 때문이냐고 '질문'을 하는 게 아니라, 너는 어찌 그리 나에게 조그만 성의도 보이지 않느냐고 '책망'을 하고 있는 것이다. 이런 저런 장애물에 막힐 정도의 불가피한 사정이 없는 한 너는 반드시 나에게 돌아 왔어야 한다는 것, 이것이 화자의 최종적인 의도라 하겠다.

상상력의 동선을 중심으로 이 시조의 중장에 주목해 보면, 성→담→집→두지→궤라는 공간의 연쇄가, 넓이로는 점점 좁아지고 폐쇄의 강도로는 점점 강해지는 방향으로 이루어져 있음을 확인할 수 있다. 이러한 공간적 연쇄는 상대방과의 단절감을 극대화하여 보여주고자 하는 전략의 소산으로 볼 수 있겠다.[20] 어느 일인을 감금하기

20 이렇게 생각해 보면, 그 많고 많은 장애물 중에서 가장 큰 장애물은 궤 안에 숨어 있는 '너' 자체일지도 모를 일이다. '반드시 필(必) 자'가 마음(心)이 끈(丿)으로 묶여 있는 형상이라는 점에 주목하면 더더욱 그렇다.

위하여 이러한 공간을 축조할 리가 없다는 점에서 이 또한 상상력의 산물이고, 그 연장선상에서 이러한 상상력도 초물리적이라 할 수 있을 것이다.

위와는 달리 다음 작품에서는 자신이 놓여 있는 처지를 초물리적 사태를 동원하여 하소연하는 발상이 나타난다.

> 심의산 세네 바회 감도라 휘도라 드러
> 오뉴월 낫계측만 살얼음 지픤 우희 즌서리 섯거 티고 자최눈 디엇거늘 보앗ᄂᆞᆫ다 임아 임아
> 온 놈이 온 말을 ᄒᆞ여도 임이 짐쟉ᄒᆞ쇼서.

『송강가사』(성주본과 이선본)에 실려 있는 정철의 작품이다. 당쟁으로 혼란스러웠던 정치 상황에서 서인의 영수로서 수차례의 탄핵과 낙향, 귀양을 반복했던 정철의 억울한 내면 심경을 감각적 이미지를 통해 생생하게 드러낸 것으로 평가받기도 한다.[21] 이러한 평가 중에서 감각적 이미지를 형성하는 것은, 양립 불가능한 자연 현상의 묘사이다. 오뉴월 한낮의 더위에 살얼음이 얼고 '진서리' 섞어 치고 '자취눈'까지 내리는 풍경이 제시되어 있다. 만일 이러한 풍경이 있다면, 그것은 자신에 대한 터무니없는 모함과 동격이라는 것이다.

이 작품은 종장 "온 놈이 온 말을 하여도 임이 짐작하소서"라는 구절이 일종의 공식구(公式句)로 굳어 있으며, '임아 임아'라는 부름말에 근거를 두고 '호주가(呼主歌)'라는 이름도 지니고 있을 정도로 하나의 유형을 이루고 있다.[22]

---

21 이형대, 「정철 시조의 감성 표현 양상」, 『한국시가연구』 27, 한국시가학회, 2009 참조.

22 有蛇含龍尾 聞過泰山岑 萬人各一語 斟酌在兩心(뱀이 용의 꼬리를 물고 / 태산 봉우리를 지나갔다는 말이 있다오. / 만 사람이 한 마디씩 하여도 / 짐작하는 것은 두 마음에 달렸다오.)라는 『高麗史』 樂志 소재의 작품을 비롯하여, 이들 작품군의 통

이러한 유형에 속하는 작품들은 시적 발상의 측면에서 초물리적 상상력이 작동되고 있다는 공통점을 지닌다. 잔등이 부러지고 앞발과 뒷발에 종기도 난 불개미가 호랑이를 물고 북해를 건너거나, 대천바다에 빠뜨린 바늘을 열 명이 넘는 사공들이 삿대로 귀를 꿰어내는 식이다. 실현 불가능한 사태를 구성해내는 상상력이 발동한 결과 현실에서 화자가 처한 상황도 있을 수 없는 일로 치부된다. 이를 통해 시적 긴장은 강화되고, 독자는 시인이 구성해 놓은 상상의 질서를 추체험하게 된다. 그럼으로써 독자가 시적 이미지에 대해 일으키는 정서적 반응은 한층 더 강렬해지게 되는 것이다.

이상에서 살핀 대로 초물리적 상상력은 시인이 전달하고자 하는 추상적이고 관념적인 정서와 주제의식을 미학적이고 생생한 이미지로 형상화하는 역할을 맡고 있다. 산문적 진술로서는 감당할 수 없는 이미지가 만들어지는 것이다. 작시 과정에서 동원되는 모든 상상력은 기본적으로 정서나 주제의식을 강화하는 방향으로 작동되겠지만, 현실 세계의 정직한 반영만으로 얻을 수 없는 이미지의 형성이야말로 초물리적 상상력이 굳이 필요했던 이유라 할 것이다. 초물리적 발상이 없었다면, 전달의 호소력을 기준으로 삼더라도 산문적 진술에 그쳤을 것이다. 따라서 이는 시적 전달의 구조를 떠받치는 매우 중요한 장치라 할 수 있겠다.

이처럼 작품을 구성하는 각 요소들의 긴밀한 관계에 주목해서 읽다 보면, 유기적 구조물로서의 작품을 접하는 재미를 느끼게 된다. 그것은 마치 각각의 부품을 제자리에 배치하고 결합하여 하나의 온전한 개체를 완성하는 키트형 놀이의 재미와 유사하다. 독자가 질료와 표현, 발상과 표현, 내용과 형식 등 각각의 요소들이 결합하여 생

시적 계보와 성격에 대한 고찰은 조규익에 의해 이루어졌고, 여기에서 '呼主歌'라 명명하였다. 조규익, 『蔓横淸類』, 박이정, 1996.

성된 유기성을 파악할 수 있다면, 그것은 작가나 시인이 작품을 구성할 때의 고심을 추체험하는 수준의 즐거움을 가진다는 의미도 더불어 지닐 것이다.

4. 시조의 레고형 독서와 그 재미

작품의 의미는 작가의 손을 떠나더라도 그 의도에서 완전히 자유롭지는 못할 것이다. 현대시에 비해 고전시가를 이해하는 데는 맥락이 매우 중요하다는 것도 주지의 사실이다. 고전시가가 '시인—텍스트—독자'의 소통 관계가 긴밀하게 결속되어 있으므로, 그 이해를 위해서는 역사주의적 독법에 충실해야 하는 까닭도 충분히 이해된다.

그러나 역사주의적 독법은 교육과정에서 추구해야 하는 위계성의 원칙에 따라 어느 한 지점에 배치되어야 할 한 단계일 따름이지, 고전시가를 읽는 모든 경우에 일관되게 적용되어야 할 독법일 수 없다. 이를 고전시가에 접근하는 유일한 경로로 한정할수록 이를 향유하는 현대 독자의 권리는 그만큼 제한되기 때문이다. 더욱이 문학교육에서 추구하는 '문화 창조력', '문화 생산력'의 향상을 염두에 둔다면, 작품을 역사적 맥락에서 해방시켜 주는 것이 오히려 더 큰 미덕이 될 수 있을 것이다.

이러한 논리를 바탕으로 이제 현대의 독자들이 고전시가와 만나는 새로운 접점을 구상해 볼 수 있다. 그것은 고전시가라는 낯익은 텍스트와 현대의 문화 텍스트라는 낯선 텍스트를 만나게 하는 것이다. 그 만남은 크게 두 가지 방향으로 전개될 수 있을 것으로 보인다. '낯선 데서 낯익은 것을 확인하는 재미'가 그 하나이고, 반대로 '낯익은 데서 낯선 것을 발견하는 재미'가 될 것이다.

먼저 '낯선 데서 낯익은 것을 확인하는 재미'의 한 사례이다. 다음에 제시된 그림들은 에너지 절약 운동의 일환으로 전개되는 지구촌 불끄기 행사를 위해 제작된 포스터이다.

[그림 가]는 어린이용이고, [그림 나]는 외국에서 일반용으로 제작된 것이다. '불을 끄면 별이 떠요'라는 카피나, '지구촌 불끄기를 위해 뒤집어 주세요'라는 단문의 카피는, 인공의 에너지를 소모해야만 하

[그림 가]

[그림 나]

는 불을 조금이라도 끈다면 그 대신 자연의 불빛인 별을 볼 수 있다는 함축을 지니고 있다. 지구 온난화의 위험에 대한 경각심으로 나아갈 수도 있다.

이 지극히 짧은 카피의 기본적인 발상은 인공적인 것과 자연적인 것의 대립 혹은 병치에 있는 것으로 보인다. 만일 이러한 추정이 타당하다면, 우리는 그 시원을 다음의 시조에서 찾을 수 있다.

> 집方席 내지 마라 落葉엔들 못 안즈랴.
> 솔불 혀지 마라 어제 진 ᄃᆞᆯ 도다온다.
> 아ᄒᆡ야 薄酒山菜ㄹ망정 업다 말고 내여라.

한호의 작품으로 기록된 이 노래에서는 '짚방석: 낙엽'의 대립에 이어 '솔불: 달'의 대립이 제시된다. 이로써 그 내포가 '인공: 자연'의 대립임을 알게 된다. 짚방석이나 솔불이 오늘날의 관점에서는 자연에 가까운 심상으로 오해되기 십상이지만, 의미적으로 대립하는 시어를 나란히 병렬시킨 시적 진술을 보면, 그것은 당연히 인공물의 표상으로 이해되어야 마땅하다.

포스터의 카피를 창안한 사람이 과연 한호의 시조를 읽었는지 여부가 지금의 관심사는 아니다. 만일 시조를 먼저 읽고 여기에서 카피를 떠올렸다면, 그는 문화 창조력의 한 전범을 보인 것이다. 만일 읽지 않은 채로 이런 카피를 구상했다고 해도, 거기에서 우리는 문화적 유전자가 전승되고 있다는 한 징표를 읽을 수 있다. 외국에서 제작된 [그림 1]이라고 해서 굳이 우리 고유의 유전 인자를 부인할 필요는 없다. 인류적 보편성으로 간주할 수 있기 때문이다. 고전이 고전으로서 지니게 되는 전범성이거나 문화적 근원성이라 할 수 있는 것이다.

이처럼 우리가 일상에서 접하는 문화 텍스트가 실은 그 근원을 지니고 있다는 사실은, '하늘 아래 새로운 것은 없다'는 상투적인 아포리즘이 함축한 진리를 증명해 주기도 한다. "손이 가요. 손이 가. 새우깡에 손이 가."라는 아주 오래된 CM 송이 우리 민요의 보편적인 조사법인 aaba에 시원을 대고 있다는 점도 이와 마찬가지일 것이다.

이제 반대로 낯익은 데서 낯선 것을 발견하는 재미의 한 사례로서 정철의 〈훈민가〉 한 수를 보기로 한다. 효종대에 나온 『경민편 언해(警民篇諺解)』에는 〈훈민가〉와 함께 그 창작 배경이 실려 전한다. 이 노래를 일명 '경민편 소재 십육수(警民篇所載十六首)'라고 부르는 이유도 여기에 있다. 작자가 선조대에 강원도 관찰사로 부임하였을 때, 송나라 때 선거(仙居) 지방을 다스린 진고령의 〈유문제조(諭文諸

條)〉(일명 〈선거권유문(仙居勸諭文)〉에 의거하고 군신(君臣)(실제로는 군민(君民)임), 붕우(朋友), 장유(長幼)에 관한 내용을 더해 지은 것으로, 백성들로 하여금 외우고 읊조리게 해 성정(性情)을 감발시키는 데 목적을 두었다. 다음은 그중의 한 수이다.

이고 진 뎌 늘근이 짐 프러 나ᄅᆞᆯ 주오.
나ᄂᆞᆫ 졈엇써니 돌히라 므거올가.
늘거도 설웨라커든 지믈 조차 지실가.

〈유문제조(諭文諸條)〉에는 이에 해당되는 조목이 '班白者不負戴於道路'로 되어 있다. 노인은 길에서 짐을 지지 않는다는 뜻이다. 이 점을 고려하면 이 노래는 노인에 대한 공경 혹은 배려를 주제로 삼고 있다. 작가 또한 정확하게 이러한 의도에서 지었을 것임을 부인할 수 없다. 따라서 이 시를 다른 식으로 해석하는 것은 불경에 가까운 오독이라 할 것이다.

그러나 여기에서 만일 '짐'을 상징적 표현으로 읽을 수는 없겠는가 하는 의문이 있다. 즉 여기에서 '짐'은 역사적 책무를 상징하는 의미로 해석해 볼 만하다 것이다. 이렇게 되면 세대교체를 명분으로 삼아 권력을 획득하고자 하는, 상대적으로 젊은 세대의 정치적 의도를 품은 노래로 해석된다. 물론 이러한 독법은 시인의 의도를 기준으로 삼는 한 명백한 오독에 해당된다. 그러나 이를 두고 독자에게 허용된 권력의 남용으로 규정할 수만은 없을 것이다. 해석의 타당성까지 잃어버리는 것은 아닐 것이기 때문이다.

이처럼 고전시가는 경우에 따라 맥락에서 독립시켜 독자가 자율적으로 구성하는 새로운 맥락 속으로 편입시키면서 읽어가는 레고형 독법으로부터 생성되는 재미가 있다. 이를 고전의 전범성을 훼손하는 불손이 아니라 오히려 고전이 고전답기 위해서 지녀야 할 미덕으로 보는 것이 정당하다. 고전은 고전다울수록 허다한 해석의 도전을 허용할 준비가 되어 있기 때문이다.

5. 맺음말

앞에서 우리는 문학 독서를 하나의 놀이로 보는 관점에 입각하여, 키트형 독서와 레고형 독서의 두 유형으로 시조를 읽어 보았다. 키트형 독서와 레고형 독서는 배타적일 수 없으며, 그것은 상보적이면서도 선순환적 관계를 맺는 것이 바람직할 것이다. 키트형 독서가 지니는 한계는 무수히 지적되어 왔으나, 실은 그것은 텍스트에 밀착해 들어가는 가장 기본적인 자세이기도 하다. 이 단계가 무시되어서는 독서 능력의 성장을 기대하기 어렵다. 그러나 이 능력은 개인의 주체적 성장이라는 문학교육의 목적으로 연결되어야 의미를 지닌다. 그 국면에서 학습자는 이제 자발적 문학 독자로서 레고형 독서를 통해 자신의 고유한 정체성을 실현하게 될 것이다. 그리고 거기에서 얻는 재미를 바탕으로 다시 키트형 독서에 임할 수 있는 동력을 얻게 될 것이다. 키트형 독서가 없는 레고형 독서는 허망하기 십상이고, 레고형 독서가 없는 키트형 독서는 맹목이기 십상인 것이다.

그런데 문학 독서를 놀이로 간주하는 관점에는 하나의 딜레마가 있다. 만일 문학 작품 읽기가 진정한 놀이로 성립되기 위해서는, 그것을 순수하게 놀이로 즐길 수 있는 환경이 전제되어야 하는데, 놀이의 한 본질로 제시된 여섯 가지 항목은 어디까지나 지극히 자연스럽게 형성된 환경에서 충족될 수 있기 때문이다. 그렇다면 인위적으로 조성될 수밖에 없는 교수-학습 상황은 오히려 문학 독서를 놀이로서

보다는 학습 과제로 접근하도록 하기 십상이다. 따라서 우리의 관심사인 고전시가를 읽는 재미는, 교수-학습 상황이라는 맥락을 제거해야만, 다시 말해 학습자에게 강제로 부과되는 과제가 아닐 경우에만 놀이의 개념에 근접할 수 있다는 역설이 생겨난다. 이 역설적 모순을 어떻게 해결할 수 있을까?

이에 대해서는 교실 밖에서 이루어지는 무수히 많은 독서 행위를 상정해 보면 그 답의 실마리를 찾을 수 있다. 문학 교수-학습은 교실에서 끝날 수 없다. 교실 밖에서 자발적으로 수행되는 문학 독서를 이상적인 독서 행위라고 한다면, 교수-학습이라는 인위적 환경은 거기로 나아가도록 도와주는 비계(飛階) 역할을 하는 것이라 할 수 있다. 이런 점에서 문학 교실에서 이루어지는 교수-학습은 놀이의 규칙을 습득하도록 하고, 좀 더 능숙하게 놀이에 임할 수 있도록 하는데 목적을 두는 것으로 이해된다. 놀이의 본질 중의 하나로 '규칙이 있는 활동'이 제시되어 있거니와, 그 규칙이 숙지되지 않은 놀이는 무질서하고 소모적인 낭비에 불과할 것이기 때문이다.

이제 마지막으로 본고에서 미처 해결하지 못한 몇 가지 과제를 제시하기로 한다. 이는 추후에 지속적으로 관심을 기울이며 탐구해야 할 것이다. 첫째, 재미를 탐구하는 방법론에 대해 좀 더 정치하고도 체계적인 연구가 요청된다. 재미의 개념 자체가 워낙 일상적이고도 넓어서 연구자가 제각각 나름대로 설정한 내포와 외연에 근거하여 연구되고 있으며, 학문 분야별로도 다양한 스펙트럼을 보여주고 있다. 따라서 인접 개념과의 관계를 포함하여 그 개념의 내포와 외연을 체계적으로 정립할 필요가 있으며, 연구 방법론 또한 이에 따라 그 윤곽을 그릴 수 있을 것이다. 둘째, 탐구 대상이 고전문학이라는 점에서 그 특수성에 대한 배려가 필요하다. 가령 창작 당시의 향유자들이 느끼는 재미와 오늘날의 독자가 느끼는 재미의 비교, 작품 자체의 의미와 당대적 맥락에 근거하여 확정되는 의미 사이의 간극 등에 대한 관심도 충분히 의미가 있을 것이다.

참고문헌

〈논저〉

강전섭, 「'단심가'와 '하여가'의 소원적(遡源的) 연구」, 『동방학지』 35, 연세대 국학연구원, 1983.

김혜영, 「판타지 소설의 재미 담론 연구」, 강원대학교 박사학위논문, 2011.

류수열, 「〈사미인곡〉의 콘텍스트와 상호텍스트적 읽기」, 『독서연구』 21, 한국독서학회, 2009.

류정월, 『고전적 재미의 재구성: 잡록에 나타난 양반들의 유희적 독서와 놀이 문화』, 서강대학교출판부, 2012.

송 욱, 『시학평전』, 일조각, 1964.

심우장, 「설화에 나타난 흥미 연구 시론」, 서울대학교 석사학위논문, 1999.

윤홍미, 안신호, 이승혜, 「우리를 즐겁게 하는 것들: 재미 유발 요소에 대한 탐색적 연구」, 『한국심리학회 연차학술발표대회 논문집』, 1996.

이형대, 「정철 시조의 감성 표현 양상」, 『한국시가연구』 27, 한국시가학회, 2009.

임종찬, 『고시조의 본질』, 국학자료원, 1993.

조규익, 『蔓橫淸類』, 박이정, 1996.

조세형, 「〈동짓달 기나긴 밤…〉의 시공 인식」, 백영 정병욱 선생 10주기 추모논문집 간행위원회, 『한국고전시가 작품론 2』, 집문당, 1992.

조은예, 최인수, 「재미에 관한 아동의 암묵적 지식과 플로우와의 관계 분석」, 『한국심리학회지: 사회 및 성격』 22(1), 2008.

Barthes, R., 김희영 역, 『텍스트의 즐거움』, 동문선, 2002.

Caillois R., 이상률 역, 『놀이와 인간』, 문예출판사, 1994.

Eco, U., 「글쓰기와 글읽기」, 김인환 외 편, 『문학의 새로운 이해』, 문학과지성사, 1996.
Huizinga J., 김윤수 역, 『호모 루덴스』, 까치, 1981.
Lamping, D., 장영태 역, 『서정시 : 이론과 역사』, 문학과지성사, 1994.
Lotman, Juri, 유재천 역, 『예술 텍스트의 구조』, 고려원, 1991.
Ong, Walter J., 이기우 · 임명진 역, 『구술문화와 문자문화』, 문예출판사, 1995.

고전소설의 재미 찾기

신재홍*

1. 서론

고전소설이 창작되고 향유될 당시에는 소설 장르가 지닌 재미의 측면이 독 / 청자들의 마음을 끌었을 것이다. 그러나 오늘날에 와서 고전소설은 고전이라는 시대성과 가치성을 띤 수식어에 좀 더 많이 의존하여 읽힌다. 생동하는 재미를 느끼기보다는 교과서에 빠지지 않고 실리는 옛날의 문학 장르로서 읽어야 되는 쪽으로 기울어 있다. 그나마 고전소설이 이야기로서 재미있게 읽히기를 기대하는 대상은 초등학교 고학년에서 중학교 저학년 정도이다. 중학교 고학년 이상이 되면 이미 고전소설은 학교 수업의 보충으로서 학습의 측면이 강조되는 읽기 자료가 되고 만다.

국어과 교육 과정에서 고전문학의 비중은 날로 줄어들고 있지만[1] 고전으로서의 중요성이 공인된 까닭에 빠진 적은 없다. 교육 과정에

* 가천대학교 한국어문학과

1 2009년에 개정된 국어과 교육 과정에 '고전' 과목이 생겼으나 동서양의 인문, 사회, 과학, 예술, 문학 등을 포괄하는 바람에 우리의 고전문학이 놓인 자리는 더욱 좁아졌다(교육과학기술부 고시 제2011-361호 별책5, 『국어과 교육과정』 참조).

따라 교과서를 만들면서 집필자들은 어떻게 하면 학습자에게 좀 더 재미있는 학습 자료를 제공할까 고민한다. 그렇게 해서 나온 교과서이긴 하지만 그 속에 실린 고전문학은 여전히 학습자에게 부담이 되는, 곧 재미없는 과목으로 인식되고 있다.

연구와 교육의 현장에서 고전문학에 대한 부담감을 줄이기 위해 여러 방안이 강구되어 왔다. 원전에 충실하면서도 가독성 높은 번역본이 많이 나와야 한다는 것에서부터 흥미를 끌 만한 교수 학습 방법을 고안, 활용하는 데까지 다양한 검토와 모색이 있었다.[2] 이제 고전문학을 현대의 독자와 학습자에게 가까이 접하게 하려면 그것에서 맛보는 재미는 무엇이며 그 재미를 어디서 어떻게 찾을지 진지하게 논의할 필요가 있다.

재미라는 말은 심심풀이에서부터 의미 추구에 이르기까지 광범위하게 쓰인다. 무엇을 보거나 경험하고 재미있다 없다는 판단을 내릴 때가 많고, 인생의 전폭 혹은 일정한 시기에 걸친 의미 평가에서 재미있다 없다고 말할 때도 있다. '책을 재미있게 읽었다.'와 '요즘 사는 게 재미없다.'라는 말 사이에 놓인 여러 층위의 의미는 재미의 문제가 우리의 삶에 폭넓게 자리 잡고 있음을 말해 준다. 그러므로 재미는 '흥'이 더해진 흥미라는 말, '뜻'과 '가치'까지 포함한 의미라는 말[3]과 함께 거론되는 것이 좋을 것이다.[4] 심심함을 푼다는 뜻의 재미 속에도 의미의 문제는 들어 있는 만큼, 심심풀이에 만족하는 것부터 심중한 의미를 추구하는 것까지 그 사이의 다양한 차원에서 재미와

---

2 한국고소설학회, 『고전소설 교육의 과제와 방향』, 월인, 2005이 초·중·고·대학의 고전소설 교육 현황을 검토한 책이다. 이 외에도 각 대학의 교육대학원에서 나온, 고전소설의 교수 학습 방법을 모색한 논문들을 고려할 수 있다.

3 국립국어원, 『표준국어대사전』, '흥미', '의미' 항목 참조.

4 조동일, 「산수시의 경치, 흥취, 주제」, 『국어국문학』 98, 국어국문학회, 1987에서 다룬 '흥취'와 '주제'라는 말을 흥미와 의미에 대응시켜 생각해 볼 수 있다.

의미가 서로 얽히며 작용한다고 본다.

재미는 대개 관심, 이해, 해석을 통하여 얻게 된다. 그리고 경험의 과정에서 느끼는 즐거움, 감동 등이 합쳐지게 되며, 과정 혹은 결과에서 맛보는 좋음, 가치, 보람 등도 함께 의식된다. 그리하여 관심에서 보람에 이르는 전폭에 걸쳐 재미의 문제가 제기될 수 있다. 이러한 관점에서 고전소설이 지닌 재미의 영역을 생각해 보고 그중 어느 지점에서 재미를 찾아 즐길지에 대해 살펴보고자 한다.

2. 고전소설 연구와 교육에서의 재미

소설의 기본 성격으로 흔히 허구성, 흥미성, 교훈성 등이 지적된다. 그런데 고전소설을 소개하는 글에서 허구, 교훈(의미)에 대해서는 중요하게 언급하지만 흥미성에 대해서는 별다른 언급이 없는 경우를 보게 된다.[5] 고전소설의 역사적 흐름 속에서 소설의 통속화, 독자의 수용 태도 등을 설명하는 데 재미 또는 흥미라는 용어가 간혹 눈에 띄는 정도이다.[6] 아마도 소설 미학에 속한 아름다움, 즐거움, 감동 등[7]이 흥미까지 포괄한다고 보아 미학 논의에 흡수한 결과가 아닌가 한다. 그렇지만 흥미성, 곧 소설이 지닌 재미의 측면에 좀 더 관심을 집중할 필요가 있다.

고전소설에 대한 지식을 전달하는 글보다는 주제별, 작품별 연구

---

5 가령, 김균태 외, 『한국 고전소설의 이해』, 박이정, 2012, 19면에서 소설을 '사건을 통해 작가의 체험을 전달하고자 의도적으로 쓴 허구적 산문'이라고 정의하는 것에서도 이러한 예를 볼 수 있다.

6 장효현, 『한국고전소설사연구』, 고려대출판부, 2002, 44면 ; 박일용, 『영웅소설의 소설사적 변주』, 월인, 2003, 37면.

7 이 밖에 욕망 충족, 대리 만족, 공감, 현실 비판, 풍자, 해학, 유흥·유희 등의 용어도 재미나 흥미의 요소를 포함하고 있다고 보인다.

나 소개의 글에서 은연중 고전소설의 재미를 드러내는 경우를 볼 수 있다.

> 〈운영전〉에서는 사랑한 것이 죄가 되어 궁녀인 운영도 또 김 진사도 죽었다. 이는 인간 부정의 안평대군 때문이다. 그런데 이와 꼭 같은 경우에 있는 〈지봉전〉에서는 궁녀도 복상도 모두 살 수 있다는 것이 중요시된다는 것이다. 더욱 전자는 대군이요 후자는 대왕이다. 이 작품에서 지봉은 우습게 또는 맥없이 희생되었으나 멋이 살아 있고 효종이 기대했던 인간 본연의 자세가 더 부각되었다는 데서 지봉을 높이 평가할 수도 있다.[8]

> 양소유가 그 장인과 장모, 그리고 처남 앞에서 선녀 귀신을 만났다는 치정담을 숨김없이 고백시킨 점, 그리고 장인 장모가 사위의 그런 치정담을 듣고도 웃음으로 관용하는 온정을 우리는 피부로써 느낄 수 있게 한 점들이다. 우리는 이 대문을 읽어 가는 동안에 따뜻한 인정미, 고쳐 말하면 안정된 인간애를 발견할 수 있다.…놀부 일가의 악에 대한 대항과 흥부의 선에 대한 동정이 동시에 솟아오를 것이다. 이 경우에 우리는 그리 웃고만 있을 수 없는 대항적인 태도로, 즉 좀 더 적극적인 의식으로 악을 미워하고 선을 체험하게 된다.[9]

'멋이 살아 있고', '안정된 인간애를 발견할 수 있'으며, '악을 미워하고 선을 체험하게 된다.'는 진술 속에서 고전소설을 읽은 연구자의 감회가 드러나 있다. 대개 인문학적 교양과 품성을 길러 주는 데에서 고전소설의 재미와 의미를 찾았던 것이다.

고전소설을 연구하거나 하려는 사람은 스스로 연구 대상에 대해 재미를 느꼈기 때문일 것이다. 비록 논증의 과정을 거쳐 일정한 결론에 이르는 연구 논문의 형식으로 자신의 생각을 드러내는 것이 연

---

8 장덕순, 「운영전과 지봉전」, 『한국 고전문학의 이해』, 일지사, 1973, 201면.
9 정병욱, 「해학의 전통성」, 『한국 고전의 재인식』, 홍성사, 1979, 358-359면.

구자의 일이긴 하지만, 그러한 행위의 동기는 연구 대상에 대한 관심과 이해, 해석과 의미 찾기 등에 있을 것이다. 이에 근래 10여 년간 고전소설 연구자들의 관심이 어떤 쪽에 쏠려 있고 어떤 용어와 개념을 사용하여 작품을 해석하고 있는지를 간략히 살펴보았다.[10]

작품

금오신화(19) 구운몽(12) 춘향전(8) 최치원(7) 전등신화(7) 김영철전(6) 옥루몽(5) 최고운전(5) 가전체(5) 운영전(4) 주생전(4) 옹고집전(4) 김현감호(4) 사씨남정기(3) 창선감의록(3) 소현성록(3) 숙향전(3) 옥련몽(3) 허생전(3) 호질(3) 장화홍련전(3) 옥원재합기연(3) 임씨삼대록(3) 변강쇠가(3) 박문수전(3)

작가 · 인물

김시습(5) 최치원(4) 박지원(4) 남영로(4) 안평대군(4) 게일(4) 김성탄(3)

소설론

서사 · 서사적~(18) ~구조(17) 소설 · 소설적~(16) 갈등 · 대결 · 대립(13) 창작~(12) 서술 · 내러티브(9) 인물(9) 허구(7) 베트남(7) 중국(7) 가사체 · 율문체(7) 사건(6) 공간(4) 갈래 · 장르(3) 유형(3) 대화(3)

소설사

영웅 소설 · 군담 소설(18) 고전소설 · 고소설(17) 전기 소설(15) 대중 소설(12) 한문 소설(12) 이본(12) 세책(10) 유통(10) 판소리계(9) 한글 · 국문(9) 필사(9) 19세기(8) 방각본(7) 초기~(7) 17세기(7) 통속(7) 활자본(6) 연작 · 파생작(6) 원작 · 원전(5) 번역(5) 향유 · 향유

---

10 고소설학회, 『고소설연구』 12집(2001.12.) ~ 33집(2012.6.)에 실린 논문의 핵심어 중 3회 이상 나온 단어를 뽑았다. 유사한 단어는 대표어로 묶었고 단어의 하위 설명 단위는 생략하였다. 단어들을 엄밀하게 범주화하기가 어려워 대체적인 경향성을 보이는 수준에서 정리하였다. 단어의 괄호 속 숫자는 빈도수를 가리킨다.

층(5) 야담·야사(5) 대하소설(4) 삼대록계(4) 재자가인 소설(4) 적강소설(4) 규장각본(4) 노존(A본·B본)(4) 서적·출판(4) 세태 소설(3) 송사 소설(3) 조선 후기(3) 교섭(3)

해석

1) 가정·가문

계모형(12) 가문 의식(11) 가부장제(8) 가족 관계(6) 부부(3)

2) 애정·욕망

애정(17) 욕망(10) 결연(5) 남녀 관계(4) 애욕·성애(3) 정절(3) 원귀·원혼(3) 자유연애(3)

3) 성·몸

여성(33) 성·성적~(11) 남성(4) 몸·육체(4) 앵혈(4) 열녀(3)

4) 꿈·낭만·놀이

환상(16) 놀이(10) 꿈(7) 초월(5) 속임수(5) 낭만성(4) 이상(4) 환몽·몽유(4) 이중적(4) 기이·신이(3) 상상(3) 언어(3)

5) 사상·역사

우언·우화(18) 효도(11) 역사(11) 중화사상(11) 도교·도선(7) 이념(7) 민중(3) 무속(3) 불교(3)

6) 생활·문화

~의식(20) 문화·문화적·콘텐츠(12) 현실·현실적~·리얼리즘(11) 독자(9) 개작·재창작(8) 자기(7) 타자(7) 독서(6) 생활·일상(6) 윤리·도덕(5) 매체(5) 수용(4) 정치(4) 죽음(4) 인간관계(3) 작가(3) 캐릭터(3) 변개(3)

고전소설에 대한 연구 논문이므로 작품과 작가, 소설론과 소설사에 대한 학문적 관심이 논의의 바탕이 된다. 〈구운몽〉, ≪금오신화≫[11], 〈춘향전〉 등의 고전적 작품이 여전히 주목받고 있고 〈최치원〉, 〈김

11 ≪금오신화≫의 빈도수는 〈만복사저포기〉(5), 〈이생규장전〉(2), 〈남염부주지〉(2), 〈취유부벽정기〉(1) 등 개별 작품을 포함한 수치다.

현감호〉, 〈운영전〉, 〈주생전〉 등 전기 소설에 대한 관심이 높은 데 비해 판소리계 소설은 〈옹고집전〉, 〈변강쇠가〉 정도가 눈에 띈다. 물론, 후자에 대한 논문은 『판소리연구』에도 많이 실려 여전히 소설사적 위상에 걸맞은 관심을 끌고 있다. 〈사씨남정기〉, 〈창선감의록〉, 〈소현성록〉 등 가정·가문 소설에 대한 관심도 지속되고 있다. 한편, 본격적인 작가 연구는 찾아보기 어려운 반면 작품론에서 중요하게 거론된 작가나 등장인물로는 김시습, 박지원, 남영로, 〈최치원〉·〈최고운전〉의 최치원, 〈운영전〉의 안평대군 등이 있다.

소설론을 다루므로 당연히 서사(적), 소설(적), 서술(적) 등의 용어가 많이 등장한다. 작품을 분석, 종합하는 개념으로 구조, 갈등, 인물, 허구, 사건, 공간, 갈래 등도 나온다. 인물, 사건, 배경의 소설 3요소가 늘 분석 도구 및 관심 대상이 되고, 소설의 구조와 갈등에 대한 관심도 여전히 높다. 비교문학으로는 베트남이 중국에 맞먹는 관심을 끌었다. 소설사적 관점에서는 17세기와 19세기가 주목받고 있고 갈래로는 영웅 소설과 전기 소설 중심으로 논의가 전개되고 있다. 이본 연구가 여전히 중요한 분야를 차지하고 있으며 세책, 유통, 번역, 출판 등 소설 유통에 대한 관심도 높다.

이러한 학문적 관심의 연장에서 연구자들이 작품에서 어떤 점을 재미있게 보고 해석하였는지를 위 표의 '해석' 항목에 정리해 보았다. 빈도수로 단연 압도적인 것은 여성을 주제로 한 이해와 해석이다. 보통 작품에 담긴 작가의 생각, 창작 의도 등을 통칭 '~의식'이라고 칭한 것의 숫자를 훨씬 상회할 정도로 단일 주제로서 집중적인 관심을 끌었다. 그 뒤를 환상이 잇고 있다. 놀이, 꿈, 초월, 낭만성, 환몽, 기이 등 의미 범주가 겹치는 말을 합하면 여성 및 그와 관련된 말과 맞먹는 빈도수를 보인다. 가히 여성과 환상이 작품 해석의 두 핵심어로 자리 잡고 있다고 해도 좋을 정도다. 그리고 애정, 욕망, 결연 등 소설에 대한 전통적인 이해, 문화, 독자, 개작, 독서, 매체 등 생활 속의 소설 향유에 대한 관심이 지속되고 있다.

이와 같은 연구 경향과 함께 고전소설 교육에서는 어떤 점에 유의하여 재미를 찾고 있는지 살펴볼 필요가 있다. 본고에서는 2007 개정 교육 과정에 따른 국어 및 생활국어 교과서 12종 중에서 7종을 택하여 검토해 보았다.[12]

	7듣(4)	7쓰(4)	7문(1)	7문(3)	8읽(5)	8문(2)	8문(3)	8문(4)	9말(4)	9문(1)
가	홍부전			홍길동전	토끼전	열녀 함양박씨전		심청전		전우치전
나				홍길동전	양반전				홍부가	박씨전
다				홍길동전	양반전					춘향전
라			홍길동전		양반전					박씨전
마				홍길동전		운영전	장홍보전		홍부가	박씨전
바	홍부가	온달전						홍길동전		심청전
사	심청가 홍부전							박씨전 홍부전	수궁가 옹고집전	수궁가

[보기]

7학년 듣기 (4) 재담에 나타난 재미있는 말의 발상과 의미를 파악한다.

7학년 쓰기 (4) 여러 가지 표현 전략을 사용하여 격려하거나 위로하는 글을 쓴다.

7학년 문학 (1) 문학 작품에 드러난 인물의 심리 상태와 갈등의 해결 과정을 파악한다.

7학년 문학 (3) 역사적 상황이 문학 작품에 어떻게 나타나는지 이해한다.

8학년 읽기 (5) 다양한 풍자물의 매체 특성과 그 효과를 이해하고 비판적

12 교과부 검정을 통과한 교과서는 1학년 23종, 2학년 16종, 3학년 12종이므로 1, 2, 3학년이 모두 사용할 수 있는 교과서는 12종이 된다. 2013년 올해는 2007 개정 교과서로 2, 3학년이 배우고 1학년은 2009 개정 교육 과정에 따른 교과서로 배우게 되어 교육 과정 교체기에 놓여 있다.

으로 수용한다.

8학년 문학 (2) 다양한 시각과 방법으로 문학 작품을 해석하고 평가한다.

8학년 문학 (3) 문학 작품의 세계가 누구의 눈을 통해 전달되는지를 파악한다.

8학년 문학 (4) 문학 작품에 나오는 인물의 행동을 사회・문화적 상황과 관련지어 파악한다.

9학년 말하기 (4) 우리나라의 전통적인 해학 문화를 이해하고, 이를 재담에 활용한다.

9학년 문학 (1) 한국 문학의 대표적인 고전 작품을 찾아 읽고, 그 가치와 중요성을 이해한다.

가 : 방민호 외, 『중학교 국어』・『중학교 생활국어』, 지학사.

나 : 노미숙 외, 『중학교 국어』・『중학교 생활국어』, 천재교육.

다 : 남미영 외, 『중학교 국어』・『중학교 생활국어』, 교학사.

라 : 조동길 외, 『중학교 국어』・『중학교 생활국어』, 비상교육.

마 : 윤여탁 외, 『중학교 국어』・『중학교 생활국어』, 미래엔(컬처).

바 : 김종철 외, 『중학교 국어』・『중학교 생활국어』, 디딤돌.

사 : 김상욱 외, 『중학교 국어』・『중학교 생활국어』, 창비.

대부분의 집필자는 머리말에서 재미있는 교과서를 만들려 했다고 밝히고 있다. 마침 2007 교육 과정에는 재담과 전통적 해학 문화가 각각 독립된 성취 기준으로 되어 있어서 두 항목에 부합하는 고전소설 제재가 채택되었다.[13] 〈흥부전〉의 흥부 박 사설, 화초장 타령, 흥부 집 짓는 대목 등이 재담 학습의 자료로 제공되었다. 해학 문화의 학습 자료로는 〈흥부가〉의 돈 타령이나 화초장 타령, 〈수궁가〉의 수인사와 자라 유혹 대목 등이 제시되었다. 성취 기준에 따른 학습 활

---

13 2009 개정 중1~3학년군 교육 과정에서는 이러한 것들이 사라졌을 뿐 아니라 고전문학과 관련된 성취 기준은 '전통적 듣기・말하기 문화를 이해하고, 오늘날의 듣기・말하기 문화를 성찰한다.'라는 한 항목 정도밖에 설정되어 있지 않아 고전문학 제재가 극도로 위축되었다.

동도 대개 웃음을 자아내는 말이나 방법 찾기, 재미있는 이유 말하기 등으로 짜여 있다. 교육 과정 입안자나 교과서 집필자가 재담, 해학 등 재미의 요소를 고전소설 학습을 위한 유인책으로 쓰려는 의도를 드러냈다고 생각된다. 중학생에게 일단 고전소설이 재미있음을 알게 하여 부담감을 줄이려고 한 것이다.

이렇게 재미를 표방한 성취 기준 및 학습 활동도 있으나 그 밖의 것들은 역사적 상황의 반영, 풍자물의 특성과 효과, 문학 해석의 다양한 시각과 방법, 고전문학의 가치와 중요성 등 지식 습득 위주의 성취 기준에서 고전소설 제재가 원용되었다. 풍자에 대한 자료로 〈토끼전〉 또는 〈양반전〉을 제시하거나, 서술자를 이해하는 데 〈장홍보전〉을, 격려의 글을 쓰는 데 〈온달전〉의 평강 공주를 대상으로 하는 것 등은 고전소설을 문학 또는 생활 글의 보편적인 담화로 취급하겠다는 집필자의 의도에 따른 것으로 보인다. 그러나 가령, 〈양반전〉의 풍자 내용과 방법이 중학생에게 적합한지 좀 더 신중하게 고려할 필요가 있는 것처럼, 학습자의 지적 수준에 상응하는 작품 선정이 요구된다.

표에서 보듯이, 역사적 상황의 반영을 학습하는 데 〈홍길동전〉이 많이 제시되었다. 대개는 길동이 호부호형을 못해 고민하다가 자객과 무녀를 죽이고 집을 떠나는 대목이다. '〈홍길동전〉은 왜 중학교에서 가르치고, 그 수록 부분도 계속 길동이 집 떠나는 대목이어야 하는가를 반성해 볼 필요가 있'[14]다는 문제 제기도 있으나 이렇게 된 데는 그 나름의 이유가 있을 것이다. 가정 문제로 인한 가출이라는 청소년기의 문제 상황이 현대에도 통하는 한편, 지금은 사라진 축첩 제도가 과거 역사적 사실의 반영이라는 점이 작용한 듯하다. 이는

14 김종철, 「고전소설교육의 과제와 방향」, 『고전소설 교육의 과제와 방향』, 월인, 2005, 26면.

학습자의 흥미를 유발하기 위해 고려한 사항이라고 하겠다.

이 대목을 대상으로 하는 학습 활동은 대개 줄거리 파악, 인물 성격이나 관계 이해, 역사적 상황의 반영 양상 이해 등으로 꾸려져 있다. 줄거리 혹은 인물 파악에 몇 개의 삽화를 배치하여 연결시키는 활동이 많고, 그중에는 가출하는 길동에게 편지를 써 보게 하는 활동도 있다. 학습자의 흥미를 끌기 위한 학습자 밀착형 활동을 통해 고전소설을 재미있게 수용하도록 하려는 것으로 보인다. 문학은 역사적 상황의 반영이라는 지식을 가르치기 위한 것이지만, 지식을 습득하는 과정이 재미있어야 한다는 의도를 엿볼 수 있다.

3. 고전소설의 재미의 영역과 편폭

연구와 교육의 장에서 살필 수 있는 일정한 경향성은 이 시대의 정신적 지향이나 학문적 분위기 등에 의해 나타난 것이다. 시대마다 사람들의 관심사가 다를 뿐 아니라 시대에 따라 관심의 변화가 일어나기 마련이다. 이러한 현상에 대해 거리를 두고 조망하는 위치에서 거시적이고도 원리적인 논의가 있어야 할 듯싶다. 고전소설 연구와 교육에서 주요 관심사는 무엇이 되어야 하고 고전소설에서 얻는 재미는 어떤 영역에서 얼마만한 편폭 위에 고찰될 것인지 생각해 보기로 한다.

고전소설은 과거의 유산이므로 현대인에게는 낯선 존재이다.[15] 그런데 어릴 때부터 반복해서 듣거나 읽은 고전소설의 줄거리는 매우 익숙한 옛이야기가 되어 있다. 원래는 낯선 것인데 어린 시절을 지

15 서인석, 「고전산문 연구와 국어교육」, 『고전소설 교육의 과제와 방향』, 월인, 2005, 35면에서 고전문학은 '낯선 것이면서 또 그만큼 새로운 것'이라고 하였다.

나면서 익숙한 것이 되어 버린 이야기이므로 어느 정도 주체적인 독서 능력이 길러진 단계에서 고전소설을 다시 접하는 것은 재미없는 일이 되기 쉽다. 다 아는 이야기가 초등학교, 중학교 교과서에 실려 있어서 별다른 감흥을 일으키기 어려운바, 낯설지만 익숙한 이야기는 낯설고 익숙해서 재미없을 수 있다.

고전소설이 낯설면서도 익숙하다는 말은 그것에 대한 독자의 인상이 낯섦과 익숙함 사이의 어느 지점에 놓여 있다는 것으로 이해된다. 이에 고전소설에 접근할 때 독자의 인상이나 느낌의 측면에서 낯섦과 익숙함이라는 용어를 취하여 논의해 볼 수 있다. 어린이부터 어른에 이르기까지, 적극적 관심에서 무관심에 이르기까지 고전소설에 대한 인상과 느낌이 주는 거리감의 편폭이 있을 것이다. 이 점이 고전소설의 재미를 살피는 데 우선 고려되어야 할 사항으로 생각된다.

낯설면서도 익숙한 고전소설은 개인의 인지 능력 및 의식의 성장과 함께 단순히 인상이나 느낌으로만 전해지지 않는다. 환경적 요인에 의해 일부러 읽어야 하기도 하고 지적 발달, 정서 함양을 위해 자발적으로 읽을 수도 있다. 이러한 진전된 요구에 따라 그것에 대한 의식적인 접근이 이루어지고 그 단계를 넘어 이해와 감상, 해석으로 나아간다. 이해와 해석은 어떤 관점이 바탕이 될 것이고 개인이나 시대에 따라 다양한 관점이 있을 것이다. 다만 여기서는 좀 더 포괄적인 관점으로서 보편성과 특수성의 두 범주를 상정하고자 한다. 독자는 보편성과 특수성의 관점에서 고전소설을 이해, 해석한다고 보는 것이다. 인간으로서 서로 통하는 감정, 유사한 경험, 그럴 법한 인물과 사건 등을 보편적인 차원에서 수용할 수도 있고, 대부분의 사람이 알지 못하거나 수긍하기 힘든 독특한 상황이나 경험을 그 나름으로 받아들일 수도 있다.

이렇듯 낯섦과 익숙함의 인상, 보편성과 특수성의 관점이 서로 관계하면서 고전소설의 재미를 맛보게 된다. 이러한 것이 고전소설에 접근하는 독자의 태도 및 의식에 관련된다면, 고전소설 자체에 내재해 있는 재미의 요소를 생각해 볼 수 있다. 문학 일반이 그렇듯이 고전소설은 형식과 내용을 갖추고 있고 시대 상황이 반영되어 있다. 곧, 역사성, 형식, 내용은 고전소설이 지닌 문학으로서의 기본 자질이자 재미를 얻는 중심 영역이다. 이를 독자의 태도 및 의식과 관련지어 고전소설이 지닌 재미의 편폭을 가늠해 볼 수 있다.

첫째, 가깝게 느끼는 재미와 멀리 느끼는 재미 사이의 편폭이 있다. 고전소설은 우리 역사의 과거 어느 시기에 산출되어 오늘날까지 전해져 온 문화유산의 하나이다. 신라로부터 조선에 이르기까지 중세의 산물로서 그 시대의 생활상, 시대정신 등을 반영하고 있다. 시간의 간격에서 오는 거리감과 함께 우리 앞에 놓여 있는 것이기에 고전소설을 읽을 때 역사적 거리감을 의식하지 않을 수 없다.

독자와 고전소설 사이에 놓인 이러한 거리감을 가까운 데서부터 먼 데까지 늘어놓았다고 치면, 그 거리의 어느 지점에서 재미와 의미를 얻는지는 독자의 성향에 따라 다양할 수 있다.[16] 오늘날의 상황과 유사한 과거의 이야기에서 재미와 교훈을 얻을 수도 있겠고, 지금과는 아주 다른 생각과 느낌을 중세 인물의 행동과 의식 속에서 발견하며 재미를 찾을 수도 있을 것이다. 익숙한 것에서부터 낯선 것에 이르기까지 역사성의 넓은 편폭만큼이나 재미의 영역이 펼쳐져 있는 셈이다.

그리하여 고전소설을 과거의 자리에 놓고 읽는 것과 오늘의 상황

16 서인석, 앞의 논문, 42면에서 '역사성의 요소는 경우에 따라서는 장애물일 수도 있겠지만 반대로 그 자체가 호기심의 대상일 수도 있'다고 하였다. 호기심이야말로 재미를 찾아 나서는 출발점일 것이다.

으로 끌어와 읽는 것 사이에 이른바 역사적 이해의 원근법[17]이 자리하고 있다. 지나간 역사에 대한 관심의 정도가 높을수록 전자의 독서 태도에 더 기울게 될 것이지만, 오늘의 상황에 집중하는 독자에게도 과거에서 현재로 이어지는 보편성의 흐름 같은 것을 이해한다면 재미를 맛보게 될 것이다.

둘째, 크게 보는 재미와 작게 보는 재미 사이의 편폭이 있다. 널리 알려져 있는 고전소설 작품은 그 줄거리가 익숙하여서 이다음에 어떤 사건이 일어날지 예상하면서 읽게 된다. 사건 전개상 위기와 절정부가 어디쯤 위치하는지 대강은 알고 있다. 적대자의 핍박과 주인공의 고난, 주인공의 성공과 적대자의 몰락 등 인물 간의 대립 구도가 비교적 선명하고, 액자 구조, 모방 구조, 행복한 결말 구조 등 작품의 구조적 특징이 유형적으로 이해된다. 이러한 고전소설의 거시적 모습이 너무나 익숙한 것이라서 재미를 얻는 요인이 되지 못할 수도 있다. 그러나 그것을 어떻게 이해하는가에 따라서, 가령 하나의 예술 작품으로 성립할 수 있는 미적 기준과 방법의 측면에서 작품 감상의 재미있는 지점이 될 수도 있다. 처음—중간—끝이 잘 짜인 한 편의 이야기를 읽거나 듣게 되면 한 세계에 들어갔다 나온 양 뭔가를 얻은 느낌이 들 수 있다.

이야기의 흐름과 구조에서 재미를 얻는 것과 함께 이야기 곳곳에 담긴 재미의 요소를 찾아 감상, 분석, 해석할 수 있다. 가령, 만남이나 이별의 장면에서 그 상황 속 인물의 대화와 행동을 통해 어떤 감흥을 얻게 된다. 고전소설에는 잠시 읽기를 멈추고 음미해 보면 상당한 재미와 의미를 주는 명장면이 많이 있다. 뿐만 아니라 대화에 쓰인 말의 묘미, 서술이나 묘사에 동원된 어휘, 인용문, 수사법 등도

17 김흥규, 「고전문학교육과 역사적 이해의 원근법」, 『현대비평과 이론』 3, 한신문화사, 1992 봄, 43면.

재미를 주는 요인이다. 꼭 원문을 정확히 해독해야 이러한 재미를 맛볼 수 있는 것은 아니다. 각자의 이해 수준에서 재미있는 곳을 만나 감흥을 얻으면 될 것이다.

이렇듯 고전소설을 거시적으로 보는 것에서 미세하게 보는 것까지 넓은 편폭에서 재미의 요인이 존재한다. 고전소설을 자주 많이 접할수록 미세한 읽기 쪽으로 나아갈 것이다. 그렇지만 거시적 읽기와 미시적 읽기는 서로 관련되어 있으므로 어느 한쪽에서 더 많은 재미를 얻는다고 하기는 어렵다. 작품 읽기를 시작할 때의 두근거림과 마치고 나서의 뿌듯함이 바탕을 이루고 읽기의 과정에서 이러저러한 재미를 얻는 것이 독서 행위일 터인데, 고전소설 읽기도 이러한 일반적인 과정 속에서 익숙함과 낯섦, 보편성과 특수성이 교차되는 지점에서 재미를 얻는다.

셋째, 현실 맥락의 재미와 현실을 뛰어넘는 재미 사이의 편폭이 있다. 문학을 창작하고 향유하는 존재는 인간이므로, 인간이 몸담고 살아가는 현실의 문제가 문학에서 다루어질 수밖에 없다. 현실 생활에서 접하는 여러 소재와 삶의 주제, 일상에서 우러나온 감정과 사상이 작품 속에 담겨 있다. 현실에서 있을 법한 이야기를 하는 것이 소설이지만, 비현실적, 환상적 이야기 속에서도 현실의 문제가 진지하게 그려져 있는 것을 발견할 때가 많다.

이런 한편으로 인간은 현실을 넘어서서 다른 세상, 다른 존재를 꿈꾸기도 한다. 고전소설의 경우에는 현대 소설보다 꿈꾸는 정도가 훨씬 심하여 소설 하면 귀신이나 꿈 이야기라고 인식될 정도였다.[18] 이러한 환상의 세계를 글로써 펼쳐 보이는 고전소설을 읽거나 들으면서 이 세상의 어딘가에 있을 신비스런 곳 또는 현실을 초월해 있

18 이덕무, 「영처잡고」 1, 『청장관전서』, 小說有三惑 架虛鑿空 說鬼說夢 作之者一惑也.(유탁일 편, 『한국고소설비평자료집성』, 아세아문화사, 1994, 112면.)

는 세계 속으로 정신적 위안과 도피, 아니면 해방과 창조의 여행을 할 수도 있다.

이렇게 고전소설이 다루는 현실에서 환상까지의 이야기가 재미의 요인이 된다. 현실에 즉한 문제에서부터 현실을 훨쩍 벗어나 환상의 세계에서 노니는 것에 이르기까지 그 사이의 여러 지점에서 재미를 맛볼 수 있다. 그렇지만 현실과 환상은 멀리 떨어져 있는 것만은 아니다. 현실 속에 환상 체험이, 환상 속에 현실적 의미가 들어 있다. 두 세계가 여러 방향과 차원에서 얽히는 과정 속에서 고전소설의 재미를 찾게 된다.

정리하자면, 독자의 태도와 의식, 고전소설 내부의 요소를 바탕으로 하여, 역사성에 대해 가깝게 느끼는 재미와 멀리 느끼는 재미, 형식에 대해 크게 보는 재미와 작게 보는 재미, 내용에 대해 현실 맥락의 재미와 현실을 뛰어넘는 재미 등 세 가지 영역에서 고전소설 재미의 영역과 편폭을 가늠해 보았다. 이쪽 끝에서 저쪽 끝의 사이에 있는 어느 지점에서 독자는 재미의 요소를 찾아 고전소설을 감상하고 해석할 것이다. 그 영역과 편폭은 단면적이지 않아서 독자와 고전소설이 지닌 여러 가지 요인의 상호 작용에 따라 재미를 찾는 지점은 다양하게 선택될 수 있다. 다면적, 복합적, 입체적 상호 작용 속에 얻어지는 고전소설 재미의 영역을 확장시켜 나가고, 또 그 영역을 새롭게 인식하는 방향으로 고전소설 연구 및 교육이 이루어져야 할 것이다.

4. 고전소설 재미 찾기의 예

고전소설이 지닌 재미의 영역이 넓게 펼쳐져 있다고 본다면, 실제로 그것의 어느 지점쯤에서 재미를 찾게 될까. 독자의 관심과 성향, 독서의 목적과 방법 등에 따라 재미를 찾는 지점은 다양할 것이다. 누구나 재미있게 읽는 작품이나 장면이 있을 수 있고 보통은 재미없다고 하는데 어떤 독자에게는 아주 재미있는 부분이 있을 수 있다. 여기서는 앞 장에서 가늠해 본 재미의 영역과 편폭을 고려하여 고전소설에서 재미를 찾는 방법을 사례를 들어 제시해 보겠다.

첫째, 역사적 거리감을 의식하며 재미를 찾는 방법이다. 동시대의 소설조차도 지역이 다르고 세대가 다르면 작품 세계가 낯설게 여겨지지만 고전소설에서 느껴지는 시간적 거리감은 그보다 훨씬 크다. 근대적인 의식과 생활 환경 속에 놓인 독자가 중세 시대에 산출된 고전소설을 읽는 것이므로 근대와 중세의 역사적 간격만큼이나 멀게 느껴진다. 이러한 역사적 거리감은 고전소설을 낯설게 만들지만 그 낯섦이 오히려 재미를 얻는 요인이 될 수 있다.

> 첩은 본래 무남독녀로 아버님, 어머님이 사랑하고 아껴 주셔서 장차 데릴사위를 보아 만년을 의지하고자 후일의 계획을 도모했습니다. 그런데 뜻밖의 좋은 일은 마가 끼어 나쁜 인연으로 얽혀 버렸습니다. 여라 풀이 외람되이 키 큰 소나무에 붙은 것이니, 주씨와 진씨가 서로 혼인하는 계획 같은 것도 이제 바랄 수 없습니다. 이로써 첩은 마음만 졸이며 슬퍼하다가 끝내 병들어 죽게 되어 늙으신 부모님이 길이 의지할 곳이 없게 되었습니다. 이것이 첫 번째 한입니다.[19]

이옥의 〈심생전〉은 길에서 우연히 만난 사대부 청년과 중인 처녀의 비극적인 사랑 이야기이다. 사랑을 이루지 못한 채 죽은 처녀가 남긴 편지에서 말한 '여라 풀이 소나무에 붙은 것'은 중인인 자신이

---

19 이옥 저 · 실사학사 고전문학연구회 역주, 『역주 이옥전집 3』, 소명출판, 2001, 214면.

사대부인 청년과 관계를 맺은 사실을 비유한 것이다. 신분 제도가 엄격히 시행되던 시대에 신분이 다른 남녀가 정식으로 혼인하기란 불가능에 가까운 일이었다. 이 작품은 재산도 넉넉한 중인 집안의 처녀가 운명적인 만남에서 싹튼 사대부 청년의 열정적인 사랑을 받아들임으로써 결국 그녀의 인생뿐 아니라 부모의 노후까지 허물어지는 비극을 그렸다. 이로써 신분 제도의 모순이 개인에게 가한 엄청난 파괴력을 증언하고 있다. 신분의 질곡 속에 살고 있지 않은 우리에게 중인 처녀에게 가해진 제도의 폭력이 얼마만한 힘이었는지 상상하기 어렵다. 다만 신분 제도에 대해, 대중적 역사물에서 얻은 일반적인 지식에 기대어 가볍게 받아들일 수도 있고, 오늘날 경험으로 인지하는 다른 형태의 사회적 장벽에 견주어 생각해 볼 수도 있다. 집안 내력의 신분에 대한 기억이 있거나 신분제 사회에 대한 심화된 이해가 있는 독자라면 작품이 제기하는 문제를 더욱 심중하게 의식할 것이다. 독자에 따라 다르긴 하지만 이렇게 여러 방면의 역사적 거리감을 느끼는 중에 작품을 더욱 재미있게 감상할 수 있다.

[잦은 몰이] "일개 한토(閑兎) ㅣ 그대 신세…주린 구복을 채우려고 이리저리 치댈 적에 골골이 묻은 것이 목다래 엄착귀요, 봉봉이 섰는 것이 매 받은 응주(鷹主)라. 목다래 채이게 되면 결항 치사(結項致死)가 대랑대랑 제수 괴기 될 것이요, 몰이꾼 · 사냥개, 반중송 떡갈잎 포기포기 뛰어갈 적에 토끼 놀래 호도독 호도독. "추월자 매 놓아라." 해동청 보라매, 백두루미 · 빼지 · 공작이 망월(望越) 도리당사 끈 꾸리 비쳐 갈 적에, 방울을 떨쳐 주먹을 박차고 펄펄 수루루 달려들어 그대 귓전 양발로 당그랗게 추여 들고 고부레한 주둥이로 양미간 골치 대목을 그저 콱콱."

"허허, 그분이 그 방정맞은 소리 말래도. 그러기에 뉘가 거 있간듸, 산 중등으로 돌지."

"중등으로 닫는 토끼, 풀감투·푸삼 입고 방패 꿩미를 앞세워 오는 토끼를 놓으랴 상사 밤을 왜물 조총, 월귀약·덞사실, 반달 같은 방아쇠 고추 같은 불을 얹어 한 눈 찡그리고 반만 일어서 괴약불 번쩍 지끈 탕, 토끼 때그르르르르르."

"어따, 그분네가 그 방정맞은 소리 말래도 그리 점점 하는듸? 그러기에 뉘가 거 있간듸? 너른 들로 다니제."

"들로 닫는 토끼, 초동목수 아이놈들 몽둥이 둘러매고 "들토끼 잡으러 가자." 없는 개 부르며 워리 두둑 쫓아갈 제, 그대 간장 생각허니 백등 칠일 곤곤 한태조 간장이요, 적벽강 전패하던 조맹덕 정신이라. 짜른 꽁지 샅에다 찌고 적은 눈 부릅떠 죽기 망상 올라갈 제, 무슨 정으로 유산(遊山), 무슨 정에 완월. 아까 안기생·적송자 좋아리 때렸단 그런 거짓 부렝이를 어느 뉘 앞에다가 헐라고? 에이 여보슈, 그런 소리 마슈."[20]

판소리 사설을 독본으로 읽으면 사설을 듣는 것과는 달리 단어의 뜻을 하나하나 새겨야 하는 수고가 뒤따르지만 이야기의 흐름과 대화의 어투에서 맛보는 재미는 그대로 전달된다. 〈수궁가〉에서 자라가 토끼를 유혹하는 위 대화에 구사된 단어 중 많은 것이 주석 없이는 알 수 없을 만큼 난해하고 구어체에 사투리까지 섞여 있어 더욱 이해하기 어렵다. 그렇지만 일단 주석의 도움을 받아 단어들을 파악한 다음 다시 읽게 되면 매사냥, 조총 사냥, 그리고 아이들의 토끼몰이까지 지금은 보기 힘든 세시 풍속의 모습이 박진감 있고 정감 넘치게 그려졌음을 알 수 있다. 세시 풍속과 관련된 독자 나름의 추억을 떠올리면서 읽으면 새로운 재미를 맛보게 될 것이다. 게다가 사냥을 당하는 토끼의 시점에서 세시 풍속이 그려지고 나아가 토끼를 풍자, 유혹하는 자라의 입에서 나온 말이어서 역사적 거리감과 대화의 묘미가 얽히며 재미를 한층 높여 준다.

---

20 박봉술 창본, 「수궁가」, 『판소리 다섯마당』, 한국브리태니커회사, 1990, 174-175면.

이렇듯 옛날의 신분 제도나 세시 풍속과 같이 현대에서 멀리 떨어진 역사적 배경을 접하며 시간적 거리감을 느끼는 가운데 고전소설의 재미를 맛볼 수 있다.

둘째, 문학적 관습을 이해하며 재미를 찾는 방법이다. 줄거리를 대강 안 상태에서 고전소설을 접하는 경우 책을 읽는 데 예상치 못한 어려움을 겪을 수 있다. 이는 어려운 한자, 생소한 표현이 많고 문장이 길게 늘어지는 등 원문이 지닌 원래의 성격에 기인하는 바가 크다. 원래의 표현이 주는 재미와 의미를 놓치지 않으면서 현대어로 잘 옮기는 것이 연구자에게 주어진 중요한 과제이다. 그렇게 만든 현대어역 고전소설을 접하더라도 낯설다고 느낄 수 있는데, 그것은 아마도 문학적 관습이 오늘날과 다른 데서 오지 않을까 싶다.

남원에 양생이 살았는데 일찍 부모를 여의고 장가들지 못한 채 만복사 동쪽에서 홀로 지내고 있었다. 방 밖에 서 있는 한 그루 배나무는 바야흐로 봄을 맞아 꽃이 활짝 피어 마치 옥으로 된 나무에 은덩이가 붙어 있는 것 같았다. 양생은 달 밝은 밤이면 그 나무 아래를 거닐며 낭랑하게 시를 읊조렸다.

'한 그루 배나무 꽃 쓸쓸함을 달래주나
가련히도 밝은 달밤을 저버리누나.
청춘에 홀로 누운 외로운 창가로
어디선가 미인이 봉황 퉁소 부는구나.'
'비취새 외로이 날아 짝을 맺지 못하고
원앙새 짝을 잃고 맑은 강에 몸을 씻네.
어느 집에 인연 있나 바둑으로 점치다가
밤엔 등불 꽃 점복하고 근심스레 창에 기대네.'

읊기를 마치자 홀연히 공중에서 소리가 들려왔다. "그대가 좋은 짝을 얻고자 하니 어찌 이루지 못할까 걱정하는가?"[21]

〈만복사저포기〉의 이 서두는 전기 소설의 관습에서 출발한다. 곧, 한시를 통해 주인공의 심리가 드러나고 정체를 알 수 없는 미지의 목소리가 들려오는 것이다. 이야기의 전개만 생각하며 책을 펼친 독자라면 이와 같은 한시, 미지의 목소리 등에서 낯선 느낌을 받을 수 있다. 그런데 전기 소설에는 한시가 많이 포함되어 서정 소설로서의 면모를 띤다는 점을 생각한다면 이 낯섦이 오히려 음미의 조건이 될 수 있다. 주인공의 외로운 심리를 서술자의 시점에서 묘사하지 않고 그 인물이 지은 한시를 가져옴으로써 시 속에 구사된 청춘과 미인의 대비, 봉황 통소의 청각적 이미지, 화려한 외관의 비취와 원앙이 처한 외로운 상황, 낮에는 바둑으로 밤에는 등불 꽃으로 자신의 불안한 미래를 점치는 행동 등을 통해 훨씬 풍부한 심리 묘사가 이루어지고 있다. 문학적 관습의 차이로 인한 낯선 느낌에 잠시 멈춰 서서 그 관습이 갖는 표현력을 음미하면 고전소설의 재미를 한층 풍성하게 느낄 수 있다.

"매우 치라." "예이, 때리오." 딱 붙이니 부러진 형장 개비는 푸르르 날아 공중에 빙빙 솟아 상방 대뜰 아래 떨어지고, 춘향이는 아무쪼록 아픈 데를 참으려고 이를 복복 갈며 고개만 빙빙 두르면서, "애고, 이게 웬일이여." 곤장 태장 치는 데는 사령이 서서 하나 둘 세건마는 형장부터는 법장이라 형리와 통인이 닭싸움하는 모양으로 마주 엎뎌서 하나 치면 하나 긋고 둘 치면 둘 긋고, 무식하고 돈 없는 놈 술집 바람벽에 술값 긋듯 그어 놓으니 한 일 자가 되었구나. 춘향이는 저절로 설움 겨워 맞으면서 우는데, "일편단심 굳은 마음 일부종사 뜻이오니 일개 형벌

21 「만복사저포기」(박희병 표점 · 교석, 『한국한문소설 교합구해』, 소명출판, 2005, 99-100면.) 번역은 필자가 했고 한문 원문은 인용하지 않는다.

치옵신들 일 년이 못 다 가서 일각인들 변하리까."[22]

〈춘향전〉의 이 대목은 변 사또의 부당한 압력에 춘향이 온몸으로 저항하는 매우 중요한 장면이다. 서술자 역시 형장이 부러져 그 일부가 날아오르는 것이며, 매를 맞고도 아픔을 참는 춘향의 몸부림이며, 현재의 매질이 갖는 법률적 의미까지 매우 사실적으로 그리고 있다. 그러다가 '닭싸움 모양'이 나오고 '바람벽에 술값 긋는' 비유가 나오면서 고통의 현장을 바라보는 서술자의 관점에 변화가 나타나더니 급기야 매를 맞은 춘향이가 노래를 부르는 것으로 진행된다. 이는 인물이나 상황을 희화화하려는 의도라기보다는 애초 판소리로 연행되던 상황이 글로써 정착되었기에 나타난 것이다. 고통을 감내하는 모습이 서술이나 묘사로 그려지지 않고 한바탕의 극적 연출, 곧 노래와 몸짓이 관중과 더불어 어우러지던 연행의 형식이 기록화한 모습이다. 이에 판소리계 소설로 정착되기 이전의 판소리 연행 상황을 염두에 두고 감상한다면 위의 장면에서 색다른 재미를 맛볼 수 있다.

이와 같이 고전소설의 문학적 관습에 대한 이해를 바탕으로 하여 그 재미를 한층 더 맛볼 수 있는 길이 열려 있다.

셋째, 보편적 주제를 수용하며 재미를 찾는 방법이다. 고전소설에 나오는 과거 어느 시대의 특수한 사건, 인물, 배경에서 재미를 찾을 수도 있지만, 그보다 오늘의 우리에게도 적용되고 공감되는 보편적인 주제가 감동을 줄 때가 많다. 지나간 시대의 이야기라 하여도 그것이 인간의 삶을 그린 것인 한 현대 인간의 삶과 어떤 식으로든 상통하는 요소가 있기 마련이다. 사랑과 이별, 고난과 성취, 기쁨과 슬

22 「열녀춘향수절가」(구자균 교주, 『춘향전』, 교문사, 1984, 143면.) 원문과 대조해서 번역문을 약간 고쳤다.

픔 등 고전소설의 등장인물이 보여 주는 삶의 양상은 그 자체로 인간의 보편적인 모습이다.

> 무지한 초목과 지미(至微)한 금수라도 또한 음양을 품수하여 서로 즐기지 않음이 없는지라. 우리 십 인은 홀로 무슨 죄로 적막 심궁에 일신을 길이 잠가 춘화추월에 고등(孤燈)을 짝하여 혼을 사르고 매당 가절에 잔월을 대하여 넋을 놀래니 헛되이 청춘의 나이를 던지고 공연히 황양(黃壤)의 한을 끼칠지라. 부명(賦命)의 박함이 어찌 그 이렇듯이 심하랴.…생각지 않은 오백 년 원가(冤家)를 만나 심회를 사르고 애원을 맺어 병이 골수에 들어 장차 죽기에 이른지라. 만일 저의 뜻을 이루지 못하고 죽으면 나와 더불어 그대들의 마음이 어떠하리오. 슬프다, 사람의 일생일사는 인지상정이건마는 도요 방년(桃夭芳年)이 저물지 않은 때에 천고 애원을 품고 죽으면 천대(千代) 하에 원혼을 면치 못할지라.[23]

〈운영전〉은 15세기 안평대군의 저택인 수성궁에서 벌어진 궁녀와 사대부 청년의 사랑 이야기지만, 신분과 생사를 돌아보지 않는 청춘남녀의 강렬한 사랑이 시공을 뛰어넘어 오늘의 우리에게도 선명히 전해져 온다. 위 인용문은 운영과 김 진사를 만나게 해 주려고 자란이 남궁의 다섯 궁녀를 설득하는 말이다. 청춘의 나이에 심궁에 갇혀 지내는 여성의 원한, 청춘의 짝을 만나 사랑하고 싶은 갈망, 동료 간의 공감과 배려, 일을 이루지 못할까 초조해하는 심정 등이 잘 드러나 있다. 짝사랑에 괴로워하는 친구를 보면서 우리도 이와 비슷한 느낌을 받을 수 있고, 제약과 억압에서 벗어나 자유로운 주체로서 사랑하고 싶어 하는 마음에 공감할 수도 있을 것이다.

---

23 한국어문학회 편, 「운영전」, 『고전소설선』, 형설출판사, 1985, 181-182면의 한글 원문을 현대어로 옮겼다.

"…소유는 본디 하남 땅 베옷 입은 선비라. 성천자 은혜를 입어 벼슬이 장상(將相)에 이르고 여러 낭자가 서로 좇아 은정이 백년이 하루 같으니, 만일 전생 숙연으로 모여 인연이 다하면 각각 돌아감은 천지에 떳떳한 일이라. 우리 백년 후 높은 대(臺) 무너지고 굽은 못이 이미 메이고 가무하던 땅이 이미 변하여 거친 산과 시든 풀이 되었는데, 초부와 목동이 오르내리며 탄식하여 가로되, '이것이 양 승상이 여러 낭자로 더불어 놀던 곳이라. 승상의 부귀 풍류와 여러 낭자의 옥용 화태 이제 어디 갔느뇨?' 하리니, 어이 인생이 덧없지 않으리오.…"…석장을 들어 돌난간을 두어 번 두드리니 홀연 네 녘 산골로부터 구름이 일어나 대 위에 끼이어 지척을 분변치 못하니…구름이 걷히니 호승(胡僧)이 간 곳이 없고 좌우를 돌아보니 여덟 낭자가 또한 간 곳이 없는지라. 정히 경황하여 하더니, 그런 높은 대와 많은 집이 일시에 없어지고 제 몸이 한 적은 암자 중의 한 포단(蒲團) 위에 앉았으되 향로에 불이 이미 사라지고 지는 달이 창에 비치었더라. 스스로 제 몸을 보니 일백여덟 낱 염주가 손목에 걸렸고 머리를 만지니 갓 깎은 머리털이 가칠가칠하였으니 완연히 소화상의 몸이요 다시 대승상의 위의 아니니[24]

내부 액자의 화려한 서술에서부터 작가가 의도적으로 이끌어 온 것이긴 하지만, 〈구운몽〉의 이 대단원에서 독자는 인생무상의 허무감을 느끼는 양소유에게 공감할 만하다. 성진이 양소유로 환생, 여덟 여인과 결연하여 양씨 가문을 구축하고 온갖 부귀영화를 다 누리는 사연이 이어지다가 여기서 뚝 꺾이며 허무의식을 표출한다. 이 돌연한 반전에 양소유의 화려한 삶에 빠져 있던 독자는 마치 잠에서 깨어나는 듯한 느낌을 받는다. 육관대사에 의해 꿈에서 깨어나 가칠가칠한 머리털을 만져 보는 양소유 / 성진의 촉감에서 그 느낌이 더욱 생생하게 전해 온다. 이런 식으로 이야기는 대단원에 이르지만 다시

---

24 김만중 원작 · 김병국 교주역, 『구운몽』, 서울대출판문화원, 2009, 539면, 545-547면.

작품 서두의 성진으로 되돌아옴으로 해서 이야기는 원점으로 돌아가 있다. 이야기를 다 읽고 난 독자는 양소유의 부귀영화나 성진의 득도나 한바탕의 꿈처럼 느껴지고, 그에 따라 지금 여기서 살아가는 나라는 존재의 시작과 끝을 생각해 보게 된다. 이야기는 끝이 났으나, 여전히 삶을 이어가는 독자의 실존적 상황을 그 이야기로 인해 새삼 깨닫게 되는 것이다.

이와 같이 고전소설은 시대를 뛰어넘어 과거와 오늘을 연결하는 보편적인 주제가 나타나 있다. 작품의 인물, 사건, 배경이 어울려 형상화되는 주제의 보편성에 공감하는 방향으로 재미를 찾을 수 있는 것이다.

5. 결론

본고는 오늘날 연구와 교육의 현장에서 어떤 관심과 방법으로써 고전소설을 연구, 교육하고 있는지 그 대체적인 경향을 살펴보았다. 또한 고전소설이 갖는 재미의 영역과 편폭을 가늠해 보고, 사례를 들어 고전소설에서 재미를 찾는 방법을 제시해 보았다. 고전소설에 대한 관심과 이해, 그로부터 얻는 감동과 보람은 여러 복합적 요인 속에 다양한 형태로 얻게 될 것인데, 본고에서 살펴본 것은 기초적인 수준의 검토에 불과하다.

고전소설에서 재미를 얻기 위해서는 먼저 본문 독해가 이루어져야 한다. 이 과정은 학습자에게 어렵거나 지루한 것일 수 있지만 중세어, 난해어에 대해 관심을 끌 만한 동기 부여를 해 준다면 즐거운 일이 될 수도 있다. 이와 함께 고전소설의 갈래 특성, 역사적 흐름, 시대 배경 등에 대한 이해도 요구된다. 작품 독해와 연계하고 현대의 상황과 비교하여 구체적인 설명이 가해진다면 이 역시 지식 전달 위주에서 벗어날 수 있다.

이러한 바탕 위에서 재미를 얻는 주체의 문제가 부각되어야 한다. 고전소설을 재미있게 즐기는 사람은 결국 나 혹은 우리이다. 내가 재미있게 느끼고 의식하는 것을 고전소설에서 찾게 되면 그것에 대한 관심이 커지게 되고, 그에 따라 더 많은 고전소설을 찾아 읽고 더 큰 재미와 의미를 얻을 것이다. 나에게서 나아가 우리, 곧 우리 시대, 우리 사회가 고전소설에 대한 관심을 높여서 더욱 활발하게 향유하고 재생산할 수 있다. 고전에 대한 관심은 어느 시대나 있어 왔을 뿐더러 변화하는 시대에 대응하는 주체의 역량은 고전을 통한 자기 정체성의 확립에 뿌리내리고 있으므로 우리 시대, 우리 사회의 문화적 역량을 키우기 위해서도 고전 읽기는 필수적인 일이다.

여기서 본고 앞부분에 인용했던 인문학적 교양과 품성 함양의 자산으로서 고전소설에 접근한 선학의 태도를 다시 생각해 보게 된다. 고전소설에 담긴 것은 예전에 이 땅에 살았던 사람들의 삶의 흔적이다. 인간 문제의 형상화라는 점에서 오늘날에도 여전히 재미와 의미를 얻을 수 있는 요인이 된다. 우리가 인간 본연의 자세를 지니고 인간답게 살려고 할 때 겪는 문제들에 대해 고전소설이 들려주는 이야기에 귀 기울이는 것은 자연스런 일이다.

고전소설 읽기는 그리 거창하고 심각한 일이 아니다. 인간다운 삶을 위한 기초 교양을 쌓기 위해 오늘날의 삶과 중첩되는 동시에 과거, 미래와도 연결되는 즐겁고 보람된 일이다. 우리의 일상적인 삶에서 의미를 갖는 인문 정신을 새롭게 고양하는 길에서 고전소설과 재미있게 만날 수 있기를 기대한다.

참고문헌

고소설학회, 『고소설연구』 12집(2001.12.) ~ 33집(2012.6.)

교육과학기술부 고시 제2011-361호 별책5, 『국어과 교육과정』.

구자균 교주, 『춘향전』, 교문사, 1984.

국립국어원, 『표준국어대사전』.

김균태 외, 『한국 고전소설의 이해』, 박이정, 2012.

김만중 원작 · 김병국 교주역, 『구운몽』, 서울대출판문화원, 2009.

김상욱 외, 『중학교 국어』 · 『중학교 생활국어』, 창비, 2010-2012.

김종철 외, 『중학교 국어』 · 『중학교 생활국어』, 디딤돌, 2010-2012.

김종철, 「고전소설교육의 과제와 방향」, 『고전소설 교육의 과제와 방향』, 월인, 2005.

김흥규, 「고전문학교육과 역사적 이해의 원근법」, 『현대비평과 이론』 3, 한신문화사, 1992.

남미영 외, 『중학교 국어』 · 『중학교 생활국어』, 교학사, 2010-2012.

노미숙 외, 『중학교 국어』 · 『중학교 생활국어』, 천재교육, 2010-2012.

박봉술 창본, 「수궁가」, 『판소리 다섯마당』, 한국브리태니커회사, 1990.

박일용, 『영웅소설의 소설사적 변주』, 월인, 2003.

박희병 표점 · 교석, 『한국한문소설 교합구해』, 소명출판, 2005.

방민호 외, 『중학교 국어』 · 『중학교 생활국어』, 지학사, 2010-2012.

서인석, 「고전산문 연구와 국어교육」, 『고전소설 교육의 과제와 방향』, 월인, 2005.

유탁일 편, 『한국고소설비평자료집성』, 아세아문화사, 1994.

윤여탁 외, 『중학교 국어』 · 『중학교 생활국어』, 미래엔(컬처), 2010-2012.

이옥 저 · 실사학사 고전문학연구회 역주, 『역주 이옥전집3』, 소명출판, 2001.

장덕순, 「운영전과 지봉전」, 『한국 고전문학의 이해』, 일지사, 1973.

장효현, 『한국고전소설사연구』, 고려대출판부, 2002.

정병욱, 「해학의 전통성」, 『한국 고전의 재인식』, 홍성사, 1979.

조동길 외, 『중학교 국어』·『중학교 생활국어』, 비상교육, 2010-2012.
조동일, 「산수시의 경치, 흥취, 주제」, 『국어국문학』 98, 국어국문학회, 1987.
한국고소설학회, 『고전소설 교육의 과제와 방향』, 월인, 2005.
한국어문학회 편, 「운영전」, 『고전소설선』, 형설출판사, 1985.

구비서사의 놀이적 특성과 문화적 창조력

심우장*

1. 문제제기 : 재미와 놀이

구비서사를 재미의 관점에서 이해하고자 할 때에는 우선 두 가지 전제적인 물음이 충족되어야 한다. 첫째로 '재미란 무엇인가' 하는 것이고, 둘째로 '왜 재미인가'이다. 문제는 이 두 가지 물음이 공히 무척 난해하거나 불편하다는 데 있다. 쉽게 답하기 어렵고 답을 내놓는다 해도 그렇게 썩 만족스럽지 않다는 것이다.

먼저 첫 번째 질문부터 살펴보자. 재미란 무엇인가. 사실 재미라는 말은 무척 일상적인 어휘이기 때문에 학술적인 술어 혹은 분석적인 도구로 사용하기에는 부적절할 수 있다. 그만큼 의미가 범박하거나 모호할 수 있기 때문이다.[1] '체내에서 엔돌핀이 생성되면서 뇌가 기분 좋게 느끼는 것'[2]이라는 생물학적 정의나 '아기자기하게 즐거운 기분이나 느낌'이라는 사전적 의미를 보면 이를 쉽게 짐작할 수 있

* 국민대학교 국어국문학과

1 J. 호이징하는 "재미라는 요소는 어떠한 분석이나 논리적 해석도 거부한다. 하나의 개념으로서의 재미는 다른 어떤 정신적 범주로도 환원시킬 수 없다."(김윤수 역, 『호모 루덴스』, 까치, 1993, 12면)고 했고, 미하이 칙센트미하이는 "재미가 오랫동안 모호한 개념"(이삼출 역, 『몰입의 기술』, 더불어책, 2003, 325면)이라 했다.

2 라프코스터, 안소현 역, 『재미이론』, 디지털미디어리서치, 2005, 54면.

다. 범주를 보다 엄격하게 하여 '보상이나 목적을 기대하지 않는 적극적인 감정상태'[3]라고 해도 문제는 여전히 남는다. 또한 다른 미적 범주들과 마찬가지로 재미도 대상과 주체의 상호작용에 의해서 발현되는 것이기 때문에 극단적으로 보면 미적 범주의 실현이 개별적일 수 있다. 특정 작품에 대해서 어떤 사람은 재미를 느낄 수 있고 어떤 사람은 재미를 느낄 수 없기 때문에 보편적인 재미 요소를 찾아내서 일반화하기 무척 어렵다는 것이다.

'왜 재미인가'라는 질문도 난해하기는 마찬가지다. 게임이나 놀이, 유희 등을 중시하는 사회적인 분위기가 재미에 대한 관심을 부쩍 증대시켰다는 점을 인정한다고 하더라도 재미가 가지는 무상성(無償性)[4] 때문에 곱지 않은 시선이 있는 것도 고려를 해야 할 것 같다. 특히 이러한 경우 '쾌락'이나 '통속성'이라는 보다 특화된 술어와 재미를 연결시켜 논의하려는 경향이 강하다.[5] 지금까지 구비서사를 비롯한 고전문학 분야에서 재미에 대한 연구가 상대적으로 활발하지 못했던 이유도 일정 부분 여기에서 찾아야 할 것 같다. 예술적 의미 혹은 의의라는 품격 있는 논의를 차치하고 애써 말초적인 재미에 집중하는 것은 문학 연구의 수준을 떨어뜨리는 행위라는 비판도 이런 생각과 관련이 있다.

이상과 같은 전제적 질문의 난해함을 해소하기 위해서는 재미의 개념과 범주 그리고 재미를 분석하는 방법론을 새롭게 구상해야 한다. 하지만 지금의 재미 연구는 이러한 수준까지 올라서기에는 부족한 점이 많은 것 같다. 따라서 본 연구에서는 구비서사에 대한 재미

---

3 C.C. Bucher의 정의로 레저, 스포츠, 인간공학 분야 등에서 일반적으로 받아들여지는 재미의 정의이다.(이치훈, 「인간공학적 분석을 통한 흥미모델 구축」, 서울대 산업공학과 석사논문, 2004, 1면.)

4 앞서 언급했듯이 재미는 일반적으로 보상이나 목적을 기대하지 않는다.

5 류정월, 『고전적 재미의 재구성』, 서강대출판부, 2012, 19-25면.

연구의 일환으로 그것의 놀이적 특성에 주목해 보려고 한다. 물론 놀이적 특성을 지녔다고 해서 모두 재미있는 것은 아니지만 놀이의 핵심적인 특성이 재미나 즐거움에 있기 때문에[6] 놀이적 특성에 대한 논의를 통해 재미 연구의 가능성을 가늠해볼 수는 있을 것 같다.

놀이에 대한 연구는 이미 상당한 수준에 올라와 있다. 물론 재미 연구와 마찬가지로 난해한 구석이 없는 것은 아니지만 대상의 구체성이 비교적 뚜렷하고 연구의 분야나 종류가 다양하여 구비서사를 분석하는 데 충분한 관점을 제공해줄 수 있을 것으로 생각한다. 또한 놀이적 성격에 대한 관심은 두 가지 점에서 지금의 구비서사 연구와 교육에 시사하는 바가 크다. 첫째, 놀이는 체험을 통해서 재미를 준다는 점이다. 만약 구비서사를 연구하고 배우는 것이 그다지 재미있지 않은 것이라면 그것이 효과적인 경험으로 체화되지 않고 있다는 것을 반증한다고 생각한다. 둘째, 놀이는 자발적이고 자유로운 활동이라는 점이다. 만약 구비서사를 연구하고 배우는 것이 자발성과 자유로움을 담보해내지 못하고 있다면 그것이 가지는 놀이적 성격을 더욱 강조하여 해결의 실마리를 찾을 수 있다는 것이다.

2. 구비서사의 놀이적 특성과 서사놀이

구비서사[7] 즉 말로 이야기를 풀어내는 것은 일종의 놀이이다. 놀

---

6 J. 호이징하는 "재미라는 요소가 놀이의 본질을 규정한다."(앞의 책, 12면)고 했고, 로제 카이와(이상률 역, 『놀이와 인간』, 문예출판사, 1994, 29면)는 놀이가 즐거움과 재미의 원천으로 정의되어야 한다는 것에는 의문의 여지가 없다고 했다.

7 여기서 '구비서사'는 구술성(orality)을 기반으로 하는 서사물을 가리키는 것으로 서사무가, 서사민요, 판소리 등도 포함하지만 주로 구비설화를 말한다. 일반론을 펼치기 위해 보편적인 용어를 취택하였다.

이의 조건으로는 일반적으로 여섯 가지를 이야기한다. 자유로운 활동, 분리된 활동, 확정되어 있지 않은 활동, 비생산적인 활동, 규칙이 있는 활동, 허구적인 활동이 그것이다.[8] 구비서사의 대표라 할 수 있는 구비설화를 가지고 그것의 놀이적 성격을 가늠해보면 다음과 같다.

구비설화를 구연하는 것은 일종의 자유로운 활동이다. 강요해서 구연하는 것이 아니라 삶 속에서 자연스럽게 구연이 이루어진다. 구비설화를 구연하는 것은 분리된 활동이다. 대체로 사랑방과 같은 특화된 공간에서 구연이 이루어진다는 점도 중요하지만 구연의 서두와 끝을 특정하는 방식에 주목할 필요가 있다. '옛날옛날에'와 같은 언술을 통해서 이야기의 시공간을 특별하게 구획하는 것은 놀이의 공간 형성과 비슷하다.[9] 구비설화의 구연은 확정되어 있지 않은 활동이다. 이야기의 전개는 상황이나 조건에 따라 언제나 변화할 수 있고 세부적인 묘사도 구연하는 사람의 자유 의지에 의해 변화할 수 있다. 또한 같은 이야기라도 어떠한 맥락에서 구연하는가에 따라 다양한 의미로 해석될 수 있는 여지가 많다.

그러면서도 구비설화의 구연은 비생산적인 활동이다. 물론 특별하게 이야기 구연을 통해 재화를 획득하는 경우가 있기는 하지만 어디까지나 그것은 재화의 소유권 이동이다. 구비설화의 구연은 규칙이 있는 활동이다. 아무렇게나 구연하는 것이 아니라 일반적으로 통용되는 구연기법과 서사규칙에 의거한다. 이러한 약속을 따르지 않으면 효과적인 구연에 실패하게 된다. 마지막으로 구비설화의 구연은 허구

8 로제 카이와, 앞의 책, 34면. 카이와는 특히 규칙이 있는 활동과 허구적인 활동을 거의 배타적으로 설정하였다. 하지만 규칙의 개념을 서사규칙과 같은 것까지 포함하는 보다 확대된 형태로 생각한다면 굳이 배타적으로 이해하지 않아도 문제는 없을 것 같다.

9 최혜실(『스토리텔링, 그 매혹의 과학』, 한울아카데미, 2011, 144면)은 놀이와 이야기의 공통점을 살피면서 "놀이의 공간 형성은 이야기 속의 "옛날옛날에"의 기제와 일치한다."고 하였다.

적인 활동이다. 구비설화를 통해서 드러내려는 삶의 모습들은 어디까지나 실제 현실이 아니라는 것을 암묵적으로 인지하고 있다.

만약 이렇다면 구비설화의 구연은 일종의 놀이이다. 마찬가지로 정도의 차이는 있겠지만 구비서사 일반도 놀이의 성격을 다분히 가지고 있다고 보는 것이 타당할 것 같다. 이러한 놀이적 성격을 특화하여 '서사놀이'라는 술어로 풀어보기로 한다.[10] 서사놀이란 서사적인 정보를 놀이화하는 것으로 '서사'에서 이야기적 요소를 가지고 오고, '놀이'에서 참여와 경험이라는 요소를 가지고 왔으며, 양쪽에서 공통적으로 의외성과 규칙이라는 요소를 가지고 온 것이다. 일정한 서사 규칙 아래에서 캐릭터를 부여하고 스토리를 만들어 의외성을 즐기면서 참여자들과 더불어 서사를 경험하는 일종의 게임이다.

서사의 차원에서 놀이란 '내가 참여해 만드는 이야기'[11]라고 할 수 있다. 어린 시절의 소꿉놀이처럼 서사라는 양식을 활용하여 내가 직접 이야기를 만들어나간다는 뜻인데, 구술문화 자체가 기본적으로 감정이입적이고 참여적[12]이기 때문에 구비서사는 애초부터 이러한 놀이적 성격이 무척 강할 수밖에 없다. 여기서 중요한 것은 '참여해 만들기'인데, 이야기판과 같은 구비서사의 놀이판이 거의 사라져버린 지금의 상황에서 보면 이러한 참여적인 성격이 극히 약화되었다고 할 수 있겠다.

그렇다면 지금의 시대에 맞는 새로운 형태의 서사놀이를 제안해야 할 것 같다. 구비설화가 전승될 수 있는 기반이 해체된 상황에서 구비설화라는 서사놀이를 계속하라는 것은 문제일 수 있다. 만약 구

---

10 심우장, 「현단계 설화 연구의 좌표」, 『구비문학연구』 15, 한국구비문학회, 2002에서 설화의 놀이성에 주목하자고 하면서 '서사놀이'를 처음 제안한 바 있다. 여기에서는 그러한 제안을 보다 구체화하였다.

11 최혜실, 앞의 책, 8면.

12 월터 J. 옹, 이기우 · 임명진 역, 『구술문화와 문자문화』, 문예출판사, 1995, 74-75면.

비서사가 지금의 현실 문화에서도 여전히 의미를 지닐 수 있다면 이에 맞는 새로운 형태의 서사놀이를 찾아봐야 할 것이다. 물론 다양한 형태의 서사놀이가 제안될 수 있겠지만 여기서는 다음과 같은 두 가지를 생각해 보기로 한다. 우선 구비서사의 맥을 이을 수 있는 새로운 매체를 통한 서사의 창조이다. 물론 이것도 무척 중요한 서사놀이의 일종이 될 수 있지만 지금의 상황에서는 창작자가 제한되어 있다는 점에서 보편적인 놀이라고 보기는 아직 어려울 것 같다. 다만 IT의 발전에 힘입어 서사놀이에 필요한 매체의 대중화와 놀이의 일상화가 보다 진전된다면 충분히 보편적인 놀이로 발전할 가능성은 농후하다.[13]

다음으로 생각해볼 수 있는 것이 구비서사와 현재의 문화를 잇는 일종의 서사해석과 관련된 놀이이다. 놀이와 재미의 핵심에는 항상 상호작용(interaction)과 체험(experience)이 있다.[14] 놀이가 재미있을 수 있는 것은 직접 참여하여 체험할 수 있기 때문이다. 이를 위해서 구비서사는 현재화되어야 한다. 과거의 이야기판이 그랬던 것처럼 이야기와 향유자, 또는 향유자와 향유자들이 상호작용하고 그것을 통해 당대 현실의 문화와 접속되어 있는 서사를 체험해내는 것이 무엇보다 중요하다. 이를 가능하게 해주는 것이 서사해석놀이이다.[15]

---

13 최근 웹의 중요한 화두 중의 하나는 '사용자의 참여'이다. 특히 UCC(User Created Contents)의 보편화로 일반 사용자가 콘텐츠를 생산하는 일이 크게 늘어나면서 서사창작놀이가 보편적인 놀이로 발전할 가능성은 더욱 높아졌다고 하겠다.

14 체험(experience)과 상호작용(interaction)이 재미를 제공하는 데 있어서 고려해야 할 가장 중요한 요소라는 점에 대해서는 많은 연구자들이 동의하고 있다.(이민학, 「인간성능의 계층적 분석을 이용한 재미의 분석」, 서울대 산업공학과 석사논문, 2006, 23면)

15 서사놀이라는 개념은 일반적 작품 감상 행위와 의미상 겹치는 부분이 많다. 다만 일반적인 작품 감상에서는 놀이에서 가장 중요하게 생각하는 참여와 체험이 강조되지 않는다는 점에 유의할 필요가 있다. 특히 고전문학 작품의 경우는 실질적인 면에서 참여와 체험이 제한적이며, 이것이 고전문학을 재미없게 만드는 요인으로

이 두 가지 형태의 서사놀이는 공히 현재적 경험을 중시한다. 구비서사의 맥을 이을 수 있는 서사창작도 실은 구비서사를 현실의 삶과 연관시켜 새롭게 체험해보자는 것이고, 서사해석 역시 과거의 구비서사를 현재의 문화적 경험과 연결시켜 논의해보자는 것이기 때문이다. 결국 현실 문화와 더불어 체험하고 해석하지 않고서는 구비서사를 통해 재미를 얻을 수 없고 이야기판에서 함께 놀 수 없다는 생각을 반영한 것이다.

이와 같은 두 가지 형태의 서사놀이 중에 이 글에서는 후자에 초점을 맞춰보려 한다. 서사해석놀이는 구비서사의 전통과 현재의 문화를 연관시켜 해석하는 일종의 관람 놀이이다.[16] 야구 경기를 하는 것도 중요한 놀이이지만 야구 경기를 관람하는 것도 놀이의 일종이다. 여기서 중요한 점은 관람이 단순히 경기의 흐름을 주시하는 것에서 끝나는 것이 아니라 현재의 경기와 더불어 팀이나 선수의 과거에서부터 현재의 모든 역사를 해석하는 놀이라는 점이다. 서사해석놀이도 마찬가지이다. 구비서사의 전통과 연관시켜 현재의 서사를 이해하는 것이 중요하다. 이렇게 구비서사를 현재화하는 행위는 이야기판에서의 구비서사 구연과 크게 다를 바가 없는 놀이이다.[17]

꼽힌다. 여기에서는 이러한 측면을 부각시키고 참여와 체험의 성격을 강조하고자 서사놀이라는 용어를 사용하였다.

16 스포츠로 이야기하면 운동장에서 경기를 펼치는 선수들도 놀이를 하고 있는 것이지만 그러한 놀이를 보고 있는 관중 역시 놀이를 하고 있는 것이다. 로제 카이와는 이것을 '미미크리'라는 놀이의 기본 범주로 설명한다. "조금이라도 잊지 말아야 할 것은, 여기서는 모의가 행위자에서 관객으로 이전된다는 것이다. 즉 흉내내는 것은 선수가 아니라 관객이라는 사실이다. 선수와의 동일시(同一視)는 이미 그것만으로도 미미크리를 구성한다. 이것은 독자가 소설의 주인공에게서 또 관객이 영화의 주인공에게서 자신을 발견하는 원인이 되는 미미크리와 같은 종류의 것이다."(앞의 책, 50면)

17 자연스런 이야기판에서 특정 이야기를 탐색하고 그것을 구연한 다음, 맥락에 맞게 해석하는 행위는 구비설화를 현재화하는 행위의 일종이라 할 수 있다.

이러한 서사놀이에서 중요하게 다루어야 할 것은 무엇일까. 놀이에 재미를 주는 요소, 놀이에 참여하는 사람들을 매혹시키는 요소, 즉 놀이의 핵심적인 특성인 긴장을 이해하고 해석하는 일이다. 놀이가 참여자들을 매혹시키는 것은 내적인 긴장을 적절하게 창조하기 때문이다.[18] 그런데 이러한 긴장은 대체로 구속과 자유의 변증법적인 결합에 의해서 조성된다. 구속의 핵심에는 놀이 규칙이 있다. 자의적인 규칙의 틀 내에서만 놀이는 성립될 수 있고 규칙을 어기게 되면 놀이 공간은 허물어진다. 또한 놀이는 이러한 구속만으로 성립되지 않는다. 놀이의 가장 중요한 특징 중의 하나는 자유이기 때문이다. "놀이는 규칙의 한계 내에서 자유로운 응수(應手)를 즉석에서 찾고 생각해내지 않으면 안 된다는 것에 의해 성립한다. 놀이하는 자의 이러한 자유, 그의 행동에 주어진 이 여유는 놀이에 절대로 필요하며, 놀이가 일으키는 즐거움을 부분적으로 설명해준다."[19]

서사놀이에서 규칙의 기반은 서사문법일 수 있고 자유는 그것의 변주이다. 창작놀이와 마찬가지로 서사해석놀이도 정해진 서사문법에 기대어 작품을 이해하는 것은 일종의 구속이며, 그러한 구속으로부터의 일탈 즉 변주된 부분을 스스로 포착하여 의미를 부여하는 것은 일종의 자유에 해당한다.[20] 이처럼 비슷한 것과 다른 것이 상호작용하면서 서사놀이는 긴장감을 불러일으킬 수 있는데, 그것의 실체를 자신의 서사경험을 바탕으로 해석하는 것이 서사해석놀이의 핵심이다.[21]

---

18 J. 호이징하는 "신화에서든 서정시에서든, 또 시극에서든 서사시에서든, 오랜 옛날의 전설에서든 또 현대 소설에서든, 저자의 목적은, 의식적이든 무의식적이든 독자를 "매혹시키고" 홀리게 할 긴장을 창조하는 데 있다."(앞의 책, 202면)고 하여 놀이의 핵심적인 특징을 긴장의 창조라고 하였다.

19 로제 카이와, 앞의 책, 31면.

20 개인마다 서사문법이 다르고 변주를 포착하는 범위도 다르기 때문에 이러한 서사놀이는 일반적인 놀이가 그러하듯이 지극히 개인적일 수 있다.

구비서사의 경우는 특별히 이러한 놀이에 더 적절한 갈래이다. 구비서사의 주요한 패턴들 즉 모티프나 캐릭터들이 서사문법의 틀 안에서 전승되고 있으며, 시대마다 각각 서로 다른 위상을 가지고 다양한 갈래에서 변주되고 있기 때문이다. 다만 여기에서 중요한 것은 구비서사의 전통에 대해서만 이야기하는 것이 아니라 이것을 현재의 삶 속에서 경험되는 문화적 요소들과 연관시킨다는 점이다.

3. 서사놀이로서의 패턴인식과 체험

앞서도 지적했지만 재미있는 서사놀이를 위해서는 우선 능동적 '참여'라는 놀이의 특성이 발현되어야 한다. 구비서사를 통해 능동적 참여가 이루어지려면 서사의 맥락을 현재화시킬 수 있어야 한다. 맥락의 현재화는 맥락적 지식의 양에 의해서 충족될 수 있는 것이 아니다. 맥락적 지식에 의한 간접적인 경험의 양이 풍부해진다고 해서 참여가 자연스럽게 이루어지는 것은 아니기 때문이다. '간접성'을 '직접성'으로 바꿀 수 있는 계기가 마련되어야 한다. 이를 위해서는 작품과 연관된 현재의 삶과 어떤 방식으로든 접촉이 이루어져야 한다. 이러한 접촉이 간접성의 간극을 줄여준다면 작품을 자기 감성에 더 가까이 붙들어 둘 수 있게 될 것이다.

---

21 사실 놀이적 관점에서의 논의가 기존의 문학 연구와 어떠한 변별점이 있는가라고 묻는다면 답하기 곤란한 면이 없지 않다. 놀이의 개념적 포괄성이 훨씬 넓기 때문에 놀이적 관점에서 주요하게 사용하는 개념들이 거의 대부분 문학 연구에서도 활용되고 있기 때문이다. 그럼에도 굳이 놀이적 관점을 모색하고 있는 이유는 그러한 개념적 포괄성이 보다 다양한 대상을 놀이 공간으로 불러들이는 데 유용하게 작용할 수 있다는 점에 있다. 이 논문에서 주로 반복과 변주와 같은 보다 포괄적인 개념을 사용하는 것도 이러한 이유에서다.

또한 체험이 일반적으로 그렇듯이 자아 내부의 흔들림이라는 계기가 마련되어야 한다.[22] 이것은 경험의 간접성을 체험의 직접성으로 탈바꿈 시켜주는 중요한 계기이다. 대상 작품과의 접촉이 내부의 깊은 곳에 영향을 미치기 위해서는 기존에 가지고 있던 자아의 내부에 균열의 조짐이 있어야 한다. 흔들림의 강도와 체험의 강도는 비례한다. 흔들림이 없으면 체험도 없고, 따라서 재미도 없다.

일반적으로 놀이(혹은 게임)는 매우 근본적이며 효과적인 학습도구라고 말한다.[23] 놀이를 하면서 두뇌가 무척 활발하게 활동하기 때문인데, 그 대표적인 활동의 하나가 '패턴인식'이다. 이 논문에서는 서사놀이를 바로 이러한 패턴인식을 중심으로 구상해보려고 한다.

구비서사와 관련된 서사놀이를 패턴인식을 중심으로 이해하려고 하는 데는 세 가지 이유가 있다. 첫째, 놀이의 기본적인 방식이 바로 패턴인식이라는 점이다.[24] 놀이를 잘하기 위해서는 놀이와 관련된 다양한 패턴을 포착해내고 그것을 적절하게 활용해야 하기 때문이다. 둘째, 구비서사의 경우는 특성 상 논리적인 이해보다는 패턴으로 이해하는 것이 더 적절한 장르라는 점이다.[25] 구술문화가 원래 그러하듯 구비서사는 패턴에 입각해서 사고하고 패턴에 입각해서 표현하지 않으면 안 된다. 마지막으로 이러한 패턴인식은 그 자체로 재미를 줄 수 있다는 점이다. 이럴 경우 재미란 "학습을 목적으로 패턴을

---

22 보통 경험이 외부세계에 대한 지식 획득의 계기를 강조하는 것이라면 체험은 기쁨, 슬픔, 환멸, 고통 등을 겪거나 가슴으로 느끼는 자아 내부의 흔들림을 드러내는 데 초점이 있다.(김유동, 「아도르노의 심미적 세계체험과 예술론」, 서울대학교 박사학위논문, 1992, 130면.)

23 라프 코스터, 앞의 책, 50면.

24 게임(놀이)은 "우리가 사는 세상에 존재하는 패턴들을 이미지로 표현한 것"이며, 따라서 게임 참여자는 패턴을 찾아내고 그것을 이용하여 문제의 상황을 해결하는 과정에서 재미를 느낀다고 한다.(라프 코스터, 앞의 책, 48-58면)

25 월터 J. 옹, 앞의 책, 57면.

흡수하고 있을 때 두뇌가 보내는 피드백"[26]이라 새롭게 정의될 수 있다. 이러한 이유로 서사놀이의 핵심적인 방법을 '패턴'과 연관시켜서 구상해볼 수 있을 것 같다.

패턴과 연관시켜서 서사놀이의 계기를 셋으로 나누어 살펴보면 다음과 같다. 우선 '패턴발견'이다. 주어진 서사작품에서 패턴을 발견해내는 일은 일반적인 놀이에서 하는 것과 동일하다. 서사패턴은 다양한 서사요소만큼이나 다양한 형태로 포착될 수 있다. 기본적으로 스토리에서 패턴을 찾을 수도 있고, 캐릭터에서 패턴을 찾을 수도 있고, 모티프에서도 패턴을 찾을 수도 있다. 복합적인 구성을 가지고 있는 단일 작품에서도 패턴을 포착할 수 있지만, 둘 이상의 서사 비교를 통해서 공통적인 패턴을 발견할 수도 있다.

다음으로 '패턴적용'이다. 패턴발견은 그 자체로도 재미를 줄 수 있지만, 발견된 패턴을 또 다른 서사작품에 적용함으로써 재미를 줄 수도 있다. 패턴도 역시 역사성을 가지고 있기 때문에 시간의 흐름에 따라 다양한 맥락과 충돌하면서 변주하게 마련이다. 앞서 이야기한 놀이의 구속과 자유의 길항 관계가 여기에서 포착된다. 구체적인 작품을 통해서 패턴의 지속과 변주된 모습을 확인하고 작품의 의의를 새롭게 이해하는 작업은 서사놀이의 중요한 부분을 차지한다. 패턴적용에서는 특히 작품의 시대적 맥락과 서사패턴을 긴밀하게 연관시키기 때문에 패턴의 추상성을 역사적 구체성으로 녹여내는 작업이 주요하게 이루어진다.

마지막이 '패턴체험'이다. 패턴이 구체적인 시대 상황과 조우했다고 해서 경험의 간접성이 완전히 탈각되는 것은 아니다. 패턴체험은 서사놀이에 참여하는 구체적인 개인이 당대의 문제 해결에 기여하는

---

26 라프 코스터, 앞의 책, 110면.

패턴의 새로운 변주를 접하고 자기 내부의 흔들림을 경험하는 것을 말한다. 기존의 패턴은 작품을 이해하는 스키마로 작용하게 마련이고, 스키마에서 벗어나는 특별함이 내부의 흔들림을 만들어 낸다. 대체로 서사적 반전이 이러한 역할을 할 가능성이 높다.[27]

바둑이나 체스와 같은 게임을 예로 들어 설명하면 보다 쉽게 이해할 수 있다. 우선 바둑이나 체스의 기본적인 패턴인 정석을 이해하는 작업이 필요하다. 다른 놀이와 마찬가지로 바둑이나 체스도 패턴을 통해서 놀이를 익히는 것이 기본적인 방식이기 때문이다. 하지만 정석을 이해하고 익혔다고 해서 곧바로 바둑을 잘 두는 것은 아니다. 실전에서 어떻게 적용되는지를 확인하는 작업이 필요하다. 실전 확인이 바로 패턴적용이다. 구체적인 대전에서 패턴이 어떻게 활용되는지를 이해할 수 있어야만 패턴을 익힌 즐거움을 얻을 수 있다. 놀이에서 이렇게 패턴을 이해하고 그것을 구체적인 맥락에서 다시 경험하는 것은 재미의 중요한 원천이다.[28] 마지막으로 자기의 실제 대국에서 패턴을 직접 체험하는 것이 패턴체험이다. 바둑의 패턴인 기본 정석이 자신의 행마와 포석의 구체적인 문제와 만나서 어떠한 해답을 줄 수 있을 것인지를 스스로 체험하는 작업이다. 물론 모든 행마와 포석을 정석대로만 하지는 않는다. 정석의 새로운 변주를 통해서 내부의 흔들림을 경험하는 것이 체험의 핵심이다.

---

27 이 외에도 메타패턴에 대한 이해가 있을 수 있다. 메타패턴이란 패턴들 사이의 패턴, 패턴을 연결시키는 패턴을 말한다.(로버트 루트번스타인 · 미셸 루트번스타인, 박종성 역, 『생각의 탄생』, 에코의서재, 2007, 159면 ; 그레고리 베이트슨, 박지동 역, 『정신과 자연』, 까치, 1990, 22면.) 패턴 유형들의 결합 관계, 장르별 패턴들의 결합 관계, 패턴과 패턴의 유기적인 관계 등에 대한 이해를 요구할 수 있다. 하지만 이 부분은 추상의 수준이 높아 논의가 아주 복잡해질 수 있고, 특히 재미를 중심으로 서사놀이를 따지는 본고의 성격과 부합하지 않기 때문에 다루지 않기로 한다.

28 라프 코스터(앞의 책, 41면)는 "일단 패턴을 인식하며, 이 패턴을 다시 경험하는 데에서 기쁨을 느끼게 된다."고 했다.

서사놀이에 대한 이해를 돕기 위해 두 가지 예를 보이도록 한다. 구비서사의 주요한 모티프라 할 수 있는 '쫓겨난 딸(여인)'이라는 부녀갈등 모티프와 트릭스터라는 캐릭터에 대해 살펴보기로 한다.

1) 구비서사의 주요한 모티프 중에 '쫓겨난 딸(여인)'이라는 부녀갈등 모티프가 있다.[29] 일련의 서사작품 속에 비슷한 패턴의 부녀갈등이 드러나는데, 고구려 건국신화에서부터 시작되는 것이니 그 연원이 무척 오래됐다고 하겠다. 해모수와 정을 통한 유화와 아버지 하백의 갈등, 바보 온달과 결혼하겠다고 해서 벌어지는 평강공주와 평강왕의 갈등, 서동이 퍼뜨린 노래 때문에 진평왕과 갈등하는 선화공주 등이 대표적인 예이다. 비슷하다고 느끼는 속에 패턴이 있을 수 있고 그것을 포착해내는 일은 서사놀이의 첫 번째 주요 지점이다. 이 세 작품에 드러나는 공통되는 패턴을 정리하면 다음과 같다.

(1) 아버지와 딸이 (남자 때문에) 갈등한다.
(2) 아버지가 딸을 내쫓는다.
(3) (그) 남자와 결합하여 잘산다.(그를 훌륭하게 만들거나 혹은 훌륭한 아이를 낳는다.)

좀 더 나아가면 이러한 패턴이 가지는 문학적인 의의나 가치를 궁구할 수도 있다. 주몽에게 오곡의 씨앗을 전달한다는 점에서 유화는 문화영웅으로서의 모습을 뚜렷하게 가지고 있다. 여기에서 착안하여, 아버지로 대표되는 기존 문화와의 갈등을 통해 새로운 문화를 형성해 나가는 주체로서의 딸의 문화적 전형을 보여주는 모티프라

29 신동흔, 「구비문학에 나타난 부녀관계의 원형」, 『구비문학연구』 28, 한국구비문학회, 2009. 그간 이 모티프에 대한 연구의 대강은 이 논문을 참조할 수 있다.

이해할 수도 있을 것 같다. 상부 고씨와의 결연을 거부하고 지방 세력인 온달과 결연하여 그로 하여금 외적의 침입을 막고 영토를 회복하고자 했다는 점도 그렇고 신라의 공주로서 백제의 남자와 결연하여 그를 백제의 왕으로 만들었다는 점도 그렇다.

『삼국유사』, 『삼국사기』 등에 실린 작품들이니까 비교적 초기 서사의 범주에 드는 작품들이라 할 수 있고, 때문에 패턴의 중요성이 더하다. 다만 패턴의 원형성이 강한 만큼 현실성은 약하다고 할 수 있겠다. 좀 더 후대의 작품들에서 신화적인 모티프들이 탈각되어 구체적인 시대적 상황과 함께 드러난다면 이를 통해 패턴을 보다 구체화된 맥락에 적용할 수 있을 것이다. 이는 무척 다양한 행로를 밟을 수 있을 텐데 여기서는 그 몇 가지 지점에 대해서만 이야기하기로 한다.

우선 역사적 변주로 주목할 만한 작품은 『금계필담』에 수록되어 있는 〈광묘유일공주(光廟有一公主)〉이다.[30]

① 세조에게 한 공주가 있었는데 어려서부터 어질고 덕스러웠다.

② 소릉(단종의 모) 참변이 임박하자 공주가 울면서 부당함을 간하니 세조가 대로했다.

③ 왕후인 정희대비가 패물과 유모를 딸려 공주를 멀리 피신시켰다.

④ 보은군으로 피신한 공주는 그곳에서 한 총각을 만나 같이 살기로 한다.

⑤ 유모는 보물을 내놓고 피란 사정을 밝히는데 총각 역시 김종서 손자인 것이 밝혀졌다.

⑥ 공주 부부는 산중에서 내려와 패물을 팔아 전답을 마련하고 행

30 『금계필담』(김종권 교주), 명문당, 2001, 32-36면.

복하게 산다.

⑦ 세조가 속리산을 찾았다가 귀경길에 공주를 만나 용서한다.

⑧ 세조가 승지를 보내 공주 내외를 불렀으나 부부는 야반을 틈타 사라져버린다.[31]

부녀갈등 모티프의 핵심이 고스란히 드러나 있는 작품인데, 특히 평강공주 이야기와 가장 유사하다. 편찬자는 마지막에 이 이야기의 핵심적인 관심은 김종서 후손에 있다고 밝히는데[32], 이는 평강공주 이야기를 온달에 초점을 맞춰서 이해하려는 김부식의 태도와도 닮아 있다. 다만 두 가지 점에서 전형적인 패턴의 내부에서 미묘한 차이를 보인다. 우선 딸이 결혼한 남자가 아버지의 정적의 손(孫)이라는 점이다. 대체로 아버지의 세계와는 다른 곳에 속한 남자로 등장하는데, 정치적인 적대관계가 뚜렷하게 드러난 경우는 특이하다. 또한 마지막에 세조가 공주와 김종서의 손자를 용서하고 화해를 하려고 하지만 공주 내외가 이를 거부하고 사라져버린다는 점도 평강공주 이야기와 결정적으로 다른 점이다. 이에 대해서는 여러 가지의 해석이 가능할 것이다. '세조와 그의 시대에 보내는 냉소적 비판'[33]이라 할 수도 있고, 가족 내부에 세조와 다른 이질적인 목소리를 심어 넣고 그로 하여금 김종서의 후손과 결혼하도록 함으로써 문학적인 화해를 모색한 것이며, 결말의 처리는 존재하지 않은 허구적인 인물에 대한 부담을 해소하려는 시도라 생각할 수도 있다. 여기서 중요한 것은 부녀갈등의 전통적인 모티프를 세조 시대의 역사적 사실에 결부시켜

---

31 김승호, 「쫓겨난 공주 설화의 야담적 승계와 그 의미」, 『동국어문학』 9, 동국대 국어교육과, 1997, 145-146면.

32 "나는 사고 박승휘로부터 얘기를 전해 듣고 절재 김종서의 후손에 대한 이런 시말을 자세히 갖추어 써서 조정에 올리려 하였으나…"

33 위의 논문, 172면.

나름의 이야기를 하고자 했다는 점이다. 패턴은 계속해서 반복되면서도 또한 시대적 맥락에 맞추어 계속 변주됨으로써 당대적 경험으로 이끌어내려는 시도로 이해할 수 있다.

현재까지도 전승되는 구비서사에서도 비슷한 패턴을 가지고 있는 작품들이 많다. 대표적인 작품이 〈내복에 산다〉류의 구비설화와 서사무가 〈바리공주〉이다.[34] 〈내복에 산다〉류에서도 기본적인 패턴은 동일하다. 부녀 갈등, 쫓겨남, 남자와의 결연이라는 핵심은 같지만 그 내부에 변주가 있다. 핵심적인 변주는 부녀 갈등의 초점을 '내복'에 맞춘다는 점이다. '복'이라는 보편적인 관념에다가 '나'라는 주체를 결합시킴으로써 중세의 가부장적인 권위에 맞서는 주체적인 자아의 가능성을 보여주는 것으로 해석될 수 있다.

거기에 비하면 〈바리공주〉는 제의의 산물이기 때문에 표면적으로는 더욱 더 중세적이라 할 수 있다. 〈바리공주〉의 핵심적인 변주는 부녀 갈등을 죽음과 효의 문제와 결부시킨다는 점이다. 쫓겨남의 계기인 부녀갈등이 일반적인 작품들에서는 쌍방적인 갈등으로 표현되는데 〈바리공주〉에서는 일방적이다. 갈등의 원인보다는 그것의 해소에 초점을 맞춰 죽음을 극복하는 지극한 효의 실천이라는 점을 강조하고 있다. 효와는 거리가 멀어 보이는 부녀갈등이라는 패턴을 활용했다는 점에서 무척 도전적인 시도였다고 할 수 있겠다.

이러한 해석들은 보편적인 것이라 이야기할 수 없다. 다만 여기에서 중요한 것은 패턴의 역사적 흐름이 계속 존재하고 그것의 반복과 변주가 당대적 의미를 가지고 꾸준히 이루어지고 있다는 점이다. 이것은 통시적인 관점에서 일종의 놀이이다. 더 중요한 것은 이러한

34 이외에도 유사한 모티프를 가진 작품으로는 〈복진 며느리〉류의 설화, 서사무가 〈삼공본풀이〉 등이 있다.(김대숙, 「여인발복설화의 연구」, 『한국설화문학연구』, 집문당, 1994)

놀이를 통해서 패턴의 전통을 계속 이어오면서 당대적 변주와 의미를 획득함으로써 당대적 경험으로 체화하고 있다는 점이다. 이것이 바로 구비서사가 가지는 중요한 놀이적 특성이라고 할 수 있겠다.

그런데 좀 더 깊이 생각해 보면 패턴을 발견하고 그것을 시대적 변주와 함께 이해하는 것은 진정한 놀이를 위한 학습의 단계일 뿐이다.[35] 진정한 놀이가 되기 위해서는 항상 놀이자 자신의 실제적 경험 속에서 당면한 문제를 해결해내는 방식으로 체화되어야 한다. 이는 놀이 혹은 재미가 지극히 맥락적이라는 특성과도 관련된다.[36] 모티프와 같은 패턴을 통해 과거의 삶을 재구하는 형태의 과거 맥락적인 연구는 과거 지식에 대한 친절한 서비스를 제공할 수는 있지만 재미를 줄 수 있는 체험을 제공하기에는 아무래도 역부족이다. 따라서 재미와 놀이의 맥락을 현재화하는 작업이 꼭 필요하다.

이상의 패턴 학습을 가지고 이제 진정한 놀이를 위해서 시선을 우리 시대로 옮겨보자. 요즘의 서사에서 부녀갈등 모티프를 소화하고 있는 작품들은 무척 많았던 것 같다. 대표적인 작품 하나만을 가지고 이야기해보자. 2004년에 개봉한 영화 〈가족〉(이정철 감독)이다. 줄거리는 다음과 같다.

> 아버지에 대한 반항으로 집을 나가서 깡패들과 어울렸던 딸 정은이는 깡패 두목의 죄를 대신 뒤집어쓰고 3년간 교도소 생활을 하고 풀려난다. 아버지와 남동생이 살고 있는 집으로 돌아오지만 여전히 아버지와의 사이가 좋지 않다. 아버지가 경찰을 그만두고 방황하는 바람에 어머니가 고생하다가 죽었다고 생각하기 때문이다. 그러는 사이 아버지가 백혈병에 걸렸다는 사

---

35 앞서 언급한 것처럼 패턴을 발견하고 학습하고 그것을 통해 당면한 문제를 해결해내는 것이 놀이 혹은 게임의 일반적인 방식이다. 그러니까 패턴의 발견과 학습은 '내가 참여하는 놀이'의 준비 단계라 할 수 있다.

36 라프 코스터, 앞의 책, 110면.

실을 알게 되고 마지못해 골수 검사를 받다가 사실은 자기가 어렸을 적 실수로 아버지 눈을 찔러 실명케 한 것이 아버지 방황의 결정적 원인이었다는 것을 알게 된다. 한편 정은이는 가족에 대한 깡패 두목의 협박에 못 이겨 두목을 살해하기로 결심하는데, 이를 눈치 챈 아버지가 깡패 두목을 대신 찌르고 자신도 죽음을 맞이한다.

서사적 변주는 부녀 갈등의 원인이 결국 딸에게 있었다는 반전 부분에 있다.[37] 이른 시기의 서사에서는 조금 덜하지만 세조의 공주나 바리공주의 이야기에서는 가부장적이고 폭력적인 아버지와의 갈등으로 집에서 쫓겨나거나 도망쳐 나오는 것으로 되어 있는데, 이 작품에서는 그 부분을 반전으로 처리했다. 서사의 초반에는 전통적인 서사 모티프와 동일한 방식으로 진행되다가 바리공주와 같이 아버지의 병이 깊어지면서 감정적인 재회를 하게 되는데, 그 순간 가부장적인 아버지의 모습이 사실은 딸의 사소한 실수에서 연유했다고 함으로써 새로운 변주를 시도하고 있다.

보다 결정적인 변주는 이야기의 마무리 부분에 있다. 일반적인 부녀갈등 모티프에서는 대체로 딸이 다시 아버지를 찾아와서 아버지와 화해하는 것으로 마무리된다. 그 과정에서 아버지의 병을 고치기도 하고 어려운 나라의 사정을 호전시키기도 한다. 그런데 영화 〈가족〉에서도 정은이가 아버지를 괴롭히는 깡패 두목을 살해하기로 결심하면서 그런 방식으로 서사가 진행될 것처럼 하다가 아버지가 정은이를 대신해서 희생하는 것으로 변주해버렸다. 아버지를 살리기 위해서 죽음을 무릅쓴 딸을 대신하여 아버지가 죽는 결말이다. 기존의

37 서사물을 놀이적 관점에서 이해할 때는 항상 반전이 중요하다. 반전은 이전의 서사 감각으로 작품을 이해할 때 변주에 해당하는 부분일 가능성이 높기 때문이다. 이러한 반전의 예측불가능성이 놀이의 재미와 즐거움을 주는 핵심 부분이기도 하다.(도널드 위니캇, 이재훈 역, 『놀이와 현실』, 한국심리치료연구소, 1997, 81면 참조)

패턴을 스키마로 활용하고 그것의 변주를 통해 반전을 만들었던 것이다.

부녀갈등 모티프에서 주연은 원래 딸이었다. 이전 시대에 이 모티프가 다양한 방식으로 문화적 전변을 담아냈다면 그것의 핵심에는 딸 캐릭터가 자리하고 있었다. 아버지는 다만 그러한 딸과 갈등을 일으키는 보조적인 존재였다. 하지만 이 영화에서는 아버지라는 존재가 새롭게 부각되었다. 어쩌면 여러 차례의 경제 위기 상황에서 직업을 잃고 사회적으로 소외되어버린, 그렇지만 어떤 형태로든지 가족을 위해 애쓰고 있는 이 시대의 아버지의 모습을 캐릭터화 했다고 보면 어떨까. 가부장적인 아버지는 이제 과거형이고 힘없고 애달프면서도 가족을 위해 희생하는 현재형의 아버지를 보여주려고 한 것으로 해석할 수 있겠다.

그러고 보면 지금 시대의 핵심적인 문제항은 딸보다는 아버지인 것 같다. 비슷한 모티프를 가지고 있는 드라마 〈내 딸 서영이〉(KBS, 연출 유현기)에서도 작품의 초반에는 가정의 불화를 일으키는 전형적인 구시대적 인물로 등장하던 아버지가 작품의 후반으로 넘어오면서 〈가족〉에서 보여주었던 것과 같이 딸을 위해 희생하는 아버지의 모습을 여실히 보여주고 있기 때문이다. 동일한 모티프를 가지고 비슷한 형태의 변주를 만들어내고 있는 것은 이것이 공통된 시대 의식을 반영하고 있기 때문이 아닐까.

패턴체험은 우리의 문제를 해결하는 곳에 패턴을 적용함으로써 얻어진다. 모든 것은 지금 여기의 문제를 해결하기 위한 것이기 때문이다. 쫓겨난 딸이라는 서사패턴을 동시대의 문제로까지 연결시켜서 구체적인 영화나 드라마를 통해 체험하는 것은 그래서 중요하다. 영화의 반전으로 드러나게 마련인 서사의 변주를 통해 자기 내부적인 흔들림을 경험할 수 있었다면 이미 충분한 패턴체험이 이루어졌다고 할 수 있겠고, 그 자체로 재미를 느꼈다고 할 수 있을 것이다.[38]

2) 서사놀이는 꼭 모티프를 통해서만 가능한 것은 아니다. 서사의 기본적인 요소인 캐릭터 또한 서사놀이의 주요한 대상이 될 수 있다. 여기서는 트릭스터라는 구비서사의 보편적인 캐릭터에 주목해 보자. 패턴을 포착하기 위해서 신화 속에서 트릭스터의 흔적을 찾아보기로 한다.

> 비류왕은 사자를 보내 고했으나 왕은 고각을 와서 볼까 겁내서 색을 어둡게 칠해서 오래된 것처럼 하였더니 송양은 감히 다투지 못하고 돌아갔다. 송양은 도읍을 세운 선후(先後)를 따져 부용(附庸)시키고자 하므로 왕은 궁실을 짓되 썩은 나무로 기둥을 하니 오래됨이 천 년이 된 것 같았다. 송양이 와서 보고 마침내 감히 도읍 세운 것의 선후(先後)를 다투지 못했다.(〈동명왕편〉)

> 이에 모략을 써, 몰래 숫돌과 숯을 그 곁에 묻고 이튿날 이른 아침에 그 집 문 앞에 가서 이것이 우리 조상 때의 집이라 하였다. 호공은 그럴 리가 없다고 하여 서로 다투어 결단치 못하고 관가에 고하였다. 관에서는 무엇으로써 너의 집임을 증명하겠느냐 하니, 동자가 말하기를 "우리는 본래 대장장이였는데 잠시 이웃 시골에 간 동안 다른 사람이 빼앗아 살고 있으니 그 땅을 파보면 알 것이라." 하였다. 그 말대로 파보니 과연 숫돌과 숯이 있으므로 그 집을 차지하게 되었다.(〈석탈해신화〉, 『삼국유사』)

---

38 더 나아가 메타패턴에 대해서도 논의할 수 있을 것 같다. 부녀갈등 모티프는 〈가족〉이라는 영화에서 보는 바와 같이 아버지라는 캐릭터의 패턴과 연관되어 있다. 구비서사의 경우 이러한 아버지 캐릭터가 일정한 패턴을 가지고 움직여나가는 것을 확인할 수 있다.(정출헌, 「고전 서사문학에 나타난 '아버지'의 형상과 그 변주」, 『동양한문학연구』 15, 동양한문학회, 2001) 따라서 쫓겨난 딸 패턴과 아버지 캐릭터의 패턴을 견주어 그러한 패턴들이 만들어내는 또 다른 패턴에 대한 관심을 불러일으킬 만하다.

주몽은 송양과의 대결에서 두 차례의 속임수를 사용한다. 훔쳐온 고각을 색칠해서 오래된 것처럼 하였고, 썩은 나무로 기둥을 해서 궁실이 오래된 것처럼 하였다. 석탈해는 호공의 집을 빼앗으려고 숫돌과 숯을 묻어 자기가 먼저 그곳에 살았음을 보였다. 공통적으로 '시간'의 문제가 개입되어 있음을 알 수 있다. 트릭스터와 관련하여 위의 세 이야기의 공통점은 다음과 같다.

(1) 속임수를 써서 상대를 물리친다.
(2) 속임수의 핵심은 시간적 선후를 뒤바꾸는 것이다.
(3) 속임수를 통해서 상대의 나라 혹은 집을 차지한다.

이러한 패턴은 트릭스터라는 캐릭터가 갖는 경계성이라는 특징과 관련이 있다.[39] 트릭스터는 특정 집단에 소속되지 않은 경계인이며 길 위의 여행자이기[40] 때문에 정착해 있는 누군가와 대결을 할 수밖에 없고 속임수라는 방법을 사용해서 그들로부터 무엇인가를 얻어내지 않으면 안 된다. 요컨대 트릭스터는 '속임수를 통해 다른 사람과 자신의 변별되는 특징을 나타내는 경계적 인물'인 것이다.[41]

패턴적용을 위한 트릭스터의 후대적 이야기는 아주 많다. 토끼를 비롯한 동물들도 대표적인 트릭스터로 자리하고 있고, 김선달을 비롯한 정수동, 방학중, 정만서 등의 꾀쟁이들도 트릭스터의 계보를 잇는 대표적인 캐릭터들이다.[42] 이중에서 중세에서 근대로의 이행기를 대

39 나수호, 「한국 설화에 나타난 원형적인 인물 트릭스터의 경계성」, 『구비문학연구』 28, 한국구비문학회, 2009.
40 최정은, 『트릭스터, 영원한 방랑자』, 휴머니스트, 2005, 155면.
41 류정월, 「트릭스터담의 문화기호학적 연구」, 서강대학교 석사학위논문, 1998 ; 나수호, 「한국설화에 나타난 트릭스터 연구」, 서울대학교 박사학위논문, 2011.
42 조희웅, 「트릭스터(Trickster)담 연구」, 『어문학논총』 6, 국민대 어문학연구소, 1987, 89면, 나수호, 앞의 논문.

표하는 김선달이라는 캐릭터의 변주를 간략히 살펴보기로 하자.

> 김선달이 대동강에 나가서 물을 길어 가는 사람들에게 돈을 나눠 주면서 다음 날 그 돈을 돌려 달라고 한다. 계획한 대로 다음 날 아침 대동강에 나가서 "물값을 주시오."라고 하면서 미리 뿌려 놓은 밑천을 걷는다. 외지에서 온 돈 많은 행인이 이 장면을 보고 의아해하며 뭘 하냐고 물어보자 김선달은 대동강 물을 팔고 있다고 대답한다. 욕심이 생긴 행인은 김선달에게 큰돈을 주고 대동강 물을 팔 수 있는 권리를 산 후, 다음 날 아침 대동강에 나가 물을 긷는 사람에게 물값을 달라고 한다. 아무도 돈을 내지 않자 그제야 속았다는 것을 깨닫는다.[43]

김선달 이야기의 전형은 역시 그를 전국적인 인물로 만들었던 〈대동강 물을 팔아먹은 이야기〉에서 찾을 수 있다. 속임수를 써서 상대에게 무엇인가를 얻어낸다는 점에서는 트릭스터의 기본 패턴을 공유하고 있지만 세부적인 내용에서는 차이를 보인다. 건국영웅들의 트릭스터적 면모가 주로 상대의 나라나 집을 두고 벌이는 속임수였다면, 김선달의 경우는 철저히 재화에 초점이 맞춰져 있다. 따라서 속임수의 구체적인 내용도 누가(무엇이) 더 오래되었느냐의 문제가 아니라 과연 팔 수 있는 물건인가 혹은 팔아서 돈을 벌 수 있는가의 문제로 바뀌었다.

그러고 보면 자본주의로의 이행기를 대표하는 트릭스터의 변주가 바로 김선달인 셈이다. 공유와 사유의 개념이 혼선을 빚을 때, 이를 예리하게 간파하여 사유를 통한 부의 획득에 혈안이 되어 있는 상인을 속이고 있다. 캐릭터의 기본적인 패턴은 그대로 두고서 속임수의 세부적인 특징과 획득하고자 하는 것의 성격을 시대의 흐름에 맞게

---

43 나수호, 「김선달」, 『한국민속문학사전, 설화 1』, 국립민속박물관, 2012, 115면.

변화시켰다고 보는 것이 타당할 것 같다.

트릭스터라는 캐릭터는 또한 지금 우리의 문제를 어떻게 소화하고 있을까. 이 부분이 바로 패턴체험이 감당해야 할 부분이다. 이 시대의 트릭스터로 패턴체험에 도움을 줄 수 있는 캐릭터가 엽기토끼라 불리는 마시마로이다. 마시마로는 〈마시마로 숲 이야기〉라는 일련의 플래시 애니메이션으로 주목을 받아 최고의 캐릭터 자리에 올랐다. 염소에게 속임수를 사용하여 음식을 빼앗아 먹고(에피소드 4), 자신보다 힘이 더 센 곰에게 배짱을 부려 음식을 빼앗아 먹는(에피소드 2) 것은 속임수를 써서 상대에게 무엇인가를 얻어낸다는 트릭스터의 기본 패턴을 반복하고 있다. 배고픈 존재, 떠돌이, 공동체의 외부자, 사기꾼과 같은 트릭스터의 경계인적 특성들이 마시마로에게도 그대로 드러난다.

그러면서도 또한 변주가 있다. 마시마로 캐릭터의 핵심을 만들어낸 〈마시마로 숲 이야기〉의 대표적인 작품을 보기로 한다.

> 여우의 울음소리가 들리는 달밤에 엽기토끼와 어미원숭이, 아기원숭이 이렇게 셋이서 나무 가지 위에 앉아 달을 쳐다보고 있다. 달에서는 토끼가 떡방아를 찧고 있는 실루엣이 보인다. 아기원숭이가 도대체 저것이 무엇을 하는 행동인지를 어미원숭이에게 묻는다. 어미원숭이가 머리를 긁적거리면서 다시 마시마로에게 묻는다. 마시마로가 잠시 생각에 잠기더니 무엇인가를 몸소 보여주기 시작한다. 나뭇가지에 갑자기 나타난 변기 위에 올라앉아서 온몸이 빨개질 때까지 힘을 준다. 잠시 후 '붕' 하는 소리와 함께 일이 마무리 되고 마시마로는 변기에서 일어난다. 물을 연속해서 여러 번 내리지만 물이 내려가지 않는다. 변기가 막힌 것이다. 막힌 변기를 뚫는 관통 막대를 가지고 나와서 변기를 열심히 뚫는다. 그 모습이 달에서 떡방아를 찧고 있는 토끼의 모습과 똑 닮아 있다. 달을 가리키면서 옆에 있는 어미원숭이와 아기원숭이에게 바로 이러한

모습이라고 이야기한다. 어미원숭이와 아기원숭이가 고개를 끄덕인다.(〈마시마로 숲 이야기〉 에피소드 3)

마시마로가 원숭이 모자를 속이고 있다. 달에서 떡방아를 찧고 있다는 낭만적인 옛이야기의 세계를 관통 막대로 변기를 뚫고 있는 모습이라며 귀여운 억지를 부리고 있다. 속임수의 핵심에는 실루엣의 비슷함이 자리하고 있다. 비슷한 실루엣을 찾아 그 둘을 같다고 이야기함으로써 이미지적인 속임수를 사용하고 있다. 또한 속임수를 통해서 얻는 것도 다른 작품들에 비해서 모호하다. 그저 그러한 속임수를 통해서 유희적인 분위기를 조성하는 것으로 끝이다. 이런 것들은 모두 변주에 해당한다.

트릭스터는 경계인이면서 공동체에 대한 비판자이다. 경계에 있기 때문에 강렬한 비판이 가능하다. 그래서 트릭스터는 문화 변동기에 각광을 받는 캐릭터이기도 하다. 〈마시마로 숲 이야기〉는 아날로그 문화에서 디지털 문화로 넘어가는 문화변동기를 반영하고 있다. 아날로그와 다른 디지털 문화의 특징은 진짜와 가짜의 구분을 모호하게 한다는 데 있다. 원본과 복사본의 차이가 존재하지 않기 때문에 원본=진짜, 복사본=가짜의 구분이 없다. 진실과 거짓을 구분하려는 문화적인 판단이 그다지 중요하지 않게 된다. 마시마로는 바로 이러한 문화의 변동을 자신의 서사를 통해서 반영하고 있다.[44]

신화에서부터 이어져 내려오는 트릭스터라는 캐릭터가 디지털 시대의 초입에 도달해 있는 지금의 현실 문화를 체험하는 주요한 패턴으로 작용하고 있음을 확인할 수 있다. 떡방아를 찧는 것과 변

44 심우장, 「봉이 김선달과 엽기토끼 마시마로」, 『웃음문화』 2, 한국웃음문화학회, 2006에서 김선달 설화와 마시마로 이야기의 트릭스터적 공통점과 차이점에 대해 논했다.

기를 뚫는 모습이 비슷하다고 우기는 마시마로의 트릭스터적 행동을 통해서 동시대의 웃음을 공유할 수 있다면 패턴체험이 완성되었다고 할 수 있으며 이를 통해 재미를 느꼈다고 이야기할 수 있을 것 같다.

이상과 같은 서사놀이는 고전에 해당하는 구비서사를 현재화하여 현실 문화 속에서 체험하기 위한 일종의 자의적인 조작이다. 체험을 통하지 않고서는 어떠한 놀이도 재미를 느낄 수 없기 때문이다. 다만 여기에서 자의적이라고 하는 것은 여러 패턴의 가능성 중 하나를 개인의 감성적 기반에 근거하여 취택했다는 의미이지 통시적인 논의의 무논리성을 의미하는 것은 아니다. 놀이가 가지는 자의성을 구비서사에 적극 활용하여 개인적 정신의 실재와 현실대상에 대한 체험 사이의 상호놀이가 예측 불가능하게 펼쳐지도록 하자는 의도이다. 그럴 경우에만 놀이는 신명나는 것이 되고 재미를 느낄 수 있기 때문이다.[45]

45 사실 고전서사와 현대의 문화 창조물을 비교하여 그 연관성을 논의한 연구들은 여러 편 있다. 〈춘향전〉과 순정만화를 비교한 연구(황혜진, 「춘향전과 순정만화를 통해 본 '낭만적 사랑'의 형성과 변화」, 『국어교육학연구』 17, 국어교육학회, 2003), 〈장화홍련전〉과 영화 〈장화, 홍련〉을 오이디푸스 콤플렉스의 관점에서 비교한 연구(황혜진, 「문화적 문식성 교육을 위한 고전소설과 영상변용물의 비교 연구」, 『국어교육』 116, 한국어교육학회, 2005), 귀신설화와 영화 〈귀신이 산다〉, 〈시실리 2km〉를 비교한 연구(서유경, 「귀신 등장 이야기의 문화적 변화와 문학교육」, 『문학교육학』 19, 한국문학교육학회, 2006), 〈심청전〉과 드라마 〈복희누나〉를 비교한 연구(서유경, 「〈심청전〉과 〈복희누나〉의 상관성 탐구」, 『문학치료연구』 24, 한국문학치료학회, 2012) 등이 대표적인 예이다. 본 연구에서는 이러한 연구들과 기본적인 문제의식을 공유하면서도 이러한 논의를 포괄하여 놀이적 관점에서 패턴 발견, 패턴의 반복과 변주, 현실문화 속에서의 패턴 체험, 그러한 체험의 사회문화적 의의에 대한 설명 등을 일련의 과정으로 제시하고자 했다.

4. 구비서사의 항상성과 문화적 창조력

구비서사의 놀이적 성격과 관련해서는 구술문화가 가지는 항상성에 특히 주목해야 할 것 같다. 구술문화는 "이미 현재와의 관련이 없어진 기억을 버림으로 해서 균형상태 혹은 항상성을 유지하고 있는 그런 현재 속에서 영위된다."[46] 현실 문화를 위해서 과거의 모든 구비서사를 축적해두지 않는다. 오로지 현실과의 접속이 가능한 기억만을 두고 그것을 새롭게 재창조하여 또 다른 기억으로 전승할 뿐이다. 따라서 구비서사의 전통을 가지고 현재를 체험하고 놀이하는 것은 구술문화의 전형적인 특징이라고 할 수 있는 항상성을 구현하는 것이다.

그렇기 때문에 구술문화의 항상성은 곧 현실 문화의 창조력과 깊은 연관을 가지고 있다. 구술문화가 현실 문화와의 관련성을 구체적으로 실현하면서 구비서사와 같은 구비전승물을 현실 문화에 맞추어 끊임없이 재창조하기 때문이다. 이 지점에서 구비전승이 지향하는 바는 과거에 관한 태만한 호기심이라기보다는 오히려 현재 사회의 문화적 가치라는 말을 되새길 필요가 있다.[47] 구비전승은 과거의 축적이기도 하지만 항상 현실과의 만남이기도 하다는 것이다. 패턴발견과 패턴적용을 통해 구비서사의 과거 문화와의 접속 지점을 이해하고 새로운 패턴의 변주를 체험하는 것은 이러한 구술문화의 특징과 잘 조응한다고 하겠다.

놀이가 가지는 문화적 창조력은 이미 상식이 되었다. 놀이는 세계의 본질을 드러내주며, 상투적인 관행의 한계를 드러내고 현실적인 대안을 만들어낸다는 것이다.[48] 앞서 서사놀이를 통해서 살폈던 창조

---

46 월터 J. 옹, 앞의 책, 75면.
47 위의 책, 75면.

물 혹은 재창조물들은 대체로 이러한 놀이의 특성을 잘 반영하고 있다고 하겠다. 놀이는 근본적으로 이미지 조작이며, 이러한 이미지 조작은 상상력을 통해 이루어지기 때문이다. 다시 말하면 놀이는 현실 문화를 새롭게 창조하는 상상력의 보고인 셈이다. 만약 이렇다면 우리의 주된 관심은 "이러한 이미지들의 가치와 의의, 그리고 현실을 그 이미지로 형상화시키는 작용 즉 "상상력(imagination)"의 가치와 의의를 파악하는 데 기울여져야 할 것이다."[49] 이것이 바로 이 글에서 제시한 서사놀이의 핵심이다.

이러한 상상력을 평가하고 경험하는 것은 무척 중요한 의의를 지닌다고 생각한다. 흔히 현대사회에서 새로운 경제적 가치는 체험에서 비롯되는 경우가 많다고 한다. 이런 경향을 일컬어 체험 경제(Experience Economy)의 시대라고 표현하기도 하고 체험 팽창의 시대라는 말을 사용하기도 한다.[50] 물론 체험은 이전 시대에도 존재했었지만, 체험을 통해서 새로운 부가가치를 창출하게 된 것은 최근의 일이다. 지난 수십 년 사이에 엔터테인먼트의 종류가 폭발적으로 증가하면서 경제적인 부가가치를 창출할 수 있는 엄청나게 많은 체험들이 새로이 등장하게 되었다는 것이다.[51] 이제는 의미 있고 가치 있는 지식을 잘 정리해서 제공하는 지식 서비스의 차원에서 한 단계 진화하여 그러한 지식이 창출해 놓은 현실 문화 공간에서의 체험을 중시하게 되었다는 의미일 것이다. 만약 이렇다면 구비서사를 비롯한 고전문학 전반도 지식 서비스의 차원에서 벗어나서 체험의 연출로 이동하는 전략적 전환이 필요한 것은 아닐까.

이런 측면에서 보면 구비서사를 비롯한 고전문학 전반은 많은 약

---

48 로버트 루트번스타인 · 미셸 루트번스타인, 앞의 책, 339-340면.
49 J. 호이징하, 앞의 책, 14면.
50 B. 조지프 파인 2세, 제임스 H. 길모어, 김미옥 역, 『체험경제학』, 21세기북스, 2010.
51 위의 책, 17면.

점을 가지고 있는 것이 사실이다. 지식 서비스의 차원에서는 충분한 의의를 지닐 수 있지만 현실 문화 공간에서의 체험과는 일정한 거리가 있을 수밖에 없기 때문이다. 따라서 지금의 시점에서는 구비서사를 현실 속에서 체험할 수 있는 다양한 방법을 찾는 것이 무엇보다도 중요할 것 같다. 수준 높은 기술력으로 사용가치가 높은 제품을 만들어내야 한다는 생각에서 벗어나 제품을 사용하면서 개인이 어떤 체험을 하게 되는지에 관심을 두게 되듯이, 구비서사를 우리들이 어떠한 이미지로 체험하게 될 것인지에 관심을 두는 교육과 연구에서의 전환이 필요할 것 같다.

사실 이러한 문제제기는 '경험 교육'이라는 틀로 이미 제시된 바 있다.[52] 현실의 삶과 연계된 간접 경험의 형태로 문학 경험이 이루어져야 하는데, 문학 텍스트를 접한 독자의 심리적 조화와 평형이 깨어지는 데서 출발하여 심리적 조화와 평형을 회복하는 과정을 통해 하나의 문학 경험이 완성된다고 했다.[53] 이는 앞서 언급한 패턴의 반복과 변주의 긴장 관계에 대한 이해와 맥을 같이한다.

여기서 중요한 것은 경험의 총체성에 도달하는 방식일 것이다. 고전의 구비서사에서 시작하여 현대의 문화 현상에 이르는 통시적인 문학 경험을 통해 우리들은 삶의 실제적 맥락을 넘어서서 동일한 서사패턴이 다양한 시대적 맥락 속에서 어떻게 변주되는지를 총체적으로 파악함으로써 삶의 전체성을 획득할 수 있게 된다는 것이다.[54] 패턴의 발견과 적용과 체험이라는 일련의 과정은 이런 차원에서 체계성과 전체성을 가질 수 있을 것이라 생각된다.

---

52 고광수, 「문학 감상의 경험 교육적 성격에 대한 예비적 고찰」, 『문학교육학』 16, 한국문학교육학회, 2005. 경험교육적 연구의 다양한 실례는 배수찬, 「고전산문교육 연구의 반성과 전망」, 『고전문학과 교육』 18, 한국고전문학교육학회, 2009 참조.

53 고광수, 앞의 논문, 98면.

54 위의 논문, 100면.

한 단계 더 나아간다면, 그러한 체험을 통해서 우리의 현실 이미지 혹은 감각이 새롭게 변화될 수도 있다. 영화 〈가족〉이 아버지에 대한 현실 감각의 변화를 이야기했고, 〈마시마로〉는 아날로그 시대에서 디지털 시대로의 변화라는 새로운 현실 감각을 이야기하고 있다. 최고의 체험은 삶을 변화시킬 수 있는 체험[55]이라고 하듯이 이러한 체험이 주는 내적인 흔들림이 구비서사의 재창조와 그것의 해석을 통해서 이끌어낼 수 있다면 그것이야말로 이 시대가 요구하는 문화적 창조력이 아닐 수 없다.

5. 맺음말

이 글의 핵심 문제의식은 현 시대를 살아가는 우리들이 구비서사를 경험할 수 있는, 혹은 현실적 체험과 연관시켜서 구비서사를 이해할 수 있는 계기와 가능성을 구비서사의 놀이적 성격에서 찾자는 것이었다. 그것의 구체적인 방식으로 특별한 서사놀이를 제안했는데, 서사적 패턴을 찾아 이해하고 이것과 연결된 현실 문화의 창조적 산물을 현실의 문제와 결부시켜 체험해 보자는 것이었다. 이것이 구비서사를 재미있게 이해하고 즐길 수 있는 유용한 한 방법이라 생각한다.

최근 들어 구비서사와 현대 영상물을 비교하는 논의들이 많아졌다. 대개는 같고 다름의 문화적 의미를 중심에 놓고 양쪽의 특징을 분석한다. 물론 그 자체로도 충분한 의의와 재미를 던져줄 수 있는 것이기는 하지만 보다 탄력적인 연구와 교육이 되기 위해서는 뚜렷한 지향점이 있어야 하지 않을까 생각된다. 이에 이 글에서는 구비

---

55 B. 조지프 파인 2세, 앞의 책, 288면.

서사와 현대의 문화적 창조물을 하나의 통시적인 놀이축으로 수렴하여 통합적으로 다루었으면 하는 바람을 체계화해 보았다.

참고문헌

고광수, 「문학 감상의 경험 교육적 성격에 대한 예비적 고찰」, 『문학교육학』 16, 한국문학교육학회, 2005.

김대숙, 「여인발복설화의 연구」, 『한국설화문학연구』, 집문당, 1994.

김승호, 「쫓겨난 공주 설화의 야담적 승계와 그 의미」, 『동국어문학』 9, 동국대 국어교육과, 1997.

김유동, 「아도르노의 심미적 세계체험과 예술론」, 서울대학교 박사학위논문, 1992.

나수호, 「김선달」, 『한국민속문학사전, 설화 1』, 국립민속박물관, 2012.

나수호, 「한국 설화에 나타난 원형적인 인물 트릭스터의 경계성」, 『구비문학연구』 28, 한국구비문학회, 2009.

나수호, 「한국설화에 나타난 트릭스터 연구」, 서울대학교 박사학위논문, 2011.

도널드 위니캇, 이재훈 역, 『놀이와 현실』, 한국심리치료연구소, 1997.

류정월, 「트릭스터담의 문화기호학적 연구」, 서강대학교 석사학위논문, 1998.

류정월, 『고전적 재미의 재구성』, 서강대출판부, 2012.

배수찬, 「고전산문교육 연구의 반성과 전망」, 『고전문학과 교육』 18, 한국고전문학교육학회, 2009.

서유경, 「〈심청전〉과 〈복희누나〉의 상관성 탐구」, 『문학치료연구』 24, 한국문학치료학회, 2012.

서유경, 「귀신 등장 이야기의 문화적 변화와 문학교육」, 『문학교육학』 19, 한국문학교육학회, 2006.

신동흔, 「구비문학에 나타난 부녀관계의 원형」, 『구비문학연구』 28, 한국구비문학회, 2009.

심우장, 「봉이 김선달과 엽기토끼 마시마로」, 『웃음문화』 2, 한국웃음문화학회, 2006.

심우장, 「현단계 설화 연구의 좌표」, 『구비문학연구』 15, 한국구비문학회, 2002.

이민학, 「인간성능의 계층적 분석을 이용한 재미의 분석」, 서울대학교 산업공학과 석사학위논문, 2006.
이치훈, 「인간공학적 분석을 통한 흥미모델 구축」, 서울대학교 산업공학과 석사학위논문, 2004.
정출헌, 「고전 서사문학에 나타난 '아버지'의 형상과 그 변주」, 『동양한문학연구』 15, 동양한문학회, 2001.
조희웅, 「트릭스터(Trickster)담 연구」, 『어문학논총』 6, 국민대 어문학연구소, 1987.
최정은, 『트릭스터, 영원한 방랑자』, 휴머니스트, 2005.
최혜실, 『스토리텔링, 그 매혹의 과학』, 한울아카데미, 2011.
황혜진, 「문화적 문식성 교육을 위한 고전소설과 영상변용물의 비교 연구」, 『국어교육』 116, 한국어교육학회, 2005.
황혜진, 「춘향전과 순정만화를 통해 본 '낭만적 사랑'의 형성과 변화」, 『국어교육학연구』 17, 국어교육학회, 2003.

Bateson, Gregory, 박지동 역, 『정신과 자연』, 까치, 1990.
Caillois, Roger, 이상률 역, 『놀이와 인간』, 문예출판사, 1994.
Csikszentmihalyi, Mihaly, 이삼출 역, 『몰입의 기술』, 더불어책, 2003.
Huizinga, Johan, 김윤수 역, 『호모 루덴스』, 까치, 1993.
Koster, Raph, 안소현 역, 『재미이론』, 디지털미디어리서치, 2005.
Ong, Walter J., 이기우 · 임명진 역, 『구술문화와 문자문화』, 문예출판사, 1995.
Pine, B. Joseph & Gilmore, James H., 김미옥 역, 『체험경제학』, 21세기북스, 2010.
Root-Bernstein, Robert & Root-Bernstein, Michèle, 박종성 역, 『생각의 탄생』, 에코의서재, 2007.

향가, 문학적 재미의 원천

신재홍*

1. 서론

향가는 향찰 표기의 해독 문제가 가로놓여 있어서 일반 독자가 원전에 접근하기는 상당히 어렵다. 양주동, 김완진 등 선학의 노력에도 불구하고 향가 해독은 여전히 해결해야 할 과제로 남아 있다. 뿐만 아니라 향가의 배경 기사는 설화적인 분식을 거쳐 서술된 형태로 전해졌기 때문에 그것의 사실성 여부는 입증하기도 어렵고 그것으로써 향가 관련 사건의 전모를 파악하기도 어렵다. 그리하여 배경 기사는 향가의 낭만적, 환상적 배경 설화로 인식되거나 아예 향가를 무시하고 읽어도 그 자체의 흥미소를 갖춘 설화로 수용되었다.

해독의 문제와 설화적 분식의 장애를 넘어서 향가에 접근하여 그 문학성을 음미함으로써 향가 자체가 풍기는 문학적 재미를 맛볼 수 있는 방법은 없을까. 무엇보다도 작품 자체에 대한 깊이 있는 이해를 바탕으로 그러한 경험을 할 수 있을 듯하다. 먼저 기존 해독 중에서 향가의 작품 세계를 일관된 관점에서 포괄적으로 그려 볼 수 있

* 가천대학교 한국어문학과

는 것을 택한다. 그리고 신라 시대 향가 향유의 상황을 두루 살핀 안목을 가지고 작품을 밀도 있게 분석한다. 여기에 현대적인 감수성을 반영한 향가 해석의 시각을 확보하여 과거와 현재를 연결하는 보편적인 시적 의미를 찾는다. 이러한 방식으로 논하게 되면, 향가가 주술이나 환상의 분위기를 띤다거나 옛날이야기에 둘러싸인 순박한 노래일 것이라는 선입견에서 벗어나 당대에 이미 고도의 문학성을 인정받아 향유되었고 오늘날의 독자에게도 재미와 의미를 지닌 문학이라는 점이 드러나지 않을까 한다.

그러려면 향가의 재미가 과연 어디에 있는지 그 지점을 대략적이라도 지목해 보는 것이 필요하다. 본고는 향가의 문학적 재미와 의미는 향가를 통해 사유하고, 느끼고, 자아를 찾는 것에 있다고 본다. 이러한 지점은 어떤 문학 장르라도 가능한 영역이라 할 수 있다. 그러한 보편적인 문학 향유의 영역 안에서 향가만이 갖는 재미의 영역을 찾는다면, 변증법적 사유의 구조[1] 즐기기, 당대성을 지닌 서정주의[2]에 젖어들기, 작품의 장소를 자아와 관련짓기[3] 등에 있지 않을까

---

1 '같으면서 다른 성격의 율격들이 정—반—합의 구조로 결합됨으로써 역동성을 띠게 된 것이다.…긴장과 균형, 역동성과 안정감이 변증법적 관계로 결합된 것이다. 이러한 형식적 특성에 의해 작품의 주제도 변증법적으로 드러나게 된다. 제1구에서 문제가 제기되고, 제2구에서 심화·확대된 다음, 감탄사를 기점으로 제3구에서 전환 또는 비약하는 것이다.'(신재홍, 『향가의 미학』, 집문당, 2006, 149-150면.)

2 '일연이 말하고 있는 향가의 감동론은 기본적으로 『모시서』나 『시품서』가 뜻하는 바의 시적 울림 혹은 시적 감동이라는 시의 본질론적 해석에 근거하고 있다. 그러나 그는 이 본질론적으로서의 감동을 역사적 형태로 구체화된 향가의 감동론으로 끌어오면서 시적 울림의 주술-종교적 국면을 더 부각시키는 개념적 변용을 도모한다.'(성기옥, 「'감동천지귀신'의 논리와 향가의 주술성 문제-향가의 주술성과 서정(1)」, 『임하 최진원 박사 정년기념논총 고전시가의 이념과 표상』, 간행위원회, 1991, 72면.) 다만, 당대적 성격에 대해 주술-종교적 국면에 치중하여 이해하려는 시각은 경계할 필요가 있다.

3 '자아 정체성과 장소 정체성은 밀접하게 연관된다.'(존 앤더슨, 이영민 · 이종희 역, 『문화 · 장소 · 흔적-문화지리로 세상 읽기』, 한울, 2013, 172면.)

한다. 이 세 가지는 문학 일반이 지닌 재미의 영역인 동시에 향가 고유의 재미가 발현되는 영역이라는 점에서 보편성과 특수성을 아울러 지닌다고 할 수 있다. 이에 대해 논함으로써 향가에서 재미를 얻는 지점, 그리고 거기서부터 퍼져나갈 향가 향유의 넓은 영역을 미흡하나마 보여 주고자 한다.

2. 변증법적 사유 구조

향가는 4행, 8행, 10행 및 장가의 하위 장르가 있는 문학 양식이다. 그중 10행 향가는 이미 당대에 '3구 6명' 형식의 장르로 널리 인식되었다. '6명'에 대한 논란은 차치하더라도 '3구'의 형식이 갖는 문학적 의미에 대해 생각해 볼 만하다. 시적 언어를 3구에 맞추어 구성한다는 것은 언어의 내용인 사유의 구조를 3단으로 짠다는 것이다.[4] 말하자면, 10행 향가의 3구 형식은 사유의 3단 형식이기도 하다.

生死 길은	생사의 길은
이ᄋᆡ 이샤ᄆᆡ ᄌᆞ글이고,	이에 있으매 애 끓이거늘,
'나ᄂᆞᆫ 가ᄂᆞ다.' 맔	'나는 간다.'는 말을
아모다 니ᄅᆞ고 가ᄂᆞ닛고?	어떻다[고] 이르고 갑니까?
어ᄂᆞ ᄀᆞᅀᆞᆯ 이른 ᄇᆞᄅᆞᄆᆡ	어느 가을 이른 바람에
이ᄋᆡ뎌ᄋᆡ 뻐딜 닙ᄀᆞᆫ,	여기저기 떨어질 잎같이,
ᄒᆞᄃᆞᆫ 가자 나고	한 가지에 나고

4 '형식(형상)은 우리의 출발점이 되는 시초의 패턴이나 주형으로서가 아니라 우리의 종착점이자 내용의 심층 논리 자체의 최종적 분절화로 간주된다.…실제로 형식이란 것 자체가 상부구조 영역에서 내용이 전개된 것에 불과하다.'(프레드릭 제임슨, 여홍상 · 김영희 역, 『변증법적 문학이론의 전개』, 창작과비평사, 1984, 326면.)

가논 곧 모다온뎌!	가는 곳은 사방팔방이구나!
아야, 彌陀刹아 맛보올 나	아아, 미타찰(彌陀刹)에서 만날 나
道 닷가 기드리고다.	도 닦으며 기다리겠노라.[5]

〈제망매가〉는 10행 향가의 3구 구성을 전형적으로 보여 준다. 제1구(제1～4행)에서 생사의 갈림길에 임한 화자의 '애 끓임'을 토로하였고, 제2구(제5～8행)에서는 인연과 윤회에 따른 생사의 문제를 나뭇잎의 비유로써 표현하였으며, 제3구(제9·10행)에서 윤회의 사슬에서 벗어날 왕생극락의 비전을 갖고 수도에 정진하겠다고 다짐하였다. 이는 정(情)에서 지(知)로 나아갔다가 의(意)로 마무리 짓는 시상의 전개이다. 누이의 죽음에 임하여 처음에는 슬픔과 애통함의 감정으로 반응하였고, 다음에는 이성을 발휘하여 인연과 윤회의 진리를 드러낼 만한 비유를 찾아 제시하였으며, 마지막에는 생사를 초월하기 위해 수도하겠다는 의지를 드러내었다. 제1행에 명시한 '생사의 길'에 대해 인간이 지닌 감정과 이성과 의지의 세 영역을 총동원하여 의미를 구성하였다. 요컨대, 생사의 문제를 정—지—의로 전개된 시상을 통해 형상화한 것이다.

이러한 양상은 이 작품이 생사의 문제에 대해 변증법적[6] 사유 과

---

5 신재홍, 『향가의 해석』, 집문당, 2000, 222면. 향가 작품의 해독은 이 책에서 가져온다.

6 변증법이라는 용어는 다음과 같이 정의된다. '① 대화와 논쟁의 기술, ② 대화에서와 마찬가지로, 대립 또는 사고의 다양성을 용인하면서 종합을 향해 가는 추론, ③ 대립 또는 대립의 초월에 의해 진행되는 사물의 발전(라루스 대백과 사전), ① 스스로를 의식하면서, 총괄적인 종합이 끌어내려 하는 정반대의 명제로써 스스로를 표현하는 사고의 과정, ② 반대되는 의미들의 움직임이 번갈아 교체되면서 상호적 인과성이 작용함으로써 발전해 가는 사고, 혹은 생성의 과정, ③ 어떠한 명제도 결정적인 것으로 보지 않으며, 보편적 정정 가능성의 원칙을 내세우는 정신의 태도, ④ 후천적으로 얻어진 지식, 경험(정적 사고)에 머무르는 대신에 스스로 벗어나려 하는 역동적 사고 성향, ⑤ 연구하는 것을 이해하기 위하여 움직이는 역사적 · 구체적 실체 속에 그것을 다시 놓아 보는 방법(철학 용어 사전).'(폴 풀키에, 최정식 · 임희근 역, 『변증법의 이해』, 한마당, 1992, 40-42면.) 본고는 두 사전의 각 ②번 정의

정을 거쳐 나온 시적 형상임을 말해 준다. 화자가 임종 시에 느낀 감정에 대해 그 근원을 사유하여 얻은 비유가 나뭇잎의 비유이다. 한 가지에 난 나뭇잎이 가을바람에 여기저기 흩어져 떨어지는 것으로써 이승에서의 인연과 내세의 윤회를 심상화하였다. 이는 제1구의 감정에 대한 제2구의 지적 성찰이라고 할 수 있다. 그런 다음에 미타찰에서 만나기 위해 수도하겠다고 함으로써 감정과 이성을 넘어서서 왕생극락의 이념적 지향점을 향해 의지적인 행위로 나아갔다. 이는 감정에 대해 이성으로써 성찰하고 그 둘을 넘어 의지의 행위로 나아간 것으로서 변증법에서 말하는 '부정의 부정'[7]에 해당하는 사유 방식이다. 감정을 부정하여 이성으로, 다시 감정과 이성을 부정하여 의지로 나아가는 변증법적 '지양(止揚)'을 보여 주고 있다.

〈제망매가〉가 주제를 변증법적으로 표현할 수 있었던 것은 10행 향가가 구축한 3구 구성이라는 형식에 의존한 바 크다. 10행 향가의 형식은 다시 연쇄형, 병렬형, 내포형으로 구분할 수 있는데 그중 내포형 10행 향가는 변증법적 시상 전개의 정수를 보여 준다.

ᄃᆞ라리 아여	달이 애오라지
西方 외오뎌 가시리고.	서방[만을] 외며 가시리오.
無量壽佛 前ᄂᆡ	무량수불 앞에
뇟곰 다ᄆᆞ기 ᄉᆞᆲ고시셔.	되뇌임 가져다가 사뢰소서.
"다딤 깁ᄉᆞᆫ 尊의히 울월기	"다짐 깊은 불존에 우러러
두ᄇᆞᆯ 손 모도 고조ᄉᆞᆯ바	두 손 모아 곧추어
'願往生 願往生'	'원왕생 원왕생'
그린 사ᄅᆞᆷ 잇다." ᄉᆞᆲ고시셔.	그리는 사람 있다." 사뢰소서.

에 가까운 개념으로 이 용어를 사용한다.

7 J.이스라엘, 황태연 역, 『변증법-인식이론, 언어철학, 변증법적 사회과학-』, 까치, 1983, 95-97면, 150-161면.

아야, 이 몸 ᄇᆞ려두고	아아, 이 몸 버려두고
四十八大願 일고실가?	사십팔 대원 이루실까?

〈원왕생가〉의 제1구는 화자가 달에게 부탁하는 말을 건네고 있다. 서방에 가서 무량수불에게 '되뇌임'을 사뢰어 달라는 부탁이다. 이러한 부탁 자체는 아직 내용을 담고 있지 않으므로 형식적 차원에 머물러 있다고 할 수 있다. 제2구에 와서 '되뇌임'의 내용이 무엇인지 진술된다. 화자가 불존 앞에서 '원왕생'의 염원을 무수히 외고 있다는 사실을 사뢰어 달라는 것이다. 제1구 부탁의 형식에서 제2구 부탁의 내용으로 나아갔다고 하겠다. 더욱 의미 있는 것은, 제1구의 끝행인 제4행에 '되뇌임'이라는 말을 넣고 그것을 계기로 삼아 제2구의 내용을 전개하였다는 점이다. 이는 정—반—합의 변증법적 과정에서 테제(정) 속에 모순의 계기가 발전하여 안티테제(반)로 나아가는 것에 부합하는 양상이다.[8] 제1구의 한 요소로서 '되뇌임'은 그것의 형식과 내용이 상호 관계 속에 있고, 형식에 대한 부정으로서 내용이 나온다는 점에서 그렇게 볼 수 있다.

제1구의 형식에서 제2구의 내용으로 전개한 다음 제3구에서 형식과 내용을 포섭한 도약을 이루어 낸다. 지금은 서방에서 무량수불로 있는 아무타불이 전세에 법장보살의 몸으로 이 땅에 왔을 때 모든 중생을 구제하기 위해 48대원을 발한 사실을 가져와 한층 고양된 차원에서 화자의 염원을 표현하였다. 화자가 부탁하는 염원이 전세의

8 '1. 우리는 한 전체로부터 취한 요소로부터 시작한다. 즉 "하나가 둘로 분리된다"는 원리를 따른다. 우리는 그 요소의 반대물이나 모순태를 추구한다.… 2. 반대물이나 모순태의 추구는 부정의 방법에 의해 수행된다. 3. 본래적 요소와 이것의 반대물은 오직 상호 관계 속에서만 의미를 지닌다. 여기에서 사용되고 있는 "존재" 범주는 "비존재"와의 관계 속에서만 의미를 지니는 것이다.… 4. 모순에 의한 부정은 변증법적 운동의 첫 번째 본질적 단계이다.'(위의 책, 152-153면)

법장보살이자 내세의 아미타불인 존재의 그것과 다르지 않다는 점을 전제로 제1, 2구의 형식과 내용을 넘어서서 그 둘이 하나가 되어 고차원에 이르도록 시상을 전개하였다. 변증법에서 진테제(합)가 지닌 포섭과 도약의 의미[9]가 시적으로 구성되었다고 할 수 있다.

이렇게 향가의 형식 자체가 변증법적 의미 구성의 틀을 제공하는 역할을 하고 있다. 이는 신라 시대 향가 향유자들의 사유 방식이 시 형식에 응결되었기에 나타난 현상이라고 생각된다. 그런데 변증법적 시상 전개가 10행 향가의 형식적 틀에만 맞추어 이루어진 것은 아니다. 3구 구성과 달리 2구 구성이라고 볼 수 있는 4행이나 8행 향가 중 시의 형식보다는 의미의 전개 과정에서 변증법적 사유를 보여 주는 작품이 있다.

오다. 오다. 오다.	오다. 오다. 오다.
오다. 셜븐 다라.	오다. 서러운 곳이라.
셜븐 ᄃᆡ 물아!	서러운 곳의 무리여!
功德 닷ᄀᆞ라 오다.	공덕 닦으러 오다.

〈풍요〉의 제1행은 '오다'라는 말을 세 번 반복하고 있다. 존재의 문제에 대해 사유할 때 핵심적으로 취할 만한 단어로 '오다'를 떠올릴 수 있는데 이를 세 번 반복함으로써 그 말이 지닌 의미를 변증법적으로 사유하도록 이끈다. 가령, '나는 이 세상에 오다, 너도 이 세상에 오다, 너와 나는 이 세상에 오다.'라든가, '전세에 이 세상에 오다, 현세에 이 세상에 오다, 내세에 이 세상에 오다.'라든가, '부처가

9 정-반-합의 과정에서 합은 '지양'의 단계인데, 이 말에는 첫째, 어떤 것을 제거하다 또는 탈범주화하다는 뜻의 부정하다, 둘째, 어떤 것을 보존하다, 셋째, 어떤 것을 고양시켜 새로운 것을 만들다, 넷째, 새롭게 통찰하다 등의 의미가 있다(위의 책, 96-97면에서 요약).

이 세상에 오다, 내가 이 세상에 오다, 부처인 내가 이 세상에 오다.' 라든가 하는 사유의 전개가 가능하다.

제2행 첫머리에 '오다'를 다시 한 번 반복하면서 제1행에서 제기한 존재의 문제를 의도적으로 상기한다. 이 말을 계기로 삼아 다음 단계의 생각으로 나아가는바, 우리가 온 이 세상은 '서러운 곳'이라는 것이다. '오다'라는 말의 주체인 나 혹은 우리를 잠시 괄호로 묶은 채 '오다'의 대상 공간인 이 세상에 대한 인식 내용을 드러내었다. 이 세상은 서러운 곳이라는 생각은 불교의 가르침이기도 하므로 제2행의 내용은 제1행의 자발적 문제 제기에 대해 외부에서 답을 가져온 것이라 하겠다. 그리하여 제1행과 제2행은 내적—외적, 질문—대답, 중생—부처의 대립 관계가 성립한다.

제3행은 제2행을 반복하는 동시에 잠시 괄호로 묶어 두었던 주체를 끄집어내어 '무리여!'라고 호칭한다. 그리하여 존재의 문제를 이 세상이 어떤 곳이냐는 데에서 이 세상에 온 우리가 무엇을 할 것인가로 돌려놓는다. 왜 이 세상에 왔는지 하는 문제를 확인하고, 그 질문에 대한 대답으로서 이 세상은 서러운 곳이라는 명제를 제시한 다음, 제4행의 궁극적인 해답으로 나아간다. 이와 같은 사유의 과정을 거쳐 제4행에서 우리가 이 세상에 온 것은 '공덕 닦'기 위해서라는 해답이 나온다. 제1, 2행의 이항 대립적 관계를 포섭하면서 한 단계 도약한 해답인 '공덕 닦으러 이 세상에 오다.'라는 명제에 이르렀다. 제1, 2행의 대립적 의미 구성에서 제3행을 거쳐 제4행에 이르러 존재의 의미에 대한 총체적 답변을 제시한 것이다.[10]

이를 주제의 측면에서 보면, '우리는 이 세상에 공덕 닦으러 오다.'라는 명제에 도달하기 위해 세 단계의 사유 과정을 거쳤다고 할

---

10 '대립 없는 총체성은 공허하고 정적이며, 총체성 밖에서는 대립은 형식적이고 자의적이다.'(카렐 코지크, 박정호 역, 『구체성의 변증법』, 거름, 1985, 53면.)

수 있다. 이 명제에서 먼저 '오다'에 초점을 두어 세 번에 걸쳐 이 말의 의미를 생각해 보도록 하였다. 그런 다음 '이 세상'이 어떤 세상인지에 대한 대답으로서 '서러운 곳'을 가져왔다. 그리고 '오다'와 '이 서러운 세상'이라는 두 단계의 사유를 거쳐서 '공덕 닦으러'라는 해답을 제시하였다. 제1행 '오다'의 세 번 반복에서 출발한 변증법적 사유는 주제를 드러내는 제1～4행 전체의 과정에서도 진행되었던 것이다.

이렇게 볼 때, 향가는 형식과 내용 면에서 변증법적 사유 구조에 기초한 문학 장르라고 하겠다. 대화의 국면에서 보는 바와 같이 서로 대립, 모순되는 생각들이 부딪치면서 의견이 수렴되는 과정이 향가라는 문학 장르에 구조적으로 구현되었다고 할 수 있다. 곧, 상호 모순에 의한 부정, 그것에 대한 또 다른 부정이 이어지는 사고의 생성 및 종합의 과정이 문학적으로 양식화된 것이다. 부정의 부정을 거쳐 도달한 종합, 다시 말해 정—반—합의 사유 과정의 최종 형태가 작품 한 편으로 나타난 것이지만, 그 작품으로부터 독자는 또 다른 사유의 열린 세계로 나아가게 된다. 이러한 의미의 변증법적 사유 구조가 향가의 핵심적인 의의라고 할 수 있다. 그리하여 향가를 향유하는 데에는 장르 자체에 내재한 변증법적 사유 구조를 체화하는 경험이 중요하다. 변증법적 사유를 통해 향가 이해가 심화되는 한편 향가를 향유함으로써 변증법적 사유 자체를 즐길 수 있다.

3. 서정주의

향가는 서정시이다.[11] 개인의 정서와 의식을 짧은 형식에 맞추어[12]

표현한 시인 것이다. 한국 문학사에서 한국어로 만들어진 가장 정제된 형식의 서정시 장르 중 하나이다.[13] 이러한 면에서 시조와 비견될 만한 위치에 있으면서도 문학사적으로는 시조보다 훨씬 앞선 시대의 산물이라는 점에서 한국 서정시의 원류에 해당한다. 전승된 작품 수에서 시조에 크게 못 미치기 때문에 이러한 문학사적 의의가 과소평가된 점이 매우 아쉽다.

그렇다면 현존 향가는 어떠한 성격의 서정을 그려 내었을까. 과연 서정시의 원류라는 평가에 값할 만한 서정성을 담지하고 있을까.[14]

목몌 바라ᄆᆡ	목메며 결하매
'이슬 새배야'ㄴ ᄃᆞ라리	'이슬에 새벽이야.'던 달이
ᄒᆡᆫ 구룸 조추 ᄠᅥ간 알히 하사이	흰 구름 좇아 떠나간 안식처만이
바ᄅᆞᆫ 믌ᄀᆞᆺ자리여ᄒᆡ.	바탕한 물가에.
耆郞ᄋᆡ 즈ᅀㅣ이시 수하	기랑의 모습인 무리들이
逸烏 나릿 쟉별아ᄒᆡ	일오(逸烏) 냇물의 자갈밭에서
郞야 디니다시온	낭이 지니셨던
ᄆᆞᅀᆞᄆᆡ ᄀᆞᆺ홀 좇ᄂᆞ아져.	마음의 끝을 좇고 있구나.
아야, 자싯 가ᄌᆞ 놉기 됴ᄒᆞ리.	아아, 잣나무 가지 높아서 좋으리.

11 현대시를 포함한 서정 일반론에서도 이 점은 인정되고 있다(이승원, 「시와 서정」, 『현대시론』, 서정시학, 2014, 52-53면).

12 '짧은 형식에 맞추어'라는 것은 서정시를 '시행을 통한 개별 발화'로 정의할 경우(디이터 람핑, 장영태 역, 『서정시 : 이론과 역사-현대 독일시를 중심으로』, 문학과지성사, 1994, 103-104면.)의 '시행을 통한'에 상응하는 의미이다. 내재율에 기초한 현대시도 시행 발화는 기본이 되는데 하물며 외형률의 향가에서는 시행이 훨씬 규격화된 형태를 취한다.

13 향가의 서정성에 대한 포괄적 연구로는 김혜진, 「향가의 서정성 연구」, 서울여자대학교 박사학위논문, 2005 ; 서철원, 「신라 향가의 서정주체상과 그 문화사적 전개」, 고려대학교 박사학위논문, 2006.이 있다.

14 '서정은 시 작품에 구체적으로 발현된 정서 표현의 양태', '서정성은 그러한 서정적 경향이 나타난 상태'(이승원, 앞의 논문, 55면)로 다소 구분되는 면이 있지만 본고에서는 통용하기로 한다.

모다 ᄂᆡ올 花判야	모두 해 내야 할 화랑의 서원(誓願)이여.

〈찬기파랑가〉가 다루고 있는 주제는 기파랑을 추모하는 것이다. 추모의 정은 당연히 경건하고 엄숙한 분위기 속에 고인에 대한 기억과 상실감이 슬픔, 그리움 등과 섞여서 나오는 감정이 될 것이다. 이러한 인간 보편의 정서가 이 작품 전체를 지배하고 있다. 그런데 추모의 대상이 어떤 인물이었고 추모하는 주체는 누구인지, 추모 의식은 어떠한 시대를 배경으로 하는지 등에 따라 보편적 정서에 역사적 특수성이 결합된 정서적 특성을 띠게 될 것이다. 이 작품은 기파라는 화랑을 그의 낭도들이 추모하는 내용이다. 따라서 화랑 제도 속에서 살아간 인간 사이의 관계라는 신라 시대의 특수성이 반영되어 있다.

제1구에서 임종 시 기파가 죽음이란 '이슬에 새벽이야.'라고 한 유언을 기억하고 그가 떠난 자리를 허전한 심정으로 둘러보았다. 과거의 기억을 떠올려 오늘 이 자리가 어떤 맥락과 의미를 가지는지 드러내려는 것이다. 제2구에서는 추모 의식을 거행하는 주체와 장소, 추모의 의의를 말하였다. 기파의 가르침을 받고 성장하였기에 낭도는 모두 기파의 모습을 닮아 있다. 그들이 기파가 떠난 자리, 즉 '일오 냇물의 자갈밭에서' 기파가 지녔던 '마음의 끝을 좇고 있'다. 이렇게 추모의 의의까지 말한 다음 제3구에서 '잣나무'를 상징으로 내세우며 기파를 본받아 '화랑의 서원'을 완수하자고 다짐한다. 잣나무와 같은 곧고 푸른 마음으로 기파가 추구한 이념을 낭도의 삶에서 실현하자는 다짐이다.

제1구에서 제3구까지 과거—현재—미래로 이어지는 시간의 유장한 흐름이 배경에 놓이고, 추모의 대상인 기파가 지녔던바 죽음 이후 광명 세계에 도달하리라는 염원을 완수하겠다는 다짐이 처음과 끝을 이루며, 지금 추모 의식을 행하는 낭도들에 대한 믿음과 축원이 어우러짐으로써 한 편의 장엄한 추모시가 완성되었다. 이 작품에 나타난 추모의 정은 기파와 낭도가 추구했던 왕생극락의 염원, 화랑과 낭도 사이의 인간적인 유대와 역사적 사명감, 냇물이 흐르고 잣나무가 둘러 있는 기파의 안식처(수도처) 주변의 공간적 배경 등으로 인해 역사적 특수성을 지닌 정서로서 형상화되었다.

그리하여 이 작품이 드러내는 정서가 인간 보편의 것인 동시에 신라 당대의 것임을 느낄 수 있다. 작품에서 표 나게 내세운 잣나무의 심상처럼 지고의 이념을 향해 쭉 뻗어나가는 기상과 진실하고 꿋꿋하게 그 이념을 추구하는 자세가 추모의 정 속에 배어난다. 이러한 서정성은 오늘날의 우리가 상실감과 슬픔에만 치우쳐 추모 대상이 보여 준 삶의 지향을 역사적인 관점에서 조명하는 행위로서 추모 의식이 갖는 의의를 놓치고 있는 점을 반성하게 한다. 우리 역사의 오랜 과거 어느 시대에 굳세고 의연한 태도로 죽음 앞에 서서 그 죽음 이후의 세계에 대한 확신을 갖고 수도 정진했던 이들의 정서를 이 작품에서 접할 수 있다. 이러한 점에서 향가의 서정은 우리에게 친근하면서도 낯선 것일 수밖에 없고, 그렇기 때문에 민족 문학의 유산으로 계속해서 음미해야 할 가치가 있다.

향가의 서정은 10행 향가에서만 세련되게 나타나는 것이 아니다. 흔히 4행 향가가 집단 정서를 표현한 민요의 성격을 지닌 것으로 여겨져 왔지만, 이 장르 역시 개인 창작의 서정시라는 점에서 그러한 이해는 타당하다고 하기 어렵다. 신라 시대 한 개인이, 그것도 시 창작의 능력이 뛰어난 시인이 4행, 8행, 10행 및 장가의 하위 장르 중에서 4행 향가의 형식에 맞추어 자신의 정서와 의식을 표현했다고 보는 것이 『삼국유사』의 기록과 작품의 실상에 부합한다.

딛ᄇᆡ 바호 ᄀᆞᆺᄒᆡ
움온 손 암쇼 노히시고,
나ᄒᆞᆯ 안디 붓그리시ᄃᆞᆫ
곶ᄒᆞᆯ 것가 바도리—다.

자줏빛 바위 가에
움킨 손에서 암소를 놓게 하시니,
나를 아니 부끄러워하신다면
꽃을 꺾어 바치리이다.

〈헌화가〉는 창작의 현장성이 잘 기록되어 있어 작품에 담긴 정서를 좀 더 생생하게 느낄 수 있다. 『삼국유사』「수로부인」에 따르면, 수로 부인이 태수로 부임하는 남편 순정공을 따라 강릉으로 가다가 어느 해변에서 점심을 먹게 되었다. 바닷가 절벽에 핀 철쭉을 보고서 갖고 싶다고 했는데 주위의 시종은 모두 못 하겠다며 물러섰다. 마침 소를 끌고 지나가던 노인이 그 광경을 보고는 스스로 나서서 꽃을 꺾어다 바치면서 이 노래를 지어 불렀다는 것이다.

'소를 끌고 가던 노인'이 작자로 명기되어 있음에도 동해안 지역 청춘 남녀의 민요를 차용하였다는 식의 이해가 일반적이다. 그러나 이 작품에는 저 절벽 위에 있는 짙붉은 색의 철쭉이 노인의 손에 꺾여 사건 현장인 해변의 수로 부인에게 건네지는 과정이 그려져 있어 배경 기사의 기록과 잘 맞는다. 기록된 바와 같이 노인이 수로 부인에게 헌정한 향가인 것이다. 그러므로 이 작품에는 막연한 청춘 남녀가 아니라 현장에 있던 그 노인과 수로 부인 사이의 미묘한 정서적 갈등, 그것을 넘어서서 노인이 부인에게 느낀 존경심과 친밀감이 나타나 있다. '나로 하여금 철쭉꽃을 꺾어 바치게 하신 당신의 미의식과 고상한 태도가 참으로 아름답습니다.'라는 애정과 존경의 뜻을 담은 것이다. 이러한 주제에 이르기 위해 '암소'와 '꽃', '나'와 그대(문면에 생략됨), '부끄러움'의 유무, 멀리 절벽에 핀 '자줏빛'과 가까이 손에 든 '꽃' 사이의 상징적, 정서적 대립을 극복해야만 하였다.

그런데 애정과 존경의 뜻을 노인이 표했다는 점이 더욱 흥미롭다.

신라 최고위층 귀족 부인에게 동해안 어느 마을의 노인이 향가를 지어 이러한 뜻을 표한 것은 매우 특이한 일이다. 예상되는 여러 가지 금기를 깨고 발해진 언사라는 점에서 그렇다. 바로 이러한 특이점이 독자에게 작품의 의미와 정서를 한층 흥미롭게 수용하도록 만든다. 여타의 일반적인 애정과 존경의 표시가 아니라 특별한 상황에서 나온 특이한 언사라는 점에서 이 작품에 그려진 정서는 생동하는 느낌을 준다. 그만큼 작품이 지닌 구체성이 잘 드러나 있는 것이다.

이와 같이 현존 향가 두 편만 살펴보아도 그 안에 담긴 정서는 구체적이다. 나머지 작품들도 모두 개성 있고 풍부한 서정을 보여 준다. 인간의 정서와 의식이 일정한 형식에 따라 구체적으로 표현된 것을 서정이라고 할 때, 향가는 그러한 서정의 양식인 동시에 그것을 넘어선다. 서정성을 지닌 시 양식으로서의 향가에서 더 나아가 그것이 향유되었던 신라 시대에 사람들의 마음을 휘어잡았던 정신적, 문화적 힘을 지니고 있었던 것이다. 이를 말해 주는 것이 '신라인은 향가를 숭상하는 것이 풍조였다. [향가는] 대개 시·송과 같은 것이다. 그러므로 왕왕 천지와 귀신을 감동시킨 것이 한둘이 아니다.'[15]라는 기록이다. 이러한 향가 서정론의 핵심 구절이 신라 당대의 '서정주의'를 대변해 주고 있다.

향가의 서정은 인간의 보편적 정서와 함께 역사적인 특수성에서 나온 정서가 합쳐진 것으로서 오늘날의 우리에게도 깊은 울림을 준다. 음미하면 할수록 작품에 표현된 정서가 가슴 깊이 스며든다. 이러한 면에서 향가가 주는 문학적 흥미는 그 서정의 보편성과 특수성, 구체성과 핍진성에서 연유한다고 할 수 있다. 아득한 옛날에 불렸던 노래의 낡고 말라빠진 정서가 아니라 오늘날에도 두고두고 음

15 『삼국유사』 권5, 감통, 「월명사 도솔가」, 羅人尙鄕歌者尙矣 盖詩頌之類歟 故往往能感動天地鬼神者非一.

미할 만한, 오래 묵었기에 더욱 감칠맛이 도는 정서라고 하겠다. 나아가 오늘날의 감수성으로는 상당히 낯선, 굳세고 의연한 기상이나 금기를 깰 정도의 풍류가 깃든 정서, 그리하여 아주 오래 전 어느 시대에 사람들의 마음을 휘어잡은 매력과 미감을 지닌 정서라고 할 것이다.

4. 장소성

향가가 우리에게 의미 있는 이유 중 하나는 그것이 한민족의 역사 속에 배태되어 향유된 문학 장르라는 점이다. 민족의 역사는 시간의 흐름 속에 축적되는 동시에 민족의 터전 곳곳에 흔적을 남긴다.[16] 신라 시대의 향가는 그 시대 사람들이 점유했던 공간 속에서 경험된 의미 있는 사건을 소재로 하고 있다. 어느 공간에서 일어난 의미 있는 사건은 사람들에게 깊은 인상을 남긴 채 그 공간을 기억하게 만든다. 사건이 일어났고 그로 인한 기억이 담긴 장소가 역사의 흔적으로 향가 작품 속에 남겨져 있다.[17] 이러한 장소성이 향가가 지닌 문학적 흥미의 중요한 부분이라고 생각된다.

---

16 '종족성은 문화적 · 지리적 정체성으로서 이해될 수 있다. 이는 한 집단이 공통의 기원과 전통 및 조상을 공유함으로써 구체화되고, 지리적 영토, 세계관, 관습, 의식, 언어와도 연결되어 나타난다.'(존 앤더슨, 이영민 · 이종희 역, 앞의 책, 172면)

17 그 장소들은 대개가 폐허의 상태로 남아 있어 향가가 향유되었던 당대의 모습과는 거리가 멀다. 차라리 '폐허 낭만주의'(알라이다 아스만, 변학수 · 채연숙 역, 『기억의 공간-문화적 기억의 형식과 변천』, 그린비, 2011, 435면.)라고 부를 만한 감흥에 젖기 쉬운 장소들이다. 그렇지만 그곳은 여전히 그 위치에 있고 또 폐허 속에 남겨진 약간의 흔적 또는 덧없음의 느낌 자체로써 어떤 재미와 의미를 던지고 있다.

갓 됴히 자시	물 좋은 잣이
ᄀᆞᄉᆞᆯ 안ᄃᆞᆯ 니르기 디ᄆᆡ,	가을에 아니 이르러 떨어지매,
'너어 다히 녈져' ᄒᆞ신,	'너하고 같이 다니고 싶구나.' 하신,
울월ᄃᆞᆫ ᄂᆞ치 가ᄉᆡ시온 ᄃᆡ야.	우러르던 낯이 변하신 데에야.
ᄃᆞ라리 그르기 고린 못잇	달이 그림 져 닿은 연못에
녈 믌겨랏 ᄉᆡ이기 다히,	오가는 물결에서 새어나감같이
ᄌᆞᅀᅵ샷 ᄇᆞ라나	모습이야 바라보나
누리 아모잇 숨온 뎨야.	누리 아무에 숨은 적에야.
後句亡	

〈원가〉는 『삼국유사』「신충괘관」에 효성왕이 아직 왕이 되기 전 궁정에서 신충과 바둑을 두다가 모종의 약속을 하였는데 왕이 된 다음에 그를 저버리자 신충이 지은 것으로 되어 있다. 약속의 파기가 창작 동기이므로 그 약속을 기억하는 것이 작품의 주요 내용이 된다. 그 기억은 약속을 했던 장소와 밀접하게 연관되어 떠올려진다. 배경 기사에서 궁정이라고 지칭된 장소는 곧 임해전이다. 이 시기의 신라 태자는 월성 동쪽에 마련된 임해전에서 생활하도록 되어 있었기 때문이다. 임해전에서 했던 약속이 창작의 동기라는 점에서 이 작품이 지닌 장소성은 상당히 구체적이다.

제1구는 서로 약속을 하던 예전의 상황이 그려져 있다. 바둑을 둔 곳 곁에 서 있는 잣나무를 두고 맹세한 약속이 이제 와서 깨어진 것을 알리기라도 하듯, 그 잣나무의 열매인 '잣이' '가을'도 되지 않아 '떨어져' 버렸다. 궁정의 잣나무에 초점을 맞추어 약속을 했던 장소에 대한 기억을 드러내었다. 맹세의 보증이 되었던 잣나무가 이제는 오히려 약속의 파기를 증명해 주고 있다. 제2구에서는 연못이 중심 소재로 나온다. '달이' 그림자를 드리운 '연못'에서 어떤 '물결'은 '새어나가'게 된다는 사실을 비유로 가져왔다. 여기서 연못은 궁정의 일부분이 되는 곳인데 제1구의 잣나무와 함께 궁정을 비유하는 역할을 한다. 궁정에 속한 사물과 장소로서 잣나무와 연못은 궁정인 임해전에 대한 제유적 표현인 것이다.

이렇게 볼 때, 임해전은 이 작품을 이해하고 향유하는 데 필수적인 장소라고 할 수 있다. 현재 경주 월성 앞 안압지가 작품에서 잣나무와 연못이라는 말로 표현된 바로 그 장소이다. 안압지의 연못에는 입수구가 있는데 돌로 만든 두 마리의 용이 서로 마주 누워 참외 모양의 물웅덩이를 감싸고 있다. 제2구의 '새어나감'에 대비되어 작품 속에 감추어져 있는 '들어옴'의 의미를 상기시키는 장소로서 애초 만들어질 당시의 형상을 눈으로 확인할 수 있다. 반면 '새어나감'이라는 말에 대응하는 배수구는 입수구와 같은 장식이 없이 돌담 아래의 구멍으로만 설치되어 있다. 경주를 여행하면서 안압지에 들러 입수구에서 배수구까지 연못 둘레를 한 바퀴 돌아보며 이 작품을 떠올리는 것은 좋은 문학적 경험이 될 것이다. 이는 안압지 유적에 향가의 정서와 의식이라는 살을 붙여 여행자 자신의 경험으로 내면화하는 것이기도 하다.

녀리 샐 믌ᄀᆞᆺ	옛날이 새려는 물가[에서]
'乾達婆ᄋᆡ 노론 잣'홀라 ᄇᆞ라고,	'건달파의 논 성'을 바라보고,
"여릿 軍두 옷다,	"왜군도 온다,
홰 ᄉᆞ르라"ㄴ ᄀᆞ샤 수햐!	횃불 사르라"는 변방의 무리여!
三花ᄋᆡ 오롬 보시올 듣고	세 화랑의 산 보시려 함을 듣고
ᄃᆞᆯ두 바디리 혜오렬 바ᄋᆡ,	달도 다좇아 헤아리려는 바에,
'길 ᄡᅳᆯ 벼리' ᄇᆞ라고	'길 쓸 별'을 바라보고
"彗星야 ᄉᆞᆯᄫᅥ라"ㄴ 사ᄅᆞ미 잇다.	"혜성이야[라고] 사뢰라"[는] 사람이 있다.
아야, ᄉᆞᄆᆞ라 뻐갯 ᄃᆞ라.	아아, 거리낌 없이 떠나가리로다.

이야 덜갓 바—ㅅ 彗ㅅ기 잇 닷	이야 떨어낼 것인 바—의 혜성 따위가 있는 탓.

〈혜성가〉는 진평왕대의 세 화랑이 풍악산(금강산) 유람을 떠나려는데 혜성이 나타나 그 일을 취소하려다가 융천이 이 노래를 지어 불러 혜성을 물리쳤으므로 길을 떠났다는 배경 기사가 있는 작품이다. 제5행 '산 보시려 함'이 금강산 유람이라는 창작 동기를 밝혀 놓은 구절이다. 신라 시대 영산으로 숭배된 금강산을 주요 배경으로 한 이 작품의 장소성은 신라의 국토 관념, 산악숭배 의식, 화랑도의 순유(巡遊) 관습 등이 녹아 있다.

금강산이 중심 소재가 되었지만 그 외에도 제1행의 '물가'와 제7행의 '길 쓸 별'을 통해 동해 바다와 밤하늘이라는 공간이 배경으로 설정되어 있음을 알 수 있다. 산, 바다, 하늘이라는 전 지구적 공간이 작품의 배경이 된 것이다. 이에 더하여 '(옛)날'(제1행), '달'(제6행), '별'(제7행)이라는 삼광(三光)의 존재가 문면에 모두 드러남으로써 작품의 의미 구성이 천체의 운행을 관측한 결과에 바탕을 둔 것임도 짐작할 수 있다. 전 지구적 및 우주적 공간을 배경으로 혜성의 출현이라는 천체 현상을 관측하여 나온 작품인 것이다.[18]

그런데 이 작품에는 신라의 영산인 금강산을 유람하는 행사가 나타날 뿐 아니라 동햇가에서 바다를 감시하는 군사들의 보고가 중앙으로 올라오고 천문 관측소에서 일관이 천체를 관측하여 관계 당국에 보고하는 모습이 그려져 있다. 이는 작품의 배경이 된 산, 바다, 하늘이 신라의 영토인 한반도 지역에서 바라본 공간임을 의미한다.

---

18 삼광의 존재를 신화적 공간으로 본다면 이는 또한 순환적이고 반복적인 '천문학적 시간'이기도 하다.(이-푸 투안, 구동회 · 심승희 역, 『공간과 장소』, 대윤, 2011, 212-214면.)

작품의 배경은 전 지구적 공간인 동시에 신라라는 국가적 공간인 것이다.[19]

이 작품의 이러한 공간적 특성은 향가의 장소성에 대한 이해를 좀 더 확장할 여지를 마련해 준다. 위에서 보았던바 〈원가〉의 배경이 되었던 안압지와 같이 구체적 장소가 향가의 장소성을 특징짓기도 하지만 〈혜성가〉처럼 광활한 전 지구적 공간이 향가에 설정된 공간적 배경의 폭을 크게 넓히고 있다. 그만큼 향가에서 형상화된 장소는 폭넓게 분포하며 장소의 성격도 다양함을 알 수 있다. 이와 함께 안압지가 그렇듯이 산, 바다, 하늘이 신라 시대의 역사를 담지하고 있는 공간으로서 작품의 배경이 된 점에도 주목해야 한다. 신라의 역사 속에서 형성, 발전된 국토 관념, 신앙과 종교 의식, 천문 관측과 같은 과학 기술 등이 작품 속 장소에 반영되어 있다. 신라 역사의 일정한 부분이 향가 작품 속에 각인되어 있는 것이다.

이렇듯 장소성은 향가 개별 작품에 담겨 있고, 우리가 작품을 감상할 때 그 장소성의 관여에 따라 재미와 의미를 얻게 된다. 신라 시대 사람들이 점유하여 생활하였던 장소에서 그들이 경험하여 느낀 바의 내용을 시적으로 표현한 것이 향가이니, 향가 한 작품마다 장소성이 깃들어 있음은 당연한 일이다. 이러한 향가의 장소성은 독자의 입장에서는 향가를 통해 그 장소를 추체험하는 자료가 된다. 향가의 장소로서 신라의 수도인 서라벌이 현전하는 다수의 작품에 존재감을 드리우고 있지만 그 밖에 한반도의 곳곳이 작품에 새겨져 있기도 하다.

이러한 점이 향가의 장소성을 오늘날의 우리와 연결 지을 수 있는 고리 역할을 한다. 한민족 역사의 한 단계에 신라 시대가 있었고 그 이후 오랜 세월이 흐른 오늘날에 우리가 존재한다. 시간은 천 년 이

19 다양한 지리적 스케일과 문화적 신념들의 조합에 의해 장소감이 형성되는 사례는 존 앤더슨, 이영민 · 이종희 역, 앞의 책, 193-212면 참조.

상 지났으나 한민족이 발 딛고 서 있는 곳은 한반도이다. 오랜 역사 속에서 이 장소는 수많은 인물과 사건들의 배경이 되었을 것이나 그 곳에서 건져 올린 것은 유적, 유물과 같은 물질적 흔적들이다. 물론 유물에 아로새겨진 사상과 정서, 소망, 과학 기술 등에서 한민족의 역사를 찾을 수 있다. 그런데 향가 작품은 한국어로 표현된 생생한 정서와 의식을 드러내고 있다. 어떤 사건의 장소에서 만들어진 언어의 조직이 향가인 것이다. 그러므로 향가의 장소성은 우리가 한민족의 일원으로서 역사의 흐름 속에 존재한다는 사실을 일깨워 준다.

5. 결론

본고는 향가가 지닌 문학적 재미와 의미가 어디에 있는지 찾아본 것이다. 문학 향유의 일반적인 재미로서 문학을 통해 사유하기, 느끼기, 자아 찾기의 양상이 향가에서도 나타난다. 그런데 향가는 변증법적 사유 구조, 역사성을 지닌 정서, 당대의 문화 의식과 결부된 장소성 등을 지니고 있음으로 해서 그 보편성과 함께 특수성을 보여 주고 있다.

이렇게 향가에 담긴 변증법적 사유 구조, 서정주의, 장소성은 각 시대나 개인을 통해 거의 무한대로 확장될 수 있는 사유, 정서, 주체성을 이룬다. 이것은 향가를 통해 만나는 문학적 재미의 보물 창고인 것이다. 그리하여 향가는 먼 옛날에 나온 것이지만 오늘날에도 의의를 가질뿐더러 한민족의 역사와 함께 지속될 만한 가치를 지니고 있다. 따라서 향가는 세대에서 세대로 이어지며 교육되어야 할 중요한 문학 유산이다. 작품에 대한 해석은 연구자의 시각과 학문의 진전에 따라 열려 있겠지만 본고에서 논한 세 가지 지점이 그 열린 세계를 전망하는 관점을 제공할 수 있다면 다행이겠다.

문학적 재미의 보고인 향가에 대해서 앞으로도 지속적인 관심과 향유, 새로운 관점에서의 재해석이 이루어져야 한다. 좀 더 욕심을 낸다면 현대 시조처럼 향가 형식에 따른 신(新) 향가의 부활 등을 시도해 볼 만하다.

참고문헌

〈자료〉

일연, 『삼국유사』 권5, 감통, 「월명사 도솔가」

〈논저〉

김혜진, 「향가의 서정성 연구」, 서울여자대학교 박사학위논문, 2005.

서철원, 「신라 향가의 서정주체상과 그 문화사적 전개」, 고려대학교 박사학위논문, 2006.

성기옥, 「'감동천지귀신'의 논리와 향가의 주술성 문제-향가의 주술성과 서정(1)」, 『임하 최진원 박사 정년기념논총 고전시가의 이념과 표상』, 간행위원회, 1991.

신재홍, 『향가의 해석』, 집문당, 2000.

신재홍, 『향가의 미학』, 집문당, 2006.

이승원, 「시와 서정」, 최동호 외, 『현대시론』, 서정시학, 2014.

디이터 람핑, 장영태 역, 『서정시 : 이론과 역사-현대 독일시를 중심으로』, 문학과지성사, 1994.

알라이다 아스만, 변학수 · 채연숙 역, 『기억의 공간-문화적 기억의 형식과 변천』, 그린비, 2011.

이-푸 투안, 구동회 · 심승희 역, 『공간과 장소』, 대윤, 2011.

J.이스라엘, 황태연 역, 『변증법-인식이론, 언어철학, 변증법적 사회과학-』, 까치, 1983.

존 앤더슨, 이영민 · 이종희 역, 『문화 · 장소 · 흔적-문화지리로 세상 읽기』, 한울, 2013.

카렐 코지크, 박정호 역, 『구체성의 변증법』, 거름, 1985.

폴 풀키에, 최정식 · 임희근 역, 『변증법의 이해』, 한마당, 1992.

프레드릭 제임슨, 여홍상 · 김영희 역, 『변증법적 문학이론의 전개』, 창작과비평사, 1984.

한국 전통연희에서의 재담의 양상과 그 의의*

손태도 **

1. 머리말

'재담(才談)'은 우리 말 중에서 "가장 재미있고 재치가 있는 언어단위"[1]다. 그러나 이에 대한 연구는 아직 시작 단계다.

한글학회의 『우리말 큰사전』에 "재담(才談) : 재치있게 말하는 재미스런 말"[2]이라고 하고 있듯, 임석재는 "재담이란 재치있고 재미있게 꾸며진 사설을 말한다."[3]라고 하고 있다. '재담(才談)'은 '재담(才談, 재주 재, 말 담)'이란 그 말 자체에도 있듯 '재치있게 하는 말'이다. 그러나 재치있게 말하는 것이 모두가 '재담'이 될 수는 없다. 실생활에서도 위기상황에서 재치있게 말하여 위기를 넘기는 경우가 있을 수 있다. 그 경우 재치있게 말했다 할 수는 있지만, '재담'을 했다

* 이 논문은 한국고전문학교육학회 제101차 겨울 정기 학술대회(2016. 02. 23. 건국대학교 문과대학 연구동 401호)에서 발표한 원고를 수정한 것임.

** 한국예술종합학교 전통예술원 한국예술학과

1 서대석, '머리말', 『한국구비문학에 수용된 재담 연구』, 서울대출판부, 2004.

2 한글학회 편, 『우리말 큰사전』, 어문각, 1992.

3 임석재, 「한국의 재담」, 『한국문화인류학』 11, 한국문화인류학회, 1979, 215면.

고 할 수는 없다. 재담은 재치있게 말하고 그 자체 재미가 있는 것, 곧 문학으로 즐길 수 있는 것이어야 한다. 그래서 임석재는 "재담이란 재치있고 재미있게 꾸며진 사설"이라 했던 것이다.

재담은 또한 웃음을 주는 경우가 많다. 어떤 말을 듣고 웃는다는 것은 그 말을 긍정적으로 수용한 것이다. 그 말에 재미를 느꼈다고 할 수 있다. 따라서 웃는다는 것은 재미를 느꼈다는 것을 포함하고 있는 것으로 볼 수 있다. 그래서 서대석은 "재담은 '재치있는 말', '재미있는 말', '우스운 말' 등으로 정의할 수 있다."[4]고 했다.

그러므로 재치가 있고 재미만 있어도 재담이라 할 수 있지만, 재담으로 인해 재미를 느껴 웃는 경우가 많으므로 이러한 실제적 사실을 고려해서 '재담'은 '재치있게 하는 재미있거나 우스운 말'이라 하는 것이 좋겠다. 재담의 개념 규정은 이렇듯 일정한 합의에 도달할 수 있다. 그런데 이러한 재담의 범주에 대해서는 아직 일정한 정리가 이뤄지지 않고 있다.

이를테면, 임석재는 실생활에서는 이런 말이 있더라도 재담이라 할 수 없고 오직 전통 놀이판에서나 이를 들을 수 있다고 하며 재담의 규정에 '놀이판에서 연희자가 서술하는 사설'이란 것을 더 추가하기도 했다.[5] 재담을 사실상 전문 공연인들의 전속물로 본 것이다. 반면 최래옥은 일반인들의 설화에 이런 재담이 많다고 한다.[6] 그래서 국립국어연구원의 『표준국어대사전』에는 '재담(才談) : 익살과 재치를 부리며 재미있게 하는 말이나 이야기'[7]로 되어 있다. 재담에는 일반인들의 이야기도 있다는 것이다.

4 서대석 외, 『전통 구비문학과 근대 공연예술 I -연구편』, 서울대출판부, 2006, 91면.
5 임석재, '3. 재담(才談)', 『한국민속대관 제6권 -구비전승 · 기타』, 고려대학교민족문화연구소, 고려대학교출판부, 1982 참조.
6 최래옥, '재담', 『한국민족문화대백과사전』, 한국정신문화연구원, 1991.
7 국립국어연구원, 『표준국어대사전』, 두산동아, 1999.

이에 필자는 선행연구들에 바탕 하여 재담을 '재치있게 하는 재미있거나 우스운 말'로 규정하고, 이러한 '재담'은 바로 '재담말'이고 이러한 재담말의 성격을 확대한 것들에는 재담이야기, 재담극, 재담소리 등이 있다고 했다.[8] 흔히 그냥 '재담'이라고 할 수도 있지만, 여기에는 재담말, 재담이야기, 재담극, 재담소리 등이 있다고 한 것이다. 최래옥이 설화에 많이 있다고 한 것은 재담이야기로 한정한 것이다. 이에 서대석은 재담을 소개할 때, 일반인의 구비문학(설화, 민요)에 수용된 재담, 직업인의 구비문학(무당굿놀이, 판소리, 가면극)에 수용된 재담으로 양분해서 소개했다.[9] 강은해도 재담말, 재담이야기는 일반인의 것으로, 재담극, 재담소리는 전문공연인의 것으로 소개했다.[10]

본고에서는 재담 곧 '재담말'을 대상으로 했다. 그리고 이러한 재담말의 여러 양상을 가면극, 인형극, 재담소리, 판소리, 농악잡색놀이, 무당굿놀이 등 이른바 전통연희에 나타난 것들로 살펴보고자 했다. 또한 그러한 재담의 양상들에 이름들을 붙여 곧 명명(命名)하여 그 기법들에 접근해 보고자 했다. 전통연희에서의 재담들은 의도적으로 관객을 재미나게 하거나 웃기기 위해 구사된 것들이기에, 그 방법 혹은 기법에 대한 이름을 붙여주면 보다 그 내용을 분명히 알 수 있을 것이기 때문이다.

이러한 재담의 방식 곧 기법에 대해 임석재는 동음어(同音語)의 중복(重複), 유사음어(類似音語)의 중복(重複), 대구병렬(對句竝列), 동

---

8 이와 관련한 논의는 다음을 참고 바람. 손태도, '재담소리', 『광대 집단의 문화 연구 1 광대의 가창 문화』, 집문당, 2003 ; 손태도, 「전통사회 재담소리의 존재와 그 공연예술사적 의의」, 『판소리연구』 25, 판소리학회, 2008.

9 서대석, 앞의 책, 2004 참조.

10 강은해, 「한국 재담의 지속성과 변화」, 『한국학논집』 28, 계명대 한국학연구원, 2001 참조.

음이의어(同音異義語), 유사음어(類似音語), 이어동의(異語同義)의 말, 곁말, 모욕적 표현, 과장, 짐짓 모르는 척하기, 장황스런 요설(饒舌) 등이 있음을 언급했다.[11] 서대석은 '동음이의어의 응용', '대구법', '열거법', '과장법', '억설법(臆說法)', '압운법', '일탈법' 등이 있고, 이에 대한 구연자의 자세로는 곁말쓰기, 어깃장 치기, 딴청하기 등이 있을 수 있다고 했다.[12]

본고에서는 이러한 언급과 연구들을 수용하여 가능한 한 보다 많은 기법들을 설정하고, 명명(命名)하여 소개하고자 한다.

2. 전통연희에서의 재담의 양상

우리나라의 전통연희들은 그동안 마당과 같은 개방된 공간에서 당대 사람들의 공동의 작품처럼 오랫동안 향유되고 전승되어 왔다. 그 결과 이것들은 당대 사람들이 가졌던 여러 문제들을 문학적 방식으로라도 극복하고 즐기는 여러 것들을 갖추게 되었다. 그러한 문학적 방식의 대표적인 것 중의 하나가 바로 재담의 구사다. 재담이야말로 인간이 자연과 사회의 여러 문제들을 극복하고 제대로 즐길 때만 가질 수 있는 인간의 자유로우면서도 창조적인 정신의 한 결과물이기 때문이다.[13]

---

11 임석재, 앞의 글, 216-219면.

12 서대석, 앞의 책, 111면, 125면.

13 "재담이란 인간의 정신적 자유의 증거이며, 자기 자신에 의해 그리고 외부세계에 의해 결정되는 모든 숙명과 제약에도 불구하고 인간은 이 정신적 자유를 가지고 있으며, 재담은 이 정신적 자유의 미학적 표현물이다." 변창구, 「진술문종류(陳述文種類)로서의 재담(才談)」, 『순천향대논문집』 12-2, 순천향대학교, 1989, 130면.

[그림 1] 1884년 무렵 길거리에서의 화극(話劇) 공연
이 사진은 장고를 치고 있는 모갑이가 있고, 소고를 든 두 명도 있어 선소리 산타령 공연 사진일 수도 있다.(퍼시벌 로웰, 조경철 역, 『내 기억 속의 조선, 조선 사람들』, 예담, 1885: 2001, 160면.

말 중에서 가장 재미가 있고 재치가 있는 재담은 그 의도적으로 재치 부리는 것으로 인해 실제에 있어 다양한 모습들로 나타난다. 우리나라 전통연희들에 사용된 재담들에는 주어진 상황에 적절한 말, 동음이의어(同音異義語), 과장(誇張)의 말, 과소(誇小)의 말, 논점 일탈의 말, 인과(因果)의 말, 열거의 말, 부연(敷衍)의 말, 대조의 말, 거짓으로 잘 둘러대는 말, 부정할 수 없는 말, 짐짓 모른 체하는 말, 짐짓 틀리게 하는 말, 곁말, 이어동의어(異語同義語), 이어유의어(異語類義語), 일부러 순서를 바꾼 말, 잘못한 말, 이어동음어(異語同音語) 등이 있는 것 같다. 이들을 개별적으로 하나씩 소개해도 문제가 없다. 그러나 다소 종류가 많기에 일정하게 분류해서 소개해 보도록 한다.

본고에서는 '상황과 관련되는 재담', '진술과 관련되는 재담', '어휘와 관련되는 재담', '발음과 관련되는 재담' 등으로 나누어 소개하고자 한다. 이들은 크게 보면 상황(situation)과 말하기(speaking)로 양분된다. 그런데 상황만 있고 말하기가 없으면 어떻게 재담이 될 수 있겠는가? 또 모든 말하기에는 상황이 주어져 있는 것이다. 그러므로 이렇듯 상황과 말하기로 양분하는 것은 어쩌면 의미가 없다. 또 말하기(speaking)의 진술(discourse), 어휘(vocabulary), 발음(pronounce) 등도 모두 정도의 차이다. 말하기 속의 이런 것들이 실제에 있어서는 분리될 수 있는 것이 아니다. 발음과 관계가 되든, 어휘와 관계가 되든, 문장 이상의 곧 진술과 관계되든 모두 말하기의 일부들이기 때문이다. 그러나 이러한 전반적으로는 일정한 상황 속에서의 말하기와 같은 방식이라도 재담이 발현되는 가장 중요한 부분에 대한 초점을 주기 위해 이와 같은 네 가지로 분류해 소개해 보았다. 이렇게 나누어 하는 것이 다양한 재담들을 보다 정리된 형태로 제시할 수 있을 것 같기 때문이다.

이에 전통연희에서의 재담들을 한두 예를 들며 소개해 보도록 한다.

1) 상황과 관련되는 재담

물론 말하기는 상황 속에 이뤄지고 상황 속에 이뤄지는 말 그 자체가 재담이 된다. 여기서는 말을 할 때의 상황이나 그 말과 관계되는 대체적 상황들이 고려되어 그 말이 재담이 되는 경우들이다.

(1) 주어진 상황에 적절한 말

주어진 상황에 맞게 아주 말을 잘한 것이다. 주어진 여건이나 상황에 맞게 아주 적절하게 말을 잘한 것이기에, 이것은 재치 있게 말했다고도 할 수 있다. 재담이 될 수 있는 것이다.

박첨지 : 저 물을 건너야 하나? 옷 좀 벗고. 엇차 벗었다.
산받이 : 어디 벗었어.
박첨지 : 내 마음으로 벗었지.

〈꼭두각시놀음〉[14]

박첨지 인형이 옷을 벗는 부분인데, 실제 벗지 않고 말로만 '벗었다.' 하고 있다. 이를 지적하자, '마음으로 벗었다.' 하고 있다. 사람들이 웃을 수밖에 없다. 인형극에서의 인형이 스스로 옷을 벗는 것이 쉽지 않고, 또 인형극에서의 인형이 물을 건널 때 옷을 입고 건너든 옷을 벗고 건너든 중요하지 않기 때문이다. 또 어차피 실제 물이란 것도 있는 것이 아니기 때문이다. 그런 상황에서 '마음으로 벗었다.' 한 것이다. 재치 있게 말하는 것 곧 재담을 한 것이다.

할미 : 웬 사람들이 이리 모였네 (좌우를 둘러 보며) 야이 사람들아 빗먹고는 살아도 나이 먹구는 못살갔다. 휴-우 (한숨을 연신 쉬며) 삼십 년 전에 청춘이더니 인제 다 틀렸다.

〈가산오광대〉[15]

나이를 먹어 늙은 것에 대해 '빗먹고는 살아도 나이 먹구는 못살겠

14 심우성 글, 송봉화 사진, 『남사당놀이』, 화산문화, 2000, 240면.
15 한국문화재보호협회, 『중요무형문화재 탈춤대사집』, 1981, 265면.

다.'고 한 것은 나이가 많은 할미가 분명 재치 있고 적절하게 말한 것이고 재미있기도 하다. 재담을 한 것이다.

(2) 과장(誇張)의 말

상황을 과장해서 말하는 것도 재미있게 말하는 방식의 하나다. 재담을 하는 것이다.

> 노장 : (취발이가 다가오면 부채로 또 면상을 딱 친다)
> 취발이 : (뒷걸음으로 물러서며) 쉬이, 아이쿠 아이쿠 이거 웬 일이냐. 이놈이 때리길 바로 때렸다. 아 이놈이 때리긴 발뒷축을 때렸는데 아, 피가 솟아올라서 코피가 나는구나. 이것을 어떻게 하면 좋단 말인가. 저 거 코피가 나는 건 틀어막는 것이 제일이라더라. 자 그런데 코를 찾을 수가 있어야지. 상판이 조선 반만 해서 어디에 코가 있는지 찾을 수가 있어야지. 그러나 지재차산중(只在此山中)이지 내 상판 가운데 있겠지. 그런즉 이것을 찾으려면 끝에서부터 찾아 들어와야지. (머리 위에서부터 더듬더듬 찾아 내려온다) 아, 여기 코가 있는 걸 그렇게 애써 찾았구나.
>
> 〈봉산탈춤〉[16]

여기서 면상을 맞았는데, 발뒷축에 맞았다고 한 것은 과소해서 한 말이고 그 뒤 코를 찾는 부분은 과장해서 한 말들이다. 이런 식의 말들은 모두 재담으로 하는 말들이다.

---

16 위의 책, 175-176면.

(3) 과소(誇小)의 말

상황을 실제보다 아주 작게 말하는 것도 재미있게 말하는 방식의 하나가 된다.

> 산받이 : 봤나? / 박첨지: 봤다.
> 산받이 : 얼마나 커? / 박첨지 : 어찌 큰지, 어찌 큰지, 대단하더라.
> 산받이 : 얼마나 커? /
> 박첨지 : 커다란, 아주 커다란, 미꾸라지 새끼만 하더라.
> 산받이 : 여보, 미꾸라지 새끼만한 걸 보고 그리 놀래어.
>
> 〈꼭두각시놀음〉[17]

아주 큰 뱀(이시미)을 봤다고 해야 되는데, 미꾸라지 새끼만 하다고 하고 있다. 과소하게 말을 하고 있는 것이다.

(4) 논점일탈의 말

실생활에서는 논점일탈은 곤란한 것이고 논리학에는 오류에 해당하지만, 전통연희 공연장에서는 재담을 하는 것이 되어 웃음을 주는 한 방식이 된다.

> 여 : 뭐라구요? 이것 보세요. 대관절 어디 사는 분이슈?
> 남 : 땅 위에 사는 사람이요!
> 여 : 고향이 어디냔 말이요? / 남 : 고향이 어디냐구?
> 여 : 네.
> 남 : 여자가 별 걸 다 물어보네. 내 고향은 우리 어머니 뱃속이다.

---

17 심우성 글, 송봉화 사진, 앞의 책, 240면.

여 : 여보세요. 제일 먼저 진지를 잡숩던 데가 어디냔 말예요?

남 : 아, 그야 우리집 안방이지.

여 : (답답한 듯 화를 내며) 이 양반 참 답답하긴 그럼 처음 사시던 도가 무슨 도예요?

남 : 무신 도냐고?

여 : 네. / 남 : 양 · 산 · 도.

여 : 뭐야? 양산도? 그럼 군은 무슨 군이죠?

남 : 아, 별걸 다 물어보네. 재담꾼.

여 : 뭐야? 재담꾼? / 남 : 그래, 재담꾼 얼마나 좋으냐?

여 : 그럼 면은 무슨 면이요? / 남 : 물냉면.

여 : 뭐라구? 물냉면? 그럼 리는 무슨 리요? / 남 : 막 · 걸 · 리다.

여 : (여자는 기가 막히다는 듯 발을 구르며) 아이구, 답답해. 그럼 동은 무슨 동이죠?

남 : 오동동이다.

…

여 : 나이가 얼마냐구요? / 남 : 한 오백냥 되지.

여 : 뭐가 오백냥예요? / 남 : 내 나이가 얼마냐며?

여 : 그래서? / 남 : 내 나이를 사고 싶거들랑 오백냥만 내라 이런 말이야.

박해일, 〈장님타령〉[18]

여성의 질문에 남성은 논점을 일탈하는 말들을 하고 있다. 여성은 어이없고 답답해 하지만, 남성은 재미난 말들로 자신의 말을 계속 이어나가고 있다.

물론 이러한 논점 일탈에 동음이의어(同音異義語)의 방식이 많이 점에 벗어난 상황들을 전개하며 웃음을 유발시키는 것이 주가 된다는 면에서 '논점일탈'과 같은 상황과 관련된 재담으로 설정했다.

18 반재식, 『만담백년사』, 만담보존회, 1997, 31-32면.

[그림 2] 1938년 〈장님타령〉 공연
조선일보사 앞 태평동. (국립민속박물관 편, 『석남 송석하 영상민속의 세계 -연희편』, 2004, 130면.)

(5) 인과(因果)의 말

원인을 말하여 결과의 말을 하는 것이다. 이러한 원인만을 말한 것을 결과의 말로 수용하기 위해서는 그러한 '원인-결과'에 대한 다른 상황이 별도로 고려되어야 한다.

> 장구잽이 : 오 백정질 했다는 말이구나. / 병신 : 쏘았소!
> 장구잽이 : 쏘다니? / 병신 : 쏘았으니 맞은 것 아니오.
>
> 김영택, 〈병신재담〉

영감 : 너 나이에 비해 아주 내던져졌구나. / 소녀 : 던지다니요?
영감 : 버렸다는 얘기다.

신불출, 〈익살맞은 대머리〉[19]

재담이어서 가능한 재미있는 말하기 방식이다.

2) 진술과 관련되는 재담

어휘를 넘어 문장(sentence) 이상의 것, 곧 진술(discourse)을 통해 재담을 실현하는 것들이다.

(1) 열거의 말

재담은 입심 있는 사람이 하게 마련이다. 입심 있는 사람은 다음처럼 문맥상 통할 수 있는 말들을 장황하게 열거해 내며 말하기를 좋아한다.

둘째목중 : 수인사 연후에 대천명이요, 봉제사 연후에 접빈객이라. 동개굴 서구월 남지리 북향산으로 돌아 경기도로 올라와 이곳에 당도하니 훌륭한 광대들이 춤을 춘다. 물 본 기러기가 어부를 두려워하며 꽃 본 나비가 사람을 두려워하랴. 꿀 본 벌이 짐생을 두려워할까, 잘놀면 한량이요 못놀면 과객이라 나도 수인사 한 번 들어가겠다.

---

19 서대석 외, 앞의 책, 2006, 161면. 이것은 만담의 예다. 만담은 전통연희로 볼 수 없지만, 이러한 '인과의 말'과 같은 재담의 예가 드물어 그 예의 하나로 덧붙였다. '쏘다(원인)-맞다(결과)'와 '(표적에) 맞다(hit) ; (말이) 맞다(right)'(동음이의어)와 '내던져졌다(원인)-버렸다(결과)'와 '(물건을) 버렸다 ; (사람을) 버렸다(못쓰게 되었다)'(동음이의어)의 재담이다.

"청천 백일에 진운동"

〈은율탈춤〉[20]

입심 있는 사람은 이처럼 말을 열거하며 유창하게 한다. 이것도 재담을 한다고 할 수 있다.

(2) 부연(敷衍)의 말

'부연(敷衍, 펼 부, 물이 넘칠 연)'은 말 그대로 말을 펼쳐서 안 해도 될 쓸데없는 말들까지 하는 것이다. 이도 역시 재담을 하는 입심 좋은 사람들이 할 수 있는 말이다.

생원 : 이놈, 너도 양반을 모시지 않고 어디로 그리 다니느냐.
말뚝이 : 예 에. 양반을 찾으려고 찬밥 국말어 일조식(日早食)하고 마굿간에 들어가 노새원님을 끌어다가 등에 솔질을 솰솰하여 말뚝이님 내가 타고 서양(西洋) 영미(英美), 법덕(法德), 동양 삼국 무른 메주 밟듯하고, 동은 여울이요 서는 구월(九月山)이라 동여울 서구월 남드리 북향산 방방곡곡(坊坊曲曲) 면면촌촌(面面村村)이, 바위 틈틈이, 모래 짬짬이, 참나무 결결이 다 찾아다녀도 샌님 비뚝한 놈도 없고 보니

〈봉산탈춤〉[21]

말뚝이는 그냥 '자세히 찾아봤습니다.' 해도 될 것을 이렇게 거창하고 자세하고 쓸데없는 말까지 하고 있다. 부연해서 말하고 있는 것으로, 재담으로 이 말들을 하고 있는 것이다.

---

20 한국문화재보호협회, 앞의 책, 229면.
21 이두현, 『(주석본) 한국가면극선(選)』, 교문사, 1997, 89면.

(3) 대조의 말

같은 내용이더라도 대조를 시켜 말하는 것도 재담을 하는 한 방식이다.

미얄 : …너하고 나하고 같이 번 세간이니 똑같이 노나가지고 헤어지자. 어서 노나내라.

영감 : 그래라, 노느자, 물이 충충수답이며 사래찬밭은 나가지고 제비같은 여종이며 날매같은 남종일랑 새끼쳐서 나 가지고 황소 암소 새끼쳐서 나 가지고 곡식 안 되는 노리마당 모래밭데기 너 가지고 숫쥐, 암쥐, 새양쥐까지 너 가지고 네년의 새끼너 다가져라.

〈봉산탈춤〉[22]

대조는 설명과 강조의 한 방법으로 말하고자 하는 것을 더욱 분명히 말한다. 역시 재치있게 말한 것이다.

(4) 거짓으로 잘 둘러대는 말

상황에 비춰 대체로 거짓말이지만, 그러한 거짓말을 아주 잘 둘러대는 것도 재담이라 할 수 있다.

자라 : 내가 두꺼비요!

호랑이 : 두꺼비 같으면 더욱 좋다. 너를 산 채 불에 살러 술에 타 먹고보면 만병회춘 명약이로다. 이리 오너라, 먹자

자라 : 아이고, 두꺼비도 아니요!

---

22 한국문화재보호협회, 앞의 책, 124면.

호랑이 : 그러면 네가 무엇이냐?
자라 : 나 남생이요!
호랑이 : 남생이 같으면 더욱 좋다. 습기에는 당자니라 그저 생킬란다.
자라 : 아니고, 나 남생이도 아니요!
호랑이 : 그러면 네가 무엇이냐?
자라 : 먹고 죽는 비상덩어리요!
호랑이 : 비상이라도 생킬란다.

〈수궁가〉[23]

사실 자라가 '비상덩이'라고 한 것은 재치있게 잘 말한 것이다. 그러나 이것이 판소리 〈수궁가〉의 호랑이에게 안 통했을 뿐인 것이다.

그러나 다음에는 거짓으로 잘 둘러댄 것이 효과를 보고 있다.

양반 : (겁이 나서 피해 돌면서) 야 – 이놈아 네가 뭣고
비비 : 뭣이던지 잘 잡아 묵는기라.
양반 : 에 – 그놈 겁나는 기로군. 글하몬 네가 잡아먹는 기몬 저 갱물(바닷물)에 있는 '치' 잘 묵거나
비비 : 잘 묵지
양반 : 제일 무서운 삼치라 쿠는기 있는데 그치도 잘 묵거나.
비비 : 그것 잘 묵지
…
양반 : 이놈아 네 발로 기어뎅기는 송치라고 있는데
…
양반 : 네 뿔, 네 다리가 두 개나 났다 말이다.
비비 : 그것은 더 잘 묵지
양반 : …네가 이놈아 양반도 잡아묵느냐

23 한국 브리태니커, 『판소리 다섯 마당』, 1982, 171면.

비비 : 허허…양반 그 참 잘 묵지…
양반 : …네 이놈의 자석아 내가 네 고조할배다. 이놈의 자석아.
비비 : 그거는 몬 묵지
양반 : 인자 살았다. (굿거리 장단에 맞춰 비비, 촐촐, 둥둥, 쾡쾡 움악소리와 함께 한바탕 춤을 추고 퇴장한다)

〈고성오광대〉[24]

거짓으로 둘러대는 말이라도 아주 잘하면 그것도 재담을 한 것이 되는 것이다.

[그림 3] '가객재담(歌客才談)' 판소리
판소리에는 원래 재담이 많았다.(홍익대박물관, '한국 근대의 백표화', 전시 팸플릿, 2001.)

24 한국문화재보호협회, 앞의 책, 83-84면.

(5) 부정할 수 없는 말

누구도 부정할 수 없는 말을 하는 것도 재담의 하나다.

박첨지 : …아랫벽동 웃벽동 다 제쳐놓고 가운데 벽동 하는 박한량(朴閑良) 박주사(朴主事)라면 세상에 모르는 사람 빼놓고는 다 안다.
산받이 : 여보 영감. 아랫벽동 웃벽동 다 제쳐놓고 가운데 벽동 하는 박한량 박주사라면 세상에 모르는 사람 빼놓고는 다 안다. 그게 다 입으로 일르는 말이요.

〈꼭두각시놀음〉[25]

너무도 당연한 말을 하기에 산받이가 그것도 말이라고 하느냐고 대들고 있는 것이다.

홍동지 : 그럼 뭐 있나?
산받이 : 없는 것 빼놓고 다 있네.

〈꼭두각시놀음〉[26]

그렇다. '없는 것 빼놓고 다 있다.' 이 말을 누가 부정할 수 있겠는가?

(6) 짐짓 모른 체하는 말

짐짓 모른 체하며 딴말을 하는 것이다.

25 심우성 글, 송봉화 사진, 앞의 책, 222-223면.
26 위의 책, 250면.

도끼 : (누이를 데리러 삼현청 앞으로 간다.) 누니 - 임, 누니 - 임!
누이 : 그 누구냐.
도끼 : 나 도끼 왔소. / 누이 : 까뀌.
도끼 : 도끼 왔어요. / 누이 : 대패?
도끼 : 아이구 귀꺼정 먹었구랴. 도끼가 왔어요. / 누이 : 오 끌.
도끼 : 아이구 도끼가 왔어요.
누이 : 오옹 도끼가 왔어.
도끼 : 네에.
누이 : 네가 인제 오긴 또 왔다마는…그전엔 니가 돈량 돈백두 뜯어가구 니가 또 뜯으러 왔다마는 이젠 니는 와야 소용 한푼 없다. 어서 빨리 돌아가라.

〈양주별산대놀이〉[27]

[그림 4] 근대 재담소리의 명인 박춘재(1883~1950)
『무쌍 신구 잡가』(1915) 소재 사진

27 이두현, 앞의 책, 1997, 86-87면.

돈이나 뜯으러 오는 동생이 부르는 것을 듣고 비슷한 말들을 들은 것으로 돌리며 짐짓 모른 체하는 것이다.

(7) 짐짓 틀리게 하는 말

일부러 틀리게 말하여 그것을 시작으로 말을 이어나가는 것도 역시 재담을 하는 것이다.

> 취발이 : …우리아이 이름을 지어야지– 둘째라고 지을까? 이 첫째가 있어야지 둘째라고 짓지? 이 첫째가 있어야지 둘째라고 짓지, 마당에서 났으니 마당쇠라고 지을 수밖에 없구나.
>
> 〈봉산탈춤〉[28]

일부러 틀리게 말하여 나름 재미있게 말을 하는 것이다.

3) 어휘와 관련되는 재담

어휘 곧 단어들(words)을 중심으로 해서 이뤄지는 재담들이다.

(1) 곁말

곁말은 원말을 그대로 하지 않고, 다른 말로 대신하는 것이다.

> 신할아비 : …애! 애! 그러다 네 어미가 여기서 식은방귀를 뀌었다.
> 도끼 : 아버지 술 자시었소.

28 한국문화재보호협회, 앞의 책, 116면.

신할아비 : 정말 죽었다. 네 어미가 서빙고(西氷庫)를 쳤다.

〈양주별산대〉[29]

사람이 죽은 것을 흔히 재담으로 '식었다.'고 한다. 식었다는 것은 몸이 차가워져 시신이 되었다는 것이다. 서울에서 얼음을 저장하는 '서빙고'를 든 것도 차가워진 것을 말하기 위함이다.

만신 : 이 배에 낯선 할아뱜 못 봤음나.
장고 : 보기는 봤는데 무슨 할아뱜을 찾뚜게 그래.
…
만신 : …옷은 주인보다 나그네가 많은 옷을 입고 다닌담네.
장고 : 그러고 보니 주인보다 나그네가 많다면 누럭 누럭 기운 옷을 입고 다닌단 말이구먼
서해안 '배연신굿', 〈영산대감 · 영산할아뱜 · 영산할맘굿〉[30]

'주인보다 나그네가 많은 옷'은 잠시 생각하면 그 뜻을 알 수 있다. '누더기옷'이라 하지 않고 이렇게 간접적으로 하는 말도 곁말을 쓴 것으로 볼 수 있다.

(2) 이어동의어(異語同義語)

사실상 서로 같은 말을 다른 말처럼 하는 것이다. 그래서 재담을 하는 것이 되는 것이다.

박첨지 : 내가 놀랬나, 겁이 나서 그랬지.

---

29 위의 책, 54면.
30 김금화, 『김금화의 무가집』, 문음사, 1995, 244-245면.

'놀란 것'이나 '겁이 난 것'이나 여기서는 같은 뜻인 것이다. 그래서 다음과 같은 대답이 이어지는 것이다.

산받이 : 겁난 것 뭐고 놀랜 건 뭐여?
박첨지 : 그거 다 한글자로 먹나.
산받이 : 한글자로 먹지.

〈꼭두각시놀음〉[31]

다음은 이와 같은 이어동의어 방식을 재담의 한 방식으로 제대로 활용한 것이다.

취발이 : …에라쉬 – 에 – 쉬 – 에 – 쉬 – (소무 방에 앉아서 소무가 말하는 양으로) 서방님 제집에 다녀가신 후로 클클한 게 먹고 파요. (취발이 제말로) 그렇지 먹고 풀 것이지 쇠고기를 먹어 보갔나? (소무말로) 아니 난 네 발 달린 건 못 먹어요. 황육을 먹겠쇠다. (취발이 말로) 황육이 쇠고기야. 그러면 돼지고기를 먹갔느냐. (소무말로) 아니요. 지육을 먹갔어요. (취발이 말로) 되야지 고기가 지육이야. 그러면 꼬감을 먹갔느냐? (소무말로) 꼬감은 싫어요. 건시를 먹갔어요. (취발이 말로) 꼬감이 건시야. 그럼 대추를 먹갔느나? (소무말로) 네 대추를 먹갔어요. 에이 답답한 사람 다 보겠네. (하며 취발이와 소무가 같이 일어선다)

〈강령탈춤〉[32]

실생활에서는 이런 것들이 무의미하지만, 전통연희 공연장에서는 이런 말들이 재담을 하는 것이 되는 것이다.

---

31 심우성 글, 송봉화 사진, 앞의 책, 235면.
32 한국문화재보호협회, 앞의 책, 173면.

(3) 이어유의어(異語類義語)

서로 다른 말인데 비슷한 뜻이 있기에 같은 말이 될 수 있다는 것이다.

훈장 : "이년들아야 하늘천인데 왜 높을천이고?" 하니
학동 : 아니 사장님! 하늘이나 높은거나 한 가지 아닝교?
훈장 : 아이구 됐다. 따지- / 학동 : 째지
훈장 : 따진데 왜 째지카나?
학동 : 아이 사장님 따는 거나 째는 거나 한 가지 아닝교?
훈장 : 됐다. 감을현- / 학동 : 묶을현-
훈장 : 가물현인데 왜 묶을현이고?
학동 : 감을 여가가 어디 있능교? 퍼떡 묶어 버리면 안 숩능교.
훈장 : 그래 됐다. 누르황- / 학동 : 태울황
훈장 : 이년들아야 누를황인데 왜 태울황이고?
학동 : 언제 실실 눌구고 있능교? 언뜩 태워버리면 안 빠릉교
동해안별신굿, 〈거리굿〉[33]

서로 다른 말인데, 비슷하고 같은 말이라 하며 재미있는 나름대로의 설명을 하고 있는 것이다.

(4) 일부러 순서를 바꾼 말

아주 당황해서 말하는 것을 말의 순서를 일부러 바꾸어 다음과 같이도 말하여 웃기는 것도 재담을 한 것이다.

---

33 서대석, 앞의 책, 2004, 60면.

"암행어사 출도야." 한 번을 호통하니 강산이 무너지고, 두 번을 호통하니 우주가 바꾸난 듯

…

동원 좌상 혼겁 중 인통 잃고 수박 들고, 병부 놓고 생합 들고, 탕근 잃고 용수 쓰고, 좌수 별감 넋을 잃고 한 짝 목의 두 발 넣고 뒤로 벌떡 자빠지고, 사령 군노 나발 잃고 주먹 쥐고 "홍애 홍애"

…

본관사또 정신 잃고 아상으로 들어가며, "문 들어온다, 바람 닫아라. 요강 마렵다 오줌 들여라."

〈춘향가〉[34]

암행어사의 출도에 남원의 본관사또가 당황하여 넋을 잃고 원인에 두어야 될 말을 결과에 두고, 결과에 두어야 할 말을 원인에 두어, 정신이 없는 것을 잘 보여 주고 있다. 이도 또한 재담으로 그러한 상황을 잘 보여 준 것이라 할 수 있다.

(5) 잘못한 말

아예 잘못된 말을 일부러 하여 사람들을 웃기는 것이다.

산받이 : 이건 누구여? / 피조리 : 내가 비생이여.
산받이 : 야, 기생이면 기생이지 비생은 뭐여. / 피조리 : 참 기생이여.
산받이 : 넌 그간 어디 갔다 왔니? / 피조리 : 나 거울 갔다 왔어요.
산받이 : 서울이면 서울이지 거울이 뭐여.

〈꼭두각시놀음〉[35]

---

34 배연형 편, '춘향가 67장(장재백 소리책), 『춘향가 · 심청가 소리책』, 동국대출판부, 2008, 69면.

35 심우성 글, 송봉화 사진, 앞의 책, 235면.

재담을 한 것이다.

4) 발음과 관련되는 재담

발음과 관련되어 재담이 되는 경우다.

(1) 동음이의어(同音異義語)

전통연희에서 동음이의어로 재담을 하는 것이 많이 있다. 그런 동음이의어 재담 중 우선 들 수 있는 것은 한자어를 갖고 노는 것이다. 한자어의 원래 말과 그냥 들어 연상되는 말이 많이 다르기에, 이 차이를 이용하는 것이다. 다음이 그런 예다.

> 장구잽이 : 에끼 병신 같은 놈아. / 병신 : 병신(丙申) 정유(丁酉) 나요.
> 장구잽이 : 이리오너라. / 병신 : 이리오[一二五]면 여들끗 되갓수다.
> 장구잽이 : 이놈아 어두루 가니?
> 병신 : 어두(魚頭)루 가면 고기 대가리로 가갓수다.
> 장구잽이 : 에끼놈 문자 잘 쓰는구나. / 병신 : 문자(蚊子) 모기 아들이나.
>
> 김경복, 〈병신재담〉[36]

이러한 한자어와 관련된 동음이의어 외에도 동음이의어를 활용한 재담의 방식은 다음처럼 전통연희에서 가장 흔히 접할 수 있는 재담의 방식이다.

---

36 손태도, 『한국의 전통극, 그 새로운 연구로의 초대』, 집문당, 2013, 521-522면.

박첨지 : …여보게 할멈 자네가 나간 후로 수십 년을 혼자 살다가 늙은 사람이 할 수 없이 작은집을 하나 얻었네.

꼭두각시 : 옳지, 내 알았소. 영감님이 내 나간 뒤에 그 알뜰히 알뜰히 해가지고 적은 집을 한 칸 샀다니까, 고맙습니다.

박첨지 : 왜, 기와집은 안 사고? 이 늑대가 파갈 년아.

꼭두각시 : 아 그러면 무어란 말이요.

박첨지 : 그런 게 아니라 작은 마누라 하나 얻었단 말이다.

꼭두각시 : 옳지, 내 알았소. 내가 갔다 들어오면 김장하라고 마늘을 한 접 샀단 말이죠?

박첨지 : 왜, 후추, 생강은 안 샀다더냐?

〈꼭두각시놀음〉[37]

어사또, 문전에서 이 거동을 가만히 보시더니, "내가 선영 덕으로 어사한 줄 알았더니마는 여기 와서 보니 우리 장모와 향단이의 덕이 절반도 더 되는구나

…

이몽룡 : 허허, 늙은이 망령이여. 허허, 늙은이가 날 몰라? 내 성이 이가라 해도 날 몰라?

월매 : 이가라니? (이를 악물고 갈며) 이가라면 이갈린다.

〈춘향가〉

떡장수 : 저~ 전라도 장수장에서 올라온 떡장수요. 떡타령으로 한번 놀아볼까요. "떡 사시오 떡을 사시오 떡을 사 이 떡 저 떡 저 떡, 이 떡, 만산형통의 무지개떡, 정월 초하루 가래떡, 이월 한식에 쑥개떡, 삼사월에 화전떡, 육칠월에 빈대떡…사랑 사랑 사랑 사랑에 '꿀떡'(떡을 삼키는 흉내를 낸다)

백영춘, 〈장대장타령〉

---

37 심우성 글, 송봉화 사진, 앞의 책, 230-231면.

[그림 5] 〈장대장타령〉을 부르고 있는 백영춘 (2006. 12. 15. 서울 삼성동 무형문화재 전수회관)

동음이의어의 활용은 분명 재치를 부린 것이며 나름대로 재미가 있는 것도 사실이다.

(2) 이어동음어(異語同音語)

동음이의어처럼 '동음(同音)'을 활용한 것이지만, 그 방식은 사실상 반대다. 동음이의어처럼 '동음(同音) : 같은 소리'에서 '이어(異語) : 다른 말'로 나가는 것이 아니라 '이어(異語) : 다른 말'로써 '동음(同音) : 같은 소리'을 취한 것이다. 조금 드문 방식이기에, 연희자가 이 재담의 방식을 설명해 줘야 비로소 알게 되는 경우가 많다.

이를테면, 다음과 같은 방식이다.

산받이 : …그래 뭣 하러 갔었나. / 피조리 : 권반에 갔다 왔어요.
산받이 : 너 소리 잘 하겠다. 한번 해 봐라.

피조리 : 내가 소리 하면 당신 똥구녁쳐.
산받이 : 허 밑 친단 말이지. 그럼 한번 해 봐라.

〈꼭두각시놀음〉[38]

'똥구녁을 치는 것'은 '밑 치는 것'이고, '밑 치는 것'은 '미치는(crazy) 것'이다. 여기서 '미친다'는 말을 '똥구녁친다'고 해서 '똥구녁'이 [밑]이란 소리를 하기 위해 쓰인 것이다. 피조리는 '똥구녁'이란 말로 [밑]이란 소리를 대신한 것이다.

이어동음어는 이렇듯 동음이의어의 방식과 반대의 방식을 취하는 것으로 얼른 이해가 안 될 수도 있다. 그러나 그 재담의 방식이 관객도 이해할 수 있다면, 동음이의어보다 한 차원 높은 재담이 될 수 있다.

이 외에도 전통연희에 다른 재담들이 더 있을 수 있겠지만, 여기에 든 것들이 전통연희에서 구사된 대표적 재담들이 아닌가 한다.

3. 오늘날, 전통연희 재담의 의의

'재치있게 하는 재미있거나 우스운 말'인 재담은 과거나 현재나 우리 생활의 주변에서 언제나 있을 수 있는 것이지만, 이러한 재담이 본격적으로 요구되고 구사된 곳은 과거 전통연희의 현장이었다.

마셜 맥루한(Marshall McLuhan, 1911～1980)은 '미디어(media)는 메시지(message)다.'[39] 하여 미디어 자체의 의미와 영향력을 강조한 바 있다. 미디어는 메시지를 전달하는 한 도구에 지나지 않는데, 이

38 위의 책, 235면.

39 마셜 매클루언, W. 테런스 고든 편, 김상호 역, 『미디어의 이해 - 인간의 확장』, 커뮤니케이션북스, (1964)2003 : 2011, 28면.

러한 미디어 자체를 강조한 맥루한의 시각은 다른 영역에 있어서도 많은 시사를 주고 있다.

이를테면, 예술에 있어 내용과 형식에 있어 종래와 같은 내용에 따른 형식이란 시각 외에도 형식에 따른 내용이란 새로운 시각도 가질 수 있는 것이다. 내용이 형식을 규정하는 것이 아니라 오히려 형식이 내용을 규정하고 한계 지을 수 있는 것이다.

예술의 내용과 형식에 있어서 공연예술은 공연이 이뤄지는 공간이 많은 것을 결정할 수 있다. 이를테면, 개방된 마당(ground)은 오락 곧 놀이를 할 것을 요구하고, 폐쇄된 공간에서의 무대(stage)에서는 예술을 할 것을 요구한다. 전통연희는 대부분 개방된 마당에서 공연되었다. 그 결과 전통연희는 대부분 오락적 놀이가 되었다. 오늘날 우리가 가면극, 인형극, 재담소리, 판소리, 농악잡색놀이, 무당굿놀이 등을 오직 연극이나 음악으로 보지 않고, '연극적 놀이'와 비슷한 뜻을 지닌 '연희'[40]란 말을 쓰는 것은 이들은 대부분 개방된 마당에서 이뤄진 놀이들이었기 때문이다.

놀이의 목적은 즐겁게 하는 것이고, 그 즐겁게 하는 것의 한 결과물은 웃음이다. 그래서 전통연희에서의 대사들은 대부분 '재치있게 하는 재미있거나 우스운 말'인 재담들로 되어 있다.

그래서 임석재는 실생활에서는 '재담'이라고 할 만한 것이 있더라도 그것을 '재담'이라고 할 수 없고 오직 전통 놀이판에서만 이를 들을 수 있다고 하며,[41] 다음과 같이 말했다.

우리는 재담을 들으려면 놀이판으로 간다. 즉 가면극이나 인형극, 줄타

---

40 손태도, 「전통 연희의 공연 미학 탐색」, 『고전문학과 교육』 23, 한국고전문학교육학회, 2012, 336면.

41 임석재, 앞의 글, 1982 참조.

> 기, 땅재주 넘기 등의 놀이판으로 가게 된다. 이런 놀이판에서는 연희자는 그의 연기를 연희할 때 그의 기예를 돋보이고 효과 있게 하기 위하여 여러 가지 사설을 늘어놓는데 이런 사설을 우리는 재담이라고 한다. 그럼으로 재담이란 놀음판에서 연희자가 구술하는 사설이라고 말할 수 있다[42]

이러한 임석재의 주장은 다소 지나친 데가 있지만, 우리나라에서 재담이 이뤄지던 대표적인 곳이 전통연희의 놀이판이었음을 잘 말해주고 있다.

오늘날 우리가 '재담'에 대해 논의할 때 전통연희를 우선적으로 고려하게 되는 것은 이러한 이유 때문이다. 전통연희에서야말로 재담이 중요한 한 공연 수단으로 유감없이 사용된 것이다. 실제 오늘날 남아 있는 가면극, 인형극, 재담소리, 판소리, 농악잡색놀이, 무당굿놀이 등 이른바 전통연희에는 전통사회에서 이뤄진 온갖 종류의 재담들이 많이 구사되어 있다. 사실상 우리말에서 가능한 모든 종류의 재담들이 창안되고, 동원되고, 구사되어 있다고 해도 과언이 아니다.

오늘날에도 재담은 우리들에게 재미나 웃음을 주는 말로 우리들의 언어 영역의 중요한 한 부분이다. 그런 면에서 온갖 종류의 재담들이 구사된 전통연희의 재담들은 우리들에게는 분명 소중한 한 언어적 자산이다.

4. 맺음말

재담은 앞서 말한 대로 "인간이 자연과 사회의 여러 문제들을 극복하고 제대로 즐길 때만 가질 수 있는 인간의 자유로우면서도 창조

---

42 임석재, 앞의 글, 1979, 215면.

적인 정신의 한 결과물"로 어느 시대, 어느 곳에나 필요한 것이다. 오늘날에도 많은 재담들이 이뤄져야 하는 것이다.

본고에서는 그 공연 목적이나 상황으로 볼 때, 재담의 구사가 중요한 공연방식의 하나로 활용된 전통연희에서의 재담의 양상을 그 재담 구사의 방식들로 나누어 소개해 보았다.

여기서는 전통연희의 재담들을 대등하게 소개했지만, 전통연희에서도 가장 많은 것은 '동음이의어(同音異議語)'에 의한 재담이다. 이것은 오늘날에도 자연스럽게 많이 이뤄지고 있는데, 과거 한자어와 우리말의 차이에 의한 동음이의어 재담들이 있었듯, 오늘날에는 다음처럼 영어와 우리말의 차이에 의한 동음이의어 재담들도 회자되고 있다.

> 갑 : '이것은 코다.'를 영어로 하면?
> 을 : 디스코.
> 갑 : '이것은 코가 아니다.'를 영어로 하면?
> 을 : …
> 갑 : 이코노.

그러나 이것은 사실상 말장난 정도의 단순한 재담이다. 오늘날에도 전통연희에 있는 다양한 재담들을 바탕으로 보다 다양하고 차원 있는 재담들이 많이 이뤄졌으면 한다.

또 여기에 소개된 것들이 전부는 아니며, 오늘날에도 새로운 종류의 재담들이 얼마든지 만들어질 수 있다.

본고는 제일 먼저 '만담보존회' 회원들의 모임에서 발표되었는데,[43] 행사가 끝난 후 저녁 식사를 하고 한 8시 경이 되었을 때, 40대의

---

43 손태도, 앞의 글, 2015.

한 점잖으신 남자분이 개인 사정이 있어 먼저 가야겠다고 일어나서 인사를 하자, 한 사람이 "쌍꺼풀 수술을 하여 실밥도 따야 하고 소독도 하셔야겠기에, 지금 가셔야 한다."고 하며 좌중을 한 번 웃겼다. 그리고 방금 한 것은 오늘 발표한 재담 중 어디에 해당하느냐고 물었다. 필자는 '전혀 불가능한 것을 말한 재담'이라고 했다. 그날 발표한 재담의 종류에는 없는 재담이었다.

재담은 그 자체 언제나 '재치' 곧 창의성이 요구되기에 기존의 모습과 다른 것이 언제나 새로이 나올 수 있다. 또 새로이 나와야 한다. 이러한 새로운 재담들에 대한 기대도 언제나 가져 본다.

참고문헌

〈자료〉

국립국어연구원, 『표준국어대사전』, 두산동아, 1999.

김금화, 『김금화의 무가집』, 문음사, 1995.

배연형 편, 『춘향가·심청가 소리책』, 동국대출판부, 2008.

이두현, 『(주석본) 한국가면극선(選)』, 교문사, 1997.

한국문화재보호협회, 『중요무형문화재 탈춤대사집』, 1981.

한국 브리태니커 회사, 『판소리 다섯 마당』, 1982.

한글학회 편, 『우리말 큰사전』, 어문각, 1992.

〈논저〉

강은해, 「한국 재담의 지속성과 변화」, 『한국학논집』 28, 계명대 한국학연구원, 2001.

반재식, 『만담백년사』, 만담보존회, 1997.

변창구, 「진술문종류(陳述文種類)로서의 재담(才談)」, 『순천향대논문집』 12-2, 순천향대학교, 1989.

서대석, 『한국구비문학에 수용된 재담 연구』, 서울대출판부, 2004.

서대석 외, 『전통 구비문학과 근대 공연예술 I-연구편』, 서울대출판부, 2006.

손태도, 『광대 집단의 문화 연구① 광대의 가창 문화』, 집문당, 2003.

______, 「전통사회 재담소리의 존재와 그 공연예술사적 의의」, 『판소리연구』 25, 판소리학회, 2008.

______, 「전통 연희의 공연 미학 탐색」, 『고전문학과 교육』 23, 한국고전문학교육학회, 2012.

______, 『한국의 전통극, 그 새로운 연구로의 초대』, 집문당, 2013.

심우성 글, 송봉화 사진, 『남사당놀이』, 화산문화, 2000.

임석재, 「한국의 재담」, 『한국문화인류학』 11, 한국문화인류학회, 1979.

______, '3. 재담(才談)', 『한국민속대관 제6권 -구비전승 · 기타』, 고려대 민족문화연구소, 고려대 출판부, 1982.
최래옥, '재담', 『한국민족문화대백과사전』, 한국정신문화연구원, 1991.

마셜 매클루언, W. 테런스 고든 편, 김상호 역, 『미디어의 이해 - 인간의 확장』, 커뮤니케이션북스, (1964)2003 : 2011.

<읽기> 고전문학의 재미와 흥미 찾기

8. ‘이별(론)’의 텍스트 읽기

9. 〈만언사〉의 재미, 흥미와 소통의 의미

10. 〈심청전〉의 근대적 변용

11. 재미의 관점에서 본 〈큰누님 박씨 묘지명(伯姊孺人朴氏墓誌銘)〉

12. 연극적 놀이 텍스트로 읽는 〈배비장전〉

‘이별(론)’의 텍스트 읽기*

류준필**

1. 시작하며

“한국고전문학의 재미 · 흥미 · 의미”는, 한국고전문학교육학회가 지난 수 년 간에 걸쳐 수행한 기획 주제였다. 이에 따라 이미 이 주제에 집중한 많은 연구 성과들이 나와 있다.[1] 물론 ‘재미 · 흥미 · 의미’의 세 용어를 구분하고 그 상관성을 해명하는 논의들이 많았지만,

---

* 이 글의 내용은, 『고전문학과 교육』 31집, 2016에 수록된 동일 제목의 논문을 부분적으로 고쳐 쓴 것이다.

** 인하대학교 한국학연구소

1 류수열, 「고전시가 독서의 재미 요소 탐구-시조를 중심으로」, 『고전문학과 교육』 26, 한국고전문학교육학회, 2013 ; 신재홍, 「고전소설의 재미 찾기」, 『고전문학과 교육』 26, 한국고전문학교육학회, 2013 ; 김현정, 「흥미 변인을 고려한 〈도산십이곡〉 교육의 방향」, 『고전문학과 교육』 27, 한국고전문학교육학회, 2014 ; 서인석, 「연극적 놀이 텍스트로 읽는 〈배비장전〉 -고전의 재미를 찾는 방법의 한 사례」, 『고전문학과 교육』 27, 한국고전문학교육학회, 2014 ; 조광국, 「고전소설교육에서 새롭게 읽는 재미 : 홍계월의 양성성 형성의 양상과 의미」, 『고전문학과 교육』 28, 한국고전문학교육학회, 2014 ; 김성룡, 「고전문학의 재미와 고전문학교육의 의미」, 『고전문학과 교육』 28, 한국고전문학교육학회, 2014 ; 염은열, 「고전문학 ‘학습’의 경험과 ‘재미’의 문제에 대한 논의」, 『고전문학과 교육』 28, 한국고전문학교육학회, 2014 ; 조희정, 「고전시가 감상 국면의 재미 흥미 의미」, 『고전문학과 교육』 29, 한국고전문학교육학회, 2015. 등등.

이 가운데서도 특히 한국고전문학의 교육이라는 영역에서 '재미'의 성격과 의의를 어떻게 규정할 것인지가 문제적인 듯하다.

> 재미가 주관적일 뿐만 아니라 한갓된 즐거움의 정서만 추구하므로 이것은 교육의 목적이 되기에 부적합하다. 재미는 기껏해야 교육의 수단으로서의 가치만 인정된다. 그런데 오늘날 고전문학교육에서 재미가 중요 관심 주제가 되는 것은 고전문학이 시험 문제나 교과서와 같은 교육 제도가 아니고 그 자체의 가치만으로는 더 이상 현대 사회에서 통용되기 힘들다는 상황을 반증하고 있는 것이라고 생각한다. 그러나 재미는 수단으로서의 용도만이 아니라 그 자체로도 중요한 교육 목적이 된다. <u>첫째, 재미는 그것이 우리의 삶을 풍요롭게 하는 미적 체험의 전 단계 체험이라는 점이다. 둘째, 재미는 그 체험을 환기시키는 사례를 풍성하게 듦으로써 부분적이나마 통용이 가능하다. 셋째, 그동안 우리 국어교육에서 성취기준으로서 재미는 특히 저학년의 문학 교육에서 활용되어 온 전통이 있다.(밑줄은 인용자)</u>[2]

위의 인용문에서 짐작되는바, '재미'라는 용어의 함의를 어떻게 규정하든지 간에 재미의 임의적 주관성이 과연 교육적 가치로 인정될 수 있는가 하는 의혹이 늘 뒤따르기 때문이다. 이에 대해 김성룡 선생은, 재미가 교육적 가치를 지닐 뿐만 아니라 교육 목적이 될 수 있다는 입장에서, 밑줄 친 부분을 그 논거로 제시하고 있다. 분명 여기서는 '재미'를 외면하기 힘든 교육적 · 사회적 상황의 압력이 느껴진다. 그로 인해, '고전문학의 재미와 고전문학교육의 의미'라는 제목에서부터 그렇듯이, 문학과 교육을 구분하고 그 각각에 재미와 의미를 배당하였다. '재미'의 문학 교육학적 위상을 재구성하려는 고심의 산물로 짐작된다.

---

2 김성룡, 앞의 글, 5-6면.

그렇지만 '재미'에 대한 깊은 성찰에 비해 '흥미 · 의미'에 대한 검토는 상대적으로 소략한 편이다. 이것은 그 상관성을 소홀히 한 결과라기보다는 '재미'에 대한 이해를 어떻게 하느냐에 따라 '흥미 · 의미'의 이해 방식이 규정될 수 있다는 기대의 산물로 보인다.

> 고전문학교육에 주목하는 본 논문은 재미 / 흥미 / 의미를 하나의 범주로 설정한다. 고전문학교육에서 세 가지 개념은 사실상 서로 맞물려 있다. 고전문학교육의 학습자는 재미를 느끼지 못하는 데에서 흥미를 유지할 리 없으며, 재미와 흥미를 경험하지 못하였는데, 학습자에게 의미 있게 다가갔을 리 없다. 물론 재미, 흥미, 의미 각각은 동일한 개념이 아니며, 일상생활에서 자주 사용되는 용어라는 점에서 개념 정의하기도 어렵다. 또한 재미와 흥미는 유사한 의미망을 공유하지만, 재미와 흥미가 지닌 가치나 중요성 등을 가리키는 '의미'는 서로 다른 층위의 개념이다. 기존의 선행 연구에서는 이러한 어려움을 반영하듯 주로 '재미'와 '흥미'의 개념을 정의하였고 '재미'와 '흥미'의 관계를 정립하려는 다양한 시도가 있었다.[3]

실제로 '재미 · 흥미 · 의미'의 개념 규정에 천착하다 보면 자칫 '미(味)'라는 동일 글자에 현혹되어 과도한 개념론에 빠질 개연성이 높다. 위의 인용문은 그러한 난점을 피해 가기 위한 우회 전략의 선택이 불가피하다는 충고처럼 해석된다. 필자 또한 개념론적 접근에 못지않게 교육 현장[4]에서 실제로 참조 · 활용 가능한 다양한 범례의 축적이 중요하다는 입장이다. 수많은 작품들 중에서 무엇을 선택할 것인지, 또 실제로 어떻게 활용 가능한지 사례화하는 노력이 다양한 경로로 제안되어야 한다는 뜻이다.

---

3 조희정, 앞의 글, 9면.

4 중등교육에 한정하지 않고, 고등교육이나 평생교육 등 한국고전문학교육이 이루어지는 현장 모두를 염두에 둔다.

물론 용어에 대한 최소한의 태도 표명이 없을 수는 없다. 잠정적으로 필자는, '재미'를, 한국고전문학교육에 있어서 학습자가 작품에 '비평적으로' 개입하는 과정에서 경험하게 된다고 보는 정서적 즐거움으로 규정하고자 한다. 아울러 '재미 · 흥미 · 의미'의 상관성에 대해서는, '재미' 체험으로부터 촉발된 하나의 연속된 관계로 이해하고자 하는데, 그러므로, 세 가지 측면의 단계적 관계를 적절하게 구성하는 데에 그 상관성 인식의 요점이 있다고 판단한다. 나아가, '재미-흥미-의미'는 각각이 하나의 과정 혹은 단계일 수도 있지만, 이 셋의 결합체 자체가 하나의 단계에 내포될 수도 있다고 이해한다.

'재미-흥미-의미'의 세 층위 혹은 세 단계는, '한국고전문학'을 기본적인 교육적 대상물로 한다. 그런 점에서 〈한국고전'문학'-한국'고전'문학-'한국'고전문학〉의 구도와 각각 대응되는 것으로 설정하고자 한다. 물론 논의의 방편으로 설정된 구도이지만, 한국고전문학의 교육에 있어서 어떤 영역에 초점을 맞추느냐에 따라 수업 설계가 전혀 달라질 수도 있다는 점에서 간과해서는 안 될 측면이다. 본 논문은 이러한 문제에 대한 일종의 '범례'로서 '이별(론)의 문학 텍스트'를 중심으로 논의를 전개하고자 한다. 이별(론)의 텍스트는 임의적으로 선택된 것일 뿐이지만, 주제의 집중성이 필요하다는 판단에서 선택하였다.

2. '이별(론)'의 텍스트(1), 정지상(鄭知常)의 〈송인(送人)〉: 한국 고전 '문학'

먼저, '재미의 자리는 어디인가?' 묻는 데서부터 시작하자. 즉 '재미'는 작품 속에 있는가 작품을 향유하는 '주체' 쪽에 있는가. 재미가 문학 작품에 있다면 그것은 작품을 구성하는 요소 혹은 속성과 관련이 있을 것이고, 재미가 '주체'에 귀속된다면 그것은 체험의 영역에 해당할 것이다. 실제로 작품 속에 재미가 '객관적으로' 존재할 수도 있겠지만, 적어도 문학을 가르치고 배우는 '문학교육'의 차원에서라면 '주체'에 우선성을 부여하는 편이 온당해 보인다. 작품을 체험하는 과정 속에서 확인되고 확인될 수 있다고 전제해야 하기 때문이다.

문학교육과 관련하여, "'재미있다'는 것은 '내가 어떤 대상에 대하여 깊은 이해나 가치의 판단과 무관하게 갖게 된 즐거움의 상태'라고 설명할 수 있을 것이다."[5]라는 논의에서는, 아무래도 '재미'에 대한 다소 불편한 태도가 은연중에 느껴진다. 하지만 심리학적 접근이 아니라 문학교육이라는 영역의 특성을 전제할 경우, 다시금 반문할 지점이 있다. "깊은 이해나 가치의 판단과 무관"할 수 있다는 진술이 과연 적절한가 하는 것이다. 문학교육은 '문학과 非문학의 차이'를 교육하는 것이면서 동시에 '좋은 문학과 그렇지 않은 문학'을 변별하는 판단 능력도 함양하는 것을 목표로 한다고 생각해 볼 수 있기 때문이다.

> '무엇이 재미있다.'는 것은 무엇이 나에게 즐거움을 제공하였기 때문이고, 그 결과로 나는 즐겁다. 앞서 제시한 여러 심리학 연구에서 재미란 '의외의 또는 새로운 것이어서 놀라움의 정서가 재미를 구성하는 것'이라고 보고하고 있는 데서도 알 수 있듯이 '재미있다'는 정서는 새로운 것을 체험함으로써 생기는 만족감의 정서를 필요로 한다.[6]

재미가 식상함과는 구별되는 "새로운 것"(낯선 것)과 관련이 깊다

---

5 김성룡, 앞의 글, 18면.
6 김성룡, 같은 글, 21면.

는 이 논의를 수용한다 하더라도, 이 또한 '좋은 문학' 혹은 '문학의 좋음'을 학습자가 체험하는 과정과 구분하기는 어려워 보인다. 물론 좋은 문학을 변별하는 비평적 판단이 자의적 위계성을 동반하기 쉽고 그러한 가치판단을 교육적 성취로 설정하는 방식이 자칫 학습자의 자율성·자발성에 대한 억압으로 귀착될 수 있다는 우려를 모르는 바 아니다. 그렇지만 비평적 가치 판단을 외재적 권위로서가 아니라, 학습자의 상대성과 자율성을 인정하는 '선택'의 방식으로 체험하게 한다면 사정은 조금 달라지지 않을까 한다.

여기서 말하는 학습자의 '선택'이란, '만약 학습자 너 자신이라면(혹은 나라면) 어떻게(혹은 무엇을) 하겠니?'라는 설문의 형식으로 문학 작품에 대한 (개인적) 가치 판단을 묻는다는 뜻이다. 이것은 무엇이 더 좋고 무엇이 덜 좋다는 위계적 우열 판단이 아니라, 서로 다른 선택지들 가운데 무엇을 선택하고 왜 그것을 선택했는지를 내적으로 체험하도록 하자는 취지이다. 그러므로 '재미'를 경험하는 최소한의 조건이라 할 수 있는 내면적 동기의 생성과 더불어, 위계적 위열이 아니라 서로 다름이라는 차이들(선택 과정)을 통해 비평적 가치 판단을 경험하게끔 할 수 있다.

㉮ 재미 : 가령 '이별'을 읊은 작품 가운데 절창으로 꼽히며 대중적으로도 널리 알려진 정지상의 〈송인〉을 중심으로 이 문제를 다루어 보자. 이 작품은 텍스트의 '정본' 문제를 놓고 논란의 여지가 있기는 하지만, 그간 주로 『역옹패설』의 이제현이나 『동문선』에 근거하여 아래 인용의 모습을 '정본'처럼 두루 수용하고 있을뿐더러, 중등 교육 현장의 교과서에도 아래처럼 수록해 왔음을 감안하여 이를 '정본'이라 전제하고 논의를 진행하도록 한다.[7]

雨歇長堤草色多 비 개인 긴 언덕 풀빛은 짙고
送君南浦動悲歌 님 보내는 남포에는 슬픈 노래 울린다
大同江水何時盡 대동강 강물이야 어느 때 다하리오
別淚年年添綠波 이별 눈물 해마다 푸른 물결에 보태어지니[8]

현행 중등학교 교과서를 기준으로 보자면 〈송인〉은 고등학교 문학 교과서 몇 종에 수록되어 있다. 아마도 한시 작품이기 때문에 그렇게 된 것으로 이해되는데, 이 작품은 1998년 대학수학능력 시험에 지문으로 출제된 바 있다. 그 당시의 질문문은 " '결구(結句)'에 대한 설명으로 가장 적절하지 않은 것은?"이었고, " ① 기구(起句)의 '풀빛'과 시각적으로 어울린다 / ② 과장된 표현으로 이별의 슬픔을 강조하고 있다 / ③ 전구(轉句)의 '어느 때나 마르겠나'와 의미가 호응한다 / ④ 이별의 정한(情恨)이 깊은 강물의 흐름과 어우러진다 / ⑤ 해마다 더해 가는 현실에 대한 무상감이 푸른 물결과 대응한다"가 선택항들이었다.

위의 문제는 〈송인〉이라는 작품을 통해 문학 작품을 이해·감상하는 능력이 있는지 확인하는 의도로 출제된 듯하다. 학습자의 능력을 최종적으로 평가하는 문제이므로 이렇게 출제해도 무방하겠지만, 교육 현장에서 이 작품을 가르칠 때 동일한 방식을 선택한다면 〈송인〉은 완성된 결과물로서만 받아들여지지, 이러한 최종적 형태에 귀결되기까지의 과정을 내적으로 헤아리기는 효과는 기대하기 어렵다.

---

7 〈송인〉의 이본들에 대한 양상은, 박노춘, 「鄭知常의 生涯와 作品」, 『국어국문학』 89, 국어국문학회, 1983, 15-20면 ; 김영동, 「鄭知常 漢詩의 영원한 생명력」, 『동악어문논집』 31, 동악어문학회, 1996, 215-255면 등 참조. 이 글은 정지상의 〈송인〉에 대한 작품 연구가 아니므로, 기존 연구는 거론하지 않을 예정이다. 대신 관련 연구들에 대해서는, 조은경, 「鄭知常의 '送人'을 둘러싼 解釋的 多樣性의 問題」, 『어문연구』 36-1, 한국어문교육연구회, 2008의 참고문헌을 통해 참조할 수 있다.

8 『東文選』 권19, 19장b. 번역은 필자.

다시 말해 학습자에게는 스물여덟 글자 자체보다는 그 글자들로 귀결되는 창작의 과정을 체험하는 방식이 더 필요해 보인다. '재미'는 학습자의 내적 체험에 근거하는 것이기 때문에, 창작자 즉 시인 자신의 위치에서 이 작품을 써 가는 경로를 재구성하는 방식이 교육적으로 더 온당하다는 것이다.

〈송인〉이 뛰어난 작품이라고 널리 알려져 있지만, 주어진 번역문을 읽고 현재를 살아가고 있는 학습자가 쉽게 내적으로 수용하여 자기 나름의 문학적 체험을 하리라 기대하는 것은 무리이다. 시에서 그리고 있는 장면을 추체험할 수 있는 유사 경험의 조건이 마련되어 있지 않을 뿐더러 한자나 한시의 고유한 언어적 특성을 공유하기 어려우므로, 작품 창작 시기로부터 이미 천 년이 훨씬 넘은 현재의 시점에서 유사한 체험이 가능하도록 하는 것은 난망한 일이 분명하다. 요컨대 〈송인〉이 왜 좋은 시인지 온전하게 감상하는 것은 불가능에 가깝다. 그러므로 비록 교육적 방편이지만, 시인으로의 자리바꿈이 시도될 수 있다.

雨歇長堤草色多 비 개인 긴 언덕 풀빛은 짙고
送君南浦動悲歌 님 보내는 남포에는 슬픈 노래 울린다
大同江水何時盡 대동강 강물이야 어느 때 다하리오
別淚年年□綠波 이별 눈물 해마다 푸른 물결(에)[9]

『역옹패설』에서 이제현이 거론한 바에 따르면 결구의 네모 안에 들어갈 수 있는 글자는, 添과 漲 두 글자이다.[10] 添을 선택한다면 푸른 물결에 눈물이 보태어진다는 뜻이 되고, 漲을 선택하면 물이 불어

9 『東文選』 권19, 19장b. 번역은 필자.

10 물론 綠波와 作波의 대비도 가능하지만, 여기엔 비평적 난점이 따른다. 이 문제에 대해서는 후술하도록 한다.

난다는 뜻이 된다. 이제현은 添이 더 낫다고 주장했지만 그것은 이제현 개인의 비평적 우열 판단이라고 볼 수도 있다. 어느 쪽을 선택하든 그 글자는 이 시의 시안(詩眼)에 해당한다. 이 둘을 함께 학습자에게 제시하고 어느 쪽이 더 나은지 선택하고 그 이유를 탐색하도록 한다.

이것은 '너(나) 자신이 시인(작가)이라면 무엇을, 왜?'라는 물음이기도 하다. 漲은 年年이 주는 시간의 장구한 지속성으로 인해 촉발되는 강물의 '양적 증대'로 기우는 판단이라 할 수 있고, 添은 別淚의 눈물방울이 주는 작고 미소함의 느낌을 부각하여 눈물이 강에 떨어져 강물에 보태어지는 이미지를 초점화하는 판단이라 할 수 있다. 요컨대 시적 무게중심의 다름을 드러낼 수 있다.

물론, 그렇다고 해서 오늘날의 학습자가 이러한 과장에 쉽게 공감할 수 있다고 단정하기는 어렵다. 오히려 거부감이 생기기 십상일 듯하다. 다만, 이와 관련해서 〈동동〉이나 〈만전춘별사〉에서 '불가능한 상황이 현실화된다면'이라 하면서 읊은 감정적 과장의 사례를 덧붙이면서 오늘날과의 정서 차이를 환기하거나, 아니면 오늘날에도 '죽어도 (안 해)', '절대 (못해)'처럼 언어의 지시적 의미보다는 발화의 정서적 강도 표현을 더 중시하는 과장적 어법들과의 유사성을 보임으로써, 거부감을 약화시키는 정도가 차선이겠다.

나 흥미 : 앞서 보았듯이, '재미'란 기본적으로 학습자의 위치 혹은 시점을 작가의 그것으로 전환시키는 과정을 통해 경험할 수 있는 정서적 반응으로 규정하였다. 여기서 '재미'란 실제 즐거움을 동반하는 정서적 상태만을 의미한다기보다, 학습자가 고전문학 작품을 통해 재미를 느낄 수 있도록 하는 최소 조건으로 제시된 것이다. 그러므로 '체험의 지속을 낳고 또 후속되는 체험의 효용을 촉발하는 계기이

거나 그러한 계기가 마련될 수 있는 생성의 조건'으로 이해하고자 한다. 아울러 이런 맥락에서 '흥미'란, '재미'를 계기로 해서 문학에 대한 내면적 체험이 반복되거나 더 확산·고양되는 단계성을 내포하는 용어로 설정하고자 한다.

앞서 添과 漲이라는 선택지를 놓고 비평적 판단을 경험하였다면, 이제는 그 일면적인 계기를 보다 전면적인 방식으로 확산해 가는 단계가 요청된다. 여기서는 〈송인〉의 작품 전체와 관련지어, '재미'를 통해 경험한 요건을 확장하는 읽기 문제로 드러내고자 한다. 다시 말해, 스물여덟 글자라는 최종적으로 표현된 형태와 더불어 그러한 표현을 전경화하는 감추어진 맥락의 교육적 재구성을 시도해 본다.

① '내리는 비 vs 개인 비' : 가령 첫 구절 "雨歇長堤草色多"[비 개인 긴 언덕 풀빛은 짙고₩에서 "雨歇" 즉 비가 그친 상황은 역으로 '비가 그치지 않고 계속 내리는 상황'과 대비한다. '비가 개였다'와 '비가 내린다'는 우연적인 배경 설정의 차이가 아니다. 이어지는 "長堤"의 長[길다]이라는 거리감과 풀빛이 짙다는 시각성의 부각이라는 측면에서 구별된다. 상식적 경험에서 비 개인 후는 시계(視界)가 맑고 투명하여 멀리 볼 수 있고 또 뚜렷이 볼 수 있다. 이것은 비가 내린다는 시적 설정으로는 드러낼 수 없는 장면화이다.

여기에 "送君南浦動悲歌"[님 보내는 남포에는 슬픈 노래 울린다]라는 구절이 겹쳐지면서, 첫 구절의 또렷한 시계는 슬픔의 정서를 배가하는 장면이 된다. 비가 그쳤으므로 님을 태운 배가 떠났고, 긴 둑이므로 배는 물 위에서 한참을 떠갔을 것이고, 맑은 시계라 사라지기까지 그 떠나가는 모습을 오래도록 바라볼 수밖에 없었을 것이기 때문이다. 멀리까지 또 오래도록 바라볼 수 있으니, 이별의 아쉬운 마음에 조금은 위로가 된다. 반면에 그 시간만큼 이별의 장면은 연장되는 탓에, 이별의 아픈 마음은 더 증폭된다. 한 마음의 두 방향, 즉

위로와 상심이 서로 방향을 달리하며 공존한다고 하겠다. 그러므로 비가 오지 않는 맑은 날보다는, 또, 비가 한창 내리는 흐린 날보다는 비가 내리다가 개인 날을 배경으로 선택한 것이다.

② '봄 vs 봄 아님' : 대중가요라면 R.ef의 〈이별공식〉(1995)마저도 무색하게 만들 만한[11] 이 개인 날이라는 배경과 더불어 이 시는 봄, 그중에서도 초봄을 배경으로 하고 있다. "草色多"에서 전형적으로 드러나듯이 비 맞아 물기를 머금은 채 풀들이 파릇파릇 생기가 돋는 시기이다. 상식적으로 봄은 움츠린 만물이 다시금 소생하는 계절이라 신생의 이미지를 강하게 품고 있다. 그런데 〈송인〉에서는 이별이 일어나는 슬픈 계절로 그려 놓았다. 어찌 보면 이처럼 봄을 배경으로 했으니 좋은 선택이라 할 수 있는지 의문을 가질 수 있다. 왜 여름이 아니고, 가을·겨울이 아니고 봄인가.

봄은 신생의 계절이지만 동시에 겨울 동안 움직이지 못했던 사람들이 먼 길을 떠날 수 있게 되는 시기이기도 하다. 교통 시설이 발달된 오늘날과는 달리 배나 말 등 제한된 이동 수단에 의지해야 했던 시대였으므로 이동에 제약이 많았다. 겨우내 얼었던 강물이 녹아 풀리기 시작하는 것도 봄이 되어서이다. 가을에는 군역을 지고 수자리 살러 변방으로 가는 탓에 이별을 읊은 작품들이 많이 지어졌다면, 봄은 가을과는 다른 이유로 이별이 많았다. 수자리는 주로 집을 단위로 젊은 장정에게 부과되므로 남편이나 늙은 부모의 아들이 자주 등장하는 반면 봄은 상대적으로 연인(친구)의 이별을 읊은 배경으로 자주 활용되었던 듯하다.

내리던 비가 그친 상황이 이별의 정한을 더 강하게 부각하는 배경이 되듯이, 봄이라는 계절적 배경 또한 신생의 생동감과 함께 이별의

---

11 "이별장면에선 항상 비가 오지 / 열대우림 기후속에 살고 있나 / (…) / 햇빛 눈이 부신 날에 이별 해봤니? / 비오는 날 보다 더 심해 / 작은 표정까지 숨길수가 없잖아"

슬픈 곡조를 아울러 품고 있는 배경이다. 비가 내린 후라 강물이 불어 오르듯이 역시 마찬가지로 겨울이 지나 봄이 되면 골짜기 깊은 곳에서 겨우내 얼어 있던 눈이나 강물도 풀린다. 이런 맥락에서, '대동강 강물이 마를 날이 있으리오' 하고는 "別淚年年添綠波"라 하거나, 이별의 눈물 탓에 푸른 강물이 불어난다[漲]고 한 수사법이 계절의 실감과 결부되지 않은 채 운용되는 것은 아님을 알 수 있다. 따라서 이별의 눈물과 결부된 添의 선택이든, 불어나는 강물에 초점을 맞추는 漲의 선택이든 비평적 개연성이 충분한 연상이라 하겠다.

③ '드러난 자 vs 감추어진 자' : 그러고 보면 〈송인〉의 시적 화자에 대해서도 조금 언급할 필요가 생기는 듯하다. 단적으로 〈송인〉의 화자는 작품 내부에 등장하는 이별을 겪고 있는 여인(?)인가, 아니면 그런 광경을 멀리서 지켜보는 제3자인가. 만약 전자의 여인이라면 "別淚年年添綠波"는 자기의 처지처럼 해마다 이런 이별의 당사자들(자신을 포함하여)은 계속 생겨날 터이니 눈물은 마를 날 없고 강물은 줄어들지 않겠다는 진술이 된다. 만약 제 3자의 시점에서라면 오늘 같은 날 저렇게 이별하는 사람(들)은 해마다 끊이지 않을 터이니 대동강물이 마를 날이 있겠는가라고 진술한 것이 된다.

기실 〈송인〉에는 명확하게 드러나지 않는 한 측면이 있다. 〈송인〉의 또 다른 이별 당사자인 떠나가는 사람이다. 남겨진 사람의 심정을 헤아려 헤어짐의 애절함이 두 사람 모두에게 해당된다면, 어느 쪽이 시선을 먼저 상대로부터 돌린다고 해야 할까. 혹여 자신처럼 상대도 시선을 거두지 못하고 힘겹게 바라보고 있음을 짐작하는 처지라면, 자기 자신이 상대를 위해 먼저 시야에서 사라지는 쪽을 선택할 수도 있지 않을까. 그러면 이렇게 물을 수도 있지 않을까. '여러분들이, 〈송인〉에 담긴 내용을 가지고 한 폭의 그림을 그리는 화가이거나 사진을 찍는 사진작가라면(제3자), 남아 있는 여인이 나루터나 높은 언덕 위에 서 있는 모습을 담을 것인가, 어디론가 사라져 보이지 않는 장면을 택할 것인가.'

이렇게 보았을 때, 정말 〈송인〉 같은 작품이 '좋은' 작품이라면, 그 '좋음'은 이별의 슬픔이라는 하나의 주제를 담고 있는 것은 분명하지만 그 하나가 단 하나의 방향으로 귀결되는 방식으로 존재하지는 않는다고 보아야 한다. 적어도 두 방향 이상이 서로 공명하고 지지하는 효과를 창출한다. 다시금 환기하자면, 〈송인〉에 대한 언급을 시작하면서 보였던 '添과 漲'의 선택적 구분이란, 하나의 작품을 완성품으로 이해하여 학습자의 내적 참여를 허용하지 않기 쉬운 구조적 완결성으로 접근하기보다는, 학습자의 비평적 개입을 허용하는 열린 구조임을 드러내는 열쇠 같은 역할을 암시하고자 해서였다. '재미'의 함의 또한 이런 맥락에서 규정하고자 한 것이었다.

이러한 이해 가능성을 '흥미'라는 단계로 설정할 수 있다면, 학습자를 향해 다양한 질문들을 함께 나눌 수 있다고 기대한다. 예컨대, 〈송인〉은 이별 즉 헤어짐을 주제로 하는 작품이므로 학습자들 또한 이별에 대한 질문을 사후에 혹은 사전에 대면하도록 만들 수도 있다는 말이다: '여러분들은 늘 이별 즉 헤어짐을 경험하고 있다. 비록 짧은 순간 동안의 이별이고 곧 다시 만나는 것이 예비된 헤어짐이지만, 집을 나설 때 가족들과, 학교에서는 친구나 선생님과 매일매일 늘상 이별하고 있다. 그런데 이런 짧은 이별이 아니라 비교적 긴 이별을 상정한다면 어떨까. 극단적으로는 재회가 불확실한 헤어짐. 다른 곳으로 전학을 가는 친구, 외국으로 이민을 떠나는 친척, 군대에 입대하는 연인과의 작별, 해외로 장기 파견 가는 가족 등등. 여러분들이 떠나보내는 입장이라고 가정하고, 그 헤어짐의 가슴 아픈 절실함을 누군가에 그려 보이거나 전달하고자 할 경우, 그 이별의 시간이 하루 중 어느 때일 때, 일 년 중 어느 달(계절)일 때, 그리고 덧붙여 기차역(열차), 터미널(버스), 공항(비행기), 항구(선박) 등 가운데 어느 곳이 이별의 장소일 때, 가장 힘든 이별의 순간을 보내게 될까'

[다] 의미 : '재미'와 '흥미' 사이에 문학교육의 단계성을 대응시킬 수 있다면, '의미' 또한 흥미에 연속되면서도 확산되는 단계나 차원으로 설정하고자 한다. 〈송인〉을 예시로 삼아 지금까지 논의해 온 바에 따라, 작품에의 비평적 개입과 전체적 이해의 단계 다음에 이어지는 확산 단계, 즉 〈송인〉과 여타 다른 작품과의 비교를 포괄하는 영역이다.

① '이별의 상호성' : "別淚年年添綠波"에서 확인할 수 있듯이 〈송인〉이 담고 있는 이별의 정한은 年年이라는 시간의 장구한 지속성을 정서 창출의 시적 근거로 삼고 있다. 그렇다면 역시 교육적 효과를 위해 〈송인〉 '이후'에 대해 질문을 던져볼 수도 있다. 〈송인〉의 시적 장면 혹은 그 사건 이후에 〈송인〉의 작중 인물들은 어떻게 되었을까 하고 말이다. 이것은 단순히 상상적 유희를 뜻하지 않고, 〈송인〉을 이른바 '이별시' 계열 작품군 속에서 다시금 반추하는 과정을 유도하자는 것이다.

앞서 구성해 보았던 질문들 가운데 하나인, 시각적 장면으로 전환했을 때, 〈송인〉의 작중 인물은 떠나는 연인이 멀어져 가는 광경을 지켜보며 계속 선 채로 남아 있는가 아니면 시선에서 사라지는 편이 더 적절한가 하는 물음을 환기해 보자. 이러한 설문은 이별의 상심이 내면적 고립으로만 귀착되지 않고 이별 당사자들의 상호성을 이끌어내기 위한 것인데, 이 또한 비평적 선택 과정을 염두에 두었기 때문이다. '나(너)라면 무엇을, 왜?'이다. 예를 들어 당대의 시인 왕유(王維)의 유명한 〈송원이사안서(送元二使安西)〉를 '의미'를 지향하는 비교 대상으로 활용하기로 한다.

渭城朝雨浥輕塵	위성 아침 비는 가벼운 먼지를 적시고
客舍靑靑柳色新	객사 버들 빛은 푸릇푸릇 새롭구나
勸君更盡一盃酒	그대에게 권하니, 또 한 잔 다 들게나
西出陽關無故人	서쪽으로 양관을 나서면 벗은 없으리니

〈송인〉과 마찬가지로 비 내린 직후 물 오른 버드나무의 푸른빛을 배경으로 삼아, 시적 화자는 양관을 넘어 아는 이 아무도 없는 곳으로 떠나가는 벗을 전송한다. 그런데 "그대에게 권하니, 또 한 잔 다 들게나[勸君更盡一盃酒]" 즉 길 떠나는 벗에게 한 잔 술을 다시 권하는 시적 화자의 진술은, 벗을 보내기가 너무 아쉬워 조금이라도 이별을 미루고 싶어 하는 마음이면서 동시에 그 벗 또한 떠나고 싶어 하지 않는 마음이려니 헤아린 결과이기도 한다. 이렇게 보면 이어지는 결구 "서쪽으로 양관을 나서면 벗은 없으리니[西出陽關無故人]"도 아는 벗 하나 없음을 걱정하는 그 친구의 마음이면서 동시에 '그대가 양관 넘어 떠나가면, 나 또한 자네와 같은 참된 벗 하나도 없는 신세라네'라는 뜻도 함축한다. 이런 방식으로 상관 작품인 〈송원이사안서〉에서 이별의 상호성을 읽어낸다면, 〈송인〉에서 전혀 환기하지 않고 있는, 배 타고 떠나가는 존재를 떠올리는 것도 타당하기 때문이다. 대상을 향한 위로와 아쉬움이 드러나 있으면, 자기 자신을 향한 정서적 반응은 곧잘 감추어진다. 그 역도 마찬가지이다.

반면에 이러한 이별의 상호성에 대한 감각이 약하여 헤어짐 즉 대상 상실에 대한 자기중심성이 극도로 나타날 수도 있다. 〈송인〉의 그 여인(?)이 그러한 존재라고 상정하면 그 여인은 그 자리를 전혀 벗어나지 않고 "年年" 연인이 돌아오기를 기다리며 그 이별의 나루터를 지키고 서 있을 것이다. 이러한 시적 형상은 자연스레 '망부석' 모티프를 떠올리게 한다. 기다림에 지쳐 돌이 되는 수많은 이야기들은 여전히 현전하고 있다.[12] 프로이트의 '애도와 우울증(멜랑콜리)' 분석을 원용한다면,[13] 망부석 모티프는 대상상실에 빠진 멜랑콜리가 애도·추모의 기념비처럼 외부적 형식화로 전환되지 못하고, 상실된 대상을 내면화하여 보존함으로써 궁극적으로는 자기상실로 귀착되어, 스스로가 추모 비석이 되는 '멜랑콜리의 애도화'라 부를 만한 문화적 관습적 현상이다.

② '이별, 그 이후' : 망부석이 되었다는 박제상의 부인 이야기처럼 재회의 불가능성을 인정하지 않고 장구한 기다림 속에 시적 자아의 자리를 마련된다 하더라도, 돌이 되어가는 과정이 한 순간에 이루어질 수는 없다. 오랜 반복적 지속이 함의하는 장구한 시간성이 화석(化石)을 만든 것이므로, 그러한 시간이 누적되는 과정의 횡단면 즉 계속 기다기고 있는 모습을 시적 장면으로 포착한 또 다른 사례로 김소월의 〈개여울〉을 들 수 있다.

당신은 무슨일로
그리합니까
홀로히 개여울에 주저앉아서

12 망부석을 시적 제재를 활용한 한시에 대해서는, 뇌단, 「한·중 망부석 소재 한시의 비교 연구」, 울산대학교 석사학위논문, 2010에서 다룬 자료 참조.

13 이에 대해서는, 프로이트, 「애도와 우울증」, 윤희기·박찬부 역, 『정신분석학의 근본 개념』, 열린책들, 1997 ; 김홍중, 「멜랑콜리와 모더니티」, 『마음의 사회학』, 문학동네, 2009, 228-238면 ; 임진수, 『애도와 멜랑콜리』, 프로이트 라캉학교·파워북, 2004, 48-54면 등 참조.

따듯한 풀포기가
돋아나오고
잔물은 봄바람에 헤적일 때에

가도 아주가지는
않노라시던
그러한 약속이 있었겠지요

날마다 개여울에
나와 앉아서
하염없이 무엇을 생각합니다

가도 아주 가지는
않노라심은
굳이 잊지 말라는
부탁인지요

〈송인〉의 이별 '이후', 그 여인은 늘 "개여울"이 상징하는 물가에 나와 앉아 있다. 계절은 역시 "풀포기" "봄바람"을 통해 드러나듯이 봄이다. 어찌 보면 기다림이 부질없는 일인 줄 아는데도 불구하고 이렇듯 기다림을 지속하는 것에는 무슨 특별한 이유가 있어서인가, 하고 물어볼 수 있다. 여기서 〈송인〉의 그 두 연인(?)이 헤어지면서 서로가 남기듯 나눈 말을 엿듣는 효과를 기대해봄 직하다. "가도 아주 가지는 않는다" 혹은 "그리 멀지 않아 다시 돌아올 것이다."

물론 이런 기대가 〈개여울〉에서 명징하게 확인되는 것은, 당연히 아니다. "그런 약속이 있었겠지요"처럼 모호한 추측이 시적 화자의 진술이다. "굳이 잊지 말라"는 마지막 연의 구절은, '잊어도 좋다. 그렇지만 굳이 애써서 잊으라는 말이 아니라 저절로 자연스레 잊혀지는 것이라면, 받아들이겠다.'는 뜻으로 읽히기도 한다. 뿐만 아니라 시적 화자 또한 개여울에서 기다리는 당사자인지 그 당사자를 바라보며 이상하게 여기는 제 3의 관찰자인지 모호하다. 내 마음의 절실함에도 불구하고 만남의 실현은 모호하고, 그렇게 모호한 채로 절실한 마음이 "年年"을 시간을 지속하는 그 끝자락에 망부석이 등장하는 것인지도 모른다.

이제 남은 한 사람이 있으니, 그 떠나간 사람은 "年年"의 긴 시간을 거치며 어떻게 되었는지 물어볼 수 있다. 이 문제와 관련해서는, Yeats의 시 〈Down by the Sally Gardens〉(1889)[14]를 예시 작품으로 활용할 수 있을 듯하다.

Down by the salley gardens my love and I did meet ;
She passed the salley gardens with little snow-white feet.
She bid me take love easy, as the leaves grow on the tree ;
But I, being young and foolish, with her would not agree.

In a field by the river my love and I did stand,
And on my leaning shoulder she laid her snow-white hand.
She bid me take life easy, as the grass grows on the weirs;
But I was young and foolish, and now am full of tears.

버드나무 강가에 앉아 나는 내 사랑을 만났지요
그녀는 눈처럼 뽀얀 작은 발로 버드나무 정원을 걸어와
봄날 가지에 잎이 나듯, 사랑을 편하게 생각하라 했지요

14 Yeats, W. B., Collected Poems, London : Picador / Pan Macmillan, 1990의 수록본.

그러나 나는 철없고 어리석어 그 말에 수긍할 수 없었어요

강가에 펼쳐진 들판에 나는 내 사랑과 서 있었지요
그녀는 눈처럼 하얀 손을 내 어깨에 얹으며
강둑에 풀이 자라나듯 인생을 편하게 생각하라 했지요
그러나 나는 철없고도 어리석었고, 이제는 가득한 눈물뿐이지요.

이 시는, 19세기가 저물던 무렵에 예이츠(Yeats)가 어느 농촌 아낙이 부르는 민요 한 곡을 듣고 그 가사를 조금 수정해서 발표한 시였다.[15] 여기에 다시 곡을 붙여 노래로 만들어 아직도 불려지고 있다. 이 시는 〈송인〉에서 떠나가는 쪽이었던 이가 시적 화자로 등장한다고 이해하고자 한다. 그런 점에서 〈개여울〉과는 달리, 남성적 화자로 받아들이는 편이 온당하다고 판단된다.

시 속의 '나'는 젊은 시절 버드나무 늘어진 정원을 걷다가 사랑을 만난다. 눈처럼 하얀 맨발로 길을 걷고, 눈처럼 하얀 손을 내 어깨에 얹던 여인이었다. 그 여인이 내게 가르쳐주길, '사랑은 그렇게 힘든 게 아니며, 우리 인생도 그렇다.'[take love easy, take life easy]고 한다. 그러면서, 파릇파릇 물오른 버드나무 잎과 강둑 따라 돋아난 봄날의 풀잎을 가리킨다. 사랑과 인생도 저와 같은 것이 아니겠냐며. 긴 시간이 흐르고 '나'는 다시 그 자리를 찾아와서, 그 때 자신은 어려서 철없고 어리석었다며 그 사랑을 회상한다. 그러니 아마 시적 화자는 그 때의 사랑을 잃었던 모양이다. 그 사랑의 기억은, 그때마냥 여전히 강둑을 따라 늘어선 물 오른 버드나무와 함께 자라난다.

---

15 M.H Abrams & Stephen Greenblatt eds., *The Norton Anthology of English Literature*(Vol.2), New York : W.W. Norton, 2005. 2024면.

그렇다면 지금까지의 논의의 연장선에서 이 시를 읽으며 던져야 할 질문 가운데 하나는, 여인의 만류에도 불구하고 왜 떠나갔는가 하는 것이다. 아마도 시적 화자는, 사랑과 더불어 수양버들 늘어선 강변을 나란히 걸으면서도, 강 건너 저편 혹은 배를 타고 가야 할 강 아래 편 저쪽을 욕망하는 시선을 거두지 못했을 것이다. 돌이켜 보면, 의지라는 이름의 억지를 부리며 혹은 꿈이라는 이름의 허영에 들려, 기어코 배를 탔거나 강을 건넜을 것이다. 강 이 편에 그 사랑을 내버려둔 채 말이다.

어김없이 봄은 오고 어김없이 봄풀은 파릇파릇 피어났다. 그렇게 '年年'의 세월이 흘렀고 그 긴 세월의 끝자락에서 '나'는 다시 내가 누군가를 두고 떠났던 그곳을 다시 찾는다. 이 시는 기본적으로 젊음과 늙음이라는 대비 속에서 울리는 노랫가락이다. 이제 알게 된 것은, 대단해 보이는 다른 무언가를 찾아 나설 때면 반드시 대단치 않(다고 여기는)은 다른 무언가를 잃는다는 사실이다. 그러다가 다시 언젠가 대단한 줄 알았던 것이 그다지 대단치 않은 것임을 자각하게 되고, 그러다 보니 과거엔 대단치 않게 보였던 무언가가 어쩌면 정말 대단한 무언가일 수도 있다는 회한에 젖는다.

이러한 방식이 '의미'를 체험하게 하는 데에 과연 적절한 경로인지 확신할 수는 없지만, 적어도 〈송인〉이라는 개별 작품에 내재하고 있다고 판단할 만한 시적 요소들을 다양한 맥락으로 일깨우는 효과는 있지 않을까 한다. 개별 작품에 주어진 시어들의 명시적 표현에 한정하지 않고 그 상관적 맥락을 더 펼쳐 보임으로써 〈송인〉의 작품성을 상대화하는 한편, 그 각각의 경로들이 학습자에게는 유일한 선택지가 아닌 여러 가지 선택지 가운데 하나로 해석될 수 있도록 하자는 것이다. 가령, 이별의 구체적 사건이 발생하는 순간을 장면화한 〈송인〉, 이별 이후의 기다림 속에서 이별의 정한을 포착한 〈개여울〉, 긴 시간이 흐른 뒤 회한의 형식으로 이별의 순간을 되돌이키는 〈Down by the Sally Gardens〉 등을 앞에 놓고, '너(나)라면 무엇을, 또 왜?'라는 물음을 던질 수 있다는 것이고, 그 물음은 결국 어떤 식으로든 비평적 판단을 동반하는 시적 체험을 유도하게 된다는 뜻이다.

3. '이별(론)'의 텍스트(2), 〈송인〉과 강엄(江淹)의 〈별부(別賦)〉: 한국 '고전' 문학

지금껏 〈송인〉을 논의의 방편으로 삼아서 '재미-흥미-의미'의 상관성에 대해 서술해 왔다. 그러는 가운데 가급적 '문학(시)'이라는 일반적 층위를 벗어나지 않으려 하였다. 왕유·김소월·예이츠를 예시자료로 활용한 것도 가능한 한 시공간적 제약을 받지 않고 동서고금에 두루 걸치는 관련 작품들을 보이고자 해서였다. 그렇다면, 한국고전문학에서 '문학'에 해당하는 논의 방식에 이어 이제는 한국고전문학에서 '고전(문학)'이라는 층위에서 관련 논의를 진행해 나가는 게 적절한 순서겠다.

그런데 이것과 '재미-흥미-의미'는 어떤 관계에 있는지 밝히는 것도 필요한 일이다. 필자는 〈송인〉을 통한 논의 구도가 지금부터의 논의에도 이어지는 것을 전제로 한다. 그럴 때, 앞의 논의가 지금부터 다시 반복된다고 할지 아니면 앞의 논의를 보다 넓은 의미로서의 '재미'의 단계로 설정하고 차후의 논의는 '흥미'로부터 시작되는 것으로 할지는 불분명하다. 그렇지만 다시 '재미'라는 이름을 달고 시작하든 앞의 논의 전체를 '재미'로 전제하고 흥미의 단계로 설정하든 논리적으로 그다지 중요한 문제는 아닌 듯하다. 다만, '재미-흥미-의미'라는 구도 전체를 하나의 재미 단계로 여기고 여기서부터는 흥미 단계로 삼을 수 있음을 밝혀 두되, '흥미' 단계 또한 동일한 구도가 적용될 수 있도록 하고자 한다.

㉮ 재미 : 이미 두루 알려져 있다시피, 정지상의 〈송인〉은 이인로·최자에서부터 이제현·허균·김만중·신위·이유원 등에 이르기까지 지속적으로 절창이라는 칭송을 받아온 작품이다. 물론 성률이나 구법 등의 세세한 지점들에까지 감식안을 작동시키기는 어렵지만, 이런 평가에 대해서는 이론의 여지가 없는 작품이라고 보아도 무방하다. 그렇지만 다른 한편으로 〈송인〉에게는 스스로 빚지고 있는 선행 작품 혹은 문학적 전범이 분명히 존재한다는 점도 잊어서는 안 될 듯하다. 이미 널리 지적되어온 바처럼, 그 대표적인 작품이 강엄의 〈별부〉이다. 특히 그 속에 있는 "春草碧色, 春水淥波. 送君南浦, 傷如之何"라는 구절이 〈송인〉의 직접적인 원천이다. 해당 구절이 들어 있는 대목을 서로 비교해 보이면 다음과 같다.(원문 비교가 목적이므로, 번역은 생략한다)

> 下有芍藥之詩, 佳人之歌, 桑中衛女, 上宮陳娥.
> 春草碧色, 春水淥波. 送君南浦, 傷如之何.
> 至乃秋露如珠, 秋月如珪. 明月白露, 光陰往來. 與子之別, 思心徘徊.

> 雨歇長堤草色多 / 送君南浦動悲歌
> 大同江水何時盡 / 別淚年年添綠波

위에서 보이듯이, 〈별부〉의 표현을 〈송인〉에서 찾아보면 주요한 이미지나 제재가 거의 겹친다. 긴 강둑을 따라 펼쳐지는 '푸른 풀빛', '님을 보내는 남포'라는 장소, 대동강의 '푸른 물결', 이별의 상심으로 인해 흘리는 '이별의 눈물' 등등이 다 〈별부〉에서 유래한 것이라 할 수 있다. 오늘날이라면 '표절'로 치부해도 괜찮을 정도의 차용인데, 그런데도 이러한 사정을 잘 알고 있던 선인들은 〈송인〉을 절창으로 격찬해 왔다. 기실 '대동강'이라는 시어 하나 정도를 빼면 도대체 〈송인〉의 독창성이 어디에 있는지 가늠하기 쉽지 않다. 그렇다고 고려의 지명을 달았다는 사실만으로 문학적 가치를 부여하기도 어렵다. 그렇다면 〈송인〉의 문학적 창조성은 어디에 있는 것일까.

〈송인〉과 관련해서 대부분 〈별부〉의 특정 대목만을 주목해 온 감이 있지만, 이 문제를 다루기 위해서는 〈별부〉의 전체적 성격을 조금은 해명할 필요가 있다.[16] 미리 말하자면 〈송인〉과 〈별부〉의 관계는 단순히 몇 개의 구절을 차용한 관계 이상이기 때문이다. 다소 수사적인 방식으로 논평하자면 강엄의 〈별부〉는 '세상의 모든 이별(생이별)'을 유형화하고 있다. 이별의 유형이라고 했지만 그것도 현실적으로 존재하는 여러 가지 이별의 유형이라기보다 〈별부〉 이전의 기존 문학작품들에서 다루어온 이별의 양상들을 망라하여 유형화한 것이다. 그런 점에서 '세상의 모든 이별'이라 해도 좋을 듯하다.

〈별부〉는 '부유하고 지체 높은 이들의 이별', '자객의 이별', '종군으로 인한 이별', '먼 타국을 방문하는 자의 이별', '부부 사이의 이별', '신선이 되어 떠나는 자의 이별', '연인 사이의 이별' 등 모두 7개의

16 〈별부〉에 대한 비교적 최근의 논의로는, 焦伟平, 「浅论江淹 ≪恨赋≫ ≪别赋≫ 对唐代诗歌的影响」, 『安徽文学』 2009年 第11期, 安徽省文聯, 2009 ; 韩冰融, 「送君南浦, 伤如之何!-江淹〈别赋〉 现代背景下的解读」, 『内蒙古电大学刊』 2009年 第4期, 內蒙古廣播電視大學, 2009 ; 龙剑梅, 「伤离恨别： 人际传播的审美掌握」, 『湖南大学学报』 2010年 第1期, 湖南大學期刊社, 2010 등 참조.

유형화를 시도하였다. 그런 점에서 賦 작품이기는 하지만 동시에 문학 비평 같은 특성도 함께 갖추고 있다. 〈송인〉과 관련이 깊은 유형은 당연히 '연인 사이의 이별'이다. 위의 인용문이 바로 그 유형에 대한 서술 대목이다.

"芍藥之詩, 佳人之歌, 桑中衛女, 上宮陳娥."는 『시경』의 '鄭風'과 '邶風'의 시를 중심으로 아름다운 여인과의 만남을 먼저 서술한 구절이다. "芍藥"은 남녀가 서로 만나 주고 받는 꽃이고, "桑中"과 "上宮"은 지명으로 남녀의 밀회 장소로 유명한 곳이다. 이어지는 "春草碧色, 春水淥波. 送君南浦, 傷如之何"는 헤어짐 즉 이별을 간략하게 포착한 구절로서 '봄날의 이별'을 뜻하고, 그 다음에 이어지는 "至乃秋露如珠, 秋月如珪. 明月白露, 光陰往來. 與子之別, 思心徘徊."는 이슬과 달을 제재로 '가을날의 이별'의 아픔을 표현한 구절이다. 봄의 이별이 연인을 떠나보내면서 겪는 상심이라면, 가을의 이별은 봄에 떠나 돌아오지 않는 연인을 그리워하는 아픔으로 서로 구별해 놓았다.

이러한 맥락에서 지어진 〈송인〉이므로, 〈송인〉에서 〈별부〉의 구절을 차용한 것은 직접적인 인유나 영향관계로 단정하기에는 주저되는 바가 있다. 달리 말해 누구에게나 알려진 〈별부〉라는 작품에서 〈송인〉의 시적 의상과 시어들을 끌어온 것이라면, 이런 창작방법은 오히려 〈별부〉를 적극적으로 환기해 달라는 시인의 요청이기도 하기 때문이다. 더군다나 〈송인〉이 차용한 해당 구절은, 봄의 이별뿐만 아니라 남녀의 만남을 먼저 보이고 가을의 그리움도 함께 읊고 있는 시적 맥락에 포함되어 있다. 그러므로 〈송인〉 역시 '만남-이별-그리움'이라는 더 큰 맥락 속에서 빚어지는 '연인의 이별'이라는 일반적 주제를 의식하지 않을 수 없다. 이 문제는 좀더 자세한 접근이 필요하다고 판단된다.

〈별부〉는 "黯然銷魂者, 唯別而已矣" 즉 "아득하니 혼이 녹아내리는

것은 오직 '이별'(의 상황에서)일 뿐이다."라는 유명한 구절로부터 시작된다. 이어서,

> 況秦吳兮絕國, 復燕宋兮千里.
> 或春苔兮始生, 乍秋風兮蹔起.
> 是以行子腸斷, 百感悽惻.
> 風蕭蕭而異響, 雲漫漫而奇色.
> (…)
> 居人愁臥, 怳若有亡.
> (…)
> 知離夢之躑躅, 意別魂之飛揚

> 하물며 진나라와 오나라는 아득히 먼 나라요, 또 연나라 송나라도 천리 먼 곳
> 때로 봄 이끼가 막 자라고 불현듯 가을 바람 문득 일어난다
> 이런 탓에, 떠나는 이는 애 끊는 듯하고 어떤 느낌도 서글픔 일색이다.
> 쓸쓸한 바람 소리 낯설게만 들리고 하늘 가득 구름도 처음 보는듯 기이하다
> (…)
> 남은 이는 시름에 누워 아득하니 넋이 나간 듯.
> (…)
> 떠나는 이 꿈에서도 머뭇거리는 줄 알고, 헤어진 그 영혼 날아오길 바라겠지.

라고 읊는다. "秦吳"와 "燕宋"이라 하여 공간적으로 아득한 거리감을 일으키고, "春苔"와 "秋風"이라 하여 헤어짐과 그리움의 시간적(계절적) 상관물을 환기한다. 그런 다음에 떠나는 자[行人]와 남은 자[居人]의 심태를 각기 보여준다. 떠나는 자는 이별의 상심 탓에 모든 감

정들[百感]이 다 서글픔 일색이고, 바람이든 구름이든 세상의 모든 존재들이 다 낯설게만 보인다. 남은 자는 남은 자대로 절절하다. 넋을 잃은 듯이 지내며, 꾸는 꿈에는 죄다 떠나지 못해 머뭇거리는 연인의 모습만이 그려지고, 떠오르는 생각이란 걸음을 돌리고 날아올라 되돌아오는 광경뿐이다.

이렇게 이별을 겪는 두 마음의 절절함을 먼저 형상화하고, 곧장 "別雖一緖, 事有萬族"[이별의 마음은 한 가지이나, 이별의 상황은 무척이나 많다]이라 하고는, 앞서 말한 7가지 이별의 유형들을 하나씩 차례로 그려나간다. 요컨대 이별로 인한 "黯然銷魂"의 심정이야 모두 다 동일한데, 그런 상심의 이별 이유들은 다양하다는 것이다. "一緖 : 萬族"의 대비가 바로 그것을 표현한 것인바, 부유하고 지체 높은 이들의 이별이 아무리 화려하다고 해도 그 또한 이별의 고통을 덜어주지는 못한다는 취지의 첫 번째 유형에서부터 마지막인 연인의 이별 유형에 이르기까지 섬세하면서도 선명하게 써내려간다. 이러한 긴 유형론은 다음과 같은 방식으로 마무리된다.

> 是以別方不定, 別理千名. 有別必怨, 有怨必盈. 使人意奪神駭, 心折骨驚.
> 雖淵雲之墨妙, 嚴樂之筆精, 金閨之諸彦, 蘭臺之羣英,
> 賦有凌雲之稱, 辯有雕龍之聲, <u>誰能摹暫離之狀, 寫永訣之情者乎.</u>
>
> 이러하므로, 이별의 방식은 일정하지 않고 이별의 이유는 각기 다르지.
> 헤어짐이 있으면 반드시 원망하는 마음이 생기고
> 원망하는 마음이 생기면 온통 그 마음만 차오를 뿐.
> 뜻도 잃고 정신도 놀라 마음은 꺾어지고 골수까지 사무치지
> 王褒와 揚雄의 오묘한 글, 嚴安과 徐樂의 정교한 붓
> 金馬門의 학사들과 蘭臺의 인재들이
> 글 재주 하늘에 닿는다는 칭송, 말 솜씨 아름답다는 명성이 있다 한들

누가 능히 한 순간의 이별 장면 그려내어, 길고 긴 이별의 슬픔을 써낼 수 있으리오

〈별부〉의 마지막 대목이다. 여기서 주목해야 할 지점은 밑줄 친 마지막 구절이다. 원문의 표현을 쓰자면, "暫離之狀"과 "永訣之情"의 대비이다. 이 구절은 강엄이 길게 내달리면서 써내려온 〈별부〉 전체를 마무리하는 말이자 동시에 詩題를 제시하는 말이기도 하다. 즉 기존의 유명한 작품들이 다루어 온 이별의 상황들을 유형화한 다음, 최종적으로 정리하기를, '이별은 늘 순간이지만 헤어짐 이후의 상심은 길이길이 이어지는데, 이별의 한 순간을 포착하되 그렇게 장면화된 순간을 통해 길이 지속되는 이별의 정한을 담아내는 작품이야말로 참된 이별시이다.'라고 한 것이 된다.

다시 〈송인〉을 떠올리자. 요컨대 "春草碧色, 春水淥波. 送君南浦, 傷如之何."라는 〈별부〉의 표현이 〈송인〉의 도처에 차용되어 있다는 것은, 바로 〈별부〉의 마지막 구절이 남긴 문제를 받아들였다는 뜻이고, 따라서 〈송인〉이라는 작품은 그 출제된 문제에 조응하는 답안 같은 것이라 할 수 있다. 특히 〈송인〉의 전구와 결구는 중요한데, 바로 "雨歇長堤草色多, 送君南浦動悲歌"가 조성하는 이별의 장면을 거쳐 "大同江水何時盡, 別淚年年添綠波"라고 함으로써 이별은 순간이지만 그리움은 영원처럼 이어진다는 뜻의 시적 표현을 성취했기 때문이다.

이러하다면 다음과 같은 물음은 피하기 어려워 보인다. '어디까지가 나의 것이고, 어디부터가 나의 것이 아닌가.'라는 방식으로 '모방과 창조'의 경계를 묻는 일. 이것은 결국 '한국고전문학'에서 '고전(문학)'의 차원에 해당하는 핵심적 문제라 할 수 있거니와, '고전' 즉 古의 전범성을 대면하는 일이기 때문이다. 앞서 '문학'이라는 차원에서는 가급적 동서고금의 구획에 갇히지 않으려고 하였지만, 여기서는

古-今을 중심축으로 삼을 필요가 있다.[17]

'재미'가 자주 운위되는 배경이기도 한 고전문학의 '재미없음' 문제와 관련시킨다면, 오늘날 '고전문학' 즉 문학적 시각에서 '古의 전범성'으로서의 '옛날'을 연구한다는 것은, '옛날'을 전범으로 하는 창작적 실천과 그 조건을 확인하는 노력이다. 그 수행적 효과는, 이른바 '미적 근대성'('문화적 모더니티')과 긴장 관계를 구성하거나 그것들 내부에 다시금 '옛날'의 전범성이 포함되도록 하는 효과라 생각된다. 한국고전문학에서의 '고전'이 함의하는 바는, 단순한 시간적 과거일 수는 없고 전범화된 과거 혹은 전범의 창조와 재창출을 가능하게 하는 문화적 양식을 의미한다.

나 홍미 : 〈송인〉의 사례는 이색(李穡)의 〈부벽루(浮碧樓)〉를 통해 그 의의를 확장시켜 갈 수 있다.

昨過永明寺 어제 영명사에 들렀다가
暫登浮碧樓 잠시 부벽루에 오른다
城空月一片 텅 빈 성엔 한 조각 달
石老雲千秋 옛 돌엔 천 년의 구름
麟馬去不返 기린말은 떠나가 돌아오지 않고
天孫何處遊 천손은 어디서 노니시는가
長嘯倚風磴 길게 읊으며 바람 부는 언덕에 기대니
山靑江水流 산은 푸르고 강물은 절로 흐른다[18]

고려를 대표하는 시인의 한 사람인 이색의 유명한 작품이다. 이

---

17 '東-西'라는 구도는 오늘날 주로 '서구-비서구'라는 기준축을 쉽게 환기해서 '근대(성)'가 전면화되는 방향으로 귀결되곤 한다.

18 李穡, 『牧隱詩藁』 권2(문집총간 3), 529면.

시는 각종 시화서에서 그 뛰어남을 상찬해 마지않았다.[19] 이색은 20대에 원나라 국자감에서 유학했다. 이 시는 원나라에 있다가 귀국하는 길에 지었다 한다. 이 시는 후대 시인들에 의해 고평되었지만, 기실 중국 당대의 명시들인 최호(崔顥)의 〈황학루(黃鶴樓)〉, 이백의 〈등금릉봉황대(登金陵鳳凰臺)〉, 두보의 〈등악양루(登岳陽樓)〉 등에서 마련된 의상・구법・시어 등을 거의 그대로 반복・차용하고 있다. 이들은 모두 누대에 올라 지은 것으로 〈부벽루〉와 시적 상황을 공유하는 작품들이다.

두보의 〈등악양루〉와 마찬가지로 5언의 율시 형식으로 지어진 〈부벽루〉는 수련의 1・2구를, 〈등악양루〉의 수련인 "옛부터 동정호 말로만 듣다가 오늘이 되어서야 악양루에 오른다"[昔聞洞庭水, 今上岳陽樓]에서 거의 그대로 빌려 왔다. 4구의 "石老雲千秋"와 5구의 "麟馬去不返"의 시어는, 〈황학루〉의 "누런 학은 한번 떠나 다시 오지 않는데, 흰 구름만 천년토록 부질없이 느릿느릿"[黃鶴一去不復返, 白雲千載空悠悠]에서 표현된 것을 다시 반복하고 있다. 그리고 마지막 구절의 "山靑江水流"(판본에 따라 水가 自로 된 것이 많음) 또한 〈등금릉봉황대〉의 "봉황대 위에선 일찍이 봉황새가 놀더니, 봉황은 가고 빈 대 앞에 강물만 절로 흐르네"[鳳凰臺上鳳凰遊, 鳳去臺空江自流]에서 차용한 구절이다.

국내외적으로 그토록 높은 평가를 받은 작품의 핵심적인 발상과 시어가 거의 전적으로 기존 작품에서 얻어온 것이라 할 때, 우리는 '고전'의 창조성에 대해 다시금 물음을 던지게 된다. '모방-창조'의 대

---

19 정재철, 「한국 시화에 있어서 이색 시의 비평 양상」, 『한문학논집』 19, 근역한문학회, 2001, 33-34면; 윤인현, 「정지상・이색의 시풍과 후대의 비평」, 『한국고전연구』 10, 한국고전연구학회, 2004, 217-221면; 이종묵, 『우리 한시를 읽다』, 돌베개, 2009, 121-122면; 장유승, 「문화공간으로서의 부벽루(浮碧樓)-중앙문인과 지역문인의 교류를 중심으로-」, 『한국한문학연구』 58, 한국한문학회, 2014, 216-219면 등.

럽은 전근대 시기 내내 끊임없는 논란이 되어온 문제이지만, 이미 살펴본 〈송인〉에서처럼 시구의 원용은 '모방-창조'의 구도를 넘어선 보다 복잡한 층위에 대한 적극적 고려를 요청하는 듯하다. 그것은 시어의 반복과 답습이 선행 텍스트의 전범성(전범 텍스트)를 전제하는 것이고, 그러한 전제 위에서 시적 창조가 구축된다는 사정을 환기하기 때문이다. 비유컨대, '고전(문학)'의 새로움은 오래되어 낡은 것이 끝나는 지점 즉 낡음과 시간적 선후 관계로 스스로를 드러낸다기보다는, 낡음 속으로 거슬러 올라 낡음 안에서 낡음과 더불어 생성되는 새로움이라고 할 수 있지 않을까 싶다.

앞서 보았듯이 〈송인〉의 원용된 시어가 〈별부〉 텍스트 속에서 함께 울리는 것과 마찬가지로 〈부벽루〉의 시어들 또한 단독으로 연주되는 것이 아닐지도 모른다. 〈별부〉를 울림통으로 삼을 때에야 〈송인〉이 빚어내는 시적 창조성의 목소리를 들을 수 있듯이, 〈부벽루〉의 연주 소리 또한 〈황학루〉·〈등금릉봉황대〉·〈등악양루〉와 함께 울리는 협주곡에 가까웠을 가능성이 높다. 자신의 시적 소리가 앞선 시들의 소리와 함께 공명하는 미적 특성을 통해 스스로를 '옛날'이 되게 하려 하였다.[20] 극단적인 진술임을 감안하되 그 수행적 효과를 높이기 위해 단순화하자면, '고전'의 전범성은 '이미-있(었)음'을 '다시-있음'으로 바꾸고, 있었던 것을 통해서만 창조성을 드러내는 태도와 관련이 깊다고 규정하고 싶다.[21]

20 그런 점에서, '재미'·'흥미'의 개념을 칸트에서 슐레겔로 이어지는 독일의 근대 미학적 전통에서 원용하는 방법(김성룡, 앞의 글, 13-16면)에 선뜻 동의하기가 어렵다.

21 '고전'은, '고(古)의 금화(今化)'와는 달리 '금(今)을 고화(古化)'하려는 문화적 체제와 양식 속에서 형성된 것이다. 그런 점에서 "창조적 주체성" 혹은 "낭만적 주체성" 등이 상징하는 근대적 미적 주체성과는 태도를 달리 한다고 보는 편이 온당하다. 류준필, 「한국문학연구는 지금 무엇을 하고 있나」, 『역사와 현실』 90, 한국역사연구회, 2014, 374-375면.

이런 맥락에서 기존 유명 시구들을 대폭 차용하였음에도 상찬의 대상이 될 수 있었던 〈부벽루〉에서 주목해야 할 특성은 시어의 유사성이라고 하기 어렵다. 단적으로 부벽루라는 누대에 올라 읊은 시임에도 불구하고 〈부벽루〉는 무척 이채로운 시상의 전개 수법을 보인다. 상식적으로 율시의 형식에 의거한 이상 함련과 경련의 대구는 필수적일뿐더러, 누대에 올라 지은 시이므로 풍경을 포착하는 시적 안목의 탁월함이 요청된다. 그런데 〈부벽루〉 시는 이 시적 문법을 벗어났다. 풍경 묘사는 "城空月一片[텅 빈 성엔 한 조각 달] / 石老雲千秋[옛 돌엔 천 년의 구름]"에 지나지 않는다. 〈부벽루〉가 시어와 시상을 원용한 시들과 견주어 보면 훨씬 명확해지는 바이다.

晴川歷歷漢陽樹 갠 날 강물에 또렷한 건 한양 땅 나무들
芳草萋萋鸚鵡洲 향긋한 봄풀이 무성한 곳 앵무라는 모래섬

吳宮花草埋幽徑 오나라 궁전의 화초들 궁벽한 오솔길에 묻혔고
晉代衣冠成古丘 진나라 시절의 귀족들 오랜 무덤을 이루었다
三山半落靑天外 세 산은 푸른 하늘 너머 반쯤만 걸려 있고
二水中分白鷺洲 두 강은 백로 모래섬에서 갈라져 흐른다

吳楚東南坼 오 땅과 초 땅은 동남으로 갈라져 있고
乾坤日夜浮 하늘과 땅은 밤낮없이 동정호에 떠 있네
親朋無一字 친척과 벗들에게는 소식 한 자도 없고
老病有孤舟 늙고 병든 몸엔 외로운 배 한 척만 있고

인용문은 각각 〈황학루〉의 5~6구 경련, 〈등금릉봉황대〉의 3~6구 함련과 경련, 〈등악양루〉의 3~6구 함련과 경련이다. 특히 이 시들은 누대에서 바라본 풍경에 대한 시적 표현의 탁월함으로도 유명

하다. 〈황학루〉는 두 구절이 각각 원경과 근경을 담아냈고, 〈등금릉봉황대〉에서는 네 구를 통해 근경에서 원경으로 풍경을 펼쳐놓았다. 또 〈등악양루〉는 5언의 제약 속에서도 인구에 회자되는 명구 3~4구를 광대한 시적 풍경으로 그려냈다. 이렇게 볼 때 〈부벽루〉의 풍경 표현은 상대적으로 훨씬 초라하게 느껴질 수도 있다. 이것은 한편으로 〈부벽루〉가 떠안아야 할 부담으로 작용하였지만 동시에 그런 아득하고도 화려한 풍경 표현의 시적 부담에서 상대적으로 자유로워질 수 있는 길이기도 하다.

〈부벽루〉의 "城空月一片 / 石老雲千秋"라는 소박하면서도 단순한 표현은 敍景의 포기에 가까운데, 이것은 시적 재능의 문제라기보다 지리적 공간의 제약을 더 근원적인 이유로 이해함직하다. 이색은 시간적 배경을 밤으로 설정함으로써 이런 창작상의 곤란을 비켜갔다. 이로부터 보이는 것이 보이지 않게 되고, '城-月-石-雲'라는 다소 추상화된 사물들이 세계의 최소 구성물로 드러난다. 이렇듯 시각 우위의 가시 공간이 밤이라는 시간적 배경을 통해 차단되자, 이제 공간이 아니라 '시간'이 시적으로 전면화될 수 있는 여지를 마련해 준다. 즉 "麟馬去不返[기린말은 떠나가 돌아오지 않고] / 天孫何處遊[천손은 어디서 노니시는고]"라는 구절이 주는 효과이다. '보이지 않는' 밤이라는 시간은, '보이지 않는' 공간 즉 기린말을 타고 천손이 날아오른 '하늘[天]'과 더불어 회고의 심상을 이끈다.

자세하게 거론할 여유는 없지만, 〈황학루〉 〈등금릉봉황대〉 〈등악양루〉 또한 최종적으로는 시인이 바라보고 있는 화려한 풍경의 공간이 아니라, 이곳이 아닌 '다른' 공간을 떠올리는 것으로 시상을 맺고 있다. 이러한 시적 구조는 〈부벽루〉 또한 거의 유사하지만 〈부벽루〉에서는 '다른 공간' 대신 '다른 시간'을 떠올린다. 이처럼 〈부벽루〉

는 기존의 시적 표현을 그대로 원용하였음에도 공간의 중심성을 회고적 시간으로 전환시킴으로써 시적 창조성의 근거를 확보할 수 있었던 것이다. 〈부벽루〉에 대한 고평은 이러한 시적 의미의 울림 덕분이었으리라 판단된다. 그리고 이것은 〈황학루〉 〈등금릉봉황대〉 〈등악양루〉 등이 구축한 누정시의 관습을 적극적으로 끌어들이는 한편 지리적 공간의 차이로 인한 창작의 제약을 극복하려는 고투이기도 하였다.

다 의미 : 〈송인〉과 〈부벽루〉에서 검출한 '고전(문학)'의 시적 특성을 문학사적 인식으로 전환하는 과정이 진행된다면, 이 또한 또 다른 방향으로의 확산이 될 것이다. 앞서 논의한 '고전(문학)'의 전범성의 토대로 작용하는 문학사의 이념을 들라면 '중세보편주의'가 아닐까 한다. 그간 문학사에서는 중세를 다음과 같은 방식으로 이해해온 경험이 있다.

> 고대인에게는 보편종교가 없었다는 것이다. 신 앞에서 누구나 평등하고, 사람은 다 같이 사람이라고 하는 중세보편주의의 종교가 없어서, 민족 단위, 국가 단위, 문명권 단위의 결속이 이루어지지 않았다. (…) 중세이념을 구현하는 보편종교는 한 문명권에 하나만 있어야 했다. 어느 민족이든 자기 민족의 종교를 신봉하는 것이 마땅하다고 하는 근대인의 생각은 중세인이 보기에 전혀 부당하다. 그러나 중세인은 보편적이고 절대적인 진리를 갖추고 있는 보편종교가 외래문화라고 생각하지 않았다. (…) 중세이념을 구현하는 보편종교의 언어는 공동문어이다.[22]

위의 인용문은 중세문학의 특징을 드러내기 위해 중세의 중세성을 규정하는 대목이다. 기본적으로 중세의 세계는 동아시아-한자문명권, 서유럽-라틴어 문명권 등을 포함하여 여럿의 중세 문명'들'의

22 조동일, 『공동문어문학과 민족어문학』, 지식산업사, 1999, 29-32면.

복합체로 구성되어 있다는 입장에서, 중세이념을 보편주의로 파악하고 보편종교와 공동문어를 그 핵심 요소로 설정하고 있다. 문학사의 중세는 다시 크게 전기와 후기로 구분하기도 한다. 이를 동아시아문명의 문학사에 적용하면 다음과 같은 설명이 가능하다.

> 중세전기에는 중세 보편주의를 중국과 대등하게 구현하고자 희망했으나, 당송의 시문에 필적할 만한 작품을 한문학권의 다른 어느 나라에서도 이룩하지 못했다. 중세후기는 중세보편주의를 독자적으로 구현하고자 한 시기여서, 중국 한족의 독주가 끝났다. (…) 소식과 더불어 중세 전기가 가고, 이규보를 선두 주자로 해서 중세후기가 시작되었다.[23]

문학사의 중세는 공동문어의 문학과 민족어의 문학이라는 양층언어의 구조로 이루어져 있는데, 이러한 기본 구조 속에서, 중세 전기는 중세보편주의를 문명권의 중심부와 대등하게 구현하고자 하는 현상이 지배적인 시대이고, 중세후기는 보편주의의 이념을 독자적으로 구현하고자 하는 현상이 지배적인 시대이다. 주지하다시피, 이 구분법에서는 중세를 이어 16~7세기부터 중세에서 근대로의 이행기가 시작된다.

물론 정지상의 〈송인〉은 중세전기에 창작된 작품이고 〈부벽루〉가 중세후기에 씌어졌지만, 전후기의 연대기적 구분법 자체보다는 그 구분에 따른 문학사적 지향과 이념에 초점을 맞출 필요가 있다. 보다 직접적으로 말하자면, 〈송인〉과 〈부벽루〉에서 전범 텍스트로 환원될 수 없는 시어가 "大同江"과 "永明寺"·"浮碧樓"이다. 〈송인〉의 경우 〈별부〉의 "暫離之狀"과 "永訣之情"을 시적으로 포착하는 장소로 대동강을 내세운 셈이고, 〈부벽루〉는 〈황학루〉와 〈등금릉봉황대〉

---

23 조동일, 『한국문학통사』 2권(4판), 지식산업사, 2004, 12면.

가 구축하고 다시 두보의 〈등악양루〉가 변용한 당시의 전범성을 전제로 삼되 "麟馬""天孫"이 상징하는 고구려 동명왕의 전설을 시어로 끌어들였다.

이 두 사례를 문학사적 흐름 속에서 일반화하면 중세보편주의를 구현하는 유사하지만 조금 다른 방향성을 감지하게 된다. 이 두 작품 모두 중세보편주의와 장소성(대동강·부벽루)의 관계를 드러낸다는 점에서, 중세보편주의의 후기적 경향을 내포하고 있다. 그렇지만 전자와 후자의 거리 또한 상대적으로 뚜렷함을 놓쳐서는 안 된다. 〈송인〉의 "대동강"이 분명 고려의 평양 일대를 환기하는 것은 분명하지만 엄밀히 말해 그곳이 꼭 대동강이어야만 〈송인〉의 시적 의미가 유지된다고 보기는 어렵다. 중국이나 다른 나라의 지명을 얹는다고 해도 크게 다른 효과를 내지는 않는다. 반면에 〈부벽루〉는 "부벽루"라는 장소가 다른 것에 의해 대체될 수 없어 보인다. 거기엔 민족적 차원의 전설 혹은 지정학적 제약이 결부되어 있기 때문이다. 이러한 지리적 공간의 민족(문학)적 효과와 결부시켜, 이제 '한국고전문학'에서 '한국'의 영역에 대해 좀 더 구체적으로 살펴볼 순서가 되었다.

4. '이별(론)'의 텍스트(3), 〈별부〉와 박지원(朴趾源)의 〈별론(別論)〉: '한국' 고전문학

㉮ 재미: 앞에서 고전문학의 '전범성'에 논의하였지만, 모두에 이미 '재미'가 비평적 개입을 허용하는 학습자의 내적 체험과 관련이 깊다고 언급하였던 터라, 그럼 그러한 '전범성' 자체에 대한 비평적 개입도 가능해야 '재미'의 새로운 단계로의 이행이 가능하지 않은가

하는 질문이 자연스레 도출될 수 있다. 그것은 기본적으로 '선택지'를 설정하고 그로부터 '나(너)라면 무엇을, 왜?'라는 비평적 판단이 수반되는 방식이어야 할 듯하다.

이와 관련하여 〈별부〉와 〈송인〉의 이별 형상은, 뿐만 아니라 대개의 작품들이 그러한 듯한데, 헤어짐이라는 이별의 사건이 발생하고 그 이후로 이별의 현실을 현실로 수락하지 못하는 정한의 지속을 근거로 하는 시적 형상화 방식이다. 이러한 이별 형상은 다음과 같은 물음을 그 기저에 내포하고 있다고 할 수 있다. 즉, '진짜 이별의 시점은 언제인가' 하는 문제이다. '헤어짐 이후 겪게 되는 상심과 그리움이 지속되는 한, 여전히 이별하지 않은 것인가', '이별의 사건은 구체적 시점이 아니라 시간의 연속 속에서 지속되는가', '헤어짐이 발생하는 이별의 순간과 그 이후의 정한은 어떤 관계인가'.

〈님의 침묵〉의 유명한 구절, "우리는 맛날 때에 떠날 것을 염려하는 것과 가티 떠날 때에 다시 맛날 것을 믿습니다 / 아아 님은 갓지마는 나는 님을 보내지 아니하얏습니다"처럼 내가 보내지 않았다고 믿는다면 적어도 '나'에게는 이별이 발생하지 않은 것이라 할 수 있을까. 〈님의 침묵〉이라는 유명한 작품도 넓게 보자면, 언제가 이별의 시작이고 언제가 끝인가라는 다소 통속적이고 대중적인 삶의 감각과 그리 멀어 보이지 않는다. 가령 다음과 같은 인터뷰 내용에서 전형적으로 확인할 수 있다.

* 비슷한 사람을 봐도 무덤덤할 때
* 더 좋은 사람 만났을 때
* 다른 사람을 통해 그 사람 소식을 들어도 그저 그럴 때
* 계속되는 그녀의 연락에 전화번호를 바꿀 때

* 전 남자 친구의 연애 중 소식을 들어도 아무렇지 않을 때
* 같이 본 영화를 봐도, 같이 듣던 노래를 들어도 아무렇지 않을 때
* 그 사람이 아프다 해도 아무런 걱정이 들지 않을 때

이것은 '이별 후 그 사람을 잊었다고 생각한 순간은 언제인가'라고 묻고 인터뷰하여 얻어낸 답변들이다. 주로 20대 젊은 층의 답변이다. 손승연이라는 가수가 발표한 〈살만해졌어〉라는 노래의 뮤직비디오에 나오는 내용들이다.[24] 위의 답변은 이별했음을 최종적으로 자각하는 순간은 언제인가를 말하고 있는 것이다. 이런 물음은 묘한 대중적 공감을 얻어내는 것으로 보인다. 이로 볼 때, 헤어짐의 사태는 적어도 두 차례에 걸쳐 이루어진다고 할 수 있겠다. 실제 헤어짐이라는 사건이 일차로 있고 그 이후에도 남아 있는 상심의 아픔이 느껴지지 않는 순간에 이별이 완결된다.

이처럼 언제가 이별의 끝인가 하는 물음과는 반대로, 이별의 시작은 언제인가 하는 반대편 물음도 가능해진다. 전자가 사후적인 방향이라면 후자는 사전적인, 정확히는 예감의 형식으로 다가오는 이별의 문제이다. 대중적으로 가장 널리 알려진 구절이라 생각되는 "왜 슬픈 예감은 틀린 적이 없나"(〈한 사람을 위한 마음〉)라는 노래 가사가 전형적으로 드러낸 바 있듯이, 즉 이별이 예감되는 순간부터 이별은 시작되는 것인가.

> 우리는 더 이상 보지 못했다. 일 년 후 당신이 죽었기 때문이다. 나는 이제 그때의 기억을 떠올리고, 그것을 보고, 그리고 그것은 거짓 기억이고, 그 <u>사소한 작별 뒤에는 영원한 이별</u>이 있었다는 것을 생각해 본다.
> 어젯밤 나는 식사 후 산보를 나가지 않았다. 나는 그런 유의 비밀을

24 필자는, https://www.youtube.com/watch?v=R2EgsLHi1Fs(2016.2.23)에서 확인하였다.

풀어보려고 플라톤이 자신의 선생 입을 빌려 했던 마지막 가르침을 다시 읽어 보았다. 그것에는 육신이 죽으면 영혼이 떠난다고 씌어 있었다. 지금 나는 사후에 내리는 통괄적 해석과 멋모른 이별 중 어느 것에 진실이 들어있는지 판단을 내릴 수가 없다.[25]

And now I seek out that memory and look at it, and I think it was false, and that behind that trivial farewell was infinite separation.

Last night I stayed in after dinner and reread, in order to understand these things, the last teaching Plato put in his master's mouth. I read that the soul may escape when the flesh dies.

And now I do not know whether the truth is in the ominous subsequent interpretation, or in the unsuspecting farewell.[26]

보르헤스의 〈델리아 엘레나 산 마르꼬〉라는 작품에서 인용한 대목이다. 보르헤스가 갑작스럽게 알게 된 지인의 죽음 소식을 계기로 해서, 1년 전 그 사람과 헤어지던 마지막 장면을 떠올리며 진술

---

25 보르헤스, 황병하 역, 「델리아 엘레나 산 마르꼬」, 『칼잡이들의 이야기』, 민음사, 1997, 29-30면.

26 Jorge Luis Borges, *Dreamtigers*(Translated by Mildred Boyer and Harold Morland), Univ. of Texas press, 1964. 원문은 http://thefloatinglibrary.com/2008/09/02/delia-elena-san-marco에서 인용함. 그런데, Jorge Luis Borges, collected FICCIONES of Jorge Luis Borges(Translated by Andrew Hurley), THE PENGUIN PRESS, 1999에서는 번역이 조금 다르다. "And now I search out that memory and gaze at it and think that it was false, that under the trivial farewell there lay an infinite separation. Last night I did not go out after dinner. To try to understand these things, I reread the last lesson that Plato put in his teacher's mouth. I read that the soul can flee when the flesh dies. And now I am not sure whether the truth lies in the ominous later interpretation or in the innocent farewell."

하는 내용이다. 1년 전 차도를 사이에 두고 두 사람은 밝은 표정으로 "안녕"이라는 인사말을 건넸다. 각주에 첨부한 다른 영어 번역본의 표현을 따른다면, 그때의 "trivial farewell"이 죽음을 알게 된 지금은 "infinite separation"과 겹쳐져 있다. "사소한 작별"과 "영원한 이별".

지인 델리아의 죽음을 알기 전에는 기실 "사소한 작별"은 그냥 잊혀진 사소한 작별에 불과했다. 그러다가 어느 틈엔가 "영원한 이별"이 되고 말았다. 보르헤스는 이 둘 사이의 거리에 대해, "지금 나는 사후에 내리는 통괄적 해석과 멋모른 이별 중 어느 것에 진실이 들어있는지 판단을 내릴 수가 없다"고 진술하였다. 한글 번역문의 뜻이 모호해서 영역본을 다시 참조하면, 죽음을 전혀 예상하지 못한 채로 그냥 평범하고 사소했던 그날의 작별 인사가, 지금에는 죽음을 알게 된 시점에서의 사후적 해석이 결부되어서, 그래서 죽음을 예감하는 불길한 징조가 내포된 장면처럼 받아들여진다는 뜻으로 읽힌다.

비록 사후적 시점이기는 하지만 마지막 작별인사 장면은 훗날 닥쳐올 죽음을 염두에 둘 때 영원한 이별의 불길한 '예감'이 포함된다. 그렇게 되면 내 기억 속에 있는, 델리아 엘레나 생전에 나누었던 마지막 작별인사는 미래의 영원한 이별이 시작되는 시점이 되고 만다. 이별은 그 순간 시작된다고 해야 할 것이다.

> 작별인사를 나누는 것은 이별을 부정하는 일이다. 말하자면 〈오늘 우리는 작별의 놀이를 하지만 내일 다시 만나게 될 것〉이기 때문이다.[27]
>
> To say goodbye to each other is to deny separation. It is like saying "today we play at separating, but we will see

27 보르헤스, 앞의 글, 30면.

each other tomorrow."[28]

일상에서 나날이 무수한 작별인사를 나눈다. 우리는 작별인사에 걸맞게 늘 이별을 하고 있지만, 그것을 '이별'로 자각하지는 않는다. 실제 발생하는 무수한 이별에도 불구하고 거의 이별로서 자각되지 않던 이별이, 말 그대로 '이별'이 되는 것은 어떤 조건이나 작용 속에서일 듯하다. 〈송인〉처럼 헤어진 이후 헤어짐의 슬픔이 망각되는 순간에 이별이 끝날 것이라는 형식으로 이별의 '문학적' 자각이 이루어지기도 하지만, 그 반대로 예감의 형식으로 이별이 시작되는 경로도 있다. 이러하다면 이별은 감정적 실체이기도 하지만, 어떤 문학적・문화적 장치와 결합할 때만 '자각적 형태'를 갖출 수 있는지 모른다.

나 흥미 : 그렇다면 '세상의 모든 이별'이라는 〈별부〉의 세계는, 이별 이후의 영역에 한정될 뿐만 아니라 이별의 자각을 가능하게 하는 조건과 형식을 문제 삼지 않는다는 점에서 그 전범성에 취약한 지점을 내포하고 있다고 생각된다. 요컨대 이별의 자각이라는 측면에서 '어떤 이별이 이별이 되는가'라는 물음이 〈별부〉를 향할 수도 있다는 말이다. 이런 각도에서 보자면, "黯然銷魂者, 唯別而已矣"[아득하니 혼이 녹아내리는 것은 오직 이별일 뿐이다]는 〈별부〉의 첫 구절은 이별에 대해 아무런 말도 하지 않는 것이나 다름없다는 반박이 등장할 수도 있다.

그러므로 〈별부〉의 "黯然銷魂, 唯別而已"은, 도대체 이별의 마음을

28 다른 번역은 다음과 같다. "To say good-bye is to deny separation ; it is to say Today we play at going our own ways, but we'll see each other tomorrow. "

몰라서 한 말이다. 천하에 이별함에 있어, 그 누가 아득해지지 않으며 그 누가 혼이 녹어내리지 않겠는가. 이는 다만 이별의 사전적 풀이[箋注]일 뿐이니 '괴로움'이 될 만하지 않다.

故別賦曰'黯然銷魂,唯別而已', 何其爲言之無情也. 天下之爲別也, 孰不黯然, 孰不銷魂. 此別之箋註也, 無足爲苦.

박지원이 〈별론〉[29]에서 펼친 〈별부〉에 대한 반론이다. 〈별부〉의 첫 구절에 대해 비판적으로 언급하는 내용이지만, 기실 이별의 일반론이란 이별의 실정을 잘 모를 때나 펼치는 것이라는 취지로 이해된다. "無別事而有別心"이라는 대비적 표현에서 확인할 수 있거니와, "別事" 즉 이별의 일이 없어도 "別心" 즉 "이별의 마음"을 알 때에만 이별을 이해할 수 있다고 풀이한 것이다. 이러한 "別心"이란, '어떤' 이별이어야 '이별의 정한'을 자각하거나 공감 가능한 것으로 만들어 주는가라고 물어야 한다는 뜻을 함축하면서, 한편으로 〈별부〉가 상징하는 전범성의 한계를 비판하며 새로운 전범성의 창출로 나아가는 길이기도 하다.

박지원의 〈별론〉은 '장소(성)'을 부각함으로써, 〈별부〉와 스스로를 구별한다. "괴로움이라면 하나는 떠나고 하나는 남을 때보다 더 괴로운 경우는 없다. 그 이별의 때에, 이별의 장소야말로 괴로움다운 괴로움이 가능하게 하니, 그런 장소란 정자도 누각도 아니며, 산도 들판도 아니요, 물을 만나야 그러한 장소를 얻는 것이 된다."[苦莫苦於一行一留之時. 其別離之時, 地得其苦, 其地也, 非亭非閣, 非山非野, 遇水爲地]가 그 근거로 제시된다. 이어서 그 대표적인 예로 이릉이 소릉에게 보내는 시로 전해지는 작품이 "河梁"[강의 다리]를 배경으로

29 박지원, 『열하일기』「막북행정록」, 『연암집』(문집총간본), 205b-206b. 원래 이 글에는 제목이 없으나 여기서는 임시로 〈別論〉이라 칭한다. 이 글에 대해서는, 김명호, 『열하일기연구』, 창작과비평사, 1990, 174-181면에서 이미 상론한 바 있다.

한다는 점을 환기하고는, 그 구체적인 형상을 그려낸다.

> 저 강의 다리를 나는 안다. 얕지도 깊지도 않고 느리지도 빠르지도 않은 물결이 돌을 껴안아 울부짖으며, 바람도 비도 없고 흐리지도 맑지도 않은 햇볕이 땅을 감돌며 음산했을 터이다. 강 위의 다리는 오래되어 무너지려 하고, 강변 나무는 나이 들어 맨 가지뿐이며, 물 밖의 모래톱은 앉을 수도 거닐 수도 있고, 강 가운데 새는 떠올라 있을 수도 잠겨 있을 수도 있을 것이다. 여기에 사람이, 넷도 아니고 셋도 아니며 말을 나누지도 혼자 하지도 않은 채로 있으니, 이야말로 세상에서 지극한 괴로움일 테다.
>
> 彼河梁, 我知之矣. 不淺不深不穩不急之波, 抱石而鳴咽, 不風不雨不陰不暘之晷, 轉地而曀霾. 河上有橋, 可久而將崩, 河畔有樹, 可老而欲禿, 河外有沙, 可坐可立, 河中有禽, 可沈可浮. 于斯有人, 非四非三, 無語無言, 此天下之至苦也.

이로부터 다양한 이별의 명편들이 언급된다. 예컨대『莊子』「山木」편에 나오는 市南宜僚의 언설, 당나라 劉禹錫이 이미 고인이 된 柳宗元을 떠올리는 시편, 그리고 다소 갑작스레 조선이 명에게 水路朝天을 하던 시절의 〈배따라기〉가 그러한 '장소성'에 근거함으로써 '특정한' 이별만이 이별의 정한을 제대로 포착하였음을 환기한다. 이러한 방식을 거치면서 〈별론〉은 〈별부〉적 '이별론'의 전범적 위상을 재조정한다. 그러면서 '장소(성)'를 전면화하는 방식으로 새로운 이별론의 전범적 가능성을 부조하려는 것으로 해석할 수 있겠다.

[다] 의미 : 흥미로운 것은, 그 '장소(성)'을 매개로 水路朝天의 〈배따라기〉로 넘어가는 과정이다. 〈배따라기〉를 끌어들이는 방식은, 조선이 땅이 좁아서 '이별다운 이별의 자각'을 가능하게 하는 '살아 이별[生別]'의 생성 조건이 갖추어지기 어렵다고 하다가, 水路朝天을 통

해 중국을 중심으로 생산-수용된 '이별의 전범(성)'에 대한 동질적 이해의 지평이 조금 열렸다고 하였다. 그러다가 다시 한 번 논의의 전환이 일어난다. "또한 강과 바다, 물가의 다리만이 이별의 장소(성)가 되는 것은 아니다"[亦非獨江海河梁爲之地也]고 하면서, "이국이향이라면 이별의 장소가 아닌 곳이 없다[異國異鄕, 無非別地]"라는 해석을 던지고 있다.

이러한 해석은 박지원 자신이 앞서 길게 주장해 온 장소(성) 자체를 스스로 부정하는 것이기도 한데, 이러한 부정은 양의적이다. 한편으로는 '수로조천'의 〈배따라기〉에서 '수로'를 부정하기는 하지만, 다른 한편으로는 '조천'의 맥락과는 서로 이어지는 것이기 때문이다. "異國異鄕, 無非別地"라는 박지원의 논리는, 북경에서 열하로 청 황제를 만나러 떠나는 길에 지금까지 함께 한 일행과 헤어지는 상황에서 등장한 것이다. 수로조천의 이별이란 재회를 기약할 수 없는 '살아이별'의 문학적 전범성을 내포한 이별이었듯이, "異國異鄕"의 이별이란 비록 뭍에서의 이별이기는 하지만, '一行一留'에서 남겨진 처지 또한 물을 따라 멀리 사라지며 떠나가는 자가 겪게 되는 이별의 심정과 동일하기 때문인데, 남아 있는 자 역시 이미 떠나온 '一行'의 처지에서 겪는 남겨짐[留]이기 때문이다.

이로 인해 "此吾東第一墮淚時也"라는 진술로 간추려진 〈배따라기〉에 대한 박지원 〈별론〉의 해석은, 심양에 인질로 억류되어 있던 소현세자를 떠올리며 "신료들이 떠나고 남아 머무는 사이[臣僚去留之際]"를 두고 "이것이 우리나라에서 가장 통곡할 만한 순간이다[此吾東第一痛哭時也]"라고 한 해석으로 이어진다. 그리고 소현세자 당시 심양에서 벌어졌을 '一行一留'의 상황을 형상화하고는, 왜 이것이 조선에서 가장 마음 아픈 이별의 장면이 되는지 밝힌다.

이러한 이별에서야, 꼭 물이어야 이별의 장소가 되는 것이겠는가. 정자라도 누각이라도 좋으며 산이라도 들판이라도 상관없다. 반드시 흐느껴 우는 강 물결, 음산한 햇볕이어야만 우리네 괴로운 이별의 정한이 되는 것이겠는가. 또 굳이 무너지려는 위태로운 다리와 가지만 남은 늙은 나무가 있어야만 이별의 장소가 되겠는가. 설령 화려한 기둥과 치장한 문, 푸른 봄날이나 햇빛 눈부신 한낮이라 한들, 모조리 우리가 이별할 만한 장소가 되며, 모두가 우리가 통곡할 만한 순간이 될 것이다. 돌부처라도 머리를 돌리고 철 같은 마음이라도 모조리 녹아버릴 것이니, 이는 우리나라에서 죽음에 이를 만큼 지극한 슬픔의 순간이다.

于斯別也, 亦何必水爲之地. 亭可也, 閣可也, 山可也, 野可也. 亦何必嗚咽之河波. 曀霾之日光, 爲吾之苦情乎. 亦何必將崩之危橋, 欲禿之老樹, 爲吾之別地乎. 雖畵棟綉闥, 春靑日白, 盡爲吾別離之地, 盡爲吾痛哭之時. 于斯時也, 雖有石人回頭, 鐵腸盡銷, 此吾東第一情死時也.

박지원 〈별론〉의 마지막 대목으로서, 도도한 이별론을 매듭짓는 장면이다. 〈별부〉의 유명한 첫 구절 "黯然銷魂, 唯別而已"은 이별의 마음을 아는 이가 쓴 글이라 할 수 없으며, 이별의 사전적 풀이에 불과하다는 비판에서 시작해서, 이별이 이별이 되게끔 만드는 '장소(성)'를 언급한 다음, 그러한 조건마저도 무화되는 "異國異鄕"에서의 "一行一留"를 부각하면서 소현세자의 이별 장면을 그려낸다. 이국이향이므로 남아 머무는 자도 실은 이미 떠나온 자이다. 그래서 머묾은 이미 떠남을 품고 있다. 더군다나 꼭 가야할 이(소현세자)를 남겨두고 떠나는 조선의 신하가 먼저 등을 보이고 돌아서 떠나지는 못했을 것이라는 상상을 가능하게 한다. 이것은 인질로 잡힌 소현세자의 처지가 상징하는 당시 조선의 정치적·외교적 상황이기도 하다. 이로 인해 박지원의 〈별론〉은 결국 '조선' 즉 '한국'을 오롯이 전경화하게 된다.

5. 나가며

이상에서 “한국고전문학의 재미·흥미·의미”라는 기획 주제에 맞추어 한국 고전문학의 ‘이별(론)’ 텍스트를 읽어 보았다. 이미 적잖은 선행 연구들이 ‘재미·흥미·의미’의 개념적 상관성 및 문학교육적 함의에 대해 검토해 온 터라, 본 논문은 ‘재미·흥미·의미’의 복잡한 개념 규정에 천착하기보다 실제적인 사례 제시에 중점을 두었다. 즉 개념론적 접근 못지않게 다양한 범례의 제시가 중요하다고 보았기 때문이다.

필자에게 ‘재미’란, 학습자가 작품에 ‘비평적으로’ 개입하는 과정에서 경험하게 된다고 보는 정서적 즐거움으로 이해되었다. 아울러 ‘재미·흥미·의미’ 각각을, ‘재미’ 체험으로부터 촉발된 하나의 연속된 관계로 파악하여 그 단계적 관계를 적절하게 구성하는 데에 요점이 있다고 보았다. ‘재미-흥미-의미’는 각각이 하나의 과정 혹은 단계일 수도 있지만, 이 셋의 결합체 자체가 하나의 단계에 내포될 수도 있다. 필자는 ‘재미-흥미-의미’의 단계와 〈한국고전‘문학’-한국‘고전’문학-‘한국’고전문학〉이 방편상 각각 대응될 수도 있다고 보았으며, ‘이별(론)의 문학 텍스트’를 중심으로 논의를 전개하였다.

정지상의 〈송인〉을 논의의 출발점으로 삼았다. 〈송인〉의 논의를 통해 ‘재미-흥미-의미’의 상관성에 대한 범례적 탐색을 수행하면서 ‘문학(시)’이라는 일반적 층위에 초점을 맞추어 왕유·김소월·예이츠를 예시 자료로 활용하였다. 가능하다면 시공간적 제약을 받지 않고 동서고금에 두루 걸치는 관련 작품들을 보이고자 해서였다. 이어서 한국고전문학에서 '고전(문학)'이라는 층위에 초점을 맞추었거니와, '고전(문학)' 즉 문학적 시각에서 '古의 전범성'으로서의 '옛날'을 체험한다는 것은, 한편으로 '옛날'을 전범으로 하는 창작적 실천과 그 조건을 확인하는 노력이어야 했다. 그 수행적 효과는, 이른바 '미적 근대성' 혹은 '문화적 모더니티'와 긴장 관계를 이루거나 그 내부에 '옛날'의 전범성이 포함되도록 하는 효과라 생각했다. 끝으로 외국문학 텍스트와의 비교를 통해 '이별론'의 재해석 가능성을 확인하고 이를 통해 박지원의 〈별론〉을 분석해 보았다. 이것은 한국고전문학에서 '한국'에 중심을 둔 접근이었다.

참고문헌

〈자료〉

徐居正 외, 『東文選』 (민족문화추진위원회 영인본)

李穡, 『牧隱詩藁』 (문집총간본)

朴趾源, 『燕巖集』 (문집총간본)

보르헤스, 황병하 역, 『칼잡이들의 이야기』, 민음사, 1997.

프로이트, 「애도와 우울증」, 윤희기 · 박찬부 역, 『정신분석의 근본 개념』, 열린책들, 1997.

Abrams, M.H & Greenblatt, Stephen eds., *The Norton Anthology of English Literature*(Vol.2), New York : W.W. Norton, 2005.

Borges, Jorge Luis, *Dreamtigers*(Translated by Mildred Boyer and Harold Morland), Univ. of Texas press, 1964.

Borges, Jorge Luis, *collected FICCIONES of Jorge Luis Borges* (Translated by Andrew Hurley), The Penguin Press, 1999.

Yeats, W. B., *Collected Poems*, London : Picador / Pan Macmillan, 1990.

〈논저〉

김명호, 『열하일기연구』, 창작과비평사, 1990.

김성룡, 「고전문학의 재미와 고전문학교육의 의미」, 『고전문학과 교육』 28, 한국고전문학교육학회, 2014.

김영동, 「鄭知常 漢詩의 영원한 생명력」, 『동악어문논집』 31, 동악어문학회, 1996.

김현정, 「흥미 변인을 고려한 〈도산십이곡〉 교육의 방향」, 『고전문학과 교육』 27, 한국고전문학교육학회, 2014.

김홍중, 「멜랑콜리와 모더니티」, 『마음의 사회학』, 문학동네, 2009.

뇌 단, 「한 · 중 망부석 소재 한시의 비교 연구」, 울산대학교 석사학위 논문, 2010.

류수열, 「고전시가 독서의 재미 요소 탐구 - 시조를 중심으로」, 『고전문학과 교육』 26, 한국고전문학교육학회, 2013.

류준필, 「한국문학연구는 지금 무엇을 하고 있나」, 『역사와 현실』 90, 한국역사연구회, 2014.

박노춘, 「鄭知常의 生涯와 作品」, 『국어국문학』 89, 국어국문학회, 1983.

서인석, 「연극적 놀이 텍스트로 읽는 〈배비장전〉-고전의 재미를 찾는 방법의 한 사례」, 『고전문학과 교육』 27, 한국고전문학교육학회, 2014.

신재홍, 「고전소설의 재미 찾기」, 『고전문학과 교육』 26, 한국고전문학교육학회, 2013.

염은열, 「고전문학 '학습'의 경험과 '재미'의 문제에 대한 논의」, 『고전문학과 교육』 28, 한국고전문학교육학회, 2014.

윤인현, 「정지상・이색의 시풍과 후대의 비평」, 『한국고전연구』 10, 한국고전연구학회, 2004.

이종묵, 『우리 한시를 읽다』, 돌베개, 2009.

임진수, 『애도와 멜랑콜리』, 프로이트 라캉학교・파워북, 2004.

장유승, 「문화공간으로서의 부벽루(浮碧樓)-중앙문인과 지역문인의 교류를 중심으로-」, 『한국한문학연구』 58, 한국한문학회, 2014.

정재철, 「한국 시화에 있어서 이색 시의 비평 양상」, 『한문학논집』 19, 근역한문학회, 2001.

조광국, 「고전소설교육에서 새롭게 읽는 재미 : 홍계월의 양성성 형성의 양상과 의미」, 『고전문학과 교육』 28, 한국고전문학교육학회, 2014.

조동일, 『공동문어문학과 민족어문학』, 지식산업사, 1999.

조동일, 『한국문학통사』 2권(4판), 지식산업사, 2004.

조은경, 「鄭知常의 「送人」을 둘러싼 解釋的 多樣性의 問題」, 『어문연구』 36-1, 한국어문교육연구회, 2008.

조희정, 「고전시가 감상 국면의 재미 흥미 의미」, 『고전문학과 교육』 29, 한국고전문학교육학회, 2015.

焦偉平, 「淺論江淹 ≪恨賦≫≪別賦≫對唐代詩歌的影響」, 『安徽文學』, 『安徽文學』 2009年 第11期, 安徽省文聯, 2009.

韓冰融, 「送君南浦, 傷如之何!-江淹〈別賦〉 現代背景下的解讀」, 『內蒙古電大學刊』, 2009年 第4期, 內蒙古廣播電視大學, 2009.

龍劍梅, 「傷離恨別 : 人際傳播的審美掌握」, 『湖南大學學報』 2010年 第1期, 湖南大學期刊社, 2010.

〈만언사〉의 재미, 흥미와 소통의 의미

최홍원*

1. 논의의 출발 : 유배와 재미, 흥미의 낯선 만남에 대한 의문

다음은 조선 후기 추자도라는 동일 공간에서 유형(流刑)을 겪었던 두 사람이 지은 유배가사 작품의 일부이다. 이 둘의 거리와 차이를 비교하는 것에서 논의를 시작하기로 하자.

> 풍우(風雨)ᄅᆞᆯ 무릅ᄡᅳ고 와실(蝸室)을 ᄎᆞᄌᆞ드니 / 무ᄌᆞ(茅茨)ᄂᆞᆫ 다ᄂᆞᆯ니고 듁창(竹窓)의 무지(無紙)ᄒᆞᆫ대 / 샹샹옥누(床床屋漏)ᄂᆞᆫ ᄆᆞ른대 젼혀업다 / 말만ᄒᆞᆫ 좁은 방(房)의 조슬(蚤蝨)도 만흘시고 / 팔쳑댱신(八尺長身)이 구버들고 구버나며 / 다리ᄅᆞᆯ서려 누워 긴 밤을 내와나니 / 쥬듕(舟中)의 젹신 의복(衣服) 어늬불의 ᄆᆞᆯ뇌오며 / 일힝(一行)이 긔갈(飢渴)ᄒᆞᆫ들 무어ᄉᆞ로 구ᄒᆞᆯ손고 (중략)
>
> 졔도(制度)ᄂᆞᆫ 추ᄋᆡᆨ(湫搤)ᄒᆞ나 거쳐(居處)ᄂᆞᆫ 쇼쇄ᄒᆞ다 / 언앙굴신(偃仰屈身)ᄒᆞ미 이졔야 죠안(粗安)ᄒᆞ다 / 감군은삼ᄌᆞ(感君恩三字)를 벽상(壁上)의 대셔(大書)ᄒᆞ고 / 망미헌(望美軒) 편ᄋᆡᆨ(扁額)은 도듕(島中)의 뉘모

---

* 상명대학교 국어교육과

로리 / 죵일폐호(終日閉戶)ᄒᆞ고 쥬셔(主書)ᄅᆞᆯ 피열(披閱)ᄒᆞ니 / 의리무궁(義理無窮)ᄒᆞᆷ을 늙게야 ᄊᆡᄃᆞᄅᆞᆯ다 〈속사미인곡〉

혼ᄌᆞ안ᄌᆞ 군말ᄒᆞ듯 날드르라 ᄒᆞᄂᆞᆫ말이 / 건넌집 나그ᄂᆡᄂᆞᆫ 정승(政丞)의 아ᄃᆞᆯ이요 / 뒷집의 손님ᄂᆡᄂᆞᆫ 판셔(判書)의 아오로셔 / 나라의 득죄(得罪)ᄒᆞ고 졀도(絶島)의 드러오면 / 이젼(以前)말은 ᄒᆞ도말고 여긔ᄉᆞᄅᆞᆷ 일을ᄇᆡ와 / 고기낙기 나무뷔기 ᄌᆞ리치기 신삼기와 / 보리동냥 ᄒᆞ여다가 쥬인양식(主人糧食) 보ᄐᆡ거든 / 한군ᄃᆡᄂᆞᆫ 무ᄉᆞᆷ일노 공(空)ᄒᆞᆫ밥을 먹으랴노 / 쓰ᄌᆞᄂᆞᆫ 열손가락 ᄊᆞᆷ죽이도 아니ᄒᆞ고 / 것ᄌᆞᄂᆞᆫ 두다리ᄂᆞᆫ 움죽이도 아니ᄒᆞᄂᆡ / 셕은남게 박을ᄊᆞᆫ가 젼당(典當)잡은 쵹ᄃᆡ(燭臺)런가 / 종ᄎᆞ지련 상젼(上典)인가 빗바드련 ᄎᆡ쥬(債主)런가 / 동이셩(同異姓)의 권당(眷黨)인가 풋낫치 친구(親舊)런가 / 양반(兩班)인가 상인(常人)인가 병인(病人)인가 반편(半偏)인가 / 화쵸(花草)라고 두고볼가 괴셕(怪石)이라 노코볼가 / 은혜(恩惠)ᄭᅵ친 일이잇셔 특명(特命)으로 먹으려나 / 져지은 죄(罪) 뉘타시며 제셔름을 ᄂᆡ아던가 / 밤낮으로 우ᄂᆞᆫ소ᄅᆡ 슬픈소ᄅᆡ 듯기실타 〈만언사〉[1]

〈속사미인곡(續思美人曲)〉은 영조 때 이진유(李眞儒, 1669~1730)의 작품으로, 〈만언사〉는 18세기 초 안조원(安肇源)[2]의 것으로 알려져 있다. 이들은 유배지에서의 육체적 고통과 현실적 체험을 그려내고 있다는 점에서 후기 유배가사의 전형적인 특질을 공유하면서도,[3]

1 〈만언사〉의 여러 이본이 존재하는 만큼 이 글에서는 이재식의 교합본을 따르기로 하였다. 이재식, 『유배가사』, 시간의 물레, 2008.

2 〈만언사〉의 작자를 '안조원'으로 보는 것은 필사본 내용에 따른 것으로, 이본에 따라 '안됴원', '안도원', '안조원', '안도환', '안조환', '安肇煥', '安肇源', '安肇元' 등의 편차를 보이는 만큼 확실하지 않다. '안도환을 추자도에 정배한다'는 『승정원일기』의 기록(1781년 정조 5년 4월 6일)에 따라 '안도환(安道煥)'으로 보기도 한다. (권현주, 「중인층 유배가사에 나타난 작자의식과 생활상」, 『어문학』 122, 한국어문학회, 2013, 372면.) 〈만언사〉의 작자를 실존적, 역사적인 개인이 아닌, 여항-시정 문화권의 문법에 따라 공동담론화한 텍스트의 결과로 보는 견해도 있다. (육민수, 「〈만언사〉의 담론 특성과 텍스트 형성」, 『東洋古典硏究』 52, 東洋古典學會, 2013.)

그에 못지않게 정서의 표현 방식이나 태도의 측면에서 확연한 거리와 차이점 또한 갖고 있다.

〈속사미인곡〉에서도 위리안치의 가혹한 유배형으로 인한 열악한 현실이 실감나게 그려지고 있다. 그러나 그곳마저 소쇄하다고 여기고 '망미헌(望美軒)'이라 이름 지어, 주희의 책을 읽으면서 의리가 무궁함을 깨닫는 것으로 대응하고 있다. 반면 〈만언사〉에서는 이와 달리 타자를 등장시켜 자신을 대상화하기도 하고 희화화하기도 하는 등의 특별한 목소리를 들려주고 있다. 자신을 '썩은 나무에 박은 끌', '촛대', '종 찾는 상전', '빚 받는 채주'로 가리키는가 하면, 심지어 '병인', '반편', '화초', '고석' 등으로 비하하기까지 한다. 이처럼 자신을 희화화하여 웃음을 유발하는 〈만언사〉의 모습은 〈속사미인곡〉에서 독서를 통해 깨달음을 넓혀가는 모습과도, 그리고 유배가사의 보편적 문법에 비춰보더라도 매우 낯설게 다가온다. 〈속사미인곡〉과 〈만언사〉 모두 조선 후기 원악(遠惡)의 추자도에서 유배형을 겪으면서 창작되었다는 생성 시공간의 유사성에도 불구하고, 이 같은 차이가 발생하는 까닭이 궁금해진다.

이 같은 거리의 문제에 대해 기존의 연구에서는 작자의 신분 차이에 주목하여 계층 의식의 차이로 풀어낸 바 있다. 초창기 〈만언사〉 연구에서부터 이미 '양반가사의 붕괴'와 '서민가사의 대두'[4]와 같은 계층적 차이가 관심을 끌면서, 시가사적 구도와 변화에 초점이 맞춰졌던 것이다. 이러한 설명이 유효했던 것은 무엇보다 〈만언사〉의 작

---

3 유배 체험에 대한 인식과 표현을 '관념적 체험'과 '현실적 체험', '허구적 표현'과 '사실적 표현'으로 구분할 때 〈속사미인곡〉, 〈만언사〉를 현실적 체험과 사실적 표현으로 함께 묶어내는 것에서도(이현주, 「流配歌辭에 나타난 체험 인식과 표현 양상」, 『古詩歌研究』 20, 한국고시가문학회, 2007.), 그리고 이들을 유배가사 장르의 내부 변화를 보여주는 대표적인 작품으로 다루는 것에서도 이 같은 공통된 특질을 찾아볼 수 있다.

4 장덕순, 「流配歌辭試考」, 『국문학통론』, 신구문화사, 1960.

자 안조원의 신분과 유배 사유가 매우 이례적인 데에 있다. 유배가사는 유배의 상황에서 이루어지는 정치적 행위의 일환으로 간주될 만큼, 사대부의 일정한 표현 관습의 자장에 놓여 있기 마련이다.[5] 그런데 〈만언사〉의 경우 대전별감(大殿別監)과 같은 중인 계층이 정치적 이유와는 무관한 채 현행범으로서 처벌받았다는 배경 자체가 매우 독특한 모습을 보인다. 실제로 양반과 평민의 완충적 위치에서 평민가사의 특징을 찾아내고자 했던 데에도,[6] 그리고 채구연(蔡龜淵, 1839-1917)의 〈채환재적가(蔡宦再謫歌)〉와 더불어 '중인층 유배가사'[7]라는 새로운 유형을 설정한 데에도 이 같은 계층적 특수성이 자리하고 있다. 〈만언사〉에 대한 선행 연구에서 타 작품과의 비교가 많았던 것도,[8] 계층적 특수성이 논의의 목적, 성격을 보다 선명히 드러내는 대조군으로 작용한 데에 있다. 이러한 사실에서 보듯 〈만언사〉는 수기치인(修己治人), 경국제민(經國濟民)과는 무관한 중인 계층이 유배 상황을 사실적으로 드러냄으로써 18세기 유배가사의 대응과 변모, 나아가 유배가사 작품군의 전체적 흐름과 변화를 설명해 주는 작품으로 평가되고 있다.[9]

5 유배가사를 두고서 "사대부층의 문학세계나 미의식을 가늠해볼 수 있는 좋은 잣대"(최상은, 「유배가사 작품구조의 전통과 변모」, 『새국어교육』 65, 한국국어교육학회, 2003, 452면.)로 보는 것도 이러한 배경에서 비롯된다.

6 김혜숙, 「유배가사를 통하여 살펴본 가사의 변모 양상」, 『관악어문연구』 8, 서울대 국어국문학과, 1983, 142면.

7 김지성, 「조선후기 중인층 유배가사연구」, 서강대 석사학위논문, 2007 ; 권현주, 앞의 글 참조.

8 조위(曺偉)의 〈만분가(萬憤歌)〉, 김진형(金鎭衡)의 〈북천가(北遷歌)〉 등과 비교하여 유배가사의 보편적 관습과 일탈을 밝힌 연구가 대표적이다. 윤귀섭, 「유배가사의 양극-만분가와 〈만언사〉의 경우」, 『동대논총』 2, 동덕여대, 1971 ; 최강현, 「기행가사의 유형적 고찰」, 『홍대논총』 12, 홍익대, 1980 ; 최상은, 「유배가사의 보수성과 개방성-〈만언사〉와 북천가」, 『어문학연구』 4, 상명대 어문학연구소, 1996.

9 한 예로 "18세기 가사의 정점에 달한 작품이자 19세기 가사의 새로운 단초적 양상들을 보여주는 가사"로 평가하는 것을 들 수 있다. 백순철, 「連作歌辭 〈만언사〉의 異本 樣相과 現實的 性格」, 『우리문학연구』 12, 우리문학회, 1999, 173면.

이 같은 연구 성과에도 불구하고 여전히 남은 의문은, 정치적 유배도 아니고 현행범으로 유배를 가야 했던 처지에서 자신을 희화화하면서 웃음을 유발하려는 의도와 목적이 무엇인가에 모아진다. 절도안치(絶島安置)라는 극한의 유형 고통과 그에 따른 심리적 불안을 고려한다면, 이 같은 의문은 더욱 증폭된다. 유배란 삶의 터전에서 강제적으로 방축되는 극한의 고통을 포함하는 사건이며 그렇기 때문에 애절한 호소를 통해 동정을 이끌어내는 것이 요구되는 상황에서, 이에 맞지 않는 재미, 흥미[10]의 요소가 작품 곳곳에 등장하고 있기 때문이다.

'희화'란 대상의 어느 한 부분이나 전체적 형상을 볼록렌즈나 오목렌즈를 통해 부조화와 비정상의 모습으로 파악되도록 유도하는 것으로, 어디까지나 대상에 대한 주체의 의도적인 개입의 결과로 이루어진다는 데 유의할 필요가 있다.[11] 유배가사가 죄인의 신분에서 자신의 입장과 처지를 표명하는 갈래인 만큼 연군의 정서를 노래하는 것이 요구된다는 사실을 고려할 때, 이 같은 희화화와 그에 따른 웃음 창출의 의도에 대한 해명이 요청되는 것이다. 비록 조선 후기에 이르러 유배 상황의 열악함이나 부모에 대한 그리움과 같은 사적인 차원으로 관심이 변하였다고는 하나,[12] 자신을 희화화하면서 재미, 흥

---

10 '재미', '흥미'의 개념을 재정의하고 그 의미를 변별하려는 여러 연구가 이루어지기도 했으나, 본 연구에서는 재미, 흥미를 서로 밀접하게 연관된 것으로 보면서 이들을 함께 묶어서 다루기로 한다. 이러한 관점과 관련해서는 조희정, 「고전시가 감상 국면의 재미 흥미 의미」, 『고전문학과 교육』 29, 한국고전문학교육학회, 2015를 참조할 수 있다.

11 閔玹基, 「人物의 戱畵化와 作家情神」, 『韓國學論集』 10, 계명대 한국학연구원, 1983, 387면.

12 후기 유배가사의 경우 당면한 현실적 삶이 중요한 비중을 차지하면서 생활사적 자료로서 가치를 갖게 된다는 설명도 이러한 사실에 바탕을 두고 있다. 유정선, 「유배가사 연구의 동향과 전망」, 『한국문화연구』 10, 이화여대 한국문화연구원, 2006, 409면.

미를 창출하는 장면은 아무래도 자중과 근신이 요구되는 죄인[13]이 쓰는 유배가사의 일반적인 장르적 규약과는 맞지 않아 보이기 때문이다.

이러한 사실에서 보건대, 〈만언사〉가 보이는 유배가사로부터의 원심력에 대해 작자의 신분적 차이에서 연유한 결과로 단순화하는 것은 충분한 설명이 되지 못한다. 그동안 〈만언사〉의 사실적이면서도 희극적인 성격에 대해 텍스트를 분석하여 그 실체를 드러내기도 했고, 여항 시정 문화권의 공동 담론의 결과로 설명하기도 했으나, 연구 방법과 관점의 차이에도 불구하고 이들은 여전히 작자 계층의 문제로 수렴, 귀결되는 공통된 모습을 보이고 있다. '재미', '흥미'를 추구하는 의도, 배경에 초점을 맞추려는 이 연구의 문제의식이 여기서 출발한다.

자신의 삶에 대한 정서적 소회를 이야기한 작품으로 보기도 하고, 극한 상황에서 자기 위안의 이야기로 살펴보는 관점들[14]은 이러한 문제의식을 풀어내는 데 도움을 준다. 이들은 시가사적 구도를 잠시 접어두고 자신의 생애를 술회하는 목소리에서 〈만언사〉 고유의 미학을 규명하려 한 것이다. 본 연구에서는 이러한 관점에 더해 〈만언사〉의 재미, 흥미가 당대 수용자를 겨냥한 결과라는 사실에 초점을 맞추고자 한다. 작자-수용자의 소통 구조 속에서 텍스트의 의도와 효과를 살피려는 것을 말한다. 이는 재미, 흥미가 텍스트와 수용자의 소통 속에서 발현된다는 사실에 바탕을 둔다. 특히 소통 구조의 측

---

13 비록 정치적 유배는 아니었으나 목에 큰 칼을 쓰고 수쇄, 족쇄를 차고 원악지정배(遠惡地定配)에 처한 것을 보면, 〈만언사〉의 작자 또한 중형으로 취급받았음을 짐작할 수 있다.

14 정인숙, 「〈만언사〉에 나타난 자전적 술회의 양상과 그 의미」, 『韓國詩歌硏究』 25, 韓國詩歌學會, 2008, 163면 ; 염은열, 「자기 위안을 위한 이야기로 본 〈만언사〉의 특징과 의미」, 『문학치료연구』 19, 한국문학치료학회, 2011.

면에서 재미, 흥미의 문제를 규명하고자 하는 것은 "누가 어떤 전제 조건 하에서 무엇에 대해 웃는가?"[15]는 프라이젠단츠(Preisendanz)의 문제의식에서도 확인된다. 기존의 재미, 흥미에 대한 연구가 상당 부분 텍스트의 요소를 도출하는 데 초점을 맞췄다면, 생성 의도와 효과를 생산자, 수용자의 소통 구조, 맥락에서 규명하는 관점의 전환을 노리는 것이다. 이러한 접근은 웃음이 무엇보다 사회적 관련에서 발생하며, 사회적 집단이 영향을 끼친다고 보는 베르그송(Bergson)의 설명[16]과도 맞아떨어진다.

2. 수용자 지향의 흔적과 논의의 단서

〈만언사〉의 재미, 흥미에 주목하고 이를 소통 구조의 측면에서 살피기 위해서는 당대 수용자에게 재미, 흥미로운 텍스트였다는 사실이 입증되어야 한다. 또한 재미, 흥미의 구체적인 요인과 요소를 적확하게 규명할 수 있을 때, 소통 구조의 측면에서 의의와 효과에 대한 구명도 가능할 수 있다. 그러나 고전문학의 경우 소통, 향유의 맥락에 대한 정보를 찾기가 쉽지 않은 만큼, 재미와 흥미의 실체, 그리고 수용의 모습을 확인해야 하는 출발 단계부터 난관에 부딪힌다.

이 같은 상황에서 〈만언사〉 후기 기록[17]은 논의를 풀어내는 데 중

---

15 Wolfgang Preisendanz, Komische(das), Lachen(das). *Historisches Wörterbuch der Philosophie,* 류종영, 『웃음의 미학』, 유로, 2005, 23면 재인용.

16 Henri Bergson, *(Le)Rire, essai sur la signification du comique,* 정연복 역, 『웃음』, 세계사, 1992.

17 〈만언사〉는 〈만언답사(謾言答詞)〉와 〈사부모(思父母)〉, 〈사백부(思伯父)〉, 〈사처(思妻)〉, 〈사자(思子)〉 등과 함께 묶여져 전하는데, 이본에 따라 여기에 후기 기록이 덧붙여지기도 한다. 이들을 연작가사로 묶는 통례에 따라 이 글에서도 이들을 모두 포함하여 다루기로 한다.

요한 단서를 제공해준다. 〈만언사〉가 작자 자신의 내면 정서를 드러내고 표출하는 데 그친 것이 아니라 수용자를 특별히 고려한 글쓰기 결과임을 보여준다는 점에서 눈여겨 볼 필요가 있다.

> “글을 지여 본가(本家)의 보ᄂᆡ니 됴원의 슉모와 사촌누의 다 ᄃᆡ젼상궁(大殿尙宮)이라 이 글을 보며 슬허ᄒᆞ니 상(上)이 위연(偶然)이 누상(樓上)의 올나 ᄇᆡ회(徘徊)ᄒᆞ시며 보시니 무수ᄒᆞᆫ 궁녜(宮女) 둘너 안져 ᄒᆞᆫ ᄎᆡᆨ을 둘녀보고 두낫 상궁(尙宮)은 오열체읍(嗚咽涕泣)ᄒᆞ고 모든 궁녀(宮女)는 손뼉 쳐 간간절도(衎衎絶倒)ᄒᆞ며 혹 탄식(歎息)ᄒᆞ고 칭찬(稱讚)ᄒᆞ야 자못 분분(紛紛)ᄒᆞ거늘 상(上)이 고이히 녀기사 환시(宦侍)로 ᄒᆞ여곰 그 ᄎᆡᆨ을 가져오라 ᄒᆞ사 익혀 드르시고 지은 사람을 무르시니 알외되 죄인 안도원의 글이라 알외오니 그 문장(文章)의 긔틀과 변사(辯士)의 ᄌᆡ담(才談)을 ᄉᆡ로이 사랑ᄒᆞ사 즉일(卽日) 방송(放送)ᄒᆞ시고 즉시 옛 소임을 쥬사 천문(天門)의 근시(近侍)ᄒᆞ사 텬은(天恩)의 호탕(豪宕)ᄒᆞ심과 도원의 ᄌᆡ죄 일셰(一世)의 유명ᄒᆞ더라” (가람본 『만언ᄉᆞ』 후기)[18]

실제로 ‘生還할 기약이 없어 글을 지어 본가에 보냈다’는 기록 등은 〈만언사〉가 자신의 글을 읽게 될 독자를 염두에 두고 생산된 것임을 짐작하게 만든다. 여기서 확인되는 수용자는 가족, 일가친척에 국한되지만, 이들이 대전상궁이었다는 점에서 대궐까지 염두에 두었음을 유추하는 것이 어렵지 않다. 작품 곳곳에 등장하는 청자 지향적인 진술 역시 〈만언사〉가 수용자를 고려하고 있음을 방증하는 대목이라 할 수 있다.

12종에 이르는 이본의 존재[19]도 당대 〈만언사〉의 인기를 짐작하게

18 이 기록에 대해서 대체로 작품의 발문으로 받아들여 사실로 수용하는 견해가 지배적인 반면, 허구적인 문학적 형상물(김유경, 「〈만언사〉 연작 연구」, 『연민학지』 4, 연민학회, 1996)로 간주하기도 한다.

19 〈만언사〉 이본으로 국립도서관본 『만언ᄉᆞ』, 서울대 규장각본 『만언ᄉᆞ』, 연세대본

만든다. 유통 경위를 살핀 선행 연구들은 〈만언사〉의 수용 과정에서 여성 독자의 참여와 역할이 있었음을 밝히고 있다. 소설 〈청년회심곡〉에 〈만언사〉의 일부분이 삽입되어 있다는 사실은 〈만언사〉가 독자들 사이에 널리 유통되었음을 보여주는 또 다른 증거가 된다.[20] 이들은 모두 〈만언사〉가 당대 인기 있는 독서물이었고 세책으로까지 유통, 향유된 역사적 사실을 나타내는 바, "많은 독자를 확보할 수 있는 다양한 요소를 두루 갖추고 있"[21]음을 확인시켜 준다. 그렇다면 〈만언사〉가 어떻게 폭넓은 수용자들에게 흥미로운 독서물이 될 수 있는지에 대해 질문을 던지게 된다. 독자의 관심을 불러일으킬 수 있었던 요인이 궁금해진다.

후기 기록은 〈만언사〉가 상궁, 궁녀에게 널리 향유되면서 급기야 왕까지 읽게 되고, 이로써 해배를 이끌어냈다는 사실도 전하고 있다. 상궁과 궁녀는 물론 왕에게까지 수용될 수 있었던 전달력에 우선 주목할 필요가 있다. 가사가 당시 여성들에게 갖는 매체적 영향력이나 혹은 신세 한탄과 애절한 호소만으로는[22] 〈만언사〉의 전달력을 충분

『謾言辭』, 동양문고본 『萬言詞』, 경도대본 『萬言詞』, 국립도서관본 『샤고향』, 雪苔본 『만언ᄉᆞ』, 覓南본 『안도은가』, 연세대본 『閨壺消寂』, 정문연본 『남ᄌᆞ가』, 김시동본 『귀양달이』, 버클리본 『萬言詞』 등이 있다. 윤형덕, 「〈만언사〉 연구」, 단국대 석사논문, 1976 ; 김우영, 「〈만언사〉 이본고」, 『홍익어문』 창간호, 홍익대, 1982 ; 이재식, 「〈만언사〉 이본연구」, 『건국대 논문집』 32, 건국대 대학원, 1991 ; 백순철, 앞의 글.

20 〈만언사〉가 〈청년회심곡〉에 삽입될 수 있었던 배경에 대해 가사가 그 자체로 상업화되어 널리 알려진 데 따른 현상으로 설명하기도 한다. (서인석, 「가사와 소설의 갈래 교섭에 대한 연구」, 서울대 박사학위논문, 1995, 100면.) 이 역시 당대 〈만언사〉의 유통 정도를 보여주는 하나의 표지가 될 수 있다.

21 최상은, 앞의 글. 당대의 〈만언사〉 향유 기록과 여러 종류의 필사본 존재에 비춰볼 때, 대단한 평가를 받은 것으로 유추할 수 있다. 조동일, 『(제4판) 한국문학통사 3』, 지식산업사, 2005, 356면.

22 신세한탄과 애절한 호소가 상대방의 동정을 이끌어내는 데 매우 효과적으로 작용했다고 설명하기도 하지만(윤성현, 『후기가사의 흐름과 근대성』, 보고사, 2007, 159면.), 〈만언사〉의 인기와 효과를 구체적으로 해명하기 위해서는 재미, 흥미의

히 설명하지 못한다. 여기서 〈만언사〉를 읽은 수용자의 반응, '오열체읍'하고 '손뼉 쳐 간간절도'하며, '탄식'하면서 또한 '칭찬'한다는 대목이 관심을 끈다. 〈만언사〉를 읽은 이들은 눈물을 흘리면서 목메어 울 만큼 슬프면서도, 동시에 손뼉을 치며 까무라쳐 넘어질 만큼 기쁘고 즐겁기도 하고, 한탄의 한숨과 함께 칭찬이 환기되는 복합적인 경험을 겪었음을 보게 된다. 슬픔과 기쁨의 정서가 보색으로 중첩되어 발생하고 있다는 사실에 주목하면, 특정한 감정과 정서가 지속적으로 나타나는 것이 아니라, 장면에 따라 여러 감정이 교차되기도 하고 겹쳐지기도 하는 모습을 확인하게 된다. 따라서 호기심의 충족, 특정한 정서로의 함몰과는 구별되는, 여러 감정의 중첩이 나타나는 것으로 〈만언사〉 수용의 특징에 대한 가설을 세워볼 수 있다. 〈만언사〉의 재미, 흥미의 규명은 이같이 특정한 정서로 획일화되지 않고 심지어 상반된 여러 반응마저 이끌어내는 것과 관련된다고 보는 것이다.

〈만언사〉를 두고서 관념적 사고에 빠지지 않은 채 일희일비하는 인간의 모습이 적나라하게 드러나 있는 작품으로 해설하기도 한다. '체험과 감정을 진솔하게 표백한 사실적 작품'[23]으로 평가하는 이면에는 여전히 사대부와 구별되는 작자의 계층적 차이가 중요하게 자리하고 있다. 유배의 상황에서 자신의 처지를 효과적으로 전달하는 것이 중요한 과제였다는 점을 고려한다면, 사대부 유배가사의 표현관습 대신 선택한 재미와 흥미는 사실적 표현의 차원을 넘어서서 내용 생성과 표현 전략 전체를 지배하는 중요한 요소로 작용한다는 점에 초점을 맞출 필요가 있다.

요소를 보다 정치하게 탐색할 필요가 있다.

23 박순영, 「〈만언사〉 소고」, 이상익 외, 『고전문학 어떻게 가르칠 것인가』, 집문당, 1998, 476면.

기록 곳곳에 등장하는 작가로서의 역량도 이 같은 판단을 뒷받침한다. '문장필법이 사람을 놀닉고 언변이 유여ᄒᆞ고 총명영오ᄒᆞ야'와 같은 기록은 작자가 말을 엮어내는 데 특별한 재능을 갖고 있음을 보여준다. 나아가 대전별감으로 활동한 이력은 당대 유흥 문화의 시류에 가장 민감하게 반응하고 대응할 수 있는 배경으로 작용했으리라 유추된다. 실제로 조선 후기 대전별감은 기녀를 독점적으로 관리하는 자로, 여항-시정의 유흥 문화의 중심적 위치를 차지한 것으로 알려져 있다.[24] 또한 궁중 여인들과의 빈번한 접촉과 소통도 이들의 요구와 욕망을 담아내는 환경적 요인으로 작용하게 된다. 이러한 사실들로 미루어보아, 위기에 처한 한 인물이 재미와 흥미를 매개로 수용자의 호응을 이끌어내고자 했고, '문장의 긔틀과 변사의 직담'이 더해지면서 공감과 동조를 불러오는 데 성공할 수 있었던 것으로 생각된다.

이제 〈만언사〉와 재미, 흥미가 만나는 지점을 구체적으로 살필 차례이다.

3. 〈만언사〉의 유배 체험과 재미, 흥미의 접점

〈만언사〉 수용의 특징은 특정 정서로 획일, 수렴되지 않고 상반된 여러 반응을 불러오는 데에 있다. 대조, 대립되는 여러 요소, 내용이 서로 충돌하고 길항하는 과정 속에서 상황, 이야기, 정서가 효과적으로 부각되고, 이로써 수용자의 복합적인 정서와 감정이 발생하게 된다.

24 강명관, 『조선시대 문학예술의 생성 공간』, 소명출판, 1999, 183면. 이에 따르면 조선 후기 기부(妓夫)의 주류는 대전별감으로, 이들이 기생을 완전히 지배하고 있었다고 한다.

1) 시공간의 대비적 구성에 따른 상황의 부조(浮彫)

〈만언사〉의 작자가 추자도에서 유배형을 겪고 있다면, 잠재적 수용자는 서울에서 일상의 삶을 영위하고 있다는 점에서 서로 구별된다. 이들 사이에는 물리적 공간뿐만 아니라, 관심과 욕망의 측면에서도 적지 않은 차이점이 존재한다. 한 편에서는 생존 자체가 위협받는 극단의 고통이 존재하는 반면, 다른 한 편에서는 이러한 문제 상황마저 재미, 흥미의 내용소가 되고 있다. 공간의 대비가 관심과 욕망의 차이로 이어지는 것이다. 그런데 작중 화자의 처지에서 본다면, 현재의 비참한 삶과 과거의 화려한 삶이 충돌하는 또 다른 대비도 만나게 된다.

이처럼 작자와 수용자의 공간적 거리, 작중 화자의 시간적 거리에는 모두 흥(興)과 비(悲)의 차이가 내재되어 있고, 이러한 극단적인 대비가 작품 내용을 구성하는 중요한 동인이 되고 있다. 실제로 〈만언사〉 곳곳에서 서울과 추자도의 공간 대비, 과거와 현재의 시간 대비가 빈번하게 나타나는데, 이러한 대비를 통해 상황은 더욱 극적으로 그려진다.

먼저 〈만언사〉 공간의 대비적 구성부터 읽어보기로 하자. 유배형 자체가 유배지로의 강제적인 이동에 해당하는 만큼, 공간의 문제는 유배가사 작품군을 읽어내는 효과적인 키워드가 된다.[25] 특히 〈만언사〉에서는 유배지 추자도에서의 삶을 핍진하게 묘사, 기술하는 것에서 유배지 공간에 대한 특별한 시선과 관심을 보여준다.

수로쳔니(千里) 다지ᄂᆡ고 츄ᄌᆞ(楸子)셤이 여긔로다 / 도즁(島中)을 도

25 졸고, 「공간을 중심으로 한 〈북찬가〉의 새로운 이해와 접근」, 『국어국문학』 167, 국어국문학회, 2014 참조.

라보니 적막(寂寞)도 ᄐᆡ심ᄒᆞ다 / ᄉᆞ면(四面)을 도라보니 날알니 뉘잇스리 / 뵈는 것이 바다히요 들리ᄂᆞᆫ이 물소ᄅᆡ라 / 벽ᄒᆡ(碧海) 갈뉴후(後)의 모ᄅᆡ모혀 셤이 되니 / 츄자(楸子)셤 ᄉᆞᆷ길제ᄂᆞᆫ 쳔작지옥(天作地獄) 여긔로다 / 해수(海水)로 셩(城)을쓰고 운산(雲山)으로 문(門)을지여 / 셰상(世上)을 ᄉᆞᆫ쳐시니 인간(人間)이 아니로다 / 풍도(風濤)셤이 어ᄃᆡᄆᆡ뇨 / 지옥(地獄)이 여긔로다 / 어ᄃᆡᄆᆡ로 가잔말고 뉘집으로 가잔말고 / 눈물이 가리오니 거름마다 업더진다

쟝긔(瘴氣)의 누습(漏濕)ᄒᆞ야 즘ᄉᆡᆼ도 ᄒᆞ도ᄒᆞᆯᄉᆞ / 발나문 구렁ᄇᆡ암 쌤나문 청(靑)진에ᄂᆞᆫ / 좌우(左右)의 버러시니 무셥고도 증그럽다

흙바람 발나시나 죠희맛 아올손가 / 벽마다 틈이 버니 틈마다 버레로다 / 구렁ᄇᆡ암 격거시니 약간버레 져허ᄒᆞ랴 / 굴근버레 쥬어ᄂᆡ고 ᄌᆞ근버레 더져둔다 / ᄃᆡ얼거 문을ᄒᆞ고 헌ᄌᆞ리 가리오니 / ᄌᆞ근바ᄅᆞᆷ 가리온들 큰바ᄅᆞᆷ 아니들가

추자도는 조선 시대 대표적인 원악도(遠惡島)로, 지리적 환경부터가 매우 낯선 공간이다. 이러한 까닭에 당사자에게 추자도는 인간세계가 아닌 "풍도(酆都)섬"이며 "천작지옥(天作地獄)"인 곳이지만, 그만큼 서울의 수용자에게는 일상에서 겪기 어려운 흥밋거리를 제공해주는 공간이 될 수 있다. 바다와 물소리, 섬이 갖는 낯선 환경에, 구렁이와 지네, 벌레 같은 구체적인 소재가 더해짐으로써 신기함과 호기심을 불러일으키고 있으며, 이는 서울 혹은 궁궐의 일상과는 다른 특별한 체험을 만들어낸다. 독일어 '희극적'이라는 말 자체가 '즐거운'과 같이 웃음을 유발시키는 것을 뜻하면서, 한편으로 '진기한'과 같이 익숙하지 않은 것이라는 이중적인 의미가 내포되어 있다는 사실은,[26] 이러한 낯선 체험이 야기하는 재미와 흥미를 설명해준다. 실

제로 역사적 기록에 따르면 추자도는 엄격하게 관리된 유배지로 가장 낯선 공간이었던 만큼, 진기한 경험을 가져다주는 장소가 될 수 있다. 추자도에 대해 논평하는 목소리를 자주 접하게 되는 것도, 이러한 진기한 경험의 측면에서 설명될 수 있다.

풍속(風俗)을 보아ᄒᆞ니 ᄒᆞ연(駭然)이 막심(莫甚)ᄒᆞ다 / 인륜(人倫)이 업셔시니 부ᄌᆞ(父子)의 ᄊᆞ홈이요 / 남녀(男女)을 불분(不分)ᄒᆞ니 계집의 등짐이라 / 방언(方言)이 고이(怪異)ᄒᆞ니 존비(尊卑)을 아올손가 / 다만지 아ᄂᆞᆫ거시 손곱아 쥬먹혬의 / 두다셧 훗다셧ᄉᆡ 뭇다셧 곱기로다 / 포학(暴虐) 탐욕(貪慾)이 예의염치(禮義廉恥) 되여시며 푼젼(分錢) 승홉(升合)으로 효제충신(孝悌忠信) ᄉᆞᆷ아시며 / 일이(一二)ᄅᆞᆯ 공득(空得)ᄒᆞ면 지효(至孝)로 아라시며 / 혼졍(昏定) 신셩(晨省)은 보리담은 ᄎᆡ독이요 / 츌필고 반필면(出必告反必面)은 돈모으ᄂᆞᆫ 벙어리라 / 무지(無知)가 이러ᄒᆞ고 막지(莫知)가 이러ᄒᆞ니 / 왕화(王化)가 불급(不及)ᄒᆞ니 견융(犬戎)의 ᄒᆡᆼᄉᆞ(行事)로다 / 인심(人心)이 아니여든 인ᄉᆞ(人事)를 ᄎᆡᆨ망(責望)ᄒᆞ며 / ᄂᆡ귀향(歸鄕) 아니러면 이런일 보아시랴

낯선 자연 환경뿐만 아니라 인간 풍속의 저속함도 진기한 경험을 이끄는 요소가 되고 있다. 이러한 이유로 인해 추자도 현지인을 철저히 타자화하면서 서울의 수용자에게 관찰, 보고하는 목소리가 드러나기도 한다. 그런데 대비라는 측면에서 본다면, 추자도의 삶을 기술하는 순간에도 서울의 내용이 끊임없이 관여, 개입하여 중첩되어 기술되고 있음을 발견하게 된다.

ᄉᆡ벽ᄃᆞᆰ 홰홰우니 반갑다 ᄃᆞᆰ의소ᄅᆡ / 단봉문(丹鳳門) ᄃᆡ루원(待漏院)

26 류종영, 앞의 책, 16-17면. 이 설명에 따르면, 희극적이라는 형용사는 '흥겹게 하는', '해학적인', '즐거운'과 같은 통상적인 의미 이외에도 '이상야릇한', '진기한', '기묘한', '생소한'과 같이 전혀 웃을 수 없는, 익숙하지 않음의 의미를 동시에 내포하고 있다.

의 ᄃᆡ기문(待開門) ᄒᆞ던ᄶᅵ라 / ᄉᆡ로이 눈물지고 장탄식(長歎息) ᄒᆞ던 ᄎᆞ(次)의

추위 속에서 고통의 밤을 보낸 화자에게 새벽닭 우는 소리는 서울에서의 삶을 일깨운다. 추자도에서의 삶을 노래하면서도 곳곳에 불쑥 튀어나오는 이 같은 진술은 추자도와 서울을 극명하게 대비하는 가운데 상황의 부조(浮彫)를 빚어내고 있다. 다리타령은 이러한 특질을 단적으로 보여주는 장면이다.

손가락질 가리키며 귀양다리 온다ᄒᆞ니 / 어와 고이(怪異)ᄒᆞ다 다리지칭(指稱) 고이(怪異)ᄒᆞ다 / 구름다리 나무다리 증검다리 돌다린가 / 춘경월(春正月) 십오일(十五日)의 상원야(上元夜) 발근달의 / 장안시상(長安市上) 열두다리 다리마다 발불젹의 / 옥호(玉壺) 금준(金樽)은 다리다리 배반(杯盤)이요 / 젹셩(笛聲) 가곡(歌曲)은 다리다리 풍뉴(風流)로다 / 우다희로 발분다리 셕은다리 헌다리요 / 금쳔교(錦川橋)의 다리발바 장흥교(長興橋)압 발분다리 / 붕어다리 슈문(水門)다리 송교(松橋)다리 세경(細徑)다리 / 모젼교(毛廛橋)의 다리발바 군긔시(軍器寺)압 발분다리 / 아ᄅᆡ다리 쳘물(鐵物)다리 파ᄌᆞ(笆子)다리 두다리요 / 즁촌(中村)으로 광통(廣通)다리 구분다리 수표(水標)다리 / 효경(孝經)다리 대압(大鴨)다리 화장위 겻다린가 / 도로올나 즁학(中學)다리 다시내려 향(香)다리요 / 동ᄃᆡ문(東大門)안 마젼(馬廛)다리 셔소문(西小門)안 학(鶴)다리요 / 남ᄃᆡ문(南大門)안 슈각(水閣)다리 모든다리 발분다리 / 이다리 져다리에 금시초문(今始初聞) 귀양다리 / 슈종(水腫)다리 습(濕)다리에 온양온슈(溫陽溫水) 젼다린가 / 아마도 이다리는 실족(失足)ᄒᆞ여 병(病)든다리 / 두손길 느리치면 다리의 갓가오니 / 사지(四肢)의 손과다리 그ᄉᆞ이 언마치리 / 한층(層)을 조곰놉혀 손이라나 ᄒᆞ려무나

'-꾼', '-쟁이'에 해당하는 제주 지역 방언 '-다리'가 교량으로서의 다

리[橋]와 연결되어 서울의 여러 다리들을 불러오고 있다. 이로써 서울의 다리에 대한 장황한 열거가 이루어진다. 그러면서 '다리'라는 말의 괴이함을 들어 다리의 반대인 '손'을 떠올리게 되고, 이는 곧 손님으로 연결되면서 해학은 꼬리를 물고 이어진다. 그런데 표면적으로 본다면 반복 어법에 의한 말놀이의 차원에 그치지만, 공간의 측면에서는 추자도에서 서울로의 이동 순간을 보여주는 지점이다. 서울에 대한 향수가 환기되어 '나'라는 존재의 자기 정체성을 확인하게 된다는 것도,[27] 이 같은 공간 이동에 따른 결과이다. 추자도와 서울의 공간이 중첩되어 기술되는 것은 추자도를 향한 수용자의 호기심과 서울을 향한 화자의 갈망이 겹쳐진 데서 비롯된다.

그런데 서울과 추자도의 공간 성격이 흥과 비로 대표될 때, 이 같은 공간적 차이는 자연스럽게 화려했던 과거와 비참한 현재의 시간적 차이와 겹쳐진다. 시간의 차이가 공간의 차이와 맞물려서 과거와 현재가 단순한 시간의 경과에 그치지 않고 '부귀공명(富貴功名)'과 '절도고생(絶島苦生)'으로 대표되는 상황의 차이를 만들어내는 것이다.

> 어와이일 무슴일고 ᄂᆡ몸어이 여긔왓노 / 번화고향(繁華故鄕) 어ᄃᆡ가고 적막절도(寂寞絶島) 드러오며 / 오량와가(五樑瓦家) 어ᄃᆡ두고 모옥반간(茅屋半間) 의지(依支)ᄒᆞ며 / ᄂᆡ외장원(內外墻垣) 어ᄃᆡ가고 밧고랑의 뷘터이며 / 세살장ᄌᆞ(障子) 어ᄃᆡ가고 죽창문(竹窓門)을 다다시며 / 셔화도벽(書畵塗壁) 어ᄃᆡ가고 흙바람이 터져시며 / 산슈병풍(山水屛風) 어ᄃᆡ가고 갈발ᄃᆡ를 둘러시며 / 각장장판(角壯壯版) 어ᄃᆡ가고 삿ᄌᆞ리를 ᄶᅡ라시며 / 겨울핫것 어ᄃᆡ가고 본누비것 입어시며 / 정쥬탕건(定州宕巾) 어ᄃᆡ가고 봉두난발(蓬頭亂髮) 민머리며 / 안팟보션 어ᄃᆡ가고 다목다리 벌거ᄒᆞ며 / 녹피화자(鹿皮靴子) 어ᄃᆡ가고 육총집신 신어시며 / 조반점심(朝飯點心) 어ᄃᆡ가고 일종(日終)ᄒᆞ기 어려오며 / ᄇᆡᆨ통연죽(白銅煙竹) 어

27 정인숙, 앞의 글, 150면.

ᄃᆡ두고 돌담ᄇᆡᄃᆡ 무러시며 / 사환노비(使喚奴婢) 어ᄃᆡ두고 고공(雇工)이 가 되엿ᄂᆞᆫ고

낙양(洛陽) 셩중(城中)의 져봄빗 ᄒᆞᆫ가지로 / 고향(故鄕) 원니(園裏)의 이ᄭᅩᆺ치 퓌엿ᄂᆞᆫ가 / 거년(去年) 금일(今日)의 우슴우셔 보던ᄭᅩᆺ츨 / 청준(靑樽)의 슐을부어 ᄭᅩᆺ썩거 혬을노코 / 장진쥬(將進酒) 노ᄅᆡᄒᆞ여 무진무진(無盡無盡) 먹ᄌᆞ홀졔 ᄂᆡ번화(繁華) 질기무로 져ᄭᅩᆺ츨 보앗더니 / 금년(今年) ᄎᆞ일(此日)의 눈물ᄲᅮ려 보ᄂᆞᆫᄭᅩᆺᄎᆞᆫ / 아츰의 낫분밥이 낫오의 시장ᄒᆞ니 / 박잔(薄盞)의 흐린슐이 갑업시 쉬울손가 / ᄂᆡ고ᄉᆡᆼ(苦生) 슬푸무로 져ᄭᅩᆺ츨 다시보니 / 거년화(去年花) 금년화(今年花)가 ᄭᅩᆺ빗ᄎᆞᆫ ᄒᆞᆫ가지나 / 거셰인(去歲人) 금셰인(今歲人)은 인ᄉᆞ(人事)ᄂᆞᆫ 다르도다

유배지에서 겪는 현재의 고통이 서울에서 화려했던 과거의 삶과 대비되면서 자신의 처지가 보다 실감나게 그려지는 부분이다. 과거와 현재의 삶이 충돌하면서 극단적인 대비를 만들어내고 있다. 한 예로 꽃은 과거와 현재의 상황 차이를 단적으로 드러내는 소재로 기능한다. 작년과 올해 꽃빛은 변함없지만 자신의 처지는 완전히 달라졌다는 대조를 통해 현재의 고난이 더욱 심화되고 비극적으로 그려진다.

이처럼 시간과 공간의 대비적 구성은 상황을 극적으로 드러냄으로써 수용자의 재미, 흥미를 유발하고 증대하는 요소가 되고 있다. 서울에서의 화려했던 과거와 유배지에서 고통 받는 현재의 시공간이 병립되어 제시됨으로써 그 차이와 거리가 현재의 상황을 더욱 극적으로 재현하는 효과를 낳고 있다. 실제로 극대와 극소, 최선과 최악, 혹은 실재적인 것과 이상적인 것, 현 상황과 마땅히 있어야 할 상황 사이의 대조는 희극적 전환의 동인이 된다.[28] 이와 같이 극단의 대조,

28 Henri Bergson, 정연복 역, 앞의 책, 105면.

대비가 상황의 부조를 만들어내고, 이것이 재미와 흥미 창출의 환경을 제공해준다.

2) 다양한 인물 설정과 사건 제시를 통한 이야기의 부침(浮沈)

〈만언사〉가 시가임에도 불구하고 조선 후기 세책으로 널리 향유, 유통되었다는 사실은 주목할 만한 특징이다. 〈만언사〉가 노래로서의 기능 못지않게 이야기로서의 기능을 가졌다는, 다시 말해 독서물로서의 가치를 입증하는 근거가 되기 때문이다.[29] 그렇다면 〈만언사〉가 시가임에도 불구하고 어떻게 이야깃거리가 될 수 있었는지가 궁금해진다. 우선 인물을 등장시켜 그의 출생과 성장 과정 전체를 다루고 있다는 점에서 논의의 단서를 얻을 수 있다.

> 부모ᄉᆡᆼ아(父母生我) ᄒᆞ오실제 쥭은날을 나흐시니 / 부귀공명(富貴功名) ᄒᆞ랴던지 졀도고ᄉᆡᆼ(絶島苦生) ᄒᆞ랴던지 / 쳔명(天命)이 기ᄋᆞᆸ던지 션방(仙方)을 시험(試驗)ᄒᆞᆫ지 / 일주야(一晝夜) 쥭은아ᄒᆡ(兒孩) 홀연(忽然)히 ᄉᆞ라ᄂᆞ니 / ᄉᆞ쥬팔ᄌᆞ(四柱八字) 무어ᄂᆡ여 평ᄉᆡᆼ길흉(平生吉凶) 졈복(占卜)ᄒᆞᆯ졔 / 슈복강녕(壽福康寧) 가ᄌᆞ시니 귀양살셩 잇셔시랴

인물의 출생과 성장을 기술하고 있는 부분이다. 죽은 아이가 다시 살아나는 비범한 출생 장면에서 보듯, 시작부터 심상치 않은 모습으로 전개되고 있다. 범인(凡人)과는 다른 모습을 기대하게 만드는 것이다. 수복강녕, 귀양과 같은 대립된 내용의 언급은 앞으로 펼쳐질 이야기에 호기심을 잔뜩 불어넣는다. 인물의 등장은 이처럼

29 윤성현, 앞의 책, 153면. 실제로 동경의 동양문고에는 1900년 전후 무렵의 세책 31종 334책 334권이 소장되어 있는데, 그 가운데 〈만언사〉가 포함되어 있다.

화자의 정서가 일방적으로 토로되는 것을 막고, 호재와 악재가 거듭되는 흥미로운 사건과 이야깃거리로 펼쳐내는 것을 가능케 한다. 심지어 다양한 인물이 등장하여 목소리와 시선이 혼융되는 모습마저 볼 수 있다.

> 져나그ᄂᆡ 혜여보쇼 쥬인(主人)아니 불샹ᄒᆞᆫ가 / 이집져집 줄ᄉᆞᄂᆞᆫ집 ᄒᆞᆫ두집이 아니여든 / 관인(官人)들은 인졍(人情)밧고 손님ᄂᆡ는 츄김드러 / 굿ᄒᆞ여 ᄂᆡ집으로 연분(緣分)잇셔 와계신가 / ᄂᆡᄉᆞ리 담박(淡泊)ᄒᆞᆫ쥴 보시다 아니알가 / 압뒤히 젼답(田畓)업고 물속으로 ᄉᆡᆼᄋᆡ(生涯)ᄒᆞ여 / 압녀흘의 고기낙가 뒤녁흐로 장ᄉᆞ가니 / ᄉᆞ망이러 보리셤이 미들거시 아니로셰 / 신겸쳐ᄌᆞ(身兼妻子) 셰식구도 호구(糊口)ᄒᆞ기 어렵거든 / 양식(糧食)업ᄂᆞᆫ 나그ᄂᆡᄂᆞᆫ 무엇먹고 살야시오

> 양반(兩班)도 할 일업다 동냥(動鈴)도 ᄒᆞ시ᄂᆞᆫ고 / 즁인(中人)도 쇽졀업ᄂᆡ 등짐도 지시ᄂᆞᆫ고 / 밥빤노릇 ᄒᆞ오시니 젼역밥은 만히먹소

화자와 구별되는 제3의 인물을 등장시켜 그의 시선과 목소리로 사건이 기술되고 있다. 이러한 인물의 존재는 화자와 갈등을 야기하면서 여러 사건을 이끌기도 하는데, 이로써 유배 생활의 어려움이 화자의 일방적 진술로 전개되지 않고 인물과 사건을 통해 이야기로 구성되는 것이 원활해진다. 나아가 〈만언답사〉에서는 작품 전체가 유배지 주인을 전면에 내세워 유배객에게 위로를 건네는 형식으로 진술되고 있다. 이 같은 〈만언답사〉의 목소리는 표면적으로 유배지 주인의 것이지만, 사실상 〈만언사〉 작자의 소망을 대리 표출하는 장치로 파악된다.[30] 이러한 사실 또한 〈만언사〉가 인물과 사건을 통한 이야

---

30 정인숙, 「가사 장르를 통해 본 남성의 자전적 술회와 그 의미」, 『古典文學硏究』 36, 古典文學會, 2009, 82면. 〈만언답사〉가 〈만언사〉와 함께 전하는 만큼 창작 당

기로 전개되고 있음을 뒷받침한다.

이처럼 〈만언사〉는 다양한 인물의 목소리를 통해 사건을 구성하여 이야기로 펼쳐내고 있다. 이러한 인물과 목소리의 존재에서 우리는 자신을 주체로 내세워 이야기를 전개하는 화자의 모습을 보게 되는가 하면, 때때로 자신을 제3의 인물로 관찰, 기술하는 객관적인 서술자도 접하게 된다. 심지어 앞서 살펴본 바와 같이 다른 인물의 목소리가 등장하여 이를 매개로 사건이 만들어지는 모습도 보게 된다. 이 같은 특질은 자신을 극중 인물로 내세우면서도 다양한 연출 능력을 보이는 작자의 소질과 능력으로 이해되기도 하는데,[31] 이 모두 〈만언사〉가 인물과 사건을 통해 이야기로 전달되는 특질을 확인시켜 주는 지점이라 할 수 있다.

〈만언사〉를 유배가사의 범주가 아닌, '인물수난 가사' 혹은 '서사가사'[32]의 범주로 분류하여 살피는 데에도, 인물과 사건이 강조되는 특질이 자리하고 있다. 실제로 전기가사의 1인칭 서술 시점과 고소설의 3인칭 서술 시점이 복합적으로 활용되고 있는 점을 확인할 수 있다. 유배가사의 표현 기법이 후대로 내려올수록 상징적, 비유적 언어에서 사실적, 직서적 표현법을 쓴다는 점에서 소설의 묘사법이나 수필적 표현 기법으로 설명하려 한 것도, 이러한 주장을 뒷받침한다.[33]

그런데 인물이 겪는 사건이 평면적으로 전개되지 않고 일정한 부침(浮沈)을 반복하는 구조로 펼쳐진다는 것은 〈만언사〉의 또 다른

시부터 연작 구성을 취한, 창작 과정의 연작화 결과로 이해된다.

31 윤형덕, 앞의 글, 189면.

32 류해춘, 「장편서사가사의 서술방식과 작가의식 연구」, 경북대 박사학위논문, 1993. 이 연구에 따르면, 18세기말에서 20세기초에 생성된 15편의 장편서사가사를 주제의식과 창작동기에 따라 '인물수난 가사', '기행체험 가사', '역사기술 가사'로 분류하고 있다. 이처럼 〈만언사〉를 서사성에 주목하여 서사가사로 분류하여 살피기도 한다.

33 김혜숙, 앞의 글, 153면.

특징에 해당한다. 화려했던 삶과 그와 대비되는 고난, 위기가 호재와 악재로서 교차되어 진행되는 전개 양상을 보이는 것이다. 일반적으로 유배가사에 대해 유배지에서의 비참한 삶의 모습을 기대하게 되는데, 이와는 상반되는 서울에서의 유흥과 풍류가 장황하게 기술되는 것은 이러한 특질을 단적으로 보여주는 지점이다.

> 쳔금쥰마(千金駿馬) 환소쳡(換少妾)은 소년(少年)노리 더욱조타 / ᄌᆞ금ᄆᆡᆨ상(紫禁陌上) 번화셩(繁華盛)을 나도잠간(暫間) ᄒᆞ오리라 / 이젼(以前)마음 젼혀잇고 호심광흥(豪心狂興) 절노ᄂᆞ니 / ᄇᆡᆨ마황혼(白馬黃昏) 미친ᄆᆞᄋᆞᆷ 유협경박(遊俠輕薄) 다ᄯᆞ른다 / 무릉장ᄃᆡ(武陵將臺) 쳔진교(天津橋)도 명승지(名勝地)라 일너시나 / 삼청운ᄃᆡ(三淸雲臺) 광통교(廣通橋)도 노리쳐(處)가 아니런가 / 화죠월셕(花朝月夕) 뷘날업시 쥬ᄉᆞ청누(酒肆靑樓) 단일적의 / 만쥰향노(滿樽香爐) 익취(溺醉)ᄒᆞ고 절ᄃᆡ가인(絶代佳人) 침익(沈溺)ᄒᆞ여 취ᄃᆡ나군(翠黛羅裙) 고은ᄐᆡ도(態度) 청가묘무(淸歌妙舞) 희롱(戱弄)ᄒᆞᆯ제 / 풍유호ᄉᆞ(風流豪士) 그뉘런고 쥬중션군(酒中仙君) 부러ᄒᆞ랴

이러한 진술은 유배객에게 요구되는 근신, 자숙의 태도와는 맞지 않아 보인다. 이에 대해 당대 여항문화권의 욕구와 배경을 반영한 결과로 설명하기도 한다.[34] 그러나 본 연구에서는 이 같은 내용이 이후에 겪는 고난과 맞물려서 이야기의 부침을 이끌어내고 있다는 점에 주목하려 한다. 이야기의 부침이 내용 구성, 전개의 또 다른 원리로 작용하고 있는 것이다. 실제로 전체 내용을 살피게 되면, 시간의 흐름에 따른 연대기적 서술을 보이면서도, 개별 사건들은 극단적인 부침을 대표하는 것들로 채워지고 있다. 귀양 전까지의 주요 사건들

---

34 육민수, 앞의 글 참조. 세속적인 성공의 삶을 기술함으로써 그러한 성공을 꿈꾸던 당대 독자들에게 재미와 흥미를 불러왔을 것으로 보기도 한다. 염은열, 앞의 글.

을 정리해 보더라도 이러한 부침은 분명히 확인한다.

> 하루 만에 죽은 아이→다시 살아남→어머니의 죽음→어진 계모의 보육, 뛰어난 문필과 재능→풍류와 방황→입신양명→실수로 옥중에 갇힘→복직 및 부귀한 생활

일련의 이야기가 고난과 극복의 연속으로 구성되어 펼쳐지고 있다. 학문에 정진하여 관직으로 진출하는 호재가 이어지지만, 곧이어 옥에 갇히고 급기야 유배에 처하게 되는 악재도 뒤따른다. 이 같은 이야기의 부침에서 유배는 극단적인 저점이라 할 수 있다. 유배의 상황에서 특히 동냥에 나서는 모습은 부침의 극단을 향한다.

> 어와 ᄒᆞᆯ일업다 보리동냥(動鈴) ᄒᆞ오리라 / 탈망건(脫網巾) 갓숙이고 홋즁치막 씌그르고 / 육총집신 들메이고 셰술부ᄎᆡ ᄎᆞ면(遮面)ᄒᆞ고 담ᄇᆡ 업ᄉᆞᆫ 뷘담ᄇᆡᄶᅵ 소일(消日)죠로 무러시며 / 비슥비슥 것ᄂᆞᆫ거름 거름마다 눈물난다 / 셰상인ᄉᆞ(世上人事) 쑴이로다 ᄂᆡ일더옥 쑴이로다 / 엇그졔ᄂᆞᆫ 부귀ᄌᆞ(富貴者)요 오날아침 빈쳔ᄌᆡ(貧賤者)라 / 부귀ᄌᆞ(富貴者) 쑴이런가 빈쳔자(貧賤者) 쑴이런가 (중략)
>
> 붓그럼이 먼져ᄂᆞ니 동냥(動鈴)말이 나올손가 / 장(長)가락 입의물고 아니ᄂᆞᄂᆞᆫ 헷기침의 / 허리을 굽힐졔ᄂᆞᆫ 공슌(恭順)ᄒᆞᆫ 인ᄉᆞ(人事)로다 / ᄂᆡ허리 가이업다 비부(卑夫)의게 졀이로다 / ᄂᆡ인사(人事) ᄎᆞ셔(次序)업다 죵의게 존ᄃᆡ(尊待)로다 / 혼ᄌᆞ말 즁즁(重重)ᄒᆞ니 산ᄆᆡ(山魅)를 들여ᄂᆞᆫ가 / 그집ᄉᆞ룸 눈치알고 보리ᄒᆞᆫ말 ᄡᅧ쥬면서 / 불상ᄒᆞ다 가져가소 젹ᄀᆡᆨ동냥(謫客動鈴) 예ᄉᆞ(例事)오니 / 당면(當面)ᄒᆞ여 바들졔ᄂᆞᆫ 마지못ᄒᆞᆫ 치ᄉᆞ(致謝)로다 (중략) 아마도 쑴이로다 일마다 쑴이로다 / 동냥(動鈴)도 쑴이로다 등짐도 쑴이로다 / 뒤ᄒᆡ셔 당긔ᄂᆞᆫ듯 압ᄒᆡ셔 미압ᄂᆞᆫ듯 / 아모리 굽흐려도 잣바지니 어이ᄒᆞ리 / 머지아닌 쥬인(主人)집을 쳔신만고(千辛萬苦) 계오오니 / 존젼(尊前)의 츌입(出入)인가 ᄒᆞᆫ츌쳠ᄇᆡ(汗出沾背) ᄒᆞ

기고나

생활고로 인해 동냥을 나서야 하는 삶의 모습은 유배지에서의 비참한 생활상을 대표하는 장면이라 할 수 있다. 동냥을 나서는 상황에 대한 처연한 묘사, 동냥 과정에서의 굴욕과 수치, 거기다 등짐을 옮기는 과정의 어려움이 실감나게 그려지고 있다. 뒤이어 주인의 모욕 담긴 언사가 더해지면서 고난의 절정에 도달하게 된다.

인물의 비참한 삶은 화려했던 대전별감으로서의 삶에 견줄 때 더욱 부각된다. 이른바 '기대되는 역할의 역전 현상'이 발생하는 것이다. 근원적으로 두 가지 모순이 되는 사물, 행동들이 동시에 일어나는 데서 웃음이 발생한다는 사실은 이 같은 재미, 흥미를 설명해준다. 일반적으로 바보가 영리하거나 젊은이가 늙어 보이는 것과 같이, 서로 반대되는 행동들이 동시에 일어나는 데서 웃음이 발생하게 된다는 설명이다.[35] 어떤 사물, 사람이 이를 관찰하는 사람의 기대감과 불일치하는 것처럼 응당 있어야 할 것으로 기대되는 것이 배반될 때,[36] 수용자는 재미, 흥미를 갖게 된다.

그러나 삶의 과정에서 고난이 항상 극복되고 일정한 부침을 나타낸 사실은 지금의 유배 또한 한시적이며 극복될 수 있는 것임을 예상하게 만든다. 이러한 예상에 맞게 이야기의 부침은 〈만언사〉 이후에도 계속되어, 결국 〈만언답사〉를 통해 해배 이후의 모습을 가상으로 펼치는 새로운 국면을 만들어내기도 한다. 방면되어 서울로 돌아가는 여정과 그에 따른 행복한 삶이 새롭게 그려지는 것이다.

빅붓쳐라 돗지여라 뉵지산쳔(陸地山川) 둘너보니 / 올젹의는 우든뫼

35 Henri Bergson, 정연복 역, 앞의 책, 82-84면.
36 Ross Alison, *The Language of Humour*, Routledge, 1998, 7-26면.

히 갈젹의는 웃고보니 / 깃븐흥(興)을 못이긔여 명산되찰(名山大刹) ᄎᆞ즈실제 (중략) 돌모로 지나치고 청파(靑坡)다리 너머드러 / 숭녜문(崇禮門) 드리다라 오식(五色)구름 어린곳의 / 긔린봉황(麒麟鳳凰) 넘노는듯 셔긔반공(瑞氣盤空) 응삼궐(凝三闕)은 / 쥬야불망(晝夜不忘) 바라면서 그리든직 아니런가 / 쳔셰(千歲)불너 고두(叩頭)ᄒᆞ고 만셰무강(萬世無疆) 축슈(祝壽)ᄒᆞ니 / 장안시상(長安市上) 즐비(櫛比)ᄒᆞ고 틱평긔상(太平氣象) 번화(繁華)ᄒᆞ다 / 방방곡곡(坊坊谷谷) 도라드니 손님집이 거긔로다 / 부모쳐자(父母妻子) 마조나와 손을잡고 반겨ᄒᆞ니 / 우름긋틱 우슴나니 지닌고싱(苦生) 허ᄉᆡ(虛事)로다

유배의 처지에서 해배의 상황을 기술하는 것은 적절치 못한 처사가 될 수 있다. 심지어 '울음 끝에 웃음 나니 지낸 고생 허사'라는 언술은 매우 위험한 것일 수도 있으나, 〈만언사〉의 내용 전개 구조에서 본다면 상당부분 정해진 결말이라 할 수 있다. 〈만언사〉 이외에 〈만언답사〉가 덧붙여지는 까닭도, 유배의 상황이 극복되는 모습을 통해 이야기의 새로운 부침을 보여주고자 한 데서 찾을 수 있다. 이런 점에서 본다면, 이야기의 부침 또한 〈만언사〉 수용 과정에서의 다양한 반응을 설명하는 요소가 될 수 있다. 사건, 인물의 극단적인 제시를 통해 대중의 흥미를 끌고자 했다는 점은 〈만언사〉가 수용자의 재미, 흥미를 중요하게 고려하였음을 확인시켜 준다.

3) 개별 사건의 장면화와 일탈적 웃음에 따른 정서의 부동(浮動)

〈만언사〉에서 사건이 제시되는 모습을 자세히 살펴보면, 인물이 겪는 각각의 사건들이 개별화되어 하나의 장면으로 부각되고 있음을 확인할 수 있다. 이처럼 장면을 극대화하거나 독립성을 지닌 부분들

을 조합하여 전체를 구성하는 모습은, 판소리에서 '부분의 독자성', '장면의 극대화', 나아가 후기 대중문화의 작시 및 향유 원리[37]를 연상케 한다. 여기서는 개별적인 에피소드를 장면화 하여 연속적으로 나열함으로써, 각각의 희화화된 장면을 읽어내는 재미, 흥미가 발생한다는 점에 초점을 맞추고자 한다. 개별 사건을 각각의 장면으로 구성하여 제시함으로써 독자로 하여금 장면 하나하나에 주목하게 만드는 효과를 낳는 것이다.

〈만언사〉에서 장면화 되는 지점들은 대체로 화려했던 과거와 현재의 처지 사이에서 발생하는 거리와 차이를 향하고 있으며, 이를 의식주와 같은 기본적인 삶의 문제로 풀어내고 있다. 의식주의 문제가 불러오는 재미, 흥미는 인간 존재가 윤리적 차원을 떠나 동물과 다름없이 먹고 마시는 감각적인 저속함을 보일 때 웃음이 발생한다는 사실로도 설명할 수 있다.[38]

> 눈물노 밤음ᄉᆡᆨ와 아ᄎᆞᆷ의 죠반(朝飯)쥬니 / 덜쓰른 보리밥의 무장ᄶᅥᆼ이 ᄲᅮᆫ이로다 / ᄒᆞᆫ술을 ᄶᅥ셔보고 클터이 ᄂᆡ여쥬니 / 그도져도 아조업셔 굴물제ᄂᆞᆫ 업셧든가 / 여름날 긴긴날의 ᄇᆡ곱파 어려워라 / 의복(衣服)을 도라보니 ᄒᆞᆫ숨이 졀노난다 / 남방염쳔(南方炎天) 찌ᄂᆞᆫ날의 ᄉᆡᆨ지못ᄒᆞᆫ 누비바지 / ᄯᆞᆷ이 ᄇᆡ고 ᄯᆡ오르니 굴둑막은 덕셕인가 / 덤고검기 다바리고 ᄂᆡ음ᄉᆡᆨ를 엇지ᄒᆞ리

유배지에서의 궁핍한 삶은 인물의 약점과 결함을 끊임없이 강화하여 열등한 위치로 끝없이 하강하게 만든다. 이러한 인물의 하강은 곧 수용자의 우월한 위치를 높이고 확고히 하는 결과로 이어진다. 여기서 우월이론은 이러한 재미, 흥미를 설명해주는 도구가 될 수 있다. 다른 사람의 불행, 어리석음, 열등감을 바라보는 통쾌함에서 재미, 흥

---

37 염은열, 앞의 글, 20면.

38 류종영, 앞의 책, 82면.

미가 비롯된다는 설명이다.[39] 이러한 재미, 흥미는 어디까지나 당사자의 불행과 고통이 수용자와는 무관하다는 안전거리가 확보될 때 가능할 수 있음은 물론이다. 불행과 고통으로부터 차단되는 현실적, 심리적 거리가 전제될 때, 수용자는 작품 속 일련의 장면을 희극적 일탈로 여기면서 재미와 흥미를 가질 수 있다.

그런데 각각의 장면들이 개별적인 재미와 흥미를 추구하는 데 목적을 두는 만큼 전체 주제와 정서에 수렴되는 일관된 흐름을 나타내기보다는, 경우에 따라 갑자기 벗어나는 원심력의 방향성을 보이기도 한다. 작품의 전개를 잠시 중단하고, 진행되던 정서와는 반대 방향으로의 갑작스러운 변화를 통해 재미, 흥미에 빠져들게 만드는 것을 말한다. 실제로 유배형의 체험이 〈만언사〉의 주된 내용을 구성하는 만큼, 고난의 삶과 비탄의 정서가 장면을 구성하는 주요 내용이 되고 있다. 그러나 의식주의 어려움이 연이어 제시되어 슬픔의 정서가 심화되고 있지만, 곳곳에 희극적 장치가 마련되어 여기서 벗어나게 되는 과정 또한 반복된다.

> 못먹어 ᄇᆡ곱푸니 허리띄 타시런가 / 허긔(虛飢)져 눈깁흐니 뒤쑥뒤거의로다

> 조희부친 ᄇᆡ롱(焙籠)인가 두눈박은 슈슈된가 / 十五里의 장승인가 열나흔날 졔용인가 / 상셩(喪性)ᄒᆞᆫ 광인(狂人)인가 실혼(失魂)ᄒᆞᆫ 병인(病人)인가 / 거문눈 희게쓰고 북녁만 바라볼제 / 밧가온ᄃᆡ ᄉᆡ날니는 졍의아비 모양(模樣)이니

궁핍으로 인해 정신이 아득한 비참한 상황이 묘사되고 있다. 그런

39 류종영, 앞의 글, 128면.

데 이 같은 전후 맥락과 어울리지 않게 굶주려 눈이 쑥 들어간 모습을 마치 머리 뒤에 닿게 되었다고 표현함으로써, 슬픔과 비탄의 정서에서 빠져나와 웃음 짓게 만든다. 비참한 삶을 살아가는 자신을 배롱, 수숫대, 장승, 제웅, 광인, 병인, 허수아비 등으로 빗대는 것 또한 마찬가지이다. 자기를 희화화하여 돌발적인 웃음을 가져다주는 장치가 뒤따르게 되면서 정서적 전환이 발생하고 있는 것이다. 이처럼 희화화된 장면의 연출은 고통의 정서로 심화, 침전되는 것을 차단하고, 고통이 야기하는 부정적 정서를 순간적으로 희극적으로 전환시키는 기능을 수행한다. 본래 웃음은 키케로의 『웅변가론』에서 말한 바와 같이 "우리가 기대한 것과 무언가 다른 것이 말해질 때" 발생하는데, 〈만언사〉는 비극적 상황이 기대되고 예상되는 지점에 우스꽝스러운 상황, 모습을 곳곳에 마련해두고 있다. 이로 인해 슬픔의 정서가 심화되는 지점에 이르러, 이와 대비되는 웃음의 장치가 곧바로 등장하면서 부정적 정서에 붙잡히지 않고 정서의 전환이 이루어지게 된다. 표면적으로 본다면, 이러한 사설은 일관성 / 비일관성이라는 단순 구조 속에서 중심 주제나 스토리라인에 대한 이탈, 텍스트 속의 불필요한 잉여, 사족으로 평가될 수 있다. 그러나 이러한 일탈은 그 엉뚱한 성격으로 인해 서술의 엄격한 구성과 경제성을 조롱하는 결과를 초래하고 허구와 현실의 경계마저 혼란스럽게 만든다. 그러면서 우회를 통해 다시 중심쪽으로 '역류', '귀환', '수렴'하는 시소 운동을 전개하는 것으로 설명되곤 한다.[40]

〈만언사〉야말로 이러한 효과를 가장 단적으로 보여주는 까닭에 고난과 비애의 삶을 웃음으로 해소함으로써 그 무게를 경감시키는, 이른바 '웃음으로 눈물 닦기'를 보여주는 대표적인 작품으로 거론되기

40 Randa Sabry, *Stratégies discursives*, 이충민 역, 『담화의 놀이들』, 새물결, 2003.

도 한다.[41] 수용자적 관심에서 살핀다면 이 같은 희화화된 표현은 전후 문맥상의 사건 흐름을 잠시 멈추고 비극적 정서를 중지시킴으로써, 독자로 하여금 이 같은 정서에서 빠져나와 이완하게 만드는 효과를 거둔다. 고난의 상황이 장면화 됨에 따라 수용자는 텍스트 속 상황에 이입되어 몰입하는 과정을 겪게 되지만, 그와 동시에 텍스트에 함몰된 수용자를 다시금 떼어놓는 일탈적 장치로 인해 텍스트와의 심리적 거리, 방향성이 끊임없이 변화하는 움직임을 겪게 되는 것이다.

이처럼 〈만언사〉는 고난의 사건들을 삽화 차원으로 구성하면서도 어느 정도 독립성을 유지한 채 장면화 하여 제시하고 있다. 덧붙여 특정한 상황과 정서로 함몰되는 것을 막기 위해 일탈적인 웃음의 장치도 마련하고 있다. 다음 장면까지 전체적인 상황과 정서가 공유 · 유지되면서도, 심화 · 함몰되지 않는 이유를 여기서 찾을 수 있다. 〈만언사〉 수용 과정에서의 여러 상반된 반응도 이로써 해명될 수 있다. 말의 반복이 재미를 갖기 위해서는 용수철처럼 다시 풀어지려는 억눌린 감정과 함께 그 감정을 다시 억압하는 것을 즐기려는 생각이 서로 대치되어야 하는데,[42] 개별 사건이 장면화 되고 일탈적 웃음이 뒤따르는 〈만언사〉에서 이러한 구조의 실제 모습을 보게 된다.

4. 〈만언사〉 재미, 흥미의 소통론적 의미

1) 삶의 부침에 대한 통찰과 교훈의 전달

이상의 논의를 통해 〈만언사〉가 시공간의 대비적 구성, 다양한 인

41 김대행, 『웃음으로 눈물 닦기』, 서울대출판부, 2005, 79-82면.
42 Henri Bergson, 정연복 역, 앞의 책, 67면.

물 설정과 사건의 제시, 희화화된 장면과 일탈적 웃음으로 인해 상황의 부조(浮彫), 이야기의 부침(浮沈), 정서의 부동(浮動) 효과를 거두고 있으며, 수용자의 다양한 반응은 이러한 효과에서 비롯되는 것임을 확인하였다. 그런데 〈만언사〉의 재미, 흥미가 단지 열등한 인물에 대한 우월감의 확인이나, 불행한 인간에 대한 통쾌함의 환기에 그치는 것은 아니다. 이들은 해당 지점에서 웃음을 유발하는 동인으로 작용하기는 하지만, 폭넓은 수용자의 다양한 향유 모습 전체를 설명해주지는 못한다. 오히려 극단적인 삶의 두 모습을 나란히 견주고 그 부침을 보여줌으로써 "번복(翻覆)도 측냥(測量)업고 승침(昇沈)그지업다"는 삶의 통찰과 교훈으로 나아가고 있는 사실에 주목할 필요가 있다. 이러한 통찰과 교훈의 메시지가 폭넓은 수용자의 호응을 이끌어내는 요인이 될 수 있다.

> 졸부귀(猝富貴) 불상(不祥)이라 곤마복즁(困馬卜中) 되엿던지 / 극셩즉필ᄑᆡ(極盛則必敗)ᄒᆞ니 흥진비ᄅᆡ(興盡悲來) ᄒᆞ엿던지 / 다오르면 나려오고 가득ᄒᆞ면 씨엿던지 / 호ᄉᆞ(好事)가 다마(多魔)ᄒᆞ고 죠물(造物)이 싀긔(猜忌)ᄒᆞᆫ지 / 인간(人間)의 일이만하 화젼츙화(花田衝火) 되엿ᄂᆞᆫ지 / 청쳔ᄇᆡᆨ일(靑天白日) 말근날의 뇌졍벽녁(雷霆霹靂) 급히치니

> 엇그졔ᄂᆞᆫ 부귀ᄌᆞ(富貴者)요 오날아침 빈쳔ᄌᆡ(貧賤者)라 / 부귀ᄌᆞ(富貴者) ᄉᆞᆷ이런가 빈쳔ᄌᆞ(貧賤者) ᄉᆞᆷ이런가

현재의 고난과 비극의 상황에 대해 좋은 일이 지나쳐서 나쁜 일이 생겨났다는 '복과재생(福過災生)'의 가치관이 작품 전체를 지배하고 있다. 현재의 비극적 상황을 있는 그대로 받아들이기 쉽지 않은 상황에서, 인생사의 일반적 운명 차원으로 합리화를 시도하는 것이다.

고난의 상당 부분을 자신의 책임이 아닌 인생사의 한 흐름으로 돌리는 모습을 엿보게 된다. 이러한 인식 탓에 부귀자(富貴者)와 빈천자(貧賤者) 모두가 한낱 꿈일 수 있음을 토로하는 데 이른다.

그런데 수용론적 관심에서 본다면, 희비가 엇갈리고 부침을 겪는 것이 인생의 본질이라는 사실로 일반화함으로써 이 같은 문제가 특정 개인에게 국한된 것이 아니라 수용자를 포함한 모든 이들에게 유효한 것임을 체감하게 만드는 효과를 갖는다. 사실상 "희극적인 것이란 무엇보다도 사회에서의 어떤 유별난 부적응 상태를 표현하는 것"[43]이라는 점에서, 〈만언사〉에서 그려지는 유배형과 희화화된 내용은 당사자에게 국한된 매우 '특별한' 사건으로 여겨질 수 있다. 그런데 〈만언사〉에서 그려지는 내용이 이처럼 인생사의 본질로 수렴될 때, 모든 인간은 이러한 부침에서 자유로울 수 없다는 결론에 도달하게 된다. 눈앞에 펼쳐지는 작품 속 비참한 유배 모습이나 화려한 삶의 여러 장면들 하나하나에 집중하게 만들면서도, 궁극적으로는 인간 삶에 대한 자각과 거시적 통찰로 이끌고 있는 것이다. 인간 삶이 "빅구지 과극(白駒之過郤)이요 창히지 일쇽(滄海之一粟)"이라는 서두의 선언적 진술은 작품 전체를 꿰뚫는 메시지라 할 수 있다.

이처럼 〈만언사〉의 재미, 흥미의 이면에는 삶에 대한 통찰과 교훈이 자리 잡고 있다는 점에서, 웃음에 대한 불일치이론이나 우월이론만으로는 설명이 충분치 않다. 또한 삶에 대한 통찰과 교훈은 여타 작품들과 구별 짓는 고유한 특질이 될 수도 있다. 〈만언사〉의 소통론적 의의는 이와 같이 재미, 흥미가 삶에 대한 통찰, 교훈과 자연스럽게 교차하는 데서 찾아진다. 이는 〈만언사〉의 성격을 교훈가사의

---

43 Henri Bergson, 정연복 역, 앞의 책, 111면.

측면에서 살피려는 최근의 연구와 맞아떨어지면서도, 효성과 그리움, 지난 삶에 대한 반성과 개과천선과 같이 도덕적 측면에 주목하는 점[44]은 본 연구와 구별되는 지점이다.

2) 방축으로부터의 심리적 탈출과 정서적 연대감의 도모

일반적으로 〈만언사〉의 재미, 흥미는 유배의 고통을 완화시키고 자기 위안을 가져다주기 위한 것으로 설명된다. 유배자로서 불안정하고 복잡한 심리 속에서 자신의 생애에 대해 술회함으로써 자신이 처한 어려움과 고통에 대한 외현화를 시도한다는 것이 대표적이다.[45] 이와 관련하여 허치슨(Hutcheson)은 치료적 관점에서 '긴장을 완화시키는 웃음'을 설명한 바 있는데, 〈만언사〉의 재미, 흥미 또한 이러한 사례가 될 수 있다.

> "모든 사람들은 웃음의 상태가 편안하고 유쾌한 상태라는 것을 알고 있으며, 익살스런 이미지들이 다시 생성되거나 연상되는 것이 짜증과 근심 그리고 슬픔을 쫓아버리고, 마음을 편안하고 행복한 상태로 바꾼다는 것을 알고 있다. 다른 한편으로 보아 편안하고 행복한 상태란 우리가 어떤 대상들에서 익살스러움을 가장 활발하고 가장 격렬하게 지각하고 인지하고 있는 상태다. 우리에게 즐거움을 주는 어떤 것도 말하자면 우리를 웃게 하는 적절한 상태가 되도록 한다."[46]

그런데 이러한 효용이 작자의 측면에 머무르고 있다면, 수용자와

---

44 최현재, 「〈만언사〉의 복합적 성격과 현실적 맥락에서의 의미」, 『韓國詩歌硏究』 37, 韓國詩歌學會, 2014 참조.

45 염은열, 앞의 글, 27-30면.

46 Francis Hutcheson, Thoughts on laughter and observations on 'the Fable of the Bee' in six Letters, 류종영, 앞의 책, 172면 재인용.

의 소통 구조 속에서 재미, 흥미가 갖는 의미에 대해서도 살필 것이 요청된다. 추자도로의 유배형이 필연적으로 인간관계, 사회관계의 단절을 불러온다는 사실은, 〈만언사〉를 매개로 한 소통의 가능성과 그 의미를 생각하게 만든다. 작품 속에서 추자도를 지옥으로 받아들이는 이유는 근본적으로 나의 인간관계와 일상생활이 단절, 고립되는 절해고도라는 사실에서 비롯된다. 추자도와 서울의 물리적 거리가 만들어내는 단절과 고립, 그리고 그에 따른 심리적 고통이 수용자와의 소통을 더욱 갈망하게 만들었으리라 생각된다. 절도정배(絶島定配)의 낯설고 고립된 환경이 야기하는 긴장과 불안이 어떻게 해서라도 사람들로 하여금 자신의 이야기에 귀 기울이게 만들려는 욕구로 작용한 것이다. 연고(緣故)가 없는 절도 생활에서 도민과의 불편한 관계는 이러한 욕구를 더욱 증대시키는 촉매가 될 수 있다. 실제로 유배인과 이들과의 관계가 낯설음과 갈등으로 나타나고 있음은 〈만언사〉뿐만 아니라 여러 역사적 기록에서도 확인된다.[47] 이런 사실에서 보건대 〈만언사〉의 생산과 소통은 방축으로부터 심리적으로 벗어나고 극복하기 위한 차원에서 이루어진 행위로 볼 수 있다.

이런 상황에서 재미, 흥미의 선택은 서울 수용자의 관심과 호응을 이끌어내는 중요한 도구가 될 수 있다는 점이 고려된 결과로 보인다. 사회로부터 격리된 존재가 소외를 극복하고 연대감을 구축하고자 하는 절실함이 자신을 희화화하여 표현하는 독특한 개성으로 발현된 것이다. 실제로 웃음이 수용자와의 연대감 형성에 기여한다는 사실은 이러한 가정을 뒷받침한다. 웃음은 인간 활동과 상관없는 기이하고 고립된 현상이 아니라, 다른 사람들과의 합의, 즉 일종의 공범 의식을 만들어내는 것으로 알려져 있다.[48] 웃음이 이끌어내는 수용자와

47 국립해양문화재연구소, 『서남해 섬과 유배문화』, 디자인문화, 2011, 131면.
48 Henri Bergson, 정연복 역, 앞의 책 참조. 웃음의 대상에 대해 '안도(relief)', '저항

의 결속력은 다음과 같이 설명되기도 한다.

> "우리 자신이나 우리 친구들이 웃음거리의 대상이 아니라면, 웃음 때문에 우리는 웃게 한 사람에 대해 좋게 평가하게 된다. 웃음은 비록 그것이 대단한 영웅적인 우정의 결과보다는 못할지라도, 일반적인 우정에서 보아 가장 작은 결속은 아니다."[49]

이러한 설명에 따른다면 웃음은 '사회적' 감정에 해당하는 것으로, 집단의 결속과 감정의 일치를 이끌어내는 데 기여한다. 웃음에 대한 사회학적 연구에서 웃음을 '환대의 웃음(le rire d'accueil)'과 '배척의 웃음(le rire d'exclusion)'으로 구분하는 것에서도 이러한 기능과 효과를 살필 수 있다. 웃음은 집단과의 관계에 따라 공격적인 웃음이 될 수 있는가 하면, 공동체에 편입되는 웃음이 될 수 있다고 본다. 여기서 주목할 사실은 비웃음을 당하는 사람의 경우 규범과 사회적 요구에 적응하지 못하는 데서 웃음이 발생하지만, 한편으로 함께 웃음으로써 웃고 있는 다른 사람들과 연대감을 갖게 된다면 이 같은 배척의 웃음이 곧바로 환대의 웃음이 되기도 한다는 점이다.[50]

실제로 〈우부가(愚夫歌)〉의 웃음이 수직적 범주화와 관련된다면, 〈만언사〉 웃음은 수평적 범주화의 문화 맥락에 기반하여 연대적인 해방감과 관련된다는 설명[51]에서도 웃음과 정서적 연대감의 관련성을 확인할 수 있다. 이런 점에서 본다면, 〈만언사〉에서 자신을 희화

(protest)', '연대(solidarization)'의 반응을 설명하는 것에서도 이를 살필 수 있다. Hans Robert Jauss, *Aesthetic experience and literary hermeneutics*, University of Minnesota Press, 1982, 195면.

49 Francis Hutcheson, 앞의 책, 류종영, 앞의 책, 172면 재인용.

50 Eugène Dupréel, *Le Problème sociologique du Rire, Revue philosophique*, 류종영, 앞의 책, 29면 참조.

51 김대행, 「상생의 웃음과 웃음문화」, 김유정탄생100주년기념사업추진회, 『한국의 웃음문화』, 소명출판, 2008 참조.

화하는 것은 철저하게 주체의 표현 전략에 따른 의도적인 장면 구성에 해당하고, 이때의 재미, 흥미는 정서적 연대감을 위해 매개된 것이라는 결론에 도달하게 된다. 담화 전체가 어떻게 감정을 발산할 수 있고 감동을 줄 수 있는지에 대해, 가장 효과적인 수단으로 "중심 목표와 일반적 행동에서 이탈하는 것"을 지적하는 로마 수사학의 설명[52]에서 〈만언사〉의 재미, 흥미 추구의 효과가 갖는 역사성도 짐작할 수 있다.

〈만언사〉의 재미, 흥미 지향적 태도는 불우한 현재 상황을 견디게 하는 힘이 되면서, 한편으로 자신의 처지가 많은 사람들에게 널리 전달되기를 희망한 데 따른 결과로 볼 수 있다. 자신이 처한 비참한 현실은 부정과 극복의 대상이지만, 이러한 절망적 상황을 희화화하여 그려냄으로써 수용자의 공감과 동정을 효과적으로 이끌어내고 있는 것이다. 이는 자조와 열등의식으로 스스로를 저주한다고 보는 해석[53]과는 입장을 달리한다. 이러한 사실에서 보건대 〈만언사〉는 자신의 정서를 토로하고 표출하는 데 그치지 않고, 수용자를 염두에 두고서 자신의 의도가 효과적으로 전달되는 데 초점을 맞춘 작품임을 알게 된다. 재미, 흥미의 관점은 〈만언사〉의 이 같은 미학을 탐색하고 해명하는 하나의 도구가 되고 있다.

5. 결론을 대신하여 : 수용자로의 관심 전환과 소통의 시학을 위하여

다시 〈속사미인곡〉과 〈만언사〉를 비교한 처음의 논의로 돌아가

---

52 Randa Sabry, 이충민 역, 앞의 책, 58-59면 참조.
53 윤성현, 앞의 책, 219-220면.

보자. 아래는 〈속사미인곡〉에 대한 기록의 일부이다.

> "생각건대 저 역적 이진유는 실제로 김일경과 박필몽의 흉모를 주관한 자임에도 무단히 배소에서 돌아왔으나, 끝내 정법하라는 명을 아끼고 계십니다. 전하께서는 과연 따뜻하게 베푸는 작은 은혜로 효경의 마음을 감화시킬 수 있다고 생각하는지요. 아니면 섬에서 지은 가사(歌詞)가 진실로 임금을 사랑하는 정성에서 나오고 조만정을 잡아 바친 것이 족히 스스로 변명할 단서가 된다고 여기시는 것인지요. 그가 가요(歌謠)를 전파시켜 도하(都下)에까지 흘러들어 가게 한 것은 정상이 매우 요악합니다." (영조실록 5년 2월 28일 / 밑줄 및 강조 : 연구자)

〈만언사〉 후기와 위 기록은 이들 작품이 공통적으로 서울에까지 흘러들어 향유된 사실을 확인시켜 준다. 나아가 위 기록은 〈속사미인곡〉이 이미 당대에 '진실로 임금을 사랑하는 마음'이 아니라, 정치적 의도에 따른 내용으로 인식되었음을 보여준다. 이러한 사실들은 모두 유배가사가 개인의 정서를 진솔하게 표현해내는 매체가 아니라, 다분히 정치적인 소통의 수단과 도구로 기능한 사실을 일깨워준다.

이처럼 정치적 소통의 수단, 도구로서의 가능성에 주목한다면, 〈만언사〉에 대한 관심 또한 텍스트에서 수용자로 전환할 필요가 있다. 유배가사가 갖는 전달력과 소통의 측면에 대한 본격적인 탐색을 제안하는 것이다. 대부분의 유배가사가 고도의 비유와 표현 관습에 기대어 충정으로 귀결되는 까닭도, 왕이나 관료가 잠재적 수용자로 설정되는 구조에서 찾을 수 있다. 수용자 측면에서 본다면, 〈만언사〉의 경우 처음부터 대전상궁인 숙모, 사촌누이로 대표되는 가족, 나아가 중인 이하 계층을 염두에 두었다는 점에서 이들과는 차이점을 갖고 출발한다. 이 같은 수용자의 차이는 유배가사의 보편적인 표현 관습에서 이완을 가져오면서 그들의 욕구가 그 자리를 대신하게 만든다. 〈만언사〉에서 재미, 흥미의 추구는 작자의 의도와 수용자 욕구가 텍스트로 실현되는 모습을 살피는 표지가 될 수 있다.

18세기 이후 가사 장르는 삶의 다양한 국면을 포착하고 드러내는 역할이 강조된다. 그런데 이 같은 가사 기능에 대한 관심은 자칫 자전적 술회와 같은 작가론적 효용에만 머무르게 만들 우려를 낳는다. 수용자와 소통론적 의미로의 전환이 요청되는 것이다. 재미, 흥미는 텍스트와 수용자의 '사이'[54]와 '만남'에서 비롯되는 만큼, 수용자와 소통의 의미를 밝히는 효과적인 키워드가 될 수 있다.

그러나 이 글에서 탐색한 〈만언사〉의 소통론적 의미는 여전히 당대 수용자의 것에 머무르고 있으며, 따라서 현재 수용자의 재미, 흥미와 연결 짓지 못하는 한계를 노정하고 있다. 당대의 소통 구조 속에서 탐색을 진행함으로써 수용의 현재성과 고전문학교육에서의 문제를 또 다른 과제로 남기고 있는 것이다. 그럼에도 불구하고 고전문학의 '의미'는 수용자와의 관계 속에서 탐구되어야 하고, '재미', '흥미'야말로 이러한 관계를 설명해주는 유용한 도구가 될 수 있다는 기대가 이 연구를 이끄는 동력이 되었음을 밝힌다.

---

54 조희정, 앞의 글 참조.

참고문헌

강명관, 「조선후기 서울의 중간계층과 유흥의 발달」, 『조선시대 문학예술의 생성 공간』, 소명출판, 1999.

고순희, 「18세기 정치현실과 가사문학」, 『어문학』 78, 한국어문학회, 2002.

국립해양문화재연구소, 『서남해 섬과 유배문화』, 디자인문화, 2011.

권현주, 「중인층 유배가사에 나타난 작자의식과 생활상」, 『어문학』 122, 한국어문학회, 2013.

김대행, 『웃음으로 눈물 닦기』, 서울대출판부, 2005.

김대행, 「상생의 웃음과 웃음문화」, 김유정탄생100주년기념사업추진회, 『한국의 웃음문화』, 소명출판, 2008.

김성룡, 「고전문학의 재미와 고전문학교육의 의미」, 『고전문학과 교육』 28, 한국고전문학교육학회, 2014.

김유경, 「〈만언사〉 연작 연구」, 『연민학지』 4, 연민학회, 1996.

김유리, 「안조원의 〈만언사〉에 나타난 교육적 의미」, 『순천향 인문과학논총』 31-3, 2012.

김지성, 「조선후기 중인층 유배가사연구」, 서강대 석사학위논문, 2007.

김혜숙, 「유배가사를 통하여 살펴본 가사의 변모 양상」, 『관악어문연구』 8, 서울대 국어국문학과, 1983.

남정희, 「〈속사미인곡〉에 나타난 유배 체험과 연군 의식 고찰」, 『한국고전연구』 29, 한국고전연구학회, 2014.

류수열, 「고전시가 독서의 재미 요소 탐구」, 『고전문학과 교육』 26, 한국고전문학교육학회, 2013.

류종영, 『웃음의 미학』, 유로, 2005.

류해춘, 「장편서사가사의 서술방식과 작가의식 연구」, 경북대 박사학위논문, 1993.

閔玹基, 「人物의 戲畵化와 作家情神」, 『韓國學論集』 10, 계명대 한국학연구원, 1983.

박순영, 「〈만언사〉 소고」, 이상익 외, 『고전문학 어떻게 가르칠 것인가』, 집문당, 1998.

백순철, 「連作歌辭 〈만언사〉의 異本 樣相과 現實的 性格」, 『우리문학연구』 12, 우리문학회, 1999.

서인석, 「가사와 소설의 갈래 교섭에 대한 연구」, 서울대 박사학위논문, 1995.

염은열, 「자기 위안을 위한 이야기로 본 〈만언사〉의 특징과 의미」, 『문학치료연구』 19, 한국문학치료학회, 2011.

유정선, 「유배가사 연구의 동향과 전망」, 『한국문화연구』 10, 이화여대 한국문화연구원, 2006.

육민수, 「만언사의 담론 특성과 텍스트 형성」, 『東洋古典研究』 52, 東洋古典學會, 2013.

윤성현, 『후기가사의 흐름과 근대성』, 보고사, 2007.

윤재환, 「조선 후기 유배 체험의 시적 형상화」, 『한문학보』 19, 우리한문학회, 2008.

윤형덕, 「〈만언사〉 연구」, 단국대 석사학위논문, 1976.

이재식, 「〈만언사〉 이본연구」, 『건국대 논문집』 32, 건국대 대학원, 1991.

이재식, 『유배가사』, 시간의 물레, 2008.

이현주, 「流配歌辭에 나타난 체험 인식과 표현 양상」, 『古詩歌研究』 20, 한국고시가문학회, 2007.

장덕순, 「流配歌辭試考」, 『국문학통론』, 신구문화사, 1960.

조동일, 『(제4판) 한국문학통사 3』, 지식산업사, 2005.

조희정, 「고전시가 감상 국면의 재미 흥미 의미」, 『고전문학과 교육』 29, 한국고전문학교육학회, 2015.

정인숙, 「〈만언사〉에 나타난 자전적 술회의 양상과 그 의미」, 『韓國詩歌研究』 25, 韓國詩歌學會, 2008.

정인숙, 「가사 장르를 통해 본 남성의 자전적 술회와 그 의미」, 『古典文

學研究』 36, 古典文學會, 2009.
최상은, 「유배가사의 작품구조와 현실인식」, 한국학대학원 석사학위논문, 1984.
최상은, 「유배가사의 보수성과 개방성 : 〈만언사〉와 북천가」, 『어문학연구』 4, 상명대 어문학연구소, 1996.
최상은, 「유배가사 작품구조의 전통과 변모」, 『새국어교육』 65, 한국국어교육학회, 2003.
최현재, 「〈만언사〉의 복합적 성격과 현실적 맥락에서의 의미」, 『韓國詩歌硏究』 37, 韓國詩歌學會, 2014.
최홍원, 「공간을 중심으로 한 〈북찬가〉의 새로운 이해와 접근」, 『국어국문학』 167, 국어국문학회, 2014.
최홍원, 「정치적 행위로서의 글쓰기, 〈죽창곡〉과 감군의 정서」, 『어문학』 124, 한국어문학회, 2014.

Bergson Henri, *(Le)Rire, essai sur la signification du comique*, 정연복 역, 『웃음』, 세계사, 1992.
Jauss Hans Robert, *Aesthetic experience and literary hermeneutics*, University of Minnesota Press, 1982.
Ross Alison, *The Language of Humour*, Routledge, 1998.
Sabry Randa, *Stratégies discursives*, 이충민 역, 『담화의 놀이들』, 새물결, 2003.

〈심청전〉의 근대적 변용

서유경*

1. 서론

어떤 문학 작품이 '고전(古典)'일 수 있는 것은 시대의 흐름과 변화 속에서도 지속적으로 새로운 의미 찾기가 시도되고, 소통될 수 있기 때문일 것이다. 우리의 고전 〈심청전〉 역시 그 전승의 역사에서 다양한 이본을 통해 새로운 의미 찾기 양상을 보여준다. 지금까지 전해지는 〈심청전〉 자료는 필사본, 목판본, 활자본뿐만 아니라 각종 매체 변용, 독자를 고려한 개작 텍스트에까지 편폭을 넓히면 200종이 훨씬 넘을 것으로 보인다.[1] 〈심청전〉의 형성 시기를 올려 잡아 17세기로 보면,[2] 〈심청전〉은 거의 400여 년간 읽혀온 역사를 갖고 있다 할 것

* 서울시립대학교 국어국문학과

1 김영수, 「필사본 〈심청전〉 연구」, 경희대학교 박사학위논문, 2000 ; 서유경, 「공감적 자기화를 통한 문학교육 연구」, 서울대학교 박사학위논문, 2002.

2 일반적으로 판소리의 형성 시기를 17세기로 보는 관점(김종철, 『판소리사 연구』, 역사비평사, 1996, 25면 ; 김석배, 서종문, 장석규, 「판소리 더늠의 역사적 이해」, 『국어교육연구』 28, 국어교육학회, 1996, 1면)이 있지만, 〈심청전〉의 경우 판소리에 선행하는 관점도 있음(성현경, 「〈심청가〉의 형성과 변모 과정」, 『고전문학연구』 9, 한국고전문학회, 1994, 237-263면 ; 김종철, 위의 책, 17면)을 고려하면 〈심청전〉의 향유 기간은 더 늘어날 수도 있을 것이다.

이다.

〈심청전〉은 그 전승 과정에서 큰 변화의 계기가 있었던 것으로 보이는데, 첫 번째는 판소리 〈심청가〉의 향유 확대를, 두 번째는 갑오경장 이후 본격화된 근대문명의 발달을 들 수 있다. 첫 번째 변화의 계기가 문학 자체의 논리에 의한 것이라면, 두 번째 계기는 문학 외적 변화가 작용한 부분이 크다. 이 연구에서는 두 번째 계기에 주목하여 우리의 고전 〈심청전〉이 근대라는 새로운 물결을 만나면서 어떻게 새롭게 의미화 되는지 살펴보고자 한다.

갑오경장 이후 변모한 전통문학의 모습은 새로운 문명, 사회 문화적 변화를 맞아 적응해 간 흔적이라 할 수 있다. 말하자면 이 시기 새롭게 변용되어 만들어진 고전문학작품은 바뀐 환경에 최적화하기 위해 시도된 변모로 읽을 수 있는 것이다. 이 시기 재생산된 〈심청전〉 역시 새로운 시대를 맞아 변화하고자 한 노력의 흔적으로 볼 수 있다. 이에 이 연구에서는 근대에 시도된 〈심청전〉의 변용, 재생산 양상에 주목하여 그 의미 찾기 방식을 살펴보고자 한다. 그리하여 〈심청전〉 개작에서 고전의 의미 찾기가 보여준 의의를 고구하고, 늘 새로운 시대와 문화를 만나야 하는 우리 고전 작품을 어떻게 의미화 할 것인지를 탐색해 보고자 한다.

갑오경장 이후 활발하게 일어난 고전소설 다시 쓰기 열풍에는 여러 가지 원인이 있겠지만, 기존의 고전소설을 소설이 아닌 이야기로 치부하며 열등한 것으로 간주하는 의식이나, 근대에 들어 새롭게 창작된 소설에 반대되는 '옛것', 그야말로 오래된 소설이라는 대타의식이 중요하게 작용하였다고 볼 수 있다. 이러한 양상은 요즘에도 간간이 이는 옛날 소설로서의 고전소설에 대한 비하적 시선에 대응할 수 있는 논리가 될 수 있다는 점에서 이 논의의 의의를 찾고자 한다. 한편

이러한 관점은 고전문학교육학회의 기획 주제인 "고전문학의 재미, 흥미, 의미"에 부합할 수 있을 것이다. 고전문학 작품이 가진 재미, 흥미, 의미[3]는 다른 말로 하자면, 고전이 고전으로 존속할 수 있는 작품 내적 속성이자 효용이라 할 수 있을 것인데, 이것이 역사적으로 존재하고 있는 모습의 한 단면이 근대에 이루어진 〈심청전〉 개작이라 할 수 있기 때문이다.

여기서 살펴보고자 하는 〈심청전〉의 근대적 변용 작품들은 呂圭亭의 〈雜劇 沈靑王后傳〉[4], 박문서관의 〈신정 심청전(몽금도전)〉[5], 웅천 김규택의 만문만화 〈모던 沈淸傳〉[6], 유성기 음반에 실려 있는 만극 〈모던 沈淸傳〉[7], 채만식의 희곡 〈심봉사〉 2편[8], 소설 〈심봉사〉[9] 등[10]이다. 이들은 1900-1940년대에 개작된 〈심청전〉 자료 중에서도 기존의 〈심청전〉 이본과 비교, 변별될 만한 자질을 지녔다는 점에서 선정해 보았다.

---

3 신재홍의 논의를 통해 고전소설의 재미, 흥미, 의미는 서로 연관되어 있으며, 고전소설이 지닌 보편적 주제는 수용자가 재미, 흥미, 의미를 찾을 수 있는 것임을 알 수 있다(신재홍, 「고전소설의 재미 찾기」, 『고전문학과 교육』 26, 한국고전문학교육학회, 2013, 31-59면).

4 여기서 참고, 인용한 〈雜劇 沈靑王后傳〉의 출처는 '『한국고전문학전집』 13, 〈심청전〉, 고려대 민족문화연구소, 1995'이다.

5 여기서는 '김진영 외, 『심청전 전집』 12, 박이정, 2004' 자료를 참조하였다.

6 만화 〈모던 沈淸傳〉은 『조광』 1권 1호, 2권 1호, 2호, 3호, 5호, 6호(1935-1936)에 연재되었다.

7 여기서는 '최동현, 김만수, 『일제강점기 유성기 음반 속의 대중희극』, 태학사, 1997, 363-367면.'을 참조하였다.

8 『채만식전집』 9, 창작과비평사, 1889.

9 『채만식전집』 6, 창작과비평사, 1889.

10 논의를 진행하는 과정에서 필요에 따라 송동본 〈심청전〉 등의 여타 이본을 참고하도록 하겠다.

2. 〈심청전〉의 변용 양상

1) 〈심청전〉 향유 매체와 양식의 다양화

지금 우리가 보는 〈심청전〉의 모습이 만들어진 시기는 대략 19세기 이후[11]로 본다. 소설 〈심청전〉이 방각본으로 나온 시기는 명확하지는 않지만, 1912년에 최초의 〈심청전〉 활자본이 이해조가 매일신보에 연재했던 〈江上蓮〉이라는 이름으로 광동서국에서 발행되었으므로,[12] 이보다는 이른 시기에 방각본이 존재했을 것이다. 그런데 呂圭亨의 〈雜劇 沈靑王后傳〉은 1907-1908년 사이에 만들어졌을 것으로 추정되므로,[13] 활자본 〈심청전〉보다 먼저 만들어진 개작본이라 할 수 있다. 정하영은 〈雜劇 沈靑王后傳〉을 〈심청전〉의 이본으로 규정하면서, "첫째, 한문으로 표기되었고, 둘째, 개작자가 분명히 밝혀져 있으며, 셋째, 연극을 위한 대본으로 개작되었고, 넷째, 내용상으로 두드러진 변이를 보인다는 점 등"으로 정리하였다.[14]

활자본 〈심청전〉은 광동서국에서 이해조의 〈강상련〉을 발행한 이후, 〈강상련〉, 〈심청전〉, 〈만고효녀 심청전〉, 〈고대소설 심청전〉 등의 제목으로 신구서림, 신문관, 박문서관, 한성서관, 대창서관, 세창서관, 영화출판사 등에서 1950년대까지 간행하였다.[15] 이중에서 박문서

---

11 최동현, 「〈심청전〉의 주제에 관하여」, 『국어문학』 31, 국어문학회, 1996, 56면.
12 권순긍, 「1910년대 활자본 고소설 연구」, 성균관대학교 박사학위논문, 1991 ; 이주영, 『구활자본 고전소설 연구』, 월인, 1998.
13 정하영, 「〈雜劇 沈靑王后傳〉考」, 『동방학지』 36-37, 연세대학교 국학연구원, 1983, 511면.
14 정하영, 위의 글, 510면.
15 활자본 〈심청전〉의 발행에 대해서는 '최운식, 위의 글 ; 권순긍, 위의 글 ; 이주영, 위의 글 ; 이민희, 「1920-1930년대 고소설 향유 양상과 비평 연구」, 『순천향 인문과학논총』 28, 순천향대학교, 2011, 113-147면' 참조.

관본으로는 1915년 광동서국과 발행하였다가 1922년 10판으로 발행된 〈증상연정 심청전〉과 1916년 발행된 〈신정 심청전(몽금도전)〉이 있다. 〈신정 심청전(몽금도전)〉은 여타의 활자본 개작 〈심청전〉에 비해 매우 파격적인 변화를 보여 주목된다.[16] 〈신정 심청전(몽금도전)〉의 개작자는 누구인지 분명하지 않으며, 발행인은 노익형으로 알려져 있다.

만문만화 〈모던 沈淸傳〉[17]은 김규택이 '웅초'라는 필명으로 1935년 〈조광〉의 1권, 2권에 6회에 걸쳐 연재하다가 중단한 작품이다.[18] 김규택(金奎澤, 1906-1962)은 문학가로서보다는 만화가, 삽화가로 주로 활동했다고 한다.[19] 이 작품의 유형을 만문만화, '만화'도 '소설'도 아닌 '만화소설'이라 한 것은 당시의 시각으로는 만화로 불렸을지 모르나 그림보다는 텍스트가 훨씬 많은 형태, 간단히 말하자면 한 페이지에 그림 한 컷과 소설 텍스트가 제시되는 방식[20]이기 때문일 것이다.

만극 〈모던 沈淸傳〉은 누가 지었는지 알 수 없는 작품으로 유성기

---

16 〈신정 심청전(몽금도전)〉의 특성에 대해서는 '최진형, 「〈심청전〉의 전승 양상」, 『판소리연구』 19, 판소리학회, 2005, 181-212면 ; 김성철, 「활자본 고소설의 존재 양태와 창작 방식 연구」, 고려대학교 박사학위논문, 2011 ; 서유경, 「〈몽금도전〉으로 본 20세기 초 〈심청전〉 개작의 한 양상」, 『판소리연구』 32, 판소리학회, 2011, 139-169면.' 등에서 논의되었다.

17 만화소설이라고 지칭한 것은 하동호(「〈조광(朝光)〉 서지분석」, 『동양학』 16, 단국대학교 동양학연구소, 1986, 196면.)에 의한 것이다.

18 이 작품에 대한 문학적 연구는 최근 최혜진과 필자에 의해 이루어졌다. 최혜진은 만화 〈모던 沈淸傳〉만이 아니라, 작가 김규택의 작품들, 즉 〈모던 춘향전〉, 〈억지 춘향전〉과 함께 다루었고(최혜진, 「김규택 판소리 문학 작품의 근대적 특징과 의미」, 『판소리연구』 35, 판소리학회, 2013, 251-286면), 필자는 만문만화로서의 〈모던 심청전〉을 조명하였다(서유경, 「만문만화 〈모던 심청전〉 연구」, 『문학교육학』 46, 한국문학교육학회, 2015, 195-220면).

19 최혜진, 위의 글, 253-254면.

20 최혜진도 〈모던 심청전〉의 양식명이 '만문만화'라고 붙어있기는 하지만, 장면을 나누어 소설처럼 서사가 이어져 있는 형태여서 소설로서의 성격을 지니고 있다고 보았다(최혜진, 위의 글, 256면).

음반에 실린 희극이다. 만화 〈모던 심청전〉과 제목이 동일한 이 개작본은 이름 그대로 시대 풍자극의 성격을 띤다. 유성기 음반에 실려야 하는 제한된 속성이 있어서인지 매우 짧고, 압축적 표현들이 많이 나온다.[21] 이는 '만극'이라는 양식이 지닌 특성과 관련 된다 볼 수 있는데, 만극은 코미디의 한 갈래인 만담처럼 웃기게 세상일을 비판적, 풍자적으로 표현하면서도 이야기가 아닌 극의 형태로 창작한 것이다. 유성기 음반 속에 있는 양식 중에 유사한 것으로 만곡과 만요가 있는데, 이들은 코믹송, 재즈송이라 불리며, 노래로 표현되는 것이지만 그 내용이 상대의 잘못을 꼬집거나 변명을 하는 것[22]이다. 만곡과 만요가 노래의 한 갈래라면, 만극은 노래가 가미되어 있는 극의 양식이라는 점이 다르다 하겠다. 이 만극 〈모던 심청전〉의 향유 시기는 1934-1938년으로 추정되는데, 이는 이 작품이 게재된 유성기 음반이 'REGAL C 302'로 되어 있는 데에 근거한 것이다.[23]

채만식은 〈심청전〉을 다시쓰기 하면서 〈심봉사〉라는 제목으로 희곡 2편, 소설 1편을 창작했다. 이들 세 편의 〈심봉사〉 중 가장 먼저 창작된 것은 1936년에 7막 20장으로 쓰여진 희곡[24]이다. 그리고 다음

---

21 최동현, 김만수, 「1930년대 유성기 음반에 수록된 만담 · 넌센스 · 스케치 연구」, 『한국극예술연구』 7, 한국극예술학회, 1997, 67면. "유성기 음반은 일단 6분 내외의 시간에 압축된 짧은 이야기를 다루어야 한다"는 제약을 받는다. 뒤에 살펴보겠지만, 〈모던 심청전〉은 기존 〈심청전〉의 어떤 부분을 발췌 수록하는 데에서 그치지 않고, '극단적인 언어 유희'(민병욱, 「〈심청전〉의 장르패러디적 연구」, 『한국민족문화』 23, 부산대 한국민족문화연구소, 2004, 56면.)로 표현이나 정서, 서사 내용까지도 변용하고 있다.

22 최동현, 김만수, 위의 글, 78면.

23 'REGAL'은 "1934년 이후 오케(OKEH)의 저가 공세에 대응하기 위해 콜럼비아에서 낸 대중음반"으로, 1934년 6월부터 발매하기 시작했다고 한다(최동현, 김만수, 위의 글, 55면).

24 이 작품은 당시 검열에 의해 전문이 삭제되었기 때문에 창작 연도가 1936년으로 추정되고 있는 것이고 현재 원문이라 보고 있는 자료는 1960년에 민중서관 간행본 『한국문학전집 33 희곡집(하)』이다(민병욱, 위의 글, 46면).

으로는 1944년 소설로 창작된 〈심봉사〉이고, 세 번째가 1947년 3막 6장의 희곡으로 창작된 〈심봉사〉이다.[25] 채만식이 고전소설을 다시쓰기 한 작품은 〈배비장전〉, 〈허생전〉 등도 있지만 유독 〈심청전〉의 경우 3편이나 되어, 채만식이 〈심청전〉에 매우 관심이 컸음을 알 수 있다. 희곡 〈심봉사〉는 그 내용의 차이는 있지만 모두 완결된 작품이고, 소설 〈심봉사〉는 완결되지 못했다.

이렇게 1900-1940년대에 만들어진 〈심청전〉 개작본 내지 패러디본은 그 편폭이 크고 작품수도 풍부함을 알 수 있다. 이 시기, 근대에 이루어진 〈심청전〉의 새로운 버전들에서 볼 수 있는 가장 큰 특징은 향유 매체와 양식이 다양화된 것이다. 〈강상련〉, 〈신정 심청전(몽금도전)〉과 같은 활자본 고전소설의 경우에는 인쇄 매체는 달라졌다고 할 수 있으나 양식은 소설을 그대로 유지하였고, 그 외의 경우는 채만식의 소설 〈심봉사〉를 제외하고는 극, 만화, 만극 등으로 양식이 다양화되었다.

呂圭亨의 〈雜劇 沈靑王后傳〉은 극 양식인데 '잡극'이라는 명칭이 붙어 있고, 한문으로 쓰여졌으며 해설과 노래도 있는 독특한 양식이고, 채만식의 희곡 2편은 상연이 되었는지 알 수 없지만 레제 드라마[26]적

---

25 채만식의 〈심봉사〉 창작에 대해서는 비교적 풍부한 연구가 이루어진 바 있는데, 크게 두 가지 경향으로 나눌 수 있다. 하나는 채만식의 고전 재생산과 관련된 것이고, 다른 하나는 〈심청전〉의 전승, 다시쓰기라는 관점에서 〈심청전〉을 패러디한 다른 작품과 함께 묶어서 보는 것으로 일별하면 다음과 같다. 김일영, 「〈심봉사〉에서의 제재변용양상 고찰」, 『국어교육연구』 28, 국어교육학회, 1991, 133-154면 ; 김현철, 「판소리 〈심청가〉의 패로디 연구」, 『한국극예술연구』 11, 한국극예술학회, 2000, 293-347면 ; 신선희, 「〈심청전〉의 현대적 수용과 변용」, 『고소설연구』 9, 한국고소설학회, 2000, 239-269면 ; 이신정, 「심청 모티브 희곡에 나타난 희극적 계승과 비극적 변용」, 『이화어문논집』 21, 이화어문학회, 2003, 51-70면 ; 황태묵, 「채만식의 고전 읽기와 그 의미」, 『국어문학』 38, 국어문학회, 2003, 191-222면 ; 황혜진, 「전승사의 관점에서 본 채만식의 연구」, 『고전문학과 교육』 7, 한국고전문학교육학회, 2004, 235-267면 ; 김미영, 「〈심청전〉의 현재적 변모 양상에 대한 연구」, 『한중인문학연구』 14, 한중인문학회, 2005, 115-141면 등.

성격을 강하게 지니고 있는 작품이다. 또한 만문만화 〈모던 沈淸傳〉은 양식과 내용 모두 매우 독특한 작품이면서 잡지에 연재된 특성이 있고, 〈모던 沈淸傳〉은 유성기 음반용 만극이라는 양식으로도 제작되어 향유된 것이다. 그리고 원래의 고전소설 〈심청전〉처럼 소설로 개작된 이해조의 〈강상련〉, 박문서관본 〈신정 심청전(몽금도전)〉, 채만식의 〈심봉사〉 등이 있지만, 이들 작품 사이에도 그 내용은 매우 판이한 양상을 보인다. 이로 볼 때 이 시기 〈심청전〉의 재생산은 양식면에서나 내용면에서 다양화, 다변화되면서 향유의 방식과 문화가 달라진 시대에 부응하고자 한 모습의 단면이라 할 수 있다.

2) 서사적 변용

여기서 다루는 자료들을 시기 순서로 배열해 보면, 〈雜劇 沈靑王后傳〉, 〈신정 심청전(몽금도전)〉, 웅천 김규택의 〈모던 沈淸傳〉, 만극 〈모던 沈淸傳〉, 채만식의 7막본 희곡 〈심봉사〉, 소설 〈심봉사〉, 3막본 〈심봉사〉이다. 그런데 여기서 〈雜劇 沈靑王后傳〉, 〈신정 심청전(몽금도전)〉은 1900-1910년대이고, 나머지는 1930-1940년대로 이들 자료 사이에 10-20년 정도의 간격이 있다. 이 시간의 간격은 양식의 다변화가 생긴 시간이기도 한데, 그만큼 서사적 변용이 다양하게 이루어진 기간이기도 하다.

이들 〈심청전〉 개작본들이 지닌 내용의 차이를 일별해 보기 위해, 원래 〈심청전〉이 갖고 있던 주요 서사 내용을 몇 가지 정하여 비교해 보기로 한다. 〈심청전〉의 기본 서사는 경판24장본을 기준으로 해 보면, 심봉사와 부인이 어렵게 효녀 딸 심청을 얻으나 부인이 죽고, 심

26 김일영, 위의 글, 143면.

청이 자라자 심봉사를 봉양하며 사는데, 심청을 기다리다 개천에 빠진 심봉사가 눈을 뜰 수 있다는 말에 공양미 삼백 석 시주를 약속하고, 심청이 이를 위해 인당수 제물로 자신을 팔아 물에 빠지지만, 결국 살아 돌아와 왕후가 되어 심봉사와 재회하고, 심청을 만난 심봉사가 개안을 하는 것이다. 여기에 뺑덕어미나 장승상 부인의 내용 등이 들어가면 완판계와 친연성이 생긴다. 송동본은 경판계와 완판계의 중간적 성격을 지니는데, 1900-1940년대에 변용된 〈심청전〉 중에서 많은 자료가 송동본을 근간으로 하고, 그 외에는 완판본이나 창본을 바탕으로 한 것으로 판단된다.

〈심청전〉 개작본들의 서사를 비교하기 위해 (1)시공간 배경, (2)등장인물, (3)심청의 심봉사 봉양 시기와 방법, (4)공양미 시주 약속 계기, (5)공양미 구하는 방법과 심봉사에게 둘러댄 이유, (6)심청 환생 여부와 (7)심봉사의 개안 등의 요소를 선정해 보았다. 이러한 서사 내용의 비교를 통해 각 자료의 내용 변이 양상을 정리할 뿐만 아니라 변용된 〈심청전〉의 양식 선정과 관련시켜 근대 시기의 〈심청전〉 개작 방향을 가늠해 볼 수 있을 것이다.

(1) 시공간 배경

송동본의 경우에는 'ᄃᆡ송 원풍 년간 황쥬 도화동'인데 비해, 모두 우리나라로 설정되어 있다는 것이 특징적이다. 〈雜劇 沈青王后傳〉은 '신라국 황주부 도화동'이라 하여 독특하게 '신라'를 배경으로 삼고, 심청이 '발해'의 왕후가 되는 것으로 설정하였다. 〈몽금도전〉의 경우에는 '관서 황해도 황주성 도화동', 1936 〈심봉사〉는 '고려 초엽 황주 도화동 기타 송도 왕궁', 1944 〈심봉사〉는 '고려 중엽 황주 도화동(액자내)', 1946 〈심봉사〉는 '고려 중엽 황주 도화동과 예성강 어귀의 해변',

만화 〈모던 沈淸傳〉은 '조선 황주 도화동'으로 제시되고, 만극 〈모던 沈淸傳〉에서는 제시되지 않는다.

이렇게 볼 때, 이들 근대 개작본에서는 원래의 〈심청전〉이 송나라를 배경으로 삼은 것을 고려나 조선으로 하여 우리나라로 바꾸었음을 알 수 있다. 우리나라로의 배경 이동은 우리 것에 대한 제자리 찾기의 의식으로 읽을 수도 있다. 채만식의 개작본은 모두 '고려'를 배경으로 하였으면서도 초엽, 중엽으로 시기를 약간 바꾸고 있는데 그 이유는 알 수 없다.

(2) 등장인물

〈심청전〉의 등장인물을 심봉사, 곽씨 부인, 심청, 장승상부인, 뺑덕어미로 기준으로 삼아 그 출입을 살펴보자. 우선 등장인물의 이름이 다른 경우가 있다. 〈雜劇 沈靑王后傳〉이 그러하다. 심봉사는 '沈學敎', 심청(沈淸)은 '沈靑', 뺑덕어미는 '德孃'으로 바뀌고, 장승상부인은 등장하지 않는다. 인물의 이름 변화가 단순히 표기만 바뀐 것이 아닐 수 있는 것은 인물의 성격 변화[27]와 관련되기도 하고, 작품 전체의 미학과 관련될 수 있기 때문이다. 그 대표적인 것이 뺑덕어미의 경우로, 뺑덕어미의 악행이나 탐욕스러움은 '德孃'이라는 이름과는 어울리지 않는다. '德孃'은 가산을 탕진하기는 하나 악독한 경지까지는 아님을 고려하면,[28] 이름을 바꾸어 기존의 뺑덕어미가 가진 천박하고 악독한 면을 소거하고자 한 의도로 해석할 수 있다.

27 정하영은 〈雜劇 沈靑王后傳〉에서의 이름 변용이 인물의 성격 창조와 관련됨을 시사하였다(위의 글 522-523면).

28 정하영, 위의 글, 523면. 심봉사의 경우도 매우 점잖은 양반의 후예로 그려짐을 언급하였다.

심봉사 부인 곽씨의 경우에는 1946 〈심봉사〉와 만극 〈모던 沈淸傳〉에 등장하지 않는다. 이 두 자료는 공통적으로 심청이 성장한 후부터 서사가 시작되기 때문이다. 뺑덕어미가 나타나지 않는 경우는 1944 〈심봉사〉와 만화 〈모던 沈淸傳〉이다. 1944 〈심봉사〉는 심청이 성장하기 전에 작품이 중단되었기 때문이고, 만화의 경우는 심청이 공양미를 구하기 전에 중단되기 때문이다.

장승상부인의 존재가 없는 자료는 〈雜劇 沈靑王后傳〉, 1944 〈심봉사〉, 1946 〈심봉사〉, 만극 〈모던 沈淸傳〉이다. 〈雜劇 沈靑王后傳〉, 1946 〈심봉사〉, 만극 〈모던 沈淸傳〉는 서사 전개상 장승상 부인과 관련이 없기 때문으로 보이고, 1944 〈심봉사〉는 작품이 중단되었기 때문이다. 장승상 부인의 신분이 좀 다른 경우가 있는데, 〈몽금도전〉이 그러하다. 〈몽금도전〉에서는 '쟝진ᄉᆞ틱 노부인'이라 하여 승상이 아닌 진사로 설정되어 있다.

이외의 인물 변화가 뚜렷한 경우는 채만식의 희곡들이다. 1936 〈심봉사〉에서는 왕후와 궁녀 김씨 등이 새로 등장하고, 1946 〈심봉사〉에서는 심청의 남자친구로 송달, 송달과 친한 주막 여인으로 홍녀가 나온다. 이러한 새로운 인물 추가는 서사 전개의 변용과 관련이 깊다.

(3) 심청의 심봉사 봉양 시기와 방법

심청의 성장 과정이 제시되는 〈심청전〉 자료에서는 심봉사의 부인 곽씨가 심청을 낳자 얼마 되지 않아 산후별증으로 죽고, 심봉사가 혼자 젖동냥하며 힘들게 심청을 양육한다. 그러다가 심청이 어떤 시기가 되면 동냥을 자청하는 대목이 제시되는데, 이 부분이 자료별로 차이를 보인다. 송동본에서는 심청의 나이 육칠 세 되었을 때 부친 봉양을 자청하는 것으로 나온다. 〈雜劇 沈靑王后傳〉에서는 일곱 살 때, 〈몽금도전〉에서는 '륙칠 세', 1936 〈심봉사〉에서는 심청이 열두 살 때 밥 얻으러 갔다가 사립문에서 개에 놀라는 장면이 나오고, 이후의 대화에서 심봉사가 '오늘부터 제가 고집을 쓰고 나갔단다.'고 하여 나이를 확인할 수 있다. 1944 〈심봉사〉와 1946 〈심봉사〉에는 심청의 동냥 장면이 없고, 만극 〈모던 沈淸傳〉에서는 나이는 나오지 않지만 '모-던 심청이는 고무공장 여직공'이라는 노랫말이 나와 심청이 고무공장에서 일하는 돈으로 생활하는 것을 알 수 있는데, 독특한 것은 심봉사가 맹아학교 선생이라는 것이다. 만화 〈모던 沈淸傳〉에서는 심청이 열 살 때 동냥 자청이 아닌 돈 벌러 가겠다는 의지를 표명하고, 열여섯 살 때 직업을 갖겠다고 한다.

심청의 심봉사 봉양 시작 시기는 심청의 효녀 형상과도 관련되지만, 심봉사의 양육 형편, 시대적으로 자식이 부모 봉양하는 나이의 적합성 등과도 관련될 것으로 보인다. 이는 1930년대 이후 〈심청전〉 개작본들이 이전 시기의 자료들보다 확연히 심청의 봉양 시작 시기가 더 늦기 때문이다.

(4) 공양미 시주 약속 계기

심봉사의 공양미 삼백 석 시주 약속은 〈심청전〉 서사 전개에서 매우 핵심적인 부분이다. 송동본에서는 "심청이 전역밥을 빌너가셔 일셰가 져무도록 종무소식 강감ᄒᆞ니 심봉ᄉᆞ 홀노 안져 기ᄃᆞ일 졔 ᄇᆡ는 곱허" 나가다가 개천물에 떨어지고, 이를 몽은사 화주승이 구해주고 시주 약속을 받는 것으로 되어 있다. 〈雜劇 沈靑王后傳〉에서도 동냥 나간 심청이를 기다리다 못해 나갔다가 마침 여름장마로 인해 개울물이 불고 길이 미끄러워 물에 떨어진 것으로 나와 거의 비슷한데, 심봉사가 빠지는 환경을 좀 더 그럴듯하게 바꾼 것이 다르다.

〈몽금도전〉, 1936 〈심봉사〉은 송동본과 거의 유사한데, 1936 〈심봉사〉는 시주 약속 후 심봉사가 눈뜰 생각에 기뻐하는 장면이 좀 길게 나온다. 1944 〈심봉사〉는 미완이라 없고, 1946 〈심봉사〉에서는 심청과는 상관없이 심봉사가 송초시네에 가다 개울에 빠진다. 여기서 눈에 띄는 것은 1946 〈심봉사〉에서 탁발승의 모습이 특별히 더 탐욕스럽다는 것이다.

만화 〈모던 沈淸傳〉에서는 심청이 장승상 부인 집에 간 사이에 심봉사 혼자 별의별 걱정을 다 하다가 헛간에 가서 낫 한 자루 옆구리에 차고, 부엌에 가서 식칼 허리끈에 매고, 도끼를 어깨에 둘러매고서는 대지팡이로 땅 짚어 가면서 나가다가 미끄러져 냇가에 빠진다. 그리고 이때 몽운사 주지가 석가세존 치료비 거두느라 돌아다니다가 술 한 잔 얼큰히 취해 돌아가는 길에 심봉사를 구해주고, 삼백 원 시주를 받는다.

만극 〈모던 沈淸傳〉에서는 심청이가 공장에서 올 때가 되었는데도 오지 않자 심봉사가 나가는 길에 광교 천변에서 자전거 종소리에 놀라 떨어져 병원을 간다. 그런데 거기서 제중원에 용한 의사가 있어 치료비 삼백 원만 주면 눈을 뜰 수 있다는 소식을 듣는다. 만극 〈모던 沈淸傳〉에서는 이미 공양미 삼백 석 시주를 하고 심청이 임당수에 다녀왔지만 부처도 못 고쳤음을 언급하고, 하지만 여전히 아버지 눈뜨기를 소망하는 심청이 하루빈의 댄스홀로 떠날 것을 시사한다.

이렇게 볼 때 만화 〈모던 沈淸傳〉, 만극 〈모던 沈淸傳〉을 제외하고는 모든 〈심청전〉 자료에서 공양미 약속 금액은 '삼백 석'이다. 그리고 눈 뜨는 방법이 공양미 삼백 석이 아닌 만화와 만극 〈모던 沈淸傳〉에서는 '삼백' 원이다. 아무래도 심봉사의 눈 뜨는 방법으로는 '삼백'이라는 숫자가 매우 강렬하게 각인되어 있었던 듯하다.

(5) 공양미 구하는 방법과 심봉사에게 둘러댄 이유

심봉사의 눈뜰 방법 공양미 '삼백 석'은 심청에게 매우 큰 근심거리였는데, 실제로는 심청이 인당수 제수로 자신을 팔았으면서도 심봉사에게 장승상 부인의 수양딸로 가게 되었다고 거짓으로 둘러대는 것이 원래 〈심청전〉의 서사이다. 〈雜劇 沈靑王后傳〉에서는 여자를 던져 바다신의 아내를 삼게 하거나 사람을 바쳐 제사를 지내는 풍속이 인당수에도 있어 심청이 매신을 하고, 심봉사에게는 친정가기를 허락하지 않고, 길이 멀어 편지도 부칠 수 없는 집에 시집을 가기로 하여 삼백 석을 구했다고 한다.

〈몽금도전〉, 1936 〈심봉사〉는 기존의 〈심청전〉 서사와 거의 비슷하다. 1944 〈심봉사〉에서는 미완성된 부분이고, 1946 〈심봉사〉에서는 심청이 임당수 제숙으로 팔린 것은 같지만 공양미 출처를 넉 달 동안 남경에 다녀오는 것으로 하였다. 1946 〈심봉사〉는 희곡으로 쓰여져서 공양미를 얻은 경로를 송달이라는 심청의 남자 친구이자 예정된 남편과 심청의 대화를 통해 확인할 수 있다는 점도 여타의 자료와 다르다.

만화 〈모던 沈淸傳〉은 심청이 공양미를 구할 길을 알아보는 장면에서 중단되어 있어, 심청이 심봉사에게 어떻게 둘러대었는지는 확인할 수 없다. 대신 심청이 공양미를 구하는 방법을 어느 정도 추측할 수는 있다. 심청이 직업소개소를 방문하여 미리 사오백 원 정도 받을 수 있는 직업을 이리저리 알아보다 '조중해운회사(朝中海運會社)'에서 운항하는 배의 식당 여급 자리로 월급이 삼십 원이지만 응모자가 없어 월급 일 년치를 줄 수도 있다는 말을 듣고 한번 생각해 본다 하고 나온다. 그리고서는 동무 '황담'에게 가서 속을 털어놓고 자신이 '직업부인'으로 나설 것임을 말한다.

만극 〈모던 沈淸傳〉에서는 심봉사의 병원비 삼백 원의 출처를 속여 말하지는 않는다. 대신 이 슬프고 비장한 장면이 우스꽝스러운 만담으로 표현되고 있다. 심청이 '하루빈'으로 간다 하니, 심봉사는 '하루를 뻔하게 간다'고 응수하고, 이에 심청이 '이틀' 걸린다고 하니 심봉사는 그게 '이틀뻔'이지 무슨 '하루뻔'이냐고 하는 방식이다.

(6) 심청 환세 여부

송동본을 비롯한 기존의 〈심청전〉에서는 심봉사가 시주 약속한 공양미 삼백 석을 구하기 위해 인당수에 투신한 심청은 용궁을 갔다 다시 환세하여 왕후가 되어 심봉사를 만난다. 〈雜劇 沈靑王后傳〉은 장면서술 표현의 차이는 있지만 원래의 〈심청전〉이 가지고 있던 서사에서 벗어나지 않는다. 〈몽금도전〉에서는 이 부분이 매우 독특한데, 심청이 물에 빠져 용궁에 간 장면을 기존의 〈심청전〉에 있던 대로 서술한 다음에 그 모든 것이 사실은 심청이 허탄한 말을 듣고 생각한고로 꾸게 된 꿈이라고 한다. 그리고 실제로는 넓이는 서너 발쯤, 길이가 열발은 넘는 견고한 배 밑창에 걸려 바다 위에 둥둥 떠다니다가 장산곶 뒷덜미에 있는 몽금도 밖에 있는 백사장위에 오게 되었다고 한다. 〈몽금도전〉에서는 기존 서사에서 심청이 용궁에 갔다가 환세한 것을 완전히 부정하고 사실은 배 밑창에서 떨어진 널빤지 같은 데 얹혀살게 되었다고 하는 것이다.

1936 〈심봉사〉에서는 더 극단적으로 심청의 환생이 아예 없다. 다시 말해 임당수로 떠난 심청이는 물에 빠져 죽은 것이다. 1936 〈심봉사〉에서는 이러한 내용을 심청을 임당수에 빠뜨린 선인 장가가 봉사가 되어 왕후 앞에서 고백하는 것으로 서술하고 있다. 장가는 있었던 일을 고하면서 "아마도 출천효녀 심소저를 제숙으로 사다가 임당수에

제숙으로 넣은 천벌인가 하옵니다."라고 한다. 그리고 그 말을 들은 왕후가 "그러면 심청이라는 소녀는 분명 죽은가 보이다."라고 하고, 이에 대해 장승상부인이 긍정함으로써 심청이 임당수에 빠져 죽었음을 확실시한다.

1944 〈심봉사〉, 만화 〈모던 沈淸傳〉, 만극 〈모던 沈淸傳〉는 미완이어서 없고, 1946 〈심봉사〉에서는 1936 〈심봉사〉와 마찬가지로 심청의 환세가 없다. 심청의 환세 여부는 〈심청전〉 서사의 결말을 행복으로 이끌지, 비극으로 이끌지의 계기가 되는 요소라 할 수 있다. 심청이 환세함으로써 심봉사와 다시 만날 가능성이 생기는 것이기 때문이다.

(7) 심봉사의 개안

심봉사의 개안 여부는 심청의 환세와 긴밀한 관련이 있다. 심청이 환세한 경우에는 심봉사가 심청을 만나고, 마침내 심봉사가 눈을 뜰 수 있게 되는 것이다. 원래의 〈심청전〉이 그러하고, 〈雜劇 沈靑王后傳〉이 그러하다.

그런데 〈몽금도전〉에서는 심봉사가 심청을 다시 만나는 데도 불구하고 눈을 뜨는 장면이 없다. 심봉사는 여전히 맹인으로 살아가는 것이다. 이렇게 된 데에는 서사 전개에서 찾을 수 있다. 심봉사가 눈을 뜨는 자료들의 공통점은 심청이가 죽은 줄 알고 있다가 만나는 것인데, 〈몽금도전〉에서는 심봉사 상경 이유가 심청이 왕후가 되어 아버지를 찾기 때문으로 되어 있어 심봉사는 이미 심청이 소식을 알고 만난다. 이 때문에 심봉사가 심청이와 만나는 순간은 안 보이는 눈을 뜰 정도로 놀라운 일은 아니게 된 것 같다.

한편 채만식의 개작본들 중 소설인 1944 〈심봉사〉를 제외한 희곡 2편에서는 심봉사가 모두 눈을 뜨도록 설정되어 있다. 채만식의 개작본들이 독특한 것은 심청이가 실제로는 죽었는데 살아 돌아온 줄 알고 심봉사가 눈을 뜬다는 것이다. 그리고 이 두 작품 모두 공통적으로 사실을 알게 된 심봉사가 자신의 눈을 찔러 다시 봉사가 되는 결말을 보이고 있다.

1944 〈심봉사〉, 만화 〈모던 沈淸傳〉, 만극 〈모던 沈淸傳〉은 미완인 관계로 심청의 환세도 없고, 심봉사의 개안도 없다. 이러한 연재 중단이라는 공통점을 갖고 있는 자료에 대해 과연 이 부분이 포함되었다면 어떻게 되었을지 생각해 볼 여지는 있을 것 같다. 1944 〈심봉사〉는 1936본과 1946본 사이에 끼여 있는 형국이어서 이들 자료와의 공통적인 성격을 고려할 때 비슷하게 전개되었을 것으로 보인다. 만화 〈모던 沈淸傳〉, 만극 〈모던 沈淸傳〉은 왜 미완인지는 알 수 없고, 채만식의 경우와 달리 결말을 예측하기가 어렵다. 그렇지만, 전반적인 서사 전개의 방향과 미적 특성으로 볼 때 희극적 결말을 보였을 가능성이 있다.

3. 1900-1940년대 〈심청전〉 변용의 의미

1900-1940년대 〈심청전〉의 변용 양상은 옛것으로서의 고전소설 〈심청전〉을 근대적으로 바꾸어 보고자 한 노력이라 할 수 있다. 즉, 〈심청전〉을 진정한 고전으로 만드는, 새로운 시대의 〈심청전〉 의미 찾기의 일환인 것이다. 이러한 〈심청전〉의 근대시기 변용 양상에서 다음과 같이 의미를 찾아보았다.

1) 새로운 문화 환경에의 적용

1900-1940년대에 이루어진 〈심청전〉의 개작은 이전에 이루어진 이

본 생성과는 차원이 다른 정도의 변용을 보인다. 呂圭亨의 〈雜劇 沈靑王后傳〉, 박문서관의 〈신정 심청전(몽금도전)〉, 웅천 김규택의 만화 〈모던 沈淸傳〉, 만극 〈모던 沈淸傳〉, 채만식의 희곡 〈심봉사〉 2편, 소설 〈심봉사〉 등은 양식적 측면이나 서사 내용이나 전개 방향 등의 측면에서 각기 나름대로 독특하고도 대폭적인 변용이 이루어진 것이다.

그런데 이러한 다양하고도 대폭적인 변화의 양상에도 불구하고 이들 〈심청전〉 개작본에서 여전히 유지하고 있는 서사 내용과 주제는 '효'와 '가난'이다. 어떤 〈심청전〉이라도 심청이 효녀가 아닌 경우는 없으며, 심봉사와 심청의 형편이 가난을 벗어난 경우는 없다. 물론 심청이 자신의 몸을 팔아 공양미 삼백 석을 구하고 인당수로 떠나는 것에 대해 '이효상효'(〈신정 심청전(몽금도전)〉)라 한다든지, 임당수에 가서 빠져 죽어 눈을 뜨게 하는 것이 효도냐는 질문(1946 〈심봉사〉)과 같이 심청의 효심이 결정한 행동에 대한 문제제기는 곳곳에 있지만, 그것이 심청의 효를 부정하는 의미는 아니다.

〈심청전〉에서 가난의 문제는 심청의 효와 심봉사의 행복을 가로막는 결정적 장애라고 할 수 있는데, 이들 개작본에서는 유지되는 수준에서 나아가 오히려 더 증폭되고 있는 것으로도 보인다. 그것은 이 시기 개작본에서 강화되고 있는 물질 중심 사회로의 변화 모습과 관련해서 볼 때 그러하다. 이는 1910년대 개작본보다는 1930년대 개작본에서 확연히 드러난다. 등장인물의 말이나 서술자의 목소리로 '돈이면 다구나', '돈이 정말 중요하구나'와 같은 '돈'이 강조되고 있는 것이다. 그런데 '돈'이 강조되면 될수록 심청이나 심봉사는 더욱더 작아질 뿐이다. 삶은 더욱 비참해 보이고, 심봉사가 눈뜰 가능성은 더욱 희박해지는 것이다.

근대에 이루어진 〈심청전〉의 변용 양상은 그 근본 원리로 볼 때 현대, 지금 바로 여기의 문화 향유에서도 마찬가지로 일어나는 모습이라 할 수 있다. 서사의 파격적 변용, 하지만 고전 작품의 가장 중요하고도 고유한 가치와 관련되는 속성의 유지, 매체의 변용이 이루어지면서 장면화의 방식 변화, 인물 성격 변화, 기존의 〈심청전〉이 갖고 있던 미적 속성의 변화 추구, 심지어 고전의 왜곡, 뒤틀기가 이루어지는 모습 등. 그렇지만 놀라운 것은 어떻게 변하더라도 원래의 〈심청전〉이 가지고 있던 핵심 의미, 즉 가난과 효라는 문제는 지속된다는 것이다. 가난과 안맹이라는 질곡에서의 구원에 대한 답은 시대에 따라, 작품 변용의 기회에 따라 달라지기도 하지만, 그 문제의 본질이 계속 상기되고 그에 대한 답을 추구하게 하는 것, 이것이 〈심청전〉이 가진 고전으로서의 속성이라 할 수 있을 것이다. 그래서 근대에 이루어진 〈심청전〉의 변용에서 우리가 찾을 수 있는 지닌 의의는 격변하는 사회에서도 고전이 줄 수 있는 의미는 지속된다는 것이다. 그리고 마찬가지로 시대와 사회, 역사가 변해도 교육의 현장에서 이 고전 작품들이 다루어져야 하는 근거와 이유가 된다는 것이다.

한편 근대에 재생산된 〈심청전〉을 이렇게 전통 지키기라는 정신, 문화적 의미로도 읽을 수 있지만, 예전과 달라진 시대, 사회, 문화에 따라 달라져야 할 부분에 대한 논쟁이라고도 볼 수 있다. 앞서 보았듯이, 근대 시기의 〈심청전〉 개작본들은 공통적으로 시대적 배경을 수정하였다. 이는 민족사적 관점에서 본다면, 근대와 겹쳐 있던 일제강점기라는 민족 수난과 관련하여 민족주체성[29]의 강화로 읽을 수도 있을 것이다. 그런데 다른 한 편으로 보면, 시공간적 배경의 수정은 우리 것이 아닌 것을 우리 것으로 받아들일 때에도 자주 일어나는 현상

29 정하영은 〈雜劇 沈靑王后傳〉에서 시대적 배경을 신라와 발해 등으로 바꾼 것을 민족적 자각 의식을 가진 개화기 지식인의 문제로 보면서, 기존의 〈심청전〉을 그대로 따르면서 시공간적 배경을 한국으로 바꾼 것이 한국적인 것이라 할 수는 없다고 하였다(정하영, 위의 글, 528면).

으로, 근대와 다른 시기에 존재하던, 지금 우리의 것이 아닌 것으로 보이기도 하는 〈심청전〉을 우리의 것으로 받아들인 노력으로 읽을 수도 있을 것이다. 이것은 '현지화'이자 '현재화'로 의미를 찾을 수 있다는 것이다.

양식 변용의 문제도 이와 같은 맥락에서 볼 수 있을 것이다. 유독 근대에 들어 〈심청전〉을 '극화'하는 노력을 했다는 것은 신문명에 적합하게 수용한 흔적이라 할 수 있다. 동일한 소설로도 재생산되었지만, 노래와 서사가 함께 있는 잡극, 연극, 삽화가 부기된 소설과 만화의 중간 양식, 만극과 같은 새로운 양식으로 재탄생하였다. 여규형이 〈沈靑王后傳〉 앞에 '雜劇'이라는 수식어를 붙여 극단 원각사에서 상연할 목적으로 개작을 한 것도, 만화 소설이라는 양식으로 〈심청전〉이 만들어진 것도, 만극으로 〈심청전〉이 공연된 것도 새로운 문화 환경에 필요한 작품으로 〈심청전〉이 재생된 것이다.

2) 개작자의 근대적 의식 반영

呂圭亨의 〈雜劇 沈靑王后傳〉, 박문서관의 〈신정 심청전(몽금도전)〉, 웅천 김규택의 〈모던 沈淸傳〉, 만극 〈모던 沈淸傳〉, 채만식의 희곡 1936 〈심봉사〉, 소설 1944 〈심봉사〉, 희곡 1946 〈심봉사〉는 시대적 의식이 있는 작가에게 창작의 원천으로 제공되어 변신, 부활한 것이라고도 할 수 있다. 그래서 이들 개작본에서는 개작자의 의식이 표명되는 경우가 많다. 개작의도를 드러낸 글을 통해서 알 수 있는 것은 이들 개작본은 모두 개작자의 근대적 의식이 실현된 결과물이라는 것이다.

〈雜劇 沈靑王后傳〉은 한문으로 쓰여진 극이면서 전반적인 작품 서술의 경향이 우아하고 점잖은 편이다. 이러한 특성은 심봉사의 인물 형상이나 '德孃'이라는 이름으로 바뀐 뺑덕어미의 행위를 비교해 볼 때도 드러나는데, 이러한 변화는 '雜劇'이라는 양식명을 사용한 것과 작품의 서두와 말미에 붙어 있는 무대인사를 통해 알 수 있다. 원래 '雜劇'은 중국의 희곡 중 가극에 속하는 것이다. 그래서인지 〈雜劇 沈靑王后傳〉은 장면 설명과 인물의 노래, 대사가 어우러진 형태를 보인다. 연극 상연을 위한 것이라 하면서 한문으로 기록한 것이 이해가 안 되기는 하지만, 왜 잡극이라 명명하였는지는 작품의 구성과 표현 방식을 보면 납득이 된다. 그리고 무대 인사인 出帳演談에 나타난 개작 의도가 효성과 정렬로 이름난 사람들의 기록을 전승하고,[30] 기존 자료의 문장이 비루한 것을 다듬고,[31] 연극으로 발표하여 길이 권장하고자[32] 하였다는 것을 작품의 변용 양상과 관련시키면, 〈雜劇 沈靑王后傳〉이 왜 그렇게 되었는지가 설명된다.

이러한 개작자의 근대 의식이 새로운 〈심청전〉 변용으로 실현되었다는 것은 〈몽금도전〉, 채만식의 경우를 통해서도 확인할 수 있다. 〈몽금도전〉의 경우에는 개작자의 의식이 소설의 말미에 부기되어 있는 형태인데, 이는 "1)효도하지 않는 세태에 대한 비판, 2)〈심청전〉이 다른 소설에 비해 갖는 교육적 가치와 기능 강화, 3)허망한 풍속을 반영하는 문제 해소 등"[33]으로 정리할 수 있다. 개작기에 나타난 내용을 바탕으로 〈몽금도전〉을 들여다보면, 〈몽금도전〉의 서사가 왜 그렇게 변용되었는지를 잘 이해할 수 있다. 굳이 〈심청전〉을 선택한 것은 〈심청전〉의 허망한 사연을 바로잡아 경전을 대용할 만한 교육적 자료로 만들고, 효도를 하지 않는 세태에 비판과 교훈을 주기 위한 것이다.

---

30 其國女子之以孝烈稱者甚多…(중략)…其奈年代侵邈, 文獻無徵, 彤管靑史, 寥寥無聞, 其可惜也

31 差其事則昭然眞的, 而其文鄙俚, 其辭矛盾…(중략)…因本事而增潤釐正之

32 出府於圓覺社演戲場, 使之宣布一世, 勸奬千古

33 졸고, 위의 글, 155면.

그래서 〈몽금도전〉에는 곳곳에 불교를 신봉하거나 미신을 믿는 허망함을 비판하고, 용궁에 간다는 비현실성을 널빤지 위에 걸쳐져 심청이 살아나는 것으로 바꾸고, 심봉사가 눈뜨는 장면도 없앤 것이다. 그리하여 전반적으로 현실적 합리성을 강화하는 방향으로 〈몽금도전〉을 만들어낸 것이다.

채만식의 경우에는 결말을 알 수 있는 희곡 〈심봉사〉 2편으로 보건대, 원래의 〈심청전〉 서사가 가진 행복한 결말을 비극적[34]으로 구현하고 있음을 알 수 있다. 그런데 채만식이 구현하고 있는 비극성은 오이디푸스 왕의 결말과 비슷하다는 단순한 비교 수준이 아니라, 희비극이 교차함으로써 역설적으로 비극성이 강화되는 양상을 보인다. 이는 채만식이 가진 근대적 소설관과 함께 현실에 대한 리얼리즘적, 비관적 인식이 작용한 것으로 볼 수 있다.

> 이것을 각색함에 있어서 첫째 제호를 〈심봉사〉라고 한 것, 또 〈심청전〉의 커다란 저류가 되어 있는 불교의 '눈에 아니 보이는 힘'을 완전히 말살 무시한 것, 그리고 특히 재래 〈심청전〉의 전통으로 보아 너무도 대담하게 결막을 지은 것 등에 대해서 필자로서 충분한 석명이 있어야 할 것이나 그러한 기회가 앞으로 있을 것을 믿고 여기에서는 생략하고 다만 아무런 이유도 없이 그러한 태도로 집필을 한 것은 아닌 것만을 말해둔다(〈심봉사〉 附記, 1936).

위에서 보듯이 채만식은 의도를 갖고 〈심봉사〉라고 제목을 붙였으며, 불교의 초현실적 힘을 완전히 무시하고, 원래의 〈심청전〉과 매우 다른 결말을 맺도록 하였다. 이러한 의식을 전통과 관련지으며 문화적 정체성을 찾기 위한 노력[35]으로 보기도 하고, 당대의 역사적 현실

---

34 채만식의 희곡 〈심봉사〉가 지닌 비극성에 대해서는 기존 연구에서 충분히 논의된 바 있다.

에 대한 냉철한 해석으로 저항 의식과 새 역사에 대한 갈망의 표출[36]이라고도 한다. 그 어떤 것이든 채만식은 〈심봉사〉를 통해 웃음마저도 가난의 정황과 어울려 더욱 깊은 비극[37]을 느끼게 한다. 〈심봉사〉에서 심봉사가 눈을 뜨고서도 자신의 눈을 찔러 다시 봉사가 되는 것이 비극이지만, 심청이 죽어버린다는 것도 비극이고, 모르고 지낼 수 있는 진실을 직접 목도함으로써 자식을 죽인 아비의 처참함을 직접 느껴야 하는 것도 비극이다.

3) 고전소설의 대중성을 기반으로 흥미 추구

1900-1940년대의 〈심청전〉 변용이 보여주는 또 하나의 중요한 의미는 고전소설이 실제로 대중성을 갖고 있었으며, 새로운 상업 문화, 문학 향유 문화가 도래한 상황에서 원래 인기 있던 고전소설을 확장적으로 활용하여 또 다른 이익을 창출하고자 한 노력이라는 것이다. 원각사라는 새로운 문학의 필요를 고전소설 〈심청전〉을 개작하여 〈雜劇 沈靑王后傳〉을 지은 것이 그러하고, 김규택이 〈조광〉이라는 잡지에 〈심청전〉을 실으면서 만문만화라 붙이고 〈모던 沈淸傳〉이라 한 것이나 유성기 음반용으로까지 〈심청전〉이 만들어진 것이 그것이다.

---

35 황혜진, 위의 글, 240면.

36 김미영, 위의 글, 120면.

37 1936 〈심봉사〉를 보면, 심봉사가 곽씨부인 해산 과정에서 웃집 부인에게 "얼른 와서 애기를 좀 낳아 주어요."라고 하니 "아이구 망칙해라. 그게 무슨 소리요? 나더러 가서 애기를 낳아 달라니요."라고 받고, 다시 심봉사가 "아아니 우리 마누라를 애기를 시방 애기가 나와요."라고 하여 "네에네 애기를 받어 달라구요. 호호, 그걸 글쎄 나더러 낳아 달라니! 호호 내 시방 곧 가리다."라는 장면이 나온다. 곽씨가 아이를 낳는 급박한 장면에서 이런 언어 유희가 이루어지는 것이다. 또 다른 예로 심청과 친구에게 심봉사가 "이애야, 나도 너희들이 바느질하는 구경 좀 하자쿠나."라고 하니 심청이 "아버지가 구경을 어떻게?"를 들 수 있다. 농담으로 들으면 웃고 지나갈 말이지만, 있는 그대로 받아들이자면 군이 아버지에게 볼 수 없는 맹인이라는 것을 확인시키는 송곳 같은 말인 것이다.

이러한 〈심청전〉의 양식이 다양화되는 이유에는 상업적 이익이 있었고, 이는 〈심청전〉이 이미 갖고 있었던 대중성에 기반한 것이다.

특히 만화 〈모던 沈淸傳〉과 만극 〈모던 沈淸傳〉은 다른 개작본에 비해 더욱 대중적으로 통속화된 모습을 보여준다. 요즘으로 말하자면, 웹툰으로 〈심청전〉이 개작되어 〈모던 沈淸傳〉으로 게재되거나 개그콘서트와 같은 코미디 프로그램에 패러디 〈심청전〉이 공연되는 것이라 할 수 있겠다. 이들 개작본은 〈모던 沈淸傳〉이라는 이름 그대로 모던-한 심청의 이야기다 보니 구질구질한 슬픔이나 비참은 온데간데없이 해결되는 것 같다. 서로 이야기를 이어가다 언어유희로 심각한 상황을 전혀 다르게 만드는 만극도 그렇고, 만화도 그렇다. 만화 〈모던 沈淸傳〉을 예로 들자면, 젖동냥하며 고생하는 심봉사의 모습은 없이 온 동네 아주머니들이 모여 '미덕회'를 만들고, '어미없는애기 젓먹이기' 운동을 하여 심청이 행운녀가 된다. 심봉사가 심청이를 안고 집집마다 방문하면 젖은 문제없이 제공되어 '오-스트랄리아의 대목장'도 털끝만큼도 부럽지 않은 정도가 된 것이다.

이렇게 두 편의 〈모던 沈淸傳〉은 심청의 절박한 사연에 대해 몸을 팔아야 하는 현실을 강조하거나 아버지라는 굴레 때문에 어쩔 수 없이 돈을 벌어야 하는 '가난'과 관련시키면서도 그런 세상에 대해 비아냥거리고 웃기게 만들며 비꼬는 시선을 강화하는 공통점을 보인다. 이런 모던한 개작 혹은 변용은 이미 대중성이 있는 〈심청전〉으로 당대 독자들에게 신선함을 주어 인기를 얻을 수 있다고 보았기 때문에 이루어진 것이라 할 수 있다.

한편 만화 〈모던 沈淸傳〉은 〈심청전〉의 변용을 통해 대중적 상업성을 추구[38]했다는 것을 서사 전개 내에서도 확인할 수 있다. 대표적인

---

38 '졸고, 「만문만화 〈모던 심청전〉 연구」, 『문학교육학』 46, 한국문학교육학회, 2015' 에서 만문만화 〈모던 심청전〉이 지닌 대중 지향성을 분석한 바 있다.

예로 태몽 장면을 들 수 있다. 이 장면이 매우 흥미로운 것은 태몽에 나온 여인이 광고 속 외국 여인이라는 것과 곽씨부인의 불임 원인을 진단하고 약을 처방[39]하였다는 것이다. 원래의 태몽은 득죄한 서왕모의 딸이 심청으로 환생하는 것인데, 여기서는 곽씨부인에게 필요한 약을 처방하면서 그 약의 막대한 효력을 광고하는 것이다. 이러한 상업성의 추구는 〈조광〉이라는 잡지가 광고 측면에서 획기적인 변화를 보인 데서도 확인할 수 있다. 〈조광〉은 역사적으로 전무후무한 광고 강조 전략을 가졌는데, 그것은 광고를 본문의 한 페이지로 삽입하고, 목차면에 별도로 〈광고목차〉를 병기하였으며, 목차에까지 광고를 넣었다는 것이다.[40] 이로 보면, 곽씨부인의 태몽에 의약 광고가 등장한 것이 예사롭지 않다. 다시 말해 잡지의 광고가 〈심청전〉 서사 내로 침투해 들어온 것으로 볼 수 있는 것이다. 그래서 사람들은 〈모던 沈淸傳〉을 읽으면서 자연스럽게 의약 광고에 접하고, 그 약에 대한 긍정적 인상을 갖게 되는 것이다.

4. 결론

이제까지 1900-1940년대에 이루어진 〈심청전〉의 근대적 변용 양상을 살펴보았다. 여기서 다룬 呂圭亨의 〈雜劇 沈靑王后傳〉, 박문서관의 〈신정 심청전(몽금도전)〉, 만문만화 〈모던 沈淸傳〉, 유성기 음반에 실려 있는 만극 〈모던 沈淸傳〉, 채만식의 희곡 〈심봉사〉 2편, 소설 〈심

39 최혜진은 이를 두고 병리학적 관심이라(위의 글, 266면) 하였는데, 필자는 태몽의 내용이 광고라는 새로운 매체를 서사 속으로 끌어들여 상업성을 극대화한 시도로 읽고자 한다.

40 최수일, 「잡지 『조광』을 통해 본 '광고'의 위상 변화」, 『상허학보』 32, 상허학회, 2011, 357-404면.

봉사〉 등은 이 시기에 〈심청전〉이 얼마나 다양한 양식으로 다양한 서사로 재생산되었는지를 보여준다. 이러한 모습과 의미는 이렇게 풍부하게 재생산될 수 있는 자질을 〈심청전〉이 갖고 있었다는 것이고 이는 '고전'으로서의 가치를 말해주는 것이라 할 수 있다. 이는 고전의 의미가 단지 오롯이 원전을 지켜나가는 데 있는 것이 아니라 때로는 기존의 틀을 벗어나 아예 새로운 시선으로 볼 수 있는 대상, 때로는 기존 서사나 양식과 다른 방식으로 만들 수도 있는 원천 자료로서의 가능성으로 읽을 수 있다. 보편적 주제를 담고 있어 계속적인 재생산 가능성을 지닌 것이면서 동시에 거꾸로 부여하는 의미, 정반대의 의미 방향을 추구하는 데까지 나아갈 가능성이 있는 것이야말로 '고전'일 수 있다는 의미이다.

참고문헌

〈자료〉

『조광』 1권 1호, 2권 1호, 2호, 3호, 5호, 6호(1935-1936)

김진영 외, 『심청전 전집』 3, 박이정, 1998.

김진영 외, 『심청전 전집』 12, 박이정, 2004.

『채만식전집』 6, 창작과비평사, 1889.

『채만식전집』 9, 창작과비평사, 1889.

『한국고전문학전집』 13, 〈심청전〉, 고려대 민족문화연구소, 1995.

〈논저〉

권순긍, 「1910년대 활자본 고소설 연구」, 성균관대학교 박사학위논문, 1991.

김미영, 「〈심청전〉의 현재적 변모 양상에 대한 연구」, 『한중인문학연구』 14, 한중인문학회, 2005.

김석배, 서종문, 장석규, 「판소리 더늠의 역사적 이해」, 『국어교육연구』 28, 국어교육학회, 1996.

김성철, 「활자본 고소설의 존재 양태와 창작 방식 연구」, 고려대학교 박사학위논문, 2011.

김영수, 「필사본 심청전 연구」, 경희대학교 박사학위논문, 2000.

김일영, 「〈심봉사〉에서의 제재변용양상 고찰」, 『국어교육연구』 28, 국어교육학회, 1991.

김종철, 『판소리사 연구』, 역사비평사, 1996.

김현철, 「판소리 〈심청가〉의 패로디 연구」, 『한국극예술연구』 11, 한국극예술학회, 2000.

민병욱, 「〈심청전〉의 장르패러디적 연구」, 『한국민족문화』 23, 부산대학교 한국민족문화연구소, 2004.

서유경, 「〈몽금도전〉으로 본 20세기 초 〈심청전〉 개작의 한 양상」,

『판소리연구』 32, 판소리학회, 2011.
서유경, 「공감적 자기화를 통한 문학교육 연구」, 서울대학교 박사학위 논문, 2002.
서유경, 「만문만화 〈모던 심청전〉 연구」, 『문학교육학』 46, 한국문학교육학회, 2015.
성현경, 「〈심청가〉의 형성과 변모 과정」, 『고전문학연구』 9, 한국고전문학회, 1994.
신선희, 「〈심청전〉의 현대적 수용과 변용」, 『고소설 연구』 9, 한국고소설학회, 2000.
신재홍, 「고전소설의 재미 찾기」, 『고전문학과 교육』 26, 한국고전문학교육학회, 2013.
이민희, 「1920-1930년대 고소설 향유 양상과 비평 연구」, 『순천향 인문과학논총』 28, 순천향대학교, 2011.
이신정, 「심청 모티브 희곡에 나타난 희극적 계승과 비극적 변용」, 『이화어문논집』 21, 이화어문학회, 2003.
이주영, 『구활자본 고전소설 연구』, 월인, 1998.
정하영, 「〈잡극 심청왕후전〉고」, 『동방학지』 36-37, 연세대학교 국학연구원, 1983.
최동현, 「〈심청전〉의 주제에 관하여」, 『국어문학』 31, 국어문학회, 1996.
최동현, 김만수, 『일제강점기 유성기 음반 속의 대중희극』, 태학사, 1997.
최수일, 「잡지 『조광』을 통해 본 '광고'의 위상 변화」, 『상허학보』 32, 상허학회, 2011.
최운식, 「심청전 이본고(Ⅲ): 활자본 심청전의 서지 및 특색과 계열」, 『논문집』 10, 국제대학, 1982.
최진형, 「〈심청전〉의 전승 양상」, 『판소리연구』 19, 판소리학회, 2005.
최혜진, 「김규택 판소리 문학 작품의 근대적 특징과 의미」, 『판소리연구』 35, 판소리학회, 2013.

하동호, 「〈조광(朝光)〉 서지분석」, 『동양학』 16, 단국대학교 동양학연구소, 1986.
황태묵, 「채만식의 고전 읽기와 그 의미」, 『국어문학』 38, 국어문학회, 2003.
황혜진, 「전승사의 관점에서 본 채만식의 연구」, 『고전문학과 교육』 7, 한국고전문학교육학회, 2004.

재미의 관점에서 본
〈큰누님 박씨 묘지명(伯姊孺人朴氏墓誌銘)〉

황혜진 *

1. 서론 : 왜 '재미'인가?

'고전문학의 흥미, 재미, 의미'라는 기획 주제 중, 본고는 '재미'에 집중해 논의하고자 한다.[1] 셋의 관계에 대한 이해는 다음과 같다. 우선, 흥미는 대상에 접근하는 주체의 관심이라고 할 수 있다. 흥미는 그 대상이 주체에게 어떤 만족감을 줄 것이라는 기대에서 비롯되며, 이 기대는 대상이 속한 범주의 다른 것들을 접해 본 경험이나 주체의 인식관심 등으로 구성된다. 의미는 대상 경험의 사후(事後)에야 갈무리되는 것이다. 대상 경험이 주체에게 새로운 인지적, 정서적,

* 건국대학교 국어국문학과

1 기획 주제 중 재미에 초점을 둔 연구는 다음과 같다. 류수열, 「고전시가 독서의 재미 요소 탐구-시조를 중심으로」, 『고전문학과 교육』 26, 한국고전문학교육학회, 2013 ; 신재홍, 「고전소설의 재미 찾기」, 앞의 책, 2013 ; 서인석, 「연극적 놀이 텍스트로 읽는 〈배비장전〉」, 『고전문학과 교육』 27, 한국고전문학교육학회, 2014 ; 김성룡, 「고전문학의 재미와 고전문학교육의 의미」, 『고전문학과 교육』 28, 한국고전문학교육학회, 2014 ; 염은열, 「고전문학 '학습(學習)'의 경험과 '재미'의 문제에 대한 논의」, 앞의 책, 2014 ; 조광국, 「고전소설교육에서 새롭게 읽는 재미 : 홍계월의 양성성 형성의 양상과 의미-〈홍계월전〉 '한중연 45장본'을 중심으로」, 앞의 책, 2014.

행동적인 변화를 가져왔을 때 우리는 그에 대해 '의미 있다'고 가치화한다. 한편, 재미는 대상 경험의 과정에서 갖는 주체의 느낌이라 할 것이다.

흥미, 재미, 의미가 적용된 고전텍스트 수용의 상을 종합적으로 정리해 보면 다음과 같다. 개별자로서 수용 주체는 고유의 관심과 흥미로 고전문학 텍스트를 선택하고 자신이 의미화, 가치화할 내용에 집중할 수 있다. 대상을 경험하는 과정에서 수용 주체는 여러 재미를 느낀다. 이 재미는 처음에 가졌던 흥미에서 비롯된 것일 수도 있으나 의외의 경험 내용에도 해당한다. 이러한 텍스트의 '익숙함'과 '새로움'은 주체에게 울림과 감동을 동반하며, 주체는 이를 가치화, 의미화한 결과 텍스트가 자신에게 어떤 의미가 있는지 정리할 수 있는 상태에 이르게 된다.

그러나 이와 같은 설명은 셋의 의미 영역을 조작적으로 구분하여 그 개념을 분명히 하려는 것일 뿐, 셋은 서로 갈마들며 순환적이다.[2] 즉, 흥미가 있기 때문에 재미가 생기며, 재미를 느낀 결과가 의미로 갈무리될 수 있다. 또한, 대상 경험의 과정이 재미있었고, 그것을 의미화한 내용이 자신에게 유익하였다면 같은 유(類)의 대상을 대할 때의 흥미는 커지기 마련이며, 그 반대도 마찬가지이다. 또 어떤 흥미를 가졌는지에 따라 재미의 내용이나 강도는 달라지며, 재미의 내용과 강도는 텍스트 경험 이후 스스로 가치화·의미화한 결과나 지

---

2 신재홍은 관심, 이해, 해석을 통해 얻게 되는 재미를, 흥미와 의미 등과 함께 거론하는 것이 타당하다고 하면서 관심에서 보람에 이르는 작품 수용의 전체 과정에 걸쳐 재미의 문제가 제기될 수 있다고 하였다.(신재홍, 앞의 글, 34면) 김성룡은 고전문학이 재미있으니까 고전문학에 흥미를 갖게 되고, 고전문학에 흥미를 갖게 되니까 고전문학으로부터 의미를 발견하는 것이라는 재미-흥미-의미의 연속 과정을 제시하였다.(김성룡, 앞의 글, 12면) 이렇게 신재홍은 재미, 흥미, 의미가 서로 간섭하며 갈마드는 성격이 있음을 지적하였고, 김성룡은 셋의 연속성을 강조하였다면 이 연구는 재미, 흥미, 의미의 순환성을 부각시키고자 한다.

속성을 결정한다.

이러한 맥락에서 "고전문학은 재미없다"는 교육 현장의 상식적인 말은 상당히 우려스럽다. 왜냐하면 이는 학습 독자가 고전문학을 경험하는 데 있어 즐거움을 느끼지 못함을 말해줄 뿐만 아니라, 고전문학에 흥미를 갖게 할 만한 경험이 학습 독자에게 축적되어 있지 않다는 사실, 고전문학을 가르치는 과정에서 학습자의 흥미를 불러일으키기 위한 동기 유발을 제대로 못하고 있다는 교육 현실, 또, 학습 독자가 고전문학 수용을 통해 자기화할 만한 어떤 의미도 발견하지 못하고 있다는 내면적 진실을 함께 얘기하고 있기 때문이다.

민족문화 전통의 계승과 창조라는 당위를 내세우는 것만으로는 더 이상 고전문학에 대한 흥미를 끌어내기 어려우며, 그 당위의 무게를 견뎌야 하는 수용자에게 재미를 느끼라는 것은 무리한 요구이다. 더욱이 학습 독자 입장에서 전달받아야 하는 의미가 민족정서, 전통문화 등 추상적인 동시에 거대하다면, 스스로 자기화하고 가치화할 만한 의미를 찾아내기보다 '공공의 의미'라는 것을 학습하기에 급급해진다. 이러한 악순환 속에서 고전문학은 계속 박물관 진열장 속에 먼지 낀 유물로 남아 있게 될 것이다. 이런 맥락에서 학생들을 학습의 주체로 회복시켜 성공한 학습의 경험으로부터 재미가 도출되어야 한다는 지적은 타당하다.[3]

이 연구도 고전문학을 '나'와 더불어 살아있는 것으로 여기게 하기 위해 재미의 경험이 무엇보다 소중하다 여기며, 재미는 '흥미, 재미, 의미'의 선순환을 복원할 '황금 고리'로서 역할을 할 것으로 기대한다. 그런데 재미는 다양하면서 주관적이어서 개념화가 어려우며, 연구자가 재미있다고 제시하는 텍스트 속성이나 경험 내용도 지식의

---

3 염은열, 앞의 글.

목록 중 하나로 '이 작품에서 재미있는 것'으로 암기 및 학습의 대상이 될 수 있다. 이런 우려에 따라 이 연구에서는 주체의 경험 방식으로서 재미에 초점을 맞춰 서술하도록 하겠다. 재미에 대한 이러한 접근은 재미의 내용보다는 재미를 경험하는 정신적 형식과 관련된다.

이 연구는 다음과 같은 구성을 갖는다. 우선, 미적 텍스트의 향유 과정에서 '재미'가 어떤 의미를 갖는지 논의하도록 하겠다. 일상적으로 사용하는 재미라는 말은 텍스트의 즐거움을 포괄하기 힘들다. 우리는 아주 슬픈 소설을 읽고도 "재미있었다."고 말하곤 한다. 즐겁지 않은 재현 내용에 대해서도 재미를 느낀다면, 재미에 대해서는 일상적인 용법을 넘어서는 설명이 필요하다.[4]

이후의 내용에서는 연암 박지원의 〈큰누님 박씨 묘지명〉을 재미의 관점에서 분석해 보기로 한다. 주지하듯, 이 묘지명은 읽는 이로 하여금 싸라기눈 같은 눈물방울을 흘리게 할 만큼 슬프고 감동적인 글이다. 슬픈 텍스트를 통해 재미를 느낄 수 있다는 것이 역설적이지만, 슬픔이나 괴로움도 재미를 느끼게 하는 다채로운 감정 중 하나라고 할 때, 그런 감정들을 불러일으키며 독자의 재미를 유발하는 기법에 대한 분석을 통해 텍스트의 재미에 대한 이해를 도울 수 있다.[5]

마지막으로, 〈큰누님 박씨 묘지명〉의 경우, 박지원과 교류했던 당대의 문인들, 이를테면, 박지원의 처남이자 평생의 문우(文友)였던

---

4 재미의 미학적, 철학적 의미에 대해서는 김성룡(앞의 글) 참조. 김성룡은 미적 체험과 재미 체험을 구별하여, 미적 체험을 진리 체험이라고 한다면 재미 체험은 삶의 활기와 생명력의 체험이라고 하면서, 재미 체험은 생동하는 인간성에의 참여라는 가치를 갖는다고 하였다.(김성룡, 앞의 글, 19면.)

5 서인석은, 독자가 재미의 다양한 미학적 요소 그 자체를 음미하는 텍스트 읽기의 과정에서 자연스럽게 재미를 느낀다고 하였으며(서인석, 앞의 글, 44면), 염은열도 재미가 작품 안에 고정되어 존재하는 것이 아니라 학습자의 읽기 과정에서 경험되는 것이라 하였다.(염은열, 앞의 글, 40면) 이런 맥락에서 독서 과정에서 재미를 유발하는 기법의 분석이 갖는 의의가 인정될 수 있다.

이재성(李在誠, 1751～1809), 박지원과 지음(知音)의 관계로 문예미학적인 사유를 공유한 이덕무(李德懋, 1741～1793)가 비평을 남기기도 했다. 텍스트 수용 경험에서 비롯된 즐거움을 표현한 이들의 비평을 통해 문학 읽기의 재미에 대해 확인하면서 논의 내용을 종합해 보기로 한다.

2. 어떤 '재미'인가?

사전적 의미로, 재미를 "아기자기하게 즐거운 기분이나 느낌"이라고 한다.[6] 그런데 '아기자기'라는 단어를 검색하면, 첫째, 여러 가지가 오밀조밀 어울려 예쁜 모양, 둘째, 잔재미가 있고 즐거운 모양이라는 설명이 따른다. '아기자기'가 다시 '재미'로 설명되는 것을 보면, '재미'에 이미 아기자기하다는 의미가 있음을 알 수 있다. 그리고 크거나 굵은 재미라는 말은 쓰이지 않는데 '잔재미'는 있는 것을 보면, 재미란 소소함의 속성도 가진다 할 수 있다. 이렇게 재미는 '여러 가지', '오밀조밀', '소소함' 등의 의미를 가진 말로 일상적으로 사용된다.

일상적인 재미의 용법을 수용자의 텍스트 향유 차원에서 이해하자면, 재미란, 수용 주체가 텍스트의 수용 과정에서 경험하는 아기자기하고 오밀조밀한, 소소한 즐거움이라 할 것이다. 즉, 즐거움에 속한 재미는 '여러 가지'일 수 있으며, '오밀조밀'하다 할 정도로 촘촘하지만, 그 다양성을 커다란 하나로 묶어 내거나 큰 의미를 부여하기 힘들기에 '소소한' 것 정도로 여겨진다. 그런데 '즐거움'에 대해서는

---

6 '재미'는 사전적으로 세 의미를 갖는데, 첫째, 아기자기하게 즐거운 기분이나 느낌, 둘째, 안부를 묻는 인사말에서, 어떤 일이나 생활의 형편을 이르는 말, 셋째, 좋은 성과나 보람 등이다. 이 글에서는 주로 첫 번째 의미를 취했다.

일상적인 용법으로 이해할 수는 없다. 예술 감상 과정에서 즐거움은 오히려 괴로움을 포함하며, 그로테스크나 추(醜)의 미학도 존재하기 때문이다.

미적 체험의 '즐거움'에 대한 풍부한 이해는 바르트에게서 찾아볼 수 있다. 텍스트의 즐거움을 논한 바르트는 수용 주체가 텍스트에서 느끼는 즐거움을 둘로 나누었다. 바로 즐거움(plaisir)과 즐김(jouissance)이다.[7] 전자가 육체적, 도덕적으로 보다 쾌적한 상태라면, 후자는 "보다 내밀한 그리하여 우리의 온 마음을 관통하는 보다 지속적인 감정"[8]으로 우리를 불편하게 하기도 한다. 또한, 전자가 문화와 단절되지 않는 자아의 강화와 연관된 즐거움이라면, 후자는 문화와 단절되어 있으며 자아의 상실을 유도한다.[9] 한편, 즐거움에 대해서는 말하는 것이 가능하여 비평으로도 표현되지만,[10] 즐김은 말로 할 수 없는 것이거나, 말해진 것 사이에 놓여 있다고 한다.[11]

이처럼 재미 경험의 핵심인 즐거움은, 미적 대상을 향유하는 경우에는 일상적인 의미와는 다른 접근을 필요로 한다. 텍스트의 즐거움은 텍스트에 재현된 내용이 직접적으로 환기하는 감정이라기보다는, 독서 주체와 텍스트의 관계 및 상호작용에서 비롯되는 감정이다. 그 즐거움에는 익숙하고 편안한 '즐거움'도 있는 반면, 낯설고 불편한 '즐김'도 있다. 다음은 바르트가 독자가 느끼는 즐거움과 즐김의 상

---

7 류수열은 재미의 개념을 '놀이'와 관련지어 문학 독서의 본질을 놀이에서 찾고, 재미를 놀이의 효과로 보았다. 그는 이런 맥락에서 키트형과 레고형이라는 두 종류 놀이를 재미를 위한 독서 방법으로 제안한 바 있다. 키트형 독서와 레고형 독서는 바르트의 즐거움과 즐김의 차이에 대응된다.(류수열, 앞의 글, 9-12면)

8 롤랑 바르트(Roland Barthes), 김희영 역, 『텍스트의 즐거움』(*Le Plaisir du teste*), 동문선, 1997, 51면.

9 롤랑 바르트, 앞의 책, 51면, 역자주; 롤랑 바르트, 앞의 책, 김희영, 「텍스트・즐거움・권력・도덕성」, 12면.

10 롤랑 바르트, 앞의 책, 69면.

11 롤랑 바르트, 앞의 책, 68면.

태에 대해 서술한 내용이다. 이를 통해 재미의 두 양상이라고 할 수 있는 즐거움과 즐김의 차이를 확인해 볼 수 있다.

> 텍스트의 즐거움은 고전・문화(문화가 풍부하면 풍부할수록 즐거움은 크고 더 다양하다.)・지성・아이러니・섬세함・행복감・자제력, 삶의 기술인 안정감이다. 텍스트의 즐거움은 실천(어떤 억지의 위험도 없는)에 의해 정의될 수 있다. 그 독서의 장소와 시간은 집, 시골, 식사시간 무렵, 등잔불, 필요한 곳에 있는 가족, 떨어져 있지만 그리 멀지 않은 가족(아이리스꽃 냄새가 나는 화장실에서의 프루스트의 그 화자처럼) 등. 자아의 놀라운 강화(팡티즘에 의해), 포근한 무의식, 이런 즐거움은 말해질 수 있다. 바로 거기로부터 비평이 온다.
>
> 즐김의 텍스트는 조각난 즐거움, 조각난 언어, 조각난 문화이다. 그것은 상상할 수 있는 모든 궁극성-즐거움의 궁극성조차도- 밖에 위치한다는 점에서 변태적이다.(…) 즐김을 정의하는 것은 극단적인 변태이다. 언제나 극단적인 이동, 극단적인 공허, 극단적인 유동성, 극단적인 예측불능. 이 극단적인 것이 즐김을 보장한다.[12]

텍스트의 즐거움은 고전, 문화, 지성, 아이러니, 섬세함, 행복감, 자제력, 안정감 등을 연상시킨다. 문화적 단절을 경험하지 않은 서구 지식인인 바르트에게 고전은 친숙한 '고향집'과 같은 것으로, 자아를 강화하게 하고 무의식적 욕망도 문화적으로 인정되는 방식으로 해소하는 즐거움을 주기도 했다. 한편, 즐김은 이런 쾌적하고 편안한 즐거움과는 거리가 멀다. 오히려 즐거움을 방해하고, 의미 '섭취'를 어렵게 하거나 그에 대한 발화를 포기하게 하며, 공식적인 문화와 자아의 통합, 그로 인한 자아의 강화를 불가능하게 한다. 이런 의미에서 '즐김'은 텍스트 읽기의 괴로움과도 통하는 측면이 있다 하겠다.

---

12 롤랑 바르트, 앞의 책, 99면.

말해질 수 있는 텍스트의 즐거움(plaisir)과 관련된 많은 연구와 비평이 존재한다. 그러나 즐김(jouissance)에 대해서는 충분한 논의가 없었다고 본다. 즐거움과 즐김을 재미로 포괄하려는 이 연구에서는 즐거움보다는 즐김에 강조점을 두어 논하려 한다. 재미를 이해하는 데에도 즐김의 측면을 부각시키도록 하겠다. 특히 이 연구에서는 텍스트 읽기의 재미에는 텍스트 읽기의 괴로움이 포함된다는 것을 강조하고자 한다. 편안한 즐거움을 누리지 못하게 하고, 쉽게 의미를 구성하지 못하게 하며, 기존의 자아상에 충격을 주면서 새로운 자기를 형성하게 하는 부담감까지 주는 이 '불편한 즐김'은 진진한 재미의 필수 요소이다.

앞서 재미란, '수용 주체가 텍스트의 수용 과정에서 경험하는 아기자기하고 오밀조밀한, 소소한 즐거움'이라고 했다. 아기자기, 오밀조밀할 수 있다고 하려면 다양한 재미들이 간헐적이지만 지속되어야 한다. 이러한 경험을 산책에 비유하자면, 큰길보다는 오솔길을 천천히 걸으면서, 목적지에 닿으려 서두르기보다는 눈길 가고 발길 닿는 곳에서 크고 작은 재미를 발견하고 한동안 '거기'에 머무르기도 하는 것이다. 글을 읽다가 어느 지점에서 문득 멈춘다는 것은 단지 그 부분을 잘 이해하지 못한다는 사실을 말해주는 것은 아니다. 오히려 독자가 '거기'에 멈춰 있는 자기의 내면으로 몰입하고 있음을 알려주는 표지가 될 수 있다.

이러한 재미는 바르트가 말하는 즐김과 관련되는데, 바르트는 다음과 같이 즐김의 방식을 제안했다. "(즐김의 텍스트를) 읽기 위해서는 게걸스럽게 먹지도 삼키지도 말고, 이리저리 한가롭게 풀을 뜯거나 아주 가까이 섬세하게 털을 깎는 옛 독서의 여유를 되찾는 것이 필요하다. 요컨대 귀족적인 독자가 되어야 한다."[13] 즐김을 위해서는 배고픈 소가 여물통에 썬 짚을 먹을 때처럼 게걸스럽게 텍스트의 의미를 섭취해서는 안 된다. 이리저리 한가롭게 다니면서 원하는 풀을 뜯어먹는 소와 같은 여유가 있어야 한다. 간혹 맘에 드는 풀을 만나면 그 맛을 살뜰히 음미하며 착착 깎아내듯 먹을 수도 있어야 한다.[14]

재미를 위한 산책과 즐김을 위한 풀 뜯기는, 자발성과 여유, 특정 부분에 대한 주관적 선호 등의 측면에서 상통하는 바가 있다. 특히 전체 텍스트의 주제나 의미 구조에 구애 받지 않아도 되는 '소소함'[15]은 재미를 느끼는 즐김의 주체에게 자유를 보장해 준다. 텍스트의 꽉 짜인 의미로부터의 자유, 주어진 길에서 잠시 벗어나거나 어느 지점에서 한가로이 머물 수 있는 자유는 바로 이 소소할 뿐인 재미의 특권이라 할 것이다. 이러한 자유를 바탕으로, 텍스트의 주제나 전체 문화가 부여한 의미에 구속되지 않고 개별체로서 독자가 재미있다고 느끼는 부분에 여유롭게 머물 수 있는 것이다.

독서 과정에서 '머묾'은 오래 곱씹으며 사려 깊게 생각하고, 상상으로 채워야 할 부분을 음미하며, 내면에서 울리는 정의 감흥에 빠져드는 상태를 말한다. 이런 상태에 있는 독서 주체의 모습은 이덕무의 자전(自傳)에서 찾아볼 수 있다. "두자미[杜甫]의 오언율시를 좋아하여 큰 병이 든 것처럼 끙끙대며 읊조리는데, 그러다가 심오한 맛을 터득하여 기쁘기가 한량없으면 일어나서 이리저리 서성댄다. 그가 내뱉는 소리는 갈가마귀가 우는 것과도 같다. 어떤 때에는 조용하게 아무 소리도 없다가 눈을 둥그렇게 뜨고 어딘가를 뚫어지게 보기도 하며, 어떤 때에는 꿈속을 헤매기라도 하듯 혼잣말로 중얼거린다."[16]

---

13 롤랑 바르트, 앞의 책, 60면.

14 김성룡도 이와 유사하게 음식의 비유를 들었다. 재미 체험은 식량으로 필수 영양소를 섭취할 때와 달리, 맛과 식감, 향을 음미하며 요리를 음미하는 것이라 할 수 있다. (김성룡, 앞의 글, 22면.)

15 이러한 소소함은 '체험의 결과에 대한 효용으로부터 벗어남'(김성룡, 앞의 글, 12면)이라는 의미를 갖는다.

16 尤喜子美五言律, 沉吟如痛疴, ,得其深奥, 喜甚, 起而周旋. 其音如鴉叫. 或寂然無響, 瞠然熟視,, 或自

주관적이면서 육체적이기도 한 재미를 표현하는 것은 어려운 일이다. 그래서 이덕무도 재미 자체의 내용을 말하기보다 한껏 재미를 느끼는 자기 상태를 소묘하듯 그려내었다. 아무리 재미를 느꼈다고 하더라도 그것은 언어로 붙잡아 매기도 힘들며, 재미 경험 사후에 언어화된 것은 오히려 재미를 왜곡하고 변형한 결과가 되기도 한다. 그래서인지 초등학생이 쓴 일기의 마지막 문장은 "재미있었다."로 끝나는 것이 대부분이다. 아무리 그날의 경험이 오줌을 지리게 할 정도로 흥분되고, 가슴이 팔딱팔딱 뛰었으며, 소름이 돋을 정도였다고 해도 그 재미를 어떻게 표현할 수 있단 말인가.

문학의 재미도 마찬가지이다. 어떤 즐거움을 몸소 강력하게 느꼈으나 그것을 의미화하자면 그 생생함은 사라지기 마련이다. 이런 의미에서 바르트는 즐김을 말로 할 수 없는 것이거나, 말해진 것 사이에 놓여 있다고 하였다. 그렇지만 재미는 텍스트에서 기인한 것이기도 하다. 에코는 텍스트의 즐거움에 대한 바르트의 논의를 이어, 즐거움을 빚어내는 텍스트의 전략을 분석한 바 있다.[17] 물론 텍스트의 재미와 즐거움은 텍스트가 정해 놓은 길 위에서만 발견할 수 있는 것은 아니지만[18] 독자의 재미를 고려하고 독자의 해석적 참여를 기다리는 유혹하는 글

語如夢寐人.(이덕무, 〈간서치전(看書痴傳)〉, 『청장관전서(青莊館全書)』, 고전번역원 사이트)

17 에코는 다음과 같은 이유에서 텍스트가 즐거움을 주는 기법, 전략을 분석하려 하였다. "독자, 즉 언제나 텍스트 곁에, 텍스트 위에, 텍스트 바로 뒤에 있는 <u>독자를 바로 텍스트 '안에' 위치시켜야 한다.</u> 그것은 독자를 신뢰하는 방식이지만, 동시에 독자를 제한하고 통제하는 방식이기도 하다. 그것은 또한 선택의 문제이다. 즉 <u>텍스트가 주는 즐거움에 대해 말할 것인가, 아니면 무엇 때문에 텍스트가 즐거움을 줄 수 있는가에 대해 말할 것인가. 여기서 두 번째 길을 선택한 것이다.</u>"(밑줄은 인용자) 에코(U. Eco), 김운찬 역, 『소설 속의 독자』(*Lector in Fabula*), 열린책들, 14-15면.

18 텍스트와의 소통을 터널에 비유하고, 독자의 마음속에 존재하는 '소음(noise)', 즉, 청자의 감정적, 이데올로기적, 물리적, 언어적 측면에서 나타나는 비협조적 경향을 터널 속의 잔 모래에 비유한 세르에 따르면, 소음이 대단히 귀중한 창조력을 가진다고 하였다. 마리 맥클린(Marie Maclean), 임병권 역, 『텍스트의 연행』(*Narrative as performance*), 한나래, 1997, 26면.

쓰기는 독자의 재미를 주조(鑄造)할 가능성이 높다 하겠다.

요컨대, 이 연구는 '재미'를 텍스트의 즐거움으로 이해하고자 한다. 텍스트의 즐거움은 다시 즐김과 즐거움으로 나눌 수 있다. 즐김은 우리가 "재미있다"고 하는 상태와 거리가 멀어 보인다. 즐거움을 방해하고, 의미 '섭취'를 어렵게 하거나 그에 대한 발화를 포기하게 하며, 공식적인 문화와 자아의 통합, 그로 인한 자아의 강화를 불가능하게 하기 때문이다. 그러나 이렇게 '텍스트 읽기의 괴로움'을 주는 즐김은 오히려 강력한 재미를 느끼게 하는 요인이다. 자유롭고 한가롭게 텍스트 안에 머물면서 오래 생각하고 깊이 느끼게 하는 즐김은 '텍스트 읽기의 진정한 즐거움'을 느끼게 하는 것이다.

3. 〈큰누님 박씨 묘지명〉의 재미 분석

〈큰누님 박씨 묘지명〉[19]은 연암 박지원과 8살의 터울이 지는 큰누님의 사후에, 큰누님의 무덤에 함께 묻기 위한 용도로 제작된 묘지명(墓誌銘)이다. 이 글은 연암이 백탑 근처에 살면서 문우(文友)와 인간적, 예술적 교류를 나누던 '공작관(孔雀觀) 시절'[20]인 35세에 쓰여졌다. 이 시기 연암의 산문은 "예리하면서도 원숙하고, 참신하면서도 그윽하며, 힘이 넘치면서도 내면으로의 침작을 보여주며, 발랄하며 묵직"한 특성을 지니며 이미 입신(入神)의 경지에 든 작가의 역량을 보여주었다고 평가된다.[21] 또한, 이 글은 연암이 중국 명필가에게 글

---

19 큰누님을 중심인물로 삼고 있는 박지원의 묘지명은 여럿 존재하는데 이를 통칭하여 〈큰누님 박씨 묘지명〉이라 하고, 『연암본』에 실린, 가장 마지막에 쓰여진 〈백자증정부인박씨묘지명(伯姊贈貞夫人朴氏墓誌銘)〉을 주 텍스트로 삼겠다.

20 박희병, 「종북소선의 평어 연구」, 『민족문학사연구』 38, 민족문학사학회 · 민족문학사연구소, 2008, 161면.

21 박희병, 앞의 글, 191면.

씨를 받으려고 할 정도로 그 자신도 아꼈던 득의작(得意作)이었다.[22]

특히 이 글은 연암이 세 차례에 걸쳐 개작할 만큼 공을 들이기도 하였다. 이하의 내용에서는 이전 글과 크게 달라진 점을 중심으로 개작의 방향을 정리하고, 이를 바탕으로 〈큰누님 박씨 묘지명〉의 특징을 설명하도록 하겠다.[23] 우선, 개작된 내용을 표시하면서, 최종본이라 추정되는 『연암집』의 〈백자증정부인박씨묘지명(伯姊贈貞夫人朴氏墓誌銘)〉을 인용해 본다.

> 유인(孺人) 휘(諱) 모(某)는 반남(潘南) 박씨(朴氏)인데, 그 동생 지원(趾源) 중미(仲美)가 다음과 같이 묘지명을 쓴다.
>
> 유인은 열여섯에 덕수(德水) 이씨 택모(宅模) 백규(佰揆)에게 시집가 딸 하나 아들 둘을 두었으며 신묘년(1771) 9월 1일에 세상을 뜨니 ㉠ <u>나이 마흔셋이었다.</u> 남편의 선산은 아곡(雅谷)인바 장차 그곳의 경좌(庚坐) 방향의 묏자리에 장사 지낼 참이었다.
>
> ㉡ <u>백규는 어진 아내를 잃은 데다가 가난하여 살아갈 도리가 없자 어린 자식들과 계집종 하나를 이끌고 솥과 그릇, 상자 따위를 챙겨서 배를 타고 산골짝으로 들어가려고 상여와 함께 출발하였다.</u>
>
> 나는 새벽에 두뭇개의 배에서 그를 전송하고 통곡하다 돌아왔다.
>
> 아아! 누님이 시집가던 날 새벽에 얼굴을 단장하시던 일이 마치 엊그제 같다. 나는 그때 막 여덟 살이었는데, ㉢ <u>발랑 드러누워 발버둥을 치다가 새신랑의 말을 흉내 내 더듬거리며 점잖은 어투로 말을 하니,</u> 누님은 그 말에 부끄러워하다가 그만 빗을 내 이마에 떨어뜨렸다. 나는

22 연암은 이 묘지명의 글씨를 중국인에게 받아 오도록 사행(使行) 편에 부탁했던 듯하다. 그리하여 중국인 호부 주사(戶部主事) 서대용(徐大榕)이 그의 외종제(外從弟) 양정계(楊廷桂)의 글씨를 받아 연암에게 부쳐 왔다고 한다.(〈피서록(避暑錄)〉 주석, 『열하일기(熱河日記)』, 고전번역원 사이트)

23 개작 내용과 방향, 글쓰기 특징에 대한 논의는 김혈조(「연암 박지원의 〈伯姊孺人朴氏墓誌銘〉 연구-개작 과정과 글쓰기 방식을 중심으로」, 『한문학보』 22, 우리한문학회, 2010.)를 참조했다.

골을 내 울면서 분에다 먹을 섞고 침을 발라 거울을 더럽혔다. ㉣ 그러자 누님은 옥으로 만든 자그만 오리 모양의 노리개와 금으로 만든 벌 모양의 노리개를 꺼내 나를 주면서 울음을 그치라고 하였다.

지금으로부터 28년 전의 일이다.

강가에 말을 세우고 멀리 바라보니, 붉은 명정(銘旌)이 펄럭이고 배 그림자는 아득히 흘러가는데, 강굽이에 이르자 그만 나무에 가려 다시는 보이지 않았다. 그때 문득 강 너머 멀리 보이는 산은 검푸른 빛이 마치 누님이 시집가는 날 쪽진 머리 같았고, 강물 빛은 당시의 거울 같았으며, 새벽 달은 누님의 눈썹 같았다. ㉤ 울면서 그 옛날 누님이 빗을 떨어뜨리던 걸 생각하니, 유독 어릴 적 일이 생생히 떠오르는데 그때에는 또한 기쁨과 즐거움이 많았으며 세월도 느릿느릿 흘렀었다. 그 뒤 나이 들어 우환과 가난을 늘 근심하다 꿈결처럼 훌쩍 시간이 지나갔거늘 형제와 함께 지낸 날은 어찌 그리도 짧은지.[24]

떠나는 이 정녕코 다시 오마 기약해도
보내는 자 눈물로 옷깃을 적시거늘
이 외배 지금 가면 어느 때 돌아올꼬?
보내는 자 쓸쓸히 강가에서 돌아가네.[25]

김혈조는 3차례에 걸친 개작 과정을 검토하면서, 『연암집』에 실린

24 이전의 글과 크게 달라진 부분을 밑줄 그어 표시함.

25 번역은 박희병(『연암을 읽는다』, 돌베개, 2006, 15-16면.)을 따름. 다만 이 자료에 원문이 기재되어 있지 않아 표점은 안대회(『고전산문산책』, 휴머니스트, 2008, 666면.)를 참조하되, 번역에 맞게 수정함. 孺人諱某, 潘南朴氏, 其弟趾源仲美誌之曰 : 孺人十六歸德水李宅模伯揆, 有一女二男, 辛卯九月一日歿, ㉠ **得年四十三,** 夫之先山曰鵶谷, 將葬于庚坐之兆. ㉡ **伯揆旣喪其賢室, 貧無以爲生, 挈其穉弱婢指十, 鼎鐺箱簏, 浮江入峽, 與喪俱發.** 仲美曉送之斗浦舟中慟哭而返. 嗟乎! 姊氏新嫁, 曉粧如昨日. 余時方八歲, ㉢ **嬌臥馬騣, 效婿語口吃鄭重.** 姊氏羞, 墮梳觸額. 余怒啼, 以墨和粉, 以唾漫鏡. ㉣ **姊氏出玉鴨金蜂, 賂我止啼**, 至今二十八年矣. 立馬江上遙見, 丹旐翩然, 檣影逶迤, 至岸轉樹, 隱不可復見, 而江上遙山, 黛綠如鬟, 江光如鏡, 曉月如眉. ㉤ **泣念墮梳, 獨幼時事歷歷, 又多歡樂歲月長. 中間常苦離患憂貧困, 忽忽如夢中. 爲兄弟之日, 又何甚促也.** 去者丁寧留後期, 猶令送者淚沾衣, 扁舟從此何時返, 送者徒然岸上歸.

최후의 작품으로 〈백자증정부인박씨묘지명(伯姊贈貞夫人朴氏墓誌銘)〉의 주제 및 형식적·미학적 특징을 분석하였다.[26] 이 글을 중심으로 개작의 방향을 정리하면 다음과 같다. 첫째, 누이에 대한 일체의 설명이나 묘사를 생략했다. 이전의 글에는 가계, 성품, 시집살이의 태도 등이 있었는데 이를 산삭하고 단지 43년을 살았다 했다.(㉠) 둘째, 이택모가 상여와 함께 배에 싣고 가는 식솔과 가재도구 등을 상술하여 보잘것없는 이삿짐과 눈물겨운 이사 정경을 묘사했다.(㉡) 셋째, 누이가 시집가던 날 장난이 구체화되었다. (㉢, ㉣) 넷째, 누이의 일생을 결혼 전후로 나누고 그에 대한 자신의 소회를 밝히는 내용이 추가되었다.(㉤)[27]

이러한 개작 방향에 따른 글쓰기의 특징을 정리하면 다음과 같다. 첫째, 묘지명의 형식에 비추어 파격을 추구했다. 그의 글은 상투적인 묘지명의 서두를 생략했으며 망인과 자신 둘만 알고 있는 비공개의 일화를 공개했다. 둘째, 많은 상상력을 동원하지 않으면 연암의 저작 의도 곧 작품의 주제를 파악하기 어렵게 구성되었다. 이택모가 아내를 잃고 떠나는 대목의 행간을 읽어야만 궁사의 낭패감과 누이의 곤궁함이 보이는 것이다. 셋째, 의도적으로 시점과 공간을 설정했다. 생이별과 사별의 시점을 모두 새벽으로 하여 둘을 병치시켰으며, 이별의 공간은 강으로 설정하여 이별의 슬픔을 애절하게 표현하였다.

---

26 이는 박영철본 『연암집』에 수록된 〈백자증정부인박씨묘지명(伯姊贈貞夫人朴氏墓誌銘)〉을 최후의 작품이라고 본 것이다. 김혈조는 최종본 이전의 작품으로, 연암 당대의 윤광심(尹光心, 1751~1817)이 펴낸 『병세집(幷世集)』에 있는 〈백자유인박씨묘지명(伯姊孺人朴氏墓誌銘)〉, 『종북소선(鍾北小選)』에 수록된 〈망자유인박씨묘지명(亡姊孺人朴氏墓誌銘)〉, 『겸헌만필(謙軒漫筆)』에 기재된 〈유인박씨묘지명(孺人朴氏墓誌銘)〉을 순차적으로 들어 비교했다. 한편, 정민은 『병세집』에 실린 글과 『연암집』에 실린 글을 비교하였다. (정민, 「연암 박지원의 〈伯姊贈貞夫人朴氏墓誌銘〉 개작과정」, 『문헌과해석』 13, 문헌과해석사, 2000, 96-105면.)

27 김혈조, 앞의 글, 355-363면.

넷째, 대비의 수법을 사용했다. 28년이라는 긴 시간을 훌쩍 넘어 두 장면이 대비되며, 결혼 전 행복과 이후의 불행이 대비된다. 문체적으로도 전반부의 객관적 사실의 나열과 후반부의 정감어린 묘사가 대비된다고 한다.[28]

본고는 이러한 개작의 방향 및 글쓰기의 특징을 재미의 관점에서 파악하려 한다. 박지원의 개작은 그의 글쓰기의 지향을 잘 보여주었다. 그 지향점이란 곧 독자의 재미이다. 그의 글쓰기 특징을 재미의 관점에서 재론해 보자. 첫째, 묘지명 형식의 파격은 망자의 사람됨을 스스로 구성해 보라는 권유이다. 관습적인 묘지명의 서두는 전체 의미를 묶어주는 역할을 하며, 이후 이어지는 내용은 이런 서두를 증명해 줄 뿐이다. 이러한 묘지명의 구성은 독자가 스스로 인물상을 소조하고 의미를 부여하는 해석적 참여를 가로막는다. 즉, 인물이 가계(家系)를 통해 규정될 때 그 개성이 드러나기 힘들며, 상투적인 표현으로 인정기술이 완료되고 나면 독자가 해석할 여지는 남아 있지 않게 되는 것이다.

재미의 경험을 위해서는 자발적 참여가 무엇보다 중요하다. 그런데 이 참여는 텍스트와 협력적인 관계에서 이루어져야 한다. 그러니까 텍스트가 일방적으로 독자에게 의미를 퍼붓는 것이 아니라 해석적 협력자로서 독자를 인정하고 독자의 몫을 남겨 놓을 때, 독자는 게으른 상태에서 벗어나 스스로 의미를 구성하는 주체가 될 수 있는 것이다. 따라서 이렇게 상투적이고 규범적인 묘지명의 표현을 없앤 서두는 독자와 대화적인 관계를 맺겠다는 텍스트의 약속이자 개별자로서 독자를 해석적인 협력자로 초대하는 방식이라고 할 수 있다. 독자가 그 권유를 선뜻 받아들이면 이 텍스트의 재미를 느낄 수 있

28 김혈조, 앞의 글, 363-374면.

는 태세를 갖추게 되는 것이다.

둘째, 내용을 산삭하여 행간의 의미를 함축하는 글쓰기를 통해 독자는 재회미(再膾味)를 느낄 수 있다. 오래 머무는 만큼 곱씹는 맛이 있다. 세 번째 본과 마지막 본에 추가된 내용 중 "백규는 어진 아내를 잃은 데다가 가난하여 살아갈 도리가 없자 어린 자식들과 계집종 하나를 이끌고 솥과 그릇, 상자 따위를 챙겨서 배를 타고 산골짝으로 들어가려고 상여와 함께 출발하였다. (伯揆旣喪其賢室 貧無以爲生 挈其稺弱婢指十 鼎鐺箱篚 浮江入峽 與喪俱發)"라는 부분을 설명한 대목을 보면 이러한 재회미가 어떻게 가능한지 알 수 있다. 다음은 세 번째 본에서 추가된 부분[29]에 대한 김혈조의 설명이다.

> 이택모의 서울 생활 청산은 그의 가난을 드러내기 위한 것이지만, 생전의 누이가 시댁에서 어떤 역할을 했으며 어떤 위치에 있었던가를 드러내기 위한 복선이다. 한 사람의 죽음이 한 가정의 낙향으로까지 발전하게 되었다는 사실은 가정에서 그 사람의 위치나 역할, 그리고 어떤 삶을 살았는가 하는 모습을 상상하게 만든다. 무능한 남편을 대신하여 여성이 가장의 역할을 했음이 절로 드러나는 것이다.[30]

앞서, 박지원은 묘지명 서두의 파격을 통해 상투적 표현으로 자동적으로 환기되는 인물상을 치워내고 독자가 참여적으로 구성해야 할 몫으로 남겨 두었다. 독자는 망자가 어떤 사람이고 어떻게 살았을까 하는 궁금증을 가지면서 이어지는 서술을 통해 이를 확인하려 한다. 그렇지만 여전히 객관적인 사태를 담담히 서술하여 사람됨이나 인생

---

29 백규가 어진 아내를 잃은 데다 가난하여 생계를 구릴 방도가 없는지라. 가솔과 집기를 꾸려 배에 싣고 산골짜기로 들어가며 상여와 함께 출발했다.(伯揆旣喪其賢室。貧無以爲生。挈其家私 舟載入峽 與喪俱發。), 〈유인박씨묘지명(孺人朴氏墓誌銘)〉, 『겸헌만필(謙軒漫筆)』

30 김혈조, 앞의 글, 355면.

에 대해서는 말해주지 않는 것 같다. 그런데 '왜 이택모는 아내가 죽자마자 구질구질한 살림을 꾸려 서울을 떠나야 했을까?'라는 물음을 던지는 순간, 김혈조의 설명처럼 '아, 누이가 무능한 가장 밑에서 가난한 집 살림을 고단히도 꾸려왔구나.'라는 깨달음을 얻게 된다.

또한, 최종본에서는 "어린 자식들과 계집종 하나를 이끌고 솥과 그릇, 상자 따위를 챙겨서(挈其穉弱婢指十 鼎鎗箱簏)"라는 내용을 추가하여 보잘것없는 이삿짐과 이사 정경을 구체화하였다. 그리고 앞의 내용 중 일녀이남(一女二男)이란 설명이 있는데 여기에 오면 그 자식들이 '어리고 약하다(穉弱)'는 것이 드러난다. 김혈조에 따르면, 선행한 두 본에서는 "여자 아이는 바느질할 나이가 되었으며, 남자 아이들은 책을 읽을 수 있는 정도이다(有女方線 二男能讀)"라고 서술된 내용이 있었는데 이것이 나중의 본들에서는 어리고 약한 자식으로 표현되었다고 한다.

선행본의 내용은 '어느 정도 제 앞가림을 할 정도로 자식을 키워놓았네.'로 의미화되는 데 비해, 변모한 내용은 '아직 자식이 한참 어리군.'으로 받아들여진다. 이는 매우 큰 차이일 수 있다. 전자로 이해하는 독자는 자녀를 키워낸 부덕(婦德)을 발견하지만 후자의 독자는 '왜 자식들이 아직 어릴까?'라는 새로운 질문을 갖는다. 독자는 마음속으로 셈을 한다. '향년 43세이고, 16세에 시집을 갔으며, 혼인한 지 28년이 지났는데 아이들이 10세 안팎 정도로 어리다면 서른이 훌쩍 넘어 자식을 보기 시작했다는 거네. 그러면 15년 이상 무자(無子)인 상태로 있었던 게야.' 하면서 그 긴 세월의 마음고생을 가늠해보는 것이다.[31]

---

31 김혈조는 이 기간을 최대로 잡아 17년이 될 수 있다고 보았다. 김혈조는 그 17년의 의미를 다음과 같이 설명하였다. "17년은 본인은 물론 그 가족도 자식 보기를 포기했을 법한 고통의 시간이다. 봉건시대에 자식, 특히 후사를 이을 아들을 놓지 못하

셋째, 의도적으로 설정된 시공간을 통해 독자는 대조적인 장면을 이동하며 재미를 느낄 수 있다. 누이의 상여를 실은 배에서 통곡한 후 내렸다는 서술 후, '아아(嗟乎)'라는 감탄사가 삽입되고 장면은 갑자기 누이가 시집을 가던 새벽으로 옮아간다. 그곳에는 죽은 누이가 시집에 가기 위해 치장하고 있으며, 장년의 연암이 8세의 아이가 되어 심술궂게 장난치고 있다. 이 갑작스러운 변화는 연암이 상여를 싣고 떠나는 배를 바라보다 '또다른' 새벽으로 자기도 모르게 의식이 흘러들어간 것이라고도 풀이된다.[32] 독자의 입장에서는 두 상이한 시공간을 이어주는 '새벽'이라는 미끄럼틀을 타고 순간 이동을 한 듯 어리둥절할 뿐이다.

서술된 장면을 읽고 난 느낌도 그렇다. 앞서 상상한 장면 및 그 이면적 의미, 정서와는 사뭇 다르기 때문이다. 이사 광경을 찬찬히 보면서 우리는 누이 인생의 희로애락을 상상적으로 느끼며 공감했다. 즉, 절제된 문장의 사이에서, 출세하지 못한 남편에 대한 기대와 실망, 택당(澤堂) 이식(李植) 가문에서 대를 잇지 못한 며느리로 느껴야 했던 시집살이의 괴로움과 자책감, 그토록 기다리던 자식을 낳았을 때의 기쁨과 안도감, 늦은 나이에 연달아 자식을 낳아 키우며 살림까지 도맡아해야 했던 고단함, 그로 인한 병고의 고통 등 망자가 겪었던 온갖 감정들을 느끼면서, 망자 인생의 파노라마를 보는 듯했다.

그런데 여기의 서술은 생기발랄하고 정감이 넘치며, 생명감 같은 게 충일해[33] 마치 눈앞에서 펼쳐지는 일같이 생생하다. 어린 연암은 누이가 시집가던 날 새벽, 말이 땅에 뒹굴며 토욕질하듯이 누이 밑에

는 여성이 감내할 고통은 말로 설명할 수 없을 정도로 크다. 따라서 연암의 누이는 눈물과 고통의 세월을 보내며 숨 한번 크게 쉬지 못하며 노심초사하는 생활을 했을 것이 자명하다."(김혈조, 앞의 글, 369면.)

32 박희병, 『연암을 읽는다』, 돌베개, 2006, 21면.

33 박희병, 앞의 책, 21면.

서 버둥거리며 철없이 장난치다가 누이가 떨어뜨린 빗에 맞아 울고 말았다. 누이는 노리개를 꺼내주며 어린 동생을 달랬다. 여기서도 드러난 장면의 이면에 존재하는 정을 느낄 수 있다. 즉, 누이와 헤어지는 것이 싫은데 그 마음을 표현하지 못했던 어린 연암이 마침 누이가 떨어뜨린 빗에 맞아 울 핑계를 얻은 것이다. 누이 역시 그 마음을 헤아리면서 동생을 달랠 정도로 어린 동생을 품어주는 마음씨를 지녔다.

장면도 순식간에 이동한 데다 대조적으로 병치된 장면으로 인해 이질적인 감정이 육박해 오니 독자로서 의아함은 커지게 된다. '도대체 내가 무엇을 보고 느낀 거지?'라고 생각하며 마치 둔한 망치로 얻어맞은 듯 내파가 큰 둔중한 충격을 받게 되는 것이다. 그런 충격은 이 장면에 독자를 이 장면에 머물게 하고 마음속에 새기게 하는 기능을 한다. 물론 산뜻하게 서술되어 있으나 그 정감을 충분히 느끼게 하는 장면 자체도 독자에게 재미의 대상이 된다. 그러나 재미는 장면 자체가 아니라 병치된 두 장면의 '사이'에 있을 수 있다. 회상 장면이 재미있어지는 이유도 갑작스러운 변화 때문이었음을 상기해 볼 때 더욱 그러하다.

바르트는 즐김의 '장소'를 텍스트에서 발견하기도 했다. "모든 논리적인 작은 변화는 틈새 안에 있다.",[34] "육체에서 가장 선정적인 곳은 옷이 하품하는 곳이 아닐까? 두 개의 옷(바지와 스웨터)(…) 사이에서 반짝이는 살의 단속성(斷續性), 매혹적인 것은 그 반짝임, 혹은 나타남과 사라짐의 무대화"[35] 바르트는 옷이 '하품'하듯이 벌어진 곳에서 즐김의 장소를 발견하였다. 바르트의 관점에서 볼 때, 텍스트의 비약과 빈틈은 백과사전적 세계 지식으로 메우거나 서사적 상상력을

34 롤랑 바르트, 앞의 책, 57면.
35 롤랑 바르트, 앞의 책, 57면.

동원하여 채워 넣어야 할 곳이 아니다. 오히려 개별 독자의 즐김을 가능케 하는 매혹적인 놀이터가 되는 것이다.

〈큰누님 박씨 묘지명〉은 이런 요소를 품고 있다. 서술에 있어서 누이와의 영이별 장면과 생이별 장면은 단지 '아아'로 연결되었다. 윗도리와 아랫도리 사이에서 살짝 보이는 반짝이는 살이 바로 '아아'이다. 독자는 이 감탄사 안에 담겨 있는 감정과 의미를 읽어내려 대조적인 두 장면 '사이'에서 한참 머물러야 한다. '아아'의 비약이 만든 빈틈에서 독자는 마음껏 상상하고 생각하며 느낀다. 즉, 전혀 다른 시공간을 배경으로 하는 두 장면을 놓고서, 대비의 효과로 강조되고 부각되는 각 장면의 인상과 감정들을 만끽하는 것이다. 이후, 계속 텍스트를 읽어나가도 '아하'라고 이해할 때까지 번번이 '아아'로 돌아와 머물 수밖에 없다.

마지막으로, 이 텍스트의 재미는 '아하'의 체험이 가능하다는 점에 있다 할 것이다. '아하' 체험은 깨달음의 체험이다. 궁금했던 것이 어느 정도 해소되고 확인될 수 있을 때, 텍스트 읽기는 완료되며 '재미있었다'라는 완결의 느낌을 가질 수 있다. 예상된 방식으로 너무 쉽게 결말이 나는 텍스트에 대해서는 재미가 반감되지만 예상해 온 내용과 전혀 관련이 없거나 결말 자체가 열려 있는 텍스트에 대해서는 배신의 느낌조차 들기도 한다. 우선, 연암은 배가 사라지자 산과 강물, 새벽달을 시집가던 날의 누이와 관련된 것들로 보았다. 이렇게 과거와 현재를 겹쳐 보기는 것은 둘의 의미론적 종합을 예비하는 것이다.

박지원은 최종본에 '㉰' 부분을 추가했다. 그 내용은 어릴 적 일은 또렷하고 즐거웠던 반면, 누이가 죽기까지 삶의 고난에 시달렸다는 것이다. 그러고 나서 "형제와 함께 지낸 날은 어찌 그리도 짧은지"라는 말로 묘지(墓誌)를 마무리했다. 내용을 종합해 주면서, 상여를 실은 배로 누이의 가족들이 이사 가는 장면, 누이가 시집가던 날의 장면이 병치된 의미를 밝히는 것이다. 또한, 여기서 '아아'의 비약이 만든 빈틈도 어느 정도 채워진다. 즉, 누이의 죽음과 시집가던 날 사이, "이별과 환란에 시달려야 했고, 빈궁에 시름겨워했다."는 사연과 함께, 그로 인한 감정을 '아아'로밖에 표현할 수 없었던 글쓴이의 심정에 공명하게 된다.

의미상으로 완결은 되지만 마지막 문장은 깊은 여운을 남긴다. 형제로 지낸 날들은 어린 시절을 말한다. 짧은 어린 시절의 행복과 그 이후의 불행한 삶과 죽음은 연암의 누이뿐만 아니라 연암도 겪고 있는 삶의 과정이다. 연암뿐만 아니라 독자들도 '그렇지' 하면서 공감하는 바가 크다. 이렇게 글쓴이는 마지막 부분에서 의미를 정리하면서 보편적인 삶의 문제로 상승시키고 있다. 이러한 종합과 상승의 구조는 독자가 텍스트 의미 경험은 완료하였으되, 마지막 소회를 자신에게 질문처럼 던지게 하는 기능을 하기도 한다.

명(銘)으로 제시되는 시도 재미 경험의 완결감과 관련해 볼 수 있다. 앞선 서술이 글쓴이를 주인공으로 한 시점에서 쓰여진 것이라면, 이 시는 '떠나는 이(去者)', '보내는 이(送者)'의 시점이 아니라, 이들을 지켜보는 제3의 인물의 시점에서 쓰여졌다. 즉, 제3의 인물이 떠나는 이의 언사, 보내는 이의 행위 등을 가까이서 관찰하면서, 보내는 이가 배 위에서 이별을 마치고 언덕에서 배를 지켜보다 돌아가는 정경까지를 순차적으로 읊은 것이다. 관찰자의 시점으로 이별을 재생하는(replay) 시로 인해 독자는 글쓴이의 내면에서 빠져나올 수 있으며, '보내는 이가 언덕에서 하릴없이 내려왔듯이'[36] 독서 경험을 완

36 관련 대목은 "送者徒然岸上歸"이다.

료할 수 있게 된다.

요컨대, 박지원의 〈큰누님 박씨 묘지명〉은 공적인 묘지명의 형식에 파격을 주면서 작자와 독자의 내밀한 소통을 지향하고 있다. 특히 이 글은 독자를 유혹하는 글쓰기의 특징을 잘 보여주었다. 유혹하는 글쓰기는 독자의 해석적 참여와 감정적 연루를 바라는데 이런 글에 대해 독자는 읽는 재미에 빠져들 수 있다. 박지원은 묘지명의 주인공이 되는 누이에 대한 객관적 인정기술을 뺌으로써 독자에게 인물을 만들어 보라는 권유를 하였다. 또한, 인정(人情)을 직접 서술하는 대신 물태(物態)를 그려냄으로써 독자가 스스로 인정을 빚어내고 느끼는 만큼 보게 하였다.

무엇보다 재미로운 점은 두 이질적인 시공간의 장면을 대비시킴으로써 비약을 만들어 내고 그 비약의 공간에 독자를 한동안 머물게 하는 방식이다. 독자는 갑작스럽게 장면을 전환시키고, 이질적인 이미지를 병치시키는 사이에서 어리둥절한 상태로 있다. 둔각의 충격이 내파를 크게 만들면서 제시된 장면의 의미와 느낌을 마음속에 되풀이하여 음미하게 한다. 독자가 나름의 방식으로 장면 전환과 장면의 의미를 정리하게 될 때는 이미 그 장면이 마음속에 새겨지고 생동하게 된 이후이다. 이런 방식으로 박지원의 글은 강렬한 인상을 만들어내는 특성을 갖는다.

마무리하는 방식도 재미있다 할 만하다. 글읽기를 통한 재미의 경험은 시작과 끝을 가진 '하나의 경험'이다. 이 경험은 '찰칵'하는 '아하' 체험의 결말을 가져야만 제대로 완료될 수 있는데, 연암의 묘지는 이 느낌을 주기 위해, 현실과 과거를 병치시킨 이후, 겹쳐놓았다가 합치면서 의미를 종합해 놓았다. 이를 통해 독자는 그간 추론적으로 예상해 왔던 의미들을 보편적 의미로 상승·확장시키며, 감정들에 질서를 부여하여 어떤 정서를 갖게 된다. 카메라로 찍은 이별의 장면을 재생하는 듯한 내용의 명(銘)을 통해 독자는 서술자의 내면에 머물렀던 상태에서 빠져나오며 자연스럽게 독서 경험을 완료하게 된다.

4. 비평문을 통해 본 〈큰누님 박씨 묘지명〉의 재미

이 장에서는 〈큰누님 박씨 묘지명〉에 대한 비평문을 다루려 한다. 대상이 되는 비평문은 이재성과 이덕무가 쓴 것들이다. 박지원의 처남이었던 이재성은 『연암집』(박영철본)에 평문을 남겼으며, 이덕무는 박지원 산문 10편을 뽑아 평점(評點)을 붙인 필사본의 비평서인 『종북소선(鐘北小選)』[37]을 편찬했다. 『종북소선』에 대해서 박희병은 이 책이 작가와 비평가 간의 '대화적 관계'를 극대화하면서 동아시아의 비평사적 창안(創案)이라 할 정도로 독특한 비평 형식을 창조한 뛰어난 비평서라고 평했다.[38] 이들 자료를 대상으로 독자가 어떤 방식으로 텍스트의 재미와 감동을 느꼈는지 살펴보도록 한다.

> ① 인정(人情)을 따르는 것이 지극한 예(禮)가 되었고, 눈앞의 광경을 묘사한 것이 참문장이 되었다.[39] –이재성

①은 정을 느끼게 하는 서술 방법과 관련된 비평 내용이다. 앞서 살펴보았듯이 누이의 상여를 실은 배에서 이별하는 장면을 묘사한 내용을 통해 독자는 누이의 신산한 삶과 누이가 인생에서 느꼈을 희

37 이덕무 평선, 박희병 외 역주, 『종북소선』, 돌베개, 2010.

38 박희병, 『연암과 선귤당의 대화-『종북소선』의 평점비평 연구』, 돌베개, 2010.

39 緣情爲至禮, 寫境爲眞文. 〈伯姊贈貞夫人朴氏墓誌銘〉, 『연암집』, 고전번역원 사이트.

로애락을 함께할 수 있었다. 짧고 간결한 문장으로 한 사람의 인생을 담아내면서 그 내면에 동참하게 하는 수법은 실로 놀라운 것이다. 이런 문장을 일컬어 이재성은 참문장[眞文]이라 했다. 또한, 이재성의 언급처럼, 인간관계의 사회적인 형식이라 하는 예(禮)도 정에서 비롯되었을진대, 정을 따라 그려낸 문장이 박지원이 그린 누이의 초상(肖像)이 되고, 누이와 사별하는 정을 표현한 지극한 예가 되었다는 지적도 적실하다.

> ② 이 글은 채 3백 자도 안 되지만 진정(眞情)을 토로해 문득 수천 글자나 되는 문장의 기세를 보이니, 마치 지극한 작은 겨자씨 안에 수미산(須彌山)을 품고 있는 형국이라 하겠다. -이덕무

②는 『종북소선』에서 이덕무가 작품 말미에 기재한 후평(後評)이다. 이 후평은 작품 전체에 대한 개괄적 논평으로서의 성격을 보여준다.[40] 이 평에서는 진정(眞情)이 담긴 문장의 힘이 언급되었다. 작은 겨자씨 안에 수미산을 품고 있다는 비유는 물태(物態)를 담담히 그려내면서 풍부한 인정(人情)을 느끼게 하는 연암의 글쓰기 특징을 선명하게 보여주고 있다. 또한, 이 문장은 텍스트의 비움을 통해 독자의 채움이 가능해지는 역설적 진실의 다른 표현이기도 하다. 겨자씨만큼 작게 할 수 있을 때, 오히려 수미산 같은 감동이 담길 수 있다는 것이다.

진정(眞情)과 관련하여 다른 글에서 이덕무는, "진정(眞情)이 발로(發露)됨은 연못에서 보검(寶劍)이 쑥 나오거나 흙을 뚫고 죽순이 쑥 나옴과 같다."[41]라고 하기도 했다. 잔잔한 물결의 연못에서 날카로운

---

40 이덕무 평선, 앞의 책, 12면.

41 眞情之發, 如古鐵活躍池, 春筍怒出土. 이덕무, 〈如是我聞〉, 『靑莊館全書』(박희병,

철의 보검이 나오듯이, 촉촉하고 부드러운 흙에서 매끈하게 뻗은 죽순이 나오듯이 진정은 예기치 않는 순간, 텍스트의 표면적 형상과는 전혀 다른 성격의 것으로 불쑥 발로한다. 이렇게 진정은 내면의 균열과 충격을 동반하는 것이라 할 때 급작스러운 대비를 통해 독자를 어리둥절하게 했던 박지원의 글은 진정을 느끼게 하는 재미를 주었다 할 만하다.

> ③ 문장에 어찌 일정한 법이 있었던가? 이 글을 옛사람의 문장을 기준 삼아 읽는다면 당연히 이의가 없겠지만, 지금 사람의 문장을 기준 삼아 읽기 때문에 의아해하지 않을 수 없는 것이다. 상자 속에 감추어 두기 바란다.[42] – 이재성

한편, 현재는 연암의 글이 한국의 대표적인 고전이자 정전이 되었으나, 당대 문화에서 연암의 글은 문체반정(文體反正)의 원인이 될 만큼 문제적이었다. 이재성도 이 점을 우려하였던지 이 글을 상자 속에 감추어 두라고 하였다. 문화의 핵심을 '공유된 이해(shared understanding)'라고 할 때 박지원의 글은 당대 문화 구성원들이 암묵으로 합의한 생각, 가치, 규범에서 한참 벗어난 것이었다. 어쩌면 그의 글이 이런 성격을 가졌기에 그의 글과 소통하는 독자에게 은밀한 공모의식을 갖게 했으며, 그에 따라 독자의 내밀한 즐김이 가능했던 것으로도 이해할 수 있다.

> ④ 여성의 미덕을 나타내는 글자를 하나도 쓰지 않고서도 망인의 살림을 사는 태도와 우자화순(友慈和順)한 덕(德)을 마치 눈으로 상상케

『연암과 선귤당의 대화』, 앞의 책, 26면, 재인용)

42 文何嘗有定法哉 此篇以古人之文讀之, 則當無異辭, 而以今人之文讀之, 故不能無疑. 願秘之巾衍. 〈伯姊贈貞夫人朴氏墓誌銘〉, 『연암집』, 고전번역원 사이트.

해주는 이 글은 지극히 진실하고 고결한 문장으로서 독자들을 감동시킨다.[43] —이재성

④는 이재성이 『연암집』에 실린 〈맏형수 공인(恭人) 이씨(李氏) 묘지명〉에 덧붙인 비평문인데 그 내용은 〈큰누님 박씨 묘지명〉에도 적용될 수 있다. 상투적이고 규범적인 묘지명의 서두를 삭제하여 독자를 해석적 협력자로 불러내는 방식이나 인물의 덕성이나 업적을 설명하지 않고 개성이 드러나는 일상적 장면을 제시하면서 독자의 해석을 요청하는 방식은 두 묘지명이 유사하기 때문이다. 이재성은 인간성을 눈으로 그려 보게 하는 글이 감동을 준다 했다. 이러한 지적은 문학이 주는 감동에 대한 간결하면서도 탁월한 통찰이라 할 수 있다. 감동은 독자 스스로 만들고 구성한 형상을 매개로 가능한 것임을 적시했기 때문이다.

문학적 감동과 해석적 참여는 밀접한 관련이 있다. 텍스트 의미 구성의 협력자로서 독자가 얼마나 관여하는지, 또 독자가 얼마나 그 과정을 즐기며 스스로 의미를 발견하고 생성한다고 느끼는지에 따라 감동의 여부나 심도가 결정되는 것이다. 독자의 문학적 감동을 위해 보장되어야 할 것은 독자의 자유이다. 사실 텍스트는 독자를 자유롭게 놓아두지는 않는 속성이 있다. 독자가 자유롭게 의미를 구성한다고 착각하게 만드는 것도 텍스트의 전략이다. 그러나 감동은 텍스트가 직접 제공하는 것이 아니라 독자가 자발적으로 즐기면서 형성한 심상, 발견한 의미 등의 매개를 필요로 한다.

⑤ 친가의 집안일을 알려면 고모에게 물어보면 되고, 외가의 집안일

43 無一婉嫕莊淑勤儉等字, 而恭人之奉先御家友慈和順之德, 像想如見, 要是至眞至潔之文, 讀之悽惋動人. 〈伯嫂李恭人墓碣銘〉, 『연암집』, 고전번역원 사이트.

을 알려면 이모에게 물어보면 된다. 그렇다면 고모나 이모가 없는 사람은 어떻게 해야 할까? 그런 사람에게 만일 누님이 있다면 친가와 외가의 집안일을 모두 알 수 있다. 게다가 만약 늦둥이라서 할머니와 외할머니를 모실 기회가 없었고, 또 불행히도 어려서 어머니를 여읜 사람이라면, 어쩔 도리 없이 누님을 찾아가서 집안의 옛일을 물어볼 수밖에 없다. 그러면 누님은 눈물을 흘리면서 가르쳐줄 것이고, 또 슬픔에 잠겨서 말해줄 것이다. 그러면서 이렇게 말하리라. "아무 동생의 눈매는 할머니의 눈매를 닮았고, 아무 동생의 목소리는 외할머니의 음성을 닮았지. 우리 어머니의 웃는 모습은 네가 꼭 빼닮았단다." 한편으로 내가 어렸을 때 내 머리를 빗겨준 이도 우리 누님이고, 내 세수를 시켜준 이도 우리 누님이다. 나를 업어준 이도, 나를 안아준 이도 우리 누님이다. 내가 장가를 갔을 때 내 아내를 이끌고 간 이도 우리 누님이다. 누님이 시집을 갔을 때 나는 자형이 된 새신랑에게 절을 했다. 내가 누님을 뵈러 가면 누님은 언제나 반갑게 맞아서는 배고프겠다고 하면서 밥을 자꾸 퍼주고, 춥겠다고 하면서 술을 데워 내오리라. 부르기는 누님이라고 하나 실은 우리 어머니를 뵙는 듯했다.

나는 본래 누님도 없고, 할머니도 외할머니도 뵌 적이 없다. 더군다나 어머니를 어려서 여읜 사람이다. 그래서 일부러 누님이 있는 사람은 그리했으리라 상상하면서 서글퍼하곤 했다.

박지원 선생의 큰누님을 위한 묘지명을 읽고 나자 곧바로 통곡이 나올 것만 같다.[44] –이덕무

44 徵吾家閨門之事, 問諸姑焉；徵吾外家閨門之事, 問諸姨焉. 人無姑姨, 當柰何? 人若有姊, 吾家与吾外家閨門之事, 皆可以徵. 吾或晩生, 不及承事吾王母与外王母, 而又不幸幼失慈母, 不得不拜吾姊而問故事也. 或垂泣而敎之, 惻愴而談之. 且曰："某弟之 着眼, 王母之着眼；某弟之聲音, 外王母之聲音. 吾王母之笑貌, 汝則肖之." 且吾幼時, 櫛我者, 吾姊也；頮我者, 吾姊也；負我抱我, 皆吾姊也；我之娶妻, 導吾妻者, 亦吾姊也. 姊昔嫁夫, 我拜爲兄. 我或謁姊, 姊心歎迎, 飢則添飯, 寒則煖酒, 雖則女兄, 如見我母. 今吾素無姊, 而不及見王母与外王母, 且早失慈母者也. 故想有姊者而悲焉. 及讀朴子之李孺人誌, 幾欲哭焉. (이덕무 평선, 박희병 외 역주, 「망자 유인 박씨 묘지명」, 『종북소선』, 21a～22a)

문학 텍스트를 읽고 감동하기 위해서는 상상력이 필요하다. 이는 마치 사랑에 빠지기 위해서도 상상력이 필요한 것과 같다. 열정적인 사랑의 초반에는 애정 대상을 미화시키는 결정화의 과정(crystallization)이 있다고 한다.[45] 우리는 그 사람과 관련된 사소한 사실을 핵으로 삼아 아름다운 결정(結晶)을 만들어 내는 상상력을 통해 우리 내면에 이상화된 존재와 사랑에 빠지게 되는 것이다. ⑤를 통해 〈큰누님 박씨 묘지명〉을 읽고 감동한 이덕무가 어떻게 상상력을 발휘하고 있는지 확인해 볼 수 있다. 바로 이런 상상력을 펼치며 자기 내면에 침잠할 수 있는 순간이 바로 재미를 만끽하고 있는 상태이며 감동의 원천이라 할 것이다.

5. 결론 : 재미의 교육을 위하여

이 연구는 학습 주체가 흥미를 갖고 고전을 읽으며 의미를 찾기 위해서는 고전을 수용하는 과정에서 재미를 느끼게 하는 것이 가장 중요하다고 보았다. 재미는 학습 주체가 고전문학에 대해서 갖는 흥미, 고전문학 수용의 결과로 갈무리하는 의미의 선순환 관계를 구성할 수 있는 황금 고리에 해당한다. 텍스트 수용 과정에서 재미는 일상적인 용법과 달리 읽기의 즐거움과 괴로움을 포괄한다. 텍스트 읽기의 괴로움은 곧 바르트가 말하는 '즐김(jouissance)'이라고 할 수 있다.

세 차례 걸쳐 개작된 연암 박지원의 〈큰누님 박씨 묘지명〉은 독자의 재미를 지향하고 있다. 본고에서는 이 텍스트의 재미에 대해 다

---

45 스탕달(Stendhal), 권오석 역, 『연애론』(*De l'amour*), 홍신문화사, 1990, 13-16면.

음과 같이 논하였다. 우선, 이 텍스트는 독자의 해석적 참여를 권유하는 유혹의 성격을 갖고 있다. 독자는 텍스트의 문면에 나타난 정보를 바탕으로 행간의 함축적 의미를 발견하게 되는데, 이를 통해 독자는 텍스트의 의미 구성에 자발적으로 참여하는 재미를 느낄 수 있다. 한편, 이 텍스트는 대조의 기법으로 독자에게 충격을 주기도 한다. 대조되는 내용의 '사이'에서 독자는 이질적인 내용의 의미론적 비약을 채우는 자발성을 발휘하는 동시에 대조적 인상을 내면에 각인하는 재미를 체험한다. 마지막으로 이 텍스트는 다채로운 의미 경험의 과정을 고양하고 종합함으로써 텍스트 수용이 '하나의 경험'으로 닫힐 수 있게 하는 구성을 취했는데 이는 재미 경험의 완결성에 기여하고 있다.

이후 동시대인들이 쓴 비평문에서 〈큰누님 박씨 묘지명〉의 재미를 확인하며, 텍스트가 지닌 재미의 속성이 독자에게 어떻게 실현되고 있는지 이해할 수 있었다. 비평문에서도 확인되는 것은 정보를 최소화한 텍스트에 대해 오히려 해석적 참여의 재미를 느낀다는 점이다. 즉, 비우고 덜어낸 텍스트는 독자의 자발적 채움에 열려있는 대상이자 의미 구성의 놀이터가 되는 것이다. 특히 문화적 전범과는 거리가 있는 박지원의 글은 이러한 해석적 참여를 하는 데 일종의 공모의식마저 느끼게 하는 내밀한 즐거움도 주었다. 그리고 독자에게 충격을 줄 만큼 의미론적 균열을 지니고 있는 텍스트에서 오히려 독자는 큰 감동을 느낄 수 있다. 진정(眞情)을 느끼는 감동이란 예기치 않은 순간 불쑥 찾아오기도 하기 때문이다. 한편 이러한 감동은 텍스트를 바탕으로 독자 스스로 만들고 구성한 형상을 매개로 형성된다. 텍스트가 펼치는 형상을 매개로 상상을 구성해가며 내면에 침잠하는 순간 우리는 재미를 만끽하고 있는 것이다.

이렇게 박지원의 〈큰누님 박씨 묘지명〉을 통해 본 재미의 속성과 그 실현 방식에 대한 논의를 교육에 적용해 보면 다음과 같다. 우선, 재미를 위해서는 특정한 목적에 구애받지 않고 산책하듯이, 소가 여기저기 다니면서 마음대로 풀을 뜯어 먹듯이 자유롭게 읽혀야 한다. 재미 경험을 위해서는 자발성과 자유의 보장이 중요하다는 것이다. 그리고 천천히 보게 해야 한다. 보는 만큼 느끼고, 느끼는 만큼 재미있으며, 재미난 만큼 감동한다. 한가롭게 머물게 하는 것이 오히려 재미에 대한 '진도를 빼는 것'이라는 역설적인 의미를 음미해 봐야 하지 않을까 싶다. 또한, 텍스트의 의미를 대신 분석해주는 교육이어서는 안 된다. 단, 질문을 던지며 텍스트에 머물게 할 수는 있다. 특히 텍스트 읽기의 괴로움과 관련된 생각, 즉, '이게 무슨 뜻이지?', '갑자기 왜 이런 내용이 나오는데?', '아, 생각하기 귀찮아', '나보고 어떻게 상상하라고?', '영 속도가 나지 않아' 등등이 오히려 텍스트 읽기의 진정한 즐거움을 끌어내는 계기임을 알아채게 하도록 하는 교육적 안내가 재미 교육에 긴요하다.

박지원의 작품 하나를 읽고서 재미의 진수를 알 수는 없으며 고전문학에 재미를 느끼는 태도 교육이 완료되었다고 할 수도 없다. 그러나 한 번이라도 제대로 재미를 만끽한 경험이 있다면 재미를 다시 느끼기 위해서라도 고전문학에 흥미를 갖게 될 가능성이 높다. 또한 무엇보다 독자의 자발적 참여가 요구되는 재미의 경험은 읽은 텍스트를 자기화, 의미화하는 과정을 동반하기도 한다. 〈큰누님 박씨 묘지명〉이 고전문학에 흥미를 갖고, 자기화할 수 있는 의미를 찾게 하는 교육 자료로 널리 활용되기를 기대하는 바이다.

참고문헌

박지원, 〈피서록(避暑錄)〉, 『열하일기(熱河日記)』
박지원, 〈백자증정부인박씨묘지명(伯姊贈貞夫人朴氏墓誌銘)〉, 『연암집(燕巖集)』
박지원, 〈유인박씨묘지명(孺人朴氏墓誌銘)〉, 『겸헌만필(謙軒漫筆)』
이덕무, 〈간서치전(看書痴傳)〉, 『청장관전서(靑莊館全書)』
고전번역원 사이트(http://db.itkc.or.kr)

국내논저

김성룡, 「고전문학의 재미와 고전문학교육의 의미」, 『고전문학과 교육』 28, 한국고전문학교육학회, 2014.
김혈조, 「연암 박지원의 〈伯姊孺人朴氏墓誌銘〉 연구-개작 과정과 글쓰기 방식을 중심으로」, 『한문학보』 22, 우리한문학회, 2010.
류수열, 「고전시가 독서의 재미 요소 탐구-시조를 중심으로」, 『고전문학과 교육』 26, 한국고전문학교육학회, 2013.
박희병, 「종북소선의 평어 연구」, 『민족문학사연구』 38, 민족문학사학회 · 민족문학사연구소, 2008.
박희병, 『연암과 선귤당의 대화-『종북소선』의 평점비평 연구』, 돌베개, 2010.
박희병, 『연암을 읽는다』, 돌베개, 2006.
서인석, 「연극적 놀이 텍스트로 읽는 〈배비장전〉」, 『고전문학과 교육』 27, 한국고전문학교육학회, 2014.
신재홍, 「고전소설의 재미 찾기」, 『고전문학과 교육』 26, 한국고전문학교육학회, 2013.
안대회, 『고전산문산책』, 휴머니스트, 2008.
염은열, 「고전문학 '학습(學習)'의 경험과 '재미'의 문제에 대한 논의」, 『고전문학과 교육』 28, 한국고전문학교육학회, 2014.

이덕무 평선, 박희병 외 역주, 『종북소선』, 돌베개, 2010.

정민, 「연암 박지원의 〈伯姊贈貞夫人朴氏墓誌銘〉 개작과정」, 『문헌과해석』 13, 문헌과해석사, 2000.

조광국, 「고전소설교육에서 새롭게 읽는 재미 : 홍계월의 양성성 형성의 양상과 의미-〈홍계월전〉 '한중연 45장본'을 중심으로」, 『고전문학과 교육』 28, 한국고전문학교육학회, 2014.

국외논저

Barthes, Roland, *Le Plaisir du teste,* 김희영 역, 『텍스트의 즐거움』, 동문선, 1997.

Eco, Umerto, *Lector in Fabula,* 김운찬 역, 『소설 속의 독자』, 열린책들, 1996.

Maclean, Marie, *Narrative as performance*, 임병권 역, 『텍스트의 연행』, 한나래, 1997.

Stendhal, M, *De l'amour*, 권오석 역, 『연애론』, 홍신문화사, 1990.

연극적 놀이 텍스트로 읽는 〈배비장전〉

- 고전의 재미를 찾는 방법의 한 사례 -

서인석 *

1. 머리말

'고전문학을 어떻게 가르칠 것인가'는 문제는 갈수록 고전문학 연구자나 교육자에게 커다란 화두로 다가오고 있다. 고전문학은 새로운 매체와 결부된 다양한 오락거리로 인해 갈수록 낯선 것으로 되어가고 있으며, 그 결과 학생들은 일반 '교양'은커녕 '학습' 측면에서 몇몇 정전들의 일부만 겨우 읽고 있는 형편이다. 이 경우 고전문학 텍스트나 작자에 대한 외경심과 우리 고전이니까 읽어야 한다는 의무감 등이 학생의 내적 욕구를 압도하기 마련이다. 그리하여 고전문학 교육에서 자발적 욕구에 근거한 '재미, 흥미'를 느끼는 것은 갈수록 어려워지고 있다.

이런 상황에서 주목 받는 것이 고전문학 텍스트 그 자체를 재미있게 가르치려는 다양한 노력들이다. 최근 '고전문학의 재미, 흥미, 의미'라는 주제로 연속 학술대회를 열고 있는 한국고전문학교육학회의 노력은 그런 것을 보여주는 대표적 사례라 하겠다. 고전문학교육에서 '가볍다'는 인상을 감수하고라도 이 '재미, 흥미'를 문제 삼는 것은,

* 영남대학교 국어국문학과

물론 고전문학 텍스트가 읽혀지지 않는 '무거운' 현실 때문이다. '고전'이란 읽지 않고도 마치 읽은 것처럼 생각되는 것이라는 말이 있듯이, '지명도는 높지만 읽히지 않는' 텍스트의 다른 이름이 된 지 오래되었다. 텍스트 읽기가 어렵다 보니 고전문학교육에 대한 수많은 논의가 이루어졌어도 뭔가 제자리걸음에 머물고 있다는 생각이 드는 것도 사실이다. 이런 어려움을 감안해 본다면, 일견 가벼워 보이는 이런 주제의 이면에서 우리는 어떻게 해서든 고전문학 텍스트를 읽히고 싶다는 비장한 의지를 읽을 수가 있다.

그런데 이런 방향과 의지를 높이 산다고 해도 어떻게 고전문학 텍스트의 '재미, 흥미'를 연구를 통해 부각시키고 교육을 통해 전달하느냐의 문제는 여전히 그대로 남아 있다. 이 문제 해결을 위해 1차적으로 필요한 것이 개별 텍스트의 특징을 살리며 그 텍스트에 내재하면서 독자를 즐겁게 할 수 있는 다양한 요소를 찾는 독법이라고 본다. 고전문학을 '콘텐츠'로 보고 자유로운 예술적 변형을 가한다거나 '미디어는 메시지다'라는 맥루한의 말처럼 여러 매체의 새로움과 결합시켜 '환골탈태'를 시켜 교육에 활용하는 방법도 있을 것이다. 그러나 이런 예들은 고전문학 텍스트를 변형하는 데 중심이 있는 바, 텍스트 그 자체를 현대역 수준에서나마 유지하면서 교육을 하는 것에 비하면 2차적이라 할 수 있다.

이에 필자는 고전문학 중 특히 소설을 대상으로 하여 텍스트 그 자체를 중시하면서 이루어진 기존 논의에 대해 간단한 의견을 덧붙이고, 이 '재미' 찾기의 구체적인 사례를 〈배비장전〉을 통해서 제시해보고자 한다. 연구의 주대상은 신구서림본[1]으로 하고 김삼불 교주본을 정병욱 교수가 다시 펴낸 것[2]을 보조적으로 활용하기로 한다.

---

1 신해진 역주, 『조선후기 세태소설선』, 월인, 1999에 수록된 것을 대상으로 하되, 현대 표기로 바꾸어 인용한다.

2. 고전소설 텍스트의 '재미' 찾기와 〈배비장전〉

문학 텍스트를 재미있게 읽는다는 것은 문학의 역사에서 대단히 오래된 것이다. 문학의 효용을 설명할 때 흔히 거론되는 문학은 '즐겁고도 유익한(dulce et utile)' 것이라는 말이 그런 것을 보여준다. 그런데 고전문학 텍스트는 몇 가지 이유로 '유익한' 것이기는 해도 '즐거운' 것과는 거리가 있다는 인식이 널리 퍼져 있다. 그 이유로 드는 것을 정리하면 ① 텍스트에 대한 서지적 이해, ② 텍스트 언어, ③ 장르적 관습, ④ 작품과 관련된 사회문화적 요인, 환경 및 작자에 대한 이해 등이다.[3] 이들은 학문적으로는 다 중요한 것들이고, 또 이들을 토대로 해서 비로소 작품에 대한 제대로 된 해석이 가능한 것들이다. 그러나 교육적으로는 부담 요인이 될 뿐 아니라, 재미 차원에서는 절대적으로 불리한 요소들이다. 그렇다고 해서 김흥규 교수를 비롯한 많은 연구자들이 지적했듯, 고전문학 텍스트를 그 시대의 역사상으로부터 떼어내서 초시간적 객체로 본다거나 역사적 원근법 없이 현재화하는 것은 온당치 못하다. 이는 고전문학 텍스트가 고전이 되는 '역사성'을 제거하는 것일 뿐 아니라 자칫하면 그 역사성으로부터 얻을 수 있는 재미까지 제거해버릴 수 있기 때문이다.

문제는 이 고전문학 텍스트의 역사성을 어느 정도 유지하면서 '재미'를 찾는 작업을 해야 한다는 것인데, 그나마 다행인 것은 소설의 경우 ②와 ③은 시가만큼 중요하지는 않다는 것이다. 그러나 이처럼 고전소설에 접근하는 데 장애가 되는 것을 줄인다고 해서 고전소설 텍스트가 재미있어지는 것은 아니다. 다만 교육 대상자들에게 접근

---

2 정병욱 교주, 『배비장전 · 옹고집전』, 신구문화사, 1974.

3 김흥규, 「고전문학교육과 역사적 이해의 원근법」, 『한국고전문학과 비평의 성찰』, 고려대출판부, 2002, 309면.

성을 약간 높일 수 있을 뿐이다. 그러므로 학생들에게 접근성을 높일 수 있는 더욱 구체적이고 다양한 방법들이 필요하다. 물론 '소를 물가에 끌고 갈 수는 있지만 먹게 할 수는 없다'는 말이 있듯이, 접근성을 높인다고 해서 곧 학생들이 재미있게 읽는다는 보장은 없다. 그러나 소에게 물을 먹이는 방법 못지 않게 물에 대한 욕구를 환기시키는 것도 필요한 것이다.

이런 관점에서 필자가 관심을 갖는 것은 역시 텍스트 그 자체의 내부 구조 속에 있는 재미를 찾아내는 방법인데, 전에 이런 작업이 전혀 없었던 것은 아니다. 즉 고전소설의 재미를 찾는 '전사(前史)'가 있는 셈이다. 이 작업은 1990년대 이후 산발적이기는 하지만 제법 많이 이루어져 왔다. 1970년대나 1980년대 고전소설 연구자들이 집중적으로 연구해온 것은 텍스트의 구조 분석, 인물 형상, 현실 인식 등이었다. 진보적이거나 무겁지 않으면 문학이 아니라는 듯이, 인물 형상과 현실 인식 연구에 매달렸다. 이 시기 연구자들에게 가문소설이 외면 받았던 것은 그 상층 취향의 보수성 때문이었다고 해도 과언이 아니었다. 그러다가 1990년대 이후 서구의 페미니즘 바람의 영향으로 여성주의적 시각이 도입되었는데, 이 여성주의적 시각은 진보적일 수 있으면서 나아가 연구의 재미를 자아내는 것이어서 우선적으로 받아들여졌다. 이어 고급문학 또는 순수문학 위주의 정전주의에 대한 비판으로 대중소설이 관심을 받으면서, 대중성(통속성)도 이 재미 찾기의 대열에 참여하였다. 그리하여 학회지 『고소설연구』의 최근 10년간 고전소설 연구 동향을 정리한 바에 따르면, 여성을 주제로 한 이해와 해석이 압도적이고 그 뒤를 이어 환상이 잇고 있다. 이 환성성에 놀이, 꿈, 초월, 낭만성, 환몽, 기이 등 의미 범주가 겹치는 말들을 합치면 여성 및 그와 관련된 말들과 맞먹는 빈도수를 보인다.[4] 이런 주제 영역의 변화는 기존 연구 영역을 벗어나 새로운 영역을 개척하려는 노력의 산물일 텐데, 이들 변화의 한 축을 고전소설 텍스트의 재미 요소를 찾는 작업이 차지하고 있었던 것이다.

그러나 이런 주제 영역만 갖고는 고전소설 텍스트의 재미를 어떻게 해석해내는지는 알 수 없기에, 신재홍 교수는 고전소설 재미 찾기의 방법으로 문학적 관습을 이해하며 찾는 방법, 역사적 거리감을 의식하며 찾는 방법, 보편적 주제를 수용하며 찾는 방법을 제시하였다.[5] 이런 방법들은 제각각 일리가 있을 뿐 아니라 이런 방식의 유형화가 후속 연구를 위한 지도 역할도 할 수 있어 유용성도 인정된다. 아마 앞으로 고전문학의 재미를 찾는 방법에 대한 포괄적 논의는, 연구의 유형화 방식에 따라 더 세분할 수도 있고 몇 가지 방법을 덧붙일 수 있겠지만, 이 수준에서 크게 나아가기는 어려울 것이다.

사실 이 '재미'나 '흥미'라는 것은 현실적 요구와는 달리 문학 연구에서 개념화하기가 쉽지 않은 용어이다. 문학이 '즐겁고도 유익한' 것이라는 주장이 오래 전에 나왔음에도 문학 이론이나 비평은 이런 용어들을 중심으로 이루어지지 못했다. 그저 문학의 '효용성' 논의에서나 활용되었을 뿐이다. 그리하여 재미의 메커니즘은 웃음의 메커니즘만큼도 연구되어 있지 못한 상황이다. 그러다 보니 이 '재미'는 한편으로는 '수사, 웃음, 해학, 풍자' 등에서 얻을 수 있는, 그리고 한편으로는 '문학적 관습, 주제, 언어, 소통 구조, 상호텍스트성' 등에서 얻을 수 있는 2차적인 것으로 받아들여져 왔다. 이들은 대부분 미학

---

4 신재홍, 「고전소설의 재미 찾기」, 『고전문학과 교육』 26집, 한국고전문학교육학회, 2013, 38~39면. 만만치 않은 빈도수를 보인 '가정 · 가문'도 여성과 관련된 영역일 수도 있다는 점을 감안하면, 이 두 영역의 집중도는 더 커진다.

5 위 논문, 47~54면.

적인 용어로서 문학이나 예술 사전에 주요 개념으로 수록되어 있다. 물론 '재미'라는 말은 이 모든 것을 포괄하는 이점이 있지만, 이 용어들을 통해 재확인 내지 재해석될 수밖에 없는 2차적 성격을 벗어나지 못하는 것이다.

따라서 고전소설 텍스트의 재미를 찾는 작업도 '재미'라는 용어 그 자체 매달릴수록 모호해질 수 있다는 역설이 성립된다. 그리하여 '재미'라는 말에서 한 걸음 떨어져 재미의 다양한 미학적 요소 그 자체를 음미하는 텍스트 읽기를 하다 보면, 재미는 이런 과정에서 자연스럽게 느끼게 되지 않을까 싶다.

이에 필자는 〈배비장전〉을 통해 이런 면의 일단을 살펴보고자 한다. 이 작품에는 위에서 나열한 재미를 유발하는 수많은 장치들이 들어 있기 때문이다.

〈배비장전〉은 〈만화본춘향가〉(1754)에 '제주에서 배비장이 이빨을 남겼듯이(濟州將留裵將齒)'[6]라는 구절이 있어 〈춘향가〉와 함께 비교적 오래된 판소리 작품으로 추정되고 있다. 물론 이 구절만 가지고 이것이 곧 판소리 〈배비장타령〉을 인용한 것이라 단정하기는 어렵다. 그러나 송만재의 〈관우희〉(1843)를 보건대 19세기에는 판소리로 불려진 것이 확인된다. 그런데 이후 전승 과정에서 판소리의 주류에 끼지 못하였고, 20세기 들어서는 판소리로 불려지지도 못하면서 정노식의 『조선창극사』에는 아예 언급조차 없게 되었다. 그나마 남아 있는 이본도 김삼불 교주본은 본문에 '영길리(英吉利)'가 나오는 것으로 보아 20세기를 전후해서 필사된 것 같고 신구서림본은 1916년에 나온 것이어서, 20세기 전후의 모습만 알 수 있다. 게다가 현존 이본들이 〈춘향가〉나 〈적벽가〉 등의 사설을 차용하는

6 김석배, 『〈춘향전〉의 지평과 미학』, 박이정, 2010. 273면.

부분이 상당히 많다는 점[7]까지 고려하면, 현전 〈배비장전〉 텍스트는 20세기 초엽 공연물로서의 〈배비장전〉 대본이 출판된 것일 수도 있다는 것, 나아가 그 실체가 신구서림본일 수 있다는 주장[8]도 나올 정도이다.

이처럼 모호한 판소리의 전승사나 빈약한 이본 상황에 비해 이 작품에 대한 관심은 대단하여 수많은 연구 논저가 나왔는데, 그것은 주로 근원 설화에 대한 연구와 풍자 문학이라는 관점에서의 연구에 집중되어 있다.[9] 그 중 특히 이 작품의 풍자적 성격 문제는 주제와도 직결되어 거의 모든 논문이 비껴갈 수 없는 핵심 영역이 되었는데, 배비장의 성에 대한 경직성과 양반의 위선 혹은 허위의식이 풍자되는 것으로 보아왔다. 이런 연구들 역시 이 작품이 풍자와 해학이 있는 '재미' 있는 텍스트임을 보여주고 있다고 할 수 있다.

그런데 〈배비장전〉의 텍스트가 주는 재미는 다른 각도에서도 찾을 수 있으니, 그것은 이 작품이 보여주는 재미를 '연극적 놀이' 양상에서 찾는 것이다. '연극적 놀이'라는 용어를 쓰는 것은 서사 텍스트 속에서 인물들이 연극적 행동을 하면서 즐기는 놀이 측면을 주목했기 때문이다. 〈배비장전〉은 물론 희곡 텍스트는 아니다. 그러나 텍스트 내용 구성 측면에서 인물들의 행동이 연극적 성격을 보여주고 있다. 즉 연극 공연을 위한 희곡 텍스트는 아니지만, 텍스트 안에 인물들의 연기를 하면서 연극적 상황을 보여주는 것이다.

---

7 박일용, 「구성과 더늠형 사설 생성의 측면에서 본 판소리의 전승 문제-〈배비장타령〉, 〈강릉매화타령〉, 〈게우사〉의 예를 중심으로-」, 『판소리연구』 14, 판소리학회, 2002 ; 정충권, 「〈배비장전〉 재고」. 『고전문학과 교육』 7집, 한국고전문학교육학회, 2004.

8 정충권, 위 논문, 229면 및 주형예, 『〈배비장전〉의 성적 환상-남성 향유층의 쾌락적 전유(專有)와 도덕적 전가(轉嫁) 방식-」, 『여성문학연구』 15, 한국여성문학학회, 2006 참조.

9 이은봉, 「〈배비장전〉 연구사」, 일위 우쾌제 박사 화갑기념논문집 간행위원회 편, 『고소설연구사』,월인, 2002.

이런 측면에서 〈배비장전〉을 보면 배비장만 빼놓고 주변 인물은 다 배우로서 일정한 역할을 하고 있음을 알 수 있다. 즉 이들은 '연기에 대한 자각'이 있는 것이다. 이 작품의 인물들이 '연기'를 한다는 단편적 언급은 선행 논문들에서 가끔 이루어져왔다. 그러나 연극적 놀이 측면에서 본격적으로 다루어본 경우는 없는데, 이 작품이 배역을 갖춘 연극적 놀이의 비중이 대단히 크다는 점을 생각하면 이는 이상할 정도이다. 물론 기왕에 '속임수' 측면이나 '내기와 공모' 차원에서 비슷한 양상을 다룬 경우는 있었다.[10] 그러나 이 '속임수'나 '내기와 공모'란 용어는, 관련 인물들이 일정한 배역의 '연기를 한다'는 점과 그 연기가 흥겨운 '놀이'라는 점을 포괄하여 강조하는 데는 부족하다.[11] 나아가 서사 텍스트 속에 있는 '연극적 놀이'라는 장르적 문제를 다루기가 어렵게 된다.

3. 〈배비장전〉의 연극적 놀이 양상

1) 정비장 대목의 연극적 놀이 양상

〈배비장전〉은 크게 배비장이 제주에 부임하는 대목에 이르는 서

10 김종철, 「〈배비장전〉 유형의 소설 연구」, 『관악어문연구』 10집, 서울대 국문과, 1985.

11 문학 텍스트를 '놀이'와 관련하여 연구로는 심우장, 류수열 교수의 것을 들 수 있다. 심우장 교수는 구비서사의 놀이성에 주목하여 '서사놀이'라는 용어를 통해 구비서사의 놀이적 특징을 살펴본 바 있고(심우장, 「구비서사의 놀이적 특성과 문화적 창조력」, 『고전문학과 교육』 26집, 한국고전문학교육학회, 2013), 류수열 교수는 시조를 읽는 행위를 '놀이'로 규정하고 거기에서 생성되는 재미를 찾아 본 바 있다. (류수열, 「고전시가 독서의 재미 요소 탐구」, 『고전문학과 교육』 26집, 한국고전문학교육학회, 2013). 필자의 접근 시각은 독서(구연) 행위의 놀이성을 보는 두 연구자와는 달리 텍스트 속에 내재하는 놀이성을 주목하고 있다는 점에서 이들 연구와 다르다.

두 대목에 이어 정비장 대목과 배비장 대목으로 이어진다. 이 작품의 주 사건은 역시 제주에서 일어나는 정비장 대목과 배비장 대목이므로 여기에서는 이 둘을 집중적으로 살펴보기로 한다.

서두에 이어 나오는 정비장과 애랑의 이별 대목은 '발치(拔齒)'를 핵심으로 하여 오랜 전승 내력을 가진 독자적인 삽화이다. 그런데 〈배비장전〉에 통합되면서 그 독자적 성격 못지 않게 이 작품의 중심 대목인 배비장 대목과 연결되어 뒤에 이어지는 배비장 대목과의 서사적 연계가 중요하게 되었다. 그러니 우선 이 대목 자체에 주목하면서 연극적 놀이 양상을 살펴보기로 하자.

이 한판의 연극이 벌어지는 곳은 제주 제일경 '망월루'인데, 장소 이동 없이 이 한 곳에서 '구관 사또 신임하던 정무장이라는 비장'과 '수청 기생 애랑'이 이별하는 장면이 공연되고 있다. 그런데 상식적으로 보면 그야말로 둘만의 애틋한 이별이어야 할 법한데, 그 진행 과정을 보면 주위에 고직(庫直)이, 방자, 공방 창고지기가 근처에 대기하고 있어 공개적인 이별을 하고 있다.

이 이별 장면에서 정비장은 '울음보가 터져 나오'고 '목을 놓아 통곡'하지만, 애랑은 '없는 설움을 별로 지어 도화옥빈 고운 얼굴 웃는 듯 반기는 듯 아양 부려 통곡'하고 있다. 즉 그녀는 '연기'를 하고 있는 것이다. 이 연기의 목적은 정비장에게서 재물을 빼앗고 나아가 그를 망신시키는 것이다. 그리하여 애랑은 정비장에게서 정비장 뱃짐에 있던 수많은 재물들을 받은 뒤에, 양피 갓옷 두루마기, 돈피 휘양(揮項), 금병도(金柄刀), 숙주 창의(熟紬氅衣) 분주(盆紬) 바지, 상투, 앞니를 요구하였다가 상투를 뺀 모든 것을 다 받는다.[12] 이 중 뱃짐 속의 재물들은 정비장이 스스로 준 것이지만 나머지는 애랑이

12 김삼불 교주본에는 여기에 '양각산중 주장군'을 요구하는 내용이 더 있다.

단계적으로 요구한 것인 바, 이것들은 그녀에게 경제적 이득이 되는 것도 아니고 여자에게 필요한 것도 아니다. 그리하여 정비장에게서 왜 필요하느냐는 물음을 받는데, 그 때마다 애랑은 기념물이거나 호신용이라고 둘러댄다. 그러나 실상은 이빨 빠진 '알비장'을 만들어 버림으로써 공개적인 망신을 주고자 하는 것이다.

어쨌든 이 대목은, 애랑의 노련하고도 익숙한 언행으로 보거나 창고지기가 정비장의 이 빼는 경력을 묻는 질문에 '많이는 못 뺐으나 전후 합계 하오면 서너 말 가량이나 되오'라고 답한 것으로 보아, 일회적인 것이 아니라 반복되는 일이었다. 즉 정비장에 앞서 김비장, 박비장 등으로 불림직한 사람의 선례가 있었던 것이다. 고정된 상황 속에서 되풀이되는 이 희극적 상황은 그 자체로서 한 편의 소극이다. 더구나 이 이별 장소는 공개적인 자리이다. 이런 상황에서는 누구라도 어느 정도는 연기를 안 할 수가 없다.

결국 이 대목에 출연하는 인물 중 정비장만 빼고 다들 연기를 하고 있었던 것이다. 물론 주연 배우라 함직한 애랑의 연기는 뛰어나서 그는 정비장을 상대로 한문 성어나 싯구까지 동원하며 분위기를 잔뜩 띄우고 있다. 그리고 이에 취한 정비장은 자신과 애랑의 이별을 항왕과 우미인, 당현종과 양귀비의 이별에 견주면서 스스로 멋진 로망스의 주인공이 된 듯한 착각까지 하고 있다. 어떤 역할에 몰두하다 보면 그 역할에 맞는 내면 심리나 정서도 생기는 법. 이런 점을 중시해본다면 정비장에게서도 약간은 연극적 포즈를 볼 수가 있다. 멋진 로망스의 주인공을 연기하고 있다는! 그러나 어쨌든 정비장은 이런 착각 속에서 애랑이 주도하는 연극적 놀이판에 휩쓸려 들어가 본의 아니게 연극 공연에 참가하고 있다.

이 정비장 대목은 그 자체로서도 흥미롭지만, 〈배비장전〉 텍스트 전체로 보면 배비장을 겨냥한 것이기도 하다. 이 한판의 소극 같은 장면을 보는 여러 관객 중에는 당연히 배비장도 있는 바, 우연적인 것 같지만 배비장에게 보여주는 듯한 의도성이 있어 보인다. 배비장은 이런 상황을 경계할 만한 유일한 인물이기 때문이다,

아닌게아니라 배비장은 '청춘남자 소년여자 서로 잡고 못 떠나'는 것이 구관의 전배 정비장과 수청기생 애랑의 이별 장면이라는 말을 듣고 '빈정거리며' 말한다. "참 허랑한 장부로다. 친척과 부모에게서 멀리 떨어진 천리 밖에 내려와서 천기에게 대혹하여 저다지 체면을 손상하니 아랫사람들 보기에 안 되었다." 이에 방자가 "나리는 남의 말씀 쉽게 마오. 색계에는 영웅열사 없습니다."라고 하자, 애랑에게 혹하느냐를 두고 내기를 하게 된다. 그리고 이 내기가 이루어지면서 배비장 대목이 시작되는 것이다. 그러니 나중에 신관사또가 주도하는 '내기와 공모'의 관계 맺기는 배비장과 방자의 '내기'부터 시작된 것이다.

2) 배비장 대목의 연극적 놀이 양상

만남의 과정도 화해의 결말도 없이 다짜고짜로 이별 대목만 보여주는 정비장 삽화와는 달리, 배비장 대목은 만남부터 시작하여 배비장이 망신을 당하고 도망치듯 제주를 떠나려다 사또의 개입으로 애랑과 결합을 하는 화해적 대단원을 갖추고 있다. 그리하여 이 배비장 대목은 정비장 대복에 비해 연극적 놀이 양상이 훨씬 복잡하여 놀이 공간도 다양하고 연기에 출연하는 인물들도 많아졌다. 이에 놀이 공간과 놀이 양상, 놀이하는 사람들로 나누어 살펴보기로 한다.

배비장 대목에서 연극적 놀이가 집중되는 곳은 배비장이 한라산

산유에 나가 애랑을 보고 혹했다가 다음날 동헌 마당에서 망신을 당하는 데까지이다. 여기에서 우선 주목할 것은 정비장 대목처럼 이별 장면 하나로 채워지는 짧은 삽화 속의 연극적 놀이가 아니라 1박 2일에 걸친 제법 긴 시간에 걸친 연극적 놀이라는 것이다.

이에 따라 연극적 놀이 공간으로 제시되는 곳도 한라산의 놀이 장소(수포동 녹림간), 배비장 숙소, 애랑의 집, 동헌 마당 등 여러 곳인데, 이 중에서도 특히 놀이 공간으로서의 성격이 강한 곳은 애랑의 집과 동헌 마당이다. 물론 극장이 따로 없으니 삶의 현장을 놀이 공간으로 전환하여 배우들의 연기 공간으로 만드는 것이다. 그리하여 애랑의 집은 여염집 여자의 집이 되고 관청 마당은 바다가 되기도 한다. 물론 이러한 전환은 배비장 몰래 이루어지는 것이어서, 그는 여전히 삶의 현장에 있다고 생각하면서 실제로는 애랑과 방자가 주도하는 연극적 놀이 공간으로 끌려들어가는 것이다.

그리고 이런 연극적 공간 전환과 함께 인물들도 거기에 맞는 배역을 맡아 연기를 한다. 주요 등장 인물은 물론 여염집 여자 역을 하는 애랑과 여염집 여자의 남편 역을 하는 방자, 그리고 얼결에 그 상대 역을 하게 되는 배비장인데, 배비장 역시 정비장처럼 이 한 판의 연극에 끌려들어가 자신도 모르게 주연급 배역을 맡아 하는 것이다.

이 연극적 놀이는 목사 부임 이튿날부터 이루어진다. 목사가 첫날 저녁 피로연에 불참한 배비장의 경직된 모습을 보고 '배비장을 혹하게 하여 웃게 하는 자 있게 되면 중상을 줄 것'이라는 말에 '시능부능가무능(詩能賦能歌舞能)에 제일색'인 애랑이 나서게 되고, 그 애랑이 다음날 한라산 화류(花遊)를 제의하면서 시작되는 것이다. 즉 '내기와 공모'가 이루어지는 것이다.[13] 그러나 앞에서도 언급했듯이 방자-

13 김종철, 앞의 논문, 206~207면.

는 이미 정비장이 애랑에게 망신당하는 장면을 보고 그것을 비난하는 배비장과 '내기'를 한 바 있다. 자연스럽게 애랑과 방자는 '공모'를 하게 되는데, 이 '내기'와 '공모'의 중첩 덕분에 이 연극적 놀이에 필요한 배역들을 갖출 수 있게 되었다.

이 연극적 놀이에 초대장도 없이 끼어든 배비장은 애랑 등이 예상한 각본 그대로 움직이는데, 먼저 한라산에 '산유(山遊)' 나갔을 때 홀로 떨어져 앉아 '남 노는 것 비양하고 글귀 지어 읊'고 있다. 그러나 이 배비장의 시선이 미치는 곳인 '수포동 녹림간'에는 애랑이 여염집 여자인 척하고 목욕을 하고 있었다. 그걸 본 배비장, '구대정남간대 없고 도리어 음남이 되어 눈을 뜨고 숨을 헐떡이며 쫓긴 듯이 호흡을 다스리지 못하고' 애랑을 꾀어볼 생각으로 꾀병을 핑계로 돌아가지 않고 일행에서 떨어져 남는다. 여러 비장 동임들은 낌새를 채고 '벌써 혹하였구나' 수군거리며 위로하는 체하면서 방자를 남겨두고 떠나간다. 자신을 뺀 모든 사람이 연기를 하는 줄은 꿈에도 모르는 배비장은 이제 애랑과 방자의 연기에 놀아나면서 희극적 추락의 길로 들어선다.

둘만 남자 배비장은 솔직하게 저 멀리 목욕하는 여인에 대한 관심을 드러내는데, 이후 배비장과 방자의 대화 대목은 〈춘향전〉의 흉내여서 흥미롭다. 그러나 〈춘향전〉과 달리 이 작품은 애랑 등에 의해 철저하게 짜여진 각본에 따른 연극의 한 대목이라는 특징이 있다. 그러므로 '공모'에 참여하고 있는 방자는 배비장에게 정신 차리라며 말리는 척하면서 사실은 부추겨 애랑과 배비장을 연결시켜주고 있다. 결국 애랑에게 가서 다담상을 받아 와 배비장으로 하여금 여자 쪽에서도 자기에게 마음이 있음을 확신하게 만드는 것이다. 이 과정에서 방자는 배비장에게 편지 전해주는 대가로 돈 100냥을 받는데,

이는 방자가 이 연극적 놀이에서 즐거움 외에 실질적인 이득도 얻고 있음을 보여주는 것이다.

이 날 저녁, 드디어 배비장은 방자를 앞세우고 애랑 집을 찾아가는데, 이 때 배비장은 스스로를 '배걸덕쇠'라 하여 여색을 밝히는 남자 역할을 하고 애랑은 '여염집 여자' 역할을 한다. 그리고 배비장을 애랑의 집까지 인도한 방자는 집 밖에서 기다리다가 애랑의 남편 역할을 한다. 즉 배비장이 배걸덕쇠가 되어 애랑의 방으로 들어간 순간, 애랑이 여염집 여자를 연기하고 방자가 그 남편을 연기하게 되는 연극적 공간으로 들어가게 되는 것이다. 물론 그는 그것을 알지 못한다. 애랑과의 즐거움 그 자체는 연극이 아니라 실제이기 때문이다. 그러나 그가 배걸덕쇠라는 호색한 역할을 하기로 했을 때, 그 역시 앞서의 정비장처럼 최소한의 연극적 포즈를 보여주고 있다고 할 수 있다.

그런데 배비장이 애랑과 둘만의 공간에서 한창 즐겁게 지내는데, 각본에 따라 방자가 남편인 척하고 나타난다. 놀란 배비장은 자루 속에 들어갔다가 방자가 이 자루 속 거문고 타며 놀겠다고 술 사러 가는 척하는 사이에 얼른 궤 속으로 자리를 옮긴다. 그러나 가짜 남편인 방자가 들어와 궤를 불 태우겠다고도 하고 톱으로 썰어 둘로 나누겠다고도 하는 등 궤를 들고 밖으로 나갈 때까지 배비장을 잔뜩 놀려 먹는다. 그야말로 방자에겐 상전을 희롱하는 즐거운 놀이인 것이다.[14]

---

14 이 부분에서 배비장이 자루 혹은 궤 속에 들어간다는 것은 물론 자신을 숨기는 행위이지만, 연극적으로 보면 바깥에서 자기를 둘러싸고 놀리는 인물들이 누구인지 그리고 그 상황이 어떠한지에 대해 전혀 알 수 없게끔 스스로 시야를 차단하는 것이기도 하다. 그리하여 그는 가짜 남편이 실은 방자라는 것부터 시작하여 궤가 동헌 마당에 이르러 최종적으로 궤 속에서 나와 눈을 뜨기 전까지는 그야말로 청각 외에는 모든 감각을 차단당한 채 자기를 둘러싼 주변의 연기를 전혀 눈치 못 채는

특히 동헌 마당에서는 목사의 지휘로 온갖 효과음까지 동원되어 배비장을 속이는데, '동헌 앞 연못물을 대장대로 뒤흔들어 물소리를 크게 내고 다시 그릇에 물을 떠서 궤 틈 속으로 부으면서 흔들흔들 정신 잃게 요동하'는가 하면, 하인을 시켜 '삼문을 삐득삐득 곤장을 두드리면서' '어기여차' 소리를 내기까지 한다. 이런 효과음에 속은 배비장은 자신이 들어 있는 궤가 바다 위에 둥실 떠 있는 줄 알게 되고, 지나가는 배 소리에 살려달라고 외치게 된다. 이에 한 사령은 사공인 체 하고 말을 받아주며 '미역 전복 해삼' 실은 제주 배라 속이기도 하고, 다른 사령은 부정 타니 상앗대로 떠밀쳐라고도 한다. 결국 부정 탈까봐 배에는 못 올리겠으니 헤엄하여 건너가라는 말과 함께 금거북쇠를 툭 쳐 열어놓는다. 이에 배비장은 '짠 물이라 눈에 들면 멀 것'이라는 사공 말에 '소경 될까 염려하여 두 눈을 잔뜩 감으며 이를 악물고 왈칵 냅다 짚으면서 두 손을 헤우적헤우적 하여' 가다가 동헌 대청에 머리를 박고 눈을 번쩍 뜨게 된다.

> 배비장이 눈에 불이 나서 두 눈을 뜨며 살펴보니 동헌에 목사 앉고, 대청에 삼형수며 전후좌우에 기생들과 육방관속 군로배가 일시에 두 손으로 입을 막고 참는 것이 웃음이라. 목사도 웃으면서, [목] "자네 저것이 웬일인가?" 배비장 어이없어 고개를 숙이고 여짜오되, "소인의 친산(親山)이 동소문 밖이옵더니 근래 곤손풍(坤巽風)이 들어 이 지경이 되었나이다." 목사 웃고 의복 내어 입힌 후에, [목] "이일로 혐의 두지 말고 애랑이 방비 들어 있는 동안 잘 지내소." 여러 동임들도 위로가 분분하더라.

그야말로 이 작품의 클라이막스 부분인데, 심봉사가 눈을 뜨는 대목과 같은 기쁨도 없고, '성진아, 인간 부귀를 지내니 과연 어떠하더

것이다.

뇨?'하던 육관대사의 말처럼 깨우쳐주는 맛도 없다. 앞서 정비장이 '알비장'이 되었던 것 이상으로 철저하게 발가벗겨 희극적 추락을 맞이한 인간 배비장이 있을 뿐이다.

김삼불 교주본은 위의 배비장의 말이 끝나는 지점에서 삭제를 하였는데, 이는 이 작품의 풍자적 성격을 강조하고 극적 결말의 효과를 중시했기 때문일 것이다. 그러나 풍자를 위한다면 이후 배비장이 면목 없어 비장직을 내놓고 한양으로 쓸쓸히 회정하는 모습과 겨우 해남 간다는 배를 탔으나 선가(船價)가 없어 곤욕을 당하는 모습을 보여준 뒤 부분에서 삭제를 했어야 했다.

이에 비해 신구서림본은 배비장이 겨우 해남으로 간다는 배편을 얻어 가다가 선가 문제로 곤욕을 당하는데 알고 보니 그 배는 목사의 지시로 안배된 것이고, 거기서 기다리던 애랑의 집에 가서 잘 지내다가 목사의 추천으로 '정의현감' 제수를 받고, 백성을 잘 다스려 벼슬이 승승장구하여 본부인 및 애랑과 아들딸 낳고 잘 살았다는 것으로 끝난다.

이상에서 본 바와 같이 배비장 대목에서 배비장을 둘러싼 사람들은 제각각 자기의 본래적 삶을 유지하면서 연극적 상황에서는 자기 본래의 삶을 괄호 속에 넣고 다른 삶을 연기하고 있었다. 물론 삶의 공간이 곧 연극적 공간이었듯이, 이들은 자신의 본래적 삶(처지)을 이면에 깔고 새로운 배역을 연기하고 있다. 따라서 이들의 연기는 일반 연극과는 달리 배우 자신의 삶과 극중 인물의 삶 사이의 경계가 때로는 모호하여 연극적 놀이 속에 현실의 처지나 이해 관계가 끼어들기도 한다. 예컨대 정비장 대목에서 애랑이 얻어낸 것은 현실의 경제적 이익이기도 했고, 배비장 대목에서 애랑이 얻어낸 것은 상전 놀려먹는 재미 외에 현실의 경제적 이익이기도 했던 것이다. 이는 물론 중요한 상대역인 정비장이나 배비장이 자신의 삶을 유지하면서 연극적 공간으로 들어왔기 때문이다.

이 작품의 중심인 배비장 대목에서 연극적 놀이를 하는 사람들은 그 배역의 중요성과 참여도, 연기 의식 측면에서 크게 셋으로 나눌 수 있다. 첫째는 애랑과 방자인데, 이들은 배역도 중요하고 연기 의식도 가장 분명하다. 둘째는 관청 주변의 인물들(동임 비장, 사령)인데, 배역도 애랑과 방자만큼은 중요하지 않고 연기 의식도 적은 편이다. 셋째는 배비장인데, 그는 배역의 중요성도 크고 참여도도 높지만 연기 의식에서는 미미한 수준이다.

먼저 애랑과 방자를 보자. 애랑은 신분은 비천하지만 배역은 주연급으로서 이 연극을 이끌어나가고 있다. 비록 목사가 기획했다고는 해도, 그가 한 것은 큰 틀에서 배비장을 기생에게 혹하게 하라는 '무엇을'에 해당하는 것이었을 뿐이다. 구체적으로 '어떻게' 배비장을 미혹하게 하느냐는 것은 애랑이 방자와 공모해서 이루어졌다고 할 수 있다. 그러니 애랑이 가장 주도적인 역할을 하는 셈이다. 작품에서도 첫머리 인물 소개 부분이 애랑-김경-배비장 순으로 되어 있어 그녀가 사실상 주인공임을 보여주고 있다.

애랑은 정비장 대목에서도 출연했는데, 배비장 대목에서도 연속해서 출연하고 있다. 배비장이 알아보았다면 이는 이상한 겹치기 출연이 된다.[15] 그러나 이 텍스트에는 나름 대로의 안배가 있다. 즉 배비장은 정비장 대목에서 애랑을 먼발치에서 보아 자세한 얼굴을 기억하지 못했으리라는 것, 목사가 기생 점고를 할 때 배비장은 그 자리

15 이 어색함을 없애기 위해 채만식은 〈배비장〉(1934)에서 정비장의 상대 기생을 애랑 대신 월중매로 설정하였다. (신동욱, 「배비장전과 그 개작에 대한 고찰」, 『동방학지』 36·37 합집, 연세대 국학연구원, 1983. 366면.)

를 피하고 있었다는 것이 그것이다. 한 번도 가까이서 직접 보지 못했으니 여염집 여자로 분장한 그녀를 못 알아볼 수 있는 것이다.

그녀가 연기한 것은 여염집 여자이다. 그리하여 먼저 배비장을 유혹하기 위해 기생으로 숙련된 섹슈얼리티를 최대한 살려 섹시한 여염집 여자 역할을 한다. 수포동 녹림간에서 목욕하는 장면을 연기하여 배비장의 관음증을 충동질하고 배비장이 말 한 대로 '성한 사람 여러 명 굿히'는 뛰어난 연기를 보여주는 것이다. 그러다가 방자가 기침 한 번 칵 하니 '놀라는 체하고' 백포동 녹림간으로 들어가 배비장의 애를 태운다. 그 다음, 그녀의 방으로 들어 온 배비장과 놀다가 방자가 남편인 체하고 들이닥치는 대목에서도 '저 여인 놀라는 체하고 일신을 벌벌 떨며 황황할 제'라는 표현이 보여주듯 실감 나는 연기를 한다. 그리고는 '저 계집 홍계 내어 큰 자루 하나를 하여 두었던 것이었다'라는 것처럼 소도구로 준비한 자루에 배비장을 넣는다. 그 후 가짜 남편과 그럴 듯한 대화를 나누며 싸우는 연기를 하는 것이다.

이 연기를 통해 그녀는 여러 가지를 얻고 있다. 가장 현실적인 이득으로는 배비장을 홀리는 데 성공함으로써 목사로부터 받았을 '중상'이다. 그러나 이에 못지 않게 큰 소득은 역시 배비장과 같은 웃사람을 놀려 먹는 즐거움이다.[16] 그녀는 처음부터 자신이 있었고, 그렇기 때문에 충분히 즐기면서 연기를 할 수 있었을 것이다.

방자는 '공모' 과정이나 구체적 각본을 짜는 데는 깊이 개입하지는 못했을지라도 현실과 연극을 오가면서 배비장과 애랑의 상대역으로 중요한 역할을 하고 있다. 그의 역할은 배비장을 수행하며 은근히 그를 말리는 척하면서 사실은 충동질하여 애랑과 연결시키는 것부터 시작된다. 이 부분은 연극적인 성격은 좀 약하지만, 그는 배비장을

16 나중에 배비장과 아들딸 낳고 잘 살았다는 것은 처음부터 의식할 수 있는 것이 아니었기에 별도의 논의가 필요한 소득이다.

은근히 '구대 정남'으로 몰고 가 호언장담하도록 하면서 '내기'를 하는데, 이 부분에서 보여주는 바 그 밀었다 당겼다 하는 솜씨는 보통이 아니다. 그야말로 '형식적으로는 주인공에게 예속되어 있으나 기능상으로는 주인공을 희화하고 풍자하며, 주인공의 성격을 변용시키고 결정해주는' 방자형 인물[17]의 한 전형을 보여주는 것이다. 이어 애랑의 가짜 남편 역할을 멋지게 해내는 데, 이 부분이 방자 연기의 압권이라 할 수 있다. 그는 '미련으로 말하면 도척 이상이라 할 수 있고, 기운은 항우요 악은 장비라. 술 즐기고 셈발라 제 마음에 화만 나면 대낮에 칼 뽑기를 홍문연 잔치시에 번쾌의 방패 쓰듯'하는 인물의 연기를 천연스럽게 해내는 것이다. 자루 속에 든 배비장을 툭 치고 궤로 옮겨간 배비장을 톱으로 쓸어대는 흉내를 내면서 배비장을 압박하는데, 행동이야 배비장에게 안 보일지라도 대사 연기만으로도 배비장을 꼼짝없이 속여 먹는 것이다.

이 연기를 통해 그 역시 애랑처럼 경제적 이득을 챙기면서 아울러 방자라는 하층 신분을 잊고 배비장을 훈계하고 나무라는가 하면 배비장을 때리기까지 하는 배역을 하면서 놀이의 즐거움을 만끽하였을 것이다.

둘째 유형에 속하는 관청 주변의 인물들(동임 비장, 사령)은 함께 출연하는 연기자이되 그 비중이 낮은 대신 구경꾼이라는 또 다른 역할을 하고 있다. 이들은 이 연극적 놀이의 기획자로서 전체를 총괄하는 위치에 있는 목사의 지휘를 받아 단역을 연기한다. 이들은 처음에 목사가 한라산 산유를 실행하여 배비장으로 하여금 애랑을 만나도록 하는 부분에서는 먼발치서 배비장이 혹하는 장면을 구경꾼으로 남아 있었지만, 마지막 동헌 마당에서는 목사의 지휘를 받아 연못

17 권두환 · 서종문, 「방자형 인물고」, 『한국소설문학의 탐구』, 일조각, 1978, 8면.

물로 바닷물 소리를 내고, '삼문을 삐득삐득 곤장을 두드리면서 여기여차 소리를 하고' 사공인 척하고, 배비장과 말을 나누며 궤의 금거북쇠를 쳐 열어준다. 이들은 비록 단역이지만, 다음과 같이 배비장을 웃음거리로 만드는 데 일조를 하기도 한다.

> [사] "사람이거든 거주성명을 말하여라." [배] "예, 나는 제주에 잠시 우거하는 경성 서강 사는 배걸덕쇠요." [배] "옳다. 내 알겠다. 제주라 하는 곳이 물색지지라, 경성 사람들이 종종 낭패를 당한다더니 너도 분명 유부녀 간통타가 저 지경이 되었지?" [배] "예, 옳소. 뉘신지는 모르거니와 참 바로 아셨소."

마지막으로 남은 배비장은 앞의 두 유형과는 크게 다르다. 그는 이들의 연극적 놀이에서 애랑이나 방자 못지 않게 중요한 역할을 수행하고 있지만, 그것을 스스로는 인식하지 못하고 있다. 비록 배걸덕쇠라는 가짜 이름으로 여염집 여자 역을 하는 애랑과 사랑을 하지만, 그는 스스로는 연기를 한다고는 생각하지 못하고 있다. 그는 자신을 둘러싼 사람들이 자신을 속이며 연기를 하고 있다는 것을 전혀 눈치채지 못하고 있다.

바로 이 점, 다른 사람들의 연극 공간에 빠져 들어가 그들의 연기 속에 놀아나는 점 때문에 그는 바보가 되고 조롱과 웃음의 대상이 된다. 그는 이 작품의 '속이는 사람-속는 사람 구도'에서 후자에 속하는 유일한 인물이다. 즉 모든 연극적 놀이가 그를 중심에 놓고 돌아가고 있는 것이다. 마치 그를 둘러싸고 원을 이루고 있는 사람들 가운데 홀로 서 있는 형국이다. 그런데도 그는 이런 상황을 전혀 눈치를 채지 못하고 있기 때문에, 그는 이 작품에서 '동네 바보' 역할을 한다. 즉 그는 처음 보였던 '위선자'와는 달리 이제 '바보' 역할을 하고 있어 웃음을 자아내는 것이다.

이상에서 보았듯이, 신분이 비천한 사람의 배역이 중요하고 연기 의식도 분명하다. 이는 당시 연희가 비천한 사람들의 몫이었다는 것에 비추어 어쩌면 당연한 일이라 하겠다. 양반과 같은 상층 인물들은 연희를 우습게 아는 만큼 연기 의식도 거의 없다. 그들에게는 현실의 우위가 중요할 뿐이다. 그러나 그들도 연기를 하고 달려드는 인물들과 관계를 맺게 되면서 본의 아니게 연극판에 휩쓸리게 되는 것이다.

4. 연극적 놀이 텍스트로 본 〈배비장전〉의 재미와 의미

〈배비장전〉은 판소리로서 전승도 끊어졌고 이본수도 아주 적은 작품이다. 그런데도 불구하고 연구자와 일반인의 관심이 비교적 큰 작품에 속한다. 그 이유는 무엇일까? 당연히 이 작품이 갖는 매력에 일차적 원인이 있을 것이다. 그 매력은 남성훼절담의 전통에 근거하되 '시정에서의 집단적이고 육체적인 웃음'[18]을 자아내는 세태 반영의 맛에서 나오는 것일 수도 있고, 이 세태 반영 속에서 드러나는 풍자의 맛에서 나오는 것일 수도 있다.

그리하여 〈배비장전〉과 관련해서 기존의 많은 연구자들이 주목한 것은 풍자와 해학의 관련성과 그 성격이었다. 이 경우 풍자의 주대상이 정비장과 배비장이라는 데는 이견이 없으나, 풍자의 주체와 해학과의 관계에 대해서는 의견이 엇갈리고 있다. 여기에 대해서는 다음과 같은 요약이 참고가 될 수 있겠다.

18 김종철, 앞의 논문, 228면.

후자(이 작품이 유발하는 웃음의 성격 문제-필자 주)의 문제에 대해서는 어느 정도 정리가 되고 있는 듯하다. 민중을 웃음의 주체로 한 풍자로 본 기존 견해에 대해, 민중뿐 아니라 관인층을 웃음의 주체로 한 해학도 적잖은 비중을 차지한다는 견해가 제시되면서, 현재로서는 이 둘을 포괄한 이중적인 관점에서 보아야 한다는 견해들이 설득력을 얻고 있다.[19]

사실 기왕의 연구들 중 상당수는 위의 언급과 같이 애랑과 방자의 시각으로 본 풍자와 목사 등 관인층의 시각으로 본 해학이 공존한다는 것이었다.[20] 그러나 이러한 공존도 굳이 한쪽을 선택한다면 풍자를 더 중시하는 편이었다. 예컨대 애랑과 방자에 의해 배비장이 대변하는 상위 가치가 저하되고 목사의 당초 의도가 좌절되는 데서 풍자적 의의를 찾는 견해[21]나, 애랑과 방자를 중심으로 한 지배층의 위선 풍자, 목사와 동임들을 중심으로 한 경직성 풍자를 추출하고는 최종적으로 이 둘을 아우르는 부패한 관료 사회에 대한 비판적인 시각을 중시하는 견해[22]가 그런 예이다. 여기에다 아예 풍자를 중시하는 견해를 덧붙이면, 〈배비장전〉을 보는 시각의 대세가 어느 쪽인가를 알 수 있게 된다. 이런 흐름을 대표할 만한 주장을 하나 더 보면, 풍자를 목사에 의한 길들이기 차원에서의 웃는 풍자, 방자와 애랑에 의한 신랄한 풍자, 해녀나 사공에 의한 권위에 대한 냉소(적 풍자)라는 세 층위로 더욱 세분하여 보고도 있다.[23]

---

19 정충권, 앞의 논문, 211~212면.

20 이런 견해는 여세주, 『남성 훼절소설의 실상』, 국학자료원, 1995, 160~172면에 잘 정리되어 있다.

21 이석래, 「〈배비장전〉의 풍자 구조」, 『한국소설문학의 탐구』, 일조각, 1978.

22 김영주. 「〈배비장전〉의 풍자 구조와 그 의미망」. 『판소리연구』 25, 판소리학회, 2008, 131면.

23 권순긍, 「〈배비장전〉의 풍자 층위와 역사적 성격」 (『고전소설의 풍자와 미학』, 박이정, 2005). 이 논문은 원래 1996년 발표된 것을 개고한 것이다.

그런 가운데 해학을 강조하는 견해도 없지는 않은데, 독자들은 배비장을 동정으로 바라보며 웃고 즐기므로 풍자성은 약화되어 있고 사건의 해학적 골계성이나 희화화의 전개에 주된 의도가 있다는 주장[24]이 일찍부터 있었고, 최근에는 이를 이어받아 신분 질서에 대한 공격성을 표출하는 풍자소설로서보다는 '쾌락적 웃음'을 추구하는 희극적 텍스트라는 주장도 나왔다. 즉 〈배비장전〉의 언어에는 풍자의 뉘앙스가 내재해 있으나 그보다는 양식화되어 있는 모티프를 기계적으로 활용하는 통속성이 더 두드러진다는 것이다.[25] 풍자의 주체로 자주 거론되던 애랑도 '기생의 성적인 코드로만 단순화되고 강화된 인물'로서, 그 주체성이라는 것도 '유혹의 능력이 부풀려진 것'에 불과하다는 것이다.[26]

그런데 논의야 어쨌든 이들 '풍자'나 '해학'이라는 용어를 중심으로 작품의 재미와 의미를 찾는 것은, 어느 정도 한계에 봉착한 느낌이다. 따라서 시각을 달리해서 이 작품이 연극적 놀이 텍스트의 면모를 갖고 있다는 것에 주목해보는 것도 의미 있는 작업이라 생각한다.

〈배비장전〉을 연극적 놀이 텍스트로 읽을 때 얻을 수 있는 재미는 무엇인가? 우리는 일차적으로 이 텍스트 속 인물들이 대단히 즐거운 놀이를 하고 있다는 점에 주목할 필요가 있다. 이 작품에서 보여주는 것은 표면적으로는 목사가 주최하고 이면적으로는 애랑과 방자가 주도하는 한 바탕 즐거운 놀이이다. 주연급 연기를 하는 애랑이나 방자는 이 놀이에서 '연기'를 통해 노는 즐거움을 누리고 있다. 관청 주변의 군소 인물들 역시 즐거운 놀이를 만끽하고 있다. 이런 즐거움에 목사 역시 주최자로서 참여하고 있다. 문제는 배비장인데, 그는 연기에 대

---

24 오상태, 「〈배비장전〉 연구」, 『영남어문학』 7집, 영남어문학회, 1980. 16~18면.
25 주형예, 앞 논문. 212~213면.
26 위 논문, 223면 및 225면.

한 자각이 약한 만큼 놀이하는 즐거움은 약할지 모른다. 반면 자신의 숨겨진 욕망을 드러낼 수 있는 새로운 역할(호색한)에서 오는 즐거움은 만만치 않았을 것이다. 한 마디로 인물들은 '연기하는 자아'를 통해 일상에서 벗어난 놀이의 즐거움을 만끽하고 있는 것이다. '현실적 삶'과는 다른 '연극적 삶'을 살아보는 재미인 셈이다.

물론 이 작품은 놀이하는 인물들이 순수한 즐거움만 보여주는 것은 아니다. 앞에서도 잠깐 말했듯이, 그 이면에는 애랑과 방자의 숨겨진 욕망, 즉 현실적 이익 못지 않는, 윗사람 놀려먹고 풍자하는 즐거움도 작동하고 있기 때문이다. 그 속에는 상하 관계의 붕괴라는 사회적 울림이 있다. 이 울림을 중시하면 상층 신분의 인물을 놀리는 이런 놀이는 다소 위험한 놀이이다. 배비장의 희극적 추락을 '인간적'인 면으로 포용하고 끝날 문제가 아닌, 그 이상의 파장이 있기 때문이다.

그럼에도 불구하고 연극적 놀이라는 것은 그것을 그리 심각하지 않은 한 바탕의 허구적 놀이로 보도록 함으로써 이것을 가능하게 해주고 있다. 해학적 언어와 희화화된 인물 형상은 물론이고, 이 작품의 풍자라는 것도 놀이 때문에 가능해진 것이면서 놀이 때문에 그 날카로움이 무뎌지고 있기도 하기 때문이다. 연극적 놀이가 아닌 실제 상황이라면 애랑이나 방자가 양반을 희롱하는 데는 엄청난 제약이 따랐을 것이다. 더구나 알몸뚱이로 만들어 궤 속에 넣고 대망신을 시키는 것은, 풍자만으로는 감당하기 힘든 수준이다. 허구적 상황을 전제로 한 연극적 놀이였기에 가능해진 몫이 있는 것이다.[27]

---

27 하층 인물이 상층 인물을 희극적으로 추락시키는 이런 일이 가능했던 것은 물론 목사의 묵인 아래 이루어진 것이었기 때문이기도 하다. 그러나 또한 장난 혹은 허구적 상황을 전제로 한 연극적 놀이라는 것이 그것을 가능케 한 것이라고도 할 수 있다.

연극적 놀이를 통해 텍스트 안의 인물들이 즐거움을 누리고 있다면 그 텍스트를 읽는 텍스트 밖의 독자들도 어느 정도 재미를 맛 볼 수 있을 것이다. 인물들의 즐거움이 독자에게 쉽게 전이될 수 있기 때문이다.

그러나 독자들은 인물들의 즐거움과는 다른 차원의 즐거움도 누릴 수 있다. 그것은 한 마디로 해서 〈배비장전〉을 연극적 놀이 텍스트로 읽을 때 얻는 재미이다. 그것은 무엇보다도 연기하는 사람들이 속이고 속으면서 '현실적 삶'과 '연극적 삶', '현실 공간'과 '연극 공간'을 넘나드는 양상을 관객처럼 지켜보는 데서 오는 재미이다.

정비장 대목에서 이미 살펴본 바와 같이 애랑의 연기와 정비장의 연극적 포즈는 상당한 정도의 연극적인 상황을 만들어내고 있었다. 애랑은 익숙한 연기로 연극적 삶을 공연하고 정비장은 로망스의 주인공이라도 된 듯한 포즈를 취하면서 자기도 모르게 애랑의 연극 공간 속에 들어가 있다. 그런데 이를 지켜보는 '구경꾼'의 측면에서 보면 그것은 연극 공간이 아니라 현실 공간이고 그 속에서 애랑이 정비장을 희롱하고 있는 것이다. 특히 애랑은 자신이 연극 공간 속에 있다는 자각을 하고 있기에 현실 공간을 곁눈질하면서 그야말로 화려한 연기를 하고 있는 셈이다.

배비장 대목에서는 이런 면이 훨씬 다채롭게 이루어지고 있었다. 즉 앞에서 본 바와 같이 배비장을 둘러싼 사람들은 제각각 자기의 본래적 삶을 유지하면서 연극적 상황에서는 자기 본래의 삶을 괄호 속에 넣고 다른 삶을 연기하고 있었던 것이다. 그리고 그들 역시 비중은 다르나 현실 공간과 연극 공간을 넘나들면서 현실적 삶과 연극적 삶이라는 두 개의 삶을 살고 있었던 것이다. 그리고 앞서 정비장 대목에서 보았듯이 배비장 대목에서도 '구경꾼'이 있는데, '여러 비장

동임'들이나 '목사' 등이 여기에 속한다. 이 구경꾼의 존재는 마치 탈춤에서의 '악사'와 비슷한 점이 있는데, 텍스트 전체로 보면 연극적 놀이의 관객 역할을 하면서 애랑과 배비장이 들어가 있는 연극 공간이 현실 공간임을 환기시켜주는 역할도 한다.

그런데 흥미로운 것은, 이런 연극 공간과 현실 공간의 넘나듦을 가능케 해 준 공로자는 바로 배비장이라는 것이다. 그가 애랑이나 방자처럼 연기 의식을 갖고 연극에 몰입했다면, 연극적 놀이 속에 현실의 처지나 이해 관계가 끼어들기 어렵고 두 공간은 완전히 분리되어 존재했을 것이기 때문이다. 그랬다면 방자가 배비장에게 여염집 여자로 분한 애랑을 연결시켜 주는 대가로 받은 돈 '백 냥'은 현실 속의 돈이 아니라 연극 속의 소도구가 되어 연극이 끝남과 동시에 무화되어버렸을 것이다. 그러나 배비장이 자신의 삶을 유지하면서 연극적 공간으로 들어왔기 때문에 이 돈은 현실 속의 방자에게는 실제적 이득이 되었던 것이다.

〈배비장전〉을 연극적 놀이 텍스트로 읽을 때 얻는 이런 재미는 이 작품이 갖는 문화 콘텐츠로서의 잠재력과도 연관된다. 한국 창작 뮤지컬의 효시로 보는 〈살짜기 옵서예〉(1966)라는 뮤지컬이 그런 것을 보여주거니와, 최근에는 국립창극단의 창극 〈배비장전〉(2013)이 공연되기도 했다. 이들은 판소리로서의 음악성에다 연극적 놀이로서의 연극성을 활용한 사례라 하겠다.

이상에서 보았듯 〈배비장전〉을 '연극적 놀이' 텍스트로 보면 '풍자'나 '해학'이라는 용어를 중심으로 보는 것과는 다른 재미를 음미하며 읽는 맛이 있다. 이는 주제 혹은 의미와 관련하여서도 마찬가지인데, 기왕의 핵심 논의 사항이었던 배비장의 인물 형상을 통해 이를 보기로 하자.

연극적 놀이의 핵심은 물론 배비장 같은 인물의 위선을 벗기고 망신을 시키는 것이었다. 이 경우 공격의 목표가 될 만한 것으로는 그의 호색성, 도덕적 위선, 성적 경직성, 자기과시(잘난 체하기) 등을 들 수가 있다.

이들 항목은 물론 신분에 따라 주목하는 바가 달랐으리라 보는데, 서민들은 호색성, 도덕적 위선, 자기과시에, 양반이나 중인들은 성적 경직성에 특히 주목했을 것이다. 사실 이런 점들이 비판을 받는 것은 그것으로 인해 주위 사람에게 심각한 피해가 있을 경우이다. 그러나 그 많은 물품을 가진 정비장은 혹 몰라도 배비장이 주위 사람에게 피해를 입혔다는 증거는 없다. 그의 문제점은 인간적 약점을 감추는 위선이라는 '가면'을 쓰고 성적으로 경직된 모습을 보이면서 동류들과 어울리지 못한다는 것이었다.

그런데 그의 이런 가면은 애랑을 만나는 부분에서부터는 맨얼굴과 틈새가 생기면서 흔들리다가 애랑이 주도하는 연극 공간에 끌려 들어가면서부터는 완전히 벗어버리게 된다. 즉 그는 애랑을 보면서 성적 경직성이나 도덕적 위선을 절반쯤 던져버렸고, 그 사이 접한 애랑과 방자를 향한 자기과시도 없어졌던 것이다. 사실 그는 방자와 내기를 한 직후부터 벌써 일행과 따로 있으면서 '울울심사 갑답'함을 느꼈고 본능적 욕구가 꿈틀거리는 것을 느꼈지만 체면 때문에 기생을 근처에 엄금하라고도 했다. 그러나 딱 여기까지였다. 이후 그는 애랑과 방자가 주도하는 연극적 놀이판에서 문제의 가면을 던져버리고 '배걸덕쇠'가 되는 것이다.

더욱 흥미로운 것은 애랑이나 방자 등은 연기를 하면서 그 역할에 맞는 가면을 쓰게 되는 데 반해, 그는 연극 공간에 들어서면서 원래 쓰던 가면을 벗고 있다는 것이다. 현실 공간에서는 가면을 쓰고 위선자 역할을 하다가 연극 공간에서는 가면을 벗는다는 것, 그야말로 기묘한 역설이 아닐 수 없다.

그가 애랑의 방에서 가면을 벗고 있을 때 남편으로 위장한 방자가 들이닥치자 그는 '자루'와 '궤' 속에 들어가게 되는데, 이 '자루'와 '궤'는 그의 맨얼굴을 가리는 새로운 가면과 비슷한 역할을 하는 것들이다. 이것들 속에 들어감으로써 그는 자신의 맨얼굴을 가릴 뿐 아니라 외부 상황에 대한 인식을 스스로 차단하게 되었다. 눈이 없는 가면은 상황에 대한 인식을 방해하는 것이다. 결국 동헌 마당에서 '궤' 속에서 나와 대망신을 당하는 것은 '궤'라는 가면마저 벗긴 모습이라 할 수 있다. 그러나 그는 이런 과정을 거치면서 망신은 당했지만 대신 위선이라는 가면을 벗고 그를 따돌렸던 세계로 가까이 가고 있었고, 그 결과 화해적 결말이 가능했던 것이다. 그것은 배비장과 애랑으로 본다면 연극적 삶과 현실적 삶의 일치요, 연극 공간과 현실 공간의 일치에 이른 것이라 할 수 있다.

이처럼 이 텍스트에서 배비장은 풍자의 대상만은 아니다. 그는 한바탕 연극적 놀이에 참여하여 위선 혹은 성적 경직성이라는 가면을 벗어나가는 인물이라는 점에서 그를 향한 풍자가 전체를 통어하는 것이 되기는 어렵다. 그런 점에서 이 작품의 풍자를 '풍자이자 풍자 이상'이라 한 견해는 주목할 만하다. 목사를 비롯한 관인들은 관인들 나름으로 그리고 서민들은 서민 나름으로, '배비장의 경직성을 이완시켜 사회성을 획득케 하는 이 풍자 이상의 웃음'이 핵심이었다. 따라서 이 웃음은 '단순한 풍자에 머무는 것이 아니라 화해까지 포괄하는 웃음'이었던 것이다.[28]

---

28 김종철, 앞의 논문, 224면.

5. 맺음말

〈배비장전〉은 그 동안 풍자와 해학, 특히 풍자를 중심으로 해석되어 왔고, 작품이 보여주는 '재미'라는 것도 이런 토대에서 이해되어 왔다. 그런데 이 작품은 판소리계 소설로서 판소리에 뿌리를 둔 것인 바, 판소리의 연극적 속성 이상의 '연극적 놀이' 텍스트로서의 특징을 잘 갖추고 있다. 이에 이 글은 〈배비장전〉이라는 텍스트의 특징을 '연극적 놀이' 양상에서 찾을 수 있음을 보여주면서, 이 연극적 놀이 양상을 통해 〈배비장전〉의 재미를 찾아보고자 했다.

그 결과 〈배비장전〉에는 연기 의식이 분명한 인물들이 만들어내는 연극적 상황 속에서 텍스트의 재미를 유발시키는 요소들이 많이 있음을 알게 되었다. 연극적 놀이를 통해 인물들이 누리는 즐거움을 텍스트를 읽는 독자들도 어느 정도 맛 볼 수 있을 뿐 아니라, 연기하는 사람들의 '현실적 삶'과 '연극적 삶'의 넘나들기를 읽는 데서 오는 재미도 있었던 것이다. 이런 연극적 놀이 속에서 배비장은 남들이 연기를 하면서 가면을 쓰는 것과는 달리 연극 공간에 들어가면서 위선의 가면을 벗기 시작하는데, 이 과정에서 그는 그를 따돌렸던 세계로 가까이 가고 있었고, 그 결과 화해적 결말이 가능했던 것이다.

이처럼 〈배비장전〉은 연극적 놀이 텍스트로 읽을 때 기왕의 독법과는 다른 텍스트의 재미를 느낄 수 있다. 이 작품이 마당놀이 텍스트로도 유명해진 것은 이런 측면 때문일 것이다. 마당놀이가 연기자의 신명과 관객의 재미가 만나는 것이듯, 이 '재미'는 이 텍스트 속 인물들의 재미이면서, 아울러 텍스트를 읽는 우리 자신의 재미이기도 하다.

그러나 〈배비장전〉 텍스트 속에 내재하는 연극적 놀이성에 주목한 본 연구는 두 가지 새로운 과제를 남기고 있다. 우선 '서사 텍스트 속의 연극' 혹은 '서사 속의 삽입 연행'이라는 장르론적 문제에 대해 깊이 다루지 못했다. 이는 다른 작품들과 함께 본격적으로 다룰 만한 과제라고 생각한다. 다른 하나는 〈배비장전〉이 재미있는 텍스트라는 것은 어느 정도 밝혀냈다 하더라도, 그것을 어떻게 가르칠 것인가 하는 문제 역시 또다른 문제로 남겨 두었다는 점이다. 앞서의 표현을 다시 써 본다면, '고전문학의 재미 찾기'에만 신경을 쓰고 '고전문학을 어떻게 가르칠 것인가'라는 화두에 대해서는 거의 신경을 못 쓴 셈이다. 그러나 이 글에서 찾은 재미가 이 화두에 어느 정도는 기여할 것이라고 본다.

참고문헌

〈자료〉

신해진 역주, 『조선후기 세태소설선』, 월인, 1999.

정병욱 교주, 『배비장전 · 옹고집전』, 신구문화사, 1974.

〈논저〉

권두환 · 서종문, 「방자형 인물고」, 『한국소설문학의 탐구』, 일조각, 1978.

권순긍, 「〈배비장전〉의 풍자 층위와 역사적 성격」, 『고전소설의 풍자와 미학』, 박이정, 2005.

김석배, 『춘향전의 지평과 미학』, 박이정, 2010.

김영주, 「〈배비장전〉의 풍자 구조와 그 의미망」, 『판소리연구』 25, 판소리학회, 2008.

김종철, 「〈배비장전〉 유형의 소설 연구」, 『관악어문연구』 10집, 서울대 국문과, 1985.

김흥규, 「고전문학교육과 역사적 이해의 원근법」, 『한국고전문학과 비평의 성찰』, 고려대출판부, 2002.

류수열, 「고전시가 독서의 재미 요소 탐구」, 『고전문학과 교육』 26집, 한국고전문학교육학회, 2013.

박일용, 「구성과 더늠형 사설 생성의 측면에서 본 판소리의 전승 문제-〈배비장타령〉, 〈강릉매화타령〉, 〈게우사〉의 예를 중심으로-」, 『판소리연구』 14, 판소리학회, 2002.

신동욱, 「배비장전과 그 개작에 대한 고찰」, 『동방학지』, 36 · 37 합집, 연세대 국학연구원, 1983.

신재홍, 「고전소설의 재미 찾기」, 『고전문학과 교육』 26집, 한국고전문학교육학회, 2013.

심우장, 「구비서사의 놀이적 특성과 문화적 창조력」, 『고전문학과 교육』 26집, 한국고전문학교육학회, 2013.

여세주, 『남성 훼절소설의 실상』, 국학자료원, 1995.
오상태, 「〈배비장전〉 연구」, 『영남어문학』 7집, 영남어문학회, 1980.
이석래, 「〈배비장전〉의 풍자 구조」, 『한국소설문학의 탐구』, 일조각, 1978.
이은봉, 「〈배비장전〉 연구사」, 일위 우쾌제 박사 화갑기념논문집 간행위원회 편, 『고소설연구사』, 월인, 2002.
정충권, 「〈배비장전〉 재고」. 『고전문학과 교육』 7집, 한국고전문학교육학회, 2004.
주형예, 「〈배비장전〉의 성적 환상-남성 향유층의 쾌락적 전유(專有)와 도덕적 전가(轉嫁) 방식-」, 『여성문학연구』 15, 한국여성문학학회, 2006.

<가르치기> 고전문학의 재미와 흥미 가르치기

13. 흥미 변인을 고려한 〈도산십이곡(陶山十二曲)〉 교육의 방향
14. 고전시가 감상 국면의 재미 흥미 의미
15. 도술담에 대한 아동독자의 재미
16. 고전소설교육에서 새롭게 읽는 재미
    : 홍계월의 양성성 형성의 양상과 의미
17. 학습자 주도적인 '비교' 활동을 통한 고전문학교육의
    새로운 길 찾기

흥미 변인을 고려한 〈도산십이곡(陶山十二曲)〉 교육의 방향*

김현정 **

1. 연구 문제

본고에서는 '흥미'를 고전시가교육의 주요 변인으로 삼는다면 〈도산십이곡(陶山十二曲)〉의 교육 내용이 어떻게 구안되어야 하며, 이는 학습자의 시조 읽기와 어떤 연관을 갖는지에 대해 논하고자 한다. 낯선 대상에 대한 흥미(interest)와 호기심은 대상에 대한 몰입과 탐구를 가능하게 한다는 점에서 의미 있다. 흥미는 동기(motivation)나 가치(value)[1] 등과 더불어 고전시가 작품과 학습자의 관계 설정과 관련된 주요한 연구 대상이라 할 수 있다.

지금까지 고전시가교육연구에서 '흥미'는 그다지 중요한 관심의

* 이 논문은 한국고전문학교육학회에서 '고전문학의 재미, 흥미, 의미'를 주제로 개최한 2013년 여름 학술대회에서 발표한 내용을 수정·보완한 것이다. 토론을 맡아 주신 청주교대 염은열 선생님과 질문 및 조언을 해 주신 여러 선생님들께 감사드린다.

** 한국교육과정평가원

1 고전시가교육 연구에서 '가치'에 대한 연구로 다음 논문을 참조할 수 있다. 이 논문에서는 '동기'와 '가치'를 주요 개념어로 논하고 있는데, 이와 인접성이 높은 '흥미' 개념을 비교 대상으로 삼았다. 김현정, 「고전시가의 가치 교육을 위한 이론적 전제의 고찰」, 『국어교육』 125, 한국어교육학회, 2008.

대상이 되지는 못했다. 고전시가교육에 개재하는 '흥미'의 교육적 의미에 대한 탐색이 별로 눈에 띄지 않는 데는 다음과 같은 이유가 있을 것으로 판단된다. 먼저, '흥미'의 일상어적 의미가 대개 무절제한 욕구, 제멋대로인 성향, 습관이나 충동 등과 관련되기 때문일 것이다. 그러나 흥미는 오히려 "일시적인 충동에 질서와 방향을 부여하는 것"[2]으로서 이들과 구분된다. 교육적 성장에 개재하는 감정을 중심으로 본다면, 흥미는 어떤 대상에 대해 호기심을 갖고 이를 해소하기 위해 전심전력을 기울이는 상태를 의미한다.[3] 이런 점에서, 고전시가교육적 맥락의 '흥미'는 "문학교실 속의 학습자들이 고전시가 작품에 호기심을 갖고 이를 해소하기 위해 전심전력을 기울이는가?"라는 질문과 관련된다. 고전시가에 대한 감식안을 향상시킬 것을 주요한 과제로 삼는 고전시가교육에서 '흥미'는 그 출발점으로 중요한 것이다.

그러나 '흥미'의 일상어적 의미에 함몰되지 않고, 학습자들의 성장에 개재하는 '흥미'의 교육적 의미에 주목한다 하더라도 '흥미'에 대한 탐색을 시도하기 위해서는 연구 방법 면에서 여러 가지 노력과 정련이 필요하다. 심리학에서 온 '흥미' 개념은 주어진 경험적 사실을 의미하므로,[4] 환경과 상호작용하는 가운데 발생하는 '인간의 반응'이 흥미 연구의 주요 연구 대상이 되기 때문이다. 고전시가교육의 맥락에서 심리학적 의미의 흥미 개념에 주목하게 되면 그 연구의 대상은 고전시가교육의 과정에 참여하면서 고전시가 작품을 감상하는 '문학교실 속 학습자들의 반응'이어야 할 필요가 있다.[5] 그러나 고전

---

2 장상호, 『학문과 교육』 중1, 서울대 출판부, 2008, 398면.
3 장상호, 앞의 책, 398면.
4 김현정, 앞의 논문, 474~475면.
5 고전소설교육연구에서 학습자들의 반응을 중심으로 흥미의 교육적 적용 가능성을 논한 연구가 있어 주목할 만하다. 김서윤, 「소설 수용의 흥미 경험 교육 연구」,

시가교육연구의 발전 단계로 볼 때, '학습자 반응' 연구의 방법은 개인 차원이 아닌 학술 담론 차원에서 활발히 탐구되어 정련될 필요가 있다고 판단된다.[6]

물론 현대의 문학과 문화에 고전문학이 수용되는 양태를 비교적 분명하게 확인할 수 있는 경우, 이는 '흥미' 연구의 대상이 될 수 있다. 고전문학 작품의 주제나 구성 방식, 표현적 특징, 특정한 모티프 등을 현대의 문학과 문화에서 수용한 경우가 그 예가 된다.[7] 이러한 현상에는 고전문학에 대한 현대 독자들의 호기심과 관심, 즉 흥미가 개재되어 있다고 볼 수 있다. 이와 같이 고전문학의 문화적 전승은 '흥미' 연구의 주요 대상이 될 수 있다. 현대 독자들의 고전문학 수용 현상은 교육과도 무관하지 않으므로 여기에서 고전문학교육에의 시사점을 찾을 가능성이 있다.

그러나 〈도산십이곡〉이라는 작품의 특수성을 고려한다면 그 접근이 그리 쉽지는 않다. 〈도산십이곡〉처럼 역사적으로 특수한 계층의 사상과 생활, 문학관 등을 담고 있는 작품은 현대 문화에서 수용과 창작의 원천이기보다 해석의 대상이 되어 왔기 때문이다. 특히 〈도산십이곡〉은 중세 사대부 문학의 전범(典範)으로서의 가치를 갖기에 이 작품이 지니는 문학사적 대표성은 고전시가연구뿐만 아니라 고전

서울대 석사논문, 2011.

6 학습자들의 반응을 분석 자료로 삼은 연구가 없는 것은 아니다. 필자 역시 학습자들의 감상문을 중심으로 하여 다양한 층위의 독자 반응을 비교한 바 있다.(김현정, 「어부사시사의 해석에 대한 교육적 접근」, 『고전문학과 교육』 20, 한국고전문학교육학회, 2010.) 그러나 학습자의 반응에 대한 연구 역시 작품 연구와 마찬가지로 실증적 엄밀성을 지닌 방법론이 개발되고 정교화될 필요가 있다고 판단된다.

7 한국고전문학교육학회에서 학술대회의 기획 주제를 "고전문학의 재미, 흥미, 의미"로 설정한 이후, 이와 같은 문화적 전승에 초점을 둔 논문들이 나오기도 했다. 다음 논문 참조. 류수열, 「고전시가 독서의 재미 요소 탐구: 시조를 중심으로」, 『고전문학과 교육』 26, 한국고전문학교육학회, 2013. 심우장, 「구비서사의 놀이적 특성과 문화적 창조력」, 『고전문학과 교육』 26, 한국고전문학교육학회, 2013.

시가교육 및 연구에서도 주목의 대상이 되어 왔다.[8] 이에 따라 시가사에 대한 거시적 안목 속에서 〈도산십이곡〉이 지니는 가치를 발견하도록 하는 교육 내용이 구현되고 있는 것이다.[9] 이와 같이 〈도산십이곡〉의 교육 내용은 고전문학사적 가치에 집중되어 있으며 교육과정이나 교과서 정책이 바뀌는 가운데서도 그 명맥을 유지하고 있다. 〈도산십이곡〉의 문학사적 가치, 이 작품에 나타난 성리학적 이념의 지향, 성리학적 자연관, 학문에 몰두할 것을 강조하는 교훈성 등은 〈도산십이곡〉의 교육 내용으로 고정되어 있다고 보아도 과언이 아니다.

고전시가교육의 맥락에서 〈도산십이곡〉이 처한 이와 같은 위상은 '흥미'를 변인으로 한다면 어떻게 달라질 수 있으며, 그것이 지니는 고전시가교육적 의미는 무엇일까? 이 논문은 이에 대한 답을 찾아가는 과정이 될 것이다. 흥미를 키워드로 삼은 논의들은 아니지만, 최근의 고전시가교육 연구 담론 속에서 〈도산십이곡〉에 대한 접근에 변화가 없는 것은 아니다. 〈도산십이곡〉의 전범적 가치를 전제로 하되, 학습자의 〈도산십이곡〉 이해와 감상 과정 등 문학교육적 상황을 고려한 논의들이 있다. 〈도산십이곡〉 이해의 한 변인으로서 공간에 주목한 논의나[10] 중세 문학으로서 〈도산십이곡〉을 시교(詩敎)의 목적을 지닌 작품으로 보고 육가 양식 수용의 과정에서 구현된 시교의 양상을 살핀 논의들이 그것이다.[11] '흥미' 역시 문

---

8 〈도산십이곡〉에 대한 연구사를 검토해 보면, 생각보다 〈도산십이곡〉의 작품론을 찾기가 쉽지 않다. 고전시가 연구자들은 성리학을 16세기 사대부 시조 창작의 기반으로 보고, 〈도산십이곡〉이 그 지향이나 형상화 등 여러 측면에서 도학적 시가의 전범이라는 점을 보여 주고 있다. 〈도산십이곡〉에 관한 이와 같은 연구사 내용은 다음 논문 참조. 김현정, 「메타교육의 관점에서 본 퇴계 이황의 시가 창작(1) - 〈도산십이곡〉을 중심으로」, 『교육원리연구』 17(1), 2012, 90~91면.

9 이와 같은 교육 내용은 고등학교 『문학』 교과서에서 주로 확인할 수 있다.

10 김현정, 「공간 중심의 강호시조 이해 교육 연구」, 서울대 박사논문, 2012.

학교육적 상황의 주요 변인으로, 본고의 논의는 이와 같은 연구사의 연장선 상에 있다.

2. '흥미' 개념의 고전시가교육적 맥락 탐색

이 장에서는 고전시가교육의 맥락에서 '흥미'를 개념화하고 이를 교육의 주요 변인으로 삼기 위하여 몇 가지 전제를 검토해 보았다.

1) 흥미의 개념

'흥미', '동기' 등의 심리학 개념이나 '가치' 개념에 의하면, 인간은 외적 보상이나 대가가 없이도 자신이 호기심을 갖거나 가치롭다고 생각하는 대상에 몰두하는 경향이 있다. 반복, 강화, 처벌 등 행동주의적 조건화가 인간의 행동을 유발하는 주요한 요인이라고 본 행동주의자들의 생각과 달리, '동기'와 '흥미'를 지닌 인간은 자발적이고 능동적으로 행위하는 유기체이다. '흥미'와 가장 근접한 개념 영역은 '동기' 중 '내재적 동기(intrinsic motivation)' 개념이다. 특정한 활동이 내재적으로 동기화된 사람은 대개 그 활동에 큰 흥미를 갖고 있다.

인간이라면 누구든 자신의 호기심을 해결하기 위해 특정한 대상에 깊이 몰두하는 성향을 갖는다. 외부에서 어떤 보상이 주어지지 않는데도 스포츠 경기에 호기심을 갖고 관련 정보를 수집하고 경기를 관람하기를 즐긴다거나, 요리에 호기심을 갖고 책이나 각종 매체

---

11 서명희, 「시교(詩敎) 전통의 문학교육적 의의 연구」, 서울대 박사논문, 2013.

를 통해 요리 레시피를 구하고 요리하기를 즐긴다거나, 동서양 고전 읽기에 호기심을 갖고 고전을 읽고 주변 사람들과 특정 주제에 대해 대화하기를 즐긴다거나 하는 행위들이 특정 대상에 흥미와 내재적 동기를 가진 사례이다.

'흥미'가 교육학의 관심 대상이 된 것은 흥미가 학습, 사고, 탐구 등 교육적 성장 경험의 동력이 되기 때문이다.[12] 특정한 대상이나 활동에 호기심을 갖고 이를 해결하기 위해 그 대상이나 활동에 몰두하는 사람은 그러한 과정에서 생기는 성장의 경험에 깊은 만족감을 느끼게 된다. 인간은 이와 같은 만족감 속에서 자신의 사고와 경험의 폭을 넓힐 수 있기에 '흥미'의 교육적 의의는 적지 않다.

'흥미' 개념을 교육의 맥락에서 구체화한 존 듀이(Dewey)는 흥미가 교육적 성장의 원동력이 된다는 점을 강조하였다. 그는 "흥미는 아동이 가진 현재의 상태에서 벗어나 더 나은 인식에 도달하려는 추진력에 해당하며, 충동이나 습관을 넘어서는 하나의 뚜렷한 질서와 방향성을 가지고 있다"[13]고 보았다. 듀이를 비판하는 사람들은 흥미 개념을 일상어적 의미로 보고 듀이가 아동들이 가진 무질서하고 무절제한 성향을 옹호한다고 말하지만 듀이 역시 아동들의 무질서와 무절제를 긍정적으로 평가하지는 않았다. 듀이가 말한 '흥미'는 "불확실한 세계에서 자신이 가진 호기심을 해결하기 위해 전심전력을 다하는 태도"[14]를 의미한다. 흥미의 개념을 이와 같이 본다면, 고전시가교육의 과정에 개재하는 '흥미' 변인은 고전시가 읽기 경험을 풍부하게 하고 학습자들의 성장이 지속되도록 하는 중요한 요인임을 알

---

12 Silvia, P. J., *Interst - The Curious Emotion,* Current Directions in Psychological Science 17-(1), Association for Psychological Science, 2008, 57-60면.

13 장상호, 앞의 책, 397면.

14 장상호, 앞의 책, 397면.

수 있다.

이와 같은 흥미의 개념을 전제로 고전시가교육을 설계하고 실천하며 그 현상을 연구하기 위해서는 흥미가 교육의 어떤 다른 요인들과 관련되는지를 검토할 필요가 있다. 교육심리학 연구에서는 학습자들의 흥미가 이해의 수준, 학습 전략의 사용, 학습과 관련된 정서적 경험의 질 등과 관련된다고 본다.[15] 흥미는 교육과 관련된 여러 변인들 중에서 인지적인 요인보다 정서적인 요인과 더 밀접한 관련성을 가진다.[16] 그러나 특정 대상에 대한 '이해의 수준'이나 '학습의 전략' 등 인지적 요인과 흥미의 관련성 역시 고전시가교육의 설계, 실천, 연구를 위한 주된 검토 대상일 것이다.

이와 같은 점을 고려하여 학습자들이 획득한 문학능력으로서의 고전시가 능력과 흥미의 관련성, 학습자들이 '고전시가 작품을 이해하고 해석하기 위해 활용하는 전략'과 '흥미'의 관련성, 고전시가 작품에 대한 흥미를 유발하는 정서적 경험의 특성 등을 그 검토의 사례로 들 수 있다. 이를 다음 그림과 같이 정리할 수 있다. 물론 고전시가교육 연구에서 흥미 연구가 활성화되지 않은 현 단계에서 이와 같은 도식화는 일종의 가설적 설계에 해당한다. 그러므로 관련 요인들의 구체화와 검증이 뒤따라야 할 것이나 이를 기반으로 향후 흥미 연구의 방향을 모색할 수 있다는 점에 이와 같은 도식화의 의의가 있다.

---

15 윤미선 · 김성일, 「중 · 고생의 교과 흥미 구성 요인 및 학업 성취와의 관계」, 『교육심리연구』 17(3), 한국교육심리학회, 2003, 276면.

16 윤미선 · 김성일, 앞의 논문, 271~276면 참조.

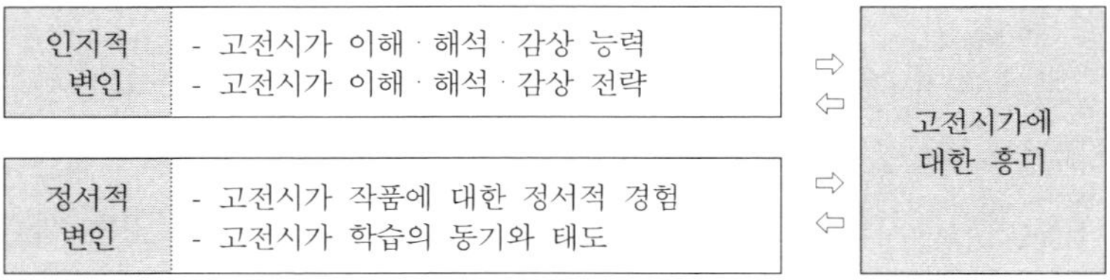

[그림1] 고전시가교육에 개재하는 흥미 관련 변인

문학 교실 속 학습자들이 모두 고전시가 작품 읽기에 흥미를 갖고 있다면, 문학교실은 매우 활발한 상호작용의 장이 될 것이다. 고전시가교육의 과정에서 학습자들의 경험에 흥미가 개재한다는 것은 너나 할 것 없이 고전시가 작품 읽기를 즐겨하고, 그에 대해 대화하기를 좋아한다는 것을 뜻한다. 그런 만큼 고전시가교육의 과정에 흥미가 개재한다면 학습자들은 그 결과 고전시가 작품의 이해 · 해석 · 감상에서 높은 성취를 이룩하게 될 가능성이 크다. 그러나 한 교실 안의 학습자들이 흥미를 갖는 내용은 그야말로 다양하며, 학생들이 지닌 고전시가 감상 능력 역시 단일하지 않다. 또한 고전시가 교실 속에는 고전시가 작품에 흥미를 갖지 않은 학습자들이 더 많다. 고전시가교육연구에서는 고전시가에 흥미를 갖지 못한 학습자들이 고전시가 작품이 지닌 여러 특징에 흥미를 갖게 되고, 이로부터 고전시가 작품을 감상하는 내적 동기를 갖게 되도록 도와야 한다. 이를 통해 고전시가 감상에 지속적으로 참여해 학습자들이 고전시가 감상 능력을 향상시킬 수 있도록 돕는 교육적 고려가 필요하다.

이를 위해 고전시가교육에서는 흥미 변인과 여타의 변인들 사이의 관련성이나 영향 관계를 중심으로 고전시가교육의 설계와 실천을 고려할 필요가 있다. 이와 관련하여 위 [그림1]에서, 고전시가교육에 개재하는 흥미 관련 변인을 학습자들의 고전시가교육 경험과 관련하여 인지적 변인과 정서적 변인으로 나누어 도식화하였다. 이와 같은 도식화는 고전시가교육의 설계를 다면화하기 위한 시도이다. 이 그림에서 중요한 것은 각 변인들과 흥미의 영향 관계이다. 각 변인들과 흥미의 영향 관계를 고려해 고전시가교육연구에서는 다음과 같은 연구 문제를 해결할 필요가 있다.

▸ 학습자들의 고전시가 능력이 높아질수록 고전시가 작품에 대한 흥미도가 높아지는가?
▸ 학습자들의 수준에 따라 고전시가 작품에 대해 흥미를 갖는 내용 영역이 달라지는가?
▸ 학습자들은 흥미도에 따라 고전시가 감상을 위하여 활용하는 전략을 달리 선택하는가?
▸ 고전시가 읽기에 대한 흥미를 유발하는 고전시가에 대한 정서적 경험은 어떤 종류의 것인가?
▸ 고전시가 읽기에 대한 흥미를 저하시키는 정서적 경험은 어떤 종류의 것인가?
▸ 흥미의 지속을 위해 학습자들이 선택할 수 있는 고전시가 감상 전략에는 어떤 것이 있는가?
▸ 흥미의 지속을 위해 선택할 수 있는 고전시가 교수 전략에는 어떤 것이 있는가?
▸ 고전시가 작품이나 활동에 대한 학습자들의 흥미가 학습자들의 고전시가 능력을 어디까지 향상시킬 수 있는가?

[표1] 흥미와 관련 변인의 관계

고전시가교육에서 흥미 변인과 관련하여, 학습자들의 고전시가 능력이 높아질수록 고전시가 작품에 대한 흥미도가 높아지는지 낮아지는지의 여부, 학습자들이 고전시가의 감상을 위해 활용하는 전략과 흥미 요소의 관련성 여부 등을 검토할 수 있다. 또한, 고전시가 작품 읽기 과정 혹은 고전시가 수업에서의 정서적 경험 중에 고전시가에 대한 흥미를 유발하는 정서적 경험과 흥미를 감소시키는 정서적 경험에는 어떤 것이 있는지 역시 주요 검토의 대상일 것이다. 고전시가교육에서 흥미와 다른 변인 간의 관련성에 관한 검토를 기반으로 하여 학습자들의 고전시가 읽기 경험이 흥미, 몰두, 성장으로부터 오는 만족감 등으로 채워질 수 있도록 하는 고전시가교육의 설계가 필요하다.

2) 내재적 동기와 흥미의 중재

이상에서 살핀 바와 같이, 고전시가교육의 상황에서 흥미와 관련될 수 있는 요인은 여러 가지이다. 여기에서는 논의를 초점화시키기 위해, 여러 가지 요인 중 내재적 동기를 중심으로 흥미 유발의 가능성에 대해 생각해 보고자 한다. 어떤 개인이 특정한 활동에 대해 내재적 동기를 갖고 있다면, 이때 그 개인의 경험은 흥미, 향유, 선천적 만족감 등으로 충족되어 있다. 그러나 외재적 동기(extrinsic motivation)의 비자발성이 심해질수록 개인은 무능력해지고 자기 통제력을 상실한 상태가 된다.[17] 문학교실 속의 스펙트럼은 내재적 동기와 흥미를 지닌 학습자에서부터 외적 보상이나 처벌에 순종(compliance)하는 수동적인 학습자에 이르기까지 다양할 것이다.[18]

내재적 동기는 인간의 심리적 욕구, 개인적 호기심, 성장을 위한 노력 등으로부터 출현한다. 내재적 동기는 자신의 흥미에 따라 행동

17 이에 대해서는 다음 논문을 참조할 수 있다. Ryan, R. M. & Deci, E. L., *Self-Determination Theory and the Facilitation of Intrinsic Motivation, Social Development, and Well-Being*, American Psychologist 55(1), American Psychological Association, 2000, p.72.

18 내재적 동기 및 외재적 동기의 개념은 다음 논문을 참조. 김현정, 앞의 논문, 2008, 470-471면.

하며, 훈련하고 도전을 추구하는 경향성을 의미한다.[19] 인간은 흥미로운 활동에 참여함으로써 자발적 만족을 얻으려 하는 내적 동력을 갖고 있으며, 이것이 내재적 동기인 것이다. 이에 반해 외재적 동기란 수단적 동기를 말한다. 결과나 외적 보상을 위하여 특정한 활동을 수행한다면, 그러한 상태를 외재적으로 동기화된 상태라고 말할 수 있다.

내재적 동기와 외재적 동기 중에서 흥미와 깊은 관련을 가진 것은 내재적 동기이다. 학습자 경험의 성장이라는 교육적 의미에서 볼 때도, 외재적 동기가 아닌 내재적 동기가 중요하다. 외재적 동기는 때로 특정한 활동을 수행하는 데 도움을 주지만, 외적 보상이나 결과가 주어질수록 인간이 지닌 내재적 동기는 줄어들게 된다.[20] 외재적 동기가 극대화될수록 인간의 경험을 성장시키는 흥미는 감소될 가능성이 있는 것이다. 그러나 외재적 동기의 유형 중 '동일시된 조절' 및 '통합된 조절'이라 지칭되는 외재적 동기[21]는 문학교실 속 학습자들의 긍정적 동기화와 흥미 유발을 위해 몇 가지 시사점을 준다.

외재적 동기 중 '통합된 조절'은 새로운 사고나 느낌, 행동 방식 등을 자신이 가진 기존의 사고, 느낌, 행동의 방식과 모순되지 않게 조화시키는 동기화 과정을 말한다. 외재적 동기 중 '동일시된 조절'은 특정한 과제에 착수할 때 의식적인 평가 과정을 거쳐, "그 과제는

---

19 Reeve, J., *Understanding Motivation and Emotion*, 정봉교 외 공역, 『동기와 정서의 이해』, 박학사, 2003, 132면.

20 이를 '보상의 숨겨진 대가(hidden cost of rewards)'라고 한다. 내재적으로 흥미로운 활동에 외재적 보상을 부과하면 이는 종종 내재적 동기를 손상시킨다. 예를 들어, 독서에 대해 내재적 동기와 흥미를 가진 아이에게 그 대가로 돈을 주면 오히려 독서에 대한 아이의 흥미는 감소하게 된다. (Reeve, J., 앞의 책, 141면.)

21 이에 대해서는 Reeve, J., 앞의 책, 154~158면 참조.

하는 것이 중요하고 개인적으로 유용한 것이다."라는 판단 속에서 행동을 수행하게 되는 경우를 말한다. '통합된 조절'은 특정한 신념이나 가치, 행동 등을 자아와 통합하는 능동적인 과정이며, '동일시된 조절'은 특정한 신념이나 행동이 지닌 중요성을 수용함으로써 그 활동에 참여하게 되는 과정을 의미한다.[22]

이와 같은 동기화 방식이 고전시가교육에 역시 적용될 수 있다면, 학습자의 고전시가 읽기 경험을 흥미, 즐거움, 선천적 만족감 등이 동반된 경험으로 이끌 가능성이 커지게 된다. 이런 점을 고려하여, 외재적 · 내재적 동기화의 방식[23]과 고전시가 읽기의 과정을 다음과 같이 연결 지을 수 있다.

무동기	외재적 동기				내재적 동기
무조절	외적 조절	투입된 조절	동일시된 조절	통합된 조절	내적 조절
▸ 비의도적, 비평가적, 무능력.	▸ 순응, 외적 보상과 처벌에 의한 조절	▸ 자기 통제, 자기 몰두, 내적 보상과 처벌	▸ 외적 경험의 중요성 수용, 외적 경험의 의식적 평가	▸ 외적 경험과 자기 경험의 통합	▸ **흥미, 향유,** 내적 만족
• 고전시가	• 고전시가	• 고전시가		• 고전시가	• 고전시

22 다음 논문에서 가치 개념과 관련하여 '동일시된 조절'의 동기화 방식을 수용해 '고전시가의 가치 평가 활동'을 수행할 수 있음을 밝혔다. 김현정, 앞의 논문, 2008, 486-490면 참조.

23 여기에서 외재적 · 내재적 동기화의 방식은 자기 결정 이론과 내재적 동기에 관한 다음 논의를 참조하였다.
Ryan, R. M., & Deci, E. L. *Self-Determination Theory and the Facilitation of Intrinsic Motivation*, Social Development, and Well-Being, American Psychologist 55(1), American Psychological Association, 2000, 72면.

이해·감상·해석 활동을 수행하지 않음.	작품에 대한 흥미 없음. • 고전시가 작품 읽기의 결과로 주어질 외적인 보상을 목적으로 고전시가 작품을 읽음.	작품에 대한 흥미 없음. • 교사, 교재 혹은 사회·문화적 환경 등의 요구를 일종의 규칙, 명령, 표준으로 삼아 고전시가 활동을 수행함. • 고전시가 작품이나 고전시가 이해·감상·해석 활동에 대해 일정한 거리를 유지함.	• 고전시가 작품 읽기를 즐기지는 않지만, 고전시가 작품 읽기의 중요성을 인식하고 이를 수용함. • 고전시가 작품의 가치와 중요성에 대해 의식적으로 평가함. • 그 결과 고전시가의 이해와 감상 활동을 기꺼이 반복적으로 수행함.	작품 세계를 자신의 신념이나 세계관, 사고 방식 등과 견주어 가며 적극적으로 이해하고 수용함. • 이해와 수용의 과정을 거쳐 자신의 신념이나 세계관과 고전시가 작품 세계를 통합함. • 고전시가 이해와 감상의 과정을 익숙한 활동으로 만듦.	가 작품에 흥미를 갖고 작품을 즐겨 읽으며, 고전시가 작품의 이해와 감상 과정에서 내적 만족을 느낌.

[표2] 동기와 고전시가 활동의 관련성

위의 [표2]에 나타난 바와 같이, 고전시가 활동의 주체가 내재적 동기를 갖는다면, 그는 흥미, 향유, 내적 만족 등으로 충족될 수 있다. 그러나 인간이 동기화되는 스펙트럼은 다양하다. 고전시가 활동에 대해 동기화되지 않은 상태인 '무동기', 외적인 조절 과정을 거친 동기화로서 '외재적 동기' 역시 동기화의 유형 중 하나이다. 고전시가교육에서는 고전시가 작품이나 고전시가 활동에 내재적 동기를 갖는 것이 가장 이상적이지만, 내재적 동기화가 현실적으로 어렵다면 외재적 동기화의 방법을 활용할 필요가 있다.

외재적 동기화의 방법 중 '외적 조절'이나 '투입된 조절'은 흥미 유발과 거리가 멀다. 먼저 '외적 조절'은 고전시가 활동을 수행함으로써 얻을 외적 보상을 활동 수행의 목적으로 삼는다. 이는 오히려 고전시가 활동에 대한 흥미를 감소시킬 위험이 있다. 다음으로 '투입된 조절'은 활동에 몰입하기보다 일정한 거리를 유지하는 것이다. 학습자가 자신이 아닌 외부의 요구를 규범적으로 수용해 활동을 수행하기 때문이다. 고전시가교육의 맥락에서 본다면, 학습자가 자발적인 탐구나 몰입에 의해 고전시가 활동을 주도하는 것이 아니라 교사, 교재의 내용, 사회·문화적 환경의 요구 등을 일종의 규범으로 삼아 고전시가 활동을 수행하는 상태를 말한다. 이때 학습자들은 고전시가 작품이나 활동에 대한 내적 만족이나 흥미를 중요하게 생각하기보다 외부에 존재하는 요구나 규범의 내면화를 중시한다. 이런 점에서 볼 때, '외적 조절'이나 '투입된 조절'의 동기화를 중심으로 하는 고전시가교육에 참여한다면, 이때 학습자가 고전시가 작품이나 활동에 흥미를 갖기는 어렵다.

외재적 동기 중 '동일시된 조절'은 "대체로 내재화된 동기"[24]를 의미한다. '동일시된 조절'의 과정에서 학습자는 고전시가 작품과 활동이 왜 중요하고 유용한가에 대해 공감한다. 그러므로 고전시가 작품과 활동에 대한 의식적인 가치 평가의 과정을 거쳐 고전시가 작품 읽기에 능동적으로 참여할 수 있다.

이상의 논의를 보면, 고전시가 작품 세계나 고전시가 읽기에 내재적으로 동기화되지 않은 학습자의 고전시가 경험을 성장하도록 독려하기 위해서는 '통합된 조절'의 유도가 중요하다는 점을 알 수 있다. '통합된 조절'을 통한 동기화는 인간이 지속적인 자각 과정을 통해 외

24 Reeve, J., 앞의 책, 156면.

부 세계와 자신을 통합시키는 과정에서 일어난다. 이와 같은 통합된 조절의 과정을 고전시가 작품의 감상과 관련시켜 본다면, 이는 "학습자들이 고전시가 작품 세계를 자신의 신념이나 가치관, 경험 등과 견주어 가며 자신의 삶 속에 이를 통합하는 적극적인 과정"과 관련될 것이다. 학습 자료와 생활을 관련짓는 글쓰기, 과학 내용과 학습자들의 삶의 관련성을 강조한 수업이 학습자들의 흥미를 유발하였다는 연구 결과[25]도 '통합된 조절'을 통해 흥미를 중재한 사례가 아닌가 한다.

여기에서 '통합'은 고전시가의 작품 세계와 학습자의 신념, 사고방식, 세계관 사이의 통합을 의미한다. '통합된 조절'을 통한 동기화의 과정은 지금까지 논한 외재적 동기화의 유형 중 가장 자발적인 동기화의 유형이다. '통합된 조절'을 통한 동기화의 과정에서 고전시가 활동의 주체인 학습자는 고전시가 활동을 통해 얻게 된 사고, 세계관, 행동 방식, 정서 등을 자신이 가진 신념이나 세계관과 모순되지 않도록 조화시킨다. 통합적 조절의 이와 같은 특성으로 볼 때, 통합적 조절을 통한 동기화의 과정에서는 학습자들의 자발성이 매우 중요함을 알 수 있다. 이는 외부에 존재하는 가치나 사고방식을 온전히 자기의 것으로 변화시키는 과정이기 때문이다.

이상에서 고전시가교육의 맥락에서 '흥미' 변인을 중심으로 교육 내용 및 방법을 설계하기 위한 이론적 전제를 검토해 보았다. 범박한 결론일지 모르나, 학습자의 흥미 중재를 위해서는 학습자의 삶과 고전시가 작품 세계를 통합하는 적극적인 과정이 필요하다는 인식에 이르렀다. '통합된 조절'을 중심으로 한 고전시가교육의 설계 역시 쉽지는 않을 것이다. 그러나 학습자의 흥미를 중심으로 한 고전시가 교육을 위해서는 학습자들이 자신의 삶과 작품을 연결지을 수 있어

25 우연경, 「흥미 연구의 현재와 향후 연구 방향」, 『교육심리연구』 26(4), 한국교육심리학회, 2012, 1188면.

야 하며, 작품의 중요성을 수용할 수 있어야 한다는 점을 알 수 있다. 학습자들이 고전시가 작품과 활동에 대해 내재적 동기를 갖고 있다면, 그들의 고전시가 활동은 흥미와 향유, 만족감으로 충만할 것이다. 그러나 학습자들이 내재적으로 동기화하는 과정에 어려움이 있다면, '동일시된 조절'이나 '통합된 조절'을 바탕으로 한 동기화로써 고전시가에 대한 학습자들의 흥미를 중재할 수 있어야 한다. 이상과 같은 점을 전제로 하여 다음 장에서는 '흥미'를 변인으로 삼는 〈도산십이곡〉의 교육의 방향에 대해 논하고자 한다.

3. '흥미' 변인을 고려한 〈도산십이곡〉 교육의 설계

'흥미' 변인을 고려한 고전시가교육의 실천 및 연구를 위해서는 고전시가교육에 동참하는 학습자들의 경향성과 고전시가교육 내용의 성격 등을 새로운 관점에서 검토해야 한다. 이와 관련하여 3장에서는 '학습자의 자발성', '학습자와 고전문학 작품의 관련성', '학습자의 고전시가 이해 수준', '작품에 대한 가치 평가' 등을 흥미 변인을 고려한 〈도산십이곡〉 교육 설계의 주요 준거로 삼고자 한다.[26]

'학습자의 자발성'이나 '학습자와 고전문학 작품의 관련성' 등은 고전시가교육연구에서 어느 정도 강조되어 온 바 있다. 그러나 교육과정이나 교과서 등으로 구현되는 구체적인 교육 내용 및 방법과 관련하여 이와 같은 방향 설정이 왜 중요한지에 관한 논의는 부족하다. 특히 〈도산십이곡〉과 같이 고전시가사와 고전시가교육의 실천에서 매우 중요한 비중을 차지하는 작품 교육 내용이나 방법의 실제적 구

26 Ryan & Deci은 통합된 조절을 위해 '자발성'과 '관련성'의 탐색이 중요하다고 지적하였다. 본고에서는 이들의 논의를 수용한다. Ryan, R. M. & Deci, E. L., op.cit, 73-74면.

현 현황과 관련하여 이것이 어떤 방식으로 강조될 수 있는지에 관한 논의는 부족한 편이다.

특히 '흥미'를 변인으로 〈도산십이곡〉 교육을 설계할 때 고려할 사항이 무엇인지에 관한 논의를 전개하여, 〈도산십이곡〉 교육의 구체화를 지향할 필요가 있다.

2장에서 논한 바, 학습자들이 '통합된 조절'을 통해 동기화된다는 것은 학습자들이 고전시가 학습에 상당한 정도의 자발성을 갖는다는 것을 뜻한다. 이를 고려한다면 흥미 변인을 고려한 고전시가교육에서 '학습자의 자발성'은 매우 중요한 요소이다.

다음으로, 학습자들이 고전시가 활동에 자발적으로 참여하도록 하기 위해서는 '고전시가 작품과 학습자와의 관련성'을 고려할 필요가 있다. 학습자들이 고전시가 작품과 활동이 자신의 삶과 밀접한 관련을 가진다고 판단하게 되면, 고전시가 작품에 관심을 갖고 자발적으로 고전시가 읽기에 참여할 가능성이 커진다. 이로 미루어 볼 때, 고전시가 작품이 담고 있는 세계관이나 정서, 미의식 등이 학습자들이 현재 가진 삶의 문제와 밀접한 관련성 속에 통합될 수 있도록 하는 고전시가교육의 내용이 구안될 필요가 있다. 또한, 고전시가 작품 읽기가 학습자들이 속한 공동체에 대한 소속감을 증가시키고 다른 사람들과 유대감을 느끼게 한다면, 이 역시 고전시가 작품과 활동에 대한 능동적 참여를 이끌 가능성이 있다.

다음으로는 '학습자의 고전시가 이해의 수준' 역시 통합된 조절을 통한 동기화와 흥미 유발과 관련해 매우 중요한 고려 요소이다. 2장에서 살핀 바와 같이, 학습자의 고전시가 이해·해석·감상 능력이나 전략과 같은 인지적 요인 역시 흥미와 영향 관계를 갖는 주요 변인이다. '통합된 조절'을 통한 동기화의 과정을 위해서는 고전시가교육에 동참하는 학습자의 고전시가 이해 수준에 걸맞은 고전시가교육의 내용이 제공되고 그에 적합한 환경이 조성될 필요가 있다. 고전시가교육의 과정에서 학습자는 자신의 수준에서 충분히 도전할 만한 과제를 수용하고 이를 통해 다음의 수준으로 성장하는 교육적 경험을 얻을 수 있어야 한다. 학습자들이 자신의 수준에 맞는 과제를 접하게 되면 자신의 고전시가 감상 능력에 대한 자신감과 신뢰감 속에 고전시가 활동을 능동적으로 수행할 가능성이 커진다.

이하에서는 이와 같은 준거들을 고려하여 〈도산십이곡〉의 교육에 대해 논하고자 한다. 〈도산십이곡〉의 교육 내용은 〈도산십이곡〉이 교과서에 실려 온 이래로 부분적인 변화가 있었을지언정 크게 달라지지 않았다고 판단된다. 현재 학습자들이 배우고 있는 『국어』와 『문학』 교과서를 통해 〈도산십이곡〉 교육의 현황을 확인해 보자. 교수요목기 교과서에서부터 지속적으로 교육 제재로 활용된[27] 〈도산십이곡〉은 2007 개정 시기 교육과정을 적용한 『문학』 교과서 14종 중 4종의 교과서에 실려 있다. 이 중 이 작품이 부수적 자료가 아닌 주요 제재로 실린 교과서는 총 2종이며,[28] 두 교과서의 내용은 다음과 같다.

출판사	단원명	학습목표	학습활동
지학사 (권)	2. 한국 문학의 역사와 갈래 (2) 중세 문학	▸ 중세 문학의 역사적 전개 양상과 갈래별 특질 이해 ▸ 현대적 시각에서 중세 문학 작품 이해 ▸ 중세 문학에서 한국 문학의 전통과 특질	– 인용 부분의 의미 이해 – 〈도산십이곡발〉을 참고로 당대 시조 향유의 방법, 작가의 작품 창작 동기, 작품의 구조 이해 – 17세기 시조(윤선도, 〈어부사시사〉)와 비교하여 화

27 이에 관해서는 다음 논문에서 자세한 내용을 확인할 수 있다. 조희정, 「〈도산십이곡〉에 대한 교육 담론 속의 독해」, 『고전문학과 교육』 5, 한국고전문학교육학회, 2003, 289면.

28 권영민 외, 『고등학교 문학』 II, (주)지학사, 2012 ; 최지현 외, 『고등학교 문학』 II, (주)지학사, 2012.

		발견	자의 처지, 자연을 대하는 태도 이해
지학사 (최)	2. 한국문학의 성장과 발전 02 문학 담당층의 교체와 대응	▸ 초기 시조와 가사 문학의 특징과 양상 이해	– 시간적 배경의 의미 이해 – 17세기 시조(윤선도, 〈만흥〉)와 비교하여 〈도산십이곡〉에 나타난 자연 인식 이해

[표3] 『문학』 교과서의 〈도산십이곡〉 수록 양상
(2007 개정 시기 교육과정)

[표3]에서 알 수 있는 바와 같이, 〈도산십이곡〉을 의미화하는 문학교육의 맥락은 문학사적 가치에서 벗어나 있지 않다. 문학사 시대구분 방법은 다르지만 두 교과서의 〈도산십이곡〉 교육 내용 선정 방식은 크게 다르지 않다. 두 교과서에서 모두 조선시대 시조 향유층인 신흥 사대부의 등장과 그들의 세계관, 시조라는 우리말 노래가 지닌 장르적 특징 등을 확인할 수 있는 대표적 작품으로 〈도산십이곡〉을 다루고 있는 것이다. 두 교과서에서 공통적으로 17세기 시조인 윤선도의 작품과 16세기 시조인 〈도산십이곡〉을 비교하는 활동을 학습 활동으로 삼은 것 역시 문학사적 가치를 강조하는 관점에서 선정된 활동이라 할 수 있다.

문학사라는 거시적인 관점 속에서 작품을 이해하는 〈도산십이곡〉 교육의 내용은 문학사교육의 맥락에서 중요한 의미를 지닌다. 문학사교육의 내용으로 그 시대를 대표하는 장르와 그 장르를 대표하는 작품을 선정하지 않는다면 그와 같은 아이러니는 없을 것이다. 그러나 문학사의 거시적 시각을 확보하도록 독려하는 고전시가교육의 내용 속에서 〈도산십이곡〉이라는 작품이 성리학적 자연관을 드러내는 이념적 시가로만 읽히고 있는 것은 아닌지 점검할 필요가 있다. 특히 본고에서 주요하게 다룬 키워드였던 '흥미' 변인을 고려한다면, 중세의 성리학적 이념이나 자연관은 학습자의 흥미와 어떤 상관관계를 갖는지 등이 검토될 필요가 있다. 앞 장에서 논의한 바와 같이, 흥미를 변인으로 삼는다면 학습자의 신념, 세계관, 행동 방식 등과 작품 세계가 통합 가능한 방식의 교육 내용이 다양하게 개발될 수 있다고 본다. 이러한 접근은 〈도산십이곡〉에 대한 문학사적 접근 방식을 보완하고, 〈도산십이곡〉의 이해 · 해석 · 감상을 더욱더 다양화할 수 있는 접근 방식이다.

2009 개정 교육과정(2011년 고시)에 따라 2013년 교과서 검정을 통과하여 올해 적용을 앞두고 있는 새 『문학』교과서의 사정 역시 이와 별반 다르지 않다. 2009 개정 교육과정에 따른 『문학』 교과서에서는 총 11종의 교과서 중 4종[29]에서 〈도산십이곡〉을 본문의 주요 제재로 다루고 있다. 이들 교과서의 내용은 다음과 같다.

출판사	단원명	학습목표	학습활동
두산동아	Ⅲ. 한국 문학의 범위와 역사 (1) 3. 한국 문학의 성장(조선 시대)	▸ 조선 시대의 대표적 작품을 통해 한국 문학의 전통과 특질 이해 ▸ 시대 상황을 이해하고 작품 감상 ▸ 한국 문학의 개념과 범위 이해	– 시적 화자의 삶의 태도 이해, 주제 정리 – 창작 계층, 주제, 표기 방식 비교 – 16세기 중후반 문학의 특징 이해 – 〈도산십이곡〉과 사설시조의 형식 비교
신사고	Ⅰ. 문학의 수용과 생산 2. 문학의 인접 분야와 매체	▸ 문학이 예술, 인문, 사회와 갖는 관계 이해 ▸ 다양한 매체로 구현된 작품의 창의적 표현 방식과 심미적 가치의 이해와 수용	– 시어와 시구의 의미 이해 – 학문수양의 태도 이해 – 작품 창작 계기와 목적 이해 – 〈도산십이곡〉의 창작 배경(인문 · 사회) 이해 – 문학과 철학의 관계 이해
(주)지학사	3. 한국문학의 갈	▸ 중세 문학의 역사적	– 인용 부분의 의미 이해

29 권영민 외, 『고등학교 문학』, (주)지학사, 2013 ; 김창원 외, 『고등학교 문학』, 두산동아, 2013 ; 이숭원 외, 『고등학교 문학』, 신사고, 2013 ; 조정래 외, 『고등학교 문학』, 해냄에듀, 2013.

	래와 흐름 [2] 중세 문학	전개 양상과 갈래별 특질 이해 ▸ 현대적 시각에서 중세 문학 작품 이해 ▸ 중세 문학 작품을 통해 시대 상황 이해	– 〈도산십이곡발〉을 참고로 당대 시조 향유의 방법, 작가의 작품 창작 동기, 작품의 구조 이해 – 17세기 시조(윤선도, 〈어부사시사〉)와 비교하여 화자의 처지, 자연을 대하는 태도 이해
해냄에듀	Ⅲ. 문학과 함께하는 삶 1. 문학과 나 (2) 문학과 사고	▸ 문학 활동을 통해 타인의 문제의식, 세계관, 가치관 이해 ▸ 문학 활동을 통해 타인과 소통할 수 있는 창의적 사고를 배양하고 표현	– 인용 부분의 의미 이해 – '言志'와 '言學' 창작의 의미 이해 – 시조 향유 방식의 이해 – '앎의 즐거움'에 관한 강연 내용과 〈도산십이곡〉을 참고로 '배움의 의미'를 성찰하고 이를 시조로 표현

[표4] 『문학』 교과서의 〈도산십이곡〉 수록 양상
(2009 개정 교육과정)

[표4]에서 확인할 수 있는 바, 4종의 교과서 중 2종에서 2007 개정 시기의 교과서에서와 마찬가지로 문학사적 맥락에서 〈도산십이곡〉을 교과서에 수록하였다. 학습 활동 역시 조선시대 시가사의 흐름 속에 〈도산십이곡〉이 갖는 특징을 확인하는 내용이 주를 이루었다. 나머지 2종에서는 문학사 단원이 아닌 단원에 〈도산십이곡〉을 수록하였다. 이중 1종에서는 〈도산십이곡〉의 특수한 창작 배경을 밝혀 문학과 철학의 관계를 성찰하도록 하였다. 나머지 1종에서는 〈도산십이곡〉을 통해 시조의 향유 방식을 이해하고, 시대를 초월한 '배움의 의미'에 대해 성찰하고 표현하도록 하였다.

〈도산십이곡〉을 문학사적 관점이 아닌 '문학의 수용과 생산'이나 '문학과 삶'의 관점에서 다루고 있는 2종의 교과서에서는 〈도산십이곡〉에 대한 이해를 기반으로 문학과 철학의 관계에 대해 성찰하거나

〈도산십이곡〉에 담긴 '배움의 즐거움과 의미'에 대해 탐색하도록 하였다. 교수 · 학습 활동의 정교화를 거칠 필요가 있으나 〈도산십이곡〉의 교육 내용이 문학사적 맥락에서만 구체화되는 한계에서 벗어난 점은 주목할 만하다. 그러나 흥미 변인을 고려한 〈도산십이곡〉 교육의 설계를 위해서는 이에 대해서도 여러 면에서의 보완이 필요하다.

그렇다면 '흥미'를 변인으로 한 〈도산십이곡〉 교육의 방향은 어떠해야 하는가? 이 장에서는 고전시가교육의 맥락에서 '흥미'를 개념화하고 이를 교육의 주요 변인으로 삼기 위하여 몇 가지 전제를 검토해 보았다.

1) 〈도산십이곡〉 해석 주체로서 학습자의 자발성 함양

『문학』 교과서 속 〈도산십이곡〉 교육의 내용을 통해 확인할 수 있는 바와 같이, 고전시가교육에서 〈도산십이곡〉의 교육 내용은 대체로 16세기 사대부 문학을 대표하는 작품으로서의 특성을 문학사적 맥락에서 조명하는 데 집중되어 있다. 작품 창작의 동기, 작가의 계층적 특성 등의 '작품 창작 배경 및 상황'을 이해하는 활동, '작품의 구조'나 '시적 화자의 자연에 대한 태도'를 이해하는 활동, 17세기 이후의 시조와 대비되는 〈도산십이곡〉의 표현적 특징 이해 활동 등이 〈도산십이곡〉 교육의 내용으로 주어진다.

이와 관련하여 다음과 같은 두 가지 과제가 생겨난다. 첫째는, 교과서 속 〈도산십이곡〉 교육의 내용이 문학사적 교육 내용으로 고정되어 있다는 점이다. 학습자들은 이를 일종의 지식으로 수용할 가능성이 있다. 둘째는, 학습자들이 이와 같은 문학사적 교육 내용을 한정된 자료를 통해 이해한다는 점이다. 교과서에는 〈도산십이곡〉

의 전문(全文)이 실려 있지 않기 때문이다. 학습자들은 〈도산십이곡〉의 일부분을 읽고, 특정 자료를 참조하여 〈도산십이곡〉을 이해하게 된다. 학생들의 입장에서는 교과서에서 〈도산십이곡〉의 이해·감상·해석을 위한 참조 자료를 찾는 것 역시 쉽지 않기 때문이다.

〈도산십이곡〉의 교육 내용이 주로 문학사적 맥락에 한정되고, 〈도산십이곡〉의 이해와 해석을 위해 학습자들이 스스로 활용할 만한 자료를 얻기 어렵다면, 학습자들이 흥미를 갖고 〈도산십이곡〉 읽기를 수행하기는 어렵다. '통합된 조절'을 통한 동기화를 위해서는 학습자의 자발적 참여가 필수적인데 이와 같은 교육적 환경에서는 학습자들의 자발적 참여를 기대하기 어렵다. 고전시가교육의 과정에서 학습자들은 〈도산십이곡〉 해석의 주체로서 자발성을 가질 수 있도록 성장해야 하며, 이 과정에 '흥미'가 개재할 수 있도록 해야 한다. 〈도산십이곡〉 교육의 과정에서 '통합된 조절'을 통한 동기화를 목적으로 한다면, 학습자들이 자발적이고 능동적으로 〈도산십이곡〉을 해석할 수 있도록 하는 방식의 교육 내용, 교육 자료, 교육 활동 등을 구안하고 이를 가능하게 하는 교육 환경을 구성할 필요가 있다.

〈도산십이곡〉 교육의 과정에서 학습자들은 〈도산십이곡〉 읽기와 관련한 탐구의 문제를 설정하고, 〈도산십이곡〉 해석의 주체가 되어 적극적으로 작품 해석을 시도할 수 있어야 한다. 〈도산십이곡〉 이해와 해석의 전략으로서 관련 자료를 확보하고 섭렵하는 일 역시 시도할 수 있어야 한다. '흥미' 변인을 고려한다면, 〈도산십이곡〉 교육을 위해서는 교육 내용을 고정된 것으로 제공하기보다 학습자들의 자발적 해석과 논의를 불러일으킬 필요가 있다. 또한, 학습자들의 자발적 해석을 위해 필요한 자료가 풍부히 제공되고 다양한 자료를 획득할 수 있는 경로 역시 제공될 필요가 있다.

2) 〈도산십이곡〉과 학습자의 관련성 탐색

'통합된 조절'을 통한 동기화의 과정은 학습자가 자신이 지닌 세계관, 사고방식, 정서, 신념 등과 고전시가 작품에 나타난 세계관, 정서, 미의식 등을 조화롭게 통합하는 것을 의미한다. 이와 같은 조화로운 통합은 학습자 스스로 〈도산십이곡〉 읽기와 자신의 삶이 밀접한 관련성을 갖고 있음을 인지하는 데서 비롯될 수 있다. 학습자가 느낄 수 있는 〈도산십이곡〉과 자신의 관련성은 여러 층위에서 성립될 수 있다.

먼저 〈도산십이곡〉 읽기 활동을 수행하는 공동체에 속한다는 소속감 혹은 연대감의 층위에서 자신의 삶과 〈도산십이곡〉 사이의 관련성을 생각할 수 있다. 고전시가교육은 고전시가 작품과 학습자와의 만남으로만 성립되지 않는다. 고전시가교육에 참여하여 상호작용하는 교육 주체는 가르침에 참여하는 교사와 다양한 가치관과 관심사를 가진 학생들이다. 이와 같이 고전시가교육은 교사와 학생, 학생과 학생 간의 상호작용 속에서 이루어진다. 이러한 상호작용을 전제한다면, 〈도산십이곡〉 읽기 활동을 수행하는 공동체의 활동이 갖는 가치에 대한 공감, 공동체에 대한 소속감과 연대감이 〈도산십이곡〉과 학습자의 삶 사이에 관련성이 있음을 알게 하는 요인이 될 수 있다. 고전시가교육에 참여하는 학습자들은 〈도산십이곡〉과 같은 한국문학사의 정전(正典)을 읽는 공동체에 유대감과 소속감을 느끼는 과정에서 자신의 성장에 대해 기대감을 가질 수 있기 때문이다.

다음으로는 〈도산십이곡〉의 작품 세계와 학습자의 삶 사이의 관련성을 탐색할 수 있다. 〈도산십이곡〉의 언어 표현 방식은 현대의 학습자에게 익숙하지 않은 편이다. 〈도산십이곡〉의 주요 배경은 도산서당과 그 주변의 공간이지만, 퇴계는 도산서당 주변 공간을 자세히 묘사하거나 자신의 감정을 직접적으로 표출하지 않았다. 이에 반해 학문과 교육에 참여하는 즐거움, 학문과 교육의 과정에 참여하는 흔들림 없는 태도를 설득적으로 표출하였다. 도산서당과 퇴계의 삶에 대한 이해가 부족하고, 〈도산십이곡〉 읽기 경험이 충분하지 않은 학생들에게 이와 같은 〈도산십이곡〉은 교화적 언어 표현이 담긴 교훈적 시조로서만 받아들여질 가능성이 있다. 그러나 퇴계의 '도산서당'과 그 속에서의 삶을 그려 낸 〈도산십이곡〉은 그의 삶에서 오랜 시간의 고민과 결심을 거쳐 탄생한 것이다. 학습자들은 이와 같은 점을 고려하여 〈도산십이곡〉의 작품 세계와 자신의 삶 사이의 관련성을 탐색할 수 있다.

학습자의 삶과 〈도산십이곡〉의 관련성을 탐색하는 방향은 〈도산십이곡〉의 세계관, 미의식 등 〈도산십이곡〉의 내용적 · 문학적 층위에서 설정 가능하다. 이와 관련하여, 16세기 사림이나 현대인들 모두에게 공통적이라 할 수 있는 '교육적 체험'을 하나의 사례로서 확인해 보자. 〈도산십이곡〉에는 교육 주체의 변화 가능성을 엿볼 수 있는 구절들이 있다. 먼저 '言志'의 1장~2장이다.

其一
이런ᄃᆞᆯ 엇다ᄒᆞ며 뎌런ᄃᆞᆯ 엇다ᄒᆞ료
草野 愚生이 이러타 엇다ᄒᆞ료
ᄒᆞ믈며 泉石膏肓을 고텨 므슴ᄒᆞ료

其二
煙霞로 지블 삼고 風月로 버들 사마
太平 聖代예 病으로 늘거 가뇌

이 듕에 ᄇᆞ라ᄂᆞᆫ 이른 허므리나 업고쟈

[陶山六曲 板本]

〈도산십이곡〉 '언지(言志)'의 1장에서 퇴계는 스스로를 "草野 愚生"이라 칭한다. 이를 단순한 겸손이라고 보기는 어렵다. 이어지는 2장에서 퇴계는 "草野 愚生"인 자신이 바라는 것은 단지 "허므리나 업"는 상태라고 한다. 이와 같은 퇴계의 태도를 해석하기 위해 다음 자료를 참조할 수 있다.

① 덕홍에게 회답한 논경서(論敬書)를 선생도 이내 한 통 베껴서 벽에다 걸어 두었다. 월천(月川) 조목(趙穆)이 일찍이 선생을 모시고 있다가 "무엇 하러 그렇게 하십니까." 하고 물었더니, 선생은 "내 비록 남을 가르치기는 이렇게 했지마는, 내 몸을 돌이켜 살펴볼 때에는 아직 스스로 다 되지 못했기 때문에 이렇게 하는 것이다."하였다. 〈이덕홍〉[30]

② 책상을 마주하고 잠자코 앉아 조심스레 마음을 가다듬고 연구 사색하여 왕왕 마음에 깨달음이 있기만 하면 다시 기뻐서 밥을 먹는 것도 잊었다. 그 합치되지 않는 것이 있으면 친구들의 가르침에 힘입고, 그래도 얻지 못하면 속으로 분발하면서도 오히려 감히 억지로 통하려 하지 않았다. 잠시 한쪽에 놔두었다가 때때로 다시 끄집어내어 마음을 비우고 생각하고 풀어 보면서 스스로 풀리기를 기다린다. 오늘 이렇게 하고 내일도 또한 이렇게 할 것이다.[31]

①은 퇴계와 그의 제자들인 이덕홍, 조목의 일화가 담긴 퇴계 언행록의 한 구절이다. 퇴계의 제자인 조목은 퇴계가 제자에게 가르친 내용을 벽에 붙여 걸어 둔 것을 보고 의아해 한다. 이에 대해 퇴계는

---

30 이황, 민족문화추진회 편, 『국역 퇴계집』 2, (주)민족문화문고간행회, 1968, 234면.
31 이황, 이장우 · 장세후 역, 『도산잡영(陶山雜詠)』, 을유문화사, 2005, 63면.

스승의 역할을 하였으나, 자신 역시 "아직 스스로 다 되지 못"한 존재라고 말한다. ②는 퇴계가 〈도산잡영(陶山雜詠)〉을 창작하면서 지은 〈도산기(陶山記)〉의 일부분이다. 여기에서는 도산서당에서 퇴계가 스스로를 '스승'의 역할로 고정하고 있지 않음을 확인할 수 있다. 퇴계는 연구와 사색하는 삶을 사는 중에 만나는 소중한 벗들과의 대화 속에서 도움을 얻기도 하였다고 한다. 교육적 삶 속에서 교육적 관계는 늘 고정되어 있는 것이 아니다.

자신을 지칭하는 "草野 愚生"이라는 말은 도산서당에서의 퇴계의 삶이 끊임없이 스스로를 변화시키는 교육 주체의 삶임을 뜻하는 것이다. "허므리나 업고쟈"의 의미 역시 이런 맥락에서 해석이 가능하다. 도산서당에서의 퇴계의 삶과 태도로 보건대, "이 듕에 ᄇᆞ라□ 이른 허므리나 업고쟈"라는 표현은 허물이 없는 완벽한 이상을 추구하겠다는 의미라기보다 허물을 되도록 줄여 가는 삶을 살겠다는 의지라 할 수 있다.

〈도산십이곡〉 '언지'의 1장~2장의 내용에서 퇴계가 스스로를 '변화하는 존재로서의 교육 주체'로 본다면, 학습자들은 이 작품을 어떻게 이해하게 될 것인가? 퇴계가 스스로를 성인(聖人), 군자(君子), 혹은 스승이라 칭하지 않은 것은 학문과 교육의 과정에서 최종적 도달점이란 존재하지 않는다는 깨달음 때문인지도 모른다. 〈도산십이곡〉 창작 당시의 퇴계의 삶의 실제 역시 이와 같은 깨달음에 더 가깝다.

퇴계의 교육 체험, 교육적 관계 수립, 교육에 대한 이해 등과 관련지어 〈도산십이곡〉을 이해하게 되면 〈도산십이곡〉에서 퇴계가 보여준 확신에 찬 어조가 퇴계의 교육적 체험으로부터 비롯된 것임을 알게 된다. 퇴계가 스스로를 변화하는 교육 주체로 본 것은 단순한 수사나 겸손이 아니다. 이는 일종의 교육의 원리로서 퇴계의 교육적 삶에 작용하였다고 볼 수 있다. 퇴계가 스스로를 절대적 스승으로 자처하기만 하고 벗들과 교육적으로 교류하기를 꺼렸다면, 퇴계의 성리학이 오늘날까지 전해지는 일은 일어나지 않았을지 모른다.

〈도산십이곡〉의 학습자들이 자신의 삶과 퇴계의 삶을 연관지으려면, 퇴계가 이와 같이 교육의 원리에 헌신하면서 도산서당 안에서의 삶을 풍요롭게 가꾸었음을 이해할 수 있어야 한다. 학습자들이 퇴계와 같은 훌륭한 스승도 도달점을 정해놓지 않은 상태로 스스로의 성장을 위해 노력하였다는 점을 이해하고 이에 공감할 수 있게 되는 것이 학습자의 삶과 〈도산십이곡〉을 통합한 상태가 아닌가 한다.

교육의 관점에서 본 〈도산십이곡〉과 학습자의 삶 사이의 관련성은 〈도산십이곡〉과 학습자의 관련성을 탐색한 하나의 사례이다. 학습자들이 자신의 삶을 성찰하고 〈도산십이곡〉의 의미와 가치를 수용하는 가운데 〈도산십이곡〉의 작품 세계와 학습자의 삶 사이의 관련성이 성립될 수 있다.

3) 학습자의 고전시가 능력에 따른 교육내용의 다양화

'통합된 조절'을 통한 동기화는 교육 주체인 학습자의 삶과 고전시가 작품 세계가 갖는 조화로운 통합을 전제로 한다. 앞에서 검토한 바와 같이, 학습자가 〈도산십이곡〉 해석의 주체로서 자발성을 가지며 〈도산십이곡〉과 자신의 삶 사이의 관련성을 여러 층위에서 검토한다고 할 때, 이 과정에서 학습자는 다양한 교육 내용을 수용할 수 있게 된다. 이때 학습자의 고전시가 능력에 따라 학습자가 수용할 수 있는 교육내용의 층위와 수준이 달라질 수 있다. 학습자의 고전시가 능력에 따른 교육 내용의 다양화 역시 '흥미' 변인을 고려한 고전시가교육의 설계를 위해 중요하다. 고전시가교육의 과정에서 학습자의 수준에 비해 지나치게 어려운 과제가 제공되거나, 학습자에게 지적 자극을 주지 못하는 지나치게 쉬운 과제가 제공된다면, 이는 모두 학습자의 삶과 〈도산십이곡〉의 작품 세계가 조화롭게 통합되는 고전시가교육의 실현을 위해 바람직하지 못하다.

한편, '통합된 조절'을 통한 동기화의 과정을 위해 '학습자의 이해 수준에 따른 〈도산십이곡〉의 가치 평가'를 〈도산십이곡〉 교육의 주요 내용으로 들 수 있다. 2장에서 살핀 동기화의 유형에 의하면 이는 '통합된 조절'보다 '동일시된 조절'에 가깝다. '동일시된 조절'은 〈도산십이곡〉의 중요성을 수용하면서 〈도산십이곡〉 읽기 경험을 의식적으로 평가하는 과정으로, 이 역시 동기화를 통해 흥미를 중재하는 하나의 방법으로 성립할 수 있다. '동일시된 조절'은 '통합된 조절'과 가장 인접한 방식의 동기화 유형의 하나이다.

'동일시된 조절'과 관련하여 〈도산십이곡〉에 대한 가치 평가는 〈도산십이곡〉의 특성에 따라 여러 영역에서 이루어질 수 있다. 〈도산십이곡〉의 내용적 측면, 표현적 측면, 장르적 특수성, 문학사적 특수성 등이 모두 〈도산십이곡〉에 대한 가치 평가의 영역이라 할 수 있다. 학습자들은 〈도산십이곡〉에 대한 가치 평가의 과정에서 〈도산십이곡〉이 갖는 여러 가지 가치를 수용할 수 있다.

4. 경험의 통합과 〈도산십이곡〉의 교육적 위상

이상에서 '흥미'를 변인으로 한 〈도산십이곡〉 교육의 방향을 탐색해 보았다. 고전시가교육에서 '흥미'는 "학습자들이 고전시가 작품에 호기심을 갖고 이를 해소하기 위해 전심전력을 기울이는 태도"를 의미하는 것으로서 학습자의 성장과 밀접한 관련을 갖는다. 고전시가 교육의 과정에 개재하는 '흥미'는 고전시가 읽기 경험을 풍부하게 하며, 학습자들의 성장이 지속되도록 돕는다. 그러므로 고전시가교육 연구에서는 '흥미' 변인을 지속적으로 고려할 필요가 있다.

교육심리학 연구에서는 학습자의 '흥미'가 이해의 수준, 학습 전략의 사용, 학습과 관련된 정서적 경험 등과 관련성을 갖는다고 본다. 고전시가교육에서 역시 '흥미'는 학습자의 고전시가 이해 · 해석 · 감상의 능력이나 전략 등의 인지적 변인, 고전시가 작품에 대한 정서적 경험, 고전시가 학습의 동기와 태도 등의 정서적 변인과 밀접한 관련성을 가진다고 볼 수 있다. 고전시가교육연구의 현 단계에서는 이와 같은 변인들 간의 영향 관계와 관련성을 탐색할 수 있는 여러 가지 연구 문제를 설정하고 이에 대한 연구를 진행해야 할 것이다.

특정한 활동에 대해 내재적으로 동기화된 사람은 흥미, 자발적 만족, 향유의 즐거움 등을 경험한다. 고전시가교육에서 학습자들이 고전시가 작품이나 고전시가 활동에 대해 내재적으로 동기화되어 있다면, 그러한 상태는 '흥미'를 변인으로 한 고전시가교육의 이상적인 상태라 할 것이다. 그러나 현실적으로 고전시가 작품이나 활동에 내재적으로 동기화된 학습자를 찾기는 어렵다. 여기에서 우리는 동기를 유발하고 흥미를 중재할 수 있도록 하기 위해 외재적 동기의 유형을 참조할 수 있다. 동기화의 유형 중 외재적 동기는 비자발성이나 수동성을 그 특징으로 하지만, '동일시된 조절'이나 '통합된 조절'을 통한 외재적 동기화는 내재적 동기화에 매우 근접해 있는 동기화의 유형이다. 우리는 이 중에서 '통합된 조절'을 통한 동기화를 참조할 수 있다. 고전시가교육에서 '통합된 조절'을 통한 동기화란 외적 경험으로서의 고전시가 작품 세계와 학습자의 자기 경험을 통합함으로써 동기화되는 것을 의미한다. 학습자의 흥미 중재를 위해서는 학습자의 삶과 고전시가 작품 세계를 통합하는 적극적인 과정이 필요하다.

이와 같은 점을 전제로 '흥미' 변인을 고려해 〈도산십이곡〉 교육을 설계한다면, '통합된 조절'의 특징을 고려해 '학습자의 자발성', '학습자와 〈도산십이곡〉의 관련성', '학습자의 고전시가 이해의 수준', '〈도산십이곡〉에 대한 가치 평가' 등을 준거로 〈도산십이곡〉 교육의 방향을 설정할 필요가 있다.

〈도산십이곡〉은 고전시가교육에서 매우 중요한 작품이지만 그에 대한 교육 내용이 대체로 문학사적 맥락에서 주어져 왔다. 학습자들은 다른 고전시가 작품에 비해 〈도산십이곡〉을 익숙하다고 생각하지만, 〈도산십이곡〉 작품 전체를 접하지 못하는 것이 일반적이며, 그에 대한 해석을 적극적으로 시도해 본 경험 역시 거의 없다. '흥미'를 변인으로 한 〈도산십이곡〉의 교육이 〈도산십이곡〉의 작품 세계와 학습자 자신의 삶 사이의 조화와 통합을 전제로 한다면, 학습자들은 〈도산십이곡〉 해석의 주체로서 자발성을 함양할 수 있어야 한다. 〈도산십이곡〉의 이해와 감상, 해석을 위해 여러 가지 연구 문제를 설정하고 작품 읽기의 방법을 다양화해 〈도산십이곡〉을 심층적으로 읽는 교육 활동을 수행할 필요가 있다.

〈도산십이곡〉과 학습자 사이의 관련성에 대한 탐색은 여러 가지 층위에서 이루어질 수 있는데, 고전시가교육의 주체로서 〈도산십이곡〉 읽기 활동에 참여하는 과정에서 〈도산십이곡〉 읽기 공동체에 속한다는 소속감과 연대감이 이를 도울 수 있다. 작품 세계의 층위에서는 학습자의 고전시가 이해 능력이나 관심사에 따라 학습자 자신의 삶과 〈도산십이곡〉의 관련성을 여러 층위에서 생각할 수 있다.

이와 관련하여, 〈도산십이곡〉이 갖는 문학사적 가치 이상으로 퇴계가 도산서당을 중심으로 꾸리고자 했던 삶의 문제를 사례 중의 하나로 들 수 있을 것이다. 〈도산십이곡〉 '언지'의 앞부분을 보면, 여기에서 퇴계는 학문과 교육을 중심으로 한 삶의 과정에서 스스로를 교육의 주체로 보고 그 변화의 가능성에 대해 말하고 있음을 알 수 있다. 퇴계는 스스로 학문과 교육에 헌신하는 과정을 거쳐 교육 주체로서 살아가는 삶에 대한 깨달음을 〈도산십이곡〉을 통해 표출하고 있다. 이와 같은 '교육적 체험'은 중세를 살았던 사람이든 21세기를 사는 사람이든 공통적으로 체험할 수 있는 삶의 양상이다. 〈도산십이곡〉을 배우는 학습자들은 〈도산십이곡〉의 심층적 읽기 과정에서 이와 같은 상황에 공감하며 자신의 삶과 〈도산십이곡〉의 작품 세계를 견주어 볼 수 있어야 할 것이다.

'통합된 조절'을 통한 동기화의 과정을 위해서는 학습자의 능력에 따라 〈도산십이곡〉의 교육 내용을 다양화할 필요가 있다. '통합된 조절'에 인접한 동기화의 유형인 '동일시된 조절'을 통한 동기화의 과정에서는, 〈도산십이곡〉의 가치 평가 역시 중심적인 교육 내용이 될 수 있다. 〈도산십이곡〉의 내용, 표현, 장르적 특성, 문학사적 가치 등 다양한 관련 영역이 모두 가치 평가의 대상이 될 수 있다. '통합된 조절'을 위해서는 학습자의 능력에 따라 수준에 맞는 해결 과제, 참고 자료 등이 제시될 필요가 있다.

'흥미'를 변인으로 한 〈도산십이곡〉의 교육은 학습자의 자발성, 학습자의 삶과 작품 세계의 관련성, 학습자의 고전시가 이해 수준과 가치 평가 등을 강조하는 방식의 교육 내용과 방법으로 이루어진다. 이때 학습자는 작품 세계와 자신의 삶과의 관련성을 탐색하는 가운데 〈도산십이곡〉을 감상하게 될 것이다. 그러므로 '흥미'를 변인으로 한 고전시가 교실 속에서 〈도산십이곡〉은 문학사적 전범으로서 지니는 가치뿐만 아니라 중세를 살았던 한 인간이 성장하는 삶 속에서 느끼는 보람을 표현한 문학 작품으로서 갖는 가치를 지니게 된다.

학습자가 자신의 삶과 〈도산십이곡〉을 충분히 비교하고 검토하는 심층적 읽기를 수행하는 가운데 삶과 〈도산십이곡〉의 조화와 통합이 이루어진다면, 학습자가 고전시가 작품 읽기에 흥미를 갖고 몰두하게 되리라고 기대한다.

참고문헌

〈자료〉

이황, 『도산육곡(陶山六曲) 판본(板本)』.

이황, 민족문화추진회 편, 『국역 퇴계집』 2, (주)민족문화문고간행회, 1968.

이황, 이장우 · 장세후 역, 『도산잡영(陶山雜詠)』, 을유문화사, 2005.

권영민 외, 『고등학교 문학』 Ⅱ, (주)지학사, 2012.

최지현 외, 『고등학교 문학』 Ⅱ, (주)지학사, 2012.

권영민 외, 『고등학교 문학』, (주)지학사, 2013.

김창원 외, 『고등학교 문학』, 두산동아, 2013.

이숭원 외, 『고등학교 문학』, 신사고, 2013.

조정래 외, 『고등학교 문학』, 해냄에듀, 2013.

〈논저〉

김서윤, 「소설 수용의 흥미 경험 교육 연구」, 서울대학교 석사학위논문, 2011.

김현정, 「고전시가의 가치 교육을 위한 이론적 전제의 고찰」, 『국어교육』 125, 한국어교육학회, 2008.

김현정, 「공간 중심의 강호시조 이해 교육 연구」, 서울대학교 박사학위논문, 2012.

김현정, 「메타교육의 관점에서 본 퇴계 이황의 시가 창작 (1) - 〈도산십이곡〉을 중심으로」, 『교육원리연구』 17(1), 2012.

김현정, 「〈어부사시사〉의 해석에 대한 교육적 접근」, 『고전문학과 교육』 20, 한국고전문학교육학회, 2010.

류수열, 「고전시가 독서의 재미 요소 탐구 : 시조를 중심으로」, 『고전문학과 교육』 26, 한국고전문학교육학회, 2013.

서명희, 「시교(詩敎) 전통의 문학교육적 의의 연구」, 서울대 박사논문,

2013.
심우장, 「구비서사의 놀이적 특성과 문화적 창조력」, 『고전문학과 교육』 26, 한국고전문학교육학회, 2013.
우연경, 「흥미 연구의 현재와 향후 연구 방향」, 『교육심리연구』 26(4), 한국교육심리학회, 2012.
윤미선 · 김성일, 「중 · 고생의 교과 흥미 구성 요인 및 학업성취와의 관계」, 『교육심리연구』 17(3), 한국교육심리학회, 2003.
장상호, 『학문과 교육』 중1, 서울대학교 출판부, 2008.
조희정, 「〈도산십이곡〉에 대한 교육 담론 속의 독해」, 『고전문학과 교육』 5, 한국고전문학교육학회, 2003.
Reeve, J., *Understanding Motivation and Emotion*, 정봉교 외 공역, 『동기와 정서의 이해』, 박학사, 2003.
Ryan, R. M. & Deci, E. L., *Self-Determination Theory and the Facilitation of Intrinsic Motivation, Social Development, and Well-Being*, American Psychologist 55(1), American Psychological Association, 2000.
Silvia, P. J., *Interst - The Curious Emotion*, Current Directions in Psychological Science 17-(1), Association for Psychological Science, 2008.

고전시가 감상 국면의 재미 흥미 의미*

- <백설이 ᄌᆞ자진 골에>의 감정이입과 공감 체험을 중심으로 -

조희정**

1. 서론

본 논문은 고전문학과 학습자 사이의 상호작용 중 감상 국면에 주목하되, 감정이입과 공감 체험을 통한 재미 / 흥미 / 의미의 가능성을 탐색한다. '고전문학교육에서 주목해야 하는 재미 / 흥미 / 의미는 누구의 것인가?' 논란의 여지없이 학습자가 느끼는 재미, 학습자가 품은 흥미, 학습자가 깨닫는 의미일 것이다.

고전문학교육이라는 범주 속에서 찾아볼 수 있는 '고전문학의 재미 / 흥미 / 의미'는 텍스트 내적 속성이라기보다는 텍스트 내부의 속성을 발견하여 교류하는 자의 몫에 가깝다. 고전문학 텍스트 내에 재미 / 흥미 / 의미의 요소가 내재되어 있고, 학습자는 텍스트와 상호작용을 하며 재미 / 흥미를 찾아내고 경험하며 의미를 부여하는 것이다. 곧 고전문학의 재미 / 흥미 / 의미는 텍스트와 학습자 '사

* 이 논문은 2014년 8월 6일 한국고전문학교육학회 2014년 여름 정기 학술대회에서 발표한 원고를 수정한 것이다. 토론을 통해 논의를 보강할 수 있도록 도와주신 지정 토론자 신재홍 선생님과 여러 선생님들께 감사드린다.

** 조선대학교 국어교육과

이'[between]에서 발현되는 것이다.

이상의 관점이 새삼스러운 것은 아니다. 고전문학교육 내 재미 / 흥미 / 의미에 대한 이러한 구도는 대부분의 선행 연구에 반영되어 있다. 고전문학의 재미 / 흥미 / 의미를 탐구한 선행 연구에서는 고전문학교육 내 재미 / 흥미 / 의미를 살피거나[1] 고전문학 개별 작품에서 재미를 촉발시킬 만한 개별 요소를 드러내거나[2] 고전문학의 하위 갈래인 시조, 고전소설, 구비 서사 등이 함유한, 재미를 야기하는 변별 자질을 부각시키거나[3] 고전문학 텍스트의 읽기 사례를 제시하고[4] 있다. 이들 연구에서는 '동기',[5] '반응',[6] '놀이',[7] '경험',[8] '체험',[9] '참여'[10] 등의 개념을 동원하여 재미 / 흥미의 개념을 풀이하거나 재미 / 흥미의 속성을 설명하고 있다.[11] 이러한 선행 연구의 특성에서 공

---

1 김서윤, 「소설 수용의 흥미 경험 교육 연구」, 서울대 석사논문, 2011. ; 김현정, 「흥미 변인을 고려한 〈도산십이곡〉 교육의 방향」, 『고전문학과 교육』 27집, 한국고전문학교육학회, 2014. ; 김성룡, 「고전문학의 재미와 고전문학교육의 의미」, 『고전문학과 교육』 28집, 한국고전문학교육학회, 2014. ; 염은열, 「고전문학 '학습'의 경험과 '재미'의 문제에 대한 논의」, 『고전문학과 교육』 28집, 한국고전문학교육학회, 2014.

2 서인석, 「연극적 놀이 텍스트로 읽는 〈배비장전〉 - 고전의 재미를 찾는 방법의 한 사례」, 『고전문학과 교육』 27집, 한국고전문학교육학회, 2014. ; 조광국, 「고전소설교육에서 새롭게 읽는 재미 : 홍계월의 양성성 형성의 양상과 의미」, 『고전문학과 교육』 28집, 한국고전문학교육학회, 2014.

3 류수열, 「고전시가 독서의 재미 요소 탐구 - 시조를 중심으로」, 『고전문학과 교육』 26집, 한국고전문학교육학회, 2013. ; 신재홍, 「고전소설의 재미 찾기」, 『고전문학과 교육』 26집, 한국고전문학교육학회, 2013. ; 심우장, 「구비서사의 놀이적 특성과 문화적 창조력」, 『고전문학과 교육』 26집, 한국고전문학교육학회, 2013.

4 류준필, 「'이별(론)'의 텍스트 읽기 - '재미 · 흥미 · 의미'의 상관적 시각에서」, 『고전문학과 교육』 31집, 한국고전문학교육학회, 2016.

5 김현정, 앞의 논문, 10-19면. ; 염은열, 앞의 논문, 41면.

6 김서윤, 앞의 논문. ; 김현정, 앞의 논문, 7면.

7 류수열, 앞의 논문, 9-10면. ; 심우장, 앞의 논문. ; 서인석, 앞의 논문, 46면, 58-64면.

8 신재홍, 앞의 논문, 34면.; 심우장, 앞의 논문, 67면. ; 김성룡, 앞의 논문, 21면. ; 염은열, 앞의 논문, 55-56면.

9 류준필, 앞의 논문, 40면.

10 심우장, 앞의 논문, 66면.

통으로 추출할 수 있는 전제는 고전문학의 재미 / 흥미 / 의미란 텍스트와 학습자 사이의 일정한 상호작용 속에서 발현되는 것이며, 학습자(혹은 독자)가 재미 / 흥미 / 의미를 경험하는 것이라는 관점이다.

본 논문은 이상의 관점을 논의의 출발점으로 삼아 고전문학교육에서 고전문학 텍스트와 학습자의 상호작용 중 감상 국면 속에서 경험될 수 있는 재미 / 흥미 / 의미를 살필 것이다. 이를 위해 고전문학교육에서 재미 / 흥미 / 의미를 가능하게 하는 조건으로 교육적 경험에 대해 논의한 후, 하나의 교육적 경험으로 감정이입과 공감 체험을 구체화할 것이다.

2. 고전문학교육 내 재미 / 흥미 / 의미의 성격과 교육적 경험

고전문학교육에 주목하는 본 논문은 재미 / 흥미 / 의미를 하나의 범주로 설정한다. 고전문학교육에서 세 가지 개념은 사실상 서로 맞물려 있다. 고전문학교육의 학습자는 재미를 느끼지 못하는 데에서 흥미를 유지할 리 없으며, 재미와 흥미를 경험하지 못하였는데, 학습자에게 의미 있게 다가갔을 리 없다. 물론 재미, 흥미, 의미 각각은 동일한 개념이 아니며, 일상생활에서 자주 사용되는 용어라는 점에서 개념 정의하기도 어렵다. 또한 재미와 흥미는 유사한 의미망을 공유하지만, 재

11 고전문학교육 관련 논의가 아닌 경우에도 재미를 탐색한 선행 연구는 이러한 관점을 취하고 있다. 김혜영은 재미를 "텍스트에 대해 사회 구성원들이 경험하는 반응"(「판타지 소설의 재미 담론 연구」, 강원대 박사논문, 2011, 34면)으로, 이지영은 "재미라는 현상은 … 대상에 반응하는 심리 주체에 속한다."(「환상동화 텍스트의 재미 요소 연구-아동독자의 인식을 중심으로」, 『한국아동문학연구』 24호, 한국아동문학학회, 2013, 270면)고 하였다.

미와 흥미가 지닌 가치나 중요성 등을 가리키는 '의미'는 서로 다른 층위의 개념이다. 기존의 선행 연구에서는 이러한 어려움을 반영하듯 주로 '재미'와 '흥미'의 개념을 정의하였고 '재미'와 '흥미'의 관계를 정립하려는 다양한 시도가 있었다.

가령 재미는 '대상에 대한 관심[Interesse]이며, 대상에 대한 욕망으로부터 형성된, 대상에 대한 감각적인 만족으로 이루어진 쾌감'[12]으로 '보상이나 목적을 기대하지 않는 적극적인 감정상태'[13]이며 '어떤 것에 대한 관심은 물론이고 경험을 통해 얻어지는 즐거움과 감동, 가치와 보람 등을 포괄"하는 개념'[14]로 파악된다. 흥미에 대한 개념은 주로 교육학의 견해에 힘입어 "대상에 대한 관심이나 호기심"[15] 혹은 "불확실한 세계에서 자신이 가진 호기심을 해결하기 위해 전심전력을 다하는 태도"[16]로 정의된다. 이상의 개념 정의는 대부분 타당성을 지니고 있기에 본 논문이 각각의 개념을 정의하려 시도한다 해도 선행 연구의 논의를 크게 벗어나지 못할 것이다.

그보다도 본 논문이 주목하는 바는 선행 연구에서도 "재미는 '흥'이 더해진 흥미"[17]라거나 "자발적 동기로서의 '흥미'가 있어야 '재미'를 경험할 수 있고 '재미'를 경험해야 '흥미'가 강화되고 발전한다는 점"[18]과 같이 재미와 흥미는 서로 밀접히 연관된 개념으로 종종 언급된다는 점이다. '재미-흥미-의미'는 "하나의 연속된 관계"이자 "이 셋의

---

12 김성룡, 앞의 논문, 8-9면.

13 레저, 스포츠, 인간공학 분야에서 일반적으로 받아들여지는 C.C. Bucher의 정의이다. 이치훈, 「인간공학적 분석을 통한 흥미모델 구축」, 서울대 석사논문, 1면(심우장, 앞의 논문, 63면에서 재인용).

14 염은열, 앞의 논문, 41면.

15 염은열, 앞의 논문, 41면.

16 장상호, 『학문과 교육』 중1, 서울대출판부, 2008, 397면, 김현정, 앞의 논문, 11면에서 재인용.

17 신재홍, 앞의 논문, 34면.

18 염은열, 앞의 논문, 42면.

결합체 자체가 하나의 단계에 내포"[19]된다고 전제되기도 하는데, 이러한 논의 양상들은 다수의 연구자가 '재미', '흥미', '의미' 범주가 지시하는 공통 영역을 설정하고 있음을 보여준다. 사실상 '고전문학의 재미, 흥미, 의미'라는 범주의 설정은 고전문학의 재미, 고전문학의 흥미, 고전문학의 의미의 개별성을 부각시키는 것이라기보다는 고전문학을 둘러싼 국면에서 드러나는 재미와 흥미를 탐색하고, 그로부터 추출되는 고전문학의 의미를 해명하려는 의도를 드러내는 것이다.

본 논문의 관심사도 그러하다. 고전문학교육의 재미와 흥미와 의미를 변별하는 데 초점을 두지 않고, 고전문학교육에서 재미 / 흥미 / 의미에 관심을 지닐 때 고전문학교육의 어떤 사태에 주목하고 그것을 해결할 수 있는가에 집중한다. 본 논문은 '고전문학교육의 재미 / 흥미 / 의미'라는 주제는 존 듀이[John Dewey]에 의해 제안되어 우리에게 익숙한, 다음과 같은 교육적 가정을 내포하고 있다고 생각한다.

> 우리에게 **관심과 흥미**가 없을 때, 그 손 흔드는 동작은 풍차바퀴 돌아가는 것이 그런 것과 마찬가지로 아무 의미가 없다. 그러나 관심이 생기면, 그때부터 우리는 '**참여**'하기 시작한다. 우리는 그 사람의 행위를 우리 자신이 하고 있는, 또는 우리가 해야 할 일과 관련지어 생각한다. 우리는 그의 행위의 **의미**에 비추어 우리가 어떻게 해야 할지를 결정하지 않으면 안 된다.[20]

---

19 류준필, 앞의 논문, 41면.

20 If we have no concern of **interest**, the waving of the arms is as meaningless to us as the gyrations of the arms of a windmill. But if **interest** is aroused, we begin to **participate**. We refer his action to something we are doing ourselves or that we should do. We have to judge **the meaning** of his act in order to decide what to do. Dewey, John., *Democracy And Education - An Introduction to the Philosophy of Education*, New York : Macmillan, 1916, 이홍우 번역, 『민주주의와 교육』, 교육과학사, 1987, 54면.

윗글에서는 일련의 연속적 계열 관계가 제시되어 있다. '관심과 흥미가 생기면' - '참여하기 시작'하며 - '그의 행위의 의미에 비추어 우리의 행동을 결정'한다고. 이러한 구도는 '고전문학교육의 입장에서 학습자의 재미 / 흥미 / 의미에 왜 주의를 기울이는가?'에 대한 답변이 될 수 있다. 학습자는 고전문학교육에서 다루는 내용에 재미와 흥미가 생겨야 참여하기 시작하고, 그것에 의미를 부여하며 학습자 자신의 행동을 결정한다. 그리고 이러한 일련의 모습이 보여야 우리는 비로소 그것을 고전문학교육이라고 부를 수 있다.

앞서 언급한 고전문학의 재미 / 흥미 / 의미가 발현되는 위치는 사이[between]라는 점에서 논의를 이어가 보자.[21] 고전문학의 재미 / 흥미 / 의미는 고전문학 텍스트와 상호작용하는 주체의 내면에서 감지되고 판단되는 것이다. 즉, '고전문학의 재미 / 흥미 / 의미'는 결국 그것을 감지하고 판단할 주체를 전제할 때 접근할 수 있는 문제 설정이다.[22] 고전문학의 재미 / 흥미 / 의미의 주체는 누구인가? 고전문학 연구에서라면 고전문학에 내재된 재미 / 흥미 / 의미는 고전문학 연구자가 찾아내는 것이니 고전문학 연구자가 고전문학의 재미 / 흥미 / 의미의 주체가 될 터이다. 개별 고전문학 연구자가 하나의 고전문학 텍스트에 흥미를 지녀 텍스트 내에서 재미를 찾고 텍스트의 의미를 주장할 수 있지만 그것이 곧 다른 연구자들의 재미 / 흥미 / 의미까지 보장하는 것은 아니다.[23] 따라서 고전문학의 재미 / 흥미 / 의미

21 '흥미'를 뜻하는 영단어 'interest'는 어원적으로 '사이에 있는 것'[what is between]을 가리킨다. 듀이는 이를 "거리가 있는 두 사물을 관련짓는 것"인 동시에 교육의 경우에 "시간적인 것"으로 파악한다. Dewey, John., 이홍우 번역, 위의 책, 200면.

22 "재미를 얻는 주체의 문제"는 신재홍(앞의 논문, 55면)에서도 확인할 수 있다.

23 물론 연구자가 감지한 재미 / 흥미 / 의미의 개별성 속에서도 주관적 보편성의 경향을 추출할 수 있다. 고전문학 연구자들이 재미와 흥미를 느껴 의미를 부여하는 작품이 일정한 목록을 형성한다는 점(신재홍, 앞의 논문, 36-39면 참조)은 하나의 근거가 될 수 있다.

를 감지하는 주체에 주목한다면, 개별 주체가 느끼는 재미 / 흥미 / 의미의 주관적 성격을 인정하는 관점을 받아들일 수밖에 없다.[24]

고전문학교육에서 재미 / 흥미 / 의미를 감지하고 판단하는 주체는 교사이거나 학습자이다. 고전문학교육의 국면에서 교사가 재미를 느끼고 흥미를 지닌 내용이 학습자들에게 미치는 영향은 간과할 수 없다.[25] 교사의 재미 / 흥미 / 의미는 중요한 측면이지만, 고전문학교육의 국면에서 교사의 재미 / 흥미 / 의미도 결국 학습자의 재미 / 흥미 / 의미로 향할 것이다. 교사 또는 고전문학교육 연구자는 재미 / 흥미 / 의미를 내포한 고전문학 교수-학습을 설계하지만, 그 자체가 학습자의 재미 / 흥미 / 의미를 담보하는 것은 아니다. 고전문학교육에서 재미와 흥미를 검증하는 최종 심급의 결정권자는 교사와 연구자가 아니라 학습자이기 때문이다.[26] 상황이 이러하다면, 고전문학교육에서 재미 / 흥미 / 의미를 추구하는 교사와 연구자의 역할은 무엇인가? 고전문학교육의 국면 속 재미 / 흥미 / 의미를 증명하는 것이 아니라 재미 / 흥미 / 의미가 가능한 조건을 설계하고 제시하는 것이어야 한다.

최종 결정권자가 학습자라 할 때, 고전문학교육 연구에서 학습자의 재미와 흥미는 학습자의 판단에 의존할 수밖에 없으며 교사와 연구자는 학습자를 관찰하여 그들이 재미와 흥미를 느끼는지 가늠할 수 있을 뿐이다. 그렇기에 고전문학교육의 재미 / 흥미 / 의미에 관심을 갖는 연구자와 교사는 '고전문학교육이 실행되는 장면, 즉 고전

24 김성룡(앞의 논문, 18면)과 조광국(앞의 논문, 67면)도 재미의 주관성을 언급하고 있다.

25 이런 면에서 고전문학교육의 국면에서 교사의 재미 / 흥미 / 의미는 학습자의 재미 / 흥미 / 의미와 구분하여 탐구해야 할 측면이다.

26 소설 감상문과 성격 검사 자료의 상관성을 분석하여 학습자의 흥미를 탐구한 연구(김서윤, 앞의 논문)와 환상소설의 수용자가 느끼는 재미 요소를 탐색한 연구(이지영, 앞의 논문)는 학습자의 재미와 흥미 판단 권한을 인정한 결과물들이다.

문학 텍스트에 대한 이해와 감상의 교수-학습 활동에서 교사와 학습자가 재미를 느끼고 흥미를 지녔다면 의미 있는 활동으로 평가할 것'이라는 암묵적 전제를 지닌 채 고전문학교육을 기획해야 한다.

고전문학의 재미 / 흥미 / 의미의 위치가 사이라는 지적은 좀 더 자세히 살펴보아야 한다. '사이'가 비단 공간성만을 지시한다고 생각한다면 이는 사태의 일면만을 바라본 것이다. 고전문학교육에서 재미 / 흥미 / 의미는 사이에서 발생한다고 할 때, 고전문학의 재미 / 흥미 / 의미의 위치는 고전문학 텍스트와 학습자의 사이인 동시에, 고전문학 텍스트와 학습자의 상호작용이 일어나고 있는 시작과 끝 지점의 사이를 가리키는 것이기도 하다. 고전문학교육에서 학습자가 감지하고 판단하는 재미 / 흥미 / 의미가 순간적이고 말초적인 것이 아니라면, 일정한 과정 속에서 경험할 수밖에 없기 때문이다. 이는 곧 고전문학교육에서 재미 / 흥미 / 의미란 반드시 시간적 지속을 필요로 한다는 점을 말해준다. 그러므로 고전문학교육에서 재미 / 흥미 / 의미는 고전문학 텍스트를 읽고, 이해하고, 감상하며, 쓰는 일련의 활동을 통해 설계되고 기획되어야만 한다.

고전문학교육 내에서 교사와 연구자가 체계화하여 학습자에게 제공하는, 이와 같은 일련의 교수-학습 활동을 '하나의 교육적 경험'[An Experience]으로 명명할 수 있다. 듀이에 의해 제안된 '하나의 교육적 경험'은 학습자가 일상생활에서 겪는 '생활 경험[life-experience]'과 구분된다. 듀이는 교육을 '경험의 재구성 또는 재조직'으로 보는데, 여기에서 '경험의 재구성'이란 학습자에게 "1) 경험의 의미를 더해 주고, 2) 다음 경험의 방향을 결정할 능력을 증대시키"[27]는 것이

27 It is that reconstruction or reorganization of experience which adds to the meaning of experience, and which increases ability to direct the course of subsequent experience. Dewey, John., 이홍우 번역, 앞의 책, 123면.

다. 이는 사실상 학습자가 지니고 있던 경험의 질[the quality of experience]을 변형시키는 것이다.

이상의 관점을 취한다면, 고전문학교육에서 교사와 연구자는 학습자에게 '하나의 교육적 경험'[An Experience][28]을 체계화하여 제공하고 그러한 경험이 잘 이루어지도록 보조하며 학습자 경험의 질을 변화시키는 역할을 담당해야 한다. "흥미는 유목적적인 경험 안에서 사물이 우리의 마음을 움직이는 힘-그것이 실지로 지각되는 것이건, 상상으로 나타나는 것이건 간에-이다."[29]라는 듀이의 발언에서 드러나듯이 '하나의 교육적 경험'을 설계할 때, 흥미는 교수-학습의 동기를 유발하는 자원이자 전제일 수 있다. '하나의 교육적 경험'을 설계할 때, 흥미 유발을 위해 학습자의 일상 경험이 종종 도입되는 사례 속에는 이러한 전제가 포함되어 있다.

그런데 고전시가 교육에서 학습자의 재미와 흥미를 출발점이자 전제로 설정할 수 있을까? 하나의 교육적 경험의 시작 단계에서 학습자가 재미와 흥미를 지닌 경우라면 교육 장면에서 큰 문제가 되지 않을 것이다. 보다 문제적 상황은 하나의 교육적 경험의 시작 단계에서 별다른 재미와 흥미를 갖지 못한 학습자와 대면하는 경우이다. 이때 재미와 흥미를 지니지 못한 학습자에게 재미와 흥미를 유발하고 지속시키는 것이 고전시가 교육의 과제로 부과된다.[30]

---

28 염은열은 "자발적 동기에서 출발하지 않았다 하더라도 하나의 온전한 교육 경험[An Experience]을 하게 되면 학습 대상에 대한 흥미가 생겨나고 자발적 동기가 생겨나는 경우가 드물지 않다."고 주장하였다. 앞의 논문, 54면.

29 Interest represents the moving force of objects - whether perceived or presented in imagination - in any experience having a purpose. Dewey, John., 이홍우 번역, 앞의 책, 205면.

30 김서윤(앞의 논문, 12면)이 '자발적 흥미'와 '학습된 흥미'을 구분하거나, 김현정(앞의 논문)이 내재적으로 동기화되어 있는 학습자들의 동기를 유발하고 흥미를 중재하는 방법으로 외재적 동기의 유형을 활용하는 방안은 제안하는 것은 모두 현재 고전문학교육이 처해 있는 현실을 고려한 제안들이다.

한편 학습자가 고전문학 텍스트와 상호작용에 진심으로 참여하고 있다면, 참여하는 순간에 학습자는 재미 / 흥미 / 의미를 자각하고 있을까? 진심으로 참여하고 있는 주체는 '몰입'[flowing][31]하고 있는 주체이다. 몰입의 단계에서 참여 주체에게는 집중력이 요구되기에 재미와 흥미를 자각하기 어렵다. 차라리 재미 / 흥미 / 의미에 대한 판단은 몰입에서 잠시 벗어나거나 상호작용이 끝난 후의 문제이다. 그러나 자각하지 못한다고 해서 존재하지 않는 것이 아니다. 고전문학교육이 진행되는 과정 속에서 학습자들은 재미를 느끼고, 흥미를 지닐 수 있고, 활동의 의미를 파악할 수 있지만 참여 과정에 몰입하고 있다면 과정이 마무리된 이후 새삼 재미 / 흥미 / 의미를 자각할 가능성이 높다. 따라서 고전문학교육에서 학습자가 감지하는 재미 / 흥미 / 의미는 학습자가 '하나의 교육적 경험'을 체험하는 과정에서 느끼는 것으로 학습자가 체험한 '하나의 교육적 경험'에 대한 평가의 성격을 지닌다. 그렇기에 학습자는 '재미있는 경험이었다.', '흥미로운 경험이었다.', '의미 있는 경험이었다.'와 같은 사후 판단의 형태로 재미 / 흥미 / 의미를 표현하는 것이 일반적이다.

이상의 특징을 고려하건대, 재미 / 흥미 / 의미를 내포한 교육적 경험을 기획하려는 교사와 연구자는 하나의 교육적 경험에 산포되어 있을 재미 / 흥미 / 의미에 주목해야 하며 그것의 존속과 발현 등을 관찰해야 한다. 이상의 내용을 다음의 도표로 제시할 수 있다.

---

31 미하이 칙센트미하이(Mihaly Csikszentmihalyi)는 몰입을 다음과 같이 설명한다. "가슴 · 의지 · 정신이 일치할 때의 뿌듯함. … 이러한 순간의 공통점은 의식이 경험으로 꽉 차 있다는 것이다. … 예외적으로 나타나는 이 순간을 몰입(沒入) 경험이라고 부르고 싶다. '몰입'은 삶이 고조되는 순간에 물 흐르듯 행동이 자연스럽게 이루어지는 느낌을 표현하는 말이다."(*Finding Flow*, 이희재 옮김, 『몰입의 즐거움』, 해냄, 1999, 44면)

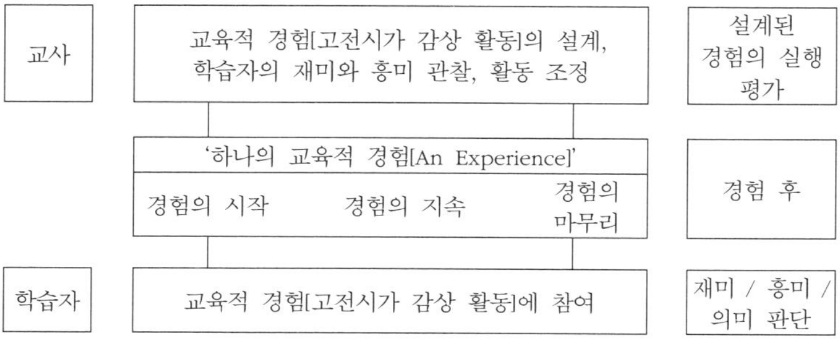

이상의 관점을 고려할 때, 고전문학의 재미 / 흥미 / 의미는 고전문학교육의 목표라기보다는 고전문학교육의 진행 과정에서 고려되어야 할 측면 혹은 내포되어야 할 자질에 가깝다. 따라서 고전문학교육의 관점에서 '고전문학의 재미 / 흥미 / 의미'라는 문제에 접근한다면, 고전문학교육의 목표에 도달하는 과정에서 학습자가 경험할 수 있는 재미 / 흥미 / 의미의 가능성을 고민해야 할 것이다. 다시 말해 고전문학교육에서 재미 / 흥미 / 의미는 고전문학교육의 목표인 학습자의 문학능력 신장을 도모하는 과정에서 함께 논의되어야 하는 것이다. 선행 연구에서 고전문학교육의 목표를 설정하고 그 목표에 도달하는 과정에서 요구되는 태도[32]나 그 목표로 향하는 구체적 과정 속에서 경험하는 정서[33]로 고전문학의 재미 / 흥미 / 의미를 정의하는 관점은 고전문학의 재미 / 흥미 / 의미는 고전문학교육의 목표를 향해 나아가는 과정에서 고려되어야 할 측면 혹은 내포되어야 할 자질이라는 본 논문의 생각과 연결된다.

본 논문은 고전문학교육의 목표 중 하나를 '학습자의 고전문학 감상

32 김현정은 고전시가교육 내 '흥미'를 '학습자들이 고전시가에 호기심을 갖고 이를 해소하기 위하여 전심전력을 기울이는 태도'로 정의하였다. 앞의 논문, 5면.

33 류준필은 고전문학교육에서 있어서 '재미'를 '학습자가 작품에 비평적으로 개입하는 과정에서 경험하게 된다고 보는 정서적 즐거움'으로 파악하였다. 앞의 논문, 40면.

능력 신장'으로 설정하며 그를 위한 '하나의 교육적 경험'을 체계화하고자 한다. 하나의 교육적 경험에 참여하는 것이 학습자에게 재미와 흥미를 불러일으킬 수 있다고 가정하며, 고전문학교육 교육에서 재미 / 흥미 / 의미를 끌어내기 위한 하나의 교육적 경험으로 감정이입과 공감 체험에 주목한다.

하나의 교육적 경험은 목적이 분명히 드러나는 활동[34]이어야 하며, 학습자 경험의 계속성과 누적성[35]을 고려하여 구체화되어야 한다. 따라서 하나의 교육적 경험을 체계화하기 위해서는 교육 목적이 분명해야 하고, 하나의 교육적 경험이 실행되는 과정에서는 학습자의 조건에 따라 조정이 허용되어야 한다. 하나의 교육적 경험을 체계화하는 작업과 교수-학습으로 실행되는 양상은 서로 영향을 주고받을 것이다.

3. 감정이입과 공감 체험을 통한 재미 / 흥미 / 의미

이제 학습자가 참여할 감상 활동을 하나의 교육적 경험으로 체계화할 것이다. 교육적 경험의 체계화를 위해 교사와 연구자는 "그 경험 바깥으로 비켜서서 다른 사람의 눈으로 그것을 보고 그것이 다른 사람의 삶과 어떤 연관을 가질 수 있는가를 생각하면서 그 사람이 그 의미를 알 수 있도록 형식을 가다듬"[36]어야 한다. 고전문학교육에

---

34 Dewey, John., 이홍우 번역, 앞의 책, 213면.

35 Dewey, John., 이홍우 번역, 앞의 책, 220면.

36 To formulate requires getting outside of it, seeing it as another would see it, considering what points of contact it has with the life of another so that it may be got into such form that he can appreciate its meaning. Dewey, John., 이홍우 번역, 앞의 책, 16면.

종사하는 교사와 연구자가 감정이입과 공감을 하나의 교육적 경험으로 구체화하는 것은 그것에 도달하는 방법을 단계화하고 구조화하며, 관련 사례를 제공하여 학습자가 직접 그러한 방법을 시도할 수 있는 조건을 만들고 가능성을 열어 주는 것이다.

하나의 교육적 경험을 구체화하여 설계하는 것은 교육적 경험을 통한 교수와 배움이 가능하다는 전제를 지니고 있다. '경험으로부터 배운다.'는 관점을 이해하기 위해서는 경험이 능동적 요소와 수동적 요소의 특별한 결합이라는 점을 고려해야 한다. 능동적 측면에서 볼 때 경험은 '해보는 것'[trying]을 가리키며, 수동적 측면에서 볼 때, 경험은 '당하는 것'[undergoing], 즉 "우리가 어떤 것을 경험할 때, 우리는 그것에 작용을 가하고 그것에 무엇인가 일을 하며, 그 다음에 그 결과를 입든가 당하든가 한다."[37]는 것을 의미한다.

고전시가의 학습자가 고전시가를 감상하며 감정이입과 공감을 체험하도록 하나의 교육적 경험을 체계화할 때, 학습자가 경험 '해보는' 측면과 경험 '당하는' 측면을 모두 살펴야 한다. 경험 '해보는' 측면은 학습자가 감정이입과 공감 체험을 향해 나아가며 감당하는 활동이 될 것이며, 경험 '당하는' 측면은 학습자가 경험을 하는 과정 중이나 과정 후 알게 되거나 남은 것을 의미한다.

1) 시적 화자의 위치에 참여하기

재미와 흥미의 필요조건이 '낯섦'과 '새로움'[38]이라 할 때, 낯설고 새로운 것은 바로 학습자에게 제공되는 경험의 속성이어야 한다. 고

37 When we experience something we act upon it, we do something with it ; then we suffer or undergo the consequences. Dewey, John., 이홍우 번역, 앞의 책, 219면.

38 김성룡, 앞의 논문, 21면.

전문학교육에서 '하나의 교육적 경험'을 설계하는 입장에서라면 낯설고 새로운 텍스트를 도입하거나, 낯설고 새로운 교수-학습 방법을 동원하거나, 낯설고 새로운 독법이나 비평 시각을 제시하는 방안 등이 가능하다. 고전시가 학습자들이 이미 고전시가에 익숙하다고 생각하며 고전시가에 재미와 흥미를 느끼지 못한 상황이라면 기존의 익숙함을 낯설고 새롭게 만드는 교육 내용이 필요할 것이다. '감정이입'과 '공감'은 고전시가 학습자들에게 꽤 익숙한 개념이지만,[39] 고전시가 학습자들이 교육적 경험으로 실제 체험하고 있다고 단언하기는 어렵다. 즉 고전시가 학습자들에게 '감정이입'과 '공감'은 익숙한 개념이되, 낯선 체험이다.

고전시가의 감상 능력 중 감정이입이나 공감에 주목하는 이유는 무엇인가? 고전시가 교육의 목표로 고전시가 감상 능력의 신장을 설정할 때, 고전시가 감상 능력 중 하나는 학습자가 고전시가 속 정서를 파악하고, 고전시가 감상을 통해 정서적으로 고양하는 능력이라고 할 수 있다. 이를 위해 학습자는 고전시가 속 정서를 파악하고 그것과 교감할 수 있어야 한다.

고전시가 감상 국면에서 학습자들의 정서 체험 양상을 검토해보면, 고전시가 텍스트와 학습자의 정서가 분리된 양상과 교감하는 양상을 확인할 수 있다.[40] 고전시가 텍스트와 학습자의 정서가 분리된 양상은 '정서의 불확실함[Uncertain Emotion]'과 '정서의 파악[Understanding Emotion]'으로 드러난다. 고전시가를 접한 이후 학습자의 정서가 불확실한 경우와 학습자가 고전시가 속 정서나 자신의 정서를 파악하

39 정재림, 「문학 교과서에 나오는 문학 이론 및 개념의 문제점과 개선방안-'감정이입'과 '공감' 개념을 중심으로」, 『한국학연구』 40집, 고려대학교 한국학연구소, 2012, 254-265면 참조.

40 자세한 내용은 조희정, 「고전시가 학습자의 정서 체험 양상 연구」, 『문학교육학』 42집, 한국문학교육학회, 2013 참조.

는 데에서 그칠 뿐 고전시가 텍스트와 학습자 사이의 어떠한 교감도 시도하지 않는 경우이다.

고전시가 텍스트와 학습자가 정서적으로 교감하는 모습은 두 가지 양상으로 나타난다. 고전시가 감상 국면에서 두 가지 교감 양상이 모두 의미를 지닌 것이며, 학습자들이 시도해 볼만한 경험이라면 두 가지를 구분하는 것이 하나의 교육적 경험을 구체화하는 데에 도움을 줄 것이다. 따라서 두 가지 정서 교감 양상을 '감정이입'과 '공감'으로 구분하고자 한다.

주지하다시피 감정이입과 공감은 근대 미학의 형성과 함께 독일어 'Einfühlung'에서 유래하였다. 이 용어를 1872년 로베르트 피셔(Robert Vischer)가 미학에서 사용하였으며, 1909년 미국의 E. B. 티치너(E. B. Titchener)가 'empathy'로 번역하였고, 우리말에서는 '감정이입'과 '공감'으로 번역하여 사용한다.[41] 감정이입과 공감의 공통점은 자아와 분리된 타자의 위치에서 '관점 취하기[Perspective-Taking]'를 통한 정서 체험이라는 점이다. 이러한 공통점으로 인해 감정이입과 공감을 구분하지 않는 경우도 많다.[42]

그러나 본 논문은 우리말 '감정이입'과 '공감'을 구분하여 고전시가 감상 국면의 서로 다른 교감 양상을 지칭하고자 한다. 두 가지 양상의 차이는 관점 취하기[Perspective-Taking]의 방향에서 비롯한다.

---

41 자세한 내용은 Rifkin, Jeremy., *The Empathic Civilization*, 이경남 옮김, 『공감의 시대』, 민음사, 2010, 19면, ; 염은열, 『공감의 미학-고려속요를 말하다』, 역락, 2013, 18-20면 참조.

42 감정이입과 공감은 근대 미학뿐만 아니라 현대 윤리학에서도 주목받고 있으며(소병일, 「공감과 공감의 윤리적 확장에 관하여-흄과 막스 셸러를 중심으로」, 『철학』 118집, 한국철학회, 2014), 최근 상담 방법이나 수업 전략(홍성하, 「다문화 상담에서의 감정이입에 대한 현상학적 고찰」, 『철학』 112집, 한국철학회, 2012, ; 허수미, 「'감정이입'을 활용한 사회과 수업 실천 전략」, 『사회과교육』 51권3호, 한국사회과교육연구학회, 2012) 등으로 활용이 모색되고 있는데, 이들 연구에서 감정이입과 공감은 엄밀히 구분되지 않는다.

즉, 두 가지 양상은 학습자가 고전시가 감상 과정에서 고전시가 속 상황으로 들어가 시적 화자의 자리에 위치하려는 시도를 한다는 점은 동일하지만 그 위치에서 누구의 관점을 취하느냐에 따라 달라진다. 학습자는 자신이 시적 화자의 위치에 서있다고 가정하고 그런 상황에서 자신의 정서를 상상할 수 있다. 반면 학습자는 시적 화자의 위치에 서서 시적 화자가 되기 위해 최대한 노력하며 시적 화자의 정서를 상상할 수도 있다. 아미 코플란(Amy Coplan)에 의하면, 전자를 '자아로 향하는 관점 취하기[Self-Oriented Perspective-Taking]'로, 후자를 '타자로 향하는 관점 취하기[Other-Oriented Perspective-Taking]'[43]로 구분할 수 있다. 본 논문에서는 전자의 경우 학습자 자신의 정서를 시적 화자의 정서 속으로 옮겨 놓는 양상이 드러난다고 보아 '감정이입'으로, 후자의 경우 학습자가 시적 화자의 정서를 함께 느끼는 양상에 방점을 두어 '공감'으로 파악한다.[44]

고전시가교육에서 감정이입과 공감을 하나의 교육적 경험으로 구체화하려 한다면 다음과 같은 조건을 고려해야 한다. 감정이입・공감과 같은 정서적 체험은 실제 생활의 인간관계 속에서도 경험할 수 있다. 인간 대 인간, 특히 인간의 면대면 관계에서 주로 발생하는데, 이 경우 감정이입이나 공감을 불러일으키는 요인은 인간의 언어뿐만 아니라 표정, 동작 등이 포함된다. 이로 인해 면대면의 관계에서는 공감과 유사해보이지만, 자동적이고 무의식적이며 조절하기 힘들다는 점에서 공감과 구분되는 "정서적 감염[Emotional Contagion]"[45]이

43 Coplan, Amy., "Understanding Empathy", Coplan, Amy. & Coldie, Peter. (ed.), *Empathy - Philosophical and Psychological Perspectives*, Oxford university press, 2011, pp.9-15.

44 감정이입과 공감의 차이에 대한 보다 자세한 설명은 조희정, 앞의 논문 참조.

45 Coplan, Amy., "Understanding Empathy", Coplan, Amy. & Coldie, Peter. (ed.), *Empathy - Philosophical and Psychological Perspectives,* Oxford university press, 2011, p.8.

발생할 가능성도 높다.

반면 고전시가교육 속 감정이입과 공감은 실재하는 인간과 인간 사이가 아니라 텍스트 속 인물과 텍스트 바깥의 인물 사이에서 발생한다. 이때 감정이입과 공감을 가능하게 하는 자질 중 큰 비중을 차지하는 것은 고전시가 텍스트이다. 실재하는 인간의 얼굴 표정이나 동작 등과 같은 비언어적 요소가 개입하지 않은 채, 언어 표현물을 매개로 삼아 감정이입과 공감을 시도한다는 점에서 고전시가교육에서 시도하는 감정이입과 공감은 실제 생활의 그것보다 의도적이며 인지적인 사고 과정을 요구한다.

따라서 언어 텍스트 속 인물과 학습자 사이의 감정이입과 공감을 하나의 교육적 경험으로 구체화하려면 의도적이고 인지적인 사고의 과정을 구분하고 각각의 단계가 지닌 특징을 살피는 작업이 필요하다. 논의의 이해를 돕기 위하여 고전시가 텍스트인 〈백설이 ᄌᆞ자진 골에〉의 감상 국면[46]을 사례로 도입할 것이다. 〈백설이 ᄌᆞ자진 골에〉는 해석에서 그리 큰 논란을 겪고 있지 않으며, 작가를 이색으로 보아 고려 후기에서 조선 초로 이어지는 왕조 전환기 지식인의 시가로 파악하는 관점이 통용되고 있다. 〈백설이 ᄌᆞ자진 골에〉의 감상에 참여하였던 대학 학습자들은 이상의 내용을 선행 경험으로 파악하고 있다.

> 고등학생 때는 이색의 시조가 고려왕조에 대한 우국충정을 나타내는 것으로서 이색의 충직함을 본받자고 배웠다. 나라를 잃은 경험도 없고, '앞으로 살아가면서 과연 역사적 전환기를 맞을 날이 올까?' 이색과 같은 사람이 되라고 이야기 하는 선생님의 말씀에 전혀 공감을 할 수 없었

46 2014년 1학기 C대학교 국어교육과 근세시가교육론 강의 시간에 참여하였던 대학교 2학년과 4학년 학습자들의 감상 글을 참고 자료로 활용한다.

다.(ㄱㅈㅅ)

이색이 고려가 기울어져 가는 것을 한탄하는 시조라고 배웠다. … 아무리 화자가 자신의 조국의 망해가는 것에 대해 슬퍼하며 시조를 지었다고는 하지만 나는 아무런 정서의 동감을 할 수가 없어서(ㅂㅅㅁ)

시조에 대한 이해가 크게 다르지 않으며, 시조에 대한 공감에 도달하지 못했다는 점에서 두 학습자의 선행 경험은 상당히 유사하다. 이미 이 시조를 학습한 대학 학습자들의 사례임을 감안해야 하겠지만, 위와 같은 내용이 통념으로 다루어지는 중등학교 현장에서 이 시조를 처음 접하는 학습자들의 경우라고 해서 크게 사정이 다르지 않을 것이다.

이러한 조건 하의 학습자들을 감정이입이나 공감으로 이끌기 위한 첫 번째 단계는 '시적 화자의 자리에 위치'시키는 일이다. 학습자가 고전시가 텍스트 속 시적 화자에게 감정이입하거나 공감을 시도할 수 있는 이유는 학습자와 고전시가 텍스트 속 화자가 분리되어 있기 때문이다. 나와는 다른 인물이기에 나의 정서를 미루어 그의 정서를 짐작하거나 그의 정서를 상상하여 함께 느끼는 경험이 가능한 것이다. 따라서 고전시가 감상 국면에서 고전시가 학습자가 고전시가 속 시적 화자 혹은 서술자의 자리에 위치하기를 시도한다면, 감정이입과 공감을 체험하기 위한 구도 속으로 진입했다고 볼 수 있다.

'시적 화자의 자리에 위치하기'를 실행하기 위해서는 학습자가 작품 속 시적 화자의 위치에 자신을 포개어 놓아야 한다. 학습자가 화자와 자신을 겹쳐지게 하기 위해서는 먼저 시적 화자에 대해 이해하여야 한다. 이 단계에서는 시적 화자를 이해하기 위한 몇 가지 질문을 만들고 그에 대한 답변을 찾아가는 과정이 필요하다. 교사는 가령 '시적 화자는 어떤 사람인가?', '시적 화자는 무슨 상황에 놓여 있는가?', '시적 화자는 무엇을 하고 있는가?', '시적 화자는 왜 그렇게 행동하는가?', '시적 화자가 바라는 것은 무엇인가?', '시적 화자의 정서는 무엇인가?'와 같은 질문 만들기의 시범을 보이며, 학습자가 자신의 질문을 만드는 경험에 참여하도록 유도해야 한다.

시적 화자를 이해하기 위한 이상의 질문에서 알 수 있듯이 시적 화자에 대한 이해는 시적 화자가 처한 자리에 대한 이해를 가리키며, 이는 곧 시적 상황에 대한 이해와 긴밀하게 연결되어 있다. 따라서 '시적 화자의 자리에 위치하기'는 다음 단계인 시적 상황 파악하기와 함께 진행되어야 한다.

2) 시적 상황 속 모호성 추출하기

시적 상황과 시적 화자의 처지를 파악하는 것이 고전시가를 이해하고 감상하기 위한 기본 단계임에도 불구하고 학습자들은 이러한 독법에 익숙하지 않다. 시적 상황을 파악하기 위해서는 고전시가에 제시된 시간적 공간적 배경 속 화자가 처한 처지를 이해해야 한다. 시적 화자의 처지를 파악하기 위한 정보는 텍스트 내적 정보와 텍스트 외적 정보로 나뉜다. 먼저 텍스트 내적 정보를 활용하여 시적 상황을 파악해 보자.

> 白雪이 ᄌᆞ자진 골에 구루미 머흐레라
> 반가온 梅花ᄂᆞᆫ 어ᄂᆡ 곳의 퓌엿ᄂᆞᆫ고
> 夕陽에 홀노 셔 이셔 갈 곳 몰나 ᄒᆞ노라[47]

47 박을수, 『한국시조대사전』, 아세아문화사, 1992, 478면.

학습자들은 〈백설이 ᄌᆞ자진 골에〉의 이해 과정에서 큰 어려움을 토로하지 않았음에도 불구하고, 시조의 시공간적 배경을 요약한 다음 글을 비교해보면, 학습자들의 머릿속에 구성된 시공간적 배경 사이의 미묘한 차이를 감지할 수 있다.

> 구름이 다가오는 와중에 눈은 그쳐가고 이 상황에서 화자는 매화를 간절히 찾고 있다.(ㅇㅅㅇ)

> 하얀 눈이 쌓여있는 골짜기에 구름은 드리워져있고, 만난다면 반가워할 매화를 찾고 있으나 어느 곳에 피었는지 보이지 않는 상황이다. … 화자는 매화를 찾지 못하고 석양이 지는 곳에 홀로 서서 어디로 가야할지 모른 채 쓸쓸히 서있다는 것은 명확하다.(ㅈㄱㅎ)

> '백설이 녹은 골짜기', '매화'를 통해 겨울이 가고 봄이 왔음을 알 수 있다. 또 이 시의 화자는 봄이 와서 피어난 매화가 반갑다고 했으므로 긴 겨울동안 아마 봄을 기다렸을 것이다. 화자는 기다리던 봄이 왔기 때문에 즐거울 것이다. 그러나 종장에서 저녁(석양)에는 갈 곳 몰라 한다며 방황을 나타내고 있다. 즉 현재 화자는 갈등을 겪고 있음을 알 수 있다.(ㅈㅁㅈ)

세 학습자가 파악하는 시간적 배경은 '눈이 그쳐가는 시점', '하얀 눈이 쌓여 있음', 봄으로 나뉜다. 이는 '백설이 ᄌᆞ자진'에 대한 세 학습자의 풀이가 다름을 보여준다. 시간적 배경에 대한 파악이 달라지자 시적 화자와 '매화'의 관계도 달리 이해되었다. '눈이 그쳐가는 시점'이나 '하얀 눈이 쌓여 있음'으로 파악한 경우에는 시적 화자가 매화를 찾고 있는 것으로, 봄으로 이해한 경우에는 긴 겨울 동안 매화를 기다린 것으로 이해하였다. '백설이 ᄌᆞ자진' 공간적 배경이 골짜기라는 점에 주목한 이는 두 번째 학습자뿐이다. '구름이 머흐레라'도 '구름이 다가오는', '구름은 드리워져 있'는 등으로 다르게 풀이하였으며, 세 번째 학습자는 그 구절에 특별히 주목하지 않았다.

간단한 사례이지만 시어 풀이의 차이가 시적 상황에 대한 이해로 이어져 결국 시적 화자의 정서에 대한 이해가 달라졌으며, 학습자에 따라 주목하는 시어가 다르다는 점을 확인하게 한다. 실상 윗글들은 〈백설이 ᄌᆞ자진 골에〉에 대한 꼼꼼한 독해 이후 감상을 기술한 것이라기보다는 선행 경험을 통해 형성된, 이 시조에 대한 이미지를 서술한 것으로 보인다. 텍스트 속 시어를 해석하고 이해하며 하나의 이미지를 구축한다기보다는 자신이 주목하는 몇몇 시어에서 파생되는 이미지에 따라 시조의 내용을 재구성하는 양상에 가깝다.

이러한 학습자들에게 시적 상황에 접근시키는 방안 중 하나는 시적 상황에 내포된 모호성을 드러내는 것이다. 실상 고전시가 이해와 감상의 어려움은 고전시가 텍스트 속 시적 상황과 시적 화자의 처지가 명확하지 않다는 데에서 비롯하는 경우가 많다. 고전시가의 해석 장면에서 찾아내는 모호성은 학습자들에게 선택 상황을 제공하며 모호성을 해결하기 위한 관련 근거를 요구하기에 많은 학습자들은 고전시가에서 직면하는 모호성을 기존 해석으로 대체하거나 쉽게 타협한다. 이 경우 모호성은 은폐되고 텍스트는 순수한 척 가장된다.

학습자에게 시조의 모호성을 드러내기 위해 교사는 이 시조에 내재된 모호성을 노출시키는 감상 활동을 몇 가지 사례로 보여줄 필요가 있다. 가령 '백설이 ᄌᆞ자진 골'은 이 시조의 시공간적 배경을 알려주는 단서이다. 시조의 서두에서 짧은 구절로 시조의 시공간적 배경이 제시되었지만, 시조의 시공간적 배경을 분명하게 파악하기는 쉽지 않다. 'ᄌᆞ자진'은 일반적으로 '거의 녹아 없어진'[48]의 의미로 풀이하지만, 기본형인 'ᄌᆞᆽ다'는 중세 문헌에서 동사와 형용사로 모두 사용[49]되었다. '좇다'의 현대형인 '잦다'에 따르면 동사적 의미 중 하나는 "액체가 속으로 스며들거나 점점 졸아들어 없어지다."이며, 형용사적 의미의 하나는 "잇따라 자주 있다"이다.[50] 전자를 취하면 골짜기에 쌓였던 눈이 점점 녹아 사라지는 상황이니 겨울에서 봄으로 넘어가는 시점인 반면, 후자를 따르면 골짜기에 백설이 자주 쌓이는 상황이니 시간적 배경은 한겨울이 될 터이다.

학습자들이 주목하지 않은 '구름이 머흐레라'도 시조의 배경을 구성하는 단서인 만큼 좀 더 살펴야 한다. '머흐레라'의 기본형은 '머흘다'로 '험하다'[51]는 뜻이다. '날씨가 험하다' 혹은 '분위기가 험하다'의 용례에서 드러나듯 '험하다'는 '(상태나 형세가) 사납고 위태롭다.'는 의미이니, '구름이 험하다'는 표현은 구름이 피어난 모양이 사납고 위태로워 보이는 상황을 보여준다. 골짜기에서 구름이 사납고 위태롭게 피어오르는 상황이라면 하늘에서 무언가가 한바탕 쏟아지기 직전의 상태라고 짐작할 수 있다. 이 시조 속 공간에 흰 눈이 쌓여있든, 눈이 점점 사라져가든 '험한 구름'은 다시 한바탕 무슨 일이 일어나려는 움직임의 단서가 되며, 시적 화자는 그러한 움직임을 포착하고 있다.

중장에서 시적 화자는 매화를 찾고 있다. 매화를 향한 정서가 반가움이니 오랫동안 매화를 그리고 바라왔던 마음임을 짐작하게 한다. 그런데 시적 화자는 지금 피어있는 매화를 찾는 것인가? 앞으로 피어날 매화를 찾고 있는 것인가? 두 가지 모두 가능성을 지니고 있다. 백설이 점점 쌓여가는 시기라면 시적 화자는 아직 피지 않은 매

---

48 박을수, 앞의 책, 479면.

49 좇다 표준국어대사전, 2014년 12월 10일 검색, 사이트주소 http://stdweb2.korean.go.kr/search/List_dic.jsp

50 잦다. 표준국어사전, 2014년 12월 10일 검색, 사이트주소 위 각주와 동일.

51 박을수, 앞의 책, 478면.

화를 찾고 있는 것이다. 이는 도래하지 않은 가능성에 대한 기다림이다. 백설이 점점 녹아 사라지는 시기라면 그 공간에 한때 백설이 존재했었던 흔적과 기억을 근거로 삼아 시적 화자는 지금 막 피어나려는 매화를, 혹은 어디에선가 피었을지도 모르는 매화를 찾고 있는 것이다. 이는 지연된 가능성의 추적이다.

시적 화자는 왜 매화를 찾고 있을까? 시조 속에서 논리적 인과 관계로 설명되지 않았지만, 초장과 중장의 연결을 고려할 때, 초장에서 움직임의 단서를 포착한 시적 화자가 매화를 구하려는 마음으로 대응한다고 파악할 수 있다. 여기에서 시적 화자를 둘러싼 배경인 '백설', '구름'과 시적 화자가 그리워하는 '매화'가 형성해내는 구도를 살펴보자. 백설이 녹아 사라진 골짜기에 구름이 험하다고 한다면 구름은 백설의 존재가 약해진 틈을 타서 등장하는 것이니 백설과 구름은 서로를 부정하는 관계에 있다. 백설이 자주 쌓이는 골짜기에 구름이 험하다고 한다면 백설과 구름은 서로를 강화하는 관계를 맺고 있다. 백설과 매화의 관계는 어떤가? 매화는 백설이 녹는 즈음에 피는 꽃이니, 백설과 매화는 계절적으로 서로를 피하는 관계이다. 한편 험한 구름을 예비하는 움직임에 매화를 구하는 마음이 대응한다면 구름과 매화는 대조적 관계를 맺고 있다.

이와 같은 교사의 감상 활동은 학습자들의 활동을 이끌어내기 위한 사례 제시의 역할을 해야 하며, 이는 텍스트 내 모호성을 찾고 해결하려는 학습자들의 활동으로 이어져야 한다. 〈백설이 ᄌᆞ자진 골에〉의 모호성에 대한 문제 제기 이후 학습자들 스스로 이 시조에서 모호한 부분을 찾아 질문으로 만든 사례이다.

– 초장에서 '백설이 ᄌᆞ자진 골'이라는 표현에서, 'ᄌᆞ자진'이라는 표현의 모호성이 있다. / '백설'이 부정적인 의미인지, 긍정적인 의미인지에

대한 해석도 모호한 면이 있다.(ㄱㅇㄱ)

– 백설은 무엇을 지칭하는가?(ㄱㅇㅁ)

– 보는 사람의 관점에 따라 '백설'이란 시어에 대한 모호성이 생긴다.(ㄱㅈㅅ)

– '반가온'은 '반가운' 또는 '(나를)반겨줄' 둘 중 어느 것으로 해석해야할까? 만약 '(나를)반겨줄'로 해석했을 경우에 화자를 반겨주는 주체는 누구인가?(ㄱㅈㅊ)

– 매화에 대한 모호성. 시적화자는 매화를 무엇이라고 생각했을까?(ㅁㅈㅇ)

– 백설이 잦아진 골에 구름이 험하다. 여기서 구름은 부정적으로 해석될 가능성이 높다. 백설 역시 구름과 같이 부정적으로 볼 것인가? 백설이 잦아들기 전은 구름이 험하지 않았던 때로 생각하여 백설이 있는 시기를 긍정적으로 볼 것인가?(ㅂㅇㅇ)

– 백설을 무엇을 의미하는가? 부정적인 의미인가? 긍정적인 의미인가?(ㅇㅅㅇ)

– '백설'이 녹아 없어진 상황인데, '백설'이라는 것이 긍정적인 이미지인가 부정적인 이미지인가? 매화가 피어야 하는 시기에 매화를 찾고 있는가, 매화가 피기 전 시기에 매화를 찾고 있는가?(ㅈㄱㅎ)

– 매화는 핀 상태인가, 아직 피지 않은 상태인가?(ㅈㅁㅈ)

이상의 활동 이후, 학습자들에게 이 시조의 시공간적 배경과 시적 화자가 처한 상황을 다시 파악하게 하면, 시적 상황과 시적 화자에 대한 이해는 훨씬 구체화된다. 다음 사례를 보자.

매화를 찾고 있는 데서 당시가 3월 정도라고 본다면 중장은 해가 지기 전 4–5시쯤이다. 이때쯤엔 해가 길어져서 6시쯤에 해가 진다. 만약 해가 졌거나 어둡다면 구름이 험하게 끼어 있는 게 보이지 않을 것이다. 그래서 주변이 아직 보일 정도이기 때문에 해 지기 전 밝은 시간대라고 보는 것이다. 종장은 5–6시 해질 무렵이다. 석양에 서 있다는 부분에서 알 수 있다. / 화자는 산 속에 있다. 골짜기에 눈이 사라져가는 것을 볼 수 있고 주변에 매화가 있을 곳, 두 가지 조건을 만족할 수 있는

공간으로는 산이 가장 합당하기 때문이다.(ㅇㅅㅇ)

백설이 서서히 녹아 없어진 골이라고 했으니, 겨울이 끝나고 봄이 된 때, 석양이 진 저녁시간 / 골짜기에 구름이 험한 것을 볼 수 있는 위치이므로, 구름이 험하게 일어날 정도로 높은 산.(ㅈㄱㅎ)

눈이 녹는 것으로 보아, 겨울에서 봄으로 넘어가는 시기이며, 석양에 홀로 서 있는 것으로 보아, 해가 저무는 때이다. / 눈이 녹는 골짜기와 구름이 많이 낀 하늘이 보이는 곳이다. 그러나 그곳은 화자가 어디로 갈 지 갈 길 몰라 한다는 점에서 화자는 갈림길에 서 있다고 생각된다.(ㅈㅁㅈ)

구체성의 정도는 학습자별 차이가 있지만, 앞서 제시한 개별 학습자별 요약과 비교할 때 보다 구체화되었으며, 시공간적 배경을 파악하게 된 근거들을 분명하게 제시하였다는 점이 두드러진다. 이렇듯 시조 속에서 단서를 찾고 자신의 일상 경험과 관련시켜 근거를 제시하는 과정을 밟아 텍스트 속 시적 상황을 구체적으로 파악하는 작업은 감정이입과 공감으로 진입하기 위해 반드시 필요하다. 감정이입과 공감의 대상 인물이 처한 구체적 사태를 파악하지 못한 상태에서 '시적 화자의 자리에 위치하기'는 애당초 불가능하기에 감정이입이나 공감으로 이어질 수 없다.

한편 이 시조의 창작 시기와 작가에 대한 정보는 이 시조의 시적 상황과 시적 화자의 처지를 파악하기 위한 텍스트 외적 정보에 해당한다. 서정 갈래에서 작가와 시적 화자는 동일한 인물로 처리될 수 없지만, 작가가 살았던 시대의 특징이 시적 상황에, 작가의 내면이 시적 화자에게 투영되어 있다고 볼 수 있다.

주지하다시피 이 시조의 작가는 이색(1328-1396)으로 알려져 있다.

이 시조의 작가를 이색으로 인정할 때, 이 시조의 시적 상황에 왕조 교체기라는 역사적 전환기의 특징을, 시적 화자에게는 역사적 전환기의 지식인이라는 속성을 부여할 수 있을 것이다. 고려 말 신진사대부 대부분이 이색의 제자들이며 그 중 정도전으로 대표되는 강경파는 새 왕조를 건국하고자 하였고, 정몽주로 대표되는 온건파는 고려 사회를 개혁하고자 하였다. 이러한 사실을 바탕으로 추론하자면 이색의 가르침과 이색의 학문적 토대였던 성리학 내부에는 조선 건국을 정당화할 명분도, 고려 개혁을 지지할 명분도 모두 존재했을 것이다. 두 가지 관점은 개혁이자 진보 사상이라는 점에서 일치할 것이다. 두 정치 세력은 고려 사회를 개혁한다는 공통의 전제를 지녔으나, 역성혁명의 필요성과 개혁 / 혁명으로 드러난 움직임은 차이를 보였다.

다만 이 시조의 텍스트 외적 정보에도 모호성은 포함되어 있다. 이 시조는 〈청구영언〉에 수록되어 전하는바, 시조집 속 고려 후기 다른 시조 작가의 진위가 의심받는 만큼 이색의 창작물이라는 점을 의심받을 수 있다. 이런 경우 이 시조의 작가와 창작 시기는 텍스트 속 시적 상황과 시적 화자를 구성하는 데 의미 있는 자료로 기능하지 못한다.

3) 두 가지 방향으로 관점 취하기

고전시가 속 시적 화자의 처지와 시적 상황을 파악하여 시적 화자의 자리에 위치한 후, '자아로 향하는 관점 취하기[Self-Oriented Perspective-Taking]'를 통해 감정이입을 시도할 수 있다. '자아로 향하는 관점 취하기'는 자신을 되돌아보는 반성적 사고의 형태를 취하기에 학습자는 자신의 선행 경험 속에서 시적 상황과 유사한 상황을 떠올리며 시적 화자의 정서를 짐작하는 것이다.

〈백설이 ᄌᆞ자진 골에〉 중 시적 화자의 모습이 드러난 부분은 종장이기에 학습자들은 "夕陽에 홀노 셔 이셔 갈 곳 몰나 ᄒᆞ노라."라는 구절에서 감정이입을 위한 단서를 찾고 있다. 종장에서는 하루 중 시간적 배경과 시적 화자의 모습이 드러난다. '석양'은 낮이 가고 밤이 오는 시간이다. 해가 지고 하루가 마무리되는 시간이라는 점에서 종장의 시간적 배경은 '마감', '끝', '종말' 등의 이미지를 연상시킨다. 이러한 분위기 속에서 드디어 모습을 드러낸 시적 화자는 홀로 선 채 어디로 나아가야 할지 모른다. 밤은 보금자리로 돌아갈 시간이니 시적 화자가 어디로 나아가야 할지를 모른다는 것은 자신의 돌아갈 곳을 모르는 것이다.

중장에서 매화를 구하던 시적 화자가 종장에 이르러 돌아갈 곳을 모르게 된 이유는 무엇일까? 시적 화자가 해질녘 홀로 서서 갈 곳을 모르는 모습은 자신이 구하는 매화를 어디에서도 찾을 수 없다는 절망감의 표출일 수 있다. 다른 한편 석양이 지고 밤이 찾아오는 시간은 사물에 대한 시야가 흐려져 적과 동지를 구분하기 어려운 시점이기도 하다.[52] 즉, 어스름이 내리는 저녁 시간, 사물에 대한 시야가 흐려진다면 저 대상이 내가 찾던 매화인지, 아닌지를 판별하기 어려워진다. 석양에 시적 화자가 갈 곳을 모르는 모습은 판단하기 어려운 상황에 대한 괴로움의 표현일 수도 있다. 또한 석양이 지고 곧 다가올 밤은 화자가 피할 수 없고 자신의 힘으로 돌이킬 수 없는 자연적 상황이기에 '갈 곳 모르겠다'는 표현은 스스로의 무력감에 대한 토로일 수도 있다.

---

52 프랑스어에서는 해질녘을 '모든 사물이 붉게 물들고, 다가오는 실루엣이 내가 기르던 개인지, 나를 해치러 오는 늑대인지 분간할 수 없는 시간'이라는 의미의 'heure entre chien et loup[개와 늑대의 시간]'이라 한다.

학습자들은 종장의 이러한 상황을 시적 화자가 선택의 기로에 서 있는 것으로 이해하고 자신들의 인생 중 갈림길에 섰던 경험, 가령 대학 학습자들의 인생에서 맞닥뜨렸던 이십대 초반의 진로 선택과 대학 입학의 경험을 끌어왔다. 하나의 사례를 제시한다.

> 시적화자는 선택의 기로에 서있다. 하지만 주변은 어둡고 무엇인가 옳은 것인지 분별하기 힘든 상황 속에 있다. 나 또한 이런 경험이 있었다. 고등학교 3학년 수능시험이 끝나고 대학진학을 할 때였다. … 이 선택 하나가 내 인생을 어떻게 만들어 나갈지 불안하기만 했다. 무엇인가 내손으로 직접 결정하는 건 태어나서 처음이라 그때의 막막함. 이 시조를 읽고 그때의 내 모습이 떠올랐다. 선택을 하는데 그 선택의 결과가 어떻게 나에게 다시 돌아올지 몰라 걱정하고 초초한 모습. 그 답답함이 느껴졌다.(ㄱㅎㅈ)

구체적인 시적 상황과 유사한 처지에 놓였던 선행 경험을 떠올린 경우도 있다. 해질 무렵 등산의 경험을 끌어와 시적 상황과 시적 화자의 정서를 짐작하고 있는 다음 사례를 보자.

> 시적화자와 비슷한 경험을 찾아보니 등산을 갔다가 내려오는 도중에 날이 어두워졌던 경험이 있었다. 하산하는 데 날이 어두워지니, 주위의 나무도 무섭게 느껴졌고, 바람소리, 어두운 하늘은 무서운 분위기를 더 조성했다. 어두워지니 길도 잘 보이지 않았고, 산에서 짐승이 나올 것 같았다. 화자 역시 이와 비슷한 상황에 있는 것으로 만약 실제로 길이 보이지 않는 상황이라면 나처럼 무서움까지도 느낄 수 있을 것 같았다. 그저 시적상황만 생각해보았을 때는 답답한 상황, 복잡한 상황을 나타내는 시라고만 생각했는데, 경험과 연관 지어 생각해보니 현재 화자가 있는 상황이 무섭고, 스산한, 음산한 상황이라는 것까지도 알 수 있었다.(ㅂㅇㅇ)

위의 사례와 유사해 보이지만 이 시조의 종장에 등장한 '석양'에서 촉발되어 석양의 아름다움에 감탄하였던 자신의 경험을 떠올린 다음의 사례는 감정이입이라 보기 어렵다.

> 종장에서 화자는 석양에 홀로 서있으며 갈 곳을 찾지 못하고 있다. 무엇 때문인지는 모르겠지만 외로움과 막막함이 느껴졌다. 나도 언젠가 창밖의 석양을 보며 생각에 잠겼던 적이 있었다. 내가 고3 수험생 때였다. … 한 번도 관심 있게 보지 않아서 몰랐었는데 해가 저물고 있는 모습이 그렇게 아름다운지 몰랐었다. 그러면서도 드는 생각이 고3이라는 내 현실이 너무도 답답하고 한없이 슬퍼지는 것이었다. 밖은 저리도 아름다운데 학교라는 곳에 갇혀 하루 종일 수험공부만 하고 있는 내 모습이 너무 슬펐다.(ㅂㅇㄴ)

위 학습자는 종장 속 화자가 '외로움'과 '막막함'을 느꼈으리라 짐작한다. 이는 고3 수험생 시절 석양의 아름다움에 감탄하였던 자신의 경험 속에서 환기된 학습자의 정서이다. 학습자는 당시에 눈부시게 아름다운 자연 현상을 새삼 자각하면서도, 석양의 아름다움에 대비되는 자신의 현실로 인해 '답답함'과 '슬픔'을 느꼈다고 환기하고 있다. 시조 감상 과정에서 자신의 선행 경험이 강렬하게 소환되고 다시 경험되는 이러한 과정은 문학 감상의 한 양상으로 충분히 주목해야 하는 것이다. 그러나 이러한 체험은 시조의 시적 상황에서 학습자 자신의 경험으로 건너간 이후, 다시 시조의 시적 상황과 시적 화자로 되돌아오는 양상이 이어지지 않는다는 점에서 감정이입 체험이라 보기 어렵다.

이러한 장면에서 교사의 역할이 필요하다. 학습자의 감상 활동이 지닌 의의를 파악하고 격려하되, 그것이 감정이입으로 연결될 수 있도록 보조해야 하는 것이다. 위 상황에서라면 교사는 학습자의 강렬

했던 선행 체험을 근거로 할 때, 시조 속 시적 화자의 정서는 어떠하리라 예상할 수 있는지, 학습자의 선행 체험 속 정서와 시적 화자의 정서는 동일한지 아닌지, 그러한 판단의 근거는 무엇인지를 물어 학습자가 감정이입을 체험할 수 있도록 도와야 한다.

학습자들이 감정이입보다 어려워하는 것은 '타자로 향하는 관점 취하기[Other-Oriented Perspective-Taking]'를 통해 도달하는 공감의 체험이다. 그런데 〈백설이 즈자진 골에〉는 텍스트 외적 정보를 도입하지 않는 한, 텍스트에 제시된 시적 상황만으로는 역사적 단서를 찾아보기 어렵다. 그러므로 텍스트 내적 요소로만 한정하여 시적 화자의 관점을 취하려는 시도는 텍스트 내 시적 상황의 재구성에 가까운 다음과 같은 감상으로 드러나게 된다.

> 화자는 추운 겨울, 구름이 가득하고 석양이 내리쬐는 그곳에서 쓸쓸히 하늘을 올려다보고 있다. 반가운 매화는 어느 곳에 있는지 도무지 모르겠는 그 상황에서, 이후에 화자는 어떻게 했을까? 그대로 쓸쓸히 골짜기를 내려왔을까, 굴하지 않고 계속해서 매화를 찾아 나섰을까? 전체적으로 어둡고 서글픈 느낌이 들어서인지, 화자는 그곳에 주저앉아 멍하니 눈물을 흘리고 있을 것만 같다. 지금껏 해온 고된 노력의 산물이 고독감, 슬픔, 공허함, 착잡함으로 남아 더 이상 무언가 하고 싶지 않을 기분일 것 같다. 그렇다면 이제 무엇을 위해 애써야할지 막막한 심정이 전해져 마음이 울적해진다.(ㅈㄱㅎ)

> 화자는 해가 저물어 캄캄한 시간에 골짜기로 추정되는 곳에 혼자 있다. 하늘에는 먹구름이 잔뜩 끼어있는 상황이다. 왜 하필 화자는 그 어두운 시간에 밖으로 나왔을까? 종장의 '갈 곳 몰라 하노라'에서 알 수 있듯, 화자는 지금 선택의 기로에 놓여있는 것 같다. 어떤 선택을 해야 할지 몰라 깊은 고민에 빠져있다. 또 자신의 선택을 도와줄 사람도 없이 혼자 그 길에 서있다. 굉장히 외로웠을 것이며 두려웠을 것이다. 화자는

그곳에서 '매화'를 찾으려고 한다. '반갑다'라는 표현을 통해 '매화'는 화자에게 긍정적인 대상임을 알 수 있었다. 하지만 그 매화가 피었는가? 아마 화자는 매화를 찾지 못한 것 같다. 매화를 보게 될 것임에 기대하고 기다리고 있으나 이 작품의 어느 곳에서도 매화를 만난 반가움에 대해서는 언급된 것이 없다. 또 매화가 화자에게 긍정적인 대상임을 생각해본다면 종장에서는 매화를 찾은 기쁨이나 희망적인 내용이 나와야 할 것 같은데, 그것이 아닌 외로움과 갈림길에 서서 갈등하는 모습이 나타나있다. 그러니 아무래도 매화는 아직 피지 않았으며 화자는 그런 매화를 찾지 못한 것 같다.(ㅂㅇㄴ)

반면 〈백설이 ᄌᆞ자진 골에〉의 외적 정보를 받아들여 시적 상황을 설정하는 경우, 즉 작가를 이색으로 인정하고 텍스트에 접근하는 경우 학습자들은 시적 화자에 고려 후기 지식인 이색의 모습이 투영되어 있음을 감안하여 이 시조를 감상한다. 이 경우 대부분의 시어는 구체적 시공간을 지시하는 것이 아니라 시대를 상징하는 시어로 파악된다.

시조의 작가를 이색으로 인정한다면, 왕조가 바뀌는 혼란한 시기에 지식인이 느끼는 고뇌가 잘 드러나는 작품이라고 해석할 수 있다고 본다. 초장인 '백설이 ᄌᆞ자진 골에 구르미 머흐레라'는, 조선이 건국된 지 얼마 되지 않은 불안정한 상황을 나타낸다고 생각하였다. 중장의 '반가온 매화ᄂᆞᆫ 어ᄂᆡ 곳에 픠엿ᄂᆞᆫ고'는, '매화'가 예로부터 '지조, 절개'를 상징하는 것으로 보아 '고려의 신하로서 지조 절개를 지킬 수 있는 반가운 충신들은 다들 어디로 갔을까.'라는 작가의 생각이 드러난 부분이라고 보았다. 그리고 종장의 '석양에 홀로 셔 이셔 갈 곳 몰라 ᄒᆞ노라.'에서 '석양'이 비추는 초저녁은 사물 구분이 잘 되지 않는 시간대이기 때문에, '석양'은 혼란한 시대상을 표현했다고 생각하였다. 따라서 혼란한 시대에서, 고려의 신하로써 조선에 협력해야할지, 충신의 자리를 지켜야할

> 지 고뇌하며 갈 곳 몰라 하는 작가 이색 자신의 모습을 드러내었다고 해석하였다.(ㄱㅇㄱ)

이상의 감상 자료들에서 학습자들은 타자로 향하는 관점을 취하고 있음에도 불구하고 그 결과가 공감 체험에 이르렀다고 보기에는 아쉬움이 남는다. 공감을 위해서는 시적 화자의 처지와 행동을 이해하려는 적극적 질문이 필요하다. 즉, 시적 화자의 처지와 행동에 대해 '왜'를 되물어 시적 화자의 처지와 행동에 대한 이해를 포기하지 않을 때 공감은 체험될 수 있다. 윗글에서 남는 아쉬움은 시적 화자인 타자를 이해하려는 적극적인 질문과 답변이 드러나지 않기 때문이다. 또한 시적 화자를 이해하려는 적극적인 질문을 만들어 답변하기 위해서는 텍스트 내적 정보와 텍스트 외적 정보를 동시에 활용해야 할 터인데, 위 감상 활동에서는 텍스트 내적 정보와 텍스트 외적 정보 사이의 화학적 조화가 드러나지 않는다.

> 시적 화자가 직접 매화가 되려고 하거나 매화를 찾으려는 적극적인 태도를 보이지 않고, 매화가 어디에 있을까 생각만 하는 소극적인 모습 속에서 나의 모습을 보는 듯 했다. 나는 왜 내 자신의 문제인데도 불구하고 적극적으로 해결하려고 하지는 않을까 싶으면서, 시적 화자를 한심스러워 해야 될 것이 아니라 나 자체가 먼저 한심스럽다는 생각이 들었다.(ㅈㅅㅇ)

위 학습자는 시적 상황 속 시적 화자의 모습과 자신의 현재 모습 사이에서 소극적 태도라는 유사성을 발견하고 있다. 그런데 학습자는 시적 상황 속 시적 화자의 소극적 태도에 대한 질문, 즉 '시적 화자는 왜 소극적인 모습을 취했을까?'라는 질문을 던질 수 있는 상황으로 나아가지 않고, 자기반성으로 귀결하고 말았다. 문학 감상을 통해 이러한 자기반성을 경험하는 것 역시 무의미하지 않다. 그러나 도덕적 기준 하에 문학 텍스트를 통해 스스로를 반성하는 감상 방식은 초등학교 독후감 쓰기 이후 학습자들을 지배하고 있는 강력한 패러다임 중 하나라는 점을 고려한다면, 위와 같은 감상 활동을 보이는 학습자에게 교사의 적절한 개입이 필요하다.

학습자가 타자로 향하는 관점을 취할 수 있도록 교사가 '시적 화자는 왜 소극적인 모습을 취했을까?'라는 질문을 학습자에게 건넨다면 공감 체험으로 다가가는 시금석이 될 수 있다. 이를 통해 이 시조에서 시적 화자가 느끼는 정서에 한발 다가갈 수 있을 것이며, 한편으로 주체의 의지와 무관하게 소극성이 발현될 수밖에 없는 상황이 발생하며, 때로는 소극적이어서 더욱 안쓰럽고 비극적인 상황이 존재할 수 있다는 인식으로 나아간다면, 학습자는 자신의 소극적 성향 자체를 성찰할 기회를 제공받을 수도 있다.

이상과 같이 고전문학교육에서 감정이입과 공감 경험을 구체화하여 설계할 때, 교사와 연구자는 학습자가 감지할 재미 / 흥미 / 의미에 대해 단언할 수 없다. 다만 교육적 경험을 구체화하는 입장이라면 교육적 경험에서 비롯할 재미 / 흥미 / 의미의 가능성에 대해 예상해야 한다.[53]

- 감정이입과 공감이 학습자에게 하나의 교육적 경험으로 실행된다면, 학습자들이 경험에 참여함으로써 얻게 되는 재미 / 흥미 / 의미를 설정할 수 있다.
- 시적 화자의 자리에 위치하려는 활동이 시도된다면, 학습자들이 다른 인물 되기의 재미 / 흥미 / 의미를 얻으리라 예상할 수 있다.

---

53 감정이입과 공감이 야기하리라 예상되는 재미 / 흥미 / 의미는 본 논문이 제안한 교육적 경험을 체험한 학습자들을 통해 검증할 수 있다. 이는 후속 논의를 통해 확인해야 할 부분이다.

- 학습자들이 시적 상황의 모호성을 찾아 해결하려는 활동을 시도한다면, 학습자들이 문제 상황을 발견하고 해결하는 재미 / 흥미 / 의미를 설정할 수 있다.

- 학습자가 자신의 선행 경험을 끌어와 텍스트 내 시적 화자에게 감정이입하려는 활동은 반성적 사고를 요구하는바, 학습자 자신의 선행 경험을 되돌아보는 재미 / 흥미 / 의미를 제공할 수 있다.

- 학습자가 시적 화자의 관점을 취하여 시적 화자의 행동과 처지를 이해하려는 공감 활동은 상상적 사고를 요구하는바, 학습자가 일상생활에서는 겪지 못한 상황 속 정서를 상상적으로 경험하는 재미 / 흥미 / 의미를 제공할 수 있다.

교사와 연구자가 예상하는 이상의 재미 / 흥미 / 의미는 결국 학습자가 경험해야 하는 것이다. 다음과 같은 학습자의 감상 후기는 교사가 제공하고자 하는 재미 / 흥미 / 의미에 대한 가장 적극적 답변이 될 수 있다.

> 내게 인상 깊었던 작품은 〈백설이 ᄌᆞ자진 골에〉이다. 이 작품을 읽으며 작품을 볼 때에는 시어 하나 하나에 관심을 가지며 읽어야 함을 깨달았다. 꼼꼼한 성격이 아니어서 작품을 볼 때 나는 대충 한번 훑는 것이 다였다. 그런데 이 작품을 읽으며 어느 하나 버릴 것이 없음을 알게 됐다. 지금 눈은 녹아 없어진 것인지 아니면 아직 쌓여 있는지 매화는 피어 있는지 그렇지 않은지 등 예전에 읽을 때에는 생각하지도 못했던 것들을 새롭게 생각하게 됐다. 또 화자가 갈림길에 서있을 것이라고 보고 내가 고3 수험생이었던 시절 창문 너머로 보이는 저녁노을을 보며 암흑과도 같이 앞이 보이지 않던 내 미래, 진로를 생각하며 한숨짓던 내 모습을 떠올리기도 했다. 시적 화자가 처한 상황과 내 경험을 결부시키는 것이 굉장히 색달랐고 화자의 정서를 짐작하기가 훨씬 수월했다.(ㅂㅇㄴ)

4. 결론

본 논문은 고전문학의 감상 국면에서 학습자가 경험하는 감정이입과 공감 체험을 통한 재미 / 흥미 / 의미의 가능성을 탐색하였다. 논의를 위하여 본 논문은 재미 / 흥미 / 의미를 유사한 범위의 개념 범주로 설정하였다. 즉, 고전문학교육의 재미와 흥미와 의미를 변별하는 데 초점을 두지 않고, 고전문학교육에서 재미 / 흥미 / 의미에 관심을 지닐 때 고전문학교육의 어떤 사태에 주목하여 그것을 해결할 수 있는가에 집중하였다.

고전문학의 재미 / 흥미 / 의미가 발현되는 위치는 '사이[between]'이다. 이는 고전문학 텍스트와 학습자의 사이인 동시에, 고전문학 텍스트와 학습자의 상호작용이 일어나고 있는 시작과 끝 지점의 사이를 가리킨다. 전자는 고전문학교육에서 발현되는 재미 / 흥미 / 의미의 주체 문제를 제기하며, 후자는 고전문학교육에서 재미 / 흥미 / 의미는 반드시 시간적 지속을 필요로 한다는 점을 말해준다. 그러므로 고전문학교육에서 재미 / 흥미 / 의미는 학습자가 고전문학 텍스트를 읽고, 이해하고, 감상하며, 쓰는 일련의 활동을 통해 설계되고 기획되어야 한다.

고전문학교육의 목표인 학습자의 문학능력 신장을 위해 교사와 연구자가 체계화하여 학습자에게 제공하는 교수-학습 활동을 '하나의 교육적 경험'으로 명명할 수 있다. 고전시가 감상 국면 중 본 논문은 고전시가 학습자에게 익숙한 개념이되, 낯선 체험인 '감정이입'과 '공감'에 산포되어 있을 재미 / 흥미 / 의미에 주목하였다. 감정이입과 공감의 공통점은 자아와 분리된 타자의 위치에서 '관점 취하기'를 통한 정서 체험이라는 점이며 차이점은 취하는 관점의 방향에서 비롯한다. 본 논문은 학습자가 시적 화자와 같은 상황에 처할 경우 자신의 정서를 상상하는 것을 감정이입으로, 반면 학습자가 시적 화자의 위치에서 시적 화자의 정서를 상상하는 것을 공감으로 구분하였다.

학습자들을 감정이입이나 공감으로 이끌기 위한 첫 번째 단계는 '시적 화자의 자리에 위치'시키는 일이다. 학습자가 고전시가 텍스트 속 시적 화자에게 감정이입하거나 공감을 시도할 수 있는 이유는 학습자와 고전시가 텍스트 속 화자가 분리되어 있기 때문이다. 시적 화자에 대한 이해는 시적 화자가 처한 자리, 곧 시적 상황에 대한 이해와 연결된다. 이 단계에서 학습자들에게 시적 상황에 내포된 모호성을 드러내는 교수-학습 활동을 제시할 수 있다. 고전시가의 해석 장면에서 찾아내는 모호성은 학습자들에게 선택 상황을 제공하며 모호성을 해결하기 위한 관련 근거를 요구하기에 더 깊은 이해로 나아가는 단서를 제공한다. 이후 학습자는 자신의 선행 경험을 끌어와 텍스트 내 시적 화자에게 감정이입하거나 시적 화자의 관점을 취하여 시적 화자의 행동과 처지를 이해하는 공감 활동을 시도할 수 있다.

이상과 같이 고전문학교육에서 감정이입과 공감 경험을 구체화하여 설계할 때, 교사와 연구자는 학습자가 감지할 재미 / 흥미 / 의미에 대해 단언할 수 없다. 다만 학습자들이 '하나의 교육적 경험'에 참여함으로써 얻게 되는 재미 / 흥미 / 의미, 다른 인물 되기의 재미 / 흥미 / 의미, 시적 모호성 속에서 문제 상황을 발견하고 해결하는 재미 / 흥미 / 의미, 자신의 선행 경험을 되돌아보거나 일상생활에서는 겪지 못한 상황 속 정서를 상상적으로 경험하는 재미 / 흥미 / 의미 등의 가능성을 예상할 수 있다.

고전시가교육에서 재미 / 흥미 / 의미를 위해 본 논문에서 제안한 하나의 교육적 경험인 감정이입과 공감의 체험에 대한 논의는 불완전하다. 앞서 거론한 것처럼 고전시가교육에서 재미 / 흥미 / 의미에 대한 최종 판정은 학습자에게 부여되어 있는 만큼, 고전시가교육이 실행되는 교실에서, 보다 더 나아가서는 고전시가교육을 경험하는 학습자에게서 고전시가교육의 재미 / 흥미 / 의미는 완성될 수 있다.

이런 관점은 고전시가교육과 고전시가교육에 대한 논의 사이의 관계에도 적용된다. 고전시가교육이 실행되어야 한다는 점에서 고전시가교육에 대한 논의는 언제나 불완전하다. 그러나 고전시가교육 논의가 지닌 불완전성이 고전시가교육에 대한 논의의 의의조차 부정할 수는 없다. 고전시가교육에 대한 학문적 탐색이 학습자에게 제공할 '하나의 교육적 경험'을 구체화하고, '하나의 교육적 경험'의 실행 과정 속 교사의 역할과 학습자의 체험을 섬세하게 관찰할 수 있다면, 고전시가교육에 대한 학문적 탐색은 고전시가교육의 실제를 풍성하게 만들 가능성을 안고 있다.

참고문헌

1. 자료

2014년 1학기 C대학교 국어교육과 근세시가교육론 강의 시간 수강생 감상문 19편.

박을수, 『한국시조대사전』, 아세아문화사, 1992.

2. 논문 및 단행본

김서윤, 「소설 수용의 흥미 경험 교육 연구」, 서울대 석사논문, 2011.

김성룡, 「고전문학의 재미와 고전문학교육의 의미」, 『고전문학과 교육』 28집, 한국고전문학교육학회, 2014.

김현정, 「흥미 변인을 고려한 〈도산십이곡〉 교육의 방향」, 『고전문학과 교육』 27집, 한국고전문학교육학회, 2014.

김혜영, 「판타지 소설의 재미 담론 연구」, 강원대 박사논문, 2011.

류수열, 「고전시가 독서의 재미 요소 탐구 - 시조를 중심으로」, 『고전문학과 교육』 26집, 한국고전문학교육학회, 2013.

류준필, 「'이별(론)'의 텍스트 읽기 - '재미・흥미・의미'의 상관적 시각에서」, 『고전문학과 교육』 31집, 한국고전문학교육학회, 2016.

서인석, 「연극적 놀이 텍스트로 읽는 〈배비장전〉 - 고전의 재미를 찾는 방법의 한 사례」, 『고전문학과 교육』 27집, 한국고전문학교육학회, 2014.

소병일, 「공감과 공감의 윤리적 확장에 관하여-흄과 막스 셸러를 중심으로」, 『철학』 118집, 한국철학회, 2014.

신재홍, 「고전소설의 재미 찾기」, 『고전문학과 교육』 26집, 한국고전문학교육학회, 2013.

심우장, 「구비서사의 놀이적 특성과 문화적 창조력」, 『고전문학과 교육』 26집, 한국고전문학교육학회, 2013.

염은열, 『공감의 미학-고려속요를 말하다』, 역락, 2013.

염은열, 「고전문학 '학습'의 경험과 '재미'의 문제에 대한 논의」, 『고전문학과 교육』 28집, 한국고전문학교육학회, 2014.

이지영, 「환상동화 텍스트의 재미 요소 연구-아동독자의 인식을 중심으로」, 『한국아동문학연구』 24호, 한국아동문학학회, 2013.

정재림, 「문학 교과서에 나오는 문학 이론 및 개념의 문제점과 개선방안-'감정이입'과 '공감' 개념을 중심으로」, 『한국학연구』 40집, 고려대학교 한국학연구소, 2012.

조광국, 「고전소설교육에서 새롭게 읽는 재미 : 홍계월의 양성성 형성의 양상과 의미」, 『고전문학과 교육』 28집, 한국고전문학교육학회, 2014.

조희정, 「고전시가 학습자의 정서 체험 양상 연구」, 『문학교육학』 42집, 한국문학교육학회, 2013.

허수미, 「'감정이입'을 활용한 사회과 수업 실천 전략」, 『사회과교육』 51권3호, 한국사회과교육연구학회, 2012.

홍성하, 「다문화 상담에서의 감정이입에 대한 현상학적 고찰」, 『철학』 112집, 한국철학회, 2012.

Coplan, Amy., "Understanding Empathy", Coplan, Amy. & Coldie, Peter. (ed.), *Empathy - Philosophical and Psychological Perspectives,* Oxford university press, 2011.

Csikszentmihalyi, Mihaly., *Finding Flow,* 이희재 옮김, 『몰입의 즐거움』, 해냄, 1999.

Dewey, John., *Democracy And Education - An Introduction to the Philosophy of Education,* New York : Macmillan, 1916, 이홍우 번역, 『민주주의와 교육』, 교육과학사, 1987.

Rifkin, Jeremy., *The Empathic Civilization,* 이경남 옮김, 『공감의 시대』, 민음사, 2010.

3. 기타

줏다 / 잦다 표준국어대사전, 2014년 12월 10일 검색, 사이트주소
http://stdweb2.korean.go.kr/search/List_dic.jsp

도술담에 대한 아동독자의 재미*

- <전우치전>을 중심으로 -

이지영 **

1. 들어가며

"知之者不如好之者 好之者不如樂之者."〈論語〉에 나오는 공자의 명언처럼 아는 것도 좋아하는 것도 즐기면서 하는 것을 당해낼 수 없다. 무엇인가를 즐길 수 있도록 해 주는 원천 중의 하나는 '재미'라 할 것이다. 문학도 마찬가지이다. 문학의 재미를 아는 이는 문학에 대한 흥미와 문학적 안목을 가지고 문학을 향유할 수 있는 생애 독자가 될 가능성이 높다. 이런 관점에서 '문학의 재미'는 문학교육에서 본질적이고 의미있는 연구 주제라고 할 것이다.

그러나 문학교육학계에서 '재미'를 본격적인 학술 주제로 다룬 적은 많지 않다.[1] 그 이유를 생각해 보면, 우선 '재미'라는 개념 자체가

---

* 이 연구는 제95차 학술대회 기획 발표(2014년 8월 6일)를 수정 보완한 것이다. 토론을 통해 논의를 정교화해주신 주재우 선생님께 감사드린다.

** 경인교육대학교 국어교육과

1 한국고전문학교육학회에서는 '고전문학의 재미, 흥미, 의미'를 여러 차례에 걸쳐 기획 주제로 다루었다. '고전문학의 재미'를 검토하는 것은 오늘날 학생들이 고전문학의 재미를 경험하지 못하는 문제적 사태에서 부각되었으며(염은열, 「고전문학 '학습'의 경험과 '재미'의 문제에 대한 논의」, 『고전문학과 교육』 28, 한국고전문학교육학회, 2014) 결국 오늘날의 고전문학교육이 당면하고 있는 위기에서 기인한다

일상적이고 넓어서 학술 용어로 적합하지 않기 때문이다. 재미는 심심풀이에 만족하는 것부터 심중한 의미를 추구하는 것까지, 그 사이의 다양한 차원에서 재미와 의미가 서로 얽히며 작용한다. 재미는 대개 관심, 이해, 해석을 통하여 얻게 된다. 그리고 경험의 과정에서 느끼는 즐거움, 감동 등이 합쳐지게 되며, 과정 혹은 결과에서 맛보는 좋음, 가치, 보람 등도 함께 의식된다. 그리하여 관심에서 보람에 이르는 전폭에 걸쳐 재미의 문제가 제기될 수 있다.[2]

재미의 개념역이 이처럼 방대하다보니 재미의 실체를 연구로 포착하기는 쉽지 않다. 재미의 개념 자체가 워낙 일상적이고도 넓다보니 연구자가 각각 나름대로 설정한 내포와 외연에 근거하여 연구하는 경향이 있으며,[3] 각각의 연구에는 한계가 뒤따른다. 재미 자체를 이론화하려는 연구는 추상적이고 사변적인 논의가 될 수 있으며, 특정 텍스트의 재미를 탐구하는 논의는 텍스트 분석이나 해석 연구로 귀결될 가능성이 있다. 또한 연구자가 발견한 텍스트의 재미 자체나 재미를 발견하는 방법을 학습자에게 가르쳐준다고 하여 학습자가 온전히 재미를 수용할 수 있는 것도 아니다.

'재미'에 대한 연구의 한계와 교육의 어려움에도 불구하고, '재미'는 문학교육의 핵심적인 주제로서 연구할 가치와 필요성이 있다. '재미'는 학습자를 독서 주체로 만들고, 독서 내용과 독서 방법을 모색할 수 있는 원천을 제공해줄 수 있기 때문이다. 앞으로 재미에 대한 연구는 다양한 관점에서 본격적으로 폭넓게 시도될 필요가 있다.

(김성룡, 「고전문학의 재미와 고전문학교육의 의미」, 『고전문학과 교육』 28, 한국고전문학교육학회, 2014). 그러나 이 주제는 고전문학교육의 현실적 당면 문제이기 전에 문학교육의 본질적인 탐구 주제라 할 것이다.

2 신재홍, 「고전소설의 재미 찾기」, 『고전문학과 교육』 26, 한국고전문학교육학회, 2013, 33-34면.

3 류수열, 「고전시가 독서의 재미 요소 탐구」, 『고전문학과 교육』 26, 한국고전문학교육학회, 2013, 25면.

위의 필요성에 따라 고전문학의 재미 탐구를 위한 시론으로 특정 텍스트에 대한 학습자의 재미 반응을 도출하기 위한 연구 설계를 하였다. 이 연구에서 '재미'는 고전문학 작품에 대해 학습자가 경험하는 반응[4]으로 정의한다. '재미'는 고전문학 작품 안에 '이미' 고정되어 존재하는 것이 아니라 학습자의 읽기 과정에서 그리고 그 결과로 경험되는 것이라는 맥락과 통한다.[5]

연구 대상은 고전소설을 이야기 자체로 재미있게 읽을 가능성이 높은 아동독자이다.[6] 아동독자는 고전문학을 학습으로 대상으로 읽기보다는 자유 독서로서 읽는다. 이에 고전문학을 읽어야만 한다는 당위성이나 사전 지식을 동원하여 의미를 파악해야 할 의무감을 가지지 않는다.

재미 반응을 도출할 수 있는 텍스트의 조건으로는 1) 아동독자가 일단 흥미를 가질 것, 2) 텍스트를 중도에 포기하지 않고 끝까지 읽을 것, 3) 읽고 나서 전체적으로 재미있다는 인상을 가질 것 등이다. 이에 '도술담'을 다룬 고전문학을 떠올리게 되었다. 도술담에는 도술 이야기 자체가 주는 미감과 즐거움이 있으며, '도술'은 아동독자가 애니메이션이나 게임 등을 통해 경험해 본 친숙한 소재이기도 하다. 도술담에 속하는 작품으로는 〈전우치전〉, 〈최고운전〉, 〈사명당전〉 등이 있는데 그 중에서 도술담이 풍부하게 구사되고 있는 〈전우치전〉을 대상 텍스트로 선택하였다. 또한 〈전우치전〉은 영화 『전우치』[7]와 드라

---

4 김혜영은 '재미'를 어떤 대상이나 사물로 구성되어 있는 범주가 아니라 다양한 문화적 생산물인 텍스트에 대해 사회 구성원들이 경험하는 반응을 가리키는 용어로 규정하였는데(김혜영, 「판타지 소설의 재미 담론 연구」, 강원대학교 박사학위논문, 2011, 34면), 이를 고전문학교육에 적용하여 재개념화하였다.

5 염은열, 앞의 논문, 2014, 40면.

6 고전소설이 이야기로서 재미있게 읽을 수 있는 대상은 초등학교 고학년에서 중학교 저학년 수준이다. 중학교 고학년 이상이 되면 학습이 강조되는 읽기 자료가 되기 때문이다. 신재홍, 앞의 논문, 2013, 33면.

마 『전우치』[8]가 방영된 바 있어, 아동독자가 관심을 가지고 책을 읽을 가능성이 높다.

연구 문제로는 첫째, 아동독자가 인식한 〈전우치전〉의 재미있는 장면과 재미있는 이유는 무엇인가? 둘째, 아동독자는 도술담에 대해 어떠한 재미를 경험하는가? 이다. 이 연구를 통해 아동독자가 고전 문학에서 경험할 수 있는 재미의 양상을 가시화하고 도술담의 재미를 의미화하는 방법을 논의하고자 한다.

2. 〈전우치전〉의 도술에 대한 선행 연구 검토

도술은 '도가의 방술'이라는 말로 인간의 능력을 초월하려는 욕망의 소산이며 동시에 욕망을 상상으로 실현할 수 있는 하나의 환술이다. 〈전우치전〉에서 시현된 도술의 종류는 진언(주문), 구름타기, 변신, 변물, 분신, 축지, 주술, 신통력 등이다. 이러한 도술은 다양한 방법으로 이야기 전개에 흥미를 고양시킬 뿐만 아니라, 고전소설의 일반적인 통속성에서 탈피하여 여러 가지 신비한 체험을 만끽하도록 한다.[9] 이 장에서는 도술담에 대한 재미를 해석할 수 있는 이론적 논의로서 〈전우치전〉의 도술에 초점을 둔 선행 연구를 검토하였다.

〈전우치전〉의 도술담을 환상성으로 해석한 연구[10]에서는 '도술 이

---

7 2009년 12월에 개봉된 최동훈 감독의 영화로 전우치 역으로 강동원이 주연을 맡았다. 누명을 쓰고 그림족자에 봉인된 조선시대 악동 도사 전우치가 현대에 봉인이 풀려 세상을 어지럽히는 요괴들에 맞서 싸우는 활약상을 그리고 있다.

8 2012년 11월 21일부터 2013년 2월 7일까지 KBS2에서 24부작으로 방영하였다. 고전소설 〈전우치전〉을 소재로 한 퓨전 무협 사극으로 전우치 역으로는 차태현이 주연을 맡았다.

9 박삼서, 「〈전우치전〉의 교육소 발견과 그 의미」, 『古典文學 어떻게 가르칠 것인가』(이상익 외 편), 집문당, 1994, 572면.

야기'의 환상성을 조선 시대 민중들에게 폭넓게 향유되었던 미감으로 보았다. 도술담의 전개 방식과 성격, 도술 주체의 인물 형상화 방식을 분석함으로써 〈전우치전〉의 환상성이 보여주는 미감을 해석하였다. 속도감 있는 전개, 과감한 생략에서 비롯한 거친 서사, 예상 불가능함으로 인해 생기는 탄성 등은 역동적 환상성을 가져다준다. 전우치가 도술을 부리는 인물임에도 불구하고 만들어내는 만만한 느낌과 생뚱맞음은 작품을 즐기는 향유층에게 친근감을 형성해주며, 도술 역시 간단하고 익숙한 도술로서 유희적 환상성을 가져다 준다. 성과 관련한 잦은 언급, 황금과 먹을 것의 등장, 엽기적인 쾌감이 주는 장면은 원초적 환상성이라 볼 수 있다. 〈전우치전〉이 보여주는 역동적 환상성, 유희적 환상성, 원초적 환상성은 조선 중기 당대 독자들에게 소통되던 민중적 환상으로 볼 수 있다.

한편 지금 여기의 독자에게 〈전우치전〉은 문화적 확장으로 읽혀질 필요가 있다. 〈전우치전〉의 문화적 확장을 탐색한 논문[11]에 의하면 〈전우치전〉은 하나의 완결된 구조로 창작된 예술 작품이라기보다는 당시 향유층의 취향과 요구에 의해 집단적으로 만들어지고 향유된 이야기로, 향유자에 따라 새로운 이야기 요소의 추가나 변형이 가능한 열린 구조로 보았다. 〈전우치전〉에서 주인공이 만나고 해결하는 사건은 곧 향유자 자신의 문제이며, 이것이 이야기가 향유층과 관련을 맺게 되는 방식이라 할 수 있다. 당면 문제들이 현실적 해결 가능성을 고민할 필요 없이 해결될 수 있다는 환상이야말로 향유자가 즐거울 수 있는 요소이다. 이렇게 본다면 전우치가 가진 도술은 감상자에게 '나에게도 저런 능력이 있었으면 좋겠다'고 느낄 만한 것

---

10 조혜란, 앞의 논문, 2003.

11 서유경, 「〈전우치전〉 읽기의 문화적 확장 탐색」-〈전우치전〉과 〈브루스 올마이티〉의 관련성을 중심으로-, 『독서연구』 20, 한국독서학회, 2008.

이며, '만약 나에게 저런 능력이 있다면 이런 문제를 해결하겠다'고 상상할 수 있는 이야기들로 존재하게 된다. 이러한 관점에서 문학향유자들은 시대와 공간을 초월하여 문학이 제공하는 흥미와 재미에 입각하여 문학을 향유할 수 있게 된다.

〈전우치전〉에서 도술을 바탕으로 교육소를 추출한 연구[12]도 있다. 〈전우치전〉의 교육소로는 주제 의식 파악, 주인공의 인물 유형·성격 이해, 이야기 전개의 특이성 발견, 전기적 요소의 소설적 효과 파악, 민담의 소설화 과정 이해 등을 추출할 수 있는데 그 기저에는 도술의 환상성과 상상력이 존재한다.

〈전우치전〉의 도술을 에듀테인먼트의 개념에 접목시켜 게임 시나리오 창작 수업 방법을 제시한 논문[13]도 있다. 환상적인 능력을 발휘하는 인물과 환상 능력, 전우치가 돌아다녔던 장소와 구현된 환상 요소를 정리하여 게임 시나리오의 배경을 구상하고, 게임 제목, 게임 장르, 게임 배경, 게임 줄거리 등의 시나리오 작성, 게임 캐릭터 설정 및 아이템 구상에 이르기까지 새로운 교육 방법을 제안한다. 이를 확장하면 도술담을 다룬 고전문학 작품을 게임 컨텐츠화하여 고전문학의 대중화 방안을 모색할 수도 있다.

〈전우치전〉에서 도술은 당대 민중들의 환상성을 구현해주는 방법이었으며, 지금 여기의 독자에게는 일상의 문제를 해결하는 상상력을 제공한다. 또한 도술이 주는 환상은 상상력과 결부되어 교육의 요소가 되기도 하며, 에듀테인먼트와 결합하여 게임화할 수 있는 기제가 되기도 한다. 이 연구에서는 일차적으로 〈전우치전〉의 재미 반응을 다루되, '도술'에 초점을 두고, 아동독자의 목소리를 통해 '도술'

12 박삼서, 앞의 책, 1994.
13 한용민, 「〈전우치전〉의 환상성을 활용한 문학교육 방법 연구」, 단국대학교 석사학위논문, 2010.

이라는 요소가 어떠한 재미를 불러일으키는지를 논의하고자 한다.

3. 연구 방법

1) 대상 텍스트 및 연구 대상

연구 대상 텍스트로 아동과 청소년 대상 고전 시리즈인 창작과비평사의 『전우치전』을 선택하였다.[14] 이 텍스트는 신문관본을 기본으로 하되, 문헌 전설 자료에 도술 습득 과정을 보강하여 여우로부터 비기를 얻는 부분과 탄생 일화를 삽입하여 총 13개의 일화로 구성하고 있다. 고어나 한자어를 단어 옆에 괄호로 처리하여 단어 뜻을 설명하고 있으며, 120쪽 분량이며, 삽화가 비교적 많이 제시되어 있어 아동독자가 읽기에 적합하다고 판단하였다.

연구 대상자는 초등학교 6학년 117명이다.[15] 이 중에서 미완성하거나 불성실하게 반응한 15명의 반응을 제외하고 총 102명의 자료를 분석하였다.

2) 자료 수집 방법 및 절차

수집한 자료는 〈전우치전〉의 재미에 대한 반응지와 소규모 집단

14 아동용 출판물 〈전우치전〉 12종을 분석하여 현대적 다시쓰기의 양상과 의미를 살핀 연구 결과, 창작과비평사의 『전우치전』(김남일 글, 윤보선 그림)을 가장 돋보이는 텍스트로 평가하였다. 오세정, 「〈전우치전〉의 현대적 다시쓰기와 그 의미」아동용 출판문을 중심으로, 『인문학연구』 86, 충남대학교 인문과학연구소, 2012.

15 학술대회 발표 원고에서는 37명의 반응 자료를 수집하였으나 재미의 양상을 설명하기에 미흡하다고 판단하여 80명의 반응을 추가 수집하였다.

인터뷰 자료이다.

반응지 수집은 2차에 걸쳐 수합되었는데, 1차 수집은 2014년 7월 14일과 7월 17일에, 2차 수집은 2014년 12월 8일~12월 10일에 이루어졌다. 연구자는 담임교사에게 연구의 취지를 설명하고, 반응지 수집을 의뢰하였다. 담임교사는 독서재량시간에 연구 대상자에게 『전우치전』을 나누어 주고, 교육적 처치 없이 자유 독서와 제시된 독서 활동을 부여하였다. 연구 대상자는 『전우치전』을 읽으면서 재미있는 부분에 포스트잇을 붙이고, 책을 다 읽고 난 후에는 붙여놓은 포스트잇 부분을 훑어보면서 재미있는 부분, 재미있는 이유, 해당 쪽수를 다섯 개 선택하여 기록하였다. 이와 함께 가장 능력을 요하는 도술, 가장 재미있는 도술, 가지고 싶은 도술과 그 이유를 각각 기술하였다.

소규모 집단 인터뷰는 연구자가 실시하였으며, 〈전우치전〉을 비롯한 도술담을 주제로 자유롭게 이야기하도록 하였다. 2014년 7월 15일과 7월 18일에 4명으로 구성된 4개 집단의 인터뷰를 각각 실시하였다. 각 집단별로 60분 정도 인터뷰 시간이 소요되었고, 인터뷰 내용은 녹음하여 전사하였다.

3) 자료 분석 방법

〈전우치전〉에 대한 재미 반응지를 주요 자료로 분석하였으며, 소규모 집단 인터뷰 전사 자료는 의미 해석 과정에 부분적으로 사용하였다. 아동독자의 반응지에 제시된 〈전우치전〉의 재미 부분과 재미있는 이유를 토대로 〈전우치전〉의 재미 요소를 분석하였다. 연구 대상자의 반응을 문서화한 후 페이지 순서에 따라 재미있는 부분과 재미있는 이유를 정렬하여 1차 개방 코딩을 하였다. 2차 코딩에서는 재미있는 장면을 범주화하고, 재미있는 이유를 범주화하여 재미있는 장면별 재미 이유를 분석하였다. 3차 코딩에서는 도술과 인물 관계를 중심으로 분석하였다.

4. 〈전우치전〉의 재미 반응 양상

연구 문제 1과 관련하여 〈전우치전〉의 재미있는 장면과 재미있는 이유에 대한 반응(아동독자 102명의 510개 반응)을 분석하였다. 텍스트에 제시된 소제목을 토대로 아동독자가 반응한 세부 사건을 재미있는 장면의 분석 단위로 삼았다. 재미있는 이유는 인물, 사건(소재), 주제, 표현, 기타로 하위 범주화하였다. 이를 표로 제시하면 다음과 같다.

<table>
<tr><th colspan="2" rowspan="2">재미있는 장면(에피소드)</th><th colspan="6">재미있는 이유(510개)</th></tr>
<tr><th>인물</th><th>사건
(소재)</th><th>표현</th><th>주제</th><th>기타</th><th>계</th></tr>
<tr><td rowspan="8">1. 우치, 여우에게서 비기를 얻다
(49)</td><td>① 우치가 남다르게 태어남</td><td>2</td><td>2</td><td></td><td></td><td>2</td><td>6</td></tr>
<tr><td>② 우치가 비범하게 자람</td><td>4</td><td>2</td><td></td><td></td><td></td><td>6</td></tr>
<tr><td>③ 여우가 술을 마심</td><td>2</td><td>3</td><td></td><td></td><td></td><td>5</td></tr>
<tr><td>④ 우치가 술을 마셨다고 오해받음</td><td>2</td><td></td><td></td><td></td><td>2</td><td>4</td></tr>
<tr><td>⑤ 여우가 우치에게 잡혔을 때</td><td>6</td><td></td><td>4</td><td></td><td>1</td><td>11</td></tr>
<tr><td>⑥ 비기를 준다고 하고 여우가 사라졌을 때</td><td>3</td><td>1</td><td></td><td></td><td></td><td>4</td></tr>
<tr><td>⑦ 우치가 비기를 얻어 재주를 익힘</td><td>3</td><td>3</td><td>2</td><td></td><td>1</td><td>9</td></tr>
<tr><td>⑧ 여우가 우치를 속이고 비기를 찢음</td><td>4</td><td></td><td></td><td></td><td></td><td>4</td></tr>
<tr><td>2. 황금 들보 소동</td><td>① 우치가 신선으로 내려와 임금에게 명령을 내림</td><td>8</td><td>4</td><td></td><td>1</td><td>1</td><td>14</td></tr>
</table>

	② 우치가 가난한 사람에게 쌀을 나누어 줌	6		5	5		16
	③ 임금이 우치에게 속은 것을 알게 됨	6		1			7
	④ 500명 병졸이 우치를 잡으려고 집을 에워쌈	2	3	2	1	2	10
(124)	⑤ 우치를 철사줄로 묶었으나 막대기가 묶여 있음	5	2		1		8
	⑥ 우치가 병 속으로 들어감	11	8			3	22
	⑦ 우치가 끓는 기름에서도 병이 깨져도 살아남아 임금께 충고	16	15		3		34
	⑧ 임금이 화가 나서 병을 빻고 기름을 부어 끓였으나 우치는 다치지 않음	4	1				5
	⑨ 우치가 나타났다는 소문이 돌자 임금이 방을 붙이게 함	6	2				8
3. 거만한 선비들 (63)	① 돼지 머리가 관헌에게 달려들어 물음	1	4			1	6
	② 우치가 선비들과 내기를 하고 제철이 아닌 과일을 가져옴	7	6	1			14
	③ 우치를 경멸한 죄로 운생과 설생의 하문이 없어짐	16	13	5		1	35
	④ 청의동자를 불러 복숭아를 가져옴	1	1	2			4
	⑤ 복숭아를 먹고 운생과 설생이 소변을 볼 수 있게 됨	2	2				4
4. 억울한 사람을 살리다 (24)	① 장세창이 억울하게 사형을 받게 됨	2				2	4
	② 우치가 바람을 일으켜 장세창을 구함	7	6	5			18
	③ 사람들은 하늘이 장세창을 구했다고 믿음	1			1		2
5. 돈이 나오는 그림 (48)	① 우치가 한자경에게 돈이 나오는 족자를 줌		4	1	1	1	7
	② 한자경이 동자를 불러 매일		2	2		1	5

	은자 한 냥씩을 받음						
	③ 한자경이 은자 백만 냥을 가지러 호조 창고에 들어감	5	1			1	7
	④ 한자경이 호조 판서에 걸려 도적놈 신세가 됨	11		2		4	17
	⑤ 전국의 창고와 중궁전에서 해괴한 일이 벌어짐	3	6				9
	⑥ 한자경을 처형하려는 순간 우치가 구해 줌	3					3
6. 선전관이 된 우치 (52)	① 우치가 심심해서 임금한테 용서를 빌고 벼슬을 받음	2		1		2	5
	② 우두머리 선전관이 우치를 때릴 때마다 자기 손이 아픔	8	1	3			12
	③ 우치가 선전관 옆에 여자를 앉혀주었는데 선전관의 아내라서 놀람	21	3	2			26
	④ 선전관 아내가 배탈이 나서 죽었다가 소생함	4	3	2			9
7. 도적 떼를 치다 (42)	① 우치가 솔개로 변신하여 엄준을 살펴봄		4	1		1	6
	② 우치가 주문을 외워 독수리가 적장의 상을 거두어가게 함	5		1		1	7
	③ 우치와 엄준이 싸움	9	5	2		9	25
	④ 엄준이 우치에게 용서를 빔	1		1	1	1	4
8. 역적으로 몰린 우치 (29)	① 우치가 창고로 가자 원래대로 돌아옴	2	2				4
	② 우치가 역적모의 죄로 잡힘	1				2	3
	③ 우치가 그림을 그리고 그림 속으로 도망감	13	7	2			22
9.왕연희에게 복수하다 (19)	① 우치가 왕연희로 변신함	2					2
	② 왕연희를 여우로 변신시켜 벌을 받게 함	7	7				14
	③ 왕연희에게 충고를 하고 본래의 모습으로 돌려줌	3					3

10. 신기한 족자 (12)	① 족자 속 미인이 술을 따라 줌	2	5	1			8
	② 오생의 아내가 시기하여 족자를 찢음	1					1
	③ 오생의 아내를 구렁이로 변신시켰다가 제 모습으로 되돌려줌	2				1	3
11. 강림도령의 등장 (19)	① 양봉환이 '정씨'라는 여인 때문에 병이 남	2				1	3
	② 강림도령이 등장하여 우치를 꾸짖음	3					3
	③ 외로운 처지의 낭자를 정씨로 똑같게 만들어 양봉환과 살게 함	7	4	1		1	13
12. 스승 서화담 (23)	① 우치가 서화담을 찾아 감	1			1		2
	② 용담과 우치가 술법 대결을 펼침	1	3	1		3	8
	③ 서화담이 용담을 꾸짖음	1					1
	④ 서화담이 우치에게 화산에 다녀오라고 하였으나 실패함	3	3			1	7
	⑤ 우치가 달아나려 했으니 화담에게 잡히고 깨우침을 얻게 됨	3		1	1		5
13.태백산으로 (6)	① 우치가 화담을 모시고 태백산으로 감				6		6
전체(510)		253	138	51	22	46	510
		50%	27%	10%	4%	9%	100%

〈표1〉 〈전우치전〉의 재미있는 장면과 재미있는 이유

1) 재미있는 장면

'〈전우치전〉에서 가장 재미있는 장면은 어디인가?' 그 대답은 '독자에 따라 다르다.'가 될 것이다. 재미있는 장면은 독자의 경험과 해석에 따라 달라지는 주관적인 것이기 때문이다. 그러나 우리는 영화나 드라마의 명장면을 시청률이나 설문 조사와 같은 방법으로 선정한다. 이는 다수의 반응이 작품의 공감대나 수용 경향성을 설명할 수 있다는 논리를 담고 있다. 이 논리에 따라 〈표1〉에서 아동독자가 재미있다고 느끼는 장면을 순위별로 〈표2〉와 같이 선정하였다.

순위	재미있는 장면	반응 수
1	3-③ 우치를 경멸한 죄로 운생과 설생의 하문이 없어짐	35(6.8%)
2	2-⑦ 우치가 끓는 기름에서도 병이 깨져도 살아남아 임금께 충고	34(6.7%)
3	6-③ 우치가 선전관 옆에 여자를 앉혀주었는데 선전관의 아내라서 놀람	26(5%)
4	7-③ 우치와 엄준이 싸우는 장면	25(4.9%)
5	8-③ 우치가 그림을 그리고 그림 속으로 도망감	22(4.3%)

〈표2〉 아동독자가 선정한 재미있는 장면

3-③은 전우치가 거만한 선비를 놀려 주는 장면이다. 전우치는 교만한 선비를 골려주는 방법으로 그들의 하문을 사라지게 하였다. 이 방법은 매우 원색적인 방법으로 원초적 환상성으로 볼 수 있다.[16] 당대 민중에게 '성'과 관련된 서사는 재미를 주는 원초적인 발상이었을 것이다. 사춘기가 빨리 시작되는 요즘 아동독자에게도 성은 민감하게 반응할 수 있는 소재이다. 더구나 아동문학에서 성과 관련된 직접적인 묘사가 드물기 때문에 3-③은 아동독자에게 신선한 충격으로 다가왔을 가능성이 크다. 또한 남자에게 하문이 없어졌을 때의 생생한 표현(오줌을 누는데 있어야 할 것이 없고, 대신 그 자리가 대패로 민 듯 매끈매끈할 따름이었다, 과연 있어야 할 것이 덜렁 떨어져 나가 그 자리는 중머리처럼 민숭민숭하였다 등)은 아동독자의 성적 호기심을 불러일으키기에 충분하다.

2-⑦에서는 병 속에 든 우치를 죽이기 위해서 병을 가마솥에 넣고

16 조혜란, 앞의 논문, 2003, 75-76면.

펄펄 끓였으나 전우치는 오히려 따뜻하게 해 주어서 감사하다고 하고, 임금이 병을 깨뜨리게 하자 전우치는 깨진 병조각 상태로 백성을 돌보라고 임금에게 충고까지 한다. 임금이 전우치를 괴롭히면 괴롭힐수록 임금이 오히려 전우치에게 골탕을 먹는 이야기 구조를 가지고 있다. 아동독자는 전우치와 함께 임금을 놀리는 재미에 가담한다.

6-③은 전우치가 잔치의 흥을 돋우기 위해서 선전관들 옆에 기생을 한 명씩 앉혀 주었는데, 모두 선전관들의 아내였던 장면이다. 선전관들은 이 사실을 남이 알까 두려워서 아무 말도 하지 못하고 서둘러 집으로 간다. 선전관들은 순간 난처하고 당혹스러웠을 것이며, 이 장면을 읽는 아동독자들은 당황한 선전관들의 모습에서 재미를 느낀다.

7-③은 도적 떼의 두목인 엄준과 전우치가 대결을 펼치는 대목이다. 막상막하인 두 사람이 무술 대결을 펼치다가 결국 우치가 분신술을 써서 엄준을 잡게 된다. 두 사람의 대결 장면은 마치 무협지를 보는 듯 하다. 빠른 서사 진행과 눈앞에 펼쳐지는 스펙터클한 상황 묘사는 아동독자를 몰입하게 만든다.

8-③은 전우치의 대표적인 도술인 '그림 속으로 사라지기'이다. 역모를 꾀한다는 모함을 받고 죽게 된 전우치는 마지막 소원을 들어달라고 하면서 그림을 그리고는 그림 속으로 사라진다. 바로 눈앞에서 전우치를 놓친 임금은 자신이 전우치에게 속았음을 알게 된다. 아동독자는 전우치가 죽게 된 상황에서 긴장감을 느끼고 전우치가 그림을 그려 사라지는 순간 안도감을 느낀다.

아동독자가 〈전우치전〉에서 재미있다고 한 장면은 주로 이야기의 흐름상 '반전'에 해당한다. 특히 3-③, 6-③, 8-③에서는 독자가 예측하지 못했던 기발한 방향으로 이야기가 흘러간다. 독자의 예상을 벗어나는 사건은 독자에게 놀라움을 주고, 재미를 유발한다. 2-⑦, 7-③은 빠른 서사 진행으로 독자를 이야기에 몰입하게 만든다. 아동독자가 선정한 〈전우치전〉의 재미있는 장면은 이야기의 흐름상 '반전'을 주거나 독자에게 '몰입'을 유도하는 텍스트적 특성을 가지고 있다.

2) 재미있는 이유

재미있는 장면 선정과 재미있는 이유 판단의 선후 관계를 판단하기는 쉽지 않다. 재미있는 장면을 순간적으로 포착하고, 왜 재미있었는지의 이유를 생각하는지, 재미있는 이유가 있어서 재미있는 장면을 선정했는지를 알기 어렵다. 이들의 선후 관계가 어떠하든지 간에 재미있는 이유는 재미에 대한 해석을 필요로 한다. 아동독자가 반응한 재미있는 이유를 '인물', '사건(소재)', '표현', '주제', '기타'로 하위 범주화하였다. 각 범주별로 특성이 잘 드러나는 반응 사례[17]를 중심으로 논의하면 다음과 같다.

(1) 인물이 주는 재미

인물이 주는 재미는 등장인물의 말이나 행동이 주는 재미로서 아동독자는 자신의 감정을 함께 표현한다.

반응1 : (우치가 비기라는 말에 귀가 솔깃해져서 여우를 풀어주었다) 우치가 너무 허당이어서
반응2 : (전우치, 이렇게 스스로 나타났사옵니다) 전우치가 너무 뻔뻔하다.
반응3 : (잡아갈테면 잡아가봐라. 자 여기 철사줄을 내줄테니) 우치가 무서운 게 없어 보이고 용기가 있어서

---

17 반응 사례는 설명의 편의를 위해 제시되는 순서에 따라 번호를 매겼다.

재미있는 이유로서 전우치가 한 말이나 행동에 대한 인상이나 평가를 서술한다. 이때 아동독자는 인물과 일정한 거리를 유지하면서 인물의 말과 행동을 관찰하는 위치에 있다. 인물의 성격을 제시하거나(반응1, 반응2), 인물의 행동에 대한 평가를 내린다(반응3).

반응4 : (우치를 놀려먹더니 우치에게 당하는 부분) 우치가 운생과 설생을 꾸짖은 것이 정말 통쾌하다.
반응5 : (우치를 가마솥에 펄펄 끓이고, 병을 깨 버렸는데 역으로 임금이 당하는 부분) 우치가 임금이 어리석음을 통쾌하게 혼내주니 마음이 통쾌하다.
반응6 : (우치가 임금께 용서를 빌고 벼슬을 받는 부분) 임금이 속으니 기분이 좋음
반응7 : (알고 보니 여자들이 모두 자기들의 아내였다) 선전관들이 기분 나쁠 것을 생각하니 쌤통이다.
반응8 : (선비들이 하문이 없어졌을 때) 선비들이 불쌍해서
반응9 : (임금이 내가 이놈의 꾀에 또 속았도다) 많이 불쌍해 보여서

인물의 말과 행동에 대해 독자의 감정을 투사해서 재미 이유를 표현하였다. 아동독자는 전우치에게 감정이입을 하여 통쾌한 감정을 느꼈다고 하였다(반응4, 반응5, 반응6, 반응7). 일부 아동독자는 임금이나 벼슬아치에게 감정이입을 하여 불쌍하다는 감정을 표현하기도 한다(반응8, 반응9).

(2) 사건(소재)이 주는 재미

사건(소재)이 주는 재미는 특이한 소재나 상황에서 유발한 재미에 해당하며, 아동독자는 도술 자체에 대한 신비함이나 황당함을 표현

하였다. 소재가 주는 재미이기는 하나 사건으로 드러나므로 '사건(소재)'라고 명명하였다.

반응10 : (여우가 나타나서 술을 먹는 것) 동물이 말하는 게 신기해서
반응11 : (여우가 살기 위해 비기를 준다고 하는 부분) 동물인 여우가 술을 먹어서

사람처럼 행동하는 동물이 나올 때 아동독자는 황당함을 느낀다. 동물이 말을 하는 것은 환상 동화의 재미 요소이기도 하다. 등장인물과 친숙하거나 알고 있던 개나 고양이가 갑자기 말을 하는 순간에 아동독자는 재미를 경험한다. 현실 세계에서 갑자기 동물이 인간에게 말을 하면 아동독자는 당혹감과 기대감을 가진다.[18] 여우가 말을 하거나 술을 훔쳐 마시는 행위는 사람처럼 묘사한 부분으로 아동독자는 황당무계한 재미를 경험한다.

반응12 : (전우치가 설생과 운생을 꾸짖는 부분) 운생과 설생이 벌을 받아 화장실을 갈 수 없게 되어서
반응13 : (복숭아를 먹고 소변을 볼 수 있게 된 것) 과일을 먹고 하문이 다시 생겨서 재미있다.
반응14 : (마님께서 배탈이 나서 돌아가셨다가 갑자기 살아난 것) 마님께서 어이 없이 죽었다가 다시 소생해서
반응15 : (뒤에서도 앞에서도 왼쪽에서도 오른쪽 사이에서도 우치가 엄준을 쫓아와서) 사람이 4명이 되는 게 신기했다.
반응16 : (그림 속으로 들어가는 우치) 그림 속 산으로 들어간다는 자체가 신기해서
반응17 : (왕연희를 여우로 만든 장면) 찬물 한 바가지와 개의 피를 부었더니 왕연희가 여우가 된 게 신기하다.

18 이지영, 「환상동화 텍스트의 재미 요소 연구」, 『한국아동문학연구』 24호, 2013, 285면.

반응18 : (궤 속에 청개구리와 뱀이 나온 장면) 은이 아닌 청개구리가 나오고, 돈 궤짝을 열면 누런 뱀만 가득해서 웃기다.

도술 자체는 신비감과 황당함을 동시에 제공한다. 도술을 부리는 과정(반응17)이나 도술의 결과(반응12, 반응13, 반응14, 반응15, 반응16, 반응18)가 사건으로 제시된다. 사람의 하문이 없어졌다가 생기고, 사람이 갑자기 죽었다 살아나고, 분신술을 하고, 그림 속으로 사라지고, 사람을 여우로 만들고, 은과 돈을 청개구리와 뱀으로 만든다. "도술이 왜 재미있나요?"에 대한 대답은 사실상 무색하다. 그 자체가 그냥 재미있는 것이다.[19] 도술은 인간의 환상이 빚어낸 상상력의 소산이기도 하다. 마치 무대에서 펼쳐지는 마술쇼를 관람하듯 아동독자는 도술이 펼쳐지는 장면을 관람하는 위치에 있다. 사건(소재)이 주는 재미는 아동독자는 도술을 부리는 사람의 마음이나 사건이 초래할 결과에 의미를 두기보다는 도술 행위 그 자체를 즐기는 데서 오는 재미라고 볼 수 있다.

(3) 표현이 주는 재미

표현이 주는 재미는 텍스트에 제시된 말이나 그림이 주는 재미이다.

반응19 : (네 죄를 네가 아느냐?) 사극 말투가 재미있다.
반응20 : (전우치가 쓰노라) 왠지 옛날 같다.
반응21 : (밝은 빛은 저절로 드러날 때 비로소 가치가 있는 법 아니겠

19 연구자가 '아동독자에게 전우치전이 왜 재미있는가'에 대해 질문하였을 때 '그냥 재미있어요.'라고 대답하는 경우가 많다. 도술이라는 소재 자체의 재미는 굳이 말로 표현할 필요가 없는 즐거움의 상태이다.

는가?) 명언 같이 멋있는 말이라 인상 깊다.

〈전우치전〉에는 임금과 신하의 대화, 장수 간의 기선 제압용 대화, 장수와 부하 간의 대화가 종종 제시된다. 아동독자는 드라마를 본 경험을 토대로 '사극 말투'라고 표현하기도 하는데, 이처럼 옛날식 말투로 표현한 것(반응19, 반응20)이 재미있다고 하였다. 〈전우치전〉이 전지적 작가 시점으로 서술되다보니 명언과 같은 표현이 그대로 노출되기도 하는데 이러한 표현이 멋있어 보인다고 반응하였다(반응21).

반응22 : (우두머리 선전관이 전우치를 때리는데 자기 손이 아파서 쩔쩔 매는 장면) 매가 되튀어서 개구리처럼 팔짝팔짝 뛰었다는 표현이 재미있었다.
반응23 : (운생이 오줌을 누는데 있어야 할 것이 없고 매끈매끈하다) 하문을 떼어가서 매끈매끈하다고 표현한 것이 웃기다.

표현이 실감나고 참신해서 재미있다고 하였다(반응22, 반응23). 아동독자는 국어 수업에서 표현이 재미있는 부분을 찾는 활동을 한 학습 경험[20]이 있기 때문에 발상이 참신하거나 실감나는 표현에 집중하기도 한다.

20 초등학교 1-2학년 문학 영역 성취 기준 중에 '발상과 표현이 재미있는 작품을 다양하게 접하면서 문학이 주는 즐거움을 경험하고, 일상생활의 경험을 문학적으로 표현한다.'라는 내용에 있다. 이 성취 기준에 따라서 재미있는 표현이 잘 나타난 부분을 찾아보는 활동을 한 결과 '재미'를 '표현 방법'으로 인식한 아동독자도 있었으리라 본다.

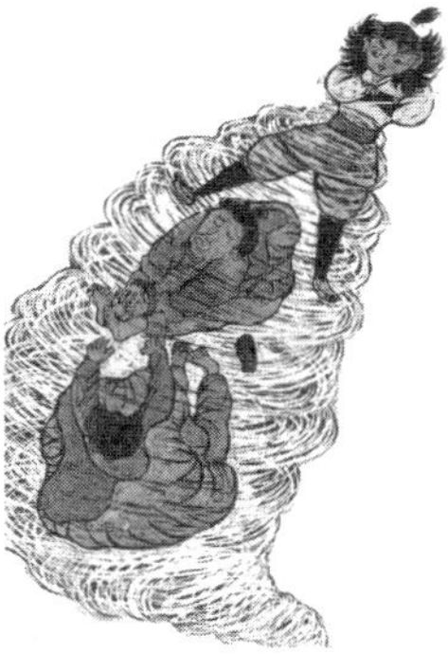

[그림1]

[그림2]

반응24 : (전우치가 장세창을 구해준 것) 그림이 너무 재미있어서 [그림1]

반응25 : (나라를 배반한 이들을 죽이려 함) 그림에서 아주 잘 알아볼 수 있게 그려짐 [그림2]

전우치가 바람을 이용해서 장세창을 구하는 장면(그림1, 반응24)이나 엄준을 바람으로 날리는 장면(그림2, 반응25)이 재미있다고 하였다. 『전우치전』이 아동·청소년 독자를 대상으로 기획된 도서이기 때문에, 출판사는 삽화나 편집에도 노력을 기울인다. 책의 구조와 편집, 그림과 같은 요소들도 복합적으로 재미에 영향을 미치기도 하는데, 아동독자의 독서 현상에서 주목해야 할 재미 요소라 할 것이다.

(4) 주제가 주는 재미

주제가 주는 재미는 텍스트에서 주제와 교훈을 이끌어내는 재미로 깨달음이나 자기 반성을 담은 반응으로 표현하였다.

반응26 : (백성에게 쌀을 고루 나누어주어, 칭송이 끊이지 않았다.) 우치는 가난한 백성을 생각한다고 느꼈다.

반응27 : (한자경이 백만냥을 달라고 하는 장면) 사람의 욕심은 끝이 없다는 것을 깨달았다.

반응28 : (화담 앞에서 우치가 자신이 약하다는 것을 앎) 자만하지 말아야지 하는 생각을 했다.

(5) 기타

반응29 : (양봉환이 정씨와 함께 사는 것) 항상 해피엔딩이다. 나도 좋은 가정을 꾸리며 살고 싶다.

반응30 : (한자경이 전우치에게 한 말을 명심하지 않고 어겼다가 큰 벌을 받게 되는 장면) 나와 같은 성격인 것 같다.

반응31 : (소인이 죽을 죄를 졌습니다. 나리, 제발 목숨만 살려 주십시오.) 나도 아빠한테 이 사람처럼 빈 적이 있다.

반응32 : (여우가 우치에게 잡혔을 때) 우치가 어떤 짓을 할지 궁금해서

반응33 : (우치가 술을 마셨다고 오해받을 때) 우치가 마신 게 아닌데 뒷이야기가 궁금해진다.

기타에는 특정 장면을 독자 자신의 경험과 연결짓거나(반응29, 반응30, 반응31) 사건에 대한 궁금증(반응32, 반응33) 등을 표현한 반응 등이 있다.

지금까지 아동독자가 인식한 〈전우치전〉의 재미있는 이유를 '인물', '사건(소재)', '표현', '주제', '기타'로 범주화하였다. 그러나 아동독자가 인식한 〈전우치전〉의 재미있는 장면과 재미있는 이유의 양상만으로는 명확한 재미의 특성을 설명하기 어렵다. 〈전우치전〉의 재미 반응에는 여러 가지 요인이 영향을 미친다. 고전문학의 재미인지, 서사의 재미인지, 〈전우치전〉의 재미인지, 아동 · 청소년을 대상으로 한 기획

물 『전우치전』의 재미인지 단정짓기 어렵다. 여기에 독자 요인도 영향을 준다. 아동독자가 '재미있다'의 의미를 어떻게 인식하는가에 따라 재미의 층위가 달라지기 때문이다.

5. 〈전우치전〉의 도술과 감정이입

연구문제 2와 관련하여 〈전우치전〉의 재미 반응 결과를 바탕으로 '도술과 감정이입'이라는 핵심 개념을 도출하였다. 아동독자는 도술의 과정과 결과와 관련된 인물에게 감정이입[21]을 하면서 재미를 경험한다.

재미있는 이유의 50%는 인물에 대한 재미이다. 도술담에서는 도술을 부리는 인물, 도술로 인해 이익을 보는 인물, 도술로 인해 손해를 보는 인물, 도술을 구경하는 인물 등이 고르게 나온다. 도술과 등장인물의 관계를 살펴보면 어떠한 재미를 경험하는지를 파악할 수 있다.

도술을 부리는 대표적인 인물은 전우치이다. 전우치는 도술 행위의 주체로서 온갖 도술을 행한다. 아동독자는 도술을 행하는 전우치에게 감정이입하여 그와 함께 도술을 부리면서 재미를 경험한다. 전우치가 부리는 도술을 평가해보면 민생의 구원자로서 즉각적으로 현실 문제를 해결하고, 의로운 관리로서 부패한 정치와 관료를 징벌하며, 때로는 자신의 감정에 따라 원한을 갚기도 한다. 이처럼 전우치의 도술이 일관성을 보이지 않고, 삽화 나열적으로 구성된 것은 〈전

21 감정이입은 연구 분야에 따라 설명의 편차를 보이기는 하나 여기서는 자신의 감정을 자연계나 타인에게 무의식적으로 투사하고, 그들이 자신과 같은 감정을 가지고 있는 듯이 느끼는 것(한국문학평론가협회, 『문학비평용어사전』, 2006)으로 사용하겠다.

우치전〉의 독특하면서도 문제적인 성격이다.[22] 이러한 특성은 〈전우치전〉을 영웅도 악한도 아닌, 그리고 아직 의식화되지 않은 부정형(不定形)의 주인공이 보여주는 도술 퍼레이드로 만들고, 전우치는 이야기 속에 갇혀 있는 주인공이 아니라 접근성을 지닌 인물로 존재하게 한다.[23] 이에 아동독자는 전우치의 인간적인 면에 끌리게 되고, 그에게 감정이입하여 함께 도술을 행하면서 재미를 만끽한다. 장난을 좋아하는 친구와 작당모의를 하듯이 전우치와 함께 도술을 즐긴다. 아동독자가 도술과 관련된 인물에 감정이입하여 느끼는 재미는 다음과 같다.

첫째, 도술을 통해 우월한 인물을 점점 약올리는 재미를 느낀다. 백성들은 흉년까지 겹쳐 끔찍하고 참혹하게 살고 있는데 벼슬하는 이는 권세를 다투기에 바빠 백성의 고통에 관심을 기울이지 않는다. 이에 '세상을 집으로 삼고 백성을 몸으로 삼아, 반드시 잘못을 바로잡으리라.' 결심한 우치는 세상으로 나아간다. 〈전우치전〉의 시대적 배경을 알게 되면서 아동독자는 전우치가 임금을 향해 부리는 도술을 역모가 아닌 의롭고 정당한 도술로 인정하게 된다. 이에 아동독자는 임금을 향한 도술 행위의 정당성을 확보한 채 전우치와 함께 우월한 존재인 임금을 약올리는 도술에 가담한다.

반응34 : 왕이 바보 같음
반응35 : 임금의 어리석음을 우치가 통쾌하게 혼내주니 마음이 통쾌해진다.
반응36 : 임금에게 정말 쌤통이라고 생각이 들만큼 정말 좋았다.
반응37 : 전우치가 임금을 놀려주는 장면이 재미있었다.

22 서유경, 앞의 논문, 2008, 202면
23 조혜란, 앞의 논문, 2003, 78면.

반응38 : 임금이 전우치의 재주에 또 다시 속아서 임금이 어리석은 것 같아 재미있다.

현실적으로 추앙받아야 할 존재인 임금은 그 권위가 사라지고 어리석은 존재로 추락하게 된다(반응34, 반응35, 반응38). 아동독자는 전우치와 함께 임금을 골탕먹이면서 재미를 느낀다(반응36, 반응37).

둘째, 업신여기거나 괴롭혔던 인물에게 복수를 하면서 재미를 공유한다. 우치를 하찮게 여겼던 운생과 설생, 벼슬아치가 된 우치를 들볶았던 선전관들, 역적모의의 죄를 뒤집어 씌우려 했던 왕연희는 우치에게 복수를 당하게 된다. 당혹스럽고, 화가 나서 어쩔 줄 모르는 이들을 보면서 아동독자는 통쾌하고 속시원함을 느낀다.

반응39 : 자신을 업신여기는 설생과 우생에게 본때를 보여줘서

반응40 : 놀렸던 사람(설생과 운생)이 쌤통이어서

반응41 : 우두머리 선전관이 전우치에게 당한 것을 생각하니 재미있어서

반응42 : 전우치를 꾸짖었던 선전관들이 뒤통수를 당하니까 재미있었다.

반응43 : 왕연희를 여우로 변신시켜 독특한 방법을 복수하는 것이 재미있었다.

설생과 운생의 중요한 부위를 사라지게 해서 당황스럽게 하거나(반응39, 반응40) 선전관들의 아내를 기생으로 불러오게 해서 선전관들을 당혹스럽게 만들고(반응41, 반응42), 왕연희를 꼬리가 아홉 달린 여우로 만들어 하인들에게 몽둥이 세례를 맞는 장면(반응43)을 읽으면서 아동독자는 속시원함을 느낀다. 그러나 전우치는 사람을 혼내주고 다시 원래대로 돌려놓는다. 복수라고는 하지만 혼쭐만 내줄 뿐 잔인하거나 치명적인 피해를 입히지 않는다. 이에 아동독자는 죄책감

없이 전우치의 도술을 즐기게 된다.

셋째, 전우치의 도술이 약자를 향하거나 민생 안정을 위해 사용하여 의로운 관리가 될 때 아동독자는 뿌듯함을 느낀다.

> 반응44 : 백성들이 전우치에게 양식을 받아서 행복해하는 게 재미있었다.
> 반응45 : 양반은 화가 나고 백성들의 삶이 조금 나아져서
> 반응46 : 백성들을 도와주어 백성들의 영웅이 되고 적으로 몰렸지만 태평한 모습을 보인 전우치의 모습이 웃겨서
> 반응47 : 전우치가 죽을 뻔한 억울한 사람을 살려서
> 반응48 : 우치가 도적인 사람들에게 독수리를 보내 벌을 주었다(남의 음식이고 남의 돈일 수 있으니)
> 반응49 : 도적들이 호사를 누리며 사는 게 얄미워서 바람으로 피해를 준 게 웃기다.

전우치가 황금들보를 팔아서 백성들에게 쌀을 나누어줄 때(반응44, 반응45, 반응46), 작은 실수로 사형에 처해진 장세창을 구해줄 때(반응47), 도적 떼의 두목인 엄준을 꾸짖을 때(반응48, 반응49) 아동독자는 전우치의 영웅적인 면에 매력을 느낀다.

전우치의 도술이 약자를 향할 때에는 전우치는 의협심을 가진 협객이 되고, 도술은 권선징악의 논리에 따른다. 권선징악은 시대를 막론하고 통하는 정서라서 권선징악을 지키는 전우치의 도술은 아동독자에게도 쾌감을 준다. 옛이야기에서는 주인공이 보답을 받고 악한 인물은 응분의 벌을 받음으로써 아동의 정의 실현에 대한 절실한 요구가 충족되는데, 이는 자신이 종종 부당한 취급을 받고 있다고 느끼는 아동에게는 일종의 위안이 되는 것이다.[24]

---

24 Bettelheim, Bruno., *Uses of enchantment*, 김옥순 · 주옥 역, 『옛이야기의 매력』,

넷째, 아동독자는 강림도령이나 서화담을 통해 진정한 도술이 무엇인지에 대한 깨달음을 얻는다.

> 반응50 : 전우치가 큰 것을 깨달아서
> 반응51 : 이기기만 하던 우치가 화담한테 져서
> 반응52 : 얕은 도술을 가지고 세상을 희롱하던 자신을 부끄러워하는 장면이 웃기다.

전우치만이 유일하게 도술을 부릴 수 있고, 전우치만이 승리를 거두는 결과를 만들지 않는다. 전우치와 비슷한 도술을 부리는 용담이 있으며, 선계에서 내려온 강림도령도 있고, 우치의 어리석음을 깨닫고 꾸짖어 줄 수 있는 서화담도 있다.

신선 설화에 나타난 전승집단의 의식을 살핀 연구[25]에서 전승집단은 도술을 제대로 하는 인물이 출현할 것을 기대한다고 하였다. 서화담은 도술을 좋은 곳에 쓰지 않는 동생이나 전우치를 꾸짖어 바른 일에만 쓰게 한다. 이는 도술을 제대로 하는 인물에 대한 흠모와 아울러 이런 인물의 출현을 기대하는 마음을 표현한 것이라 하겠다.

아동독자는 전우치에게 감정이입하여 재미를 추구하는 것에 멈추지 않는다. 전우치가 행하는 '도술'은 신선 세계에서 가능한 것이며, 인간의 능력을 초월하는 것이다. 도술담이 만들어지고 전승된 것은 인간 내부의 욕망을 형상화하여 실현함으로써 삶의 위안을 얻기 위함이었을 것이다. 불평등하고 혹독한 현실의 삶에서 이룰 수 없는 것들을 '도술'을 통해서 이루어낸다. 억울한 백성들을 도와주고, 백성을 핍박하는 관리들을 대신 혼내줄 수도 있다. 당대 독자들은 울

시공주니어, 1988.

25 최운식, 「신선 설화의 전승 양상과 한국인의 의식」, 『한국민속학』 44(1), 한국민속학회, 2006, 527면.

분과 억눌림을 도술담이라는 서사 형식을 빌려 해소하고, 삶의 위안을 얻게 된다.

아동독자도 마찬가지이다. 전우치가 도술을 부리는 동안 '나에게도 저런 도술 능력이 생긴다면'을 상상하였을 것이고, 전우치가 살았던 시대의 당대 문제가 아닌 아동독자가 살고 있는 지금 여기의 문제를 도술로 풀고 싶었을 것이다. 아동독자는 〈전우치전〉에 제시된 도술 중에서 특히 구름 타기, 변신술, 바람으로 이동하기, 그림으로 들어가기 등에 관심을 보였다.

첫째, 구름을 타고 하늘을 나는 도술이다. 신적 존재인 신선이 도를 닦아 자연을 벗하면서 부릴 수 있는 도술에 해당한다. 임금에게 황금들보를 만들라고 명령하러 갈 때, 전국의 방방곡곡을 다니며 백성들의 모습을 살필 때, 전우치는 구름을 타고 다녔다.

> 아동독자1 : 구름을 타는 거요. 빨리 이동할 수 있으니까요.
> 아동독자3 : 구름을 타고 날 수 있으면 좋겠어요. 다들 한번쯤은 늦잠도 자는데… 늦을 때나 교통이 막힐 때 날아서 가면 편하지 않을까요?
> 아동독자8 : 구름을 타는 것은 고도의 능력이 필요해요. 구름에 앉는 것 자체가 불가능하잖아요.

아동독자는 차가 막히는 도로 위에 있거나 늦잠을 자고 싶을 때 구름 타기를 상상하게 된다. 빠르게 흘러가는 구름을 보면서 빨리 원하는 곳에 가고자 구름 타기를 꿈꾸었을 것이다.

둘째, 변신술이다. 전우치는 사물을 다른 대상으로 바꾸거나 자신을 다른 대상으로 바꾼다. 전우치가 무기의 창과 칼을 나무로 변화시키거나 호조에 있던 은을 청개구리로 변화시킨 것이 전자라면, 엄준과 싸울 때 솔개로 변신하여 성문 안에 날아 들어간 것이나 왕연희로 모습을 바꾼 것은 후자에 해당한다.

> 아동독자2 : 변신술이요. 변신하면 재미있는 상황이 벌어질 수 있고, 그 사람 입장에서 정보를 알 수 있고요. 능력, 재미, 갖고 싶은 거 다 변신술이요. 제 스스로 변하는 거요. 다른 사람으로 변하고 싶어요.
>
> 아동독자4 : 변신해서요 골려먹게요. 학교에 골리고 싶은 사람이 있어서요. 가고 있으면 호랑이로 변신해서 어흥하고, 다시 사자로 변신해서 또 놀라게 해요.

변신을 하게 되면 다른 사람으로 변해서 정보를 알 수 있고, 그 사람의 마음을 헤아릴 수 있게 될 것이라고 하였다(아동독자 2). 변신을 통해 다른 사람의 비밀을 알게 되는 재미를 맛볼 수 있는 것이고, 결국 정보를 캐내어 자기에게 유리하게 행동할 수 있는 도술이 되기도 한다. 한편 아이다운 발상으로 다른 사람을 놀려주기 위해서 변신을 상상하기도 한다(아동독자 4). 전우치가 그러했듯이 나를 괴롭히는 사람을 혼내주거나 놀려주기 위해서 변신을 꿈꾸기도 한다.

변신은 설화, 고전소설, 현대소설, 영화, 드라마, 애니메이션 등 서사의 대표적인 환상 주제이다. 〈디워〉, 〈미녀는 괴로워〉, 〈트랜스포머〉, 〈태왕사신기〉에서 변신은 '환생', '성형', '복제', '현신'의 형식으로 시대의 문제를 해결하고 초극하고자 하는 의지를 반영한다. 결국 변신은 세계를 이해하고 구성하는 방식이자 현실에 대응하는 논리의 기제가 되며 이를 통해 인간이 욕망하는 가상현실을 드러낸다.[26] 변

26 김소은, 「변신 이야기에 나타난 '변신'의 논리와 현실 대응방식 고찰」-〈디워〉, 〈미녀는 괴로워〉, 〈트랜스포머〉, 〈태왕사신기〉를 중심으로-, 『우리문학연구』 40, 우리문학회, 331-332면.

신은 '지금의 나'보다 더 나은 존재, 초인적 능력을 가진 존재나 멋있는 존재를 욕망하는 상상력의 결과이다. 특정 애니메이션에서 '변신'은 핵심 서사 구조이기도 하다. 〈세일러 문〉에서는 "정의의 이름으로 널 용서하지 않겠다."라고 하면서 봉을 잡고 옷을 갈아입으면서 변신하고, 위험에 빠진 남자를 초능력과 특수 무기로 구해낸다. 유아가 변형이 자유로운 로봇 애니메이션이나 완구를 좋아하는 것도 만능을 꿈꾸는 상상력을 자극해주기 때문이다.

셋째, 바람을 일으켜서 사라지는 도술이다. 전우치는 회오리 바람을 일으켜서 억울한 장세창을 살려냈으며, 은자 도둑으로 몰린 한자경을 구하기도 하였다.

> 아동독자5 : 가지고 싶은 거 바람을 일으키는 거요. 바람을 일으키는 것은 세 보이고 멋있어 보이고, 자유자재로 익히면 공격이나 방어를 할 수 있으니까요.
>
> 아동독자7 : 갑자기 사라지는 도술은 자기 마음대로 학교 갔다가 다른 데 갈 수 있잖아요. 엄마한테 혼날 때 써요. 위기의 순간이죠.

바람을 일으켜서 그 순간 사라지게 하는 도술은 위기를 모면하는 방법 중의 하나이다. 엄마한테 꾸중을 듣거나 사고친 것이 들통나는 순간 아동독자는 어디론가 사라지고 싶어한다. 이때 바람을 일으킬 수 있다면 위기의 순간을 모면하는 것이 가능해진다. 바람을 다루는 것은 무림의 고수가 부릴 수 있는 고도의 기술이자 능력자의 표상이기도 하다. 아동독자는 이러한 능력자의 모습을 꿈꾼다.

넷째, 그림 속으로 들어가는 도술이다. 우치는 역적모의 죄로 잡혔을 때 그림을 그리고 그림 속으로 도주한다.

아동독자5 : 갖고 싶은 능력은 그림을 그려서 전우치가 들어가는 거요. 아무도 없는 공간에서 아무 사람한테 관여 받고 싶지 않아서 가보고 싶어요.

아동독자10 : 지구가 아닌 다른 공간에 가는 것이라서.

그림 속으로 들어가는 도술은 아동독자가 현실로부터 떠나고 싶은 욕망을 부담 없이 실현가능하게 해주는 환상이다. 그림 속의 시공간은 혼자 있고 싶을 때, 다른 공간으로 가고 싶을 때, 누구에게도 방해받지 않는 그런 곳이다.

그림 속으로 들어가는 도술은 서구 판타지에서 1차 세계에서 2차 세계로 들어가는 관문과 같은 역할을 한다. '그림'을 매개로 현실 세계와 상상의 세계가 연결된다. 영화 〈전우치〉에서는 그림 속으로 들어가는 도술을 통해 전우치를 오랜 시간 봉인하기도 한다. 그림 속으로 들어가는 도술은 특정 인물을 과거에서 현재로 불러와 시간을 초월하게 만들기도 한다.

당대의 〈전우치전〉 향유자들이 불가능한 현실 세계의 욕망을 도술을 통해서 꿈꾸었듯이 지금 여기의 아동독자도 그러하다. 멋있게 보이고 싶고, 편한 세상을 꿈꾸고 싶고, 무료한 일상에 변화를 주고 싶고, 때로는 혼자만의 세계에 있고 싶고, 전지전능한 힘을 가지고 싶어한다. 도술담에서는 이러한 욕망을 도술을 통해 풀어낸다. 도술을 꿈꾸는 시공간은 아동독자의 현실 세계를 바탕으로 한다. 이러한 인간의 욕망이 이는 시공간을 초월하여 도술담이 지속적으로 수용되는 이유이다.

6. 나오며

재미를 경험하는 주체로서 아동독자를, 아동독자가 재미있게 읽을 가능성과 친연성이 높고, 특정 주제로 초점화할 수 있는 텍스트로 〈전우치전〉을 선택하고, 재미의 실체를 포착하기 위해서 독서 후 재미 관련 질문지와 소규모 집단 인터뷰를 실시하여 도술담에 대한 재미를 논의하였다.

아동독자가 〈전우치전〉을 읽고 재미있다고 생각한 장면은 독자가 예측하지 못했던 방향으로 이야기가 진행되거나 이야기의 몰입을 유도하는 텍스트적 특성을 가지고 있다. 재미있다고 생각한 이유는 등장인물의 말과 행동, 소재나 사건, 텍스트적 표현 방식, 교훈과 깨달음을 담은 주제 등으로 범주화할 수 있다.

아동독자는 〈전우치전〉을 읽으면서 도술의 과정과 결과에서 관련된 인물에게 감정이입을 한다. 주로 전우치에게 감정이입을 하면서 그와 함께 도술을 부리면서 재미를 경험한다. 우월한 상대를 약올리는 재매, 우치를 업신여겼거나 괴롭혔던 인물에게 복수할 때 느끼는 쾌감, 약자를 향하는 도술을 행할 때 느끼는 뿌듯함, 강림도령이나 서화담과 같은 존재에게 배우는 깨달음을 경험한다. 〈전우치전〉에 나오는 도술은 이야기 자체의 재미로만 그치지 않는다. 도술담은 아동독자의 현실 삶과 관련되어 있으며, 도술은 현실의 욕망을 해결해 주는 장치가 된다. 아동독자는 구름 타기, 변신술, 바람으로 이동하기, 그림으로 들어가기 등과 같은 도술에 관심을 보였는데, 이러한 도술은 아동독자가 현실에서 겪는 어려움을 해결하는 상상을 하게 만드는 도구이다.

고전소설은 천편일률적 형식, 복선화음 또는 권선징악의 도덕적 아포리즘, 우연적 사건으로 이어지는 스토리라인, 황당무계한 사건과 소재들의 특성을 가지고 있는 것으로 알려져 있다.[27] 〈전우치전〉도 위의 네 가지 특성을 가지고 있다. 그러나 도술로 인한 황당무계한 사건과 소재들은 아동독자가 재미를 느끼는 부분이다. 이 재미는 웃기고 신기하고 황당한, 그래서 무한히 상상할 수 있는 그러한 원초적인 것이다. 도술담의 흥미와 재미는 도술 자체에서 시작되지만 여기에서 그치지 않는다. 도술을 행하는 인물과 도술에 영향을 받는 인물, 이들의 관계 파악은 도술담의 의미를 발견하는 핵심이다. 도술의 과정, 결과와 관련된 인물에 감정이입을 하면서 으쓱거림과 통쾌함, 연민, 뉘우침 등의 감정을 공유한다.

'전우치가 행한 가장 멋진 도술은? 전우치가 행한 가장 웃긴 도술은? 전우치가 도술을 부리다가 가장 창피한 순간은?'과 같이 전우치의 도술 자체에 대한 논의에서 출발하여 '도술로 인해 가장 화가 났을 인물은? 도술로 인해 가장 피해를 입은 인물은? 도술로 이익을 본 인물은? 〈전우치전〉의 인물 유형은? 전우치의 도술은 역적모의 죄인가, 아닌가?'와 같이 도술과 인물의 관계로 확장하여 살펴볼 수 있다.

당대의 문학 현상을 논의하는 화제로서 '당대의 독자는 〈전우치전〉을 읽으면서 어떤 감정을 느꼈을까? 어떠한 계층에서 〈전우치전〉을 좋아했을까? 백성들은 전우치를 어떻게 평가했을까? 〈전우치전〉의 이야기 구조가 삽화 나열적으로 제시된 이유는 무엇일까? 〈전우치전〉은 당대 독자에게 어떤 역할을 했을까?' 등을 이야기 나누어 볼 수 있다.

지금 현재의 문학 현상과 관련하여 '이 시대에 전우치라는 인물을 어떻게 평가할 수 있는가? 영화 『전우치』, 드라마 『전우치』와 같이 고전이 재생산되는 이유는 무엇인가? 인간은 왜 도술을 부리고 싶어

---

27 김성룡, 「고전 서사문학을 중심으로 본 환상의 미학적 특성 연구」, 『국어교육』 102, 한국국어교육연구회, 2000, 334면.

하는가? 이러한 도술 이야기가 게임이나 애니메이션으로 끊임없이 재생산되는 이유는 무엇인가? 도술과 상상력과 이야기는 어떤 관련을 가지는가?' 등과 같은 논의를 이끌어낼 수 있다.

〈전우치전〉에서 '도술'에 주목하게 되면 도술담에 대한 의미를 탐구할 수 있다. 도술담은 왜 생산되었는지, 도술담이 당대 수용자에게 어떠한 영향을 주었고, 현대의 독자에게는 어떠한 영향을 주었는지, 도술담의 문학성은 어디에서 찾아야 하는지, 도술담을 생산하고 소통하는 인간의 심리는 무엇인지에 관한 문화적 논의가 가능해진다.

도술담은 옛날 선조들이 가지고 있었던 상상력을 무한하게 펼쳐 보이는 이야기이다. 도술의 세계, 초월적 존재에 대한 희구는 예나 지금이나 통하는 보편적 이야기이기도 하다. 인간의 삶에는 욕망이 있고, 도술이 욕망을 실현시켜주는 상상의 장치가 되기 때문이다. 도술을 소재로 한 드라마나 게임이 지속적으로 만들어지는 것도 이를 향유하는 독자가 시공간을 초월하여 존재하기 때문이 아닐까 싶다.

참고문헌

〈자료〉

김남일 글, 윤보원 그림, 『전우치전』, 창작과비평사, 2014

〈논저〉

김성룡, 「고전문학의 재미와 고전문학교육의 의미」, 『고전문학과 교육』 28, 한국고전문학교육학회, 2014.

김성룡, 「고전 서사문학을 중심으로 본 환상의 미학적 특성 연구」, 『국어교육』 102, 한국국어교육연구회, 2000.

김성일, 「재미는 어디서 오는가」, 한국심리학회 연차학술대회 논문집, 2007.

김소은, 「변신 이야기에 나타난 '변신'의 논리와 현실 대응방식 고찰」-〈디워〉, 〈미녀는 괴로워〉, 〈트랜스포머〉, 〈태왕사신기〉를 중심으로-, 『우리문학연구』 40, 우리문학회, 2013.

김혜영, 「판타지 소설의 재미 담론 연구」 강원대학교 박사학위논문, 2011.

류수열, 「고전시가 독서의 재미 요소 탐구」, 『고전문학과 교육』 26, 한국고전문학교육학회, 2013.

박삼서, 「〈전우치전〉의 교육소 발견과 그 의미」, 『古典文學 어떻게 가르칠 것인가』(이상익 외편), 집문당, 1994.

서유경, 「〈전우치전〉 읽기의 문화적 확장 탐색」-〈전우치전〉과 〈브루스 올마이티〉의 관련성을 중심으로-, 『독서연구』 20, 한국독서학회 2008.

서혜은, 「〈전우치전〉의 대중화 양상과 그 소설사적 의미」, 『어문학』 115, 한국어문학회, 2012.

신재홍, 「고전소설의 재미 찾기」, 『고전문학과 교육』 26, 한국고전문학교육학회, 2013.

염은열, 「고전문학 '학습(學習)'의 경험과 '재미'의 문제에 대한 논의, 『고전문학과 교육』 28, 한국고전문학교육학회, 2014.
오세정, 「〈전우치전〉의 현대적 다시쓰기와 그 의미」 -아동용 출판물을 중심으로, 『인문학연구』 86, 충남대학교 인문과학연구소, 2012.
이지영, 「환상동화 텍스트의 재미 요소 연구」, 『한국아동문학연구』 24호, 한국아동문학학회, 2013.
조혜란, 「민중적 환상성의 한 유형」-일사본 〈전우치전〉을 중심으로-, 『고소설 연구』 15, 한국고소설학회, 2003.
최운식, 「신선 설화의 전승 양상과 한국인의 의식」, 『한국민속학』 44(1), 한국민속학회, 2006.
한국문학평론가협회, 『문학비평용어사전』, 2006.
한용민, 「〈전우치전〉의 환상성을 활용한 문학교육 방법 연구」 단국대학교 석사학위논문, 2010.
Bettelheim, Bruno., *Uses of enchantment,* 김옥순 · 주옥 역, 『옛이야기의 매력』, 시공주니어, 1988.

고전소설교육에서 새롭게 읽는 재미
: 홍계월의 양성성 형성의 양상과 의미[*]

- <홍계월전> '한중연 45장본'을 중심으로 -

조광국[**]

1. 들어가기

고전소설교육 현장에서 학습자들은 얼마나 재미있어 할까? 초등, 중등, 고등 교육에서 고전소설교육을 담당하는 자들이라면 한번쯤 그런 질문을 하지 않는 이가 없을 것이다. 그런데 재미나 흥미라는 것이 주관적이어서 사람마다 다르며, 마찬가지로 고전소설에 대한 재미나 흥미 또한 사람마다 다를 수밖에 없다. 고전소설 작품을 읽고 어떤 사람은 흥미를 느끼지만 어떤 사람은 그렇지 않을 수도 있고, 두 사람이 동시에 흥미를 느낀다고 할지라도 흥미의 정도는 다르기 마련이다.

그러기에 고전소설교육에서 흥미를 제고하기 위해서, 특정의 고전소설 작품을 읽고 고전소설 전공자는 흥미를 느끼지만 학습자는 흥

* 이 논문은 한국고전문학교육학회 제93차 정기학술대회(2014.02.06.) 기획발표 논문을 수정한 것이다. 지정 토론자로서 양성성의 개념 설정에 조언해준 신재홍 교수께 감사드린다.

** 아주대학교 국어국문학과

미를 덜 느끼거나 흥미를 잘 느끼지 못한다고 가정할 필요가 있다. 이러한 가정 위에서 고전소설 전공자가 흥미롭다고 여기는 부분을 부각시켜서 그 점을 교수 방안으로 연계하면 될 것이다.[1] 여기에서 우리는 고전소설교육 분야가 고전소설의 연구 분야와 상호 보완적인 관계에 있다는 점을 새삼 강조하지 않을 수 없다. 고전소설 연구는 고전소설교육 분야에서 빼놓을 수 없을 텐데, 고전소설 전공자가 스스로 흥미를 느끼며 작품을 분석·연구한 것이 고전소설교육의 현장에서 학습자들에게 자연스럽게 재미있는 내용으로 연계될 수 있을 것이다.

본고에서는 〈홍계월전〉을 새롭게 읽는 재미를 제시하는 차원에서 '홍계월의 양성성 형성의 양상과 의미'를 추출해보고자 한다. 물론 그 연구 결과를 구체적인 학습활동으로 연계해내야 하겠지만, 그것은 교수 학습 현장에서 어렵지 않게 구안할 수 있는 것으로 보고 여기에서는 보류하기로 한다.[2]

문학 작품은 "이상적 계획 구상, 패러디식 낯설게 하기, 축제화, 가면극 등을 통해 양성간의 갈등을 극적으로 첨예화하고 서사적으로 농축시키고 서정적으로 집약시킴으로써 기존의 '성-젠더'의 시스템이 지니는 유효성을 '**유희적으로**' 무력하게 만들 수 있는" 매체다.[3] 그러

---

1 고전소설교육에서 많은 학습활동이 학습자의 흥미를 고취하기 위한 방안과 관련이 있다. 이를테면 고전소설 작품을 현대의 대중매체로 장르를 바꾸어보는 방안, 현대의 사회적 이슈와 관련하여 토론하거나 패러디하는 방안, 작품의 주제를 비판하여 글을 쓰는 방안 등을 마련할 때에 학습자의 흥미를 고려하곤 한다. 그런데 이런 것들은 흥미를 높이기 위한 '방법'과 '수단'에 치우친 것들이다.

2 고전문학교육 현장에서 본 논문의 "2. 홍계월의 양성성 형성을 둘러싼 세 인식 체계의 양상", "2) 인식 체계의 삼각대립 및 통합 양상"에 나오는 그림표 "여성의 양성성에 대한 인식 체계의 삼각대립"은 그 자체로 학습 활동 문제가 될 수 있다. 본 논문은 그런 학습활동 한 문제를 구안하기 위한 논문이라고 보아도 무방하다.

3 잉에 슈테판(Inge Stephan), 「문학학」, 탁선미·김륜옥·장춘익·장미영(역), 『젠더 연구』, 나남출판, 2002, 457면.

한 점에서 여성영웅소설은 많은 연구자들에게 매력적이라고 할 수 있는데, 그 중에서도 〈홍계월전〉은 기존의 '성-젠더' 시스템'에서 새로운 '성-젠더' 시스템으로 바뀌는 일련의 과정을 구현하고 있어서 특별히 주목을 끈다.

그간 〈홍계월전〉 논의에서 주된 논점은 '여성영웅서사'와 관련한 '여성의식'에 의미를 부여하는 것이었다. 그 여성의식이 '실제로 신장된' 여성의식을 반영한 것이라는 견해가 먼저 나왔다. 〈홍계월전〉, 〈정수정전〉과 같은 여성영웅소설에서[4] '여성영웅서사'는 '여성 우위에 의한 남녀 대립'(민찬)의 서사 구조를 수반하는바, 그런 여성영웅서사가 가부장제의 여필종부(女必從夫)·삼종지도(三從之道)·여도(女道)를 거부하는 여성의식과 표리관계를 이룬다고 본 것이다.[5] 이런 경향은 최근의 작품론으로 이어지며 세련성을 더하고 있다.[6]

그 후로 여성영웅소설에 구현된 여성의식이 과연 '실제로 신장된' 여성의식인지, 회의론이 일었다. 이인경 교수는 홍계월의 영웅적 활약이 신장된 여성의식과 관련된다는 점을 인정하면서도, 그 활약이

---

4 그밖에 여걸소설, 여성계영웅소설, 여호걸계소설, 여장군등장고소설, 여장군형소설 등의 용어가 사용되었다(이인경, 「홍계월전연구-갈등양상을 중심으로」, 『관악어문연구』 17, 서울대 국어국문학과, 1992, 223면).

5 손연자, 「조선조 여장군형 소설연구」, 이화여대대학원, 1982 ; 전용문, 「여성영웅소설의 계통적 연구」, 충남대대학원, 1988 ; 민찬, 「여성영웅소설의 출현과 후대적 변모」, 서울대대학원, 1986, 62-82면 ; 변형민, 「이조소설에 나타난 저항정신」, 『선청어문』 7, 서울대 국어교육과, 1976, 507-523면 ; 김용봉, 「〈정수정전〉과 〈홍계월전〉과의 대비 고찰」, 『청람어문학』 10, 청람어문학회, 1993, 65-88면 ; 차옥덕, 「여도 거부를 통한 남성 우월주의 극복: 〈홍계월전〉 〈정수정전〉 〈이형경전〉을 중심으로」, 『한국여성학』 15-2, 1999, 219-253면.

6 조은희, 「〈홍계월전〉에 나타난 여성의식」, 『우리말글』 통권 22, 우리말글학회, 2001, 195-218면. ; 정규식, 「〈홍계월전〉에 나타난 여성우위의식」, 『동남어문학』 13, 동남어문학회, 2001, 229-250면. ; 이유경, 「고소설의 전쟁 소재와 여성영웅 형상」, 『여성문학연구』 10, 한국여성문학학회, 2003, 138-157면. ; 김미령, 「〈홍계월전〉의 여성의식 고찰」, 『한국언어문학』 63, 한국언어문학회, 2007, 193-212면.

남성적 영역에 속하는 관념적 허상이어서 여성성을 상실한 아이러니를 보인다는 점을 갈파했으며,[7] 나아가 그러한 한계는 "여성영웅소설 전반이 공유하고 있는 의식의 한계"라고 지적하기에 이르렀다.[8] 그리고 사진실 교수는 〈정수정전〉을 대상으로 여성의 영웅적 활동이 "여성 해방 의식이 불가능한 상황에서 단지 흥미롭게 뒤집어 본 것일 뿐이고, 오히려 남자의 전유물이라는 통념을 보여준 것"에 불과하다는 평가를 내렸다.[9] '여성영웅서사'와 관련한 '여성의식'은 '실제'의 여성의식과는 거리가 멀다는 것이다.

한편 류준경 교수는 통계 자료를 바탕으로 〈홍계월전〉, 〈정수정전〉의 주된 독자층이 여성이 아니라 남성이었을 것이라 추정하고, 두 작품이 '당대의 여성의식의 영향'을 받아서가 아니라, '영웅소설의 장르관습의 자장' 안에서 남성 독자의 흥미를 높이기 위해 '장르적 돌파구'를 여는 중에 형성되었을 것이라고 보았다.[10] 이 연구는 여성영웅소설의 장르론을 심화시켰다는 점에서 주된 연구 가치를 지니며, 부차적으로는 여성영웅서사와 관련한 여성의식이 '실제'의 여성의식과는 거리가 있다는 견해를 방증함으로써 일정하게 연구사적 가치를 지니기도 한다.

〈홍계월전〉을 비롯한 여성영웅소설에 관한 연구사를 보자면, 처

---

7 이인경 앞의 논문, 245-246면.

8 이인경, 「여성영웅소설의 유형성에 관한 반성적 고찰」, 사재동 편, 『한국서사문학사의 연구 Ⅳ』, 중앙문화사, 1995, 1375면.

9 사진실, 「〈정수정전〉 이본의 계통과 변모양상」, 『한국고전소설과 서사문학 상』, 집문당, 1998, 573-574면.

10 류 교수는 '1930년 인구센서스'를 토대로 1890년 이전에 출생한 여자들 중에 한글을 읽을 줄 아는 여성이 6%에 불과하며, 그 수치는 전체 인구 중에서 독서 가능한 여성 인구 3%에 해당하며, 그 3%도 사대부 여성층이라는 점을 추정했다. 1890년 이전에 출생한 남자들 중에서 45%가 한글을 읽을 줄 알았다는 점을 들어 영웅소설 및 여성영웅소설의 독자는 대부분 남성이었을 것으로 추정했다(류준경, 「영웅소설의 장르관습과 여성영웅소설」, 『고소설연구』 12, 한국고소설학회, 2001, 12-18면).

음에는 '여성영웅서사'는 신장된 '여성의식'의 소산이라는 논의가 일다가 점차 그런 견해에 대한 회의론이 제기되었음을 알 수 있다. 이런 상황에서 장시광 교수는 여성영웅소설의 성취점을 '여성의식'에 연계하고 한계점을 유교적 이데올로기인 '효'에 연계하여[11] 돌파구를 열고자 했다. 그런데 그 이전의 연구자들을 포함하여 장 교수에 이르기까지 '여성의식'이라는 개념을 연구자들마다 편의대로 써왔던 탓에 '여성의식' 논쟁은 공허함을 벗어나기 어려웠다.

한편 박혜숙 교수는 '여성의식을 긍정과 부정의 이분법적 논리로 온전히 평가할 수 있을지' 회의하고, '서구 페미니즘 이론 및 실천의 역사에서 핵심적인 문제'였던 '평등-차이-정체성'의 개념을 활용하는 쪽으로 논의의 방향을 틀었다. 세부적으로 그 세 단계에 맞추어 여성영웅소설 작품들의 차별성을 밝혔는데 그중에 홍계월의 활약과 의식을 남녀 '평등'의 차원에서 해명했다.[12]

이지하 교수 또한 '주체와 타자'의 시각에서 여성의 '주체화 과정'을 논의하는 쪽으로 방향을 틀어 여성영웅소설의 의의와 한계를 밝혔다.[13] 그 후에 김정녀는 〈홍계월전〉에 대한 개별 작품론에서 홍계월의 영웅서사가 "타자와의 관계 속에서 주체를 경험하는 행보"를 보인다는 점을 짚어냈다.[14] 김정녀는 종래의 선행 논의들이 '작품 외

---

11 장시광, 「여성영웅소설에 나타난 여화위남의 의미」, 『한국고전여성문학연구』 2, 한국고전여성문학회, 2001, 302-338면.

12 박혜숙, 「여성영웅소설과 평등 · 차이 · 정체성의 문제」, 『민족문학사연구』 31, 민족문학사학회, 2006, 156-195면. 박 교수는 역사적 · 사회적 발전 과정을 지니는 서구의 페미니즘의 흐름과는 달리, 우리 여성영웅소설의 진보적 측면은 '사실의 차원이 아니라 허구의 차원에서', '논리의 차원이 아니라 문학적 형상의 차원'에서 이루어진 것으로 보았다(160면). 우리의 여성영웅소설이 세계 여성사의 보편적 문제를 외면한 것은 아니고, 조선적 특수성에 입각하여 문학적으로 형상화해 낸 것으로 보았다(190면).

13 이지하, 「주체와 타자의 시각에서 바라본 여성영웅소설」, 『국문학연구』 16, 국문학회, 2007, 31-57면.

적인 세계'와의 관계 속에서 홍계월의 진취성을 거론했던 것을 벗어나서 '작품 세계'에 초점을 맞추어 '홍계월의 주체적 행보'를 세밀하게 읽어내는 성과를 남겼지만, 그가 사용한 '타자'와 '주체'의 개념이 '타인'과 '나'의 상호관계를 의미하는 정도여서 이지하의 연구 시각에서 일보 후퇴한 것으로 보인다.

이처럼 여성영웅소설에 대한 논의는 '여성의식' 논의에서 '평등-차이-정체성' 논의와 '주체화' 논의로 흘렀다. 이들 논의는 세세한 차이에도 불구하고 공통적으로 여성이 가부장제 사회에 저항하며 입지점을 넓혀왔다는 점을 밝히는 데에 주력했다고 할 수 있다. '여성의 저항'이란 것은, 여성이 남성 중심의 가부장제 사회에서 통념상 남성에게 허용된 남성성을 형성하는 양상을 띠기에, 박혜숙 교수가 거론했듯이 '성-젠더 체계의 위반'을 함축한다.

그런데 '여성의 남성성 형성'의 양상은 개별 작품마다 편차가 있다. 〈홍계월전〉의 경우에는 계월이 남성성을 형성한 후에 여성성을 형성하고 궁극적으로는 '여성의 양성성 형성'의 특징을 보여주고 있어서 눈길을 끈다.[15] 더욱이 계월의 '양성성 형성'은 계월이 주도하기보다는 남성들이 주도하는 측면이 있어서 새삼 주목할 만하다. 구체적으로는 가부장제 사회의 중심축에 있는 남성들이 계월의 '양성성 형성'에 대해 서로 다른 견해를 노출하는가 하면, 계월의 인식 체계와 충돌을 일으키는 일련의 과정을 거쳐서 역설적이게도 가부장제의 틀을 벗어나는 지점에 도달한다. 선행 연구자들은 그 점을 놓쳤는데 그렇다면 남성들이 가부장제를 유지·보완하기 위해서 무의식적 혹

14 김정녀, 「타자와의 관계를 통해 본 여성 영웅 홍계월」, 『고소설연구』 35, 2013, 105-137면.

15 여성영웅 방관주가 '남성성 형성'으로 일관하는 〈방한림전〉과는 확연한 차별성을 지닌다.

은 의식적으로 노력하는 과정에서 주도적으로 계월의 양성성을 요구·인정함으로써 '기존의 젠더 위반'을 범하고 더 나아가 새로운 '성-젠더' 시스템을 이끌어냈다는 견해를 도출할 수 있다.

특히 여러 이본들 가운데 '한국학중앙연구원 45장본'은 결말 부분에서 둘째 아들을 친정아버지의 양자로 들여 친정가문을 잇게 하는 식으로 종래의 가문계승 방식과는 전혀 다른 방식을 구현해냄으로써, 새로운 '성-젠더' 시스템 창출에서 진일보한 면을 보여준다. 이에 본고에서는 '여성의 양성성 형성의 양상과 의미'에 초점을 맞추어 '한중연 45장본'을 중심으로 이본 논의를 겸하는 작품론을 펼치고자 한다.

한편 연구사를 살펴보면 작품을 작가의 의식, 독자의 반응, 작품이 출현한 당대의 상황 등 작품 외적인 것과 연계하여 분석할 때에 다소 자의적인 경향이 있었던바, 이를 피하기 위해 작품을 독립 세계로 보는 연구 시각이 일정 부분 자리를 잡아왔음을 알 수 있다. 본고에서는 그 연장선에서 〈홍계월전〉의 작품 세계에 한정하여 논의하고자 한다. 다만 '한중연 45장본'의 위상을 밝히기 위해서 편의상 이본 논의를 덧붙이고자 한다.

2. 홍계월의 양성성 형성을 둘러싼 세 인식 체계의 양상

페미니즘에서는 생물학적으로 남성과 여성을 가리키는 '성(sex)'과 사회문화적으로 형성된 남성성과 여성성인 '젠더(gender)'를 구분한다. 남성은 남성성을 '지니고 / 지녀야 하고' 여성은 여성성을 '지닌다 / 지녀야 한다'는 것은 생물학적 '성(sex)'의 본질과는 무관하게 사회문화 차원에서 후천적으로 형성된 것이며, 그러한 "성차(gender difference)가 남성과 여성 사이의 구조적 불평등의 토대가 되어 여성들은 필연적으로 사회 속에서 체계적으로 이루어지는 불평등을 경험한다."라고 본다.[16]

본고에서는 페미니즘에서 사용해온 젠더 차원의 '남성성'과 '여성성' 용어를 사용하고자 한다. 오늘날 페미니즘 논의는 확대·심화되었고 거기에 섹슈얼리티(sexuality) 개념까지 합쳐져서 매우 복잡해졌음은 물론이다. 하지만 〈홍계월전〉을 해명하는 데에 그런 세분화된 개념을 쓰지 않고 젠더 차원의 '남성성'과 '여성성' 개념을 사용해도 충분하다.

그런데 이들 용어를 사용할 때에 다음 사항을 전제로 하고자 한다. 홍계월이 '남성성'을 형성한다고 할 때에 한 순간에 완결된 남성성을 형성하는 것을 뜻하지 않고, 남성적 능력이나 역량을 획득·발휘하고 마침내 남성적 삶을 누리는 일련의 과정을 통해 남성성을 발현하는 것까지 포괄한다. 여성성의 경우에도 마찬가지다. 그런데 홍계월이 여성으로서 부덕(婦德)을 함양하고 여성적 삶을 누리는 일련의 과정이 상세하게 서술되지 않고, 결혼하여 시비를 잘 다스리고 자식들을 잘 길러내어 아내, 며느리로서 부족함이 없다는 내용이 몇 마디, 몇 구절로 서술되는 정도다. 하지만 얼마 되지 않는 분량일지라도 그 내용이 여성의 삶을 적절히 드러내는 것이어서 계월의 '여성성 형성'으로 연계해도 무리가 없다.

한 가지 더 고려해야 할 것이 있는데 '양성성(androgyny)'의 용어에 관한 것이다. 본고에서 말하는 양성성은 생물학적으로 '남근(男根)과 여근(女根), 즉 양성(兩性)의 생식기'를 한 몸에 지니는 양성성이 아니라, '**한**' 인간이 심리적으로나 사회적으로 남성적 역량과 여성적 역

16 팸 모리스 지음, 강희원 옮김, 『문학과 페미니즘』, 문예출판사, 1997, 14면.

량을 동시에 지니는 것을 의미한다. 그리고 한 인간이 남성성과 여성성을 구비하고 있다고 해서 '모든 상황에서 동시에' 양성성을 표출하는 것을 의미하는 것이 아니라, 어떤 상황에서는 남성성을 표출하고 다른 상황에서는 여성성을 표출하는 것을 의미한다. 부연하자면 남성성과 여성성이 작동하는 사회적 공간이 구분되어 있을지라도, 남성성이 작동하는 사회적 공간에서 남성적으로 활동하고, 여성성이 작동하는 공간에서 여성적으로 활동하면, 그 사람을 양성성을 지닌 자로 볼 수 있다는 것이다.

1) 계월의 양성성 형성 과정

홍계월의 일대기는 다음과 같이 '남성성 형성'의 국면, '여성성 형성'의 국면을 거쳐 '양성성 형성'의 국면에 이르는 일련의 과정을 수반한다('한중연 45장본'의 경우).

(a) 남성성 형성의 국면

① 여성으로의 탄생, 남복 차림
② 부모와의 이별, 여공의 구조·교육, 곽도사 문하에서 수학
③ 과거 급제, 서달의 난 진압, 부모 재회, 출세

(b) 여성성 형성의 국면

④ 계월의 여성 신분의 탄로, 계월의 여성복 착용
⑤ 천자의 혼인 명령, 홍무·여공의 동의, 홍계월의 혼인 수용
⑥ 남편에게 군례 요구, 남편의 애첩 처형, 오·초의 난 때 남편 조롱·질책(남성성의 돌출)

(c) 양성성 형성의 국면

⑦ 집안과 국가의 안녕 회복
⑧ 부귀영화

⑨ 둘째 아들의 친정가문왕실 승계

먼저 '(a) 남성성 형성'의 국면을 보자. 계월은 ① 여성으로의 탄생, 남복 차림, ② 부모와의 이별, 여공의 구조·교육, 곽도사 문하에서 수학, ③ 과거 급제, 서달의 난 진압, 부모 재회, 출세 등의 과정을 거치면서 '남성성 형성'의 삶을 보여준다. 남성적 능력을 함양하는 과정에서 계월은 하나를 배우면 열을 알 만큼 뛰어난 통찰력을 보여주며, 보국이 1년이 걸려도 다 깨우치지 못하는 것을 3개월 만에 습득할 만큼 뛰어난 능력을 발휘한다.[17]

다음으로 '(b) 여성성 형성'의 국면을 보자. 가부장제 사회의 남성들은 공적인 영역에서 남성적 역량을 획득한 홍계월의 영웅적 활약을 인정하게 되지만, 그때까지는 계월이 생물학적으로 여성이라는 사실이 밝혀지지 않은 상태였다.[18] 전쟁터에서 병이 든 홍계월을 진맥한 어의(御醫)에 의해 여자라는 사실이 밝혀지자, 계월은 생물학적으로 여성이라는 사실을 속이고 남자로 행세한 사실을 두고 벼슬을 내놓고 죄를 청한다. 하지만 천자는 벼슬을 거두기는커녕 조금도 염려하지 말고 갈충보국(竭忠報國)하라는 답변을 내린다.[19] 그런 일련의

---

17 민찬은 '남성에 대한 여성의 우월적 능력을 보여준 것'이라고 보았다. 박혜숙은 '계월이 자신을 사회적 남성으로 여기고, 자신이 남성과 대등하거나 남성보다 우월한 존재로 여겼다'라고 보았다(박혜숙, 170면). 또한 '생물학적 여성이 여성영웅으로 성장할 수 있는' 능력을 보여준다고 할 수 있다(김정녀, 117면). 어쨌든 계월과 보국이 둘 다 '남성의 영웅성'을 획득해가는 학습 과정 중에, 즉 '남성성 형성'의 과정 중에 계월이 보국보다 우월한 능력을 발휘한 것이라 할 수 있다.

18 부친인 홍무와 곽도사가 사적 영역에서 계월이 생물학적으로 여성임을 알고 있는 상태였지, 다른 남성들, 이를테면 여공은 그 사실을 모르는 상태였다. 홍무와 곽도사가 계월의 남성적 활약을 인정했을 때에도 계월은 공적 영역에서 여전히 남성복 차림으로 자신이 생물학적으로 여성이라는 사실을 숨긴 상태였다.

19 놀납고 일번 장ᄒᆞ나 츙효겸전ᄒᆞ여 반적을 소멸ᄒᆞ고 ᄉᆞ직안보ᄒᆞ기난 다 경의 河海갓튼 덕이을라. 朕이 웃지 女子을 허물ᄒᆞ리요 유지와 인슈을 도로 보나니 츄호도 과염치 말고 경은 갈츙보국ᄒᆞ여 짐을 도으라(이하 한중연 45장본)

과정은 '생물학적 여성의 남성적 활약'을 공론화하는 과정이라 할 수 있다. 그런데 계월의 남성성을 공론화하는 국면은 그 자체로 완결되지 않고 계월에게 여성적인 삶과 부덕(婦德)을 요구하는 새로운 국면을 수반한다.

천자는 계월이 규중에서 늙어가는 것을 불쌍하게 여겨[20] 계월의 혼인을 주선하자, 여공과 홍무는 천자의 결정을 흔쾌히 받아들인다.[21] 이에 계월은 "자식이 되어 부모 영을 어찌 거역하며 천자 하교(下教)를 어찌 배반하오리까"라며 순순히 결혼에 응하고, 결혼한 후에는 집안을 잘 다스리고 한가로울 때에는 시녀들과 바둑을 두는 등 부덕을 갖춘 아녀자로서 부족함이 없는 행실을 취한다.

그런데 계월이 온전한 '여성성 형성'의 국면에 이르기까지는 세부적으로 껄끄러운 두 단계를 더 거친다. 첫째 단계는 여성적 삶을 내면화하지 못하고 남성성을 표출하는 단계다. 계월은 부친에게 "소녀의 마음은 평생을 홀로 늙어 부모 슬하에 있다가 죽은 후에 다시 남자 되어 공맹(孔孟)의 행실을 배우고자" 했던 속마음을 털어 놓는다.[22] 이러한 심적 고통은 남성성 돌출 행위들로 이어진다. 계월은 남편에

20 짐이 元帥의 상쇼을 본 후로 ᄉᆞ렴이 만ᄒᆞᆫ지라 平國이 閨中의 홀노 늘그면 洪무의 혼ᄇᆡᆨ이 의지할 곳시 읍슬 거시니 웃지 슬푸지 안이ᄒᆞ리요 ᄯᅩᄒᆞᆫ 평국이 규중의셔 늘그미 불상ᄒᆞ니, 평국의 혼인은 짐이 듕ᄆᆡ 되고ᄌᆞ ᄒᆞ니 뜻시 웃더ᄒᆞ뇨

21 여공이 복지 쥬曰 폐하의 덕ᄐᆡᆨ으로 賢婦을 결친ᄒᆞ오니 감ᄉᆞᄒᆞ와 아뢸 말ᄉᆞᆷ 읍나이다 ᄒᆞ고 물너 나와 / 천자 曰 평국과 同學ᄒᆞ던 보국과 정코ᄌᆞ ᄒᆞ오니 경의 마음이 웃더ᄒᆞ요 위공이 쥬曰 하교 맛당ᄒᆞ여이다 평국이 죽을 목슘을 여공의 덕으로 살아삽고 친ᄌᆞ식갓치 길너 영화을 누리고 이별ᄒᆞ여던 부모을 만나게 ᄒᆞ고 ᄯᅩᄒᆞᆫ 보국과 동학ᄒᆞ와 도방급게(同榜及第)ᄒᆞ여 폐하 셩덕으로 작녹을 바다 萬里 戰場의 死生苦樂을 ᄒᆞᆫ가지 ᄒᆞ옵고 도라와 ᄒᆞᆫ 집의 거쳐ᄒᆞ오니 천정연분인가 ᄒᆞ나이다

22 계월은 여성으로 태어나 후천적으로 남성성을 형성한 상태였으며, 또한 여성으로 태어났기에 마땅히 여성성을 지녀야 한다는 사회적 통념을 송두리째 부정할 수 없는 상태였다. 독신으로 지내다가 내세에서 남자로 태어나기를 바라는 계월의 소망에는 현실세계에서 여성성 수용 요구를 거절하지 못하면서 이미 획득한 남성성을 고수하고자 하는 심리적 갈등상태가 담겨 있다.

게 군례를 행하게 하는가 하면, 남편의 애첩 영춘을 군법으로 처형하기도 한다.[23] 오왕 · 초왕을 진압하려다가 위기에 빠진 보국을 가리켜, "저러하고 평일에 남자라 칭하리요 나를 업신여기더니 이제도 그리할까"라고 꾸짖고, 적장처럼 꾸미고 보국을 조롱하기도 한다. 애첩 영춘이 처형된 후에 남편이 신방에 들지 아니하자, "뉘라서 보국을 남자라 하리요 여자에게도 비하지 못하리로다"라 하고 "남자 못 됨을 분하여 눈물을 흘리"기도 한다. 이러한 일련의 반응은 계월의 남성성이 돌출된 것인바, 계월은 '여성성 형성'을 자의반 타의반으로 수용하는 상황에서 일찍이 형성된 남성성 때문에 고통을 겪는다.[24]

둘째 단계는 현실적으로 계월이 심리적 고통에서 벗어나 여성의 삶을 받아들이되 타협점을 모색하는 단계다. 계월은 천자에게 남편으로부터 군례(軍禮)를 받게 해달라고 요청하고, 천자는 계월의 요청을 받아들여 군례에 필요한 5천여 명의 장졸에다 갑주와 기치창검 등의 품목을 갖추어 보낸다. 계월의 요구는 여성적 삶을 수용하겠으니 이미 획득한 남성적 능력을 인정해달라는 의미를 지니며, 천자의 답변은 계월의 남성적 역량을 인정하겠으니 여성적 삶을 살아달라는 의미를 지닌다.

계월은 '(b) 여성성 형성'의 국면에서 이미 획득한 남성성을 확정하는 타협 과정을 거쳐 '(c) 양성성 형성'의 국면'으로 진입하기에 이른다. '(c) 양성성 형성'의 국면은 '(b) 여성성 형성'의 국면과 자로 재듯이 경계를 가릴 수 있는 것이 아니라 서로 맞물리면서 이행하는 양상을 띰은 물론이다.

---

23 '남성성을 형성한 여성'(계월)과 '기존의 젠더 체계를 수용한 여성'(영춘)은 신분과 무관하게 서로 이질적이어서, 계월의 영춘 처형 사건을 두고 '여성의 연대가 **신분**을 극복하지 못하는 한계를 지닌다'는 쪽으로 해명하는 견해는 단견(短見)이다.

24 계월의 반응을 여성(계월)과 남성(보국)의 '성 대결' 구도로 한정할 수 없다.

'(c) 양성성 형성'의 국면을 보자. 계월은 결혼한 후에 규중처자로 지내다가 오왕·초왕의 반란으로 위기에 빠진 시부모·부모·천자를 구하고 황성을 회복한다. 계월은 규중에서는 여성복 차림을 하고 아녀자로서 본분을 다하다가도 천자가 부를 때에는 언제든지 조복(朝服)으로 갈아입고 조정에 나아간다. 계월은 양성성(남성성-여성성)을 조화롭게 발현하는 삶을 영위하게 된 것이다. 그런 중에 친정아버지는 초왕에, 시아버지는 오왕에 오르는 한편, 큰아들은 오국 태자에, 둘째 아들은 초국 태자에 봉해질 만큼 부귀영화를 누린다.

이렇듯 계월의 일대기는 생물학적인 여성으로 태어나서 사회문화적 젠더 차원의 남성성과 여성성을 차례로 형성하고 마침내 양성성을 형성하는 삶의 궤적을 담고 있다. 그런데 생물학적 여성인 계월이 남성적 능력을 획득하는 것은 사회문화적 젠더의 경계를 위반하는 것이어서 문제적이다. 물론 계월이 생물학적 여성에 맞게 여성성을 형성함으로써 '젠더 경계의 위반'을 약화시키는 측면이 있지만, 남녀 성 역할이 엄격히 구분된 상황에서 계월의 '양성성 형성'이 지니는 '젠더 경계의 위반'의 의미는 변하지 않는다.

2) 인식 체계의 삼각대립 및 통합 양상

기존의 '성-젠더' 체계는 가부장제 체계인지라 계월의 '양성성 형성'은 가부장제 사회-작품 안의 가부장제 사회-에 저항하는 의미를 지닌다. 그런데 계월의 '양성성 형성'을 둘러싸고 당사자 홍계월을 비롯하여 여보국(남편), 천자, 조정신하들, 홍무(부친), 여공(시아버지), 곽도사(스승) 등이 저마다 다르게 인식한다. 이들 인물들의 인식 체계는 크게 (1) 여보국의 인식 체계, (2) 천자·조정신하·홍무·여공·곽도사의 인식 체계, (3) 홍계월의 인식 체계로 삼분할 수 있는데, 이들 세 인식 체계는 삼각대립의 양상을 띤다. 이들 세 인식 체계가 서로 대립의 양상을 띠는 기점은 계월의 진맥을 짚어본 어의에 의해 계월이 생물학적인으로 여성이라는 사실이 밝혀지는 때다.

먼저 천자・조정신하・홍무・여공・곽도사의 인식 체계[제2의 인식 체계]와 홍계월의 인식 체계[제3의 인식 체계]가 대립하는 국면을 보자. 영웅적 활약을 벌이고 있는 계월이 생물학적으로 여성이라는 사실이 밝혀진 후에 두 인식 주체들은 공히 '여성의 남성성 형성'은 인정하지만, '여성의 여성성 형성'에 대해서는 이견을 보인다. 물론 전술(前述)했듯이 계월이 천자의 요구를 수용하는 것으로 되어 있지만 아직은 내면화하지 못한 상태였던 탓에 두 인식 체계가 대립하는 양상을 띤다. 즉, 생물학적인 여성은 응당 남자와 결혼해야 한다는 천자・조정신하・홍무・여공・곽도사의 인식 체계[제2의 인식 체계]와, 남성적 성향만을 내세우는 홍계월의 인식 체계[제3의 인식 체계]가 맞서는 양상을 띠는 것이다. 도식화하자면 여성의 '(남성성, 여성성)'에 대해, 천자・조정신하・홍무・여공・곽도사의 인식 체계 '(+, +)'와 홍계월의 인식 체계 '(+, -)'가 대립하는 양상을 띤다.

여성의 양성성(남성성, 여성성)에 대한
인식 체계의 '삼각대립'

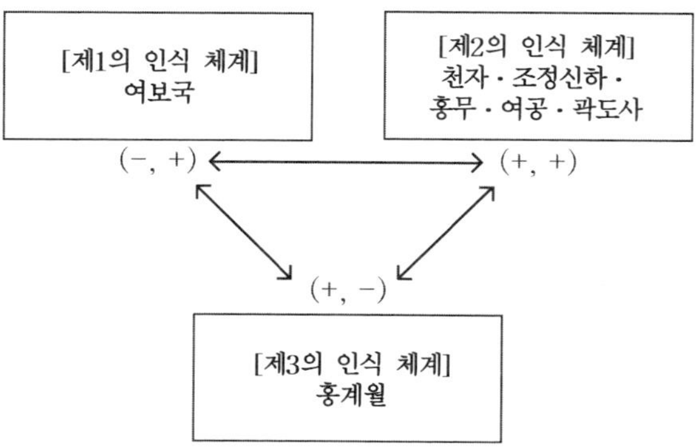

다음으로 홍계월의 인식 체계[제3의 인식 체계]와 여보국의 인식 체계[제1의 인식 체계]의 대립은 홍계월이 여성임이 밝혀진 후에 홍계월과 여보국의 격한 갈등으로 구현된다. 여보국은 계월과 혼인하게 되자 남편의 권위를 내세워 계월을 아내로 통제하려고 하지만, 홍계월은 보국의 뜻에 순종하지 않고 오히려 혼례 전에 기회를 엿보아 보국에게 군례를 행하게 하고, 남편의 첩인 영춘을 군법으로 처형하며,[25] 남편을 수하로 거느리고 출장하는 등 대장부의 면모를 유감없이 발휘한다. 계월이 아내로서의 부덕(婦德)을 보이지 않자 보국은 부친 엄공에게 고자질하자, 계월은 그런 보국을 가리켜 '누가 보국을 남자라 하리요', '저러하고 평일에 남자라 칭하리요 나를 업신여기더니 이제도 그리할까'라며 보국을 조롱한다.[26] 이처럼 보국은 생물학적 여성이라면 응당 부덕을 갖추어 남편에게 복종하는 여성성을 띠어야 한다고 생각함에 반해, 계월은 생물학적 여성일지라도 사회문화적 차원의 여성성을 거부하고 남성성을 지닐 수 있으며 심지어 얼마든지 남성보다 월등할 수 있다고 생각한다. 여성의 '(남성성, 여성성)'에 대하여 계월의 인식 체계 '(+, -)'와 보국의 인식 체계 '(-, +)'가 대립하는 양상을 띠는 것이다.

그리고 여보국의 인식 체계[제1의 인식 체계]와 천자·조정신하·홍무·여공·곽도사의 인식 체계[제2의 인식 체계]는 가정 공간에서 여공과 보국의 부자간 견해 차이로 구체화된다. 보국은 계월이 애첩을 처형한 일, 자신을 중군장으로 거느리고 출전하는 일 등을 놓고 아버지 여공에게 불평하지만, 여공은 번번이 홍계월을 두둔할 뿐이다. 심

---

25 영춘은 남편이 아끼는 첩이다. 홍계월이 영춘을 군법으로 다스려 처형한 것은 홍계월과 영춘의 대립 혹은 여성과 여성의 대립으로 보기 어렵고, 문맥상 홍계월과 남편의 대립으로 보는 것이 합당하다.

26 박혜숙 교수가 밝혔던 것처럼, 이 조롱에는 '여성성 / 남성성'은 생물학적인 '여성 / 남성'과는 무관하게 형성될 수 있다는 홍계월의 인식이 바탕에 깔려 있다.

지어 여공은 계월을 '비록 네 아내는 되었으나 벼슬을 놓지 아니하고 의기 당당하니 족히 너를 부릴 사람'이라며 계월의 남성적 능력이 보국보다 우위에 있음을 천명할 정도다. 양쪽 모두 계월의 여성성을 인정하지만 남성성은 인정하지 않는 보국의 인식 체계 '(-, +)'와 남성성을 인정하는 천자 · 조정신하 · 홍무 · 여공 · 곽도사의 인식 체계 '(+, +)'가 대립하는 양상을 띤다.

이들 세 인식 체계는 각각 대립하다가 모두 계월의 양성성을 인정하는 지점에 도달하는데, 그 과정에서 지속적으로 중심을 잡는 인식 체계는 천자 · 조정신하 · 홍무 · 여공 · 곽도사의 인식 체계[제2의 인식 체계]이다. '천자-조정신하-홍무-여공-여보국'의 축은 '가부장제의 정점(천자)-상류층(조정신하)-가부장(홍무 · 여공)-가장(여보국)'으로 가부장제의 중심축이다. 애초에 가부장제의 중심축은 사회문화적 젠더 체계에 따라 홍계월의 남성성은 인정하지 않고 여성성만을 인정하는 인식 체계를 형성하고 있었다고 볼 수 있다. 작품에서는 그 점이 명확하게 드러나 있지는 않지만, 계월을 남성으로 알고 있을 때에는 계월의 남성적 활약을 당연하게 여기고 있다가 계월이 여성이라는 사실이 밝혀졌을 때에 경악하는 반응에서 추론할 수 있다. 그 후에 가부장제의 중심축에서 인식 체계의 분열이 일어나, 여성의 남성성을 인정하지 않고 여성성만을 인정하려는 인식 체계를 지속적으로 견지하는 보국의 인식 체계와, 여성의 남성성도 인정하게 되는 천자 · 홍무 · 신하들 · 여공의 인식 체계로 나뉘게 되었다고 볼 수 있다.

제1의 인식 체계에서 제2의 인식 체계가 분화되고, 그 와중에 제3의 인식 체계까지 자리를 잡음으로써 이들 인식 체계 사이의 삼각대립이 형성되었다고 할 수 있는데, 이는 '성-젠더' 시스템의 변화의 정도가 그만큼 크다는 것을 함축한다. 이에 곁들여 여성의 양성성을 인정하는 제2의 인식 체계는 제1의 인식 체계, 제3의 인식 체계와 서로 맞물리면서 대립하는 가운데 형성되어갔음은 물론이다. 그런데 주목할 만한 것은, 천자·조정신하·홍무·여공·곽도사의 인식 체계[제2의 인식 체계]가 중심이 되어 보수적인 제1의 인식 체계와 진보적인 제3의 인식 체계를 모두 끌어들여 사회적 차원에서 통합적 인식 체계로 자리를 잡음으로써 기존의 '성-젠더' 시스템과는 다른 새로운 '성-젠더' 시스템을 창출해내기에 이른다는 것이다. 이것이 홍계월의 '양성성 형성'이 지니는 〈홍계월전〉의 작품적 함의다.

통합적 인식 체계로 자리를 잡는 천자·조정신하·홍무·여공·곽도사의 인식 체계[제2의 인식 체계]와 관련하여 한 가지 더 살펴볼 것이 있다. 계월은 '주변 상황에 이끌려 후천적으로 획득한 남성적 능력'을 기르게 되었던바,[27] 계월에게 영향력을 행사하고 계월을 이끈 이들이 남성들이라는 점이다. 이를테면 곽도사는 계월의 상을 보고 '오세에 부모 이별, 십팔 세에 부모 재회, 그 이후의 공후 복록'을 예언하고, 그 예언에 따라 부친 홍무는 계월에게 남성복을 입혀 길렀다. 계월은 곽도사와 부친에 의해 남성성을 형성하는 '**계기**'를 맞았던 것이다. 그 후에 계월은 장사랑의 난, 수적 장맹길에 의한 고난을 거친 후에 '**교육**'을 받았는데 그 교육은 도략과 병법 등 남성적인 것이었으며, 그 교육을 담당한 이도 여공과 곽도사 등 남성이었다.[28] 특히 곽도사는 계월에게 '평국(平國)'이라는 이름을 부여할 만큼 계월이 '남성적 역량을 마음껏 발휘할 수 있게끔' 해준 장본인이기도 하

---

27 여성영웅소설에서 여주인공이 '기질적, 자발적으로 영웅이 되는 경우'와 '상황에 이끌려 영웅의 길을 간 경우'로 나눌 수 있다. 전자로는 〈방한림전〉, 〈이형경전〉, 〈옥주호연〉 등이 있고, 후자로는 〈이대봉전〉, 〈정수정전〉, 〈황운전〉, 〈홍계월전〉 등이 있다(이지하, 앞의 논문 34-39면 ; 김정녀, 앞의 논문, 110-111면).

28 작품 후반부에서 여공이 홍계월이 여자임을 알고 놀란 것으로 보아, 여공은 강물에서 구해냈을 때에 홍계월을 남성으로 보았다고 할 수 있겠다. 반면에 곽도사는 작품에는 직접적으로 기술되어 있지 않지만, 일찍이 홍계월의 앞날을 예언했던 자이기에 변복한 계월의 실체에 대해 알고 있었으리라 추정할 수 있다.

다. 그리고 훗날 계월의 남성성을 '**공론화**'하는 과정에서 큰 영향력을 행사한 이는 천자를 비롯한 조정신하들이다. 또한 가정이라는 '**사적 공간**'에서도 보국의 불평을 들어주지 않고 계월의 편을 들어주는 이는 다름 아닌 보국의 아버지인 여공이다.

이렇듯 어린 시절부터 성인이 되기까지 계월이 형성한 남성성은 '남성에 의해' 그 계기가 주어지고 '남성에 의해' 교육을 받아 '남성에 의해' 공인되는 일련의 과정 속에서 이루어진다. 다른 한편으로 남성적 능력을 마음껏 발휘하고 남성으로 살고자 하는 계월에게 보국과 결혼하여 젠더 차원의 여성적 삶을 살라고 요구한 이가 바로 천자였고 그런 결정을 환영한 이들이 홍무와 여공이었다는 점도 빼놓을 수 없다. 계월은 '남성에 의해' '여성적 삶'을 사는 계기를 맞고 '남성에 의해' '여성적인 삶'을 살아가는 추동력을 얻었다고 할 수 있다.

이처럼 남성적 영역의 삶과 여성적 영역의 삶을 아우르는 계월의 삶은, 제2의 인식 체계를 지닌 '남성에 의해' 혹은 '남성의 요구에 의해' 이루어지는 과정을 밟는다. 계월의 '(a) 남성성 형성→ (b) 여성성 형성→ (c) 양성성 형성'의 과정은 홍계월이 주도하는 것이 아니라 남성들이 먼저 주도하고 계월이 나중에 호응하는 양상을 띠는 것이다. 요컨대 〈홍계월전〉의 작품 가치는 가부장제의 중심축에서 주도적인 인식 체계의 변화를 통해 '여성의 양성성'을 수용·공인하여 새로운 '성-젠더' 시스템을 창출해냈다는 데에 있다.

3. '한중연 45장본' 이본의 위상 및 가치

주지하다시피 우리 고전소설은 여러 이본과 함께 존재한다. 〈홍계월전〉도 예외가 아니어서 '성-젠더' 시스템 창출의 편폭이 이본마다 다르다.

1) '한중연 45장본'의 이본적 위상

정준식 교수는 〈홍계월전〉 이본을 '한중연 45장본 계열'과 '단국대 103장본 계열'로 대별했는데, 앞쪽 계열은 1차 출정(서번·가달의 침공) 후 계월과 보국이 혼인하여 갈등을 보이다가 2차 출정(오·초 양왕의 반란) 후에 화해하면서 종결되고, 뒤쪽 계열은 3차 출정(오왕의 아들과 초왕의 아들의 침공)과 4차 출정(오왕의 손자와 초왕의 손자의 침공)이 더해져서 군담이 보다 확대된다는 점을 밝혔다.[29]

이들 두 계열은 홍계월의 '양성성(남성성과 여성성) 형성'의 양상과 관련하여[30] 각각 두 계열로 세분할 수 있어서, 모두 네 계열로 나눌 수 있다. 구체적으로는 계월의 양성성(남성성과 여성성) 형성 중에서 계월의 '여성성 형성'은 모든 이본들이 비슷한 양상을 보이고, 계월의 '남성성 형성'이 네 계열에서 다른 양상을 보이고 있어서, 계월의 '남성성 형성'을 바탕으로 이본 계열을 나눌 수 있다. 특히 1차, 2차, 3차, 4차 출정의 군담(軍談)을 통해 계월의 '남성성 형성'이 차별적으로 구현된다.

---

29 정준식 교수는 박경원의 이본 계열 논의를 보완·수정했다(박경원, 「〈홍계월전〉의 구조와 의미」, 부산대학교 석사학위논문, 1991, 8-20면). 정 교수는 모든 이본이 '곽도사의 예언 구도'에 따라 작품이 전개된다는 점을 짚어내고, '예언 구도'가 두 차례 나오는 '단국대 103장본 계열'과 '예언 구도'를 축소한 '한중연 45장본 계열'로 나누었다. '단국대 103장본 계열'은 3차, 4차 침공이 잘 갖추어져 있는 반면에, 나머지 이본은 그렇지 않음을 짚어냈다. 특히 '단국대 103장본'을 선본으로 보고, 나아가 '단국대 103장본'이 18세기쯤에 출현하고, 그 후에 '한중연 45장본'이 나중에 나왔을 것이라고 출현 시기를 비정했다(정준식, 「〈홍계월전〉 이본 재론」, 『어문학』 101, 한국어문학회, 2008, 247-279면).

30 양성성 형성, 남성성 형성, 여성성 형성 등에서 '형성'은 '발현'의 뜻까지 포괄한다(본고 2항 참조).

먼저 '단국대 103장본 계열'은 1차 · 2차 출정에 이어 3차 · 4차 출정으로 군담이 확대되거니와, 3차 출정을 보면 오왕의 아들과 초왕의 아들이 침공하자, 남편 보국이 홀로 대원수로 출정하여 승리하는 것으로 되어 있다.[31] 상대적으로 보국의 활약과 위상이 높아지는 양상을 보인다. 그런데 세부적으로는 4차 출정에서 출정하는 보국과 계월의 위상에 따라서 제1 계열과 제2 계열로 세분해 볼 수 있다.[32]

제1 계열에는 단국대 59장본, 단국대 96장본이 있다. 4차 출정에서 홍시랑과 여공이 각각 오왕과 초왕이 되어 부임하는 도중에 오왕의 손자와 초왕의 손자의 매복 · 공격으로 위기에 처하는데 뒤따라간 보국이 구출하는 것으로 되어 있다. 홍계월이 배후에서 양가 부모를 구하라고 지시하는 것으로 되어 있지만, 4차 출정에서의 승리는 계월의 직접적인 개입 없이 보국의 영웅적 활약으로 이루어진 것이어서 상대적으로 보국의 남성적 활약상이 1차, 2차 출정 때에 비해 강화되었다고 할 수 있다.

제2 계열에는 단국대 103장본이 있다. 3차 출정에서 보국의 높아진 위상이 4차 출정에서 지속되지 않는다. 오왕의 손자와 초왕의 손자가 매복 · 공격할 때 보국이 뒤따라갔지만 직접적인 영웅적 활약을 펼치지 않고 계월의 예언으로 오 · 초의 매복 공격을 피하는 것으로 설정되어 있다. 뒤이어 오 · 초 양왕의 손자들이 재차 공격하자

---

31 단국대 57장본과 단국대 74장본은 낙장이어서 뒤쪽 내용을 잘 알 수 없다. 57장본은 왕의 아들과 초왕의 아들이 침공한다는 장계가 올라온 것 이후는 낙장이어서 그 내용을 확인할 수 없다. 그리고 74장본은 오초 양왕의 아들의 침입하자 보국이 대원수로 출정하여 승리하고 곽도사와 공도사가 도술전을 펼치는 내용도 있지만, 그 이후는 낙장이어서 4차 출정 때의 내용은 알 수 없다. 한편 한중연 60장본은 초왕의 종실 왕공윤이 아들과 동생의 원수를 갚기 위해 복병을 두었는데 홍시랑과 여공이 각각 초왕과 오왕이 되어 본국으로 돌아간 것으로 되어 있는바, 논리상 파탄을 보인다(위의 논문, 263-264면).

32 정준식 교수가 밝혔듯이 단국대 57장본과 단국대 74장본은 뒤쪽이 떨어져 나간 낙장본이고, 한중연 60장본은 논리상 파탄을 보이므로, 논외로 한다.

그때에는 대원수 계월과 중원수 보국이 함께 출정하여 승리하는 것으로 되어 있다. 제1 계열에 비해 제2 계열에서 계월의 남성적 역량이 강화됨을 알 수 있다.[33]

한편 '한중연 45장본 계열'에는 단국대 37장본, 단국대 46장본, 단국대 47장본, 단국대 62장본, 한중연 35장본, 한중연 45장본, 한중연 47장본, 한중연 49장본, 활자본(10종)이 있다.[34] 이 계열은 3차·4차 출정 대목이 없고 1차·2차 출정으로 한정된다. 이들 이본들을 제3 계열이라 부르기로 한다. 1차 출정에서 보국은 대원수 평국[홍계월]의 지휘를 받는 중군장으로 출정하는데 적장과의 싸움에서 죽을 위기에 처했다가 평국의 도움으로 겨우 살아나고, 군령을 어긴 죄를 물어 처형하겠다는 평국에 의해 수치스러운 상황을 맞는다. 2차 출정에서는 보국이 대원수 계월의 휘하인 중군장으로 출정하는 것에 대해 불만을 토로하지만 받아들여지지 않으며, 오왕·초왕의 항복을 받고 돌아올 때에는 적장으로 변장한 홍계월에게 조롱을 당하기도 한다. 1차·2차 출정을 통해 보국보다 우월적인 계월의 남성성이 구현되는 것이다. 보국의 영웅적 활약상을 확보하는 3차 출정을 지니는 제1 계열, 제2 계열과는 달리, 애초부터 3차·4차 출정이 없는 제3 계열은 계월의 영웅적 활약상을 지속적으로 유지하고 있어서, 앞의 두 계열에 비해 계월의 영웅적 활약상이 강조된다고 할 수 있다.

제3 계열인 '한중연 45장본 계열' 중에서 '한중연 45장본'은 특징적인 모습을 보이기에 제3 계열과 구분하여 제4 계열로 부르기로 한다.

---

33 전투 중에 계월이 위기에 빠지자 곽도사가 도술을 부림으로써 그 위기를 모면하고 적을 섬멸한다. 곽도사의 도술 도움이 있긴 하나, 남녀에 초점을 맞추면 홍계월의 위상이 보국의 위상보다 높다.

34 정준식, 앞의 논문.

제4 계열('한중연 45장본')에는 "차자는 성을 홍이라 하여(次子은 姓을 洪이라 ᄒᆞ여)"라는 의미가 큰 구절이 들어 있다. 이 계열은 제3 계열에 비해[35] 둘째 아들을 아내[친정]의 성을 따라 친정가문을 잇게 할 만큼, 그것도 국가·사회 차원에서 공인할 만큼, 계월의 영웅적 활약상을 보다 두드러지게 구현했다고 할 수 있다. 요컨대 제1 계열에 비해 제2 계열에서, 제2 계열에 비해 제3 계열에서, 제3 계열에 비해 제4 계열에서 계월의 영웅적 남성성이 강화되는 양상을 보여준다.

제1 계열에서 제4 계열로 갈수록 계월의 영웅적 활약 내지는 남성성이 강화되는데 그에 상응하여 계월의 양성성도 강화되었다고 볼 수 있다.[36] 부덕(婦德)이나 여성성에 관한 서사나 서술 내용이 확대되지는 않았지만, 계월의 남성성이 강하게 표출될수록 계월에게 여성성을 요구하는 강도와 계월이 여성성을 수용하는 고통의 심도가 커진다고 볼 수 있고, 그에 상응하여 '양성성 공인'의 정도도 강해진다. 남성성이 강하게 표출되는 4계열에서 남성 중심의 가부장제 사회의 근간이 흔들리는 역설의 심도가 강해지는 것은 그 점을 잘 말해준다.[37] 결국 제1 계열에서 제4 계열로 갈수록 계월의 '양성성 형성'의 진폭이 확대된다고 할 수 있다.

---

35 제3 계열의 '회동서관 활자본'에서는 둘째 아들(3세대)이 친정아버지(1세대)의 양자가 되지 않고 단지 친정아버지의 봉작을 이어받는 정도에서 그친다.

36 양성성을 지향하고 있을 때에 남성성이 강하게 나타난다고 해서 양성성 형성이 약화되는 것은 아니다. 남성성의 양상이 강한 〈홍계월전〉 45장본은 "가부장제 사회에서 자체의 존속을 위해 여성의 양성성을 인정하는 특단의 조치를 내렸는데 역설적이게 가부장제의 경계를 넘어서 가부장제의 근간을 흔들 수 있는 새로운 사회 체제를 선보인 점"은 그 점을 잘 말해준다.

37 이에 대해서는 다음에 이어지는 "2) 둘째 아들로 친정가문·왕실 잇기"와 "4. 마무리"에서 상세히 언급했다.

2) 둘째 아들로 친정가문·왕실 잇기

한편 '한중연 45장본'은 둘째 아들로 친정가문을 잇게 함으로써 가부장제 체제에서는 찾아볼 수 없는 새로운 가문계승 방식을 구현했다. 다음은 '한중연 45장본' 끝 대목의 일부다.

> 이쯰 쳔즈 위공의 베슬[벼슬]을 승품(陞品)ᄒᆞ실ᄉᆡ, 洪武로 楚王을 봉ᄒᆞ시고, 呂公으로 오왕을 봉ᄒᆞ시고, … "오초 양국이 政事를 폐ᄒᆞᆫ지 오라오ᄆᆡ[오래매] 급피 치힝[⇒치행(治行)]ᄒᆞ여 가 國事을 다ᄉᆞ리라." ᄒᆞ시고, 길을 ᄌᆡ촉ᄒᆞ시니, 오초 양王이 황은을 축ᄉᆞᄒᆞ고 물너 나와 치힝을 ᄎᆞ려 써날ᄉᆡ, 부즈부녀 셔로 이별ᄒᆞᄂᆞᆫ 정이 비할 ᄃᆡ 읍더라. 이젹의 승상 보국이 나희 四十五歲(라), 三男一女을 두여스니[두었으니] 영민 춍혜ᄒᆞᆫ지라. 長子로 吳國 ᄐᆡᄌᆞ을 봉ᄒᆞ여 보ᄂᆡ고, **<u>次子은 姓을 洪이라 ᄒᆞ여 楚國 太子을 봉ᄒᆞ여 보ᄂᆡ고,</u>** 三子는 공문거족(公門巨族)의 셩취(成娶)ᄒᆞ여 베슬[벼슬]할ᄉᆡ 충셩으로 님군을 셤기고 百姓을 仁義로 다ᄉᆞ리넌지라[다스리는지라].[38]

밑줄 친 대목에서 보듯 홍계월은 여보국의 아내로 3남 1녀를 두었는데 둘째 아들의 성(姓)을 '여'가 아니라 '홍'으로 했다. 선행 연구자도 그 점을 포착하긴 했지만, 작품 마지막에서 부연하는 정도로 한 줄도 채 되지 않은 적은 분량이어서 그런지, 그 구절에 대해 "무리한 발상이며 파격적이기까지"라고[39] 몇 마디의 인상적 기술로 그쳤을 뿐, 별다른 의미를 부여하지 않았다. 하지만 우리 소설 가운데 친부모와 한 가정을 이루는 상태에서 어떤 자식은 아버지의 성을 따르고 어떤 자식은 어머니의 성을 따르게 설정한 작품이 있는가.[40]

---

38 〈홍계월전〉 한국학중앙연구원 45장본. 문장 부호, ( )와 [ ]는 필자가 덧붙인 것이다.
39 김미령, 앞의 논문, 203면.
40 우리나라 민법에서는 자식이 어머니의 성을 따르는 것을 허용하지만, 자녀들 중에

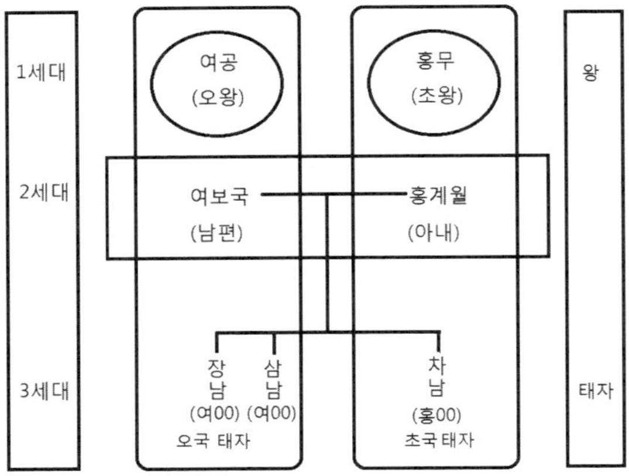

한편 전통적인 가부장제 사회에서는 가문이 끊기는 상황에 놓이면 형제의 아들이나 그보다 더 범위를 넓힌 친족의 후손 중에서 양자를 들여 가문을 잇게 했다. 첩의 자식으로 가문을 잇게 할 수도 있었다. 그런데 홍씨 가문에서는 둘째외손자(출가한 딸의 둘째 아들)를 입양하여 가문을 잇는 혁신적인 방식을 택했다. 더욱이 그 방식은 '신하의 가문' 차원에 머무르지 않고, 가부장 홍무가 초왕으로 봉해진 후에 태자를 정하는 '왕실' 차원으로 격상된다.

오왕(여공)의 태자는 큰손자로 결정되고, 초왕(홍무)의 태자는 둘째손자로 결정되는바, 세대적으로 큰손자와 둘째손자는 3세대여서 각각 왕세손으로 삼아야 마땅할 텐데, 그렇게 하지 않고 2세대를 건너뛰어 3세대를 태자로 삼는다. 이러한 왕위 계승 방식은 자연적인 세대 설정 방식을 넘어서 명분론을 따른 것에 해당한다.

작품 제목이나 작품 내용을 미루어 볼 때 여씨 가문에 비해 홍씨 가문이 보다 비중이 큰 위상을 차지한다. 그런 여씨 가문에서 외손자(출가한 딸의 둘째 아들)가 아들의 명분을 얻어 가문·왕실을 계승하

서 한쪽은 아버지의 성을 따르고 다른 쪽은 어머니의 성을 따르는 것을 인정하지는 않는다. 부모 중 하나의 성을 따라야 한다.

는 것은 종래의 가부장제 사회에서는 찾아볼 수 없는 새로운 계승 방식이다. 더욱이 그러한 계승 방식은 천자 · 조정신하 · 홍무 · 여공의 동의와 허락을 통해, 즉 국가 · 사회 차원의 공인(公認)을 통해 수용되는 양상을 보인다.

홍계월의 친정아버지가 초왕으로 봉해지고, 둘째 아들이 친정에 입양되어 가문 · 왕실을 계승하기까지의 과정은, 계월의 '(a) 남성성 형성→ (b) 여성성 형성→ (c) 양성성 형성' 과정의 연장선상에 있다. 거기에는 앞항에서 언급했듯이 계월의 양성성을 인정하는 천자 · 조정신하 · 홍무 · 여공 · 곽도사의 인식 체계가 자리를 잡고 있는데, 그 인식 체계는 여성으로 태어난 계월에게 사회문화적인 '남성성 형성'의 기회를 제공하고, 계월의 남성적 활약을 인정할 뿐 아니라, 계월이 남성과 결혼하게 하는 등 '여성성 형성'을 요구하고, 종국에는 계월의 '양성성 형성'을 공인하는 인식 체계다. 홍계월의 둘째 아들이 친정의 가문 · 왕실을 계승한 사건이 의미하는 바는 천자 · 조정신하 · 홍무 · 여공 · 곽도사의 인식 체계가 새로운 통합적 인식 체계로 부상하게 되었다는 것이다.

4. 마무리

본고에서는 고전소설교육에서 흥미를 제고하기 위해서는 기존의 연구 내용과는 달리 새롭게 작품을 분석 · 해명하는 것이 중요하다고 보았다. 그 일환으로 홍계월의 일대기가 생물학적인 여성으로 태어나서 사회문화적 젠더 차원의 남성성과 여성성을 차례로 지니게 되는바, 생물학적 여성의 '양성성 형성'이 사회문화적 젠더의 경계를 무너뜨리는 것이어서 문제적이라는 점에 주목했다.

홍계월의 '양성성 형성'의 삶은 가부장제에 순응하지 않는 저항의 의미를 지닌다. 그런데 계월의 '양성성 형성' 과정에는 남성들이 큰 비중을 차지해서 눈길을 끈다. 선행 연구자들은 이 점을 놓쳤는데, 계월의 '남성성 형성'은 '남성에 의해' 계기가 주어지고, '남성에 의해' 교육을 받아 남성성을 형성하고, '남성에 의해' 남성성이 공인되는 양상을 띤다. 또한 계월은 '남성에 의해' 여성성을 형성하는 계기를 맞으며 궁극적으로 계월은 '남성에 의해' 양성성을 형성하게 된다. 요컨대 가부장제 사회에서 계월이 삶의 영역을 넓혀간 데에는 가부장제의 중심축인 남성들의 영향력이 매우 컸던 것이다.

그 과정에서 홍계월의 양성성(남성성, 여성성)에 대해 여보국의 인식 체계[제1의 인식 체계] (-, +), 천자 · 조정신하 · 홍무 · 여공 · 곽도사의 인식 체계[제2의 인식 체계] (+, +), 홍계월의 인식 체계[제 3의 인식 체계] (+, -)가 서로 맞물리며 대립한다. 그러한 삼각대립의 과정을 거쳐서 궁극적으로는 천자 · 조정신하 · 홍무 · 여공 · 곽도사의 인식 체계 (+, +)가 새로운 통합적 인식 체계로 자리를 잡는다. 이는 홍계월의 양성성이 '남성에 의해' 사회적으로 공인되는 것과 표리 관계를 이룬다. 그런데 이 인식 체계는, '남성-남성성'과 '여성-여성성'의 경계를 짓는 종래의 '성-젠더' 시스템에서 변화 · 분화되어 나와 '여성-남성성 · 양성성'을 인정하는 새로운 '성-젠더' 체계를 구현함으로써 진취성을 획득한다.

특히 〈홍계월전〉의 이본 중에서 '한중연 45장본'은 둘째 아들로 친정가문 · 왕실을 계승하는 설정을 통하여 진취성의 폭을 확대했다. '공후작록을 누릴 것이요 명망이 천하에 가득할 것이니 가장 길하도다.'라는 곽도사의 예언과 '네가 만일 남자 되었던들 우리 문호(門戶)를 더욱 빛낼 것을 애닯도다.'라는 부친의 탄식어린 기대를 받을 만큼, 외동딸 홍계월은 처음부터 가문을 빛낼 인물로 설정된다. 그에 상응하여 계월은 '가문을 빛낼' 남성적 역량을 함양하는 교육을 받고 영웅적 활약을 거듭하고 그 과정에서 천자의 요구로 여보국과 혼인한 뒤 현모양처가 되고 마침내 큰아들은 시아버지 오왕의 태자가 되고, 둘째 아들은 성을 '홍씨'로 고쳐 친정의 가문·왕실을 잇는 후사로 삼기에 이른다. 이렇듯 홍계월이 형성한 양성성은 시가(여씨 가문)뿐만 아니라 친정(홍씨 가문)을 일으켜 세우는 핵심적인 요소로 자리를 잡는다.

〈홍계월전〉의 작품 가치는 가부장제의 중심축에서 주도적으로 '여성의 양성성'을 수용·공인하는 인식 체계의 변화를 통해 새로운 '성-젠더' 시스템을 창출했다는 점에서 찾고, '한중연 45장본'의 이본 가치는 둘째 아들로 친정가문·왕실의 후사를 잇게 하는 혁신적인 체제를 열었다는 점에서 찾을 만하다. 요컨대 〈홍계월전〉 '한중연 45장본'은 가부장제 사회에서 자체의 존속을 위해 여성의 양성성을 인정하는 특단의 조치를 내렸는데 역설적이게 가부장제의 경계를 넘어서 가부장제의 근간을 흔들 수 있는 새로운 사회 체제를 선보인 것이다.[41] 물론 〈홍계월전〉에서 창출된 가문 잇기 방식이 작품 세계 '**안**'에서 '**유희적으로**' 설정되고 그 혁신적인 체제가 '**틈새**'에서 이루어지긴 했지만.

41 남성과 여성의 대립을 통해서 여성의 자유가 확보된다는 극단적인 페미니즘을 보완할 필요가 있다. '여성의 양성성 형성'을 남성 쪽에서도 주도할 수 있음을 〈홍계월전〉이 여실히 보여주기 때문이다.

참고문헌

김미령, 「〈홍계월전〉의 여성의식 고찰」, 『한국언어문학』 63, 한국언어문학회, 2007.

김용봉, 「〈정수정전〉과 〈홍계월전〉과의 대비 고찰」, 『청람어문학』 10, 청람어문학회, 1993.

김정녀, 「타자와의 관계를 통해 본 여성 영웅 홍계월」, 『고소설연구』 35, 2013.

류준경, 「영웅소설의 장르관습과 여성영웅소설」, 『고소설연구』 12, 한국고소설학회, 2001.

민 찬, 「여성영웅소설의 출현과 후대적 변모」, 서울대대학원, 1986.

박경원, 「〈홍계월전〉의 구조와 의미」, 부산대학교 석사학위논문, 1991.

박혜숙, 「여성영웅소설과 평등 · 차이 · 정체성의 문제」, 『민족문학사연구』 31, 민족문학사학회, 2006.

변형민, 「이조소설에 나타난 저항정신」, 『선청어문』 7, 서울대 국어교육과, 1976.

사진실, 「〈정수정전〉 이본의 계통과 변모양상」, 『한국고전소설과 서사문학 상』, 집문당, 1998.

손연자, 「조선조 여장군형 소설연구」, 이화여대대학원, 1982.

이유경, 「고소설의 전쟁 소재와 여성영웅 형상」, 『여성문학연구』 10, 한국여성문학학회, 2003.

이인경, 「여성영웅소설의 유형성에 관한 반성적 고찰」, 사재동 편, 『한국서사문학사의 연구 Ⅳ』, 중앙문화사, 1995.

이인경, 「홍계월전연구-갈등양상을 중심으로」, 『관악어문연구』 17, 서울대 국어국문학과, 1992.

이지하, 「주체와 타자의 시각에서 바라본 여성영웅소설」, 『국문학연구』 16, 국문학회, 2007.

장시광, 「여성영웅소설에 나타난 여화위남의 의미」, 『한국고전여성문학연구』 2, 한국고전여성문학회, 2001.
정규식, 「〈홍계월전〉에 나타난 여성우위의식」, 『동남어문학』 13, 동남어문학회, 2001.
정준식, 「〈홍계월전〉 이본 재론」, 『어문학』 101, 한국어문학회, 2008.
조은희, 「〈홍계월전〉에 나타난 여성의식」, 『우리말글』 통권 22, 우리말글학회, 2001.
차옥덕, 「여도 거부를 통한 남성 우월주의 극복 : 〈홍계월전〉 〈정수정전〉 〈이형경전〉을 중심으로」, 『한국여성학』 15-2, 1999.
Braun, Christina von. & Stephan, Inge (ed), *Gender-Studien*, 탁선미 · 김륜옥 · 장춘익 · 장미영(역), 『젠더 연구』, 나남출판, 2002.
Morris, Pam, *Literatuer and feminism*, 강희원 옮김, 『문학과 페미니즘』, 문예출판사, 1997.

학습자 주도적인 '비교' 활동을 통한 고전문학교육의 새로운 길 찾기*

- '재미' 찾기를 위한 대학 신입생 대상 수업의 사례 보고를 통해 -

박경주 **

1. 서론

이 글에서는 현재를 살아가는 우리가 예전의 자료를 가르치고 공부한다는 고전문학교육의 기본적 속성에 의거하여, 고전문학교육의 새로운 교수 학습 방법으로서 '학습자 주도하의 비교 활동'을 제안하고자 한다. 구체적으로는 대학교 국어국문학과에 갓 입학한 1학년 학생들의 첫 학기 수업에서 고전문학에 대한 재미를 찾게 하기 위해 '비교' 활동을 진행한 사례 보고 형식을 갖추고 있다.[1] 그간 한국고전

* 이 논문은 2015년 8월 12일 한국고전문학교육학회 제99차 여름정기학술대회에서 '고전문학의 재미, 흥미, 의미'라는 기획 주제의 하나로 필자가 발표한 '비교의 방식을 활용한 고전문학 학습의 재미 찾기-국문과 1학년생 대상 전공 수업의 사례 보고를 통해'라는 제목의 원고를 수정, 보완한 것이다.

** 원광대학교 국어국문학과

1 김성룡은 '교육'은 사회적으로 재생산할 이념이나 가치, 지식 등을 보전할 필요가 있을 때 더욱 공고화되고 굳건한 제도로 자리하게 되는 대단히 공적인 활동임에 비해, '학습'은 학습자의 개인적인 필요에 의해 이루어지는 사적이고 이기적인 행위로 탈제도적인 속성을 지닌다고 보고, 고전문학을 교육하는 활동과 고전문학을 학습하는 활동을 나눠 접근할 필요가 있다고 하였다. 현재 대학에서의 고전문학교육

문학교육학회 기획주제를 통해 고전문학교육, 혹은 고전문학과 재미를 연결시키는 다양한 논의들이 진행되었는데, 본고에서는 그 결과를 점검, 정리한 후 이를 대학 수업에 적용하는 사례 연구를 시도하고자 하는 것이다.

고전문학 교과목이 교육과정이나 실제 수업에서 소외되어 가는 상황에 대해서는 우리 연구자 모두 구체적으로 실감하고 이에 대한 문제의식을 지니고 있다. 수요자 즉 학생 중심으로 흘러가는 교육계의 흐름 속에 이러한 현상이 가속화되는 가운데, 특히 초·중·고교 교육과정이나 수업에서는 아직은 유효한 고전문학에 대한 당위나 명분이 대학에서는 보장되지 못해 대학의 교육과정이나 수업에서 고전문학의 위치는 계속 약화되는 추세라고 할 수 있다.

초·중·고교의 교육과정이 교육부의 감독하에 이루어져 공동의 규약 아래 편성되는 데 반해, 대학에서 교육과정의 문제는 상당 부분 대학에 자율성이 부여되는 까닭에 그 대학의 교육목표나 해당 학과 교수들의 가치관에 따라 좌우되는 경향성을 띤다. 그런데 대학이 학문의 전당으로서의 위치를 보장받을 수 있었던 과거와는 달리, 취업률에 중심을 둔 교육부의 평가에 따라 서열이 정해지고 그 결과가 대학의 존폐를 결정할 만큼 중요해진 요즈음의 상황에서, 대학이 지닌 교육과정 편성에 대한 자율성은 오히려 학문의 자유를 옥죄는 족쇄가 되어간다. 그 과정에서 인문학 전반이 위축되는 부작용이 일어나며, 국어국문학 내에서 고전문학은 현재의 텍스트를

은 교육부로부터의 제도적, 공적 권위가 부여되지 않은 상태에서 대학 자율적인 성격으로 구성되며, 그 결과 대학의 경쟁이 강조되는 현 시점에서 학습자의 개인적 필요에 의해 이루어지는 활동의 개념으로서의 '학습'에 점차로 가까워지고 있다. 이 글은 이러한 문제의식에 기반해 학습자가 주도함으로써 고전문학에 재미를 느낄 수 있는 주요 방법으로 '비교' 활동을 제안하고자 하는 것이다. 김성룡, 「고전문학교육과 고전문학교육학」, 『국어교과교육연구』 8, 국어교과교육학회, 2004, 1-23면.

대상으로 하지 않고 텍스트 독해가 상대적으로 어렵다는 점 때문에 국어학이나 현대문학보다 학생들의 선호도가 낮아지는 결과를 초래하고 있다.[2]

이 글은 이러한 대학 국어국문학과의 현재 입지를 고려하여 고등학교를 이제 막 졸업하고 대학의 국문과에 입학한 새내기 학생들로 하여금 고전문학에 대한 재미를 느끼게 할 수 있는 방법을 모색하고자 기획되었다. 앞서 대학보다는 초·중·고교에서 고전문학의 존재감이 상대적으로 더 확보되는 이유를 교육부 주도하에 이루어지는 교육과정 편성에서 찾았는데, 문학이 지닌 재미를 찾고자 하는 데 있어서는 오히려 이러한 특성이 역효과를 일으킨다. 오로지 대입을 위해 문학을 공부해온 학생들에게 그 목표를 넘어선 이후에 이루어지는 문학 수업은 학생의 자발적 동기가 발현되지 않으면 성립될 수 없기 때문이다. 이러한 이유로 고전문학이 지닌 '의미'만을 강조하지 못하고 '재미'를 통한 '의미' 찾기로 나아가야 하는 현실이 대학의 국문과에서는 더욱 가혹하게 다가온다.[3]

여기서 국문과 1학년 1학기에 편성된 고전문학 관련 전공과목은 그 중요성이 더욱 배가된다. '대입'이라는 방패막이가 사라지고 처음 듣는 고전문학 수업에서 재미를 발견할 수 있어야 이후 지속적으로 고전문학 수업에 관심을 가질 수 있기 때문이다. 필자가 재직

2 연구 중심으로 대학원을 운영할 수 있는 서울 소재 주요 상위권 대학의 국어국문학과나 중등교원 양성을 목적으로 하는 사범대 국어교육과의 경우는 여건상 교육과정이나 수업 내용에 있어 전통적인 학문 중심의 방식을 유지할 수 있는 여지가 있는 반면, 지방 소재 국어국문학과의 경우는 고전문학 과목의 축소가 당면한 위기로 대두되는 가운데, 수업 내용의 변화를 통해 이러한 위기를 타개해야 하는 필요성이 긴박하게 요구된다고 생각한다.

3 대학의 국어국문학과에 입학한 학생들은 척박한 취업 현실에도 불구하고 국어국문학과를 택한 만큼 나름대로는 국문학에 일정 정도 관심을 갖고 있다. 그런데 이러한 관심은 대개 현대문학 쪽을 향하고 있으며 자발적으로 고전문학에까지 이르지는 못하는 듯하다.

중인 원광대학교 국어국문학과에서는 이러한 현실에 대응하고자 2000년대 초반부터 '국어국문학입문'이라는 명칭의 과목을 신설하여 진행해왔는데, 고전문학, 현대문학, 국어학 세 영역의 전공 교수가 협력강의(팀티칭) 방식으로 진행하는 이 수업에서 고전문학 영역의 강의를 필자가 맡고 있다.[4] 이 글에서는 구체적으로 이 수업 고전문학 영역의 내용이 설계된 의도를 고전문학 수업의 재미 찾기와 연결 지어 논하고자 하는데, 그에 앞서 '고전문학의 재미'라는 주제[5]에 대해 그간 한국고전문학교육학회에서 진행된 논의들을 필자 나름의 방식으로 정리, 분석하고 이를 필자의 논의와 연결 짓는 과

---

4 본래 이 과목은 학부제의 시작과 더불어 같은 학부로 묶인 타 학과와 국어국문학과의 차이점을 부각시키고자 국어국문학 내의 세 영역(국어학, 현대문학, 고전문학)의 연계성을 보여주자는 취지에서 개설되었다. 그런데 이러한 취지는 최근 인문학의 위기 상황과 맞물려 세 영역에 있어 모두 그 학문적 타당성과 존재감을 확보해야 한다는 목표 의식과 연결되었고, 특히 고전문학 영역에서 그 필요성은 더욱 강조된 까닭에, 필자는 이 과목에서 필자에게 배정된 수업 시간을 고전문학을 학습자에게 최대한 가깝게 다가갈 수 있게 하는 데 목표를 두고 진행했다. 사실 이 과목은 4년 전 학부제에서 학과제로 다시 편제가 바뀌면서 '인문학과 국어국문학'이란 이름으로 과목명이 바뀌었다. 그럼에도 불구하고 본고에서 '국어국문학입문'이란 명칭을 쓰는 이유는 현재까지도 과목 개설 당시의 취지를 그대로 유지하고 있는 수업 내용에 비추어 볼 때, '인문학과 국어국문학'보다는 '국어국문학입문'이란 명칭이 더 이 강의와 어울리기 때문이다. 그런데 아쉽게도 이 과목은 대학평가에 대비한 교육과정 개편으로 인해 전공학점이 축소되면서 내년부터는 우리 학과 교육과정에서 빠지게 된다. 그 이유는 어처구니없긴 하지만 가장 현실적인 이유라고 할 수 있는 팀티칭 강의라는 사실에 있다. 그러나 필자는 고등학교와 대학 수업간의 교량 역할을 한다는 이 과목의 장점을 충분히 인식하고 있기에, 5주간의 내용을 2주 정도로 축약시켜 필자가 맡은 다른 1학년 강의의 앞쪽에 넣을 생각이다.

5 한국고전문학교육학회의 본래 기획주제는 '고전문학의 재미, 흥미, 의미'이다. 여기서 '재미, 흥미, 의미'의 관계에 대해서는 본고 이전의 발표들에서 이미 정리된 것으로 생각한다. 결과적으로 '재미'와 '흥미'를 통해 '의미'로 나아가야 하며, '재미'는 좀 더 작품 쪽에 비중을 둔 개념이라면, '흥미'는 학습자 쪽에 비중을 둔 개념으로 볼 수 있을 듯하다. 본고에서 다루는 '교수 학습 방법'의 경우 작품과 학습자 모두를 균형 있게 고려해야 하는데, 이러한 경우를 포함해 일반적으로 '흥미'보다는 '재미'가 기존의 연구사에서 좀 더 많이 쓰이고 있어, '재미'라는 용어를 택하기로 한다.

정이 필요하리라 생각한다.

2. 연구사 정리를 통해 고전문학교육의 “재미” 찾기로 나아가기

‘고전문학의 재미’에 대해 고전문학교육학회에서 발표된 그간의 연구 성과를 정리해보면 크게 1) 고전문학의 재미에 대한 개념적, 원론적 연구와 2) 작품 자체에 대한 탐구를 통해 그 재미를 발견하고자 하는 연구 3) 교수 학습 방법의 개발을 통해 고전문학의 재미를 찾고자 하는 연구의 세 가지로 나눌 수 있다. 발표에 따라 1)의 원론적 연구를 수행한 후 2)나 3)의 방식 중 하나를 표방하는 방향으로 진행된 경우도 있으며, 다양한 논의 방식을 택함으로써 위 세 가지 가운데 어느 쪽 연구인지 확연하게 파악하기 어려운 발표도 있었다. 그러나 개별 발표의 성격이 위 세 가지 중 특정의 하나를 표방하지는 않았다 하더라도, 각 발표 내에서 진행된 연구 방향이 위 세 가지의 경우로 분류되는 것은 분명하다고 생각한다. 이에 따라 2장에서 이 세 가지 방식에 대한 내용을 간단히 정리하고 필자의 논의가 기존 연구사에서 어느 지점에 위치해 있는가를 선명하게 드러낸 후, 3, 4장에서 구체적으로 필자의 논의를 전개하고자 한다.

‘1) 고전문학의 재미에 대한 개념적, 원론적 연구’에는 그간의 발표 가운데 신재홍, 김성룡, 염은열의 연구가 해당된다. 여기서는 ‘재미’에 대한 기존의 사전적, 미학적 개념 정리를 통해 2)와 3)의 연구들이 후속적으로 진행될 수 있는 기반을 마련했다. 이 가운데 김성룡에 따르면 ‘재미있다’는 것은 ‘인간이 느낄 수 있는 하나의 정서적 상태로, 낯선 어떤 것이 나의 요구에 대응할 때에 발생하는 것’으로 정리된다.[6] 또한 김성룡은 특별히 대학 교육에 대해 논하면서 한국의 대학 교육이 산업체가 요구하는 직무 능력을 잘 배양하는 곳으로 바뀌면서 대학이 지향하는 이념적 가치도 고독과 자유로부터 소통과 효율로 전환해야 하며, 중등교육에서 완결되었다고 보았던 자기 결정 능력의 여러 하위 요소들이 직무 능력이라는 이름으로 고등교육기관인 대학 교육에서 재연되고 있다는 점에 문제가 있음을 지적하면서, 결과적으로 중등교육과 고등교육, 즉 중,고등학교와 대학교의 교과 내용을 일관하는 교육 설계가 필요하다고 언급했다.[7] 신재홍은 재미의 개념을 간단히 논한 후 고전소설을 대상으로 재미의 영역을 찾고 이를 고려하여 재미를 찾는 방법의 예시를 들어 소개했는데, 이는 1)의 단계를 거쳐 2)와 3)의 연구로 나아가는 과정을 고전소설의 예를 통해 보여준 초기적 연구였다고 볼 수 있다.[8] 염은열은 김성룡이 교육과 학습을 구분해 논한 바에 의거해,[9] 현재 고전문학의 문제는 제도적, 공적 권위 부여와 지지가 사라진 시대에 생겨난 고전문학 '학습'의 문제라고 할 수 있다고 보면서, 학

6 낯설고 새로운 것을 체험해야 한다면 그것은 어색한 것이지 재미있는 것은 아니기 때문에, 재미있다는 조건이 충족되려면 '낯선 것'이라는 대상뿐만 아니라 나에게 낯선 것에 대한 '요구'가 있어야 하고, 그것이 낯선 것과 '대응'되어야 한다는 점이 중요하다. 자발적으로 이러한 과정이 일어나면 좋겠지만, 그렇지 않은 경우 낯선 것을 나의 요구에 대응시킬 수 있는 방법이 필요하게 되는데, 그 방법은 당연히 내가 기존에 익숙해 있는 '낯익은 것(또는 옛 것)'을 통해 마련될 수밖에 없다. 재미 찾기의 방법을 논하면서 '낯선 것(새로운 것)과 낯익은 것(옛 것)'의 관계에 관심을 기울여야 하는 이유가 여기에 있다.

7 이러한 문제 제기는 대학 교육의 현 실상을 진단하고 그에 따라 고교를 갓 졸업하고 대학에 진학한 국문과 1학년생을 대상으로 진행하는 고전문학 수업을 사례로 택한 본 발표의 취지와 공감대를 형성한다고 하겠다. 김성룡, 「고전문학의 재미와 고전문학교육의 의미」, 『고전문학과 교육』 28, 한국고전문학교육학회, 2014, 5-35면.

8 신재홍, 「고전소설의 재미 찾기」, 『고전문학과 교육』 26, 한국고전문학교육학회, 2013, 31-59면.

9 김성룡, 앞 논문, 2004, 1-23면.

습을 적극적으로 조력하는 방법으로 단편적인 정보나 지식을 제공하기보다는 구조화된 지식을 제공해주는 방식을 제안했다.[10]

다음으로 '2) 작품 자체에 대한 탐구를 통해 그 재미를 발견하고자 하는 연구'에 대해 살펴보겠는데, 여기에는 서인석, 조광국, 최홍원, 황혜진 등의 논문을 들 수 있다. 이들은 각각 〈배비장전〉, 〈홍계월전〉, 〈만언사〉, 박지원의 〈큰누님 박씨 묘지명〉을 대상으로 작품의 재미를 이끌어 내거나 학습자의 흥미를 유발할 수 있는 작품의 흥미성을 찾아내고자 했다.[11] 이러한 연구 역시 '고전문학의 재미'를 논하는 주제에서 중요한 영역을 차지하는 분야이기는 하다. 그러나 특정의 한 작품을 대상으로 논의가 집중된 까닭에 본고에서처럼 고전문학 학습에 대한 재미 찾기의 일반적 방법을 모색하고자 하는 논의와의 연결성이 그리 크지는 않다. 다시 말해 본 발표는 2)와 3) 가운데 3)의 연구 방법에 속하는 것이라고 할 수 있겠다.

마지막으로 '3) 교수 학습 방법의 개발을 통해 고전문학의 재미를 찾고자 하는 연구'의 경우에는 조희정, 류수열, 김현정, 심우장, 서유경 등의 논문을 들 수 있는데, 이 가운데 특히 심우장과 서유경의 경우는 교수 방법으로서 '고전 작품의 현대적 변용 사례에 대한 탐

---

10 염은열이 제안한 '구조화된 지식'의 개념은 학습의 자발성을 유도하는 수업 내용과 방식을 창출하고자 제시되었다는 점에서 다른 연구자들의 제안과 더불어 본 발표의 수업 구성에 참고가 되었다. 단 구체적 교수학습 방식보다는 학습내용에 대한 원론적 제언이 중심이었기에, 분류상 3)이 아닌 1)에 넣었다. 염은열, 「고전문학 '학습'의 경험과 '재미'의 문제에 대한 논의」, 『고전문학과 교육』 28, 한국고전문학교육학회, 2014, 37-63면.

11 서인석, 「연극적 놀이 텍스트로 읽는 〈배비장전〉」, 『고전문학과 교육』 27, 한국고전문학교육학회, 2014, 39-68면 ; 조광국, 「고전소설교육에서 새롭게 읽는 재미 : 홍계월의 양성성 형성의 양상과 의미-〈홍계월전〉 '한중연 45장본'을 중심으로」, 『고전문학과 교육』 28, 한국고전문학교육학회, 2014, 65-93면 ; 최홍원, 「〈만언사〉의 재미, 흥미와 소통의 의미」, 『고전문학과 교육』 30, 한국고전문학교육학회, 2015, 5-43면 ; 황혜진, 「재미의 관점에서 본 〈큰누님 박씨 묘지명(伯姊孺人朴氏墓誌銘)〉」, 『고전문학과 교육』 29, 한국고전문학교육학회, 2015, 45-76면.

구'를 제시함으로써 시사점을 주었다. 조희정은 시조 〈백설이 ᄌᆞᄌᆞ진 골에〉를 대상으로 '감정이입'과 '공감체험'이라는 개념을 통해 고전문학을 재미있게 가르칠 수 있는 학습 방법을 찾고자 했다.[12] 류수열은 고전시가를 대상으로 문학 독서를 놀이의 본질에 근거하여 키트형 독서와 레고형 독서로 구별하여 그 재미의 원천을 탐색해보았다.[13] 김현정은 〈도산십이곡〉을 대상으로 '재미'보다는 '흥미'에 집중하여 논했는데, 학습자들이 고전시가 작품 읽기에 내재적으로 동기화되도록 흥미를 중재할 수 있는 외재적 동기화의 방법을 활용할 수 있으며, 그 구체적인 예로 고전시가 작품 세계와 학습자의 자기 경험을 통합함으로써 동기화 되는 방식인 '동일시된 조절'이나 '통합된 조절' 등의 동기화 방법이 유용함을 주장했다.[14] 심우장은 구비서사에 대한 재미를 찾는 방법으로 그 놀이적 특성에 주목하여 구비서사가 지닌 서사놀이로서의 특성을 '패턴'의 발견과 적용, 체험의 단계를 통해 설명하고자 했다. 이를 통해 구술문화가 지닌 항상성이 현실 문화와의 관련성을 통해 구체화하면서 구비전승물을 끊임없이 재창조하는 힘을 지니고 있음을 강조했다.[15] 마지막으로 서유경은 "어떤 문학 작품이 고전(古典)일 수 있는 것은 시대의 흐름과 변화 속에서도 새로운 의미 찾기가 시도되고 그렇게 생성된 새로운 의미가 변화된 사회와 문화에서 소통될 수 있기 때문"이라는

12 조희정, 「고전시가 감상 국면의 재미 흥미 의미-〈백설이 ᄌᆞᄌᆞ진 골에〉의 감정이입과 공감 체험을 중심으로」, 『고전문학과 교육』 29, 한국고전문학교육학회, 2015, 5-43면.

13 류수열, 「고전시가 독서의 재미 요소 탐구-시조를 중심으로」, 『고전문학과 교육』 26, 한국고전문학교육학회, 2013, 5-29면.

14 김현정, 「흥미 변인을 고려한 〈도산십이곡(陶山十二曲)〉 교육의 방향」, 『고전문학과 교육』 27, 한국고전문학교육학회, 2014, 5-37면.

15 심우장, 「구비서사의 놀이적 특성과 문화적 창조력」, 『고전문학과 교육』 26, 한국고전문학교육학회, 2013, 61-92면.

전제 아래 〈심청전〉의 근대적 변용 양상을 살펴보고자 했다.[16]

3)에 속하는 선행 연구들은 필자들이 고전문학을 재미있게 가르치는 방법적 차원에서 특정의 개념이나 이론을 모색하고자 한 노력의 결과물이기에, 같은 목표를 지니고 있는 본 발표의 논지에 큰 시사점을 주었다. 각 연구에서 제시한 여러 개념이나 이론들을 검토할 때 연구자들은 각각 표현 방식이나 명칭은 달랐지만, 고전문학을 가르치는 데 있어 가장 중요한 점으로 '학습할 내용(고전문학 작품)과 학습자(현대의 학습자)가 연결될 수 있는 고리의 발견'을 꼽았다고 생각한다. 또한 '고전시대의 작품이 현재의 시점에서 변용될 가능성'에 대해 지극한 관심을 두고 천착했음을 확인하게 된다. 이 두 가지 시사점은 본 발표의 3장에서 다룰 핵심적 내용과 연결된다.

3. 교수 학습 방법으로서 '비교'에 대한 이론 모색과 유형화

본 논문에서는 고전문학 교수 학습 방법으로서 '학습자가 주도하는 비교 활동을 통해 재미를 찾는 방식'을 제안하고자 한다. 이 말을 다르게 표현하면 '고전문학 작품을 재미있게 가르치기 위한 구체적 방법으로서 비교 활동'을 제안한다고 할 수도 있다. 즉 고전문학 작품 자체가 가지고 있는 재미를 포착하고자 하기보다는 고전문학 작품을 가르치거나 배우는 현장에서의 교수 학습 방법으로서 '비교'의 방식을 제시하고자 하는 것이다. 이를 활용한 구체적 수업

16 서유경, 「〈심청전〉의 근대적 변용 연구」, 『고전문학과 교육』 30, 한국고전문학교육학회, 2015, 45-72면.

의 실례는 서론에서 말했듯이 필자가 가르치는 원광대학교 국문과 1학년 전공수업의 사례를 활용해 4장에서 서술될 것이며, 여기 3장에서는 '비교'라는 개념이 고전문학 재미 찾기의 방법으로서 활용될 수 있는 이론적 근거에 대한 논의를 진행하고자 한다.

'비교'가 이루어지기 위해서는 먼저 적어도 2개 이상의 비교 대상이 존재해야 하며, 이 대상들은 상당 부분 공통적 기반을 지니면서도 동시에 특정 요인에 의거한 차이점을 각각 지녀야 한다. 즉 '비교'란 '상당 부분의 공통점을 지닌 몇 개의 대상들을 놓고 그 각각이 개별적으로 지닌 차이점을 찾아내는 활동'이라고 정의내릴 수 있겠다.[17] 이제 앞서 2장에서 '3) 교수 학습 방법의 개발을 통해 고전문학의 재미를 찾고자 하는 연구'로 분류했던 5명의 연구자의 개념을 가져와 비교와 재미의 관련성에 대해 논리화 하는 작업을 진행해보자.[18]

---

17 '비교'는 '둘 이상의 대상에서 공통점이나 유사점을 찾아 보이는 것'이라는 의미로 대부분의 학습용어사전에는 소개되어 있다. '비교'를 문학비평 용어로서 언급한 사례는 찾아보기 어려운 듯하며, 일반적으로 작문이나 논술 영역에서 기술방식(서사, 묘사, 설명, 논증)의 하나인 '설명'의 하위항목으로 '정의, 예시, 분류, 분석' 등과 같은 위상에서 다루어진다. 본고에서는 이러한 사전적 의미에 기초하면서 학습의 한 방법으로 그 의미를 확장해 사용하는 것이다. 하정일, 박경주, 최경봉, 조현일 외, 『글쓰기 이론과 실제』, 원광대 교재편찬위원회, 도서출판 경진, 2012, 152-153면.

18 '낯선 것(새로운 것)과 낯익은 것(옛 것)' 사이의 소통을 통해 재미 찾기의 경험이 가능하다는 명제에 의거할 때, 반대 개념인 이 두 항목 사이에는 기본적으로 차이점이 존재할 수밖에 없으며, 이 둘의 같은 점을 찾아내 연결시키는 과정이 재미 찾기의 과정이라고 할 수 있다. 이 부분이 재미 찾기의 방법과 '비교'의 방식이 맞물리는 지점이다. '익숙하고 쉬운 대상을 통해 낯설고 어려운 대상으로 나아가게 하는 과정'은 곧 학습자의 '자발적 경험을(동기 부여를) 유도하는 외부적 자극'을 준다는 것과 같은 말이다. 사실 '재미 찾기와 비교'의 관계에 대한 이와 같은 어려운 설명은 연구자들의 몫이며, 학습자들에게는 고전 작품을 중심으로 한 비교의 체험을 해보는 것으로 간단하게 제시함으로써 재미 찾기의 과정 자체를 쉽게 인식하게 하는 효과를 거둘 수 있다.

2장의 마지막 부분에서 3)으로 분류된 5명의 연구가 '고전 시대의 작품이 현재의 시점에서 변용될 가능성' 및 '학습할 내용(고전문학 작품)과 학습자(현대의 학습자)가 연결될 수 있는 고리의 발견'에 대해 주목했음을 강조한 바 있는데, '비교'와 연결시키는 과정에서는 논의의 편리상 상대적으로 전자의 경향성이 강한 류수열, 심우장, 서유경의 연구를 먼저 대상으로 하고 후자의 경향성이 강한 조희정, 김현정의 연구를 이어서 살펴보고자 한다.[19]

먼저 류수열의 연구에서 '시조의 레고형 독서'로 제시한 '낯선 데서 낯익은 것을 확인하는 재미'와 '낯익은 데서 낯선 것을 발견하는 재미'는 모두 기본적으로 대상들이 지닌 공통점과 차이점의 구별을 통해 드러난다는 점에서, 넓게 볼 때 '비교'의 범주에 넣어볼 수 있다.[20] '낯선 데서 낯익은 것을 확인하는 재미'의 경우 '낯익은 것'은

---

19 본고에서는 '비교'의 개념을 기술방식에서 기초한 원론적 형식에서 가져와 '고전문학교육학회'에서 '고전문학의 재미, 흥미, 의미'라는 기획 주제로 발표된 그간의 논문들을 대상으로 해 이론화하는 과정을 통해 교수학습 방법론을 도출했지만, 사실 이는 텍스트간의 관련성 및 그에서 나아가 학습자까지 고려하는 확장된 차원에서 제기된 '상호텍스트성'이란 개념을 통해 문학교육에서 일찌감치 주목받았다. 이러한 논의는 주로 현대문학교육을 전공하는 쪽에서 더 활발했지만, 고전문학교육 쪽에서도 류수열, 조희정 등에 의해 논의된 바 있다. 특히 조희정은 '핵심어'라는 개념을 이용하여 고전시가 작품을 다른 텍스트와 비교해 분석함으로써 비평교육을 전개하는 흥미로운 방식을 제안했다. 본고는 이 논문에 시사받은 바 크지만, 비교 대상의 폭을 기존의 텍스트에 한정시키기보다 폭 넓게 해석해 이론을 전개했다는 점에서 차이를 가진다. 조희정, 류수열 외에 상호텍스트성에 대해 논한 여타의 논문들의 서지사항은 조희정의 논문에 실린 참고문헌 목록을 살펴보기를 권한다. 류수열, 「〈사미인곡〉의 콘텍스트와 상호텍스트적 읽기」, 『독서연구』 21, 한국독서학회, 2013, 81-109면 ; 조희정, 「고전시가비평교육연구-탈연대기적 관점의 상호텍스트성을 활용하여」, 『국어교육』 143, 한국어교육학회, 2013, 121-156면.

20 참고로, 류수열의 연구에서 '시조의 키트형 독서'의 예로 제시한 '언어의 기표적 자질을 읽는 재미'와 '시적 전달의 구조를 읽는 재미'의 경우는 '고전문학 학습의 재미 찾기'라기보다는 '고전문학 작품이 지닌 재미 찾기'라는 점에서 '레고형 독서'와는 층위를 달리 한다고 여겨진다. 류수열, 앞 논문, 『고전문학과 교육』 26, 한국고전문학교육학회, 2013, 12-20면.

'원형(공통점)'을 말하며 '낯선 것'은 '원형이 시대에 따라 활용(차이점)되어 구체화 된 작품'을 가리킨다고 볼 수 있다. 즉 같은(낯익은) 원형이 시대나 공간과 같은 특정 조건에 따라 차이를 보이며 변용된(낯선) 작품들을 비교하면서 재미를 느끼게 되는 것이다. 반면 '낯익은 데서 낯선 것을 발견하는 재미'는 재미를 느끼는 양상이 다르게 전개된다. 여기서 '낯익은 것'은 '하나의 작품(공통점)'을 말하며 '낯선 것'은 '이 작품을 자신의 경험이나 처지, 혹은 시대 등의 변화된 조건에 따라 재해석(차이점)하는 경우'를 가리킨다. 즉 같은(낯익은) 작품이 시대나 공간과 같은 특정 조건에 따라 차이를 보이며 다르게 해석된(낯선) 사례를 비교하면서 재미를 느끼게 되는 것이다. 한편 심우장의 연구에서는 '패턴(또는 규칙)'이 '공통점(낯익은 것)'에 해당하며, 현실 문화와의 관련성을 통해 이를 적용하여 구체적 작품으로 재창조할 때, 현실 문화와의 관련성에 기인하여 구체적 작품 간에 '차이점(낯선 것)'이 발생하게 된다. 끝으로 서유경의 연구는 '패턴'이 아닌 구체적 작품인 〈심청전〉의 근대적 변용 양상을 다루었다는 점에서 '고전 작품' 자체가 '공통점'이 되며, 이를 근대적으로 변용시키는 과정에서 '차이점'이 발생하게 된다.

다음으로 조희정과 김현정의 연구를 보도록 하자. 조희정은 '감정이입'과 '공감체험'을, 김현정은 '동일시된 조절'이나 '통합된 조절' 등의 동기화 방법을 강조함으로써 고전 작품과 현대의 학습자를 연결시키려 했다. 현재의 시점에서 자신의 경험을 고전 작품과 연결지어 그 재미를 찾고자 한다는 점에서[21] 이들 연구는 앞서 류수열의

21 조희정의 논문을 자세히 살펴보면 "'감정이입'은 '학습자가 자신이 시적 화자와 같은 상황에 처할 경우 자신의 정서를 상상하는 (현재 시점에서) 것'이고, '공감' 체험은 '학습자가 시적 화자의 위치에서 (즉 작품이 창작된 시대의 시점에서) 시적 화자의

연구에서 언급되었던 '시조의 레고형 독서'의 두 가지 방식 중에서 '낯익은 데서 낯선 것을 발견하는 재미'와 통할 가능성이 크다고 여겨진다. 앞서 말했듯이 이는 같은(낯익은, 공통점) 작품이 시대나 공간과 같은 특정 조건에 따라 차이를 보이며 다르게 해석된(낯선, 차이점) 사례를 비교하면서 재미를 느끼게 되는 경우인데, 시조 〈백설이 ᄌᆞ자진 골에〉와 〈도산십이곡〉을 현재의 학습자들이 본인의 현재 경험과 상황과 연결 지어 재해석하면서 공감하고 이해하는 방법을 도모한다는 점에서 같은 범주로 논할 수 있을 듯하다.[22]

이상에서 5명의 연구자가 기존에 제시한 개념을 활용하여 '비교와 재미의 관련성'에 대해 논한 내용을 정리해 범주화 하면 다음과 같이 세 가지의 비교 방식을 통한 재미 찾기가 가능하리라 생각된다.

	A		B
①	**원형(패턴)**의	⇒	**구체적 작품**으로의 활용
②	**고전 작품**의	⇒	**현대적 작품**으로의 변용
③	**고전 작품**의	⇒	구체적 경험에 입각한 **현대적 재해석**

위의 표에서 A의 항목들은 시대와 공간을 초월해 존재하는 원형적 상징(①)이거나, 아니면 일반적으로 우리가 고전문학과 현대문학이 나뉘는 분기점이라고 일컫는 19세기 이전의 고정된 시기와 공

정서를 상상하는 것'"이라 하여 고전텍스트와 현대 학습자가 정서적으로 교감하는 방식이라는 점에서는 두 가지가 유사하지만, 그 방식은 반대 방향으로 설정하고 있는 것으로 파악된다. 이 가운데 '공감' 체험은 지금까지의 고전문학 학습에서 일반적으로 사용되는 이해의 방식이라면, '감정이입'은 고전 작품이 지니는 현대적 의미를 찾고자 하는 새로운 방향이므로 필자의 관심은 '감정이입' 쪽에 더 맞춰져 있다고 볼 수 있다. 조희정, 앞 논문, 2015, 19-20면.

22 심우장의 논문에서도 고광수와 배수찬 등의 기존 연구를 인용하면서 이렇듯 경험교육의 측면에서 이루어지는 고전의 재해석에 대해서 간단히 언급을 한 바 있다. 심우장, 앞 논문, 86면.

간에 창작된 특정한 하나의 문학 작품(②,③)이다. 이에 반해 B의 항목들은 시대와 공간의 변화라는 변수를 A의 항목에 적용해 새롭게 창작되거나 제시된 작품(①,②)이나 해석(③)이다.[23] A와 B 사이에 표시한 화살표 (⇒)는 A에서 B를 이끌어내는 활용이나 변용, 또는 재해석의 과정을 의미한다고 볼 수 있다.[24]

①의 경우 원형을 적용해 창작된 구체적 작품 가운데 가장 원형에 가까운 모습은 당연히 한국이든 외국이든 고전 작품, 특히 신화에 많이 존재하는데, 이를 뒷 시기 한국의 작품과 비교하여 그 공통점과 차이점을 논하는 방식이 가능하다.[25] 원형을 활용한 작품이 고

---

23 부가적 설명이나 조사와 같은 언어적 장치와 A, B의 대상이 되는 항목을 엄격하게 분리하기 위해, 그 대상을 분명하게 지칭하는 단어만 굵게 표기하고 밑줄을 그어 나타냈다.

24 고전문학교육에 대한 기존의 연구 방법을 위의 표와 관련지어 볼 때 패턴이나 원형, 혹은 작품 자체가 지닌 특정성, 고정성과 같은 A항목의 대상에 대해 집중한 연구와 작품의 시대, 역사적 상황이나 공간적 상황 등 B항목으로 변화된 상황을 강조하는 연구로 나눠볼 수 있다. 약간 무리한 연결일 수도 있지만, 전자의 경향은 영미 신비평이나 형식주의가 지닌 초역사적 시각을 대변한다면 후자의 경향은 전기적(傳記的) 역사주의나 고증적 지식주의의 시각을 대변한다고 할 수 있을 듯하다. 김흥규는 이 두 가지 연구 방법을 고전문학교육에 대한 두 가지 양 극단의 경향성의 연구 방법으로 제시하면서, 이 두 가지가 극단적 형태가 아닌 조화로운 형태로 조율되는 방식이 고전문학교육이 나아가야 할 바람직한 방향이라고 말한 바 있는데, 본고에서 제시하는 '공통점과 차이점 찾기를 통한 비교'의 방법을 통해 이 두 가지 연구 방법의 조화를 이루어낼 수 있지 않을까 생각해본다. 김흥규, 「고전문학교육과 역사적 이해의 원근법」, 『한국 고전문학과 비평의 성찰』, 고려대학교 출판부, 2002, 306-322면.

25 여기서 이론상으로는 원형 그 자체와 그 원형을 적용해 시대에 맞게 창작된 작품 사이의 비교는 충분히 가능하다. 이 과정은 다시 말해 하나의 작품이 지닌 원형성을 탐구하는 과정과 유사할 수도 있다. 텍스트 간 비교만이 비교는 아니며, 원형 그 자체와 구체적 텍스트 사이의 비교도 충분히 가능하다. 그러나 실제 학생들에게 비교 작업을 수행하게 할 때는 논의의 편의와 다양성 확보를 위해 원형 그 자체가 잘 발현된 한국고전 작품과 한국현대 작품, 혹은 한국고전작품과 외국의 고전이나 현대작품을 선택해 비교하도록 하는 방법이 적절하다고 생각한다.

또한 같은 원형을 활용했다면 '고전 작품 : 고전 작품', '현대 작품 : 현대 작품', '외국 작품 : 외국 작품'으로 비교의 대상을 설정해 그 공통점과 차이점을 찾는 연구

전 작품에서 잘 찾아지는 이유는 기본적으로 고전문학이 현대문학보다 구비적 속성을 많이 가진 탓에 텍스트의 고정성이 상대적으로 약해 변용의 가능성이 크다는 점 때문이다.[26]

②의 방식에서 고전문학 작품을 원재료로 한 새로운 창작물은 현대문학 작품뿐만 아니라 현대의 제반 문화 텍스트까지 확대할 수 있다. 현대의 학습자의 구체적 경험이 재미와 연결된다는 기본적 사실에 기초할 때 대상의 영역을 전반적인 문화 텍스트로 확대하여 드라마나 영화, 연극은 물론이요 뮤지컬, 오페라, 노래, 무용극 등

도 가능하다. 하지만 본 발표의 목표가 현대의 학습자들에게 고전문학의 재미를 찾게 하는 데 있고, 이러한 재미가 낯익은 것과 낯선 것의 관계 속에서 발생한다는 점을 감안하면, 비교의 대상이 되는 두 항목 가운데 하나를 원형이 잘 발현된 고전 작품으로 하고, 상대 항목으로 현대작품이나 외국작품을 설정하는 것이 더 바람직하다고 하겠다.

이 관계 항은 언뜻 생각하기에 낯익은 것이 고전 작품이고 낯선 것이 현대(혹은 외국) 작품이 되면서, 익숙한 고전 작품을 통해 새로운 현대 작품이나 외국 작품의 재미를 찾는 것으로 여겨진다. 그러나 실상은 달라서 고전 작품은 옛 것이 되어 현대 학습자들에게 낯선 것이 되어 버렸고, 오히려 최근에 새롭게 창작된 현대 작품이나 외국 작품이 현재 시점을 살고 있는 학습자들에게는 낯익은 것이 되어버렸다. 현대(또는 외국) 작품이라는 연결 고리를 통해 고전 작품의 재미를 찾아내는 경우가 더 일반적인 형태일 수 있다는 말이다. 어쨌든 이 두 가지 경우 모두 고전 작품을 비교의 한 축으로 설정해 현대나 외국 작품과의 공통점과 차이점을 찾아내는 과정을 통해 고전 작품의 재미를 찾아가는 방식이라고 할 수 있겠다.

26 고전시가의 경우 특히 구비성이 강해 '수작(주고 받기)'의 향유 방식이나 율격이 지닌 공식성을 활용해 변용 가능성이 높다. '민요의 궁중음악화'라는 변형 과정을 통해 많은 고려가요 작품들이 만들어진 사실은 잘 알려져 있다, 향가 〈원가〉와 향가 계열 고려가요라고 볼 수 있는 〈정과정곡〉, 본격적인 고려가요인 〈동백목〉, 이 세 작품은 왕이 자신을 다시 불러주지 않는 데 대한 원망을 신하의 입장에서 특정의 나무를 매개로 노래한 시가라는 점에서 같은 원형이 시대의 흐름에 맞게 변형되어 연속적으로 나타난 작품들로 볼 수 있다. 경기체가 장르의 역사는 현전하는 가장 오래된 작품 〈한림별곡〉의 정격 형식을 시대에 따라 계속 변형시키면서 변격과 파격의 작품들을 만들어 간 과정으로 이해할 수도 있을 것이다. 또한 소설의 경우를 본다면 고전문학의 시대에는 저작권의 개념이 없었고 특히 우리나라의 경우 독자 중심으로 소설이 유통되었다는 특성상 작가가 중시되지 않아 개작의 가능성이 열려 있었다고 판단된다.

다양한 장르의 텍스트를 대상으로 하여 고전 작품과 비교할 수 있도록 해야 한다. 중요한 것은 ②의 경우 원형이 같은 수준이 아니라 같은 작품으로 인정되는 텍스트 사이의 비교여야 한다는 점이다. 같은 제목의 작품이라 할지라도 시대에 따라 완전히 다르게 해석되는 새로운 작품으로 재탄생할 가능성도 있다. 또한 제목은 다른 이름을 표방하더라도 같은 작품으로 인정될 만한 서사 맥락을 지니고 있다면 비교 대상에 넣어도 좋겠다.

③의 재해석의 경우는 작품이 창작된 고전 시기의 상황을 이해한 후 자신의 현재 경험을 바탕에 두고 작품을 나름대로 재해석 하는 과정이라고 할 수 있다. 고전 작품이 창작된 당시의 해석을 자신의 현대적 재해석과 비교하는 일종의 '창의적 독서'를 통해 고전 작품의 재미를 찾는 것이다. 이 경우 ①의 방식에서 제시한 '원형'에서 더 나아가 재해석까지 비교 대상으로 볼 수 있는가 하는 문제가 제기될 수 있다. 실제로 학생들은 이 ③의 방식을 쉽게 택하지 못하고 대개는 텍스트 간 비교가 가능한 ①과 ②의 방식을 택한다. 그러나 분명 고전 텍스트와 현대적 재해석 사이에도 비교가 가능하다고 생각한다. 이는 엄밀히 말하면 '고전 텍스트에 대해 이미 이루어진 전형적 해석과 현대적 재해석 사이의 비교'라고 다시 풀어 말할 수도 있을 것이다. 현대적 재해석에 의한 새로운 텍스트가 아직 창작되지 않은 상태에서 이러한 창의적인 재해석은 새로운 작품 창작의 토대가 될 수 있으며, 고전을 공부하는 중요한 의미가 될 수 있기 때문에, 텍스트 간 비교만으로 비교의 항목을 설정해 스스로 고전 재해석의 범위를 좁힐 필요는 없다고 생각한다.

4. 대학 신입생을 대상으로 한 고전문학 수업의 사례 보고

1) '국어국문학 입문' 강좌의 수업 구성

여기서는 지금까지 논의한 내용을 토대로 하여 국문과 1학년을 대상으로 한 고전문학 수업에서 '비교를 통한 재미 찾기'의 방식을 활용한 사례를 보고하고자 한다. 대학의 수업은 담당 교수의 재량권이 큰 까닭에 구성의 자율성이 확보된다는 점이 초등학교나 중학교에 비해 장점일 수 있다. 앞서 서론에서 언급했던 것처럼 '국어국문학입문' 과목은 고등학교까지의 국어, 혹은 문학 수업에서 본격적인 대학 국어국문학과의 전공과목 수업으로 단계를 높이는 과정에서 징검다리 역할을 할 수 있도록 개설되었다. 고전문학 쪽에서 본다면 '국문학개론'이나 '국문학강독' 같은 정도의 1, 2학년 단계의 과목을 수강하기 전에 고등학교까지 해오던 시험 준비를 위한 수업에서 벗어나 작품과 연구에 대한 관심을 불러일으키려는 목표를 지니고 있다. 앞에서 말했듯이 국어학, 고전문학, 현대문학 영역 담당 교수가 돌아가면서 한 학기 수업을 하는데, 전체 16주 가운데 마지막 주 시험기간을 제외하고 15주의 시간을 3분하여 각 전공 영역을 5주 정도씩 강의한다.

지금부터 필자에게 할당된 5주 분량의 고전문학 수업 시간의 구성에 대해 알아보겠는데, 먼저 각 주별로 설정한 수업목표와 구체적인 강의 내용을 소개하고자 한다. 먼저 첫 주에는 고전문학이 지닌 현대문학 및 국어학과의 연계성을 알게 하고, 고전문학(나아가서는 국문학)이 학문적으로 당면한 문제를 인식시키며, 고전문학을 친근한 대상으로 생각하는 데 도움을 줄 수 있는 내용으로 수업 내용을 설계한다. 이때는 선학들의 기존 논문 가운데 훌륭한 것이 많으므로 이를 선택적으로 활용할 수 있다.[27] 2주째에는 본 발표의 앞 장에서 서술했던 바와 같이 '비교'의 세 가지 방식을 통해 고전문학의 재미를 찾을 수 있는 이론 체계에 대해 강의한다. 다음으로 3주에서 마지막 5주까지는 2주째에 소개한 '비교의 세 가지 방식'에 대해 매 주 한 가지씩을 택해 작품의 예시를 들어가며 설명한다.

3주에는 '원형이 활용된 작품 간의 비교'를 주제로 하여 고전문학과 현대문학 작품 및 고전문학과 외국문학 작품 간의 비교 체험을 하게 한다. 대상이 되는 작품으로는 고전작품과 현대작품의 비교에서는 여성서사민요인 〈첩집 방문〉과 〈후실 장가〉[28] 등의 작품과 최근에 방영된 드라마 〈마마〉[29]와 〈착하지 않은 여자들〉[30]을 예로 들 수 있다. 이들 작품은 각각 창작된 시대나 환경이 다른 까닭에 그 정도와 양상에는 차이를 보이지만 공통적으로 남자와 두 여자 사이의 애정이 얽힌 삼각관계를 작품의 주요 갈등 요소로 다루고 있으면서도, 갈등 관계에 놓일 가능성이 큰 여성과 여성 사이의 관계를

27 필자는 주로 김흥규, 『한국문학의 이해』, 고려대학교 출판부, 2002, 1-242면의 2장 '한국문학의 영역'과 7장 '한국문학의 위상' 부분과 김대행, 「문학은 즐거운 놀이다」, 『문학이란 무엇인가』, 문학사상사, 1992, 1-312면 등과 같은 논문을 활용한다. 김흥규의 책 2장 부분은 구비문학, 한문학, 국문문학의 3가지 세부 영역을 기준으로 국문학에 대한 전반적 조명이 가능하도록 했고, 7장 부분은 국문학이 당면한 주요 문제를 '고전문학과 현대문학의 연계성 확보'와 '민족문학과 세계문학 사이에서 중심 찾기'에 두고 논했는데, 이 두 가지 당면 과제와 관련한 수업 내용을 통해 고전문학 작품을 중심에 두고 현대문학, 혹은 외국문학 작품과 비교하는 부분에 대한 학문적 배경 지식을 쌓을 수 있다. 또한 김대행의 논문은 국문학(특히 고전문학)이 지니는 일상문화로서의 속성을 드러내는 방법을 통해 고전문학이 지닌 친근함을 부각시키고자 했다.

28 강진옥, 「여성 서사민요에 나타난 관계양상과 향유층 의식」, 『한국고전여성작가연구』, 태학사, 1999, 1-652면.

29 2014년 8월-10월 MBC를 통해 방영된 송윤아, 문정희 주연의 주말 드라마.

30 2015년 2월-5월 KBS2를 통해 방영된 김혜자, 장미희, 채시라, 도지원 등 주연의 수목 드라마.

갈등을 통해 종국에는 연대까지 이루어내는 관계로 승화시키면서 한 수준 높은 문제의식을 보여준다.[31]

또한 고전작품과 외국작품의 비교에서는 〈주몽신화〉와 〈오이디푸스 신화〉의 예를 들 수 있다. 〈주몽신화〉를 대상으로 우리 서사문학의 주요한 원형들 가운데 하나인 '영웅의 일대기' 구조에 대해 알아보는 내용은 여러 문학 교과서에 실려 있을 만큼 고등학생을 대상으로 하는 문학교육에서 중요한 학습내용으로 인정받는다. 〈주몽신화〉를 그리스 신화인 〈오이디푸스 왕〉 이야기와 비교하는 학습은 고등학교에서 진행한 〈주몽신화〉만을 대상으로 한 수업을 심화시키는 과정의 의미를 지닐 수 있다. 이 두 작품의 비교를 통해 동, 서양 신화에 공통적으로 나타나는 영웅의 일대기 구조에 대해 확인하고, 더불어 두 작품의 결말이 각각 숭고와 비장미를 드러내면서 미의식의 차이를 보이는 부분을 통해 세계관의 차이까지 살펴보는 학습을 진행할 수 있다.[32]

4주째에는 '고전작품과 그것이 현대적으로 변용된 작품 간의 비교'를 주제로 〈장화홍련전〉이나 〈춘향전〉 같은 고전소설들이 영화 〈장화, 홍련〉이나 〈방자전〉 등으로 장르를 바꾸어 현대적으로 재창

---

31 〈첩집 방문〉에서는 본처가 칼을 품고 옆 마을 첩의 집으로 쳐들어갔다가, 첩의 아름다운 외모와 친절한 대접에 그저 물러난다. 〈후실장가〉에서는 만류에도 불구하고 남편이 후실 장가를 가던 날, 갖은 저주를 퍼부어 남편을 죽게 만든 본처가 상여를 따라 나오는 후실을 보고서는 자기가 또 다른 과부 한 명을 만들었다는 사실에 눈을 뜨면서 첩을 불쌍히 여기는 마음을 갖게 된다. 〈마마〉는 미혼모로 아들을 낳아 키우던 미술가가 암 투병을 하다가 아들의 미래를 걱정해 아빠와 그 아내에게 아들을 부탁하는 가운데 여성 간의 갈등을 극복해내는 과정이 보이는 작품이다. 〈착하지 않은 여자들〉에서는 결혼 초기에 남편이 따로 짝사랑하던 여자와 그 남편 없이 혼자 딸들을 키워낸 아내가 서로 의자매가 되는 과정이 중요한 서사 흐름의 하나로 등장한다. 이 주제로 필자는 현재 후속 논문을 준비 중이다.

32 이러한 수업은 조동일, 「한국문학의 숭고와 서양문학의 비장」, 『한국문학과 세계문학』, 지식산업사, 1995, 1-428면을 주된 참고문헌으로 하여 진행할 수 있다.

조 혹은 변용된 사례를 검토한다.

마지막으로 5주째에는 '고전작품에 대한 당대의 창작 배경과 현대적 재해석 비교'를 주제로 하여 〈양반전〉의 군수와 양반을 요즈음의 정치인과 비교해 분석해보거나, 〈화전가〉 창작을 현대의 '노래와 시를 통한 문학치료'로 바라보는 해석 등에 대해 살펴본다.[33]

이상 5주 간에 걸친 고전문학 수업 구성에 대해 살펴보았는데, 이 과정을 마치면서 필자는 학생들에게 3주에서 5주 사이에 강의한 비교 방식 세 가지 중에 한 가지를 활용해 학습자가 스스로 비교 대상을 골라 분석하는 과제물을 내준다. 추후 학생들이 제출한 과제물을 살펴보면 학기마다 강의를 듣는 학습자들의 성향이나 수준의 차이에 따라 조금씩 다르기는 하지만 '고전문학 학습의 재미 찾기'라는 이 수업의 목표가 어느 정도 달성되었는지에 대한 대략적인 판단을 내려 볼 수는 있다.

2) 과제물을 통해 본 학습자 주도 '비교' 활동의 실례

이제 2014년 1학기와 2015년 1학기 두 번에 걸쳐 '국어국문학입문' 수업에서 제출된 과제물 가운데 완성도가 높다고 판단되는 것들을 대상으로 하여, 과제물에서 활용된 비교의 구체적 방식을 살펴보고, 나아가 고전문학 학습의 재미를 높이고자 하는 수업 목표의 달성 정도에 대해 살펴보려 한다. 먼저 앞서 제시한 비교 방식에 따라 학생들이 제출한 과제물을 분류해보았다.

---

33 화전가의 현대적 해석에 대해서는 박경주, 「화전가의 의사소통 방식에 나타난 문학치료적 의미」, 『규방가사의 양성성』, 월인, 2007, 209-230면을 참고할 수 있다.

① 유형 : 원형의 구체적 작품으로의 활용

①-1 : 원형(고전 작품)-현대 작품

– 남장여자라는 주제 하나만을 가지고 전혀 볼 수 없었던 새로운 내용의 이야기를 창작해내기도 하는 반면, 과거에 있던 고전문학을 인용해 재해석하고 그를 바탕으로 현대에 와서 많이 변화한 대중들의 사고방식에는 지루할 수도 있었던 고전적인 내용을 현대인들의 인식에 맞게 탈바꿈시키는 경우도 자주 접해볼 수 있다.

(〈홍계월전〉 : 〈성균관스캔들〉, 〈바람의 화원〉, 〈커피프린스 1호점〉)

①-2 : 원형(고전 작품)-외국 작품

– 고전문학 작품을 포함한 네 작품은 모두 다른 나라에서 창작된 작품이지만 공통점이 많이 있었다. 그러다보니 어떻게 다른 나라에서 비슷한 스토리의 작품이 나올 수 있었을까 하는 의문을 갖게 되었다. 아마 작품이 창작될 때 그 당시의 사회 발전이 비슷했거나 인간이 살아가는 모습이 대부분 비슷하기 때문인 듯하다. 앞으로는 여러 작품을 접할 때 다른 나라에서 창작된 작품들이라고 서로 전혀 다른 내용을 담고 있다고 판단하지 않고 다양한 작품들과 비교해보는 습관을 키워 고정관념처럼 박힌 생각을 바꿔나갈 것이다.

(〈콩쥐팥쥐〉 : 〈신데렐라〉, 〈예쉰이야기(중국설화)〉, 〈오러와 오도(마오족 설화)〉)

– 초능력에 대한 생각은 우리나라나 외국이나 별반 차이가 없다는 것을 알았고, 외국에는 우리나라의 권선징악의 정서와는 다르게 능력주의적인 정서가 있다는 차이점도 알았다. 우리나라의 사상과 외국의 사

상을 알게 되고, 우리나라 사람의 심리와 외국인의 심리 역시 알게 되면서 문학은 하나의 학문에만 국한된 것이 아니고 철학이나 심리학 등 다른 학문들과 통섭하는 학문이라는 것을 다시 한 번 깨닫게 되었다.

(〈도깨비 감투〉 : 〈기게스의 반지(전설)〉, 〈반지의 제왕〉)

– 〈홍계월전〉에서 평국과 보국이 결혼해서 처음에는 위기를 맞지만 결국 마지막 부분에서 영원히 행복하게 사는 모습은 우아함 속에서 느껴지는 아름다운 숭고미로 볼 수 있다. 이와 반대로 〈아탈란테〉에서 아탈란테와 히포메네스는 결혼해서 행복하게 살았지만 감사함을 표하지 않은 탓에 각각 암사자와 숫사자로 변하는 저주를 당한다. 이것은 슬픈 감정과 함께 일어나는 아름다운 비장미로 볼 수 있다. 왜냐하면 비록 저주를 당해서 암사자와 숫사자로 변하긴 하지만 그것은 그들의 지나친 사랑 탓에 생긴 일이기 때문에 안타깝지만 아름다운 슬픔으로 승화해서 생각할 수 있다.

(〈홍계월전〉 : 〈아탈란테 신화〉)

– 이렇게 두 작품은 작품이 창작된 시대부터 지금까지 독자들이 개인의 꿈에서 우리 모두의 꿈으로, 한 개인의 판타지에서 모두의 판타지로 확장을 시키는 중요한 일을 끊임없이 하고 있고, 그로 인해 지금까지 우리 곁에서 특별한 힘을 발휘하며 계속 숨쉬고 있는 지도 모르겠다는 생각을 하게 되었다.

(〈구운몽〉 : 〈이상한 나라의 앨리스〉)

– 많은 유사성을 띠는 〈홍길동전〉과 〈로빈훗의 모험〉은 당시로서는 분명 보기 힘든 작품들인 것은 분명하다. 사회의 부조리와 모순을 보여주어 시대를 앞서 나간 훌륭한 소설들이며 서양과 동양이 서로 같은 의식을 공유할 수 있다는 것을 보여준 사례라고 생각한다.

(〈홍길동전〉 : 〈로빈훗의 모험〉)

② 유형 : 고전 작품의 현대적 작품으로의 변용

– 구미호로 나타나는 여성의 로맨스물은 비극적이다. 이루어지기 어려운 사랑으로 나타난다. 서양의 로맨스물은 남성이 기다리거나 믿어줘서 결국은 해피엔딩이라는 결말이 많다. 물론 배드엔딩도 적지 않아 있지만 항상 여성만이 반성하고 이뤄지지 않는 이런 식의 결말은 동양에서 더 많이 찾아볼 수 있는 것이다. 이것은 여성과 남성이 평등한 시각으로 쓰여지지 않았다고 볼 수 있다.

(구미호 전설 : 〈미호 이야기(웹툰)〉, 〈구미호전(드라마)〉)

– 〈마담 뺑덕〉은 약간 성인 영화라는 이유로 영화가 비록 흥행은 하지 못했으나 나는 나름대로 심청전의 어두운 면을 부각시켜 만든 이 영화가 재미있었고 기발한 상상력이 돋보였기에 현실적이고 작품성이 뛰어나다고 본다. 방민호의 장편소설 〈연인 심청〉은 고전소설에 기반을 두고 현실적인 모습을 가미해 매우 즐겁게 읽을 수 있었고, 평소 제가 알고 있던 심청전의 내용이 바탕에 깔려 있어 수월하게 읽을 수 있었다. 또한 고전소설과 현대판 드라마의 요소가 적절히 가미되어 지루하게 느낄 수 있는 심청전의 내용을 잘 풀어내고 있었다.

(〈심청전〉 : 〈마당 뺑덕(영화)〉, 〈연인 심청(소설)〉)

– 내가 좋아하는 시를 비교하는 과정이 즐거웠다. 시를 찾는 과정이 순탄치 않았지만 고려가요, 고대가요, 향가를 알아가는 과정에서 늘 몸을 낮추고 배웠던 것 같다. 내가 비교한 고전문학과 현대문학들이 누군가에게 쉽고, 흥미롭게 다가갔으면 좋겠다.

(고려가요 〈사모곡〉 : 현대시 〈사모곡–김정해〉)

앞서 제시한 비교 방식에 따라 학생들의 과제물 사례를 인용했는데, 먼저 눈에 띄는 것은 강의 시간에 분명히 언급한 ③의 방식으로 작성된 과제물이 없었다는 점이다. ③은 작품 대 작품 간의 비교가 아니라 공통점과 차이점을 찾아내는 원래 비교의 과정이 확대된 방식이라고 할 수 있겠는데, 아무래도 작품 간 비교가 아니다보니 학생들의 입장에서는 작품 간의 공통점과 차이점을 바로 찾는 ①의 방식이 쉽게 느껴졌을 것이다. 또한 ③의 방식의 경우 '새롭고 현대적인 해석'을 해야 한다는 부담 역시 작용했을 것이다. ②의 방식의 경우 원 작품이 변용된 작품으로 선택된 것들이 대개는 문학 작품보다 드라마나 영화, 만화, 웹툰 같이 학생들이 문학 작품에 비해 쉽고 재미있게 읽고 보는 텍스트임을 알 수 있다.[34]

①과 ②의 방식 중에서 학생들의 선호도가 더 높았던 것은 ①의 같은 원형을 사용해 시대나 상황에 맞게 활용한 작품군이다. 이 경우 원형의 모습을 담은 고전문학 작품을 현대문학 작품과 외국문학 작품 중 어느 한 쪽과 비교할 수 있는데, 위에서 보이듯이 외국문학 작품과 비교한 경우가 단연코 앞섰다. ①의 방식에서 현대문학보다 외국문학 작품이 비교의 대상으로 많이 선택된 것은 학생들이 한국문학 작품을 많이 알지 못한다는 데 이유가 있는 듯하다. 고전작품은 과제 수행의 기본이 되므로 일단 고르긴 했지만, 그 작품과 유사성을 가진 현대문학 작품을 골라내기가 쉽지 않은 것이다. 또한 이에는 학생들이 극히 최근에 창작, 출간된 작품을 제외하면 대상이 되는 문학 작품의 정확한 창작 시기를 잘 모르는 경우가 많다는 점도 영향을 끼쳤다고 생각된다.[35] 그러다보니 자연적으로 고전문학

34 이는 ①의 비교 방식에서도 같은 양상으로 나타났다. 즉 학생들은 비교의 방식을 불문하고 현대의 작품으로는 문학 작품보다 미디어 매체를 활용한 텍스트를 더 쉽고 재미있게 느낀다는 사실을 새삼 확인할 수 있다.

35 '국어국문학입문'을 수강하는 1학년 학생들은 대개 고전문학과 현대문학의 구분이 지어지는 시기조차 확실히 알지 못했다. 즉 현진건이나 김동인의 소설, 김소월과 이육사의 시 작품 등을 두고 현대가 아닌 고전문학 작품으로 생각하는 경우를 흔히 보았다. 현대문학은 본인이 살고 있는 현재 시점에 창작, 출간된 작품을 가리키는 용어로 잘못 알고 있는 학생들이 많았던 것이다. 이 때문에 이 강의의 첫 주 수업에

작품과 외국문학 작품을 비교하는 과제물이 가장 많은 비중을 차지하게 되었다고 여겨진다. 비교 대상이 되는 외국문학 작품의 경우 대부분 서양의 고전으로 알려진 유명한 작품이거나 신화 작품들이었다. 학생들은 본인이 잘 알고 있어 별로 어렵지 않게 느끼는 외국 작품을 비교 대상으로 선택해, 상대적으로 어렵다고 느껴지는 고전 작품과 비교하고자 한 것으로 판단된다. 이는 쉬운 대상을 통로로 하여 어려운 대상으로 나아가는 과정이 재미 찾기의 핵심인 것을 다시금 깨닫게 해주는 지점이라고 생각한다.[36]

그러나 여기서 잊지 말아야 할 점은 학습자의 지적 욕구의 수준 차이에 따라 쉽다든가 어렵다든가 하는 정도는 충분히 달라질 수 있기 때문에, 본고의 사례에서 나온 결과가 모든 대학 국문과 1학년생들에게 적용되는 것은 아닐 수 있다는 사실이다. 지극히 당연한 말이지만 학습자군의 수준이나 취향에 따라 ②나 ③의 방식이 더 많이 나올 수도 있고, ①에서도 외국문학이 아닌 현대문학 작품과의 비교가 더 많은 비중을 차지할 수도 있다. 특정의 집단을 대상으로 한 교수-학습의 정교화를 위해 이 글에서 제시한 세 가지 비교 방식이 활용될 가능성은 충분하며, 비교의 세부적 방식에 따라 추후 세세한 논의가 이어져야 하리라고 본다. 그러나 어떠한 방식이나 어떠한 작품을 가지고 비교가 이루어지느냐 하는 것 못지않게

서 고전문학과 현대문학의 분기점에 대해서 자세히 설명했지만, 소수의 학생들은 과제물 작성 시 대상 작품 선택에서 여전히 착오를 일으켰다. 이러한 문제를 보면서 앞으로는 ①의 방식에서 고전문학과 현대문학, 고전문학과 외국문학을 비교하는 데 국한하지 않고 고전문학 작품 간에 익숙한 작품을 통해 새로운 작품을 이해하는 형태로 비교항을 설정하는 것까지도 포괄해야겠다는 생각이 들었다. 하지만 이 경우에도 고전문학과 현대문학의 개념을 확실히 인지시켜야 한다는 숙제는 여전히 남게 된다.

36 이는 앞에서 살펴본 것처럼 ①의 방식에서 비교 대상으로 현대 작품을 택한 경우나 ②의 방식에서 고전 작품을 현대적으로 변용한 경우에서 모두 현대 작품으로 문학 작품보다는 매체를 활용한 텍스트를 선호했다는 점에서도 검증되는 사실이다.

더 중요한 점은, 그 비교의 과정을 통해 학습자가 재미를 느끼고 추후 계속 고전문학 작품에 대한 학습 욕구를 느낄 수 있는가 하는 부분일 것이다.[37] 이 논문은 처음부터 이러한 소박한 목표 달성을 위해 시작되었다고 해도 과언이 아닌데, 이제 그 결과를 검증하기 위해 비교 방식을 막론하고 학생들이 과제물을 작성하면서 느낀 점에 대해 적은 내용을 다음에 인용해본다.

> – 이렇게 두 작품을 비교해가며 하는 독서는 처음이다. 처음에는 서로 다른 작품을 비교하는 것이 가능할지 의문이 들기도 했지만, 막상 해보니 너무 재미있었고 이렇게 하는 독서 방법도 신선하다는 생각을 했다. 앞으로도 종종 이와 같은 독서법으로 책을 읽어야겠다.
>
> (〈만복사저포기〉 : <단테의 신곡〉)

> – 이번 리포트의 주제는 흥미로웠다. 초등학교, 중학교, 고등학교 시절을 걸쳐서 수행했던 과제들은 모두 교육과정이라는 틀에 갇히고 입시에 초점을 둔 비창의적인 과제였다. 하지만 대학에 올라와서 받게 된 과제는 내가 원하는 작품과 특징을 선별해서 처음부터 끝마무리까지 내 마음대로 쓸 수 있었기에 부담감이나 중압감이 적었고, 조사하고 구성하고 작성하는 내내 즐거웠다. 중, 고등학교 때 배웠던 지식을 한 번 더 생각해보고 대학에 들어와서 배웠던 지식을 복습해보며 사고를 확장해 나가는 좋은 계기였던 것 같다. '에우리디케'는 기존에 알고 있었던 작품이었지만, '용소와 며느리 바위'라는 작품은 몰랐던 작품인데 이번

37 이 지점에서 '고전 학습의 재미 찾기'의 목표 지점을 높게 설정한 연구자의 경우 필자의 생각에 불만을 제기할 수도 있을 것이다. 그렇지만 이 논문이 구체적 사례 보고라서가 아니라, 고교의 국어수업 현장이 대학 입시에 좌지우지되고, 서울의 유수한 대학의 국문과 대학원에 같은 학부 출신 대학원생 진학률이 0%가 되어버린 현 상황에서 고전문학 작품에 대한 재미를 끌어내기 위한 다급한 과제를 고민하면서 작성되었다는 점을 기억해주었으면 한다. 필자 역시 이런 상황일수록 더욱 교수-학습의 정교화를 위해 세부적 내용을 가다듬을 필요가 있다는 당위적 과제에는 동의하며, 추후 이러한 작업에 더욱 정진할 생각이다.

기회에 알게 되어서 흥미로웠다.

(〈용소와 며느리 바위〉 : 〈에우리디케 신화〉)

– 이렇게 비슷한 작품들을 찾아 비교하며 읽으니 독서를 하는데 있어서 더 많은 집중과 흥미를 가지고 작품에 접근할 수 있었다. 앞으로도 다른 문학작품에 접근할 때 무작정 내용에만 접근하는 것이 아닌 내가 알고 있는 다른 작품들과 비교하거나 비슷한 내용의 작품을 선정하여 공통점과 차이점을 찾아가며 읽어가야겠다는 생각이 든다.

(〈이생규장전〉 : 〈피라모스와 티스베 신화〉)

– 여성영웅소설은 여성들이 억눌러 오던 그들의 생각과 잃어버리고 살아왔던 그들의 존엄성을 외치는 데 도움을 주었다는 것에 큰 의미가 있지 않을까 하는 생각이 들었다. 〈홍계월전〉에 비해 〈잔다르크〉 이야기는 매우 비극적이기 때문에 우리나라 고전 여성영웅소설의 특징을 잘 보여줄 수 있을 것 같았다. 이번 과제를 통해 짧게나마 과거부터 오늘까지의 여성과 남성에 대한 인식 차이와 남존여비, 페미니즘에 대해 생각해보게 되었다. 과제를 하면서 어려움도 물론 있었지만, 고전문학과 현대문학의 차이를 조금 더 배우게 된 것 같고, 남성우월주의 사상에 대해 비판적인 시각을 조금 더 갖게 된 것 같다.

(〈홍계월전〉 : 〈잔다르크〉)

과제물 작성 후 느낀 점을 과제물에 넣으라고 말하지도 않았는데 학생들은 스스로 결론 부분에 위와 같은 감상을 적어낸 경우가 많았다. 감상 내용 안에 직접적으로 '재미'나 '흥미'라는 용어를 넣어 표현한 학생들도 있지만, 설령 그렇지는 않다 하더라도 '신선했다'든가 '즐거웠다'든가 하는 간접적 표현을 통해 재미를 찾았음을 드러낸 학생들도 있었다. 여전히 '알게 되었다' '깨달았다' 등의 인지적 변화를 표현한 용어를 사용한 학생들도 많았지만, '느꼈다'와 같이 정서적 변화를 표현한 용어를 통해 재미 찾기의 가능성을 보여준 경우도 있었다. 또한 '재미'나 '흥미'와 관련된 용어를 쓰지 않은 경우에 있어서도 감상을 통해 짐작할 때 작품에 관심을 갖고 비교 과정에 의미를 부여하게 되었음을 확인할 수 있다. 물론 학생들이 교수에게 제출하기 위해 작성한 과제물에 적어낸 이러한 표현들이 온전히 다 솔직한 것이라고 생각하지는 않을 수도 있다. 그러나 학생들의 이러한 표현과 그 안에 담긴 용어 선택을 보면 공통점과 차이점을 찾아내는 과정을 통해 개개인이 다소 차이는 있더라도 고전작품에 대해 학습해가는 재미를 맛보았음을 부인할 필요는 없으리라 믿는다. 학생들이 감상에서 언급했듯이 이러한 학습 방법은 고전문학 작품만이 아니라 문학 작품 전반을 학습하는 과정에 적용시킬 수 있는 창의적 독서법으로 개발할 필요가 있지 않을까 조심스럽게 제안해본다.

5. 결론

본고에서는 대학에 갓 입학한 학생들이 고전문학 작품에 대한 학습을 재미있게 할 수 있는 방법에 대해 고심한 결과, '비교'의 방식을 통해 고교 학습과 연계되면서도 입시 위주 교육에서 벗어나 자발적으로 고전문학에 흥미를 가질 수 있는 방법을 도모하고자 했다. 이를 위해 한국고전문학교육학회에서 '고전문학의 재미, 흥미, 의미'라는 기획주제 하에 발표된 논문들을 분석하면서 '비교'가 지닌 '재미'와의 관련성을 밝혀내고, '비교'의 방식을 세 가지 유형으로 정리하였으며, 이를 실제 수업에 적용한 사례를 소개했다. '비교'의 세 가지 유형 중에 ① 원형(패턴)을 활용해 구체적 작품을 창작하는 방식에 있어서는 그 원형의 활용 기준이 되는 단위에 따라 고전문학 수업을 재미있게 이끄는 구체적 방법이 본고에서 제시한 수준 이상으로 더 다양하게 전개될 수 있다. 또한 ② 고전 작품의 현대적 작품으로의 변용이나 ③ 고전 작품의 구체적 경험에 입각한 현대적 재해석의 경우 역시 새로운 비교항들을 통해 창의적인 고전문학 학습 방법을 개발할 가능성은 충분하다.

그런 차원에서 볼 때 본고에서 제시한 수업 사례는 그야말로 필자가 재직 중인 대학과 학과의 특성을 고려하여 설계한 하나의 예시에 불과하며, 비교의 방식에 기초를 두면서도 수업 내용은 학습자나 수업 상황의 변화에 따라 무궁무진하게 다르게 설계될 수 있다. 학습자들이 느끼는 재미의 양상에 따라 고전문학이 가지는 시대적 의미 또한 달라질 수 있을 것이다. 그 재미의 수준이 하향화되지 않으면서 갈수록 수업의 질을 높여가는 동력이 될 수 있기를 희망한다.

참고문헌

강진옥, 「여성 서사민요에 나타난 관계양상과 향유층 의식」, 『한국고전여성작가연구』, 태학사, 1999.

김대행, 「문학은 즐거운 놀이다」, 『문학이란 무엇인가』, 문학사상사, 1992.

김성룡, 「고전문학교육과 고전문학교육학」, 『국어교과교육연구』 8, 국어교과교육학회, 2004.

김성룡, 「고전문학의 재미와 고전문학교육의 의미」, 『고전문학과 교육』 28, 한국고전문학교육학회, 2014.

김현정, 「흥미 변인을 고려한 <도산십이곡(陶山十二曲)> 교육의 방향」, 『고전문학과 교육』 27, 한국고전문학교육학회, 2014.

김흥규, 「고전문학교육과 역사적 이해의 원근법」, 『한국 고전문학과 비평의 성찰』, 고려대학교 출판부, 2002.

김흥규, 『한국문학의 이해』, 고려대학교 출판부, 2002.

류수열, 「<사미인곡>의 콘텍스트와 상호텍스트적 읽기」, 『독서연구』 21, 한국독서학회, 2013.

류수열, 「고전시가 독서의 재미 요소 탐구-시조를 중심으로」, 『고전문학과 교육』 26, 한국고전문학교육학회, 2013.

박경주, 「화전가의 의사소통 방식에 나타난 문학치료적 의미」, 『규방가사의 양성성』, 월인, 2007.

서유경, 「<심청전>의 근대적 변용 연구」, 『고전문학과 교육』, 30, 한국고전문학교육학회, 2015.

서인석, 「연극적 놀이 텍스트로 읽는 <배비장전>」, 『고전문학과 교육』 27, 한국고전문학교육학회, 2014.

신재홍, 「고전소설의 재미 찾기」, 『고전문학과 교육』 26, 한국고전문학교육학회, 2013.

심우장, 「구비서사의 놀이적 특성과 문화적 창조력」, 『고전문학과 교육』

26, 한국고전문학교육학회, 2013.

염은열, 「고전문학 '학습'의 경험과 '재미'의 문제에 대한 논의」, 『고전문학과 교육』 28, 한국고전문학교육학회, 2014.

조광국, 「고전소설교육에서 새롭게 읽는 재미 : 홍계월의 양성성 형성의 양상과 의미-<홍계월전> '한중연 45장본'을 중심으로」, 『고전문학과 교육』 28, 한국고전문학교육학회, 2014.

조동일, 「한국문학의 숭고와 서양문학의 비장」, 『한국문학과 세계문학』, 지식산업사, 1995.

조희정, 「고전시가 비평 교육 연구-탈연대기적 관점의 상호텍스트성을 활용하여」, 『국어교육』 143, 한국어교육학회, 2013.

조희정, 「고전시가 감상 국면의 재미 흥미 의미-<백설이 ᄌᆞ자진 골에>의 감정이입과 공감 체험을 중심으로」, 『고전문학과 교육』 29, 한국고전문학교육학회, 2015.

최홍원, 「<만언사>의 재미, 흥미와 소통의 의미」, 『고전문학과 교육』 30, 한국고전문학교육학회, 2015.

하정일, 박경주, 최경봉, 조현일 외, 『글쓰기 이론과 실제』, 원광대 교재편찬위원회, 도서출판 경진, 2012.

황혜진, 「재미의 관점에서 본 <큰누님 박씨 묘지명(伯姊孺人朴氏墓誌銘)>」, 『고전문학과 교육』 29, 한국고전문학교육학회, 2015.

고전문학의 재미와 흥미

초판 1쇄 인쇄 • 2016년 12월 23일
초판 1쇄 발행 • 2016년 12월 31일

편저자 • 한국고전문학교육학회
발행인 • 박성복
발행처 • 도서출판 **월인**
서울특별시 강북구 노해로25길 61
등 록 • 제6－0364호
등록일 • 1998년 5월 4일
전 화 • (02) 912-5000
팩 스 • (02) 900-5036
www.worin.net

ISBN 978-89-8477-625-8 93810

☞ 값은 뒤표지에 있습니다.